Change Management

Es gibt inzwischen hinreichend Literatur über das »Was« und das »Warum« der notwendigen Veränderungsprozesse in Unternehmen. Dieses Buch zeichnet sich dadurch aus, dass es konkret und anhand zahlreicher Beispiele zeigt, wie man solche Veränderungen durchführt – aus der Praxis für die Praxis. Ein Großteil des Buches besteht aus dem dafür notwendigen Instrumentarium: Hier fassen die Autoren auf jeweils wenigen Seiten das für die Praxis wichtigste *How-to-do-it* zu Themen zusammen, die eine maßgebliche Rolle bei Veränderungsprozessen spielen (etwa Kommunikation, Gestaltung von Workshops) oder zu denen der Praktiker erst ganze Bücher durchforsten müsste (z. B. Organisationsdiagnose, Projektmanagement, Ergebnisverbesserung, Strategieentwicklung).

Die Autoren zeigen, welche völlig neuen Strukturen erforderlich sind, die vom Netzwerk-Modell und von Prozessketten sowie von einer team- und kundenorientierten Kultur ausgehen. Klaus Doppler und Christoph Lauterburg beschreiben die typischen Phasen von Veränderungsprozessen, die zentralen Handlungsmaximen sowie die wichtigsten Situationen, die im Verlauf solcher Prozesse auftreten.

Klaus Doppler (München) und *Christoph Lauterburg* (Freienstein/Schweiz) sind seit vielen Jahren selbstständige Organisations- und Managementberater. Sie haben sich auf die Begleitung von Entwicklungs- und Veränderungsprozessen spezialisiert und beraten angesehene Unternehmen sowie staatliche Institutionen und Verwaltungen beim strukturellen und kulturellen Umbau.

Von *Klaus Doppler* sind ebenfalls im *Campus Verlag* erschienen: *Unternehmenswandel gegen Widerstände* (2002) und *Der Change Manager* (2003)

Klaus Doppler, Christoph Lauterburg

Change Management

Den Unternehmenswandel gestalten

Campus Verlag
Frankfurt/New York

Bibliografische Information der Deutschen Nationalbibliothek:
Die Deutsche Nationalbibliothek verzeichnet diese Publikation in der
Deutschen Nationalbibliografie. Detaillierte bibliografische Daten
sind im Internet unter http://dnb.d-nb.de abrufbar
ISBN 978-3-593-38707-9

12. aktualisierte und erweiterte Auflage 2008

Das Werk einschließlich aller seiner Teile ist urheberrechtlich geschützt.
Jede Verwertung ist ohne Zustimmung des Verlags unzulässig. Das gilt
insbesondere für Vervielfältigungen, Übersetzungen, Mikroverfilmungen
und die Einspeicherung und Verarbeitung in elektronischen Systemen.
Copyright © 1994 und 2008 Campus Verlag GmbH, Frankfurt/Main
Umschlaggestaltung: Init GmbH, Bielefeld
Satz: Leingärtner, Nabburg
Druck und Bindung: Druckhaus »Thomas Müntzer«, Bad Langensalza
Gedruckt auf säurefreiem und chlorfrei gebleichtem Papier.
Printed in Germany

Besuchen Sie uns im Internet: www.campus.de

Inhalt

Vorwort 15
Vorwort zur 11. Auflage 17
Vorwort zur 12. Auflage 19

Teil I
Zukunfts-Szenarium

Kapitel 1
Zustandsbild und Perspektiven 23

    Signale 23
    Rahmenbedingung Nr. 1: Innovationssprünge in der Informatik
    und Telekommunikation 24
    Rahmenbedingung Nr. 2: Verknappung der Ressource Zeit 26
    Rahmenbedingung Nr. 3: Verknappung der Ressource Geld 28
    Treiber des Wandels: der Markt 34
    Herausforderung Nr. 1: Bewältigung von Komplexität 44
    Herausforderung Nr. 2: Interkulturelle Zusammenarbeit
    in einer globalen Ökonomie 56

Kapitel 2
Organisation: »Design for Change« 61

    Neue Aufgaben – neue Strukturen 61
    Perfektion im Modell: das Netzwerk 62
    Strukturprinzip: Prozessketten 64
    Quantensprung 65
    Gefragt: Motivation und Identifikation 66

Unternehmenskultur: Fünf Schlüsselfaktoren 68
Überlebensstrategie und Zukunftssicherung 71

Kapitel 3
Führung: Das neue Bild des Managers 73

Führung gestern – Führung morgen 73
Schwerpunktverlagerung 74
Führung wird neu definiert 75
Beruf: Manager der Veränderung 76
Neues Anforderungsprofil 80
Vom Würdenträger zum Spielertrainer 83
Strategischer Engpass Führungskapazität 84

Teil II
Den Wandel gestalten:
Grundsätze des Vorgehens

Kapitel 1
Change Management: die Geschichte eines Begriffs 89

Beschleunigungen und Verschärfungen 90
Echte oder inszenierte Krisen? 91
Von der Organisationsentwicklung zum Change Management . . 93
Change Management auf der Basis zeitgemäßer Organisations-
entwicklung 95
Die Rolle des Beraters und Prozessbegleiters im
Change Management 98

Kapitel 2
Die Psycho-Logik des Misslingens 101

Kaltstart 102
Alles Gute kommt von oben 103
Das »Not invented here«-Syndrom 105
Die falsche Frage 105
Die Lösung ist Teil des Problems 106

    Menschenbild und Organisationsmodell 107
    Anforderungsprofile und Verhaltensappelle 108
    Abwiegeln – oder die Wahrheit auf Raten 109
    Dramatisieren – oder das Geschäft mit der Angst 110
    Insellösungen 111
    Etikettenschwindel – oder die »hidden agenda« 113
    Die Glaubwürdigkeitslücke 114

Kapitel 3
Schlüsselfaktoren erfolgreichen Vorgehens 115
    Energie wecken und Vertrauen schaffen 115
    Denken in Prozessen statt Strukturen 118
    Das Unternehmen auf sein Umfeld ausrichten 120
    Vernetzung durch Kommunikation 121
    Von außen nach innen organisieren 123
    Lernen sicherstellen 124

Kapitel 4
Führung im Wandel 126
    Drei gravierende Hemmschuhe 126
    Zeitgemäße Rollen des Managers 129
    Die Zukunft: Mehr Gruppe 133
    Schlüsselfaktor: Sozialkompetenz 136
    Das Problem überzähliger Mitarbeiter und Führungskräfte 141

Kapitel 5
Hierarchie und Macht: Feinde der Veränderung? 155
    Die Problematik der traditionell-hierarchischen Organisation . . . 156
    Eine Gegenüberstellung 158
    Weshalb Machtverhältnisse so schwer zu verändern sind 158
    Kernelemente der Machtbildung 160
    Strategien der Machtveränderung 162
    Ein altes Tabu wird entzaubert 164

Kapitel 6
Charta des Managements von Veränderungen 167

    Primat des Transfers. 167
    1. Grundsatz: Zielorientiertes Management 169
    2. Grundsatz: Keine Maßnahme ohne Diagnose 171
    3. Grundsatz: Ganzheitliches Denken und Handeln 172
    4. Grundsatz: Beteiligung der Betroffenen 174
    5. Grundsatz: Hilfe zur Selbsthilfe. 176
    6. Grundsatz: Prozessorientierte Steuerung 178
    7. Grundsatz: Sorgfältige Auswahl der Schlüsselpersonen 181
    8. Grundsatz: Lebendige Kommunikation 183

Teil III
Blick in die Werkstatt

Kapitel 1
Strategieentwicklung. 189

    Vier Klarstellungen vorweg 189
    Begrifflichkeiten. 190
    A. Kernelemente einer Strategie 192
    B. Der Strategieprozess 199
    C. Instrumente und Verfahren 211
    Retropolation 212
    Landschaft der Einflussfaktoren. 215
    Bild ohne Worte 217
    Der Eisberg – oder: Worüber nicht gesprochen wird 217
    Portfolio 219
    Entscheidungsvorlage – Alternativen im Vergleich. 221
    D. Strategiekommunikation 221
    E. Machtspiele 225

Kapitel 2
Instrumente und Verfahren der Unternehmensentwicklung 229

    Viele Wege führen nach Rom – ein Überblick 229
    Der Einzelne als Adressat von Maßnahmen 231

Bei der Gruppe ansetzen 235
Das ganze Unternehmen im Blick 241
Die Bedeutung von Außensichten 244
Über das einzelne Instrument hinaus 245

Kapitel 3
Organisationsdiagnose 249

Die Vogelperspektive und die Froschperspektive 250
Vollerhebung oder repräsentativer Querschnitt? 251
Inhalt der Befragung 252
Wie soll befragt werden? 253
Externes Institut – oder »Do-it-yourself«? 257
Der Interview-Leitfaden 262
Was geschieht mit den Daten? 266
Organisationsdiagnose als Management-Instrument 267

Kapitel 4
Führen durch Zielvereinbarung 269

Sinn und Nutzen von Zielen 269
Was sollte man nicht mit »Zielen« verwechseln? 271
Was für Ziele können im Bereich der Führung gesetzt werden? . . 272
Zieldiktat und Zielvereinbarung 273
Individuelle Ziele und Gruppenziele 276
Die wichtigsten Grundsätze 276
Der Prozess der Zielvereinbarung 281
Schriftliche Dokumentation 283
»Grau, teurer Freund, ist alle Theorie …« 283
Zielvereinbarung ad absurdum geführt … 285
Ist die Orientierung an Zielen noch zeitgemäß? 288

Kapitel 5
Moderation 289

Die Rolle des Moderators 290
Die »Essentials« – oder worauf es vor allem ankommt 290
Die konkreten Aufgaben des Moderators 291

Hinweise für den praktischen Einsatz 297
Plenum und Gruppenarbeit 301

Kapitel 6
Persönliches Feedback 303

Kollektive Milieuschädigung 303
Die Bedeutung von Feedback 304
Konkrete Fragen und Antworten 304
Wichtigste Feedback-Regel: Beschreiben – nicht bewerten 317

Kapitel 7
Prozessorientiertes Projektmanagement 320

Eine Checkliste 321
Im Vorfeld zu klärende Fragen 321
Für den Projektverlauf entscheidende Faktoren 328

Kapitel 8
Umgang mit Widerstand 336

Wie entsteht Widerstand? 337
Widerstand als verschlüsselte Botschaft 337
Wie erkennt man Widerstand? 338
Konstruktiver Umgang mit Widerstand 339
Der Problemlöser ist selbst das Problem 346
Auflösbarer Widerstand oder nackte Realangst –
und was dann? 347

Kapitel 9
Gestaltung der Kommunikation 350

Kommunikation und Veränderung 350
Herausforderung Nr. 1: Bewältigung der Informationsflut 351
Herausforderung Nr. 2: Von der Information zur
Verständigung 355
Die geregelte Kommunikation im Unternehmen 356
Kommunikation zwischen außen und innen 357
Netzwerk regelmäßiger Führungsbesprechungen 358

    Das ergänzende Instrumentarium 366
    Die informelle Kommunikation 375
    Gesetzmäßigkeiten der Kommunikation 380

Kapitel 10
Fusionen und Akquisitionen: Integration als Herausforderung 386

    Einseitige betriebswirtschaftliche Analysen 387
    Herausforderungen 388
    Drehbuch der anderen Art 389
    Typische Managementfehler bei Fusionen 395
    Faktor Zeit 396

Kapitel 11
Die Kunst der Gestaltung von Workshops 400

    Was ist ein »Workshop«? 400
    Typische Anlässe für Workshops 400
    Der Anfang liegt vor dem Beginn 403
    Konzeption und Planung 406
    Durchführung 414

Kapitel 12
Konfliktmanagement 434

    Die Normalität von Konflikten 434
    Dramaturgie der Konfliktbildung 435
    Grundvoraussetzungen für eine Konfliktregulierung 438
    Phasenmodell der Konfliktregelung 439
    Konfliktregelung zwischen zwei Gruppen 443
    Gesucht: Konfliktfähigkeit 447

Kapitel 13
Teamentwicklung 453

    Am Anfang steht die Auswahl der Teammitglieder 457
    Die Legitimation liegt außerhalb des Teams 458
    Die Legende von der Gleichmacherei 459
    Teamplayer und Solotänzer 460

Breite Führungsspannen und die Folgen 461
Wenn die Gruppendynamik aus dem Ruder läuft 461
Auf dem Weg zur Unsterblichkeit 462
Es war einmal ein Spitzenplayer 463
Wissensmanagement und Teamarbeit 464

Kapitel 14
Veränderung der Unternehmenskultur 472

Kultur als Steuerungssystem 472
Ausdrucksformen 473
Einflussfaktoren 474
»Ist« und »Soll« 478
Wege zur Veränderung 479

Kapitel 15
Ergebnisverbesserung durch Geschäftsprozessoptimierung 490

Kostensenkungs- und Ertragspotenzialermittlung 490
Sieben Todsünden 491
Der konstruktive Ansatz 497
Geschäftsprozessoptimierung 501

Kapitel 16
Coaching 509

Alter Wein in neuen Schläuchen? 509
Fragen und Antworten 510
Konzeptionelle und methodische Grundlagen des
Team-Coachings 513

Kapitel 17
Auswahl und Einsatz externer Berater 524

Die Macht der Berater 525
Qualifizierte und weniger qualifizierte Berater 525
Monitoring: Auf das Wie kommt es an 536

Kapitel 18
Kriterien erfolgreicher Unternehmensführung 539

    Ein Fragebogen zur Selbsteinschätzung 539

Kapitel 19
Qualifikation für Change Management 546

    Der flexible Mensch – das Ideal für turbulente Zeiten? 548
    Ein Fragebogen zur Selbsteinschätzung 550

Ausblick und Perspektiven 554

    Renaissance des Autoritären 555
    Statt »Spielregeln für Sieger« eine neue Art von Solidarität 556
    Schnelligkeit und Konsequenz in der Umsetzung 559

Dank 560

Register 561

Vorwort

Wer ein Buch schreiben will, sollte sich immer drei Fragen stellen. Erstens: Was für ein Buch soll es werden? Zweitens: Zu wessen Nutzen und Frommen soll es sein? Drittens: Ist es nicht schon geschrieben worden – womöglich mehrmals und viel besser?

Dies sind die Antworten, die wir uns und Ihnen geben können:

Erstens: Das vorliegende Buch soll ein »Kochbuch« sein für das Management von Veränderungen in Unternehmen und Institutionen. Ein Buch, das Mut macht, notwendige Veränderungen anzupacken, das die wichtigsten Handlungskonzepte aufzeigt und methodische Anleitung gibt für das praktische Vorgehen in konkreten Projekten. Mit anderen Worten: ein »Do-it-yourself«-Handbuch für Unternehmens- und Organisationsentwicklung.

Zweitens: Gebraucht werden kann es – so hoffen wir – von Menschen, die in Organisationen Veränderungs- und Entwicklungsprozesse leiten oder begleiten: von Unternehmern und Führungskräften, Organisations- und Personalfachleuten, Trainern und Beratern. Oder von Menschen, die bei organisatorischen Veränderungen in ihrem beruflichen Umfeld problematische Erfahrungen gemacht haben – und die neugierig sind, ob es sinnvollere Vorgehensweisen gibt als diejenigen, die sie bisher kennen gelernt haben.

Drittens: Das Buch ist leider schon mehrfach geschrieben worden – zumindest was das Thema anbetrifft. Es war uns schlicht unmöglich, einen Titel zu finden, von dem man mit Sicherheit sagen könnte, dass er nicht irgendwann irgendwo bereits erschienen ist. Aber die meisten Bücher zum Thema Change Management, die wir kennen, befassen sich vorwiegend mit grundsätzlichen Aspekten und Perspektiven des Wandels. Wir wollten aus der Praxis für die Praxis schreiben. Konkret. Zum Anfassen und Umsetzen.

In Teil I befassen wir uns mit der Frage, warum Veränderung notwendig geworden ist, in welcher Form sie stattfindet und wo sie hinführt.

In Teil II beschreiben wir die Gesetzmäßigkeiten von Veränderungsprozessen sowie die Grundsätze, die beachtet werden müssen, damit Veränderungen effizient umgesetzt und sozial verträglich gestaltet werden können.

In Teil III geht es um das methodische Instrumentarium: das Vorgehen in konkreten Projekten sowie in besonderen Situationen, die im Verlauf von Entwicklungs- und Veränderungsprozessen auftreten können. Sie finden hier das Wichtigste zu den einzelnen Methoden und Verfahren auf jeweils wenige Seiten komprimiert. Aber mit »Rezepten« ist es hier genau wie beim Kochen: Sie sind an und für sich noch keine Garanten für den Erfolg. Wenn der Abend etwas werden soll, muss man die Gäste kennen, die man bewirten will, über eine feine Nase verfügen, eigene Ideen dazutun – und vor allem: *ein gutes Klima schaffen!*

Sie können in diesem Buch wie in einem Kochbuch schmökern, quer reinlesen oder gezielt das herauspicken, was Sie gerade brauchen.

Wenn eines Tages jemand zu uns sagt: »Ihr Buch hat mir geholfen, einen Veränderungsprozess in meinem Verantwortungsbereich erfolgreich zu gestalten« – dann werden wir sagen: »Ziel erreicht!«

Vorwort zur 11. Auflage

Dieses Buch ist ein erfreulicher und anhaltender Erfolg geworden. Die Reaktionen zeigen, dass besonders Teil III, *Blick in die Werkstatt*, für die Praxis als nützlich betrachtet wird.

Gegenüber der 1. Auflage sind die Kapitel

- *Persönliches Feedback*
- *Moderation*
- *Führen durch Zielvereinbarung*

sowie ein Fragebogen zur Beurteilung der *Qualifikation für Change Management* dazugekommen, gegenüber der 4. Auflage die Kapitel

- *Teamentwicklung*
- *Strategientwicklung*
- *Fusionen und Akquisitionen (Mergers & Acquisitions)*.

Folgende Themen sind zusätzlich neu aufgenommen worden:

- *Informationstechnologie und neue Märkte*
- *Geschäftsprozessoptimierung (Business Process Reengineering)*
- *Interkulturelles Management*
- *Großgruppen-Workshops (spez. Open Space)*

Gegenüber der 10. Auflage sind Ausführungen zum *Change Manager in eigener Sache* neu.

So wichtig gute Instrumente sind – sie garantieren noch kein erfolgreiches Change Management. Entscheidend ist der Geist, in dem sie angewendet werden. Wer keine menschenorientierte und partnerschaftliche Grundeinstellung hat, wird die beschriebenen Methoden einsetzen wie ein Computerprogramm – und damit letztlich nur Widerstände erzeugen. Wer anderseits partnerschaftliches und prozessorientiertes Denken und Handeln mit Basisdemokratie verwechselt, der wird falsche Erwartungen wecken, massive Ängste erzeugen und chaotische Prozesse anzetteln, die er anschließend nicht mehr steuern kann. Und wer glaubt, die Veränderung von oben verordnen und verwalten zu können, wird gar nicht erst aus den Startlöchern kommen. Die echte Veränderung beginnt immer bei einem selbst – beim eigenen, persönlichen Engagement.

Vorwort zur 12. Auflage

14 Jahre nach der ersten Drucklegung war es Zeit für eine Generalüberholung. Zu viel hatte sich im Wirtschaftsumfeld verändert.

Zwei neue Kapitel sind hinzugekommen:

»Change Management: die Geschichte eines Begriffs«
Wofür steht der Begriff »Change Management«? Ursprung des Change Managements in der Organisationsentwicklung, deren Kernelemente nach wie vor Voraussetzung sind für erfolgreiche Veränderungsprozesse; professionelle und sozialverträgliche vs. Holzhacker-Methoden im Change Management.

»Auswahl und Einsatz externer Berater«
Es gibt heute kaum mehr ein Veränderungsprojekt, in dem nicht in der einen oder anderen Form Berater mitwirken. 10 goldene Regeln in Bezug auf die Auswahl, den Einsatz, die Steuerung und die Kontrolle externer Berater; Rollendefinition für das Management, für die beteiligten Führungskräfte und Mitarbeiter/-innen sowie für die Berater.

Weitere Ergänzungen betreffen folgende Bereiche:

Treiber des Wandels
Hier finden Sie unter anderem folgende Themen: Ursprung des Wandels: die Globalisierung; Mechanik der globalisierten Absatzmärkte sowie der globalisierten Finanzmärkte; Auswirkungen auf Unternehmensstrukturen und Geschäftsprozesse.

Generelle Widerstände versus Realangst
Hier finden Sie etwa folgende Themen: Unterschied zwischen auflösbaren Widerständen gegen betriebliche Veränderungen sowie – angesichts zu-

nehmender Betriebsschließungen und Massenentlassungen – nackter Angst vor Verlust des Arbeitsplatzes.

Gestaltung der Kommunikation

Hier finden Sie jetzt folgende Themen: Neue Internet-Anwendungen und ihre Nutzung für die Optimierung der Kommunikation: Bewältigung der Informationsflut (konkrete Hinweise), Aufzeigen neuer Möglichkeiten der Verständigung (Dialog) in Kleingruppen und Netzwerken.

Im Übrigen findet man nach Jahren immer einiges, das man kürzer und klarer fassen kann.

Teil I
Zukunfts-Szenarium

Kapitel 1
Zustandsbild und Perspektiven

Signale

Wo man heute in der Wirtschaft, zum Teil auch in öffentlichen Institutionen und Verwaltungen hinkommt, sind die Führungskräfte aller Stufen zunehmend stärker gefordert und belastet – oft bis an die Grenze des Zumutbaren. Zwölf Stunden Präsenz im Geschäft sind vielerorts schon guter Durchschnitt. Den ganzen Tag über jagt eine Sitzung die andere. Über Mittag gibt es Besprechungen, abends Essen mit Kunden. Aktenstudium und Vorlagen erarbeiten: am Wochenende. Mitarbeitergespräche: selten. In Ruhe nachdenken: in den Ferien – oder gar nicht.

Fusionen, Pleiten, Neugründungen und Entlassungen sind an der Tagesordnung. Überall wird umorganisiert. Pläne sind überholt, bevor man sie realisiert hat. Und wenn irgendwo ein Manager sein Budget einhält, wird womöglich ein Prüfverfahren eingeleitet, weil alle denken, da sei wohl nicht alles mit rechten Dingen zugegangen.

Angst vor der Zukunft zeigt bei Führungskräften steigende Tendenz. Wer mit Ärzten spricht, kriegt zu hören, wie vielen, die in der Wirtschaft Verantwortung tragen, die Belastungen ihres Berufes auf die Gesundheit schlagen. Den einen erwischt es beim Kreislauf, den Zweiten beim Verdauungstrakt, den Dritten beim Alkoholspiegel im Blut. Schlafstörungen, Kopfschmerzen, Tranquilizer und Antidepressiva haben Hochkonjunktur.

Was ist los?

Die Welt hat sich radikal verändert. Unternehmerisches Wirtschaften und betriebliches Management vollziehen sich heute unter ganz anderen Voraussetzungen als noch vor wenigen Jahren. Es gibt neue Rahmenbedingungen, und diese entscheiden weitgehend über Erfolg oder Misserfolg.

Rahmenbedingung Nr. 1: Innovationssprünge in der Informatik und Telekommunikation

Ob privat oder im Geschäft – wir sind heutzutage fast vollständig von Computern umgeben. Mikroelektronik, Informatik und Telekommunikation steuern und beeinflussen unser Leben und unser Handeln in vielfältiger Weise, direkt und indirekt, sichtbar und unsichtbar. Diese Entwicklungen haben sich schon länger angebahnt. Neu sind allerdings die Radikalität und die Schnelligkeit der Entwicklungen. Dies hat verschiedene Ursachen: Eine hoch entwickelte Materialforschung ermöglicht es, mit immer kostengünstigeren Informationsträgern auf immer kleinerem Raum immer größere Speichermöglichkeiten zu schaffen. Die Nanotechnologie schafft die Voraussetzung für extrem leistungsfähige Geräte, die so klein sind, dass sie gleichsam mit dem Trägerobjekt verschmelzen.

Die Fortschritte der Produktionstechnologie machen es möglich, immer mehr, immer schneller und immer kostengünstiger zu produzieren. Noch vor wenigen Jahren kostete es sehr viel Geld und blieb deshalb wenigen Auserwählten vorbehalten, sich über Standleitungen globale Verbindungen herzustellen. Eine interkontinentale Videokonferenz war eine außerordentlich teure Angelenheit. Inzwischen sind die Preise für Leitungen, Geräte und Anlagen tief gefallen. Es ist heute kaum mehr eine Frage von Geld oder Zeit, Informationen in beliebiger Menge von überall her und nach überall hin zu transportieren. Die viel schwierigere Frage lautet mittlerweile, wie wir es schaffen, nicht von Informationen überflutet zu werden und im Datenmüll zu ersticken.

Im alten Katechismus, dem Lehrbuch der katholischen Religionslehre, steht als göttliche Eigenschaft beschrieben: Gott ist immer und überall. Mittlerweile trifft dieses Attribut auch auf den Menschen zu. Wir können jede gewünschte Menge Daten ohne Zeitverzug, also in Echtzeit, an jeden Ort dieser Erde transportieren. Wir können uns also multipräsent machen, das heißt gleichzeitig an verschiedenen Orten virtuell anwesend sein und wirksam werden.

Die revolutionären Entwicklungen auf den Gebieten Mikroelektronik, Informatik und Telekommunikation sowie der damit einhergehende Preiszerfall führen in einem immer schnelleren Zyklus zu immer radikaleren Veränderungen. Dies zeigt sich nicht zuletzt in der Art und Weise, wie wir unser jeweiliges Geschäft betreiben und uns organisieren. Internet und E-Commerce zwingen geradezu, die Wertschöpfungsketten völlig neu zu definieren und die Geschäftsprozesse grundlegend neu zu gestalten.

Die neuen Kommunikationsmedien ersetzen Massen von Arbeitsplätzen, nicht zuletzt solche im mittleren Management. Wo früher Heerscharen von Führungskräften notwendig waren, um Informationen zu sammeln, auszuwerten, zu interpretieren und weiterzuleiten, bietet die Technik den Menschen heute die Möglichkeit, ohne Zeitverzug, ohne hierarchische Zwischenebenen und ohne lokale Begrenzung direkt miteinander zu kommunizieren. Das ermöglicht neue Formen der Zusammenarbeit in Teams, in Projekten, zwischen Funktionen und Bereichen, aber auch weit über die Grenzen von Unternehmen hinaus – über große Entfernungen hinweg, international, interkontinental und interkulturell.

Dies ermöglicht Unternehmen, mehr und mehr übergreifende Aufgaben in strategische Allianzen und internationale Zusammenschlüsse zu verlagern. Die Organisationsgrenzen werden immer durchlässiger. Immer mehr Prozessketten werden mit Zulieferern und Kunden gemeinsam gestaltet, in Form von Out- bzw. Insourcing-Modellen, Partnerschaften oder wechselseitigen Beteiligungen. Die scharf abgegrenzten Organisationen öffnen sich zu Netzwerken.

Im Bereich der Informationstechnologie ist es fast schon zur Regel geworden, dass Hardware-Hersteller und Software-Entwickler sowie Integrationsberater sich miteinander verbinden, um den Auftrag eines Kunden gemeinsam zu realisieren. Ähnliches passiert zunehmend auch im Non-Profit-Bereich. Medizinische, soziale und kommunale Trägerorganisationen verknüpfen ihr Know-how sowie ihre Geräte und Anlagen zu durchgängigen Prozessketten im Interesse sowohl der Patienten als auch der Kostenträger.

Großflächige Veränderungsprozesse und *Post-Merger-Integration*-Maßnahmen erfordern es, sich über Organisations-, Raum- und Zeitgrenzen hinweg zu verzahnen. Man kann zuschauen, wie mit dem Vordringen von Internet, Intranet und lokalen Netzwerken, von Informationsökonomie, IT-gestützten Dienstleistungen und den digitalisierten Gütern vertraute organisatorische Regeln ihre Bedeutung verändern oder ganz verlieren. Die bei uns noch weitgehend vorherrschenden industriellen Organisationskonzepte, die sich an der Verwertung von Rohstoffen durch den Einsatz der Produktionsmittel Kapital, Energie und Arbeit orientieren, werden mehr und mehr durch Konzepte ersetzt, in denen die Erwerbstätigen Wissen transportieren und dadurch neues Wissen schaffen – eine völlig neue Art der Wertschöpfung. Die Formen: Videokonferenzen, E-Mail-Dispute, Chatrooms, Group Ware über Zeitzonen und Kulturschranken hinweg.

Die Möglichkeiten der schnellen, weltumspannenden und kostengünstigen Kommunikation schaffen auch die Voraussetzung für eine Veränderung, die Jeremy Rifkin mit dem Slogan *Access over ownership* bezeichnet hat. Entscheidend ist der schnelle, unkomplizierte Zugang zu den Dingen, die man benötigt, um Mehrwert zu schaffen – nicht deren Besitz. Im Gegenteil: Die Verwaltung des Besitzes bindet unnötig Mittel und Kräfte, die dann fehlen, wenn es darum geht, sich auf das eigentliche Geschäft zu fokussieren und konzentrieren. Der technologische Wandel bietet völlig neue Chancen, zwingt aber auch zu teilweise schmerzhaften Anpassungsleistungen. Wer diesen Weg nicht schnell und radikal genug geht, wird im neuen Spiel schlechte Karten haben.

Rahmenbedingung Nr. 2: Verknappung der Ressource Zeit

Die technologischen Entwicklungen führen zu einer unerhörten Beschleunigung aller Geschäftsabläufe und stellen die gesamte Geschäftswelt unter einen gewaltigen Leistungs- und Veränderungsdruck.

Früher hat ein Einzelhandelsgeschäft allenfalls ein Mal im Jahr nach einer sorgfältigen Inventur erfahren, wie viele Produkte von welchen Sorten insgesamt über den Ladentisch gegangen sind. Heute beginnen die Topmanager von Einzelhandelsketten ihren normalen Arbeitstag mit dem Studium exakter Zahlen über die landesweiten Verkäufe vom Vortag, wo gewünscht heruntergebrochen auf Hunderte oder Tausende einzelner Produkte sowie auf jede einzelne Verkaufsstelle, garniert mit allen interessanten Vergleichsdaten – und wenn es sein muss, erfolgen noch am gleichen Tag gezielte Korrekturmaßnahmen an der Verkaufsfront. Wie schön waren die Zeiten, als man ein fünf- oder zehnseitiges Exposé der Post übergeben und getrost davon ausgehen konnte, dass Wochen verstreichen würden, bis man die Antwort oder den redigierten Text auf dem Schreibtisch haben würde. Heute, im Zeitalter der Datenfernübertragung, kann man von Glück reden, wenn man einen oder zwei Tage Ruhe hat, weil der Adressat gerade abwesend ist oder nicht sofort Zeit findet, den Text zu bearbeiten. Und wenn man Pech hat, dauert es eine Stunde, der bereinigte Text befindet sich in der Mailbox oder säuselt aus dem Faxgerät – und schon ist man wieder am Zug.

Gleichzeitig verändern sich die Einstellungen und Verhaltensweisen der Menschen in praktisch allen Lebensbereichen. Alles, was weltweit passiert, wird jedem Bürger und Konsumenten »live« mit Bild und Ton direkt in die gute Stube geliefert: Wie Präsident Kennedy erschossen wird; wie die ersten Menschen auf dem Mond spazieren; wie es im Cockpit amerikanischer Jagdbomber aussieht, wenn moderne Luft-Boden-Raketen im Irak ins Ziel gehen; wie Saddam Hussein aus einem Erdloch geholt wird; wie Astronauten in der Weltraumstation ihre tägliche Arbeit verrichten; die Ermordung der pakistanischen Präsidentschaftskandidatin Bhutto; oder der Aufstieg des neuen Hoffnungsträgers Obama im Wahlkampf um die amerikanische Präsidentschaft. Wer Hintergrundinformationen sucht, findet sie im Internet, und jeder macht sich aufgrund der ihm zur Verfügung stehenden Informationen sein Bild von der Welt.

Dazu kommt: Jedermann ist mobil, der Aktionsradius des Einzelnen hat sich gegenüber früher um ein Vielfaches gesteigert: wohnen auf dem Lande, arbeiten in der Stadt; Heli-Skiing in den Rocky Mountains; schnorcheln vor dem Great Barrier Reef; spazieren auf der Chinesischen Mauer oder in der sagenumwobenen Inka-Stadt Machu Pichu hoch oben in den Anden. Die Entwicklung der elektronischen Medien und die modernen Verkehrsmittel machen's möglich.

Der Einfluss der Massenmedien und die Konsequenzen der Mobilität sind enorm. Wertvorstellungen, die früher über Jahrzehnte oder gar Jahrhunderte stabil blieben, sind infrage gestellt. In der Gesellschaft entwickeln sich laufend neue Lebensformen und Lebensgewohnheiten. Konsumentenwünsche und Kundenbedürfnisse ändern sich von heute auf morgen. Ganze Märkte brechen zusammen, ganze Berufe verschwinden – und neue entstehen. Gleichzeitig werden alle Grenzen gesprengt. Internationale Wirtschaftsräume tun sich auf. Auch für kleinere Unternehmen wird weltweite Geschäftstätigkeit plötzlich zur Selbstverständlichkeit. Und je nach politischen und wirtschaftlichen Gegebenheiten wird irgendein Land plötzlich attraktiv oder unattraktiv als Produktionsstandort.

Mit anderen Worten: Das wirtschaftliche, politische und soziale Umfeld ist hochgradig instabil geworden. Da gibt es zwar neue Chancen, aber auch neue Risiken. Ein Unternehmen, das in diesem turbulenten Umfeld überleben will, muss rasch reagieren, sich kurzfristig sich ändernden Bedingungen anpassen können. Dies bedeutet: rasche Produktinnovation, immer kürzer werdende Produktlebenszyklen sowie – vor- und nachgelagert – entsprechende betriebliche Umstellungen. Der Innovationsdruck ist enorm, der Rhythmus, mit dem Veränderungen in das organisatorische und personelle Gefüge eingesteuert werden, atemberaubend. Geschwindigkeit wird zum strategischen Erfolgsfaktor. Ein pfiffiger Kenner der Szene hat daraus die neue Weltformel für wirtschaftlichen Erfolg abgeleitet:

$$E = Qc^2$$
(Erfolg gleich Qualität mal Lichtgeschwindigkeit im Quadrat)

»Time-based Management« heißt ein neues Erfolgsrezept: der konsequente Versuch, Durchlaufzeiten zu reduzieren. Ein Ersatz für »Total Quality Management«? Mitnichten. Qualität ist heute noch immer genauso wichtig wie früher – aber sie genügt nicht mehr. Nur wer gleichzeitig auch noch schnell ist, hat im Markt die Nase vorn.

Rahmenbedingung Nr. 3: Verknappung der Ressource Geld

Dass die Lebenshaltungskosten steigen, die Kaufkraft sinkt, das hat jeder gemerkt. Aber über die Gründe dafür ist man sich auch unter so genannten Sachverständigen nicht einig. Die merkwürdigsten Theorien über Wirtschaftszyklen werden herumgereicht. Die Folge davon ist, dass viele immer noch glauben, wir hätten es mit einer momentanen Laune der Weltwirtschaft, das heißt mit einer vorübergehenden konjunkturellen Schwankung zu tun, wie es sie immer wieder mal gegeben hat. Dies ist erstaunlich, denn wer Zeitung liest oder fernsieht, wird tagtäglich auf einige fundamentale Tatsachen aufmerksam gemacht:

- *Natürliche Ressourcen gehen zur Neige*
  Früher hat man den Reichtum aus dem Boden und aus dem Meer geholt. Doch diese Zeiten sind vorbei. Holz wird knapp. Die Meere sind leer gefischt. Trinkwasser wird zur Kostbarkeit. Die amerikanische Kornkammer droht angesichts des infolge exzessiver Bewässerung abgesunkenen

Grundwasserspiegels zur Wüste zu werden. Kurz: Rohstoffe werden immer teurer. Dies betrifft nicht zuletzt auch das Lebenselixier der Industrie und die Grundlage privaten Wohlstands: die Energie. Die Preise für fossile Treibstoffe, Heizöl und Erdgas sind heute bereits die wichtigsten Treiber der Teuerung, und was uns diesbezüglich in der Zukunft noch bevorsteht, sind Blut, Schweiß und Tränen.

- *Natur- und technische Katastrophen*
  Die Erwärmung der Erdatmosphäre durch Treibhausgase beschert uns von Jahr zu Jahr sowohl an Häufigkeit als auch an Heftigkeit zunehmende »Naturkatastrophen«: verheerende Stürme, Waldbrände, Überschwemmungen, Bergstürze, Dürre- und Hungerkatastrophen. Nun schafft jedes Desaster irgendwo Arbeitsplätze. Es gibt immer Leute, die sich dabei eine goldene Nase verdienen. Und manches – nicht alles – ist hinterher besser, als es vorher war. Aber deswegen Katastrophen, denen Massen von Menschen zum Opfer fallen, schönzureden, wie viele dies tun, ist blanker Zynismus. Es bleibt bei diesem einen Faktum: Neben unsäglichem, menschlichem Elend werden bei jedem derartigen Ereignis in unvorstellbarem Ausmaß materielle Werte vernichtet. Und jede Reparatur kostet entsprechende Unsummen. Dieses Geld, wo immer es herkommt, wird nicht für den Fortschritt eingesetzt, sondern ausschließlich für die Wiederherstellung des *Status quo ante*. Und häufig genug ist dieser auch mit noch so viel Geld überhaupt nicht mehr herstellbar. Man denke etwa an Tschernobyl oder an New Orleans.

- *Kriege und Terrorismus*
  Es wird möglicherweise keinen dritten Weltkrieg geben. Lokal und regional begrenzte Kriege sowie terroristische Anschläge aber haben an Vielfalt zugenommen. Weltweit wird für Rüstung fast so viel ausgegeben wie für alles andere zusammen. Was bedeutet dies konkret? Es bedeutet, dass fast die Hälfte dessen, was Menschen weltweit erwirtschaften, in Produkte und Systeme investiert wird, die im besten Falle nie gebraucht werden – und die, wenn sie denn eingesetzt werden, massenhaft Menschenleben und materielle Werte vernichten. Dass die Rüstungsindustrie auch Arbeitsplätze zur Verfügung stellt; dass es nützliche Dinge für den täglichen Gebrauch gibt, die ihren Ursprung in der Militärtechnologie haben; und dass Sicherheitssysteme oft auch Menschen und Güter vor Schaden bewahren – dies alles soll hier nicht bestritten werden. Aber es

steht in keinem Verhältnis zur angerichteten Zerstörung. Wo nur noch Leichen und verbrannte Erde zurückbleiben, ist für Generationen nicht mehr an Fortschritt und Wohlstand zu denken.

- *Horrende Folgekosten gesellschaftlicher Fehlentwicklungen*
Die Überalterung der Bevölkerung, die progressive Schädigung des menschlichen Immunabwehrsystems, die galoppierende Zunahme physischer und psychischer Zivilisationskrankheiten führen zu einer exponentiellen Steigerung des Bedarfs an medizinischer Versorgung – und gleichzeitig lassen die Technisierung der Medizin, die Fehlsteuerungen im Gesundheitswesen und das Missmanagement in den Krankenhäusern die Kosten explodieren. Der Drogenkonsum zerstört einen zunehmenden Anteil unserer Jugendlichen, bringt unermessliches Leid in zahllose Familien und zieht eine Beschaffungskriminalität nach sich, der die Sicherheitsorgane keines einzigen Landes auf dieser Welt mehr gewachsen sind. Und das organisierte Verbrechen, welches die Volkswirtschaften von innen heraus zersetzt, hat sich mittlerweile – was Umsätze und Erträge betrifft – zum weltweit bedeutendsten Wirtschaftszweig entwickelt.

- *Wachsende Vielfalt staatlicher Aufgaben*
Die Sicherheitskräfte sind überfordert, die Gerichte hoffnungslos im Verzug, die Gefängnisse überfüllt, Krankenhäuser, Altersheime, Schulen und Universitäten überlastet. Straßenunterhalt und Müllentsorgung können nicht mehr regelmäßig gewährleistet werden. Gleichzeitig müssen aufgrund der technologischen und gesellschaftlichen Entwicklung laufend neue Gesetze geschaffen werden – und Instanzen, die die Einhaltung dieser Gesetze kontrollieren. Trotz fortschreitenden Leistungsabbaus auf vielen Gebieten können die staatlichen Funktionen nur durch immer höhere Steuern aufrechterhalten werden. Und oft genug sind es die Gleichen, die am einen Ort »zu viel Staat« beklagen und am andern Ort nach mehr staatlicher Subvention rufen.

- *Drohender Öko-Kollaps*
Es soll hier nicht behauptet werden, Umweltschutz sei an sich unwirtschaftlich. Im Gegenteil, es tun sich hier neue und lukrative Märkte auf. Aber die heute zwingend gewordene umweltverträgliche Produktion ist für die Industrie mit enormen Investitionen verbunden. Vor allem aber:

Die Entsorgung der Altlasten – der Todsünden der Vergangenheit – verschlingt unvorstellbare Summen. Und wir haben nur die Wahl, sie zu bezahlen – oder zugrunde zu gehen.

- *Leben auf Pump*
  Massen von *Konsumenten* leben heute auf Pump. Die Mehrheit der Fahrzeuge, die auf unseren Straßen herumfahren, ist nicht bezahlt. Die meisten *Wirtschaftsunternehmen* leben auf Pump – und nicht wenige haben ihre gesamten Aktivitäten mit Fremdkapital finanziert. Beim geringsten Liquiditätsengpass droht Existenzgefahr – und zunehmend häufiger kommt es zur Pleite. Die große Mehrheit aller *Kommunen, Länder und Nationen* ist hoch verschuldet – und viele sind nicht einmal mehr in der Lage, gerade die Zinsen zu bezahlen. Ob im Kleinen oder im Großen – irgendwann einmal kommt die »Stunde der Wahrheit«. »Guthaben«, die nie und nimmer zurückbezahlt werden können, müssen abgeschrieben werden. Es kommt zu Wertberichtigungen, und diese können – in einer hoch vernetzten Welt, die insgesamt auf Pump lebt – Kettenreaktionen auslösen, in deren Verlauf Industriekonzerne, Bankenimperien oder Staatshaushalte zusammenbrechen. Das Phänomen »Crash« – im Kleinen wie im Großen – wird zum Alltagsereignis.

- *Kontinuierlich sinkende Zahl der Arbeitsplätze*
  Dies ist ein langfristig besonders gravierendes Problem: Massenarbeitslosigkeit. Man spricht zwar heute gern von »Strukturbereinigungen« und »Gesundschrumpfung« in der Wirtschaft. Die Vorstellung wird genährt, das Hauptproblem sei die Umschulung der Arbeitslosen. Tatsache ist jedoch, dass diejenigen, die arbeitslos werden, nur zu einem geringen Teil für Funktionen umgeschult werden können, in denen Personalknappheit herrscht. Tatsache ist ferner, dass sich in praktisch allen Märkten immer noch viele Firmen tummeln, die keine Chance haben, längerfristig zu überleben. Und Tatsache ist, dass auch diejenigen, die überleben, gezwungen sind, die Anzahl der Stellen zu reduzieren – und je kurzfristiger solche Entscheidungen fallen, desto eher sind sie mit Massenentlassungen verbunden.

  Der sukzessive Abbau von Arbeitsplätzen wird weitergehen und durch die Neuschaffung von Arbeitsplätzen nicht zu kompensieren sein. Dafür gibt es zwei Gründe. Erstens: Immer mehr Tätigkeiten – und zwar nicht nur in der Güterproduktion, sondern auch im Dienstleistungsbereich –

können heute ohne menschliches Dazutun schneller, präziser und kostengünstiger verrichtet werden. Und wer überleben will, ist gezwungen, diese Möglichkeiten der Rationalisierung und der Automatisierung konsequent zu nutzen. Zweitens: Auch Arbeitsplätze, die nicht automatisiert werden können, verschwinden von der Bildfläche: Sie werden exportiert. Immer mehr Betriebe werden in Europa geschlossen und in einem Billiglohnland, beispielsweise im Fernen Osten, wieder aufgebaut. Und solange es Länder mit wesentlich tieferem Lebensstandard und Lohnniveau gibt, werden europäische Unternehmen gezwungen sein, Arbeitsplätze zu verlagern.

Mit jedem einzelnen neuen Arbeitslosen sind im wirtschaftlichen Kreislauf drei Vorgänge verbunden: Erstens, beim Staat fallen gewaltige Kosten an. Zweitens, der Staat verliert einen Steuerzahler. Drittens – und dies wird immer gern übersehen –, der Markt verliert einen kaufkräftigen Konsumenten. Ohne Konsum keine Konjunktur. Für dieses Problem gibt es zum Zeitpunkt, da dieses Buch geschrieben wird, in der Politik weder echtes Bewusstsein noch realistische Szenarien – und schon gar keine Lösungen.

Jede einzelne der genannten Entwicklungen ist ein ernst zu nehmender, das wirtschaftliche Wachstum begrenzender Faktor. In der Kombination der Faktoren aber liegt eine gewaltige Brisanz (siehe Abbildung 1). Da muss man schon fragen: Wer soll das bezahlen? Wo soll das viele Geld herkommen, das hier gebraucht und verbraucht wird? Die Antwort ist einfach, aber unbequem: von uns allen. Von jedem einzelnen Bürger und von jedem einzelnen Unternehmen. Wir werden für gleiche Leistungen immer weniger Geld erhalten – und gleichzeitig immer mehr Steuern zahlen müssen. Geld ist deshalb nicht nur vorübergehend knapp. Geld wird knapp bleiben, und es wird noch knapper werden. Die Zahl der Millionäre und Milliardäre nimmt zwar deutlich zu. Aber die Mittelschicht erodiert. Auf einen, der in der sozialen Pyramide aufsteigt, kommen ganze Reihen, die absteigen. Die Reichen – statistisch gesehen eine kleine Minderheit – kompensieren mitnichten, was in der Gesamtbevölkerung an Kaufkraft verloren geht. Die tiefgreifenden Verschiebungen im Gefüge der Weltwirtschaft werden nur durch ein markantes *Absinken unseres Lebensstandards* aufgefangen werden können.

Abbildung 1: Anatomie der Krise

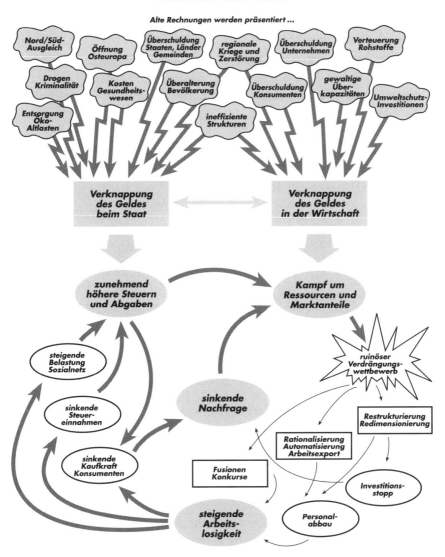

Treiber des Wandels: der Markt

Das globale Dorf

Ob die schier unbegrenzten Möglichkeiten zum Transport von Daten, Waren und Menschen ein Segen sind für die Menschheit oder eine gigantische, die Zivilisation bedrohende Fehlsteuerung, ist derzeit eine ideologische Frage ohne praktische Relevanz. Tatsachen sind: Die Edelhölzer der zerstörten Tropenwälder stehen in Form teuren Mobiliars in den Luxusvillen der Industrieländer herum. In chinesischen Steinbrüchen abgebauter Granit verziert europaweit Gartenanlagen, Küchen und Straßenränder. In Griechenland wird schwedisches Luxusbier getrunken, in Schweden Mineralwasser aus Italien. Wenn in einer dänischen Regionalzeitung ein paar harmlose Witzzeichnungen über den Propheten Mohammed veröffentlicht werden, erbebt die gesamte islamische Welt. Und wenn ein Terrorpate im Hindukusch die richtigen Fäden zieht, kapern ein paar in Hamburg lebende muslimische Studenten amerikanische Linienjets, fliegen mit Hunderten von Passagieren in die Zwillingstürme des World Trade Centers in New York und bringen im Namen Allahs Tausende von Menschen zu Tode. Tatsache ist aber auch, dass heute in Schwellenländern Osteuropas, Asiens sowie Süd- und Mittelamerikas mit einer unglaublichen Dynamik Mehrwert und Wohlstand produziert werden, und zwar nicht einfach auf Kosten der etablierten Industrienationen. Die Öffnung der Märkte erzwingt zwar eine neue Arbeitsteilung, die mit Strukturanpassungen verbunden ist. Sie bietet aber auch allen neue Chancen. Das Erzeugen von Wohlstand ist kein Nullsummenspiel. Wo immer mehr geleistet wird, entsteht neuer, bisher nicht vorhandener Mehrwert.

Die Welt ist heute in einem Ausmaß vernetzt, wie man sich dies noch vor wenigen Jahrzehnten nicht hätte vorstellen können. 650 Millionen km Glasfaserkabel verbinden Kontinente, Länder, Firmen und Institutionen. Damit man sich das bildlich vorstellen kann: Wenn die Erde die Größe einer Murmel hätte, wären 600 m Kabel auf ihr verlegt. Sie laufen über den Grund der Ozeane und können fast unbegrenzte Mengen an Daten transportieren. An jedem Punkt der Erde können über Satelliten Hunderte von TV- und Radiosendern empfangen werden. Waren werden per Schiff in wenigen Wochen von einem Ende der Welt zum anderen transportiert. Flugzeuge überbrücken Langstrecken in Stunden. Kommunikation und Transport sind aber nicht nur schneller geworden, sondern auch billiger. Standleitungen ins Internet machen das Quasseln mit einem Bekannten bei den Antipoden per Bildtelefon zu einem kostenlosen Freizeitvergnügen. Man konsumiert Früchte aus fernen Ländern. Die Puppe des Töchterchens kommt aus China, Papas Auto aus Korea, der Fernseher aus Japan. Die Welt ist zusammengeschmolzen. Man spricht vom globalen Dorf.

Aber es werden nicht nur Informationen und Waren billig transportiert, sondern auch Menschen. Otto Normalverbraucher fliegt mit der Familie für wenige Hundert Euro mal schnell auf die Malediven. Geschäftsleute verbringen einen großen Teil ihres Berufslebens in Flugzeugen und Hotels. Und Massen so genannter Migranten – viele als politische Flüchtlinge, die meisten auf der Suche nach Arbeit – sind in Bewegung. Allein in China sind Millionen Wanderarbeiter aus ländlichen Gegenden das ganze Jahr in den großen Ballungszentren unterwegs und alimentieren als billige Arbeitskräfte den wirtschaftlichen Boom. Ihre Familien sehen sie vielleicht noch einmal im Jahr.

Die Welt ist in Bewegung, um nicht zu sagen in Aufruhr. Die durch politische und ökonomische Migration sowie durch Privat- und Geschäftstourismus ausgelösten Menschenströme von heute lassen historische Völkerwanderungen als gemütliche Sonntagsspaziergänge erscheinen.

Globalisierte Absatzmärkte

Der Aktionsradius der Unternehmen hat sich gegenüber früher dramatisch vergrößert. Konzerne und ihre Zulieferer sind global aufgestellt. »*Think global, act local*« ist zum Symbol für weltweites Denken und Handeln geworden. Neue Märkte tun sich auf, neue Konkurrenten treten aufs Tapet. Geforscht wird dort, wo man qualifiziertes Personal findet. Produziert wird dort, wo die Arbeitskraft am billigsten ist. Vertrieben wird weltweit. Und dabei geht es nicht nur um Preise und Kosten. Es geht auch um Geschwindigkeit. Jeder hat die gleichen Informationen und Materialien zur Verfügung. Jeder kann alles kopieren. Nur wer laufend mit Innovationen aufwartet, hat im Markt die Nase vorn. Aber gute Ideen genügen nicht. »*Time to market*« heißt das Zauberwort. Microsoft, Sony oder Adidas – sie alle haben in allen Zeitzonen ihre Entwicklungsteams. Ob ein neues Software-Programm oder ein neuer Tennisschuh – die Produktentwicklung läuft rund um die Uhr. Kurz vor Feierabend im Kontinent A werden die Entwicklungsunterlagen an die Kollegen im Kontinent B übermittelt, und der Entwicklungsprozess wird nahtlos fortgesetzt – rund um die Uhr. Wenn ein Warenhauskonzern in Deutschland eine bestimmte Anzahl T-Shirts braucht, wird diese im Internet ausgeschrieben. Lieferanten aus Indien, China, Korea und Brasilien unterbreiten im Rahmen einer Auktion ihre Angebote. Innerhalb 24 Stunden ist das Geschäft abgeschlossen, wenige Wochen später liegen die neuen T-Shirts in deutschen Regalen. Die Erde ist zu einem einzigen Wirtschaftsraum geworden.

Deutschland hat im Jahr 2006 für 900 Milliarden Euro Automobile, Maschinen, Geräte, Anlagen sowie chemische Produkte in alle Welt exportiert – Finanz-, Beratungs- und Ingenieurdienstleistungen nicht eingerechnet. Aber umgekehrt ist auch gefahren. Aufstrebende Nationen wie Indien, China, Korea, Mexico oder Brasilien überschwemmen die Weltmärkte mit Produkten und Dienstleistungen aller Art – zu Preisen, zu denen westeuropäische Firmen schlicht nicht mehr konkurrenzfähig sind. Allein Dalian, eine 6-Millionen-Hafenstadt im Norden Chinas, deren Namen hierzulande kaum einer kennt, verschifft pro Jahr fünf Millionen Container – von Singapur, Hongkong und all den anderen Hafenstädten gar nicht erst zu reden. Ein einziges, modernes Container-Schiff befördert 1400 Container vom Format eines Eisenbahnwagens, ist das ganze Jahr rund um die Uhr im Einsatz und legt pro Tag 1000 km zurück. Hunderte dieser Giganten sind ständig auf den Weltmeeren unterwegs. Dazu kommen Tausende von herkömmlichen Frachtschiffen. Und die Schifffahrt ist nur für einen Teil des Warentransports zuständig. Die Luftfracht, der Güterverkehr auf der Schiene sowie Millionen Lastwagen der Straßenlogistik kommen hinzu.

Die Globalisierung hat gigantische Ausmaße angenommen. Doch die nackten Daten und Fakten sind das eine, die strukturellen Veränderungen, welche die turbulenten, weltweiten Daten-, Waren- und Menschenströme in den einzelnen Volkswirtschaften, Unternehmen und Institutionen auslösen, das andere.

Globalisierte Finanzmärkte

Bis vor noch gar nicht allzu langer Zeit war ein Aktionär ein menschliches Wesen aus Fleisch und Blut, welches mit einem Teil seines Ersparten einen Eigentumsanteil an einem Unternehmen erworben hatte. Das Unternehmen war lokal oder regional verwurzelt. Der Aktionär glaubte an »sein« Unternehmen und war an seinem Wohlergehen interessiert. Er blieb ihm durch Haussen und Baissen Jahrzehnte, wenn nicht ein Leben lang treu.

Das war einmal.

Heute vagabundieren permanent Billionen von Dollars rund um den Globus und suchen, wo immer auf dieser Welt, rentable Anlagemöglichkeiten – Aktienpakete, Staatsobligationen, Immobilien, aber auch komplexe, alternative Anlagen, so genannte Derivate, wie die Hedgefonds sie bevorzugen. Sie versuchen, Zinsdifferenzen auszunutzen, spekulieren mit der Entwicklung von Rohstoffpreisen, wetten auf die Veränderung von Währungsparitäten oder Börsenindices. Die wichtigsten Investoren sind nicht mehr Privatpersonen, sondern so genannte Institutionelle: Banken, Finanzgruppen, Pensionskassen, Investmentfonds. Sie beschäftigen Heerscharen von Finanzanalysten, bewegen gewaltige Kapitalvolumina und schichten von heute auf morgen Millionen oder Milliarden um, wenn ein Investment sich nicht wie erwartet entwickelt oder wenn sich plötzlich irgendwo eine besonders attraktive Option auftut.

Finanzanalysten bewerten die Aktie eines Unternehmens an der Börse aufgrund der kurz- bis mittelfristigen Rentabilität – d. h. aufgrund des zu erwartenden Börsenkurses sowie der zu erwartenden Dividende. Der Analyst versucht auf folgende Fragen Antworten zu finden: Wie ist das Unternehmen an der Börse derzeit bewertet? Ist es im Verhältnis zu seiner Substanz und seiner Leistungsfähigkeit vielleicht über- oder unterbewertet? Wie ist es von seinem Geschäftsmodell und seiner Strategie her im Markt aufgestellt? Wie ist es geführt? Was für Produktinnovationen hat es in der Pipeline? Was für Gewinne wird es voraussichtlich in der Bilanz ausweisen – und wie wird sich dies alles kurz- und mittelfristig auf den Börsenkurs der Aktie auswirken?

Die Investoren interessieren sich nicht für das Wohlergehen eines Unternehmens; nicht für die Mitarbeiter/-innen; nicht für die Arbeitsplätze; nicht für einzelne, regionale oder nationale Standorte. Sie interessieren sich nur für die zu erwartende Rendite auf das eingesetzte Kapital – und zwar nicht irgend einmal in der Zukunft, sondern in der allernächsten, absehbaren Zeit. Da mag auch niemand auf den in einem Jahr erscheinenden Geschäftsbericht warten. Kurzfristiges Reporting durch Quartalsberichte ist gefragt. Die berüchtigten *quarterly reports* setzen jedes Management unter einen enormen, kurzfristigen Erfolgsdruck und verleiten nicht selten dazu, längerfristige strategische Überlegungen sträflich zu vernachlässigen. Manch ein bedeutendes Unternehmen ist daran schon zugrunde gegangen.

Die Zerschlagung eines Unternehmens kann aber auch eine bewusste Entscheidung sein. Wenn es der Rendite dient, kann ein Unternehmen, wie man so schön sagt, »filettiert« werden: Teile werden verkauft, andere geschlossen, der Markenname, Maschinen und Immobilien versilbert. Dies ist zwar nicht der Normalfall, aber beispielsweise bei Übernahmen immer auch eine Möglichkeit.

Der Shareholder-Value

Dieser neudeutsche Begriff drückt genau das aus, worum es hier geht: die Aktionärsinteressen haben Vorrang. Sie überlagern im Zweifelsfall diejenigen aller anderen Interessengruppen – zumindest bis an die Grenze des gesetzlich Erlaubten. Dem kann sich kein Vorstand und keine Geschäftsleitung entziehen. Jede Unternehmensleitung hat eine vorgesetzte Instanz: den Aufsichts- oder Verwaltungsrat. Dieser vertritt in letzter Konsequenz die Interessen des investierten Kapitals. Er entscheidet über die Wahl und Abwahl sowie über die Honorierung der Mitglieder der Unternehmensleitung. Und: Er bestimmt, wo investiert wird und wo nicht. Was auch heute noch viel zu wenig ins Bewusstsein der Allgemeinheit gedrungen ist: Das Aufsichtsgremium bestimmt letztlich über Wohl und Wehe eines Unternehmens – und zwar in erster Linie nach finanziellen Gesichtspunkten. Dass gerade diese obersten Verantwortlichen immer dann, wenn es brenzlig wird, gerne abtauchen und womöglich auch noch behaupten, sie seien nicht informiert gewesen, steht auf einem anderen Blatt.

Je nachdem, wo man tätig ist, kann man den Shareholder-Value begrüßen oder beklagen. Ein nicht geringer Prozentsatz der Bevölkerung hat allerdings zwei Seelen in der Brust: als Arbeitnehmer mag man ihn als eiskaltes, gleichsam »über Leichen« gehendes Steuerungsprinzip beklagen. Als Kleinaktionär sowie über seine Rentenversicherung profitiert man finanziell selbst davon. Der eine weiß das, ein anderer weiß es vielleicht nicht, der Dritte will es nicht wissen – aber so ist es: Der Kapitalismus ist nicht auf einige Superreiche beschränkt.

Und ein Letztes muss gesagt sein: Es ist nicht von vornherein falsch, wenn ein Unternehmen die Schließung eines Standorts und den Export der Arbeitsplätze damit begründet, dass dies aus Gründen der Konkurrenzfähigkeit unausweichlich sei – und dass im Falle eines Festhaltens an den bisherigen Strukturen noch viel mehr Arbeitsplätze, im schlimmsten Fall alle, verloren gehen würden. Die weltweite Konkurrenz ist knallhart; sie schläft nicht; und wer in Sachen Kosten nicht mithalten kann, ist in kürzester Zeit weg vom Fenster.

Aber wie auch immer: Standortverlagerungen, Werkschließungen, Fusionen, Auslagerungen und Restrukturierungen sind Vorgänge, bei denen kein Auge trocken bleibt. Auf allen Stufen eines Unternehmens sind Funktionen, Arbeitsplätze und Menschen betroffen – nicht immer übrigens als »Verlierer«. Oft werden auch neue Arbeitsplätze geschaffen. Menschen werden umgeschult und verrichten anschließend eine interessantere Arbeit als vorher. Und wer mobil genug ist, kann unter Umständen eine steile Karriere machen. Aber ausgelöst sind all diese Veränderungen letztlich durch den Finanzmarkt, auf den jedes Unternehmen im Hinblick auf Wachstum und Investitionen dringend angewiesen ist.

Darwin regiert: ruinöser Verdrängungswettbewerb

Die Virulenz der Wettbewerbsverhältnisse in den Weltmärkten hat zwei Ursachen. Die erste ist hausgemacht. Die gesamte Industrie hat in den vergangenen Jahren unglaubliche Überkapazitäten aufgebaut. Jeder hat nach dem Motto geplant: »Die Welt ist groß – und sie gehört mir allein.« Wenn nur die Hälfte aller Autos gebaut würde, welche heute von den verschiedenen Herstellern gebaut werden könnten, würde kein Auto mehr fahren, weil alle Straßen verstopft wären. Ganze Arsenale von Flugzeugen sind bereits eingemottet. Sie haben keine Chance, je wieder in die Luft zu gehen, weil allein schon die Überfüllung der Lufträume und die begrenzte Kapazität der Pisten und Flughäfen dies nicht zulassen. Ähnliches gilt für das grafische Gewerbe, für den Bausektor, für die Computerindustrie – und für viele andere Branchen. Zu viele Anbieter mit zu großen Kapazitäten stehen sich in klar begrenzten Märkten gegenseitig auf den Hühneraugen herum. Resultat: Preisverfall – und schwindende Margen.

Aber auch wer keine Überkapazitäten aufgebaut hat, muss Spitzenleistungen erbringen, um im weltweiten Konkurrenzkampf zu bestehen. Nur noch die Besten können so viel Gewinn erwirtschaften, dass sie in der Lage sind, die für ein dynamisches Wachstum erforderlichen Investitionen zu finanzieren. Der Kampf um Marktanteile, welcher im magischen Dreieck »Preis/Qualität/Zeit« entschieden wird, ist für die meisten Marktteilnehmer längst keine sportliche Herausforderung mehr, sondern schlicht eine Frage des Überlebens. Es findet sich immer einer, der ein bestimmtes Produkt in vergleichbarer Qualität günstiger anbietet – manch einer sogar unter Verzicht auf jegliche Gewinnmarge, weil es ihm nur noch darum geht, gerade mal kostendeckend Kapazitäten auszulasten, damit er nicht gleich Konkurs anmelden muss. Und dies ist die Konsequenz: Jeder kriegt für immer mehr Leistung immer weniger Geld. Nur die Leistungsfähigsten können in diesem Ausscheidungskampf überleben. Und wann immer ein Unternehmen zusammenbricht, werden Hunderte oder Tausende von Menschen arbeitslos.

Der Durchschnittsbürger ist allerdings durch die Komplexität und die Geschwindigkeit der Vorgänge im Zusammenhang mit der Globalisierung überfordert. Die wenigsten Menschen sind sich bewusst, dass sie selbst in diesem Spiel kräftig mitmischen. Klein Hänschen und klein Gretchen suchen und kaufen ohne mit der Wimper zu zucken das günstigste Auto, die billigsten Kleider und Schuhe, die Schnäppchen in Sachen Fernsehgerät oder Spielwaren – alles aus Ländern wie China, Indien, Japan, Korea oder Brasilien. Und gehen am nächsten Tag empört auf die Straße, wenn ihr Arbeitgeber Personal abbaut oder ein ganzes Werk schließt. Zweierlei ist noch nicht Allgemeingut. Erstens, dass die Globalisierung nicht das Teufelswerk einiger Großkapitalisten ist, sondern eine weltweite Entwicklung, die niemand aufhalten kann; und zweitens, dass wir selbst, jeder Einzelne, nicht nur in Mitleidenschaft gezogen sind, sondern in vielfältiger Form davon profitieren.

Vom Lokalmatador zum Weltmeister: die Konzentration

Dies ist eine weitere Konsequenz der Globalisierung: ob im Sport, in der Musik, im Film oder in der Wirtschaft – eine verhältnismäßig kleine Gruppe von Individuen oder Firmen markiert weltweit die Spitze, die Übrigen figurieren unter »ferner liefen«. Die Spitzenkönner werden aufgrund der weltweiten Vermarktung weltbekannt und immer reicher. Immer breitere Massen von Mitspielern dagegen haben das Nachsehen. Im Weltmarkt erfolgreiche Firmen gewinnen durch privilegiertes Know-how sowie durch kostengünstige Massenfertigung – so genannte Skaleneffekte – zusätzlich an Marktpower und werden immer größer. Das heißt: In offenen Märkten führt Erfolg durch Breitenwirkung zu noch mehr Erfolg. Und da jeder Kunde – der Privatkonsument genauso wie der Einkäufer eines Unternehmens – weltweit den besten und preisgünstigsten Anbieter sucht, bilden sich in praktisch allen Branchen einige wenige Großfirmen als Weltmarktführer heraus. Daneben gibt es dann eine große Vielfalt von so genannten Nischen-Playern: kleine und mittlere Firmen, die sich in spezialisierten Teilmärkten tummeln. Aber auch hier findet ein permanenter Kampf um das wirtschaftliche Überleben statt. Auch hier sind Pleiten, Übernahmen und Fusionen an der Tagesordnung. Sie haben nur nicht den gleichen Aufmerksamkeitswert wie markante Veränderungen bei Marktführern.

Der Trend zur Konzentration gehört ebenfalls zu den Phänomenen, die man begrüßen oder beklagen kann, die sich aber nicht aufhalten lassen. Auch er trägt letztlich zu unserem Wohlstand bei, ist aber mit gewaltigen strukturellen und personellen Verwerfungen in der Arbeitswelt verbunden.

Konfrontation mit dem Fremden: Durchmischung der Kulturen

Als vor Jahren an der Peripherie eines südfranzösischen Provinzstädtchens ein McDonald's-Restaurant eröffnet wurde, dachte man: Wohl bekomms – das wird hier nie und nimmer funktionieren. Heute gibt es in diesem Ort bereits drei Lokale dieses U.S.-Konzerns, und alle drei werden lebhaft frequentiert. Ein und dieselbe amerikanische Fernsehserie läuft in aller Herren Länder. Die Boulevard-Blätter beschäftigen sich weltweit alle mit immer wieder den gleichen, wenigen Filmschauspieler/-innen, Pop-Musikern, Sportgrößen und Königshäusern. Das Gesicht ein und desselben Models lächelt rund um den Globus von den Plakatwänden. Coca-Cola wird in Schwarzafrika genauso getrunken wie in Japan oder Mexico. Der westliche Lebensstil diffundiert in die entlegensten Regionen und weckt überall die gleichen Konsumbedürfnisse – und versetzt religiöse Führer, die um ihre Macht bangen, in Rage.

Kulturen werden durchlässig, traditionelle Lebensformen schrittweise aufgeweicht. Man weiß, wie anderswo gelebt wird, und Versuche, sich gegen unerwünschte Einflüsse abzuschotten, geraten über kurz oder lang zu Rückzugsgefechten. Keine Diktatur ist heute noch in der Lage, die Bevölkerung hermetisch von allen Informationsmöglichkeiten abzuriegeln. Ein staatliches Fernsehen kann allenfalls noch per Dekret auf Linie gebracht werden – beim Internet, ohne welches es heute kein erfolgreiches Wirtschaften mehr gibt, hört die Kontrolle auf. Jeder kann sich hier darüber informieren, was auf der Welt los ist, was sich in anderen Ländern tut – und wie anderswo über das eigene Land gedacht wird.

Die Weiterverbreitung von Lebensformen muss unter systemischen Gesichtspunkten betrachtet werden. Neue Kundenbedürfnisse führen zu neuen Produkten. Aber ebenso wahr ist: Neue Produkte erzeugen neue Bedürfnisse. Was weltweit angeboten wird, schafft neue, bisher unbekannte Begehrlichkeiten. Jede neue Technologie, jedes neue Produkt, jede neue Informations- und Kommunikationsmöglichkeit verändert langsam, aber sicher Lebensgewohnheiten und Lebensformen. Was gestern noch unbekannt war, wird morgen schon zum Standard. Und jede Veränderung in den Märkten führt zu umfangreichen strukturellen und personellen Veränderungen in der Wirtschaft.

Klumpenrisiken

Die Globalisierung führt nicht nur zu weltweiten Chancen in der Vermarktung von Produkten, Dienstleistungen und Markennamen, sondern auch zur Akkumulation von Gefahrenpotenzialen. Die Immobilienkrise von 2007/2008 ließ die Weltwirtschaft haarscharf an einem Börsencrash vorbeischrammen. Mit Formaldehyd kontaminiertes Spielzeug aus China gefährdet die Gesundheit vieler Tausender Kinder in den Exportstaaten. Aufgrund geringfügiger Fehler in einem Steuerungsprogramm kommt es im neuen Mega-Terminal des Flughafens London Heathrow unmittelbar nach der Einweihung zum größten Gepäck-Gau aller Zeiten: Zehntausende Gepäckstücke finden ihre Eigentümer nicht, Dutzende von Flügen in alle Welt müssen gestrichen werden, Tausende Passagiere bleiben tagelang im Flughafen sitzen. Und dies ist die vielleicht größte Gefahr der Globalisierung: Die rasche Verbreitung ansteckender Krankheiten in alle Teile der Welt – das Damoklesschwert verheerender Pandemien.

Freiheit und Ungleichheit: die Schere Arm/Reich

Das vorliegende Buch befasst sich mit den Gründen für den Wandel in Organisationen sowie mit der Frage, wie er in einem Unternehmen oder in einer Institution bewältigt werden kann. Es handelt nicht in erster Linie von den gesellschaftspolitischen Konsequenzen. Aber dieser Aspekt ist unserem Verständnis nach zu wichtig, um unerwähnt zu bleiben: je größer die Wirtschaftsräume, je mächtiger die führenden Unternehmen und je stärker die Konzentration, desto markanter die Diskrepanz zwischen einer kleinen Gruppe von Hauptgewinnern und der Masse der am Wirtschaftsprozess Beteiligten. Anders ausgedrückt: die Schere zwischen Arm und Reich öffnet sich immer mehr.

Ob in China, in den USA, in Deutschland oder in der Schweiz: eine kleine Elite von Unternehmern, Managern, Sportlern, Künstlern und – nicht zu vergessen – Kriminellen wird immer reicher, die Kluft zwischen ihnen und den Menschen am unteren Ende der sozialen Pyramide immer größer. Es wird zwar immer wieder beschwichtigend darauf hingewiesen, dass durch erfolgreiches Wirtschaften auch neue Arbeitsplätze geschaffen werden; dass der Staat durch Steueraufkommen alimentiert wird; dass nach Fernost exportierte Arbeitsplätze dort zur Herstellung von Produkten führen, die wir dann preisgünstig einkaufen können; und dass dies wiederum unsere eigene Kaufkraft steigert und letztlich den allgemeinen Lebensstandard anhebt.

Dies alles ist nicht falsch. Aber es geht hier um die Frage der Verhältnismäßigkeit. Der von einer überschaubaren Gruppe erwirtschaftete Mehrwert darf nicht über das weitverbreitete Drama der Armut – nicht nur in fernen Ländern, sondern auch direkt vor unserer eigenen Haustüre – hinwegtäuschen. Die so genannten *working poor* (in Deutschland als *Prekariat* bezeichnet) bilden in allen europäischen Ländern eine beunruhigend wachsende Minderheit. Verkaufte, entführte und ausgebeutete Frauen bevölkern die Bordelle der Wohlstandsgesellschaften. Die Alters- und Sozialrenten drohen überall ausgehöhlt zu werden. Gleichzeitig machen immer wieder Exzesse von exorbitanten Managergehältern sowie Korruptionsfälle im obersten Management großer Konzerne Schlagzeilen, die zeigen, wie ungeniert an der Spitze auf Kosten der Allgemeinheit abgesahnt wird.

Im Frühjahr 2008 wurde ruchbar, dass die Schweizer Großbank UBS sich in der Subprime-Krise in den USA maßlos verspekuliert hatte und satte

40 Milliarden Schweizer Franken abschreiben musste. Innerhalb kürzester Zeit waren an der Börse viele Milliarden Aktionärsvermögen vernichtet. Um das Unternehmen zu retten, wurde der Staatsfond von Singapur im Rahmen einer Kapitalerhöhung mit 10 Milliarden am Eigentum der Bank beteiligt. Das Management, das jahrelang politisch für »weniger Staat« lobbyiert hatte, war sich nicht zu schade, die Bundesregierung um Unterstützung anzubetteln – was zum Glück abgelehnt wurde. In diesen gleichen Tagen wurde die Gesamtsumme der im UBS-Konzern für das Jahr 2007 ausbezahlten Boni bekannt: 8 Milliarden Schweizer Franken. Der Löwenanteil ging an Manager, versteht sich. Ähnlich aufsehenerregende Vorgänge bei Daimler-Chrysler, Siemens, Volkswagen, der Deutschen Post und anderen prominenten Gesellschaften sind in bester Erinnerung. Wenn dann in den Unternehmensleitlinien auch noch nachzulesen ist, dass das obere Management den Anspruch hat, in Sachen Ethik und Moral Vorbildfunktion auszuüben, gerät das Ganze zur peinlichen Lachnummer. Die Verzerrung der Einkommens- und Lebensverhältnisse, mit denen die Globalisierung derzeit einhergeht, ist und bleibt ein Skandal.

Herausforderung Nr. 1:
Bewältigung von Komplexität

Dies ist ein genereller Befund: Es passiert heute ständig zu viel gleichzeitig. Ob als Politiker, Manager oder Chefbeamter: Man überblickt nicht mehr alles, was gerade passiert. Man versteht nicht mehr bei allem, warum es passiert – dann, wenn es passiert. Man hat nicht mehr alles einfach »im Griff«. Man kann nicht immer steuern, wenn man meint, es müsste gesteuert werden. Und oft genug ist man Entwicklungen ausgesetzt, deren Verlauf man nicht zu prognostizieren vermag.

Vor allem aber: Alles ist zunehmend mit allem »vernetzt«. Was man an einem Ort tut, kann an einem ganz anderen unvorhergesehene Konsequenzen zeitigen. Technische, ökonomische, politische und gesellschaftliche Prozesse beeinflussen sich gegenseitig und entwickeln ihre Eigendynamik. Es kommt zu »Kipp-Effekten« – und von heute auf morgen hat sich ein bisher realistisches Szenario in sein Gegenteil verwandelt. Das heißt: Wir haben es nicht nur mit knappen Ressourcen, sondern auch mit einer zunehmenden

Komplexität zu tun. Das Führungsgeschäft ist insgesamt schwieriger geworden.

Dies hängt in erster Linie mit dem rasanten strukturellen und gesellschaftlichen Wandel zusammen. Es ist heute praktisch nichts mehr so, wie es einmal war – und wenn es etwas gibt, das sich verlässlich vorhersagen lässt, dann dies: *Es wird nie mehr so sein, wie es einmal war.* Für viele Menschen aber – nicht nur in der Wirtschaft – hat sich die Veränderung zu schnell vollzogen. Manager und Führungskräfte sind plötzlich und zum Teil völlig unerwartet vor ganz neue Aufgaben gestellt – und diese Aufgaben erfordern zum Teil völlig neue Kenntnisse und Fähigkeiten.

Anhand einiger wichtiger, heute erkennbarer Trends wird nachfolgend aufgezeigt, inwiefern sich die Funktionen und die Aufgaben der Führungskräfte im betrieblichen Alltag verändern, welche Komplexität dadurch in ihren Berufsalltag eingesteuert wird – und welche Führungseigenschaften in Zukunft besonders gefragt sein werden (siehe Abbildung 2).

Durchführen organisatorischer Veränderungen

Zukunftssichernde strategische und unternehmenspolitische Entscheidungen werden in den kommenden Jahren vermehrt zur Verlagerung von Aufgaben und zu neuen Schnittstellen in der Organisation führen – oft mitten durch die einzelnen Betriebe und bis hinunter an die Basis: Umgestaltung der Produktpalette; Reduktion von Verwaltungsaufwand; Verflachung der Hierarchie; Schaffen ergebnisverantwortlicher Geschäftsbereiche; Dezentralisierung im Hinblick auf Markt- und Kundennähe; Fusionen, Kooperationen und Joint Ventures; Verlagerung von Aktivitäten in andere Länder.

Jede dieser Entscheidungen bedeutet, dass Massen von Führungskräften aller Stufen während eines halben oder ganzen Jahres zweierlei gleichzeitig bewältigen müssen: die Aufrechterhaltung des Normalbetriebs – und die Umstrukturierung ihrer Organisationseinheit. Die Führung des normalen Geschäfts – das hat man im günstigsten Fall noch gelernt, obwohl auch hier nicht jeder aus dem Vollen schöpft. Vor einer Reorganisation im eigenen Verantwortungsbereich aber stehen heute viele zum ersten Mal in ihrem Leben. Ein solches Projekt erfordert besondere Mechanismen der Planung, Steuerung, Kommunikation und Führung – und in personellen Fragen ist äußerste Umsicht und Sorgfalt gefragt, wenn das Tagesgeschäft einiger-

Abbildung 2: Faktoren, die den Berufsalltag im Management prägen

Durchführen organisatorischer Veränderungen

◘

Schaffen eines intakten sozialen Arbeitsumfelds

◘

Abbau hierarchischer Schranken

◘

Leistung erzeugen durch Synergie

◘

Flexibilisierung der Arbeitsformen und Arbeitszeiten

◘

Organisieren von Lernen und Entwicklung

◘

Frauen erobern Schlüsselpositionen

◘

Management von Konflikt- und Krisensituationen

◘

Entlassung von Mitarbeiterinnen und Mitarbeitern

◘

Aushalten innerer Zielkonflikte und Widersprüche

◘

Steuerung und Kontrolle durch Kommunikation

◘

Zukunftsplanung aufgrund komplexer Szenarien

◘

Integration durch Visionen und Leitbilder

maßen normal über die Bühne und im klimatischen Bereich nicht allzu viel Porzellan in die Brüche gehen soll. Dies alles immer unter einem enormen Zeit- und Leistungsdruck. Da ist manch einer – als Mensch und als Manager – schlicht überfordert.

Schaffen eines intakten sozialen Arbeitsumfelds

Je größer das Unternehmen, je mehr Technik im Einsatz, je mehr Umstellungen im Betrieb, je höher der Leistungsdruck, desto wichtiger wird – neben anderen Faktoren wie adäquatem Lohn, interessanten Aufgaben oder Selbstständigkeit am Arbeitsplatz – ein ersprießliches Zusammenleben und Zusammenwirken im engeren Arbeitsumfeld. Die Menschen sind nicht mehr, wie früher, in einem Dorf und in einer Großfamilie aufgehoben. Vielen fehlt von Haus aus ein Mindestmaß an menschlicher Akzeptanz, Geborgenheit, Zuwendung und Wärme. Sie sind darauf angewiesen, im Arbeitsfeld ein emotionales »Zuhause« zu finden, um sich mit dem Unternehmen identifizieren und ihre volle Leistungsfähigkeit entfalten zu können.

Manch einer, der sich darüber beklagt, Arbeitskräfte würden heute nur noch »jobben« und kein Geschäftsinteresse zeigen, sollte zunächst scharf hingucken, wie es um die Qualität der menschlichen Beziehungen in seinem Verantwortungsbereich bestellt ist. Dieser Teil der Führungsaufgabe stellt allerdings spezifische Anforderungen: Freude am Kontakt mit Menschen; Gespür für die emotionale Lage anderer; aber auch eine gewisse Ruhe und etwas Zeit, denn im zwischenmenschlichen Bereich kommt man mit Stoppuhr und Checkliste nicht allzu weit.

Abbau hierarchischer Schranken

Es zeigt sich heute zunehmend, dass tiefgestaffelte Organisationen mit vielen Hierarchieebenen für das Tempo, das heute vorgelegt werden muss, zu schwerfällig und ineffizient sind. Die Wege müssen verkürzt, die Anzahl der Ebenen muss reduziert werden. »Flachere Hierarchie« heißt das Motto. Flachere Hierarchie aber bedeutet breitere Führungsspannen: Der einzelne Vorgesetzte hat mehr direkt unterstellte Mitarbeiter. Dies wiederum bedeutet eine massiv erhöhte Komplexität im Führungsprozess: Mehr Mitarbeiter suchen Einzelaudienz; ein größerer Kreis sitzt am Tisch der Führungsbesprechungen; die Koordination wird aufwändiger; eine größere Vielfalt von Sachfragen muss im operativen Tagesgeschäft bewältigt werden. Dies, wie gesagt, bei allgemein erhöhtem Tempo.

Aber auch in flachen Hierarchien ist man nicht gefeit gegen Entfremdungen zwischen Spitze und Basis. Das Führungskonzept nach Bad Harzburger Modell – vielen Führungskräften in Fleisch und Blut übergegangen – funktioniert nicht mehr. Die kaskadenartige Delegation scharf abgegrenzter Aufgaben von Stufe zu Stufe führt zu einer fatalen Verdünnung der relevanten Information sowohl von oben nach unten wie auch von unten nach oben. Die Basis weiß nicht mehr, »was die dort oben eigentlich tun«, geschweige denn, warum sie es tun – und das Management weiß nicht mehr, was die Menschen an der Basis interessiert, was sie bewegt und was sie brauchen, um ergebnisorientiert arbeiten zu können.

Der Dienstweg hat zwar nicht ausgedient als Weg der betrieblichen Entscheidungen und der Aufgabenkoordination. Qualifizierte Führung im Unternehmen aber setzt voraus, dass die Vorgesetzten aller Ebenen über mehrere Stufen hinweg kommunizieren. Direkte Kontakte zur übernächsten Stufe sind notwendig, um zu erfahren, was dort angekommen ist und was nicht. Direkter Kontakt zur Basis und gutes Zuhören sind notwendig, um zu spüren, was sich im Betrieb tut. »*Management by wandering around*« wird zum vielleicht wichtigsten Führungsinstrument überhaupt. Dies bei einem Kalender, in dem man kaum eine Rasierklinge zwischen die Sitzungstermine kriegt.

Leistung erzeugen durch Synergie

Die Kunst der Führung besteht heute zunehmend darin, mit Ressourcen, die auch der Konkurrenz zur Verfügung stehen, durch Synergieeffekte eine höhere Gesamtleistung zu erzielen. Dies hängt unter anderem von den Strukturen ab: Die Aufgaben müssen sinnvoll gebündelt sein. Es hängt aber auch, entscheidend sogar, vom Verhalten der Menschen ab – davon, wer mit wem in welcher Art und Weise kommuniziert und kooperiert. Dies gilt für das Zusammenspiel im Rahmen einer Konzernorganisation genauso wie für das Zusammenspiel von Mitarbeitern und Arbeitsgruppen im Betrieb. Darauf Einfluss zu nehmen ist eine Kernfunktion der Führung.

Damit aber werden im Führungsalltag spezifische Fähigkeiten wichtig: die Kunst geschickter Sitzungsleitung; Konferenz- und Tagungsgestaltung; Moderation von Ideenfindungs- und Problemlösungsprozessen; Teambildung und Teamentwicklung; Projekt-Management; Konfliktbewältigung. Dies ist nichts grundsätzlich Neues. Aber die Bedeutung nimmt angesichts der heute gegebenen Rahmenbedingungen für betriebliches und unternehmerisches Management erheblich zu. Know-how und Kompetenzen, die man früher bei Spezialisten in zentralen Fachfunktionen wie Bildungswesen oder Organisation fallweise abgerufen hat, gehören zunehmend zum unverzichtbaren Führungsinstrumentarium der Linienvorgesetzten.

In größeren, insbesondere in multinationalen Unternehmen bedeutet Synergie nicht zuletzt auch das Vernetzen unterschiedlicher Kulturen. Interkulturelles Management ist zu einem Thema geworden. Aber auch in ein und demselben Land kann Kulturarbeit gefragt sein, wenn verschiedene Unternehmen durch Aufkäufe oder Fusionen in einen Konzern integriert werden sollen. Manch ein Wirtschaftskapitän hat unter dem Motto »Synergien nutzen« gewaltige Imperien zusammengekauft – und außer Volumen nichts erreicht. Wenn an den Kulturen der einzelnen Unternehmen nicht intensiv gearbeitet, die Bereitschaft zur Kooperation nicht gezielt entwickelt wird, ist und bleibt ein Konzern nicht mehr als die Summe seiner Einzelteile.

Flexibilisierung der Arbeitsformen und Arbeitszeiten

Attraktivität als Arbeitgeber und Bindung qualifizierter Mitarbeiter an das Unternehmen bleiben zukunftssichernde Erfolgsfaktoren – und diese setzen flexible Arbeitsformen voraus: Teilzeitarbeit, Heimarbeit, Jobsharing, Jobrotation. Insbesondere das Potenzial der Frauen – das in vielen Bereichen möglicherweise entscheidende Nachwuchspotenzial für anspruchsvolle Fach- und Führungsfunktionen – kann auf breiterer Basis nur dann aktiviert werden, wenn flexible Arbeitseinsatzmöglichkeiten vorhanden sind – und zwar nicht nur für die Frauen, die im Falle einer Schwangerschaft geeignete Ausstiegs- beziehungsweise Teilzeit- und Wiedereinstiegsmöglichkeiten brauchen, sondern auch für deren Ehemänner. Es gibt heute immer mehr Männer, die bereit sind, Hauswirtschaft und Kinderbetreuung partnerschaftlich zu teilen – und als Kind, ohnehin nicht gerade in die beste aller Welten gesetzt, kann man solche Bestrebungen der Eltern nur begrüßen. Aber dann muss auch der Vater flexible Einsatzmöglichkeiten finden, damit die Mutter beruflich am Ball bleiben kann.

Im Hinblick auf eine konsequentere Flexibilisierung der Arbeitszeit, zumal in Führungsfunktionen, ist in der Wirtschaft und in der Verwaltung noch einiges Umdenken erforderlich. Zugegeben: Den Vorstandsvorsitz sollte man nicht in Heimarbeit, nicht als Halbtagsjob und auch nicht unbedingt im Jobsharing vergeben. Aber in den meisten Firmen und Verwaltungsbetrieben gibt es neben der obersten Führungsfunktion noch weitere Arbeitsplätze. Man würde gar nicht glauben, auf wie viele Möglichkeiten man in der Praxis kommt, wenn man den Organisationsplan mit unverstelltem Blick durchforstet. Gratis allerdings ist dies nicht zu haben. Die Ausbildungskosten pro Arbeitsplatz steigen. Und vor allem: Flexible Arbeitsformen bedeuten eine Komplizierung der Führung im betrieblichen Alltag. Die Leute sind nicht immer alle zur gleichen Zeit da. Man braucht geeignete elektronische Medien. Es entsteht zusätzlicher Koordinationsaufwand.

Organisieren von Lernen und Entwicklung

Für immer mehr Menschen, insbesondere für die jüngere Generation, wird Lernen zum entscheidenden Merkmal eines attraktiven Arbeitsplatzes. Das gezielte Fördern individueller Entwicklung – sowohl bezüglich des fachlichen Know-how als auch bezüglich der Persönlichkeit – wird zu einer wichtigen Grundlage erfolgreicher Personalpolitik. Während früher das Lernen in Kursen und Seminaren, das Arbeiten im Betrieb stattfand, kommt es heute zunehmend zu einer Integration: Gelernt wird vor allem »on the job«, problem- und erfahrungsorientiert, am Arbeitsplatz. Damit wird der Vorgesetzte zum zentralen Förderer und Begleiter individueller Entwicklung durch sinnvolle Delegation von Aufgaben, partnerschaftliche Zielvereinbarung, offene und auf gegenseitiger, konstruktiver Kritik beruhende Gespräche über Leistungsergebnisse und Zusammenarbeit – aber auch durch Aufzeigen von Perspektiven für die weitere berufliche Laufbahn. Nichts begeistert Menschen stärker als ihr eigener Fortschritt. Wer als Vorgesetzter etwas dafür tut, hat Mitarbeiter, die ihr Bestes geben.

Dies aber bleibt: Entwicklungsgespräche erfordern Zeit. Jeder Mitarbeiter muss seinen individuellen Fähigkeiten und seiner persönlichen Lernkurve entsprechend gefördert werden. Überforderung führt genauso zu Leistungsblockaden wie Unterforderung. Vor allem aber: Man hat nie voll ausgebildete Mitarbeiter. Wer nämlich seine Aufgabe einigermaßen beherrscht, ist eigentlich fällig für den nächsten Entwicklungsschritt.

Im Übrigen besteht die hohe Schule der Personal- bzw. Führungsentwicklung darin, durch den Aufbau und die Pflege kollegialer Netzwerke dafür zu sorgen, dass die Mitarbeiter/-innen nicht lediglich auf Angebote des Unternehmens warten, sondern zunehmend mehr Selbstverantwortung für die eigene Entwicklung übernehmen.

Frauen erobern Schlüsselpositionen

Dieser Trend ist vorprogrammiert: Frauen gelangen vermehrt in Führungspositionen – in der Politik genauso wie in der Wirtschaft und in der Verwaltung. Diese Entwicklung wird in ihrer Bedeutung für das qualitative Wachstum unserer Gesellschaft immer noch unterschätzt.

Wo immer Frauen dabei sind, wird das Klima offener, die Diskussion lebendiger, in komplexen Problemsituationen kommt man schneller zum Kern der Sache – was nicht immer angenehm ist, aber effizient. Frauen haben über ihre rationale Intelligenz hinaus einen unmittelbaren Zugang zu den Emotionen – zu ihren eigenen und zu denjenigen ihrer Mitmenschen. Und Gefühle machen nun mal weniger Umwege als der analytische Verstand. Sie sind häufig die kürzeste Verbindung zwischen zwei Punkten – etwa einem Symptom und seiner Ursache. Ob Frauen im Durchschnitt auch mutiger sind, mehr Zivilcourage haben als Männer, ist umstritten – in der Praxis entsteht jedenfalls häufig dieser Eindruck. Aber möglicherweise hat dies damit zu tun, dass Frauen seltener als alleinernährendes Familienoberhaupt im Berufsleben stehen und sich deshalb mit geringerer Rücksicht auf Verluste exponieren können. Außer Zweifel steht jedenfalls, dass formale Macht, Taktik und Karriereüberlegungen bei Frauen nicht den gleichen Stellenwert haben wie bei Männern. Dies führt zu einer anderen Ökonomie der Kräfte.

Und sicher ist dies: Es ist nicht nur für Frauen schwierig, sich in einer Männerwelt zu behaupten. Es ist auch für Männer nicht einfach, sich auf Frauen als gleichwertige Partnerinnen im Arbeitsfeld einzustellen. Etwa auf eine fähige Kollegin, die alle Gebote kollegialer Konkurrenzrituale missachtet und ihre Energie voll in die gestellte Aufgabe und in die Kooperation mit anderen investiert. Plötzlich eine tüchtige Frau als Chefin zu haben ist für lahme Männer kein Zuckerschlecken. Und wenn der Zufall es will, dass sie auch noch eine gewisse Attraktivität besitzt, muss manch einer sein Verhaltensrepertoire erst einmal gründlich sortieren, bevor er wieder handlungsfähig wird.

Management von Konflikt- und Krisensituationen

Meinungsverschiedenheiten und Interessenkollisionen zwischen einzelnen Personen, Mitarbeitergruppen oder Organisationseinheiten sind im betrieblichen Alltag etwas ganz Normales: Zielkonflikte zwischen zwei Ressorts, Meinungsverschiedenheiten zwischen Kollegen, Krisenherde in einzelnen Abteilungen, mal hier ein Konflikt mit einer Gewerkschaft, mal dort eine Auseinandersetzung mit einer Behörde. In einer Zeit kaum mehr beherrschbarer Technologien und nicht mehr überblickbarer Datenflüsse ist kein Unternehmen gefeit gegen größere Pannen, Unfälle oder Fehlleistungen, die es schlagartig in Konflikt mit fremden Interessen oder ins Scheinwerferlicht der Öffentlichkeit bringen können.

Führungskräfte sind deshalb heute zunehmend häufiger mit kritischen Situationen konfrontiert – sei es als *Konfliktpartner*, zum Beispiel als Vertreter der Interessen einer bestimmten Funktion im Unternehmen oder als Vertreter der Interessen des Unternehmens in überbetrieblichen Gremien, sei es als *Konfliktmanager*, zum Beispiel, wenn im eigenen Verantwortungsbereich einzelne Mitarbeiter nicht kooperieren oder ganze Abteilungen einen Grabenkrieg führen. Solche Aufgaben erfordern sowohl Belastungsfähigkeit als auch Sensibilität, Know-how im Managen von Krisensituationen sowie eine hoch entwickelte Dialogfähigkeit. Man glaubt gar nicht, wie viele Vorgesetzte sich angesichts schwelender Konflikte hinter ihrem Schreibtisch verkrümeln. Ihr Verhalten ist das Resultat von Fluchtimpulsen. Sie haben Angst vor ihren eigenen Mitarbeitern.

Entlassung von Mitarbeitern

Dies ist etwas vom Schlimmsten, was einer Führungskraft passieren kann: dass sie aus wirtschaftlichen Gründen gezwungen ist, Entlassungen durchzuführen. Nur eines ist noch schlimmer, nämlich selbst entlassen zu werden. Leider gibt es keinen Zweifel: Entlassungen gehören mal hier und mal da zum Führungsgeschäft. Aber auf das Wie kommt es an. Am bequemsten ist es, sich hinter dem Sozialplan zu verstecken und den gesamten Vorgang der Personalabteilung zu überlassen, die man ansonsten das ganze Jahr über als ineffizient und bürokratisch abqualifiziert hat.

Doch wer seine Führungsaufgabe ernst nimmt und dem Image seines Unternehmens keinen Schaden zufügen will, kann es sich nicht leisten, Entlassungen in bürokratischer Manier abzuwickeln. Er muss sich persönlich mit den Betroffenen einlassen und auseinandersetzen – und wer nicht aus Stein ist, dem geht so etwas unter die Haut. Zumal in einer Zeit, da viele kaum eine Chance haben, einen neuen Arbeitsplatz zu finden. Wenn sich deshalb in der Führung jemals die Frage stellt: »Flüchten oder standhalten?« – dann hier.

Aushalten innerer Zielkonflikte und Widersprüche

Als Führungskraft wird man in Zukunft vermehrt Situationen ausgesetzt sein, in denen eigene Interessen, Bedürfnisse oder Wertvorstellungen miteinander in Widerstreit geraten können. Da gibt es zum einen Widersprüche zwischen eigenen emotionalen Bedürfnissen und äußeren Sachzwängen – wie beispielsweise im Fall von Entlassungen aus wirtschaftlichen Gründen. Dann gibt es im beruflichen Alltag laufend Widersprüche zu verkraften zwischen der eigenen Meinung – so man eine hat – und der Notwendigkeit offizieller Stellungnahme als Funktionsträger und Interessenvertreter des Unternehmens. Da kann man nicht immer sagen, was man persönlich denkt und empfindet. Da wird man sich selbst mal hier und mal da untreu. Dass allerdings viele Führungskräfte sich mehr prostituieren, als zur Lebenserhaltung unbedingt notwendig wäre, steht auf einem anderen Blatt.

Last, not least: Es ergeben sich laufend Widersprüche zwischen persönlichen Ansichten und der im Umfeld vorherrschenden Meinung. Hierarchischer Druck durch Vorgesetzte sowie Gruppendruck durch Kollegen oder Mitarbeiter gehören wohl zu den häufigsten und gleichzeitig schwersten Belastungen im Arbeitsleben von Führungskräften. Vielen Funktionsträgern in der Wirtschaft und in der Verwaltung ist die Fähigkeit, unabhängig zu denken und selbstverantwortlich zu handeln, im Lauf der Jahre erfolgreich abtrainiert worden. Innere Konflikte und Widersprüche werden glatt verdrängt, und manch ein Lebenskünstler nimmt überhaupt nicht mehr wahr, was eigentlich in ihm vorgeht. Und nun stehen wir da, mit einer jungen Generation kritischer Menschen, die alles hinterfragen, denen nichts heilig ist – und die nur bereit sind mitzugehen, wenn die Fragen, die in der Luft liegen, aufgenommen und die Probleme, die vorhanden sind, angepackt werden.

Steuerung und Kontrolle durch Kommunikation

Führungskräfte auch mittlerer Stufen sind zunehmend häufiger gefordert als Meinungsmacher auf dem politischen Parkett. Unternehmen und Öffentlichkeit sind immer stärker miteinander vernetzt. Information verbreitet sich intern wie extern zunehmend schneller. Gerüchte, Stimmungsbilder und Meinungstrends entwickeln ihre Eigendynamik. Dazu kommt: Unsere gesamten Lebensgrundlagen sind gefährdet – technische und politische Kontrollsysteme erweisen sich immer häufiger als defizitär. Die Menschen sind deshalb immer weniger bereit, die Politik den Politikern, die Forschung den Wissenschaftlern und die Wirtschaft den Unternehmen zu überlassen. Es wird sich eingemischt, man ist als Manager zur Auseinandersetzung gezwungen. »Image« wird zu einem zentralen Machtfaktor, und zwar sowohl unternehmensintern als auch in den Beziehungen nach außen. Vertrauen in eine Person – gerechtfertigt oder nicht – mobilisiert die Massen, breite Akzeptanz einer Idee vermag Berge zu versetzen.

»*Wer die Öffentlichkeit verliert, ist nicht mehr König*«, sagte schon Aristoteles. Umgang mit Großgruppen, Öffentlichkeit und Medien wird zu einem zunehmend wichtigeren Arbeitsfeld für Manager. Damit aber werden auch neue Fähigkeiten und Eigenschaften wichtig: Glaubwürdigkeit in Aussage und Ausdruck; Spontaneität; Schlagfertigkeit; Gespür. Jeder Fernsehzuschauer weiß aus eigener Erfahrung, wie schnell ein Politiker bei ihm verspielt hat, wenn er mit hohlen Phrasen um sich wirft, der Diskussion ausweicht oder immer dann durch Abwesenheit glänzt, wenn kritische Fragen gestellt werden.

Zukunftsplanung aufgrund komplexer Szenarien

Bei Lichte betrachtet, hat man es heute in den meisten Zweigen der Wirtschaft mit der Nicht-Planbarkeit der Zukunft zu tun. Die Konjunktur, der US-Dollar, die Zinsen, der Energiepreis, die Absatzmärkte, die Konkurrenz, die politische Situation in den einzelnen Regionen dieser Erde, die technologische Entwicklung – all dies lässt sich nicht mehr, wie früher, einfach von einer Planperiode in die nächste extrapolieren. Langfristige strategische Planung, ja sogar mittelfristige Planung, beruht zunehmend auf Szenarien. Man hat es immer mit mehreren möglichen Zukünften zu tun. In einem derart turbulenten, mit so hohen Risiken behafteten Umfeld geht es im Wesentlichen um zweierlei:

Erstens: *Beweglichkeit und Anpassungsfähigkeit*. Anstatt das Unplanbare zu planen, muss das Unternehmen alle Kräfte darauf konzentrieren, rasch auf neue Gegebenheiten im Markt reagieren zu können. »Design for Change« ist angesagt. Flexibilität der Strukturen und Abläufe, Mobilität und Polyvalenz der Mitarbeiter werden zu strategischen Erfolgsfaktoren.

Zweitens: *Rückbesinnung auf Kernkompetenzen*. Was können wir besonders gut? Wo sind wir besser als unsere Konkurrenten? Man plant nicht mehr alle möglichen Aktivitäten, die auch noch interessant wären. Man konzentriert vielmehr alle Kräfte auf das, was man wirklich beherrscht – und sorgt dafür, dass man auf diesem Gebiet auch in Zukunft besser ist als andere. Dies bedeutet: Qualifizierte Arbeitskraft wird zur entscheidenden Ressource.

Doch Flexibilität erfordert eine grundlegend andere Organisation. Mit Verschieben von Kästchen im Organigramm ist es da nicht getan. Und: Qualifizierte Mitarbeiter in flexiblen Strukturen erfordern von den Vorgesetzten menschen- und problemorientierte Formen der Führung.

Integration durch Visionen und Leitbilder

Die effizientesten Organisationen, die größten politischen und sozialen Kräfte auf dieser Welt – Religionen, Reformbewegungen und Revolutionen – gehen zurück auf einige wenige zentrale »Botschaften«, die das einzelne Individuum in wichtigen emotionalen Bedürfnissen ansprechen, ihm einen Sinn und fassbare Ziele vermitteln und sein Verhalten – zum Guten oder Schlechten für andere – in eine bestimmte Richtung steuern. Nun ist ein Industrieunternehmen zwar keine religiöse Veranstaltung. Aber Führung durch Sinngebung erweist sich auch in der Wirtschaft als einzig möglicher Weg, um Menschenmassen in großen und komplexen Organisationen auf ein gemeinsames Ziel hin zu orientieren. Eine »Philosophie zum

Anfassen« ist gefragt. Da helfen nicht irgendwelche abstrakten, in wissenschaftlichem Jargon abgefassten und drei Aktenordner füllende Strategiepapiere in den Schubladen des obersten Managements sowie einiger Spezialisten in der Planungsabteilung. Da geht es um einige wenige einfache, bis an die Basis verständliche und durchkommunizierte, durch praktische Führungsmaßnahmen unterstützte und durch Vorbildwirkung glaubwürdig gemachte Ideen und Grundsätze, die jedem Mitarbeiter den Nutzen der Unternehmensleistung für den Kunden sowie die Bedeutung seines individuellen Beitrags zum gemeinsamen Erfolg plausibel machen.

Die zunehmende Bedeutung der Identifikation zieht sich wie ein roter Faden durch die Bestseller der Management-Literatur – von Drucker und Peters/Waterman bis hin zu Carlzon und Iacocca. Aber das Erzeugen von Identifikation setzt geistige Führerschaft, Kommunikation im emotionalen Bereich und persönliches Engagement seitens des Managements voraus. Da muss man sich kritisch mit Zeit- und Wertfragen auseinandersetzen – und sich offen dazu äußern. Da können keine grauen Mäuse, keine Technokraten und keine Frühstücksdirektoren gebraucht werden. Dieser Satz stammt von Antoine de Saint-Exupéry: »*Wenn du ein Schiff bauen willst, fang nicht an, Holz zusammenzutragen, Bretter zu schneiden und Arbeit zu verteilen, sondern wecke in den Männern die Sehnsucht nach dem großen, weiten Meer.*«

Herausforderung Nr. 2:
Interkulturelle Zusammenarbeit in einer globalen Ökonomie

Wenn im Weltmarkt möglichst viele am freien Spiel der wirtschaftlichen Kräfte beteiligt sein sollen, dürfen Staatsgrenzen nicht automatisch auch Wirtschaftsgrenzen sein. Protektionismus schützt zwar vor Wettbewerb, doch fehlender Wettbewerb verhindert Innovation, engt die Märkte ein und reduziert letztlich den Wohlstand aller. Dass die soziale Abfederung, wenn sie innerhalb der Staatsgrenzen ausfällt, ebenfalls global konzipiert werden müsste, steht auf einem anderen Blatt.

Wie immer man die weitere Entwicklung einschätzen mag – eines ist klar: Wir haben es schon jetzt mit einer rasant zunehmenden Vernetzung wirtschaftlicher Arbeitsprozesse zu tun – und zwar gleich in mehrfacher Hinsicht. Erstens, Unternehmen und Institutionen agieren zunehmend global. Zweitens, sie sind mehr und mehr durch Fusionen und Kooperationen miteinander verflochten. Drittens, als Folge der Optimierung von Geschäftsprozessen fallen auch innerhalb der einzelnen Unternehmen die Grenzen zwischen bislang säuberlich getrennten Funktionsbereichen wie Forschung, Entwicklung, Produktion, Vertrieb, Logistik, Administration. Last, but not least: Hersteller bilden zunehmend kooperative Netzwerke mit Kunden und Lieferanten, teilweise gar mit Wettbewerbern.

Allerdings: So schnell Verbindungen eingegangen werden, so schnell können sie auch wieder aufgelöst werden. Der Konkurrent von heute kann der Verbündete von morgen sein – und umgekehrt. Prozess- und Wertschöpfungsketten werden je nach Kunden- und Marktbedarf immer wieder neu konzipiert und arrangiert. Die Zahl virtueller Organisationen, die parallel zur herkömmlichen Organisation aufgebaut werden, aber viel leichter und schneller veränderbar sind, nimmt insgesamt zu.

Solche Formen der Unternehmensführung erfordern ein außerordentlich flexibles, bislang nicht gewohntes Zusammenspiel unterschiedlicher Kulturen, das heißt verschiedenartiger Denk- und Verhaltensmuster. Vor diesem Hintergrund stellen sich einige grundsätzliche Fragen:

- Ist eine Synthese der Kulturen eigentlich möglich – und ist sie wünschenswert?
- Kann man lernen, sich kompetent *multikulturell* oder *interkulturell* zu verhalten, sich zumindest in einigen anderen Kulturen so zu bewegen, dass man eine Chance hat, von den anderen als »einer von uns« oder zumindest als geeigneter Partner akzeptiert zu werden?
- Gibt es kritische Knotenpunkte, an denen sich aufgrund unterschiedlicher kultureller Zugehörigkeit unterschiedliche Muster des Verstehens und Verhaltens ergeben, die zu Brüchen in der gegenseitigen Verständigung sowie zu Konflikten in der Zusammenarbeit führen können?

Darauf gibt es keine allgemeingültigen Antworten. Aber es scheint sich immer wieder zu bestätigen: Unterschiede gibt es vor allem im Hinblick auf die Art, wie Führung gefordert, wahrgenommen und beurteilt wird; in welcher Form Entscheidungen getroffen werden; wie kommuniziert wird; wie viel Offenheit und Direktheit im Umgang miteinander gelassen werden; wie der Faktor Zeit gewichtet wird; welche Rolle der Einzelne im Verhältnis zur Gruppe spielt, der er angehört; und wie vor diesem Hintergrund Leistung bewertet und Anerkennung gezeigt wird.

Gesucht: Interkulturelle Kompetenz

Interkulturelle Kompetenz, bis vor kurzem noch kaum ein Begriff, wird für immer mehr Manager und Mitarbeiter zur normalen Anforderung im Arbeitsalltag – und gleichzeitig zu einem Schlüsselfaktor erfolgreicher Unternehmensführung. Das schnell wechselnde Miteinander führt zu einer ständigen Konfrontation mit unterschiedlichen Interessen und Sichtweisen, Wissens-, Ausbildungs- und Erfahrungsniveaus, Einstellungen, Weltanschauungen, Sprachen, Denkmustern, Lebensentwürfen und Organisationsmodellen. Das notwendige Zusammenspiel untereinander folgt nicht mehr, wie in den alten Organisationen, eindeutigen und fest gefügten Spielregeln, sondern muss immer wieder neu ausgelotet, ausgehandelt und vereinbart werden. Hierbei können die unterschiedlichsten Vorstellungen hinsichtlich der zeitlichen Dauer sowie der Verbindlichkeit getroffener Vereinbarungen aufeinanderprallen.

Im Grunde stehen wir vor der gleichen Herausforderung wie in einer Partnerschaft im Privatleben. Eine Beziehung ist nur dann und nur so lange tragfähig, wie zwei Bedingungen erfüllt sind: Erstens, jeder Partner muss eine grundlegende Eigenständigkeit besitzen und behalten dürfen. Zweitens aber, jeder muss ein gerüttelt Maß an Verständnis für den anderen aufzubringen willens und in der Lage sein, auf dessen Bedürfnisse einzugehen.

So weit die Theorie. Was aber passiert wirklich – im Privaten wie im Geschäft? Solange es keine gemeinsame Geschichte und keine gemeinsame Sprache gibt, überwiegen Missverständnisse, Vorurteile und Projektionen. Der Stärkere neigt spontan dazu, seine Denkweise dem anderen wie einen Stempel aufzudrücken. Allein schon die Furcht vor der Dominanz des anderen kann einen Partner dazu bringen, sich abzuschotten. Missverständnisse sind vorprogrammiert: Was die einen als gute Führung ansehen, betrachten andere als soziale Verwahrlosung, als *Laisser-faire*, wo jeder machen kann, was er will. Was für die einen Klarheit und Orientierung bedeutet, interpretieren andere bereits als Kommandowirtschaft. Eine stramm moderierte Sitzung, von den einen stolz als beeindruckendes Resultat exakter Planung und sachlicher Diskussion angesehen, erleben andere als eine grobe Missachtung grundlegender sozialer Umgangsformen: Statt sich gleich in die Arbeit zu stürzen, hätte man besser daran getan, sich in einem mehrstündigen Mahl sowie in ausgedehnten Aufwärmrunden persönlich näherzukommen. Was die einen als Problembewusstsein betrachten, etikettieren andere als wehleidiges Jammern. Ein und dieselbe Situation wird von den einen als Katastrophenfall, von anderen dagegen als sportliche Herausforderung betrachtet, die es zu bewältigen gilt.

Was kann getan werden, um Menschen unterschiedlicher Herkunft und Mentalität konstruktiv zusammenzuführen – anstatt lediglich darauf zu hoffen, dass die Dinge sich irgendwann irgendwie von selbst ergeben werden? Wenn Menschen einigermaßen störungsfrei miteinander umgehen wollen, müssen sie voneinander wissen, was jeder von bestimmten Situationen erwartet und wie er darauf reagieren wird. Sie müssen nicht unbedingt gleich denken und handeln. Aber jeder muss wissen, wie der andere wahrscheinlich denken und handeln wird. Partner müssen – bei aller Unterschiedlichkeit – füreinander berechenbar sein.

Annäherung durch Dialog

Um dies zu erreichen, müssen Partner sich in einem offenen und einfühlsamen Dialog annähern können. Nur im direkten, persönlichen Kontakt miteinander kann man sich schrittweise kennen lernen. Selbst wer die Sprache eines fremden Landes versteht, vielleicht sogar spricht, und vieles über dessen Sitten und Gebräuche gelesen hat, wird zunächst alles, was ihm vor Ort begegnet, nur vor dem Hintergrund der eigenen Kultur und der eigenen Erfahrungen interpretieren. Es erfordert große Neugier, Offenheit und Risikobereitschaft, sich wirklich auf das Fremde einzulassen und es trotz seiner Andersartigkeit als etwas Eigenständiges und Wertvolles schätzen zu lernen.

Die meisten Menschen neigen nicht dazu, sich dem Fremd- und Andersartigen vorurteilsfrei zu nähern. Es gibt zwei typische Reaktionen, die, anstatt Brücken zu bauen, Barrieren errichten: Die erste besteht in spontanem Misstrauen und entsprechender Zurückhaltung. Sie gründet in der Angst vor dem Fremden und Unbekannten. Anstatt neugierig und offen auf den anderen zuzugehen, sucht der Mensch sein Heil in der Abgrenzung. Er verteidigt die eigene Kultur als das eine und einzige Nonplusultra wie eine Wagenburg. Die zweite Reaktion, in Verbindung mit einem Gefühl der Stärke und Überlegenheit, besteht in Überheblichkeit. Der Mensch nimmt für sich die Deutungshoheit in Anspruch und setzt die Normen. Er tut alles, um die ihm gewohnten Spielregeln wenn notwendig auch mit Gewalt durchzusetzen – und die anderen zu zwingen, sich bedingungslos anzupassen.

Interkulturelle Kompetenz bedeutet, Unterschiede sensibel wahrnehmen zu können, aber nicht aus der Welt schaffen zu müssen; sich dem Fremden interessiert zu nähern – durchaus mit einer gewissen Beklommenheit; und schließlich Wege zu suchen, das Andersartige für beide Seiten fruchtbar zu machen. Menschen können das lernen und üben. Wenn dem nicht so wäre, gäbe es keine mulitkulturellen Gemeinschaften. Zwei Voraussetzungen müssen allerdings in einem Unternehmen gegeben sein. Erstens, eine entsprechende Normensetzung und Vorbildwirkung durch die Unternehmensleitung. Zweitens, gezielt geschaffene Gelegenheiten für Führungskräfte und Mitarbeiter/-innen, sich ihren neuen Partnern sowohl im themenzentrierten Dialog als auch in informellen Kontakten anzunähern. So banal es klingt: Kennenlernen bedeutet kennen lernen – und auch soziales Lernen kann gezielt eingeleitet und gefördert werden.

Die zunehmende Vernetzung der Welt, die Unmöglichkeit, sich auf Dauer abzuschotten, und die immer häufigere Notwendigkeit, sich mit Menschen aus anderen Sprach- und Kulturregionen auseinanderzusetzen, werden bei immer mehr Menschen und Gruppen in den verschiedensten Ländern zu einer Öffnung führen. Dies wiederum wird nicht ohne Einfluss bleiben auf die Politik. Es ist zumindest denkbar, dass der aktuelle »Kampf der Kulturen« längerfristig in eine bessere Völkerverständigung übergeht.

Kapitel 2

Organisation: »Design for Change«

Neue Aufgaben – neue Strukturen

Wenn Zeit und Geld knapp werden und gleichzeitig die Komplexität zunimmt, kann man nicht mehr so weiterwirtschaften wie in der Vergangenheit. Die Herausforderung für das einzelne Unternehmen lautet:

> *schnellere und wirtschaftlichere Bewältigung*
> *einer zunehmenden Vielfalt*
> *sich rasch ändernder Aufgaben.*

Dies hat Konsequenzen für die Organisation. Dass in der Sowjetunion zentral gesteuerte Planwirtschaft mit ausgeprägt hierarchischen und arbeitsteiligen Organisationsformen ineffizient war und zu Bürokratismus sowie Demotivation an der betrieblichen Front geführt hat, das haben alle Schlaumeier hier im Westen immer schon gewusst. Nicht alle aber hatten bemerkt, dass es bei uns in großen Organisationen ähnliche Strukturprobleme gibt.

Der Trend führt heute in den meisten Großunternehmen weg von der klassischen funktionalen Gliederung, einem hochgradig zentralistischen und arbeitsteiligen Strukturkonzept. Wer überleben will, muss folgende Voraussetzungen schaffen:

- *Nähe zum Markt und zum Kunden*
  durch Verkürzung der Wege;
- *rasche Reaktionsfähigkeit und hohe Flexibilität*
  durch Verlagerung operativer Entscheidungskompetenzen an die Front beziehungsweise Basis;
- *Steigerung der Produktivität und der Qualität*
  durch Motivation, Kommunikation und Kooperation;

— *Optimierung der Kosten*
durch Straffen der Produktpalette, Reduktion des administrativen Überbaus, Vereinfachung von Abläufen.

Hierbei geht es nicht um kosmetische Retuschen, sondern um ein grundsätzliches *Reengineering der Geschäftsprozesse*. Und dies sind die organisatorischen Konsequenzen, die heute allenthalben gezogen werden:

»*Dezentralisierung*«
»*Regionalisierung*«
»*Profit-Center-Organisation*«
»*Holding-Struktur*«
»*Lean Production*«
»*Lean Management*«
»*Projekt-Organisation*«
»*Total Quality Management*«

Perfektion im Modell: das Netzwerk

Eines ist nun höchst bemerkenswert: Alle diese Konzepte laufen in der Konsequenz auf eine ganz bestimmte Organisationsform hinaus, nämlich auf eine *Netzwerk-Struktur*. Diese zeichnet sich aus durch: *flache Hierarchie; hohe Selbstständigkeit der einzelnen Organisationseinheiten; hohe Vielfalt lokal unterschiedlicher Organisationsformen; Gesamtsteuerung über gemeinsame Ziele und Strategien*. Dies gilt sowohl für die Gesamtorganisation, etwa eine Konzernstruktur mit einem differenzierten Netz von Tochtergesellschaften und Profit-Centern, als auch für die Feinstruktur einzelner Betriebe mit dem heutigen Trend hin zu Projekt-Organisation, Fertigungsinseln, teilautonomen Arbeitsgruppen und ähnlichen Formen flexibler Arbeitsorganisation (siehe Abbildung 3).

Nicht von ungefähr ist die Netzwerkorganisation in der Natur, als Ergebnis der Evolution über Millionen von Jahren, besonders verbreitet. Sie ist allen anderen Organisationsformen in folgenden Punkten klar überlegen: Sie bewältigt mit Abstand das *höchste Maß an Komplexität*; sie gewährleistet eine *rasche Reaktion auf Veränderungen im Umfeld*; die Organisation vermag sich *besonders flexibel an neue Gegebenheiten anzupassen*;

Abbildung 3

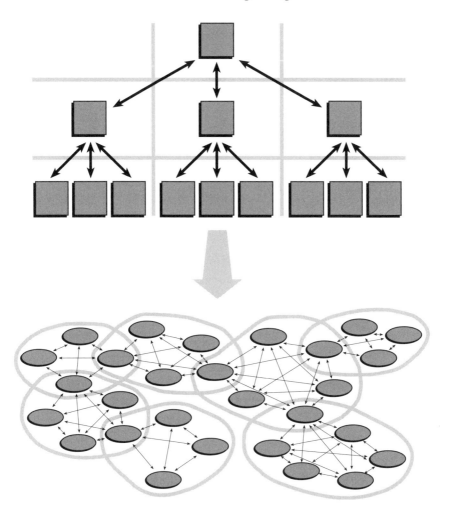

und sie ist insgesamt *weniger stör- und krisenanfällig*: Pannen und Unfälle können zwar ein Teilsystem außer Betrieb setzen – aber es ist praktisch kaum mehr möglich, dass durch Ausfall einer zentralen Funktion die gesamte Organisation lahm gelegt wird. Und da alle wichtigen Teilfunktionen in die einzelnen Subsysteme integriert sind, können Ausfälle an einem

Ort verhältnismäßig leicht an einem anderen kompensiert werden. Dies erhöht die Gesamtproduktivität, die Regenerationsfähigkeit und damit die Überlebensfähigkeit der Organisation.

Strukturprinzip: Prozessketten

Von den Bauhaus-Architekten stammt der Grundsatz: »*Structure follows Function.*« Am Anfang steht die Idee: die Vision – und die Formulierung eines Leitbildes. Daraus leiten sich die Ziele der Organisation ab – und Strategien, um diese Ziele zu erreichen. Aus diesen Grundlagen ergeben sich konkrete Aufgaben – und Prozesse, die zur Erfüllung dieser Aufgaben erforderlich sind. Auf *funktionsfähige Prozesse* und *sinnvolle Prozessketten* – und auf nichts anderes – muss die Gestaltung der Organisation heute ausgerichtet sein.

Zu Zeiten der Stabilität und Kontinuität, als die Aufgaben über lange Zeit unverändert bestehen bleiben konnten, hat man in Kästchen des Organigramms – und, wenn man sehr fortschrittlich war, in Stellenbeschreibungen – gedacht. In einer instabilen Umwelt aber sind die Aufgaben, und damit die Prozesse zu deren Bewältigung, einem ständigen Wandel unterworfen. Das organisatorische Denken entwickelt sich zu einem Denken in rasch sich ändernden Prozessketten. Flexible, auf begrenzte Zeit angelegte Projektorganisation – früher mal hier und mal da zur Erfüllung spezieller Aufgaben im Rahmen der Forschung und Entwicklung eingesetzt – wird im Vergleich zur Linienorganisation immer wichtiger. In vielen Bereichen ist schon heute jede auf Dauer angelegte organisatorische Lösung die begründungspflichtige Ausnahme.

Wenn alles im Fluss ist, wird rasche und qualifizierte Verständigung zur Überlebensfrage. Die Informationsströme müssen an die Prozessketten gekoppelt werden. Etablierte Hierarchien, wo noch vorhanden, sind für Informationen nicht durchlässig genug. Jede Zwischenstufe verändert die Botschaft – falls sie sie überhaupt weitergibt; denn niemand würde etwas weitergeben, das ihm schaden könnte; jeder aber wird eine Duftmarke dazutun, von der er annimmt, dass sie für ihn nützlich sein könnte.

Effektivität und Produktivität in einer Situation kontinuierlichen Wandels setzen voraus, dass die Information dann, wenn sie verfügbar ist, auf dem direktesten Wege dorthin gebracht wird, wo sie gebraucht wird – und der direkte Weg führt entlang der Prozessfolge. Dies bedeutet: Hierarchische Positionen geraten mehr und mehr aus dem Strom der relevanten Information. Es kommt zu einer schleichenden Umverteilung von Macht. Mehr noch: Die Hierarchie hat aufgehört, sich selbst zu legitimieren. Jede hierarchische Stufe gerät in Beweisnotstand. Sie muss, will sie überleben, ihre Existenz durch das begründen, was sie im Rahmen definierter Prozessketten an Mehrwert schafft. In den monströsen Pyramiden gewachsener Hierarchien gelingt dies nicht immer. Die Hierarchien beginnen abzuflachen. Die Wege werden kürzer.

Quantensprung

Was leider weithin verkannt wird, ist der Umstand, dass es sich bei diesem Konzept nicht um eine normale Anpassung der Organisation handelt. Wir haben es vielmehr mit einem *radikalen strukturellen Umbruch* zu tun. Den neuen Konzepten liegt ein völlig anderes Organisationsmodell zugrunde. Wir bewegen uns weg von der klassischen, auf Arbeitsteilung und Hierarchie beruhenden Organisation, hin zu einem Netzwerk selbstständiger, hoch integrierter und im operativen Bereich selbststeuernder Betriebe und Gruppen.

Damit diese Organisation wirklich funktioniert, genügt es nicht, zentrale Funktionen zu zerschlagen oder aufzuteilen und an die Peripherie zu verlagern. Da geht es nicht darum, durch Verschieben einiger Kästchen im Organigramm die Aufgaben etwas anders zu verteilen. Es geht vielmehr darum, die Aufgaben grundsätzlich anders anzupacken. Zwei Voraussetzungen sind hierbei entscheidend:

Erstens: Selbststeuerung erfordert ein *hohes Maß an Kommunikation und Kooperation* innerhalb der einzelnen Gruppen und Organisationseinheiten. Die Fähigkeit zu echter Teamarbeit auf allen Stufen wird zu einem zentralen Erfolgsfaktor. Wie die Autoren des Buches *»The Wisdom of Teams«* feststellen: *»Real teams are the most common characteristic of successful change efforts at all levels.«*

Zweitens: Sinnvolle Koordination im Gesamtverbund setzt voraus, dass auf allen Stufen *unternehmerisch gedacht und im Gesamtinteresse gehandelt* wird. Konkret: Es muss allenthalben funktions-, ressort- und betriebsübergreifend kommuniziert und kooperiert werden – selbsttätig und selbstverantwortlich, wohlgemerkt, denn da gibt es keine machtvolle zentrale Steuerung mehr. Wie der Chef eines Schweizer Maschinenbaukonzerns allen Mitarbeiterinnen und Mitarbeitern nahe gelegt hat: »*Handle im Auftrag, handle ohne Auftrag, handle gegen den Auftrag – aber handle im Interesse des Unternehmens!*«

Wir haben es also bei der Netzwerkorganisation mit einem hochgradig *interaktiven Organismus* zu tun. Offene und lebendige Kommunikation ist die Grundlage der Steuerung und der Selbstregulierung. Sie ist letztlich die einzig taugliche Alternative zu dem auf straffer hierarchischer Gliederung beruhenden Steuerungsmodell. Oder etwas vereinfacht: *Kommunikation ist die Alternative zur Hierarchie.*

Dies ist ein Quantensprung, der vergleichsweise demjenigen vom guten alten VW Käfer zu einem hochgezüchteten Ferrari Testarossa entspricht. Doch Zwölf-Zylinder-Power und 48-Ventil-Technik allein genügen nicht für eine ersprießliche Reise. Wenn das Gerät nicht an der nächstliegenden Wand zu Schrott gefahren werden soll, muss es richtig gesteuert werden. Da gibt es einen kritischen Engpassfaktor – und der heißt Mensch. Exakt gleich verhält es sich bei einem so hoch differenzierten und sensiblen Organisationsmodell wie der Netzwerkorganisation. Dreierlei ist von Mitarbeitern und Führungskräften gefordert: persönliches Engagement, Kommunikationsfähigkeit und Kooperationsbereitschaft.

Der letztere Punkt ist der schwierigste. Wenn wirklich kooperiert werden soll, muss Kooperation konsequent belohnt und mangelnde Kooperation ebenso konsequent bestraft werden. Unser Führungsinstrumentarium ist aber fast ausnahmslos darauf angelegt, Einzelleistung und Einzelverantwortung zu züchten und zu prämieren. Und so stehen wir heute da, mit Heerscharen von Einzelkämpfern und Solotänzern, die man – vor allem wenn sie mal Direktoren geworden sind – manchmal gar nicht mehr umziehen, sondern nur noch auswechseln kann.

Gefragt: Motivation und Identifikation

Trotz teilweise widriger Rahmenbedingungen: Von den meisten Mitarbeitern und Führungskräften kann man im Prinzip Einsatz, Kommunikation und Kooperation kriegen – unter zwei Voraussetzungen: erstens, hohe *Job-*

Motivation – und zweitens, hohe *Identifikation mit dem Unternehmen.* Motivation entsteht durch interessante Arbeit, anspruchsvolle Aufgaben und angemessene Handlungsspielräume. Die notwendigen Rahmenbedingungen dafür können noch verhältnismäßig leicht geschaffen, das heißt durch die Einführung neuer Arbeitsformen gezielt organisiert werden. Mit der Identifikation ist es schwieriger. Sie setzt etwas voraus, das man nicht von heute auf morgen herbeiorganisieren, sondern nur durch sorgfältige Entwicklungsarbeit aufbauen kann: eine *starke und lebendige, auf Offenheit und Vertrauen beruhende Unternehmenskultur.*

Es mag manch einen irritieren, dass in einem Kapitel, das eigentlich von »Organisation« handelt, über »Kultur« gesprochen wird. Doch exakt hier zeigt sich, wie grundlegend der Umbruch ist, der sich zurzeit im Management vollzieht. Den genannten, zukunftsorientierten Strukturmodellen liegt ein neues, ganzheitliches Organisationsverständnis zugrunde. Genauso wie ein Datenverarbeitungssystem nicht nur aus »Hardware«, sondern auch aus einer ganz bestimmten »Software« besteht – genauso zeichnet sich eine Organisation nicht nur durch »harte Faktoren«, technische und administrative Strukturen und Abläufe, sondern auch durch unterschiedlich ausgestaltete »weiche Faktoren« aus: die Motivation der Mitarbeiter etwa; das Arbeitsklima; den Führungsstil; den Informationsfluss; die Art und Weise der Entscheidungsbildung im Unternehmen; oder die Leichtigkeit beziehungsweise Schwerfälligkeit, mit der notwendige Veränderungen realisiert werden.

Genauso wie die »Software« sich im Laufe der Jahre als der eigentliche Engpassfaktor der EDV-Systeme herausgestellt hat, zeigt sich heute, dass bei der modernen Leistungsorganisation die Kunst der Fuge nicht so sehr im Strukturkonzept liegt, sondern vielmehr in der Gestaltung der »weichen Faktoren«, das heißt in der Entwicklung einer entsprechenden Unternehmenskultur. Und genau wie bei den technischen Systemen müssen »Hardware« und »Software« auch in sozialen Systemen sorgfältig aufeinander abgestimmt sein. Den Grundsatz *»Structure follows Strategy«* führt heute jeder auf den Lippen, der gern als Manager betrachtet werden möchte. Der zweite, nicht minder wichtige Satz muss von vielen erst noch gelernt werden: *»Culture follows Strategy«* (vgl. Abbildungen 4 und 5).

Abbildung 4: Kultur

> Kultur ist die Summe der Überzeugungen,
> die eine Gruppe, ein Volk oder eine Gemeinschaft
> im Laufe ihrer Geschichte entwickelt hat,
> um mit den Problemen
> der internen Integration *(Zusammenhalt)*
> sowie der externen Anpassung *(Überleben)*
> fertig zu werden.
>
> Sie ist die Summe der Regeln
> (»*To do's*« *und* »*Not to do's*«),
> die so gut funktionieren,
> dass sie zu »ungeschriebenen Gesetzen« werden
> und jeder nachfolgenden Generation
> als die »richtige« Art
> des Denkens, des Fühlens und des Handelns
> weitergegeben werden.

Unternehmenskultur: Fünf Schlüsselfaktoren

Die wesentlichen Elemente einer veränderungsfreundlichen Unternehmenskultur (vgl. dazu auch Teil III, 14. Kap. »*Veränderung der Unternehmenskultur*«) sind in einem Buch von Clifford/Cavanaugh mit dem Titel »*The Winning Performance – in a Changing Environment*« besonders klar zusammengefasst. Die Autoren haben eine größere Anzahl von Firmen untersucht, die sich in besonders turbulenten Märkten im internationalen Wettbewerb besonders erfolgreich behauptet haben. Es haben sich fünf Faktoren herauskristallisiert, die in der Tat die entscheidenden Voraussetzungen für ein dynamisches Management des Wandels darstellen:

- *Kreative Unruhe*
  Die Veränderungen im Umfeld, in der Strategie des Unternehmens, in den zur Bewältigung der Zukunftsaufgaben des Unternehmens notwendigen Strukturen und Abläufen sowie in den erforderlichen Skills *bringen* nicht nur Unruhe ins System, sondern *erfordern* nachgerade Unruhe im System. Pioniergeist, kreative Unruhe und Experimentierfreude auf allen Stufen

sind unabdingbar notwendige Ingredienzen der Veränderungskultur. Jeder bürokratischen Verkalkung muss von vornherein und kompromisslos entgegengetreten, neue Ideen, Mobilität und Umstellungsbereitschaft müssen konsequent belohnt werden. Da muss radikal umdenken, wer bisher jegliche »Unruhe in der Belegschaft« als existenzielle Gefahr für das Unternehmen von vornherein zu vermeiden versucht hat.

- *Konfliktfähigkeit*
Strukturen und Abläufe, Spielregeln und Verhaltensweisen, Informationskanäle und Entscheidungswege müssen verändert, Althergebrachtes und Liebgewordenes müssen durch Neues und Ungewohntes ersetzt werden. Dies geht nicht ohne Spannungen und Konflikte ab. Meinungen, Interessen und Bedürfnisse prallen aufeinander. Eine *konstruktive Streitkultur* wird zum Erfolgsfaktor: die Fähigkeit, Spannungsfelder frühzeitig zu orten und Konflikte nicht zu verdrängen, sondern auf den Tisch zu bringen und konstruktiv auszutragen.

- *Zusammengehörigkeitsgefühl*
Das Gefühl des Dazugehörens und des Beteiligtseins. »Wir« anstelle von »die dort drüben«, »die dort unten« oder »die dort oben«. Auf Offenheit, Vertrauen und gegenseitiger Akzeptanz beruhender Gemeinschaftssinn. Das sagt sich so einfach, aber mit dekorativen Floskeln und frommen Wünschen ist es hier leider nicht getan. Wer im operativen Tagesgeschäft keinen Einfluss auf Entscheidungen hat und bei der erstbesten konjunkturellen Schwankung riskiert, auf der Straße zu landen, kommt nicht auf die Idee, in der »Wir«-Form zu sprechen. Unternehmen, in denen ein ausgeprägtes »Wir«-Gefühl spürbar ist, bieten ihren Angestellten ausdrücklich *keine Arbeitsplatz-Sicherheit*, wohl aber ein hohes Maß an *Beschäftigungs-Sicherheit*. Und wenn Not am Manne ist, werden solidarisch finanzielle Opfer verlangt: progressiv nach oben und bis in die Unternehmensleitung steigende Gehaltseinbußen – damit niemand entlassen werden muss.

- *Sinnvermittlung*
Die Kunst, jeder Mitarbeiterin und jedem Mitarbeiter – bis hinunter an die Basis – die Philosophie und die Ziele des Unternehmens, den Sinn des Tuns im Dienste des Kunden und der Gesellschaft sowie den Stellenwert des eigenen, individuellen Beitrags zum gemeinsamen Ganzen verständlich zu machen. Dies ist in einem Entwicklungshilfe-Unternehmen oder

in einer Rehabilitationsklinik einfacher als in einer Zigarettenfabrik oder in einem Rüstungsbetrieb. Aber je klarer dem Einzelnen ist, welchem höheren Sinn seine tägliche Arbeit dient, desto eher ist er bereit, sich persönlich für das Unternehmen, in dem er tätig ist, zu engagieren – und, wenn notwendig, zusätzliche Belastungen in Kauf zu nehmen.

- *Kommunikation*
  Dies ist eine besonders wichtige Erkenntnis: Man kann gar nicht zu viel kommunizieren. Man kann höchstens falsch informieren. Und: Die formale Organisation ist grundsätzlich nicht in der Lage, das Maß an direkter und persönlicher Kommunikation sicherzustellen, das in Zeiten lebhafter Veränderungen im Unternehmen notwendig ist. Die informelle Kommunikation muss konsequent gefördert und genutzt werden. Ebenen-übergreifende Informationsveranstaltungen und Arbeitstagungen müssen organisiert werden. Miteinander reden, anstatt Papier zu produzieren – so heißt die Devise. Und: »Management by wandering around« erweist sich als einzige Möglichkeit, bei der heute herrschenden Komplexität des betrieblichen Geschehens die erforderliche Orientierung und Gesamtsteuerung im Unternehmen noch einigermaßen zu gewährleisten.

Abbildung 5: Interdependente Unternehmensdimensionen

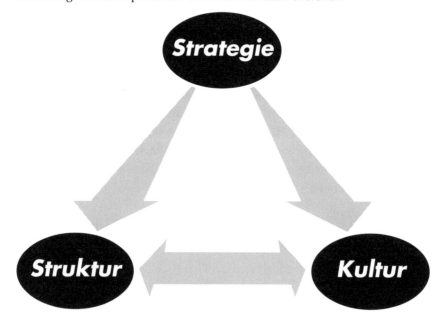

Jedes Unternehmen hat seine eigene, unverwechselbare Identität. Sie drückt sich in vielen konkreten Eigenheiten aus – sowohl was die Struktur, als auch was die Kultur betrifft. Aber genau wie bei der Struktur gibt es auch bei der Kultur Grundprinzipien, die unter bestimmten Bedingungen erfolgversprechender sind als andere. In den heutigen Zeiten des Umbruchs sind die genannten fünf Faktoren ganz klar der Maßstab, an dem kein Unternehmen, das im harten Wettbewerb bestehen will, vorbeikommt.

Überlebensstrategie und Zukunftssicherung

Zeitdruck, tendenzielle Überlastung, Gefahr der Überforderung und gleichzeitig die Notwendigkeit, neue Aufgaben zu übernehmen und neue Fertigkeiten zu erwerben – all dies unter einen Hut zu bringen ist für Mitarbeiter und Führungskräfte nur in einem Umfeld möglich, in dem ein einigermaßen angstfreies Klima herrscht, einem Umfeld, in dem man auch über persönliche Erfahrungen, eigene Unsicherheiten und berufliche Schwierigkeiten miteinander spricht: in einer offenen und lebendigen, partnerschaftlichen und teamorientierten Führungskultur.

Nun wird leider »Unternehmenskultur« mancherorts immer noch als Modetrend oder Luxusartikel betrachtet. In Wahrheit geht es hierbei aber nicht einfach um individuelle Lebensqualität im Arbeitsbereich. Es geht vielmehr um Fragen, die für die Zukunft des Unternehmens von entscheidender Bedeutung sind, nämlich

- ob die Probleme im Unternehmen rechtzeitig erkannt und gelöst werden. Eine offene und lebendige Unternehmenskultur, in der kritisch gedacht und gesprochen wird, ist das beste *Frühwarnsystem*, das es gibt;
- ob Mitarbeiter und Führungskräfte sich mit dem Unternehmen identifizieren und sich für den gemeinsamen Erfolg engagieren, oder ob sie einfach »jobben« und bei der ersten sich bietenden Gelegenheit abwandern – eine Frage, die relevant ist für den *Aufbau und die Erhaltung von Know-how* im Unternehmen;
- vor allem: ob, wie rasch und wie konsequent *Management-Entscheidungen sowie organisatorische Veränderungen im Betrieb umgesetzt* werden können – angesichts des raschen Wandels die Gretchenfrage.

Die demografische Entwicklung ist vorprogrammiert. Das Angebot vor allem an jüngeren Arbeitskräften geht deutlich zurück. Es wird zu einem harten Kampf um jede qualifizierte Kraft kommen. Da stellt sich dann die Frage, wem es am besten gelingt, qualifizierte Mitarbeiterkapazität aufzubauen, zu entwickeln und zu nutzen.

In Sachen Technologie, in Sachen Verwaltung, aber auch in Sachen Marktbearbeitung findet man heute eigentlich in allen namhaften Firmen einen in etwa vergleichbaren Standard – ein hohes professionelles Niveau. Da muss man schon Klimmzüge machen, wenn man sich von der Konkurrenz abheben will. Die Unternehmenskultur wird sich als immer wichtigeres Unterscheidungskriterium und dereinst möglicherweise als entscheidender Konkurrenzvorteil herausstellen.

Kapitel 3

Führung: Das neue Bild des Managers

Führung gestern – Führung morgen

Der Trend zu dezentraler Selbststeuerung der Mitarbeiter hat mehrere Ursachen. Zum einen: Die Menschen sind beruflich qualifizierter als früher und deshalb durchaus in der Lage, dispositive Aufgaben zu übernehmen. Zum zweiten: Vor allem die Vertreter der jüngeren Generation haben heute eine andere Einstellung zur Arbeit. Selbstständigkeit gehört zu den wichtigsten Motivatoren. Handlungsspielraum ist einer der entscheidenden Aspekte eines attraktiven Arbeitsplatzes. Zum dritten: Die meisten Chefs sind ohnehin derart überlastet, dass sie gar nicht mehr in der Lage sind, sich, wie viele es früher gewohnt waren, persönlich um jede einzelne Sachaufgabe zu kümmern.

Das ist aber nicht alles. Der Trend ist mitbedingt durch die technologische Entwicklung.

In der Vergangenheit bestand ein wesentlicher Teil der Führungstätigkeit auf mittleren Stufen darin, Information aufzunehmen, aufzubereiten, zu kanalisieren und weiterzugeben. Informatik macht es heute möglich, die für die Selbststeuerung vor Ort notwendige »Management-Information« in adäquate Portionen abgepackt und noch viel schneller als früher direkt zu den Adressaten an der Front zu transportieren. Die moderne Datenverarbeitung ermöglicht überhaupt erst Selbstständigkeit und Handlungsfähigkeit an der Basis in diesem Umfang – und der Konkurrenzdruck zwingt dazu, diese Möglichkeiten zu nutzen.

Dies bedeutet nicht, dass in Zukunft kein mittleres Management mehr gebraucht wird. Die Gesamtzahl der auf den verschiedenen Ebenen tätigen Führungskräfte wird allerdings deutlich zurückgehen. Vor allem aber: Vorgesetzte werden in Zukunft eine andere Funktion haben.

Schwerpunktverlagerung

Die Aufgaben der Vorgesetzten verlagern sich im Wesentlichen in drei Richtungen.

1. *Zukunftssicherung:* Blick nach vorn: Was muss heute getan werden, damit die Aufgaben auch in Zukunft erfüllt werden können? Sicherstellen der notwendigen Infrastruktur sowie der für die laufende Arbeit notwendigen Ressourcen – mit geringstmöglichem Kostenaufwand.

2. *Menschenführung:* Ausbildung und Betreuung der Mitarbeiterinnen und Mitarbeiter; Entwicklung funktionsfähiger Teams; Zielvereinbarung und Kontrolle der Zielerreichung; Beratung und Unterstützung bei speziellen Problemen.

3. *Management des permanenten organisatorischen Wandels:* Koordination von Tagesgeschäft und Projektarbeit; Steuerung des Personaleinsatzes; Bereinigung von Meinungsverschiedenheiten und Konfliktsituationen; Sicherstellen der internen und externen Kommunikation; und: sorgfältige Behandlung heikler Personalfälle.

Dies ist, bei Lichte betrachtet, ein anderer Beruf. Massen von Führungskräften sind fast über Nacht dazu gekommen wie die Jungfrau zum Kind. Sie haben diese Aufgaben nicht gesucht, sie sind dafür nicht ausgebildet worden – und sie wissen im Grunde auch nicht, wie sie sie anpacken sollen.

Es wird gelegentlich behauptet, die meisten Führungskräfte würden einen beträchtlichen Teil ihrer Zeit und Energie dafür einsetzen, ihre Position zu sichern. Sie würden Information unter taktischen Gesichtspunkten und nicht im Gesamtinteresse des Unternehmens handhaben. Und viele würden ihre Mitarbeiterinnen und Mitarbeiter bei der Erfüllung ihrer Aufgaben eher behindern als unterstützen. Man muss sich in den verschiedensten Betrieben vor Ort sachkundig gemacht, mit vielen Frauen und Männern persönlich über ihre tägliche Arbeit gesprochen und bei der Lösung organisatorischer Probleme mitgewirkt haben, um festzustellen: Exakt so ist es.

Viele Führungsfunktionen könnten zusammengelegt werden – und jede dritte oder vierte Position könnte man ersatzlos streichen. So unglaublich es klingt: Der Wegfall des Vorgesetzten von heute auf morgen würde in vielen

Fällen nicht nur keine Lücke hinterlassen, sondern im Gegenteil bei Mitarbeiterinnen und Mitarbeitern in erheblichem Maße blockierte Energien freisetzen. Viele untere und mittlere Führungskräfte, vor allem solche der älteren Jahrgänge, befinden sich heute in der Situation des Heizers auf den amerikanischen Elektroloks von anno dazumal. Sie haben eine Funktion erlernt, die nicht mehr gebraucht wird – und die Funktion, die heute gefragt wäre, setzt ein ganz anderes Spektrum von Neigungen, Einstellungen, Kenntnissen und Fertigkeiten voraus. Und dazwischen klafft eine unüberbrückbare Lücke.

Führung wird neu definiert

Wenn man die Veränderung, die sich zurzeit vollzieht, auf einen Nenner bringt, dann besteht die Funktion der Führung nicht mehr im Wesentlichen darin, Arbeit vorzubereiten, Aufgaben zu verteilen und das Tagesgeschäft zu koordinieren, sondern darin,

> *Rahmenbedingungen zu schaffen, die es normal intelligenten Mitarbeiterinnen und Mitarbeitern ermöglichen, ihre Aufgaben selbstständig und effizient zu erfüllen.*

Dazu ist zunächst einmal eine andere Auffassung von der eigenen Aufgabe als Vorgesetzter notwendig. Wer die Organisationseinheit, der er vorsteht, als *seinen Laden*, die darin tätigen Menschen als *seine Leute*, den Output als *seine Leistung* und die Zielerfüllung als *seine höchstpersönliche Verantwortung* betrachtet, der läuft in der Tat in seiner Abteilung herum wie ein Hund, der sein Revier sichert – und handelt sich damit in einer netzwerkartig aufgebauten Organisation von vornherein nur Scherereien ein.

In einem so hoch vernetzten System, wie die moderne Leistungsorganisation es darstellt, entspricht die Funktion des Chefs nicht mehr derjenigen des dynamischen Machers und Obersteuerers, sondern viel eher derjenigen eines *Trainers, Coachs und Beraters* – das heißt im Grunde: eines hoch qualifizierten Dienstleisters. Manch ein Manager alter Schule mag so etwas gar nicht gern hören, denn Berater und Dienstleister sind für ihn »Kastraten« – Leute, die keine Befehlsgewalt besitzen und demzufolge keine Verantwortung zu tragen haben. Doch dies dokumentiert im Grunde lediglich, wie tiefgreifend der Wandel ist, mit dem wir es zu tun haben.

Die Kernfragen, die sich der Führung stellen, lauten:

– *Was brauchen die Mitarbeiterinnen und Mitarbeiter für Qualifikationen? Wer muss was lernen, damit der erforderliche Leistungspegel erreicht wird?*
– *Was brauchen die Mitarbeiterinnen und Mitarbeiter an Informationen, Mitteln und persönlicher Unterstützung, damit sie die Aufgaben, die anstehen, selbstständig und erfolgreich bewältigen können?* Und:
– *Was kann beziehungsweise muss im Hinblick auf die Optimierung von Aufwand und Nutzen im Betrieb verändert werden?*

Peter Drucker weiß hier Rat: »*Wenn Du wissen willst, was in Deinem Unternehmen verbessert werden kann, frage Deine Mitarbeiter!*« Dem wäre nur noch beizufügen: »*Und frage Deine Kunden!*«

Den permanenten Prozess der Leistungs- und Kostenoptimierung ganzheitlich zu steuern und zu begleiten – dies ist eine der zentralen Funktionen moderner Führung.

Beruf: Manager der Veränderung

Massen von Führungskräften leiden heute an ihrem Schicksal, weil sie den Übergang vom Fachmann zum Manager nie als Berufswechsel erkannt und nachvollzogen haben. Ebenso viele werden morgen leiden – und Leid über andere bringen –, weil sie die Notwendigkeit der nächsten beruflichen Neuorientierung nicht erkennen und nachvollziehen: den Übergang vom klassischen Manager zum »*Change Agent*«.

Die Wurzel dieses Problems heißt Angst. Veränderung wirkt immer bedrohlich – und zwar desto mehr, je stärker man selbst davon betroffen ist. Wer beruflich schwerpunktmäßig mit Veränderungen befasst ist, zumal in leitender Funktion, sollte aber seine eigene Angst vor Veränderung möglichst bewältigt haben. Dazu ist es zunächst einmal notwendig, die Natur von »Veränderung« und »Entwicklung« zu verstehen – und die Möglichkeiten sowie die Grenzen eigener Einflussnahme realistisch einzuschätzen. Wenn man erst mal weiß, womit man es zu tun hat, ist schon viel gewonnen.

Was die Natur von »Veränderung« und »Entwicklung« anbetrifft, so ist es heilsam, von folgenden Erkenntnissen auszugehen:

1. *Es ist immer alles in Bewegung.*

   Letztlich ist nichts wirklich stabil. Alles ist immer im Fluss. Das Einzige, was tatsächlich Bestand hat, ist der Wandel. Veränderung ist im Grunde der Normalzustand. Was wir als »stabil« empfinden, sind letztlich nur Zustände, deren Veränderung wir nicht wahrzunehmen vermögen. Wer dies einmal verstanden und akzeptiert hat, wird schon mal weniger Gefahr laufen, krampfhaft den Status quo aufrechterhalten zu wollen.

2. *Veränderungen sind Auswirkungen von Kraftfeldern.*

   Nichts verändert sich um der Veränderung willen. Jede Veränderung eines Zustands ist die Konsequenz entsprechender Kräfte oder Energiefelder. Und wenn es tatsächlich irgendwo für kurze Zeit so etwas wie einen stabilen Zustand gibt, ist dies die Folge sich gegenseitig aufhebender Kräfte – eine Ausnahmesituation, die nie lange bestehen bleibt. Das heißt: Wer die Kraftfelder erkennt und die Energieströme versteht, kann steuernd in das Geschehen eingreifen.

3. *Veränderungen in einem sozialen Gefüge sind das Resultat divergierender Interessen und Bedürfnisse.*

   Emotionen – Ausdruck individueller und kollektiver Interessen und Bedürfnisse – sind es, die in menschlichen Organisationen etwas bewegen. Liebe oder Hass, Geld oder Macht, Anerkennung oder Selbstverwirklichung. Sie sind die eigentlichen Drahtzieher hinter dem Geschehen auf der Bühne: die Kräfte der Beharrung und der Veränderung. Wer sie rechtzeitig erkennt und ernst nimmt, kann Einfluss nehmen.

4. *Notwendige Veränderungen finden immer statt – die Frage ist lediglich, auf welchem Wege.*

   Dies wäre der fatale Irrtum: zu glauben, man könne, wenn man es nur geschickt genug anstelle, jede beliebige Veränderung erzielen oder verhindern. Wenn eine Entwicklung fällig ist, wird sie sich selbst zum Durchbruch verhelfen. Wer seine Energie in die Verhinderung investiert, kann die Veränderung im günstigsten Falle etwas hinauszögern. Aber mit zunehmender Dauer erhöht sich der Druck – und damit der Preis, der am Ende bezahlt werden muss. Irgendwann einmal kann niemand mehr den

Aufwand leisten, der notwendig wäre, um den Durchbruch der Entwicklung zu verhindern – der Meinungsumschwung, der Marktdurchbruch oder der Konkurs findet statt. Wer die Hand am Puls des Geschehens hat, kann seine Energie zur richtigen Zeit am richtigen Ort investieren.

5. *Sinnvolle Einflussnahme bedeutet, notwendige Entwicklungen rechtzeitig zu erkennen, konsequent zu fördern und sozial verträglich zu gestalten.*

Dies ist die Funktion des »Change Agent«: notwendige Entwicklungen zu erkennen, konsequent zu fördern und für alle Beteiligten möglichst ersprießlich zu gestalten. Das hört sich nur scheinbar bescheiden an. Veränderungen zu managen bedeutet, dafür zu sorgen, dass ein Unternehmen, in dem viele Menschen tätig sind, als lebendiger Organismus gesund bleibt und in einem turbulenten Umfeld zu überleben vermag. Dies ist eine ebenso interessante wie herausfordernde Aufgabe – und im Übrigen ein sozial positiver Beruf, der Sinn macht und Befriedigung zu vermitteln vermag (siehe Abbildung 6).

Bedeutet diese neue Rolle des Managers den Abschied von kraftvoller Einflussnahme, persönlichem Engagement und Vorbildfunktion? Degeneriert der Leiter zum reinen Vermittler und Berater? Ein Kommentar des Fortune Magazine lautet: »*Forget your old tired ideas about leadership. The most successful corporation of the Nineties will be something called a learning organization.*«

Jawohl: Das erfolgreiche Unternehmen der Neuzeit ist eine lernende Organisation. Doch was »*Leadership*« anbetrifft, sind wir ganz anderer Meinung. Vergessen Sie um Gottes willen Ihre bisherigen Vorstellungen nicht zu früh! Ohne Visionen, ohne kraftvolle Impulse und ohne persönliches Engagement kommt Führung auch in Zukunft nicht aus. Im Gegenteil: Ohne persönliche Akzeptanz und Überzeugungskraft der Führung läuft in Zukunft gar nichts mehr. In einer Zeit der Technisierung und der anonymen Großorganisation erhält die Personifizierung der Führung als wesentliche Voraussetzung für die Identifikation des Einzelnen mit den Zielen der Organisation sogar eine neue Bedeutung. Die grauen Mäuse in den Führungsetagen der guten alten Bürokratie haben ausgedient.

Die Schlüssel zu lenkender Einflussnahme und zu echter Wirtschaftlichkeit in turbulenten Zeiten heißen Glaubwürdigkeit und Vertrauen. Die In-

Abbildung 6

This is a Story about four people
named Everybody, Somebody, Anybody and Nobody.
There was an important job to be done
and Everybody was asked to do it.
Everybody was sure Somebody would do it.
Anybody could have done it
but Nobody did it.
Somebody got angry about that
because it was Everybody's job.
Everybody thought Anybody could do it
but Nobody realized
that Everybody wouldn't do it.
It ended up
that Everybody blamed Somebody
when Nobody did
what Everybody could have done.

formationsflut ist so groß, die Zusammenhänge im Unternehmen sind so komplex, dass sie vom einzelnen Mitarbeiter letztlich gar nicht mehr verarbeitet werden können. Entweder er glaubt, was man ihm sagt – oder die Entfremdung ist vorprogrammiert. Der Steuerungs- und Kontrollaufwand aber, der notwendig wäre, um in komplexen Organisationen auf allen Stufen ziel- und regelkonformes Verhalten sicherzustellen, kann von niemandem mehr bezahlt werden. Das Management ist zur Delegation von Verantwortung ganz einfach gezwungen. Echte »Leadership« wird in den kommenden Jahren mehr denn je gefragt sein.

Neues Anforderungsprofil

Bis vor noch gar nicht langer Zeit hat es im Wesentlichen genügt, ein guter Fachmann zu sein, administrative Vorgänge sauber abzuwickeln und Amtsautorität als Vorgesetzter zu haben, um sich durchsetzen zu können und Karriere zu machen – nicht selten bis in allerhöchste Etagen. Dreierlei kommt heute dazu und wird in Zukunft von entscheidender Bedeutung sein (siehe Abbildung 7):

Erstens: *strategische Kompetenz* – hier verstanden als Fähigkeit, komplexe Zusammenhänge und dynamische Vorgänge zu verstehen und handlungsrelevante Konsequenzen daraus abzuleiten.

Zweitens: *soziale Kompetenz* – verstanden im weitesten Sinn als Fähigkeit, mit Menschen umzugehen, und zwar nicht nur mit einzelnen Individuen im trauten Vieraugengespräch, wenn möglich mit einem vier Quadratmeter großen Mahagoni-Schreibtisch zwischen sich und dem Mitarbeiter; auch nicht nur mit Kleingruppen von direkt abhängigen, treu ergebenen Gefolgsleuten. Sondern mit vielen Menschen in all den Spannungsfeldern und Turbulenzen, wie sie an der betrieblichen Front, in Management-Konferenzen, in komplexen Projekten oder in einer Betriebsversammlung entstehen können. Und nur wer die Dynamik von Gruppen versteht, ist in der Lage, die Vorteile der Teamarbeit für die Entwicklung des Unternehmens zu nutzen.

Im Zusammenhang mit sozialer Kompetenz haben in letzter Zeit zwei Begriffe besondere Bedeutung erlangt. Zum einen die so genannte *Prozess-Kompetenz* – die Fähigkeit, Informationsprozesse, Entscheidungsvorgänge und Arbeitsschritte sorgfältig auf das Aufnahmevermögen und die Lern-

Abbildung 7: Anforderungsprofile – gestern und heute

>**Früher genügte...**
>
>## Guter Fachmann
>
>## Sauberes Abwickeln administrativer Vorgänge
>
>## Amtsautorität
>
>**Künftig entscheidend...**
>
>## Strategische Kompetenz
>
>## Soziale Kompetenz
>
>## Persönlichkeitsformat

kurve von Menschen und Gruppen abzustimmen. Zum andern die so genannte *Chaos-Kompetenz* – die Fähigkeit, in akuten Konflikt- und Krisensituationen, wenn alles drunter und drüber geht, ruhig Blut zu bewahren und handlungsfähig zu bleiben. Chaos-Kompetenz ist nicht lediglich eine Frage der Belastbarkeit. Sie hat wesentlich mit der Fähigkeit zu tun, gut zuzuhören und auf Menschen einzugehen. Und sie hat zu tun mit »Urvertrauen« in die Selbststeuerungsfähigkeit von Menschen und Gruppen – oder, anders ausgedrückt, dem intuitiven Wissen, dass die »chaotische« Situation nicht ein sinn- und heilloses Durcheinander darstellt, sondern lediglich einen Grad der Komplexität aufweist, der sich im Moment unserer Bewältigung entzieht.

Drittens: *Persönlichkeit.* Es muss einer kein Churchill sein, um auf mittlerer Führungsebene in der Wirtschaft zu bestehen. Aber eines lässt sich nicht wegdiskutieren: Es werden Eigenschaften wichtig, die man als erwachsener Mensch nicht mehr von Grund auf neu erlernen kann – einige wenige, scheinbar simple Dinge: Offenheit, Ehrlichkeit, Selbstvertrauen und Zivilcourage. Wer sie besitzt, gewinnt die Herzen seiner Mitarbeiterinnen und Mitarbeiter – und mobilisiert deren gesamte verfügbare Energie. Wer sie nicht besitzt, macht laufend Fehler – und erzeugt Widerstände, gegen die kein Kraut mehr gewachsen ist.

Dies ist die Antwort von *Peter F. Drucker* auf die Frage eines Journalisten, wie die Arbeit der Führungskräfte in der postkapitalistischen Gesellschaft aussehen werde: »*Sie müssen lernen, mit Situationen zurechtzukommen, in denen sie nichts befehlen können, in denen sie selbst weder kontrolliert werden noch Kontrolle ausüben können. Das ist die elementare Veränderung. Wo es ehedem um eine Kombination von Rang und Macht ging, wird es in Zukunft Verhältnisse wechselseitiger Übereinkunft und Verantwortung geben.*«

Ein Aspekt, der in seiner Bedeutung für Erfolg oder Misserfolg in Führungsfunktionen immer wieder unterschätzt wird, ist die *Einstellung des Managers zu seiner Arbeit.* In einer Zeit hohen Tempos, knapper Ressourcen und verwirrender Komplexität kann man als Führungskraft auch auf mittlerer Ebene von vornherein nicht mehr alles im Detail überblicken und schon gar nicht mehr immer alles »im Griff« haben. Erfolgreich ist, wer die Gnade hat, das Allerwichtigste richtig zu machen. Prioritäten setzen, heißt die Devise. Und: Intuition ist gefragt. *Drucker:* »*Gutes Witterungsvermögen zählt heutzutage mehr als analytische Kraft.*« Denn wer zu lange analysiert, kommt ganz einfach zu spät.

Wie heißt es im englischen Jargon doch so schön: »*A manager does things right – a leader does the right things.*« Wer das einmal begriffen hat, kann an seinem Beruf als Manager auch in der heutigen, turbulenten und konfliktreichen Zeit Freude haben.

Vom Würdenträger zum Spielertrainer

Man kann wirklich nicht sagen, Führungskräfte, zumal die Bewohner der obersten Etagen, seien unterbeschäftigt. Im Gegenteil, die Hektik ihres Arbeitslebens kennt oft keine Grenzen. Man kann auch nicht sagen, sie würden die Zeichen der Zeit ignorieren. Im Gegenteil, allenthalben werden Studien in Auftrag gegeben, Projektgruppen eingesetzt, Fachleute zu wichtigen Entscheidungen im Führungskreis beigezogen. Heere von Beratern und Stabsfunktionären durchdringen den Betrieb.

Aber die hohen Herren selbst bleiben unsichtbar, dem aktuellen Geschehen im Unternehmen entrückt. Die Orte ihres Wirkens sind: der Schreibtisch, das Konferenzzimmer – und das Flugzeug. Denn Außenminister-Tätigkeiten nehmen überhand. Für ihre Mitarbeiter bleiben die Chefs unerreichbar. Sie haben zwar alle eine »offene Tür« – versteht sich. Aber ihr Büro ist leer. Sind sie nicht außer Haus, wird konferiert. Da werden Strategien entwickelt, Budgets angepasst, Sparmaßnahmen eingeleitet, Reorganisationen beschlossen. Das Unternehmen und – wenn als notwendig erkannt – sein Wandel, werden aus dem Allerheiligsten heraus perfekt administriert. Und dies ist das Resultat: »*Die Geschäftsleitung hat abgehoben*«, so lautet nicht selten die lapidare Diagnose.

Das Missverständnis der Führungsfunktion beginnt sehr häufig ganz oben – und es setzt sich nach unten fort: der Manager als hoch qualifizierter Schreibtischtäter. Dabei wird gerade in Zeiten turbulenten Wandels etwas ganz anderes gebraucht: ein Mensch aus Fleisch und Blut, der weiß, was im Unternehmen los ist, der nahe bei den Menschen ist, ihre Fragen aufnimmt, Orientierung vermittelt, Impulse zur Veränderung gibt – und Mut macht zur Überwindung von Schwierigkeiten. Führen durch Überzeugen ist gefragt – und zwar nicht per Rundschreiben, nicht per Zeitungsinterview und nicht per Stellvertreter, sondern in der direkten Auseinandersetzung von Mensch zu Mensch. Es ist eine Sache, am grünen Tisch »Dezentralisierung« oder »Personalabbau« zu beschließen – und eine ganz andere, im direkten Dialog mit den betroffenen Mitarbeitern und Führungskräften die beschlossenen Maßnahmen zu begründen, Verständnis zu wecken für ihre Notwendigkeit und Motivation zu erzeugen für die Umsetzung.

Viele Restrukturierungen scheitern oft schon im Ansatz, Rationalisierungsprojekte versanden, Fusionen sind zehn Jahre nach ihrer Bekanntgabe noch nicht vollzogen – nicht etwa, weil die Entscheidungen grundsätzlich falsch gewesen wären, sondern einzig und allein, weil Technokraten am Werk waren, die glaubten, mit einer sorgfältig abgewogenen, sachlich fundierten Entscheidung auf Unternehmensebene ihren Job getan zu haben. Nein, genau hier beginnt das eigentliche Führungsgeschäft: Wenn eine schwierige Entscheidung getroffen ist und es darum geht, sie umzusetzen.

Manch einer, der sich darüber beklagt, wie schwierig es ist, in der heutigen Zeit ein Unternehmen zu führen, sollte erst einmal kritisch überprüfen, wo er den Hauptteil seiner Arbeitszeit verbringt. So bitter diese Pille für viele wohlbestallte Manager zu schlucken ist: Veränderung kann nicht ex cathedra verordnet und vom Schreibtisch aus verwaltet werden. Wer als Vorstand oder als Mitglied einer Konzernleitung glaubt, »nur noch für Strategien zuständig« zu sein, befindet sich auf dem Holzweg. Der Chef ist Teil des Geschehens. Gerade in schwierigen Zeiten gehört er – zumindest als Teil seines Geschäfts – mit an die Front. Entweder er stellt sich selbst der Veränderung – oder sie findet nicht statt.

Strategischer Engpass Führungskapazität

Es mag paradox erscheinen: In Zukunft werden wir weiterhin mit hohen Arbeitslosenzahlen rechnen müssen – und gleichzeitig werden qualifizierte Fachkräfte noch knapper werden, als sie es heute schon sind. Das gleiche, scheinbar widersprüchliche Bild ergibt sich bezüglich der Führungskräfte. Ihre Gesamtzahl geht drastisch zurück. Viele, vor allem Vertreter der älteren Generation, sind überzählig. Vorzeitiger Ruhestand und Outplacement-Beratung haben Hochkonjunktur, Arbeitslosigkeit ist auch ein Thema für die Schicht der Leitenden. Und gleichzeitig wird qualifizierte Führungskapazität zur knappen Ressource, ja zu einem strategischen Engpass.

Man kann es sich heute schlicht nicht mehr leisten, Führungskräfte in Schlüsselpositionen zu belassen, in denen sie fortgesetzt Unheil anrichten. Die Quittung für gutes oder schlechtes Management kommt heute viermal schneller als noch vor ein paar Jahren. Die Zeit am Markt ist knapp, und der Gürtel muss insgesamt enger geschnallt werden. Führungskräfte, die ihre Aufgaben nicht den Zielen entsprechend wahrnehmen können oder wollen, werden zu Risikofaktoren. Bei der Besetzung wichtiger Funktionen

Abbildung 8: Veränderung – ein Entwicklungsprozess

wird deshalb schon heute viel sorgfältiger als früher auf die vorhandenen Führungseigenschaften geachtet. Und diese sind leider dünn gesät, denn in der Vergangenheit hat man in der Regel überall den besten Fachmann zum Chef gemacht.

Der Ausbildung und Förderung des Führungsnachwuchses wird heute in praktisch allen namhaften Unternehmen größte Aufmerksamkeit geschenkt. *Assessment Centers*, vor noch gar nicht langer Zeit vielfach verpönt, finden allenthalben Eingang in die Praxis. In vielen Großfirmen gibt es heute ein gut ausgebautes Bildungswesen mit einem differenzierten und bedarfsorientierten Programm von Seminarangeboten und Begleitmaßnahmen, die darauf abzielen, die Manager-Generation von morgen für die komplexen Aufgaben der Zukunft zu sensibilisieren und zu qualifizieren. Fragen, über die manch einer noch kaum nachzudenken wagt, werden heute in progressiven Unternehmen unter professioneller Begleitung von Fachleuten gezielt bearbeitet: ökologische Auswirkungen der Tätigkeit des Unternehmens; Zusammenarbeit zwischen Männern und Frauen im Führungsalltag; Wechselwirkungen zwischen Berufs- und Familienleben; langfristige und ganzheitliche Lebensplanung und Lebensgestaltung; Drogen- oder Alkoholabhängigkeit bei Mitarbeitern – oder bei sich selbst. Gruppendynamisches Verhaltenstraining und Persönlichkeitsentwicklung finden auf breiter Basis Eingang in die Qualifizierungsprogramme für Führungskräfte.

Doch alle diese Maßnahmen werden nur langfristig wirksam. Fähige Führungskräfte werden aber heute gebraucht. Wer Menschen zu führen und Veränderungsprozesse zu managen versteht, kann deshalb sicher sein: Er hat immer einen hohen Marktwert (siehe Abbildung 8).

Teil II
Den Wandel gestalten: Grundsätze des Vorgehens

Kapitel 1

Change Management: die Geschichte eines Begriffs

Mitte der Siebzigerjahre begann sich im deutschen Sprachraum eine spezielle Form der Unternehmensentwicklung zu etablieren, die als Organisationsentwicklung bezeichnet wurde. Wir, die beiden Autoren, waren engagierte Promotoren dieses Ansatzes. Es ging im Wesentlichen darum, sowohl bei der Analyse und als auch bei den daraus abgeleiteten Entwicklungsprozessen in Unternehmen, Institutionen und Bereichen nicht nur die strukturelle und betriebswirtschaftliche Dimension zu beachten, sondern in gleicher Weise die Bedürfnisse der Führungskräfte und Mitarbeiter/-innen als direkt betroffene Träger und Treiber von Entwicklungsprozessen in ihrem Arbeitsumfeld. Die seinerzeit gegründete Fachgesellschaft GOE Gesellschaft für Organisationsentwicklung e. V. bezeichnete diesen Ansatz als (Zitat aus dem Leitbild) »*längerfristig angelegten, organisationsumfassenden Entwicklungs- und Veränderungsprozess von Organisationen und der in ihr tätigen Menschen. Der Prozess beruht auf Lernen aller Betroffenen durch direkte Mitwirkung und praktische Erfahrung. Sein Ziel besteht in einer gleichzeitigen Verbesserung der Leistungsfähigkeit der Organisation (Effektivität) und der Qualität des Arbeitslebens (Humanität)*«.

Weder die Praktiker noch die Wissenschaftler konnten sich damals auf eine gemeinsame Definition einigen. Je nach Herkunft und Arbeitsfeld wurden unterschiedliche Akzente gesetzt. Über drei Kernelemente war man sich allerdings weitgehend einig:

- längerfristiger, ganzheitlicher Ansatz,
- Beteiligung der Betroffenen,
- Hilfe zur Selbsthilfe.

Im Ansatz der Organisationsentwicklung war Veränderung zwar das zentrale Thema, aber nicht isoliert, sondern in dreifacher Weise eingebunden:

Erstens, Veränderung ist integriert in übergreifende, längerfristige Entwicklungsprozesse des Unternehmens; *zweitens*, die jeweiligen Veränderungsziele im Hinblick auf Strategien, Strukturen, Geschäftsprozesse oder finanzielle Ressourcen werden nicht einfach von außen (durch Stäbe und Berater) oder oben (Management) vorgegeben, sondern unter Einbezug der betroffenen Menschen entwickelt; *drittens*, die Veränderungen zielen nicht einseitig auf Produktivität und damit auf die finanziellen Interessen der Eigentümer *(shareholder)*, sondern in gleicher Weise auf das Wohlergehen und die Interessen der betroffenen Mitarbeiter *(stakeholder)*.

Dieser Ansatz war im Grunde eine Philosophie, in der nicht Werkzeuge im Vordergrund standen, sondern der Versuch, in der Wirtschaft die Gewinnziele des Unternehmens und die sozialen Bedürfnisse der Mitarbeiter im Hinblick auf Wertschätzung und Lebensqualität auf natürliche Weise miteinander in Einklang zu bringen. Dies gelang zwar in der Praxis nicht immer, aber immerhin recht oft. Allerdings zog die Szene der Organisationsentwicklung auch viele Gutmenschen an, die aus ideologischen Gründen primär humanistischen Zielen nachhingen und glaubten, wenn es den Menschen nur gut ginge, würde die Produktivität sich ganz von alleine einstellen. Da kann man nur sagen: Schön wär's – aber es entspricht leider nicht der Realität.

Beschleunigungen und Verschärfungen

Im Lauf der Neunzigerjahre verschärfte sich die wirtschaftliche und damit auch die gesellschaftliche Lage: die Märkte wurden enger, die Ressourcen insgesamt knapper, das Spiel wurde zunehmend global gespielt. Häufiger als früher verschwanden auch alteingesessene Unternehmen plötzlich von der Bildfläche oder sahen sich, um überleben zu können, genötigt, sich durch Fusionen, Aufgliederung in selbstständige Geschäftsfelder oder Allianzen völlig neu aufzustellen. Junge Unternehmer traten auf den Plan, die im Rahmen so genannter Start-ups alternative Modelle der Organisation und der Führung ausprobierten – mal mit, mal ohne Erfolg. Die Halbwertzeit von Unternehmen nahm insgesamt drastisch ab. Angesichts des zunehmend härter werdenden Wettbewerbs wurde es für die Mitarbeitenden immer schwieriger, bei betriebsbedingten Veränderungen Besitzstandswahrung einzufordern. Das soziale Klima in der Wirtschaft wurde insgesamt rauer.

Wesentliche Elemente dieser Veränderungen waren und sind:

- Immer stärkere Individualisierung von Produkten und Dienstleistungen an der Kundenfront – bei gleichzeitig größtmöglicher Standardisierung der Produktion und der Logistik im Hintergrund;
- immer kürzere Produktlebenszyklen und – damit im Zusammehang – immer häufigere betriebliche Veränderungen;
- veränderte Rahmenbedingungen bei Projekten: die einzelnen Phasen sind immer weniger klar voneinander abgrenzbar und aufeinander abstimmbar; immer häufiger kommt es zu kaum steuerbaren, simultanen Überlappungen und Überschneidungen: Das eine Projekt ist noch nicht abgeschlossen, da startet bereits ein neues; Ziele und Prämissen ändern sich zum Teil mitten im Handeln; für viele Mitarbeitende entsteht – manchmal zu Recht, manchmal zu Unrecht – der Eindruck erratischen Handelns des Managements;
- Innovationen auf dem Gebiet der Informationstechnologie machen es möglich, die Geschäftsprozesse und, in deren Folge, die Unternehmensstrukturen ohne großen finanziellen Aufwand radikal zu vereinfachen – und dadurch den globalen Herausforderungen besser gerecht zu werden;
- der schnelle Wandel, die Vielfalt der Angebote und die Möglichkeit, sich über Internet immer effizienter zu informieren, verringern drastisch die Kundenbindung an Produkte, Marken und Unternehmen.

Zweierlei ist auch für die Zukunft vorprogrammiert: schärfer werdender Wettbewerb und permanenter Innovationsdruck.

Echte oder inszenierte Krisen?

Unabhängig von dieser generellen Entwicklung gab und gibt es Manager, die sich besonders gerne als Krisenmanager inszenieren – auch dann, wenn es gar keine Krise gibt. Ihr Leitbild: »Trouble Shooter«, Held, Antreiber, Retter der Nation. In ihrem Gefolge treten in der Regel Heere von Beratern auf, die im Unternehmen alles durcheinanderwirbeln, das Unterste zuoberst kehren und ohne Rücksicht auf ihre Empfehlungen von gestern immer wieder »eine neue Sau durchs Dorf treiben«: Zentralisierung; Dezentralisierung; Profitcenter- oder Matrixorganisation; Total Quality Management; Kaizen oder KVP (kontinuierlicher Verbesserungsprozess); Projektorganisation; Lean Management; Business Process Reengineering; Wissenbasiertes Management; Balanced Scorecard – Hauptsache: immer wieder mal was Neues, durch das die einen sich profilieren, die anderen gut verdienen können. Jedes dieser Konzepte, zur richtigen Zeit am richtigen Ort eingesetzt, kann zwar durchaus wertvoll sein. Im Rahmen überstürzter Hau-Ruck-Aktionen und in raschem Wechsel der Rezepte ins Unternehmen gedrückt, wird jedoch nur große, allgemeine Verwirrung ausgelöst.

Und dies ist der psychologische Hintergrund dieses Syndroms: Management ist eine anspruchsvolle Aufgabe, Change Management erst recht, und wenn auch noch Partizipation von Führungskräften und Mitarbeitern gefragt wäre, ist ein Grad an Komplexität erreicht, welcher viele Manager – einfache Gemüter ohne Leadership-Qualitäten, die ihren Job mit simplen, aus Büchern und Kursen angelernten Rezepten glauben erfüllen zu können – schlicht überfordert. Gerade sie verspüren aber oft einen besonderen Drang, sich als große Steuermänner zu profilieren. In Krisensituationen – auch das haben sie gelernt – kann nicht lange herumpalavert werden. Da muss einer her, der die Sache im Griff hat und klar sagt, wo's langgeht. Dies ist genau die Situation, in der sich einfacher gestrickte Manager-Persönlichkeiten in ihrem Element fühlen. Sie neigen deshalb instinktiv zu Krisen. Wenn keine da ist, wird sie herbeigeredet. Und wenn das Umfeld einmal entsprechend konditioniert ist, beginnt das Krisenmanagement: Berater werden eingeschleust; die eigenen Mitarbeiter werden von ihren operativen Aufgaben abgehalten und verlieren die Orientierung; die ganze Organisation wird umgekrempelt; kein Stein bleibt auf dem andern – und siehe da: nun herrscht tatsächlich Krise.

Leider wird im Umfeld häufig nicht durchschaut, was da passiert. Auch Aufsichtsräte, selbst nicht immer die Kompetentesten und viel zu weit weg von der Realität des Unternehmens, laufen immer wieder Gefahr, Ursache und Wirkung zu verwechseln. Auch auf dem Olymp herrscht nicht selten Überforderung. So kommt es, dass manch einer, der fahrlässig die Substanz eines Unternehmens aufs Spiel gesetzt hat, am Schluss auch noch Karriere macht.

In der hohen Politik laufen die Dinge übrigens oft nicht anders. Manch ein Staatschef kann der Versuchung nicht widerstehen, eine schwerwiegende internationale Krise herbeizureden, um sich anschließend als tatkräftiger Kriegsherr in Szene setzen zu können. Man denke etwa an die Geschichte des Irakkrieges.

In der Praxis stellen sich deshalb häufig wesentliche Fragen, die nicht immer ganz leicht zu beantworten sind: Gibt es eine echte Krise oder wird eine solche herbeigeredet? Käme eine Krise womöglich sehr gelegen – beispielsweise, um unter ihrem Deckmantel in Jahrzehnten erkämpfte soziale Errungenschaften abbauen und ungehindert dem »Shareholder-Value« frönen zu können? Anderseits, falls tatsächlich eine Krise herrscht: Stimmen dann die Heilmittel noch, die wir bislang angewendet haben?

Von der Organisationsentwicklung zum Change Management

Angesichts der veränderten Rahmenbedingungen sprach einiges dafür, die Grundlagen der Organisationsentwicklung zu hinterfragen und nach Wegen zu suchen, um Veränderungsprozesse effizienter zu gestalten und zu beschleunigen.

Kreative Weiterentwicklung auf der Basis der Organisationsentwicklung

Diejenigen Manager und Berater, die – wie wir – nach wie vor von der Grundphilosophie der Organisationsentwicklung überzeugt waren, haben in unterschiedlicher Weise und Intensität Wege gefunden, in ihrem Vorgehen folgende Aspekte stärker zu akzentuieren:

- *Erstens*, die bisher a priori längerfristig und teilweise eher unspezifisch angelegten offenen Entwicklungsprozesse in gezielte Veränderungsprozesse umwandeln und in überschaubaren, klar strukturierten Projekten organisieren;
- *zweitens*, den Veränderungsprozess nicht nur am spezifischen Vorgehen messen (Motto:»Der Weg ist das Ziel«), sondern das Vorgehen konsequent auf das angepeilte, konkret wahrnehmbare Ergebnis ausrichten;

- *drittens*, viel stärker als bisher das Umfeld von Markt, Politik und Gesellschaft berücksichtigen, das durch seine Einflüsse die Chancen und Risiken jedes bestehenden Systems maßgeblich mitbestimmt – sei es ein Unternehmen, eine Institution oder auch ein einzelnes Individuum;
- *viertens*, die Betroffenen von vorneherein darauf einstimmen, dass Entwicklungs- und Veränderungsprozesse nicht einfach lustvolle Entdeckungsreisen sind, sondern zunehmend auch mit Schmerzen, Zumutungen, Unsicherheit und Angst verbunden sind;
- *fünftens*, das vertraute Prinzip »Hilfe zur Selbsthilfe« ergänzen durch das »Prinzip Selbstverantwortung«.

Angesichts der stärkeren Fokussierung auf vorher definierte Ziele und erwartbare Ergebnisse im Rahmen definierter Zeitfenster wurden Entwicklungs- und Veränderungsprozesse immer häufiger als »Change Management« bezeichnet, gleichsam als Kunst, den Unternehmenswandel planmäßig zu gestalten. Dies war mehr als ein modischer Etikettenwechsel. Der ursprüngliche Ansatz der Organisationsentwicklung wurde, um den neuen Herausforderungen gerecht zu werden, zu einem ganzheitlichen, integrierten Ansatz des Veränderungsmanagements weiterentwickelt. Allerdings, um dies nochmals zu betonen, unter Beibehaltung der ursprünglichen Philosophie: Produktivität und Menschlichkeit in gleicher Weise im Auge behalten, mit dem Ziel, Unternehmen und Mitarbeiter gemeinsam lern- und zukunftsfähig zu machen.

Mit Erleichterung zurück zum Ausgangspunkt – die reaktionäre Variante

Diejenigen, denen dieser Ansatz angesichts seiner Ganzheitlichkeit sowie der für das Vorgehen unverzichtbaren psychologischen und gruppendynamischen Dimension zu komplex, im Grunde sogar suspekt war, und diejenigen, denen dieses Konzept von vornherein nie so richtig in das eigene Denkschema gepasst hatte, nahmen den ins Haus stehenden Umbau zum Anlass, sich ganz von solchen Ideen zu verabschieden. Die unverkennbar härteren Rahmenbedingungen lieferten – und liefern nach wie vor – eine vermeintlich solide Legitimation, auf die ursprünglichen technokratischen Ansätze zurückzugreifen – immer in zeitgemäßen Management-Jargon gekleidet, wohlverstanden. Das Etikett »Change Management« wird hier nie fehlen.

In diesem restaurativen Ansatz werden die Akzente im Wesentlichen wieder auf folgende Aspekte gesetzt:

- Veränderungen von oben (durch den Vorstand) und/oder von außen (durch Berater) im wahrsten Sinn des Wortes durch«drücken», mit so genannten Abmelkworkshops als Scheinbeteiligungsrituale;
- sich auf eine einzige Dimension fokussieren – natürlich auf diejenige, die man beherrscht, z. B. Strategie, Strukturen, Geschäftsprozesse, Produkte oder Technologie – ohne Berücksichtigung der komplexen Vernetzungen im Gesamtsystem;
- sich in erster Linie oder ausschließlich an betriebswirtschaftlichen Kennzahlen orientieren;
- dem Shareholder-Value absoluten Vorrang einräumen (Jürgen Schrempp, ehemaliger Vorstandschef von DaimlerChrysler, sinngemäß zitiert: »Die Zielsetzung des Unternehmens heißt Profit, Profit, Profit ...«);
- der Notwendigkeit, nach außen zumindest den Anschein einer angemessenen Berücksichtigung der Interessen und Bedürfnisse der betroffenen Mitarbeiter zu wahren, durch gebrauchsfertige Instrumente Rechnung tragen – z. B.: Leitbildentwicklung, Mitarbeiterbefragung, Zielvereinbarung, Balanced Scorecard, Akzeptanzanalyse.

In vielen Managementetagen herrscht der naive Glaube, der perfekte Einsatz technischer Instrumente führe quasi automatisch zum erwünschten Ergebnis – in Verkennung der alten Weisheit: »A fool with a tool is still a fool.«

Change Management auf der Basis zeitgemäßer Organisationsentwicklung

Um unser persönliches Fazit vorwegzunehmen: Wir halten die einst von der Organisationsentwicklung propagierten Werte für notwendiger denn je, aber nur bedingt in der herkömmlichen Form. Wir leben und arbeiten heute in einem anderen Kontext – und dieser schlägt sich auch in der Art und Weise nieder, wie Veränderung betrieben werden muss:

Intensive Außenorientierung

Die Musik in den Unternehmen wird immer stärker von Faktoren bestimmt, die außerhalb nicht nur der Unternehmen, sondern auch ihrer spezifischen Märkte liegen: technologische Entwicklungen (Informations- und Kommunikationstechnologie, Nanotechnologie, alternative Energien), globale politische und wirtschaftliche Rahmenbedingungen (Freihandelszonen, Steuerpolitik, Lohnniveaus), weltweiter Wettbewerb um Industrieansiedlungen und Arbeitsplätze (durch entsprechend attraktive Steuergesetze und geringe Lohnnebenkosten); neue und schnell wechselnde Formen der Zusammenarbeit zwischen Unternehmen (Kooperationen, Allianzen, gemeinsame Wertschöpfungsketten).

Die Organisationsentwicklung von damals war sehr stark nach innen gerichtet: auf die Menschen, die Prozesse und die Strukturen. Heute muss Change Management den Blick permanent über den Tellerrand hinaus richten. Das Unternehmen muss für das Geschehen im Umfeld sensibilisiert werden – und es muss Prozesse entwickeln, die es ihm ermöglichen, sich aktiv in dieses Geschehen einzumischen und erfolgreich darin zu überleben. Dazu gehört nicht nur, sich bezüglich nationaler und internationaler Wirtschaftspolitik, das heißt regional gegebener Rahmenbedingungen auf dem Laufenden zu halten, sondern auch, die Strategien der Wettbewerber genau zu verfolgen und rechtzeitig entsprechende Gegenstrategien zu entwickeln – oder aber sich mit ihnen zu verbünden, nach dem Grundsatz: »If you can't beat them, join them!«

Dies ist das A und O: die durchgängige Orientierung am Markt. Sie setzt die Fähigkeit voraus, sich frei zu machen von jeglichem Ballast bisheriger Denkmodelle.

Von der OE zum Change Management – mehr als eine bloße Umfirmierung

Es kommt nicht von ungefähr, dass der Begriff Change Management die Bezeichnung Organisationsentwicklung weitgehend verdrängt hat. Zum einen wird darin »Veränderung« im Vergleich zu »Entwicklung« stärker betont – was übrigens nicht bedeutet, dass keine kontinuierliche Entwicklung stattfinden kann. Zum anderen wird in dieser Formulierung der Anspruch erhoben, den Wandel aktiv voranzutreiben. Und zum Dritten ist der Begriff offen für unterschiedliche Bezüge, z. B. Ziele, Strategien, Geschäftsprozesse, Menschen, Mentalitäten. Er ist nicht auf »Organisation« fokussiert. Als definierte Managementaufgabe impliziert Change Management auch Ergebnisorientierung, Umsetzungscontrolling und damit Nachhaltigkeit.

Abschied von der heilen Welt – Druck, Verunsicherung und Angst salonfähig machen

Die Organisationsentwicklung hatte unterschiedliche Wurzeln. Eine davon ist das gruppendynamische Training der amerikanischen National Training Laboratories. Wenn es darum geht, im Rahmen einer Lerngruppe oder eines Arbeitsteams im betrieblichen Umfeld an der Klärung zwischenmenschlicher Beziehungen zu arbeiten, ist einsichtig, dass dies in einer angstfreien Atmosphäre stattfinden sollte. Daraus aber ein durchgängiges Konzept angstfreien Lernens zu machen – auch wenn es um den Erhalt oder die Weiterentwicklung von ganzen Unternehmen geht –, ist eine andere Sache. Hier wird die krampfhafte Vermeidung von Angst zur fahrlässigen Weichspülerei.

Markante Veränderungen werden in der Praxis nahezu immer als Zumutung erlebt – und sie sind nicht selten auch genau so gemeint. Warum sollte dies jemand auf Anhieb akzeptieren, wenn er keine Notwendigkeit dafür erkennen kann? Um Menschen überhaupt so weit zu bringen, dass sie bereit sind, sich mit Veränderungen grundsätzlicher Art auseinanderzusetzen, ist ein gewisses Ausmaß an Verunsicherung und Angst unverzichtbar. Dass ein Mensch ohne diesen Anstoß »auftaut«, »aufwacht« und, aufgrund höchstpersönlicher Einsicht in die Notwendigkeit, sich selbst erweckt und dann beschwingt auf den Weg macht – dies ist nicht gerade der zu erwartende Normalfall.

Wir halten es da mit Edgar Schein, dem Nestor der Organisationspsychologie. Er hat die Rolle und die Funktion der Angst in der Anfangsphase von Veränderungsprozessen, dem so genannten Auftauen, mehrfach beschrieben (Edgar Schein: »Angst und Sicherheit. Die Rolle der Führung im Management des kulturellen Wandels und Lernens«, Zeitschrift *Organisations Entwicklung* 3/03. Ders. in einem Interview: »Blut, Schweiß und Tränen – von der Angst, zu lernen«, *Harvard Businessmanager* 5/2002). Er redet nicht einem primitiven »Management by Angstmachen« das Wort, wie es in der Praxis von vielen so gerne praktiziert wird, aus dem einen und einzigen Grund, weil es ihnen an echten Führungsqualitäten mangelt. Aber er zeigt auf, dass Angst und Verunsicherung in den Frühphasen von Veränderungsprozessen nicht nur mit zur menschlichen Realität gehören, sondern sogar eine wichtige Funktion haben, mit der konstruktiv umgegangen werden muss.

Der Faktor Zeit

»Echte Veränderungen setzen langfristig angelegte Entwicklungsprozesse voraus« – so lautete ursprünglich eine der Arbeitshypothesen der Organisationsentwicklung. »Wir haben nur eine sehr begrenzte Zeit, um uns den neuen Rahmenbedingungen anzupassen«, sagen viele Verantwortliche heute. Wie soll das zusammenpassen? Die Veränderung von mentalen Modellen und entsprechenden Unternehmenskulturen ist vielleicht weniger eine Frage der Zeit als vielmehr eine Frage der Art und Weise des Vorgehens sowie der Konsequenz in der Umsetzung. Mit gutem Willen allein wird in solchen Zeiten wenig erreicht. Ein wirklicher Ausnahmezustand verlangt nach direkterer Steuerung, die bei den Betroffenen – sowohl auf Seite des Widerstandes als auch auf Seite der Antreiber – geballte Energie freisetzt. Dann, und nur dann, geht es auch schneller zur Sache.

Die Rolle des Beraters und Prozessbegleiters im Change Management

Wie solche Prozesse im Einzelnen konzipiert und gesteuert werden, hängt entscheidend vom prozessbegleitenden Moderator bzw. Berater ab. In der früheren Szene der Organisationsentwicklung gab es nicht wenige Akteure, die Wert darauf legten, sich inhaltlich vollständig rauszuhalten und sich ausschließlich auf den Ablauf, den so genannten Prozess, zu konzentrieren. Unter »Prozessbegleitung« wird auch heute noch vielfach verstanden, eine qualifizierte Kommunikation sicherzustellen: darauf zu achten, dass man sich wechselseitig zuhört; dass alle zu Wort kommen; Meinungsverschiedenheiten transparent zu machen und die Konsensfähigkeit auszuloten. Dies wird häufig auch als »systemisches Beratungskonzept« dargestellt.

Diese sanfte und neutrale Art der Begleitung reicht unserer Erfahrung nach nicht aus, damit Menschen bereit sind, sich innerhalb nützlicher Frist auf völlig neue Perspektiven einzulassen und ihre bisherige Rolle sowie ihr gewohntes Verhalten grundsätzlich in Frage zu stellen. Eine Rollenänderung ist auch seitens der Beratung angesagt: von der »sanft begleitenden, moderierenden« zur »konstruktiv-konfrontierenden« Steuerung. Dies stellt allerdings spezifische Anforderungen an die Kompetenz und an das Verhalten eines Change Managers. Wir haben diese im Kapitel über externe Beratung näher beschrieben (Teil III, Kapitel 17: »Auswahl und Einsatz externer Berater«).

Begleitung muss allerdings nicht zwingend von außen kommen und durch professionelle Berater gewährleistet werden. Es wird in Zukunft vermehrt zur Kompetenz von Führungskräften und Managern gehören, solche Prozesse selbst steuern zu können. Zur neuen Rolle der Führung gehören zunehmend solche soziale Fertigkeiten: durch gute Moderation Menschen innerlich aufzuschließen; ihre Diskussions- und Meinungsbildungsprozesse so zu steuern, dass auch vermeintliche Verlierer sich in der neuen Lage zurechtfinden und sich für die weitere Entwicklung engagieren können; und – last but not least – auftretende Konflikte sowohl von der reinen Versachlichung als auch von überbordender Emotionalisierung zu befreien, aus ihrer Erstarrung zu lösen und die echten Anliegen wieder verhandelbar machen. Denn auch dies gehört zum Change Management: beschleunigte Veränderungsprozesse führen naturgemäß häufiger zu akuten Konfliktsituationen. Konfliktbewältigung ist deshalb ein wesentlicher Erfolgsfaktor, wenn es darum geht, betriebliche Veränderungen zügig voranzutreiben.

Management von Veränderungen in Organisationen

Drei Begriffe ...

Organisationsentwicklung (OE)

meistens mittel- bis längerfristig angelegt

Begriff für »geplanter Wandel« (von engl. *Organization Development, Planned Change*)
»Bereichsentwicklung«: OE in einzelnen Organisationseinheiten
⇨ *Primat des Transfers:* Schaffen optimaler Voraussetzungen für die Umsetzung
⇨ *Entwicklung als Veränderungsprinzip* (Strukturen, Menschen, Führungskultur)
⇨ *Ganzheitliches Organisationsverständnis:* gleichgewichtige Berücksichtigung der *harten* Faktoren (Strukturen, Finanzen, Führungssysteme) und der *weichen* Faktoren (Kommunikation, Führung, Zusammenarbeit)

- *Partizipation:* situatives und stufengerechtes Einbeziehen der betroffenen Führungskräfte und Mitarbeiter/-innen
- *Prozessorientierte Steuerung:* konstruktiver Umgang mit Widerständen und Konflikten
- *Hilfe zur Selbsthilfe:* Wissensvermittlung, Training, Moderation, Coaching, Beratung

Generelle Tempobeschleunigung: klassische Organisationsentwicklung ist heute nur noch in Ausnahmefällen möglich.

Change Management

meistens kurz- bis mittelfristig angelegt

Umgangssprachlich moderner Sammelbegriff für alles, was heutzutage an Veränderungen in Organisationen praktiziert wird (*nicht Bezeichnung für eine bestimmte Veränderungsstrategie*)
- Schwerpunkte: M&A, Restrukturierungen, Auslagerungen, Sanierungen, Kostensenkungs-Programme, Geschäftsprozess-Optimierung
- zumeist enormer Zeitdruck (*in einzelnen Fällen sachlich begründet, häufig jedoch lediglich Ausfluss dysfunktionaler Management-Hektik*)
- unter der Ägide großer Beratungsfirmen (z. B. McKinsey, Accenture, KPMG etc.): vorwiegend technokratisches Vorgehen einseitig betriebswirtschaftlich orientierter Berater mit entsprechenden Streuverlusten und Kollateralschäden im personellen und kulturellen Bereich

Nachhaltiger Erfolg setzt nach wie vor Leadership sowie prozessorientierte Vorgehensweisen voraus.

Unternehmens-Transformation

immer längerfristig angelegt

Fundamentale und ganzheitliche Neuausrichtung eines Unternehmens bzw. einer Unternehmensgruppe
- betrifft: Marktpositionierung, Geschäftsfelder, Strukturen, Unternehmenskultur (z. B. General Electric, Schweizer Uhrenindustrie)

Erfolgt fast immer nur unter der Leitung einer ebenso dominanten wie charismatischen Führungsfigur (z. B. Jack Welch, Nicolas Hayek, Lee Iaccoca).

Kapitel 2

Die Psycho-Logik des Misslingens

Veränderung ist angesagt – in vielen Lebensbereichen. Es gibt kaum jemanden, der sich nicht von Veränderungen betroffen fühlt, sei es als »Täter« oder als »Opfer«. Dass Wandel grundsätzlich erforderlich ist, scheint also erkannt, guter Wille, entsprechend zu handeln, ist im Prinzip durchaus vorhanden. Warum dauert dann alles so lange, wo doch die Zeit so begrenzt ist? Woher kommen die vielfältigen Turbulenzen? Warum all die Konflikte? Wo liegen eigentlich die Probleme?

Wenn wir die Notwendigkeit von Veränderungen einsehen, damit aber so wenig erfolgreich sind, dann muss es dafür Gründe geben. Wir versuchen, diesen auf die Spur zu kommen. Wir werden aus der Alltagspraxis des Managements von Veränderung die typischen Vorgehensweisen aufzeigen, die unserer Erfahrung nach den Schwierigkeiten und Misserfolgen bei der Umsetzung zugrunde liegen. Das Besondere daran ist, dass diese Fehler nicht zufällig passieren. Sie sind vielmehr bereits im Konzept so angelegt. Sie haben sozusagen System. Hart formuliert: *Sie sind so gewollt*. Es steht ein Sinn dahinter. Sie ergeben sich psycho-logisch, also folgerichtig, aus klar identifizierbaren Denk- und Handlungsmustern der handelnden »Täter« sowie aus den ebenso typischen Reaktionsmustern der betroffenen »Opfer«.

Dass diese in der Praxis üblichen und uns allen vertrauten Muster lokalisiert und diagnostiziert werden können, gibt uns allerdings auch die Hoffnung und Chance, dass das Übel behandelt werden kann – mit *Einstein: »Ist ein Problem erst mal erkannt, ist der Weg zu seiner Lösung eine Selbstverständlichkeit.«* Hoffnung, wie gesagt, nicht Sicherheit – zumal, weil Einstein wohl eher an Probleme aus der Naturwissenschaft dachte als an solche aus dem Feld zwischenmenschlicher Vorgänge, deren Gesetzmäßigkeiten uns Menschen bekanntlich besonders kompliziert erscheinen.

Wir wollen hier die wichtigsten Muster einzeln beschreiben, damit wir uns selbst – als aktiv Handelnden oder als passiv Betroffenen – besser auf die Schliche kommen.

Kaltstart

Dieser Satz stammt von Goethe: »*Willst Dich an der Welt erfreuen, musst der Welt Du Sinn verleihen.*« Menschen treffen vielfältige Arrangements, greifen zu allen möglichen psychologischen Kunstgriffen, investieren bei Bedarf auch viel Energie, um ihrem Leben einen Sinn zu geben. Nicht nur dem Leben insgesamt, sondern den einzelnen konkreten Tätigkeiten und Funktionen, die sie auszuüben, den Rollen, die sie einzunehmen haben und denen sie gerecht werden wollen.

In viele solche zart gesponnene, äußerst komplexe Netzwerke persönlicher Sinngestaltung greift ein, wer Veränderungen einleitet. Je einschneidender und radikaler sich die Veränderung auf Arbeits- und Lebensumstände auszuwirken droht, als desto brutaler wird der Eingriff erlebt. In einem Kaltstart werden Menschen mit Dingen konfrontiert, deren Sinn sie nicht einsehen. Man ist »zufrieden« mit der bestehenden Situation oder hat sich zumindest mit ihr arrangiert. Man sieht keinen Anlass und noch viel weniger eine echte Chance, das Bestehende zu verändern.

Solange nicht klar ist, nicht klar gemacht wird und deshalb auch nicht klar sein kann, was das Ganze eigentlich soll, wer Nutznießer der Veränderung ist, welcher Sinn und welche Attraktivität sich daraus für den Einzelnen ergeben kann, solange sind *Angst und Abwehr* die ganz natürliche Reaktion. *Widerstand* gegen die geplante Veränderung entwickelt sich als natürlicher Mechanismus *zum Schutz des bedrohten Sinnzusammenhangs*.

Wer in einer solchen Situation Veränderungsmaßnahmen einleiten will, hat es schwer. Er verhält sich wie ein Vertreter, der an fremden Türen klingelt, um Produkte anzubieten, die eigentlich keiner haben will. Er verhält sich wie ein Bauer, der auf gefrorener Erde Samen aussät; wie ein Sender, der seine Botschaft sendet, obwohl kein Empfänger eingeschaltet ist; wie ein Angler, der, weil er selbst gern Apfelsinen isst, solche als Köder für die Fische benutzt – den Grundsatz missachtend: »Der Köder muss dem Fisch und nicht dem Angler schmecken!«

Was macht ein solches Vorgehen aus Sicht des Handelnden »sinnvoll«? Was macht es attraktiv, ohne Einfühlsamkeit, ohne Rücksicht auf die Befindlichkeit der am Geschehen beteiligten Menschen, die Dinge vorwärts zu treiben? Dummheit? Unverfrorenheit? Brutalität? So scheint es auf den ersten Blick. Doch bei genauerem Hinsehen differenziert sich das Bild. Typische Managerprobleme werden erkennbar: der Zeitdruck, den man durch mangelnde Planung selbst geschaffen hat; die Orientierung am kurzfristigen Ergebnis statt am langfristigen Erfolg; das Bedürfnis nach direktorialer Selbstdarstellung; die Unfähigkeit, auf andere einzugehen; die Befürchtung, eigene Vorstellungen korrigieren zu müssen, wenn man sich auf eine Diskussion einlassen würde; aber auch die Urangst vieler Manager, das Gesetz des Handelns könnte einem aus der Hand gleiten, wenn man nicht ununterbrochen Druck machen würde. Die tief verborgene Unsicherheit des Managers lässt grüßen: Angst als Triebfeder des Handelns.

Vom Umgang mit Maschinen wissen wir, wie sehr ein Kaltstart das System strapaziert. Dies gilt umso mehr bei Menschen, die besonders komplizierte Lebewesen sind und die ein Langzeitgedächtnis haben – ganz speziell, was mangelnde persönliche Wertschätzung anbetrifft. Denn exakt auf diesen Nenner wird es gebracht, wenn man sich nicht die Zeit nimmt, Veränderungsvorhaben mit den Betroffenen gemeinsam zu bereden.

Alles Gute kommt von oben

In einigen Unternehmen gilt im oberen Management die Devise: »*Ohne uns läuft nichts.*« Nicht Führung ist angesagt, sondern Sachbearbeitung auf hohem Niveau. Kommt ein solches Unternehmen in die Krise, behält sich dieser Personenkreis ihre Bearbeitung exklusiv vor. Die so genannten Manager hasten von einem Meeting ins andere. Hektische Betriebsamkeit macht sich breit – allerdings ausnahmslos hinter verschlossenen Türen. Alle sind gezeichnet von zur Schau getragener Bedeutsamkeit, geprägt vom Stolz, zur elitären Gruppe der Eingeweihten, der rettenden Helden zu gehören. Man umgibt sich mit der Aura des Geheimnisvollen. Man kostet die Macht aus, die eigentlich Betroffenen mit kleinen Andeutungen auf Distanz zu halten, ihnen die Lösung so lange vorenthalten zu können, bis sie endgültig feststeht. Ihre Bekanntmachung wird zum Großereignis einer Verkündigung

hochstilisiert. In dieser feierlichen Zelebration sind die Rollen klar verteilt: die Manager als aktive Retter, die Mitarbeiter als ausführende Hilfsorgane. Dankbarkeit wird dafür verlangt, dass »oben« alles geregelt wird. Ganz wie Politiker, die hinter verschlossenen Türen die Probleme der Menschen »draußen im Lande« zu lösen glauben.
Dieses Rollenspiel hat verschiedene Konsequenzen:

- Wenn das obere Management von vornherein ausschließlich sich selbst in die Pflicht nimmt, zwingt es sich damit zur Schnelligkeit. Managen heißt Probleme lösen, heißt effektiv sein, heißt zeigen, dass man seine Sache beherrscht. Alles muss bereits gestern passiert sein. Natürliche Zeiten des Wachstums und der »Schwangerschaft« werden von den Machern zur Demonstration der eigenen Stärke außer Kraft gesetzt. »*Keine Zeit für Konsens*«, heißt die Devise. Langsamkeit könnte andere auf die Idee bringen, man beherrsche die Situation nicht oder, noch schlimmer, man könnte auf Tiefergestellte angewiesen sein, um die Probleme zu lösen.

- In dieser gezielt und gekonnt in Szene gesetzten operativen Hektik entsteht automatisch ein Klima *rivalisierender Selbstdarstellung*. Hat man doch hier eine einmalige Chance, sich selbst – vor den auftraggebenden Göttern und den Mitarbeitern als staunendem Publikum – zu profilieren und von den anderen Kollegen abzuheben.

- Wenn Schnelligkeit, Abgrenzung sowie Zugehörigkeit zum elitären Kreis der Retter im Vordergrund stehen, muss man *ständig auf der Hut* sein. Die Tugend der Klugheit ist stärker gefragt als die Tugend des Mutes. Profil ja, aber nicht so viel, dass es die anderen am Kampf der Selbstdarstellung beteiligten Kollegen gegen einen aufbringen könnte. Dies bedeutet: Nie voll gegen etwas oder gegen jemanden angehen – sich zwar differenzieren, gleichzeitig aber alle Optionen offen halten. »*Ja, aber ...*« ist das typische Muster. Gleichzeitig dafür und dagegen sein, ist die hohe Kunst des Opportunismus. Nur keine Eindeutigkeit – es sei denn, sie wäre durch vielfache Kompromisse und »Gegengeschäfte« wasserdicht abgesichert.

- In einer derart provokativen Selbstinszenierung des Managements als Problemlöser sind den Mitarbeitern logischerweise die komplementären Rollen von Wasserträgern, Messdienern und staunenden Bewunderern zugedacht. Die »Attraktivität« dieser *Zuschauerrolle* – zumal wenn man weiß, dass die eigene Haut mitverhandelt wird – bedarf keines weiteren Kommentars.

Das »Not invented here«-Syndrom

Je brutaler der Kaltstart, je geheimnisvoller und bedeutungsschwangerer sich die Chefs als exklusive Problemlöser zu profilieren versuchen, desto höher die Wahrscheinlichkeit, dass jeder wie auch immer geartete Lösungsvorschlag das Schicksal von Kindern erleidet, die zur Adoption freigegeben werden: Je älter, desto schwerer vermittelbar. Ist man doch am liebsten selbst an der Planung und am Zeugungsakt beteiligt. Das ganz natürliche Selbstwertgefühl, aber auch das Grundbedürfnis nach eigener Profilierung und Mitgestaltung sträuben sich dagegen, einfach ein »fertiges Produkt« zu übernehmen.

Es wird in solchen Fällen kein Weg daran vorbeiführen, dass die Betroffenen die vorgegebene Lösung auf ihre Weise »nachbearbeiten«. Im ungünstigsten Falle werden sie beweisen, dass es so nicht funktioniert – weil nicht sein kann, was nicht sein darf. Im günstigsten Fall kommt man damit davon, dass die Betroffenen die vorgeschlagene Lösung nachträglich kunstvoll mit ihren eigenen Duftmarken versehen. Beides kostet die Zeit, die man durch das gewählte Vorgehen eigentlich einsparen wollte – ganz abgesehen vom Ärger, der Enttäuschung, dem Energieverschleiß, die man sich zusätzlich eingehandelt hat.

Die falsche Frage

Machen Sie doch einmal ein Experiment! Fragen Sie irgendeinen Kollegen um Rat, und beobachten Sie genau, was passiert. Sie werden feststellen, dass Sie kaum dazu kommen, Ihre Ausgangssituation eingehender zu erläutern. Kaum jemand wird vertiefende Fragen stellen, um Sie und Ihr Problem überhaupt erst zu verstehen. Man wird sich vielmehr relativ schnell ein passendes Stichwort herausgreifen, um Ihnen dann eloquent zu erzählen, wie gut man das Problem, das Sie noch gar nicht richtig schildern konnten, aus eigener Erfahrung kennt. Und der Kollege wird Ihnen, ohne zu zögern, aufgrund *seiner* Erfahrung in wenigen Sätzen die fix und fertige Patentlösung für *Ihr* Problem servieren. Mit anderen Worten: Sie erhalten eine richtige Lösung – nur leider für das falsche Problem.

Die meisten Menschen sind auf *Lösungen fixiert*. Sie sind nicht wirklich daran interessiert, Probleme und ihre Zusammenhänge zu verstehen. Sie stellen sofort die Frage: »*Was ist zu tun?*« Die entscheidende Frage aber wird nicht gestellt: »*Was ist los?*« Zwei Ursachen mögen diesen Sachverhalt erklären:

Das natürliche Bestreben nach Selbstdarstellung und persönlicher Profilierung kann anscheinend über das Angebot von Lösungen stärker befriedigt werden als durch den Versuch, die Dinge erst einmal zu verstehen. Wer Lösungen anbietet, vermittelt von sich ein Bild, das geprägt ist von Tatkraft und abschließendem Erfolg – im Gegensatz zu jemandem, der auf der Suche ist und noch nicht weiß, wie es ausgeht. Ein Held definiert sich durch Taten, nicht durch Nachdenken.

Ein zweiter Antrieb, mit schnellen Lösungen zu arbeiten, ist die Hoffnung, sich einen lästigen Bittsteller möglichst schnell vom Hals zu schaffen. So wie dem jungen Leutnant Hofmiller in Stefan Zweigs Roman *Ungeduld des Herzens* nur *zu* bald – wenn auch zu spät, um die Katastrophe vermeiden zu können – deutlich wird, dass sein vermeintliches Mitleid, das ihn zur Verlobung mit der gelähmten Edith treibt, nichts weiter ist als »Ungeduld des Herzens«: der Versuch, »sich möglichst schnell frei zu machen von der peinlichen Ergriffenheit vor einem fremden Unglück«.

Die Lösung ist Teil des Problems

> »*Ich brauche einen neuen Brauch,
> den wir sofort einführen müssen;
> nämlich den Brauch,
> in jeder neuen Lage neu nachzudenken.*«
>
> Bertolt Brecht

Beispiel Nr. 1: Menschen beklagen Verkehrsengpässe. Um sie zu beheben, bauen sie mehr Straßen – und ziehen dadurch neuen Verkehr an. Der stärkere Verkehr führt wiederum zu neuen Engpässen. Deshalb wird der Straßenbau weiter verstärkt – ein so genannter Teufelskreis.

Beispiel Nr. 2: Mitarbeiter fordern mehr Anerkennung durch Titel und sonstige Möglichkeiten, sich anderen gegenüber hervorzuheben. Man vergrößert deshalb die Anzahl der Hierarchiestufen und die Anzahl der Titel. Gerade dadurch aber wird das Anreizsystem immer stärker entwertet – bis schließlich die Lächerlichkeit kollektiven Verhaltens im Unternehmen die Hierarchie- und Titelinflation zum Thema werden lässt.

In beiden Fällen ist die Lösung Teil des Problems. Sie bleibt innerhalb eines Grundmusters, das mit »mehr desselben« *(Watzlawick)* das Problem schafft beziehungsweise verstärkt, das eigentlich gelöst werden sollte.

Menschenbild und Organisationsmodell

> »*Der Mensch als Mittelpunkt*« (G. Duttweiler) oder
> »*Der Mensch als Mittel. Punkt.*«

In geheimen Zirkeln werden Strategien diskutiert, Veränderungskonzepte entwickelt, Pläne zu ihrer Umsetzung ausgeheckt. Die betroffenen Mitarbeiter spielen dabei die Rolle von Schachfiguren, die man – je nach Spielbedarf – einsetzen und verschieben kann.

Sicher gibt es auch heute noch Mitarbeiter, die froh sind, wenn sie im Betrieb keine eigene »unternehmerische« Verantwortung übernehmen müssen. Solche Mitarbeiter lassen sich im Allgemeinen klaglos versetzen. Sie entfalten ihr Unternehmertum in der Freizeit, zu Hause oder in Vereinen. Wer solche Mitarbeiter haben will, verhält sich völlig konsequent, wenn er sich nach dem eingangs beschriebenen Muster ausrichtet. Wer allerdings »Unternehmer vor Ort« haben möchte, zerstört mit dieser Vorgehensweise alle seine Chancen.

»*Form follows Function*« ist eine wesentliche Leitlinie moderner Organisation. Maßgeblich sind die Ziele, die zu erreichen, und die Aufgaben, die dazu zu erledigen sind. Die Form, wie dies am besten zu bewerkstelligen ist, hat sich dieser Funktion unterzuordnen, muss von ihr abgeleitet werden. Organisation als immer offenes Experiment, immer auf dem Prüfstand.

Die meisten Organisationen schaffen es aber nur ein einziges Mal, nämlich bei ihrer Gründung, diesem Anspruch gerecht zu werden. Haben sie sich aber einmal erfolgreich etabliert, tritt ein Beharrungsmechanismus in Kraft, der zur Umkehrung der Leitlinie führt: *Function follows Form*. Die Organisationsform wird – vor allem für diejenigen, die sie geschaffen haben – zu dem, was in einer Zeit der Unsicherheit und der Veränderung noch Bestand hat und Orientierung gibt. Etwas, an dem man sich festhalten kann. Die Organisation wird gleichsam zum Dom oder Palast: stabil, erhaben – und absolut unverrückbar. Für die Organisationsmitglieder gilt die Devise: Versuchen wir, das Beste daraus zu machen.

Anforderungsprofile und Verhaltensappelle

Wenn Aufgaben sich ändern und Entwicklungen vonnöten sind, schlägt manchmal die Stunde der Personalentwickler. Mit großem Eifer formulieren sie möglichst prägnante neue Anforderungsprofile. Man könnte meinen, es werde ein Kandidat für die amerikanische Präsidentschaft gesucht: Identifikation mit der Arbeit, Begeisterungsfähigkeit, Einfühlungsvermögen, Kontaktfähigkeit, Kooperationsfähigkeit, Kommunikationsfähigkeit, Flexibilität und Kreativität. Nicht zu vergessen: Zuverlässigkeit, Eigeninitiative, Selbstständigkeit, Leistungswille, Verantwortungsbewusstsein, Ergebnisorientierung, Durchsetzungsvermögen – schlechthin Unternehmertum. Neuerdings dazugekommen: die Fähigkeit zu vernetztem und systemischem Denken, Selbstorganisation und Integration. Kritik- und Feedbackfähigkeit werden vorausgesetzt, ebenso wie die Bereitschaft zu lebenslangem Lernen. Über allem, ohne Frage, stehen Glaubwürdigkeit, Vorbildfunktion, ein positives Menschenbild sowie persönliche Ausstrahlung. Diese Spezifikationen werden garniert mit allgemeingültigen ›Grundsätzen der Führung und Zusammenarbeit‹.

Hier wird ein Fabelwesen beschrieben, das noch nicht mal in Grimms Märchen vorkommt: die Eier legende Wollmilchsau. Die Hochsprunglatte wird so hoch gelegt, dass man nur, ehrfurchtsvoll nach oben grüßend, aber ohne jedes schlechte Gewissen, darunter durchlaufen kann.

Die meisten derartigen Appelle sind gut gemeint und deshalb ehrenwert. Aber sie gehen völlig an der Realität vorbei. Sie führen in eine absolute Sackgasse. Sie mahnen einerseits Verhaltensmuster an, die es in dieser Kombination gar nicht gibt – und selbst wenn es sie gäbe, müssten wir zuallererst die bestehenden Strukturen und Spielregeln der Organisation daraufhin untersuchen, wie weit sie ein solches Verhalten überhaupt ermöglichen. Meist stehen die Dinge in einem eklatanten Widerspruch: Gefordert wird zwar Zusammenspiel, geführt wird aber nach dem Prinzip »Teile und herrsche«. Verlangt werden Mitdenken und Unternehmertum, kontrolliert wird nach dem Prinzip »Jeder Mensch ist ein potenzieller Drückeberger und Betrüger«. Angemahnt werden Kooperation und Kommunikation, belohnt werden Konkurrenz und Einzelleistung. Im Führungsleitbild werden Unternehmertum und Zivilcourage beschworen, Karriere machen diejenigen, die sich anpassen und politisch geschickt taktieren. Kurz, wer sich so verhalten würde, wie es auf dem Papier verlangt wird, wäre »unvernünftig«, könnte nichts bewirken und müsste eigentlich entlassen werden. Und exakt dies passiert auch immer wieder in der Praxis.

Abwiegeln – oder die Wahrheit auf Raten

> »Es wird keinem schlechter und vielen besser gehen als vorher.«
> Helmut Kohl zu den Ostdeutschen nach dem Fall der Mauer

»Schlechte Nachrichten« vermitteln, und zwar so, dass trotzdem oder gerade deshalb die betroffenen Mitarbeiter sich ganz besonders engagieren – dies ist eine ebenso wertvolle wie seltene Kunst. Gerade am Anfang ist man versucht, aus taktischen Gründen zunächst den Weg des geringsten Widerstands zu gehen. Man versucht, mit einer »Es-wird-keinem-schlechter-gehen-als-vorher«-Beschwichtigung über die Runden zu kommen – wohl wissend, dass es sich um eine falsche Behauptung handelt.

Wo liegt der Sinn dieser Strategie? Es ist die Angst vor »Liebesentzug« – sprich Akzeptanzverlust –, wenn die Probleme in aller Offenheit beim Namen genannt werden. Es ist aber auch mangelndes Vertrauen – sprich fehlende Erfahrung –, dass »schlechte Nachrichten«, Not und drohende Gefahr Selbstheilungskräfte ungeahnten Ausmaßes freisetzen können. Man traut sich nicht, aufs Ganze zu gehen, tut so, als ob man einen notwendigen Sprung über einen großen Abgrund in mehrere Teile zerlegen könnte.

Man unterschätzt dabei aber nicht nur die Belastbarkeit des Systems, sondern verhindert mit dieser Salamitaktik die Aktivierung der Selbstheilungskräfte – und bringt das Unternehmen damit in eine möglicherweise existenzielle Krise. Jegliches Gefühl der Betroffenen für die »Lage der Nation« sowie jegliches Bewusstsein einer Mitverantwortung werden im Keim erstickt.

Dramatisieren – oder das Geschäft mit der Angst

Kaltstart und Abwiegelung versuchen bewusst, die Menschen nicht zu beunruhigen, um Aufruhr und Abwehr gar nicht erst aufkommen zu lassen. Die Veränderung schleicht sich durch die Hintertür ein. Das System wird im wahrsten Sinn des Wortes hintergangen. Im direkten Gegensatz dazu steht die Strategie der gezielten Verängstigung. Die Menschen werden dermaßen in Angst und Schrecken versetzt, dass sie grundsätzlich um ihren Arbeitsplatz zu fürchten beginnen. Auf das Schlimmste gefasst, kann es eigentlich nur noch besser kommen. Die Betroffenen werden mit dieser Form der Dramatisierung aus verdeckten Motiven manipuliert, ihre letzten Energien freizusetzen. Aber wehe, wenn dieses Prinzip der Ausnutzung durchschaut ist! Es ist wie in der Erzählung von dem Mann, der den Feueralarm einige Male zum Spaß betätigt hatte: Als es dann wirklich brannte, dachten alle, es sei nur ein Scherz – und keiner kam zu Hilfe. Wer einmal lügt ...

Angststrategie kann darüber hinaus auch zu einer *Paralyse des Gesamtsystems* führen: Alle gehen in Deckung und verfallen in Erstarrung – in der Hoffnung, unbemerkt zu bleiben, bis die Gefahr vorüber ist. Dies sind uralte Formen menschlichen Verhaltens: der Totstellreflex und die Hoffnung auf ein Wunder. Jegliche eigene Kreativität und eigenverantwortliche Suche nach einer Lösung der anstehenden Bedrohung wird dadurch blockiert. Es gilt: »*Nur ja keine Fehler machen ... am besten gar nichts tun ... auf keinen Fall irgendein Risiko eingehen.*« Ohne Risiko, ohne Infragestellung des Herkömmlichen aber gibt es keine Innovation, keine Problemlösung, keine Veränderung.

Eine weitere mögliche Reaktion auf Angst ist *Flucht*. Solidarität und Zusammenarbeit, über Jahre aufgebaut und entwickelt, können mit einem Schlag zerstört werden. Es gilt nur noch: »Rette sich, wer kann« und »Jeder ist sich selbst der Nächste.«

Wer die unverzichtbaren Grundlagen menschlichen Wohlbefindens – nämlich Sicherheit, Geborgenheit und Anerkennung – ohne wirkliche Not durch gezielte Injektion von Angst gefährdet, produziert und programmiert geradezu die Probleme, mit denen er später zu kämpfen hat. Er belastet die Veränderung bereits beim Start mit einer so großen Hypothek, dass er sie möglicherweise während des gesamten Zeitraums der Veränderung nicht mehr abbauen kann. Wer nämlich nicht weiß, was auf ihn zukommt, hat das Bedürfnis, sich abzusichern, sich zu schützen und zu verteidigen. Wer absolut nicht weiß, was ihn in der Zukunft erwartet, wer nicht weiß, inwieweit er in dieser Zukunft selbst überhaupt noch eine Rolle spielt, wird kaum die Energie aufbringen wollen, diese Zukunft kreativ mitzugestalten.

Dies ist der vielleicht schwierigste und zugleich wichtigste Aspekt prozessorientierter Arbeit: der *Umgang mit der Angst* – mit der eigenen und mit derjenigen der anderen. Wenn der Mensch gar keine Angst hat, wird er bequem. Er bewegt sich nicht mehr und verfettet. Wenn der Mensch zu viel Angst hat, wird er gelähmt – und bewegt sich auch nicht mehr. Die *Steuerung des Angstpegels* gehört deshalb mit zur hohen Schule der Führung – im Management genauso wie in der Pädagogik und in der Therapie. Und dies sind die Instanzen, die einem immer sagen können, welches der jeweils »richtige« Angstpegel ist: der gesunde Menschenverstand, der Sinn für die Realität, das gute Gewissen – und das Vertrauen in die eigenen Mitarbeiter.

Insellösungen

Organisationen und Unternehmen unterscheiden sich nicht nur in ihren Zielsetzungen, Produkten und Ausstattungen, sondern auch im Hinblick auf ihre Kultur. Unternehmenskultur ist die Gesamtheit der geschriebenen und ungeschriebenen Traditionen, Gesetze und Werte, die das Denken, Fühlen und Handeln der Organisationsmitglieder beeinflussen.

Es gibt Unternehmen, da spürt man praktisch bei jedem einzelnen Mitarbeiter die Lust an der Selbstverantwortung, am persönlichen unternehmerischen Wollen, an dem immer mit Risiko verbundenen Treffen von Entscheidungen. Als Maxime gilt: »Wer lang fragt, geht lang irr.« Man denkt und handelt im eigenen Zuständigkeitsbereich wie ein Unternehmer.

In solchen Betrieben ist für den Kunden immer jemand erreichbar, ist immer jemand bereit, eine nicht aufschiebbare Dienstleistung zu erbringen – oder eine Entscheidung zu treffen, auch wenn sie nicht direkt in die eigene Zuständigkeit fällt. Schnelle Reaktion ist garantiert.

Kontrastreich hebt sich davon eine Unternehmenskultur ab, die auf Absicherung beruht. Jedermann ist froh, wenn »die oben« sich alle Entscheidungen vorbehalten. Dieser Zustand hat den Vorteil, dass man über »die Hierarchie« jammern kann, ohne je befürchten zu müssen, in die Mündigkeit, sprich Selbstverantwortung entlassen zu werden.

In solchen Kulturen ist der so genannte »vorauseilende Gehorsam« an der Tagesordnung – bis hin zu peinlicher Unterwürfigkeit. In diesem Sinne gibt es auch in westlichen Unternehmen noch viel »Ostblock-Mentalität«: viele Gremien, viele Schnittstellen, überall mitmischen – aber keine klar zuordenbare Ergebnisverantwortung; große, unbewegliche Zentralen, die vor allem mit sich selbst beschäftigt sind; keine Zeit für den Kunden; exakt ab offiziellem Dienstschluss Grabesruhe; Angst vor Wettbewerb und offenem Markt; und viele Menschen, die nichts anderes tun, als andere zu kritisieren – nicht etwa, um Probleme zu lösen, sondern lediglich, um vom eigenen Anteil an der Misere abzulenken.

Zwischen diesen Extremen liegt eine Kultur, die zwar in genau abgegrenzten Aufgabenbereichen Selbstständigkeit fordert und fördert, ein Mitdenken über diesen Rahmen hinaus aber geradezu untersagt. Jeder ist nur ausgerichtet auf den Profit seines Bereichs, auch wenn dieser auf Kosten von Nachbarbereichen geht und die Gesamtrechnung letztlich negativ ausfällt.

Ein Veränderungsvorhaben hat umso geringere Aussicht auf Erfolg, je stärker es im Gegensatz steht zur Unternehmenskultur, die insgesamt vorherrscht. Veränderungen einführen wollen, die neues Denken erfordern, die ein Verhalten voraussetzen, das bisher weder üblich noch beabsichtigt war, noch viel weniger belohnt und deshalb auch nicht »gelernt« wurde, ist wie der Versuch, das Meer zu pflügen. Wer jahrelang auf Anpassung, Gehorsam und Unterwürfigkeit trainiert worden ist, dem verbietet seine in langjähriger Erfahrung erworbene »Überlebensstrategie«, ohne weitere Absicherung für sich selbst Verantwortung zu übernehmen. Noch weniger kann man einen Mündigen ohne weiteres wieder gefügig machen. Aufklärung kann man nicht rückgängig machen. Man kann höchstens die Ausübung erschweren oder zu verhindern versuchen.

Mit anderen Worten: Wer in eine nicht vorbereitete Umgebung etwas Fremdes einpflanzt, baut seinen Palast in eine Wüste, wo es keinerlei Infrastruktur gibt. Ein enormer, auf Dauer nicht leistbarer Betreuungsaufwand ist programmiert.

Etikettenschwindel – oder die »hidden agenda«

Wer etwas verändern will, bezweckt etwas. In der Regel geht es darum, eigenen Interessen oder solchen, denen zu dienen man sich verpflichtet fühlt, zur Durchsetzung zu verhelfen. Dies aber geschieht nicht in einem völlig unbesetzten »Niemandsland«, sondern im Spannungsfeld unterschiedlicher Interessen. Je stärker eine Partei berücksichtigt wird, umso mehr fühlt sich wahrscheinlich eine andere benachteiligt. Es entspricht zwar dem Zeitgeist, immer und überall von »Gewinner-Gewinner-Modellen« zu sprechen: Alle gewinnen, keiner verliert, niemand zahlt drauf. Mit solchen Floskeln wird versucht, selbst Programme zur Kostensenkung, Produktivitätssteigerung und Leistungsverdichtung, die eine unverkennbare Schlagseite hin zu den Interessen der Kapitaleigner haben – bis hin zur Forderung an die Mitarbeiter, sich selbst wegzurationalisieren –, mitarbeiterorientiert zu »verkaufen«. Aber wo kein Vertrauen in die Vernunft der Mitarbeiter vorhanden ist, gibt es auch keinen Versuch und keine Chance für die Mitarbeiter, sich mit der harten Realität selbst auseinanderzusetzen. Ganz im Gegenteil: Unter der schön gefärbten Decke der »Modernisierung«, gegen die ja nun niemand etwas haben kann, wird eine radikale Durchforstungs- und Entsorgungsstrategie verfolgt. Die Opfer sind aber keineswegs immer diejenigen, die die Misere eigentlich zu verantworten haben.

Will man sich selbst diese »Drecksarbeit« ersparen, vergibt man solche Aufträge nur allzu gern in die Regie einschlägig spezialisierter Beratungsunternehmen – in der nicht unberechtigten Hoffnung, sich bei allenfalls notwendigen, unpopulären Maßnahmen hinter den Vorschlägen der Berater verstecken zu können. Kompetenz- und Vertrauensverlust im eigenen Haus werden als kleineres Übel in Kauf genommen. Der Kapitän, der bei Sturm die Brücke verlässt, offenbart sich damit selbst als Schönwetter-Stratege.

Man glaubt gar nicht, wie viel Energie von Massen von Mitarbeitern investiert wird, um gegen solche verdeckten Strategien anzugehen. Es gibt so etwas wie eine stillschweigende Einigkeit im Widerstand: Im Untergrund werden mit geradezu bewundernswerter Kreativität Modelle entwickelt, wie man die offiziell verordneten Prozeduren unterlaufen kann. Die besonders erfolgversprechenden werden auf einem regelrechten »schwarzen Markt« untereinander ausgetauscht. Diese ganze Energie, mit der man Berge versetzen könnte, geht dem Unternehmen verloren. Sie wird als Brems- und Widerstandsenergie verschleudert. Die Betrogenen verstehen sich zu rächen.

Die Glaubwürdigkeitslücke

Die Zukunft ist immer ein Wagnis. Bei einem Wagnis gibt es nur zwei Möglichkeiten: Entweder man lässt sich darauf ein – oder man versucht, ihm aus dem Weg zu gehen. Für welche dieser beiden Möglichkeiten man sich entscheidet, hängt im Wesentlichen davon ab, wie sehr man denen, auf die man dabei angewiesen ist, glaubt vertrauen zu können.

Vertrauen aber entwickelt sich nicht als isolierter Faktor im luftleeren Raum. Die Art und Weise des Umgangs miteinander, der Grad der Offenheit und Direktheit, den man sich gegenseitig zumutet und zutraut, das Ausmaß des Einbeziehens in Entwicklungen, die einen selbst betreffen – all dies bildet Vertrauen – oder lässt misstrauisch werden. Aus alldem macht man sich ein Bild davon, wer Glauben verdient und vor wem man sich besser hüten sollte. Der Grad der Glaubwürdigkeit und des Vertrauens entscheidet letztlich darüber, ob man bereit ist, sich mit jemandem auf unbekanntes Gelände zu begeben.

Je nach individueller Vorgeschichte und Veranlagung mag es unterschiedlich lange dauern, bis eine gute Vertrauensbasis aufgebaut ist. Ist sie aber einmal zerstört – und das kann sehr schnell geschehen –, braucht es sehr lange, um den Flurschaden wieder zu beheben, falls er überhaupt behebbar ist.

Insofern lohnt sich im Hinblick auf das Management von Unternehmen eine parallele Kostenrechnung der zweiten Art, nämlich sich laufend Rechenschaft darüber abzulegen, inwieweit das jeweilige Tun Vertrauen und Glaubwürdigkeit aufbaut – oder aber gefährdet. In Krisensituationen entscheidet das Vertrauen in die Führung über Erfolg oder Misserfolg – und dieses Vertrauen lässt sich nicht dann kurzfristig erzeugen, wenn man es gerade braucht.

Kapitel 3

Schlüsselfaktoren erfolgreichen Vorgehens

Energie wecken und Vertrauen schaffen

Wir haben dargestellt, dass bestimmte Vorgehensweisen den Misserfolg geradezu programmieren. Besonders gefährlich ist die Verlockung, die Betroffenen einfach zu überrumpeln; sie über den Tisch zu ziehen; ihnen ein Fertigmenü zu servieren, das sie nicht bestellt haben; sie nicht an der Gestaltung der Zukunft zu beteiligen, die doch ihre eigene sein soll; dadurch Vertrauen und Glaubwürdigkeit zu verlieren und, paradoxerweise, diejenigen in Abwehr zu versetzen und auf Widerstand zu programmieren, auf die man bei der Umsetzung in allererster Linie angewiesen ist.

Wer dieser Verlockung, sich die Dinge allzu einfach zu machen, nicht erliegen will, der muss sich die Mühe machen, die Betroffenen aufzuschließen für das, was er mit ihnen vorhat. Dies setzt allerdings voraus, dass er sich intensiv mit ihrer Ausgangssituation befasst.

Die Betroffenen dort abholen, wo sie sind ...

Die Betroffenen sind vermutlich unterschiedlich weit vom Thema entfernt. Sie haben mit einer gewissen Wahrscheinlichkeit auch unterschiedliche Einstellungen zur Art und Weise, wie man an dieses Thema herangehen könnte:

– *Weshalb kann nicht einfach alles so bleiben, wie es ist?*
– *Was machen denn andere, die sich in einer ähnlichen Lage befinden?*
– *Was ist eigentlich das konkrete Ziel dieses Vorhabens?*
– *Gibt es keine Alternativen?*
– *Warum gerade so vorgehen und nicht anders?*

- *Welche Risiken kommen da auf uns zu? Was können wir verlieren?*
- *Was werden wir in Zukunft anders oder neu machen müssen?*
- *Gibt es überhaupt eine Zukunft für uns, für mich?*
- *Welche Rolle sollen wir bei dieser Veränderung spielen?*
- *Können wir uns diesen Veränderungsschritt zutrauen?*
- *Können wir denen vertrauen, die das Ganze geplant haben?*
- *Könnten wir uns nicht noch etwas Zeit lassen?*

Mit solchen und ähnlichen inneren Fragen setzt sich jeder auseinander, der erstmalig mit einem bestimmten Veränderungsvorhaben konfrontiert wird.

Ist ein gewisses Maß an grundsätzlichem Problembewusstsein vorhanden und damit auch eine prinzipielle Bereitschaft, sich mit den anstehenden Veränderungen auseinanderzusetzen, reicht es aus, je nach Bedarf einzelne Aspekte in Ruhe mit den Betroffenen anzuschauen. Schwieriger wird es, wenn sich die Betroffenen noch im Stadium völliger innerer Ruhe und Zufriedenheit befinden. Solange die Mitarbeiter rundum satt und zufrieden sind oder ihre Situation für selbstverständlich und unveränderbar halten, fehlt grundsätzlich die Voraussetzung für eine Veränderung. In diesem Fall gilt es, diese Ruhe zu *destabilisieren*, die Menschen »aufzutauen« und in Unruhe zu versetzen – und zwar in erster Linie mithilfe von Szenarien über die zukünftige Entwicklung. Vom Ausmaß des Problembewusstseins hängt auch das Maß der Motivation ab, mit dem die Beteiligten bereit sind, sich zu engagieren.

Um für diesen Prozess der Sensibilisierung das »richtige« Vorgehen wählen zu können, muss man den Ausgangszustand kennen. Eine alte Rhetorikregel besagt: »Man soll die Zuhörer dort abholen, wo sie sich befinden« – wenn man Wert darauf legt, mit der eigenen Botschaft bei ihnen zu landen.

Die wesentlichen Punkte

Um Genaueres über die Ausgangssituation zu erfahren, müssen folgende Punkte überprüft werden:

- *Klarheit der Ziele:* Wie klar ist den Betroffenen, was mit dieser Veränderung konkret bezweckt wird? Die Frage ist nicht: Wie klar ist sie dem, der sie vorantreiben will? Sondern: Wie klar, wie konkret und wie einsichtig ist die Zielsetzung für die Betroffenen – aus ihrer Perspektive, von ihrem Standort aus gesehen? Können sie sich konkret vorstellen, was nachher anders sein wird als heute? Oder fühlen sie sich nur mit inhaltsleeren Worthülsen zugeschüttet?

- *Informationsstand:* Von welchem Wissensstand über das anstehende Thema kann man ausgehen? Gibt es diesbezüglich gravierende Unterschiede? Was wissen die Betroffenen über die Art und Weise, wie das Vorhaben entstanden ist, von wem die Idee ausging, was oder wer sonst noch dahinter steckt?

- *Problembewusstsein:* Empfinden die Betroffenen die Situation, um die es geht, überhaupt als Problem? Gibt es so etwas wie »Leidensdruck«? Wie weit ist dieser verbreitet? Hat man sich eventuell längst mit der Situation arrangiert, sieht mittlerweile darin sogar Vorteile? Und: Wie offen wird darüber geredet?

- *Glaubwürdigkeit des Vorhabens und der Initianten:* Wie sehr nimmt man den Initiatoren ab, dass es ihnen tatsächlich um die Sache geht, die sie vorbringen? In welchem Ausmaß unterschiebt man ihnen verdeckte, eventuell eigennützige Motive? Glaubt man, dass sie an einem gemeinsamen Vorgehen interessiert sind? Wie verbreitet sind Vermutungen, es handle sich um eine reine Alibi-Übung oder um einen Manipulationsversuch?

- *Energie und Engagement:* Aus alldem ergibt sich das Ausmaß an Energie, mit dem sich die Beteiligten für die Problemanalyse und -lösung engagieren oder sich gegen sie sperren werden.

Erst wenn man spürt, dass die Betroffenen die Probleme erkennen und dass der Impuls zum kreativen Mitmachen vorhanden ist, macht es Sinn, den nächsten Schritt zu tun, das heißt in die Phase der konkreten Problembearbeitung überzuleiten.

Dies alles kann selbstverständlich nur auf der Basis eines offenen und sensiblen Dialogs mit den Betroffenen gelingen. Klar auch: Je nachdem wo und an wie unterschiedlichen »Standorten« die Betroffenen sich befinden, muss wenig oder sehr viel Zeit einkalkuliert werden, um die Beteiligten miteinander sowie mit dem Thema, um das es geht, in Kontakt zu bringen, sie dialogbereit und die Dinge besprechbar zu machen.

Denken in Prozessen statt Strukturen

»*Dans la vie, il n'y a pas de solutions.
Il n'y a que des forces en marche:
il faut les créer et les solutions suivent.*«

Saint-Exupéry

(Im Leben gibt es keine Lösungen.
Es gibt nur Kräfte, die in Bewegung sind:
Man muss sie erzeugen – und die Lösungen
werden folgen.)

Wer seine Organisation an den sich immer schneller ändernden Bedürfnissen des Marktes ausrichten will, für den ist laufende Anpassung und Wandel nicht die Ausnahme, sondern die Regel. Der Wandel wird umso leichter fallen, je einfacher und flexibler die Organisation gestaltet ist. Gerade hier aber stellt sich ein Problem: Die meisten Organisationen sind eher nach dem Modell großer und unbeweglicher Paläste und Dome gebaut. Imposante Strukturen, klare Formen und geregelte Abläufe – insgesamt ein festes Gerüst – prägen den Charakter der Organisation. Manager bieten dadurch Orientierung. Sie sorgen für Ordnung und gewährleisten denjenigen, die geführt werden, Sicherheit. Sie nehmen für sich in Anspruch – und erwecken den Anschein –, die Geschicke tatsächlich zu lenken und im Griff zu haben. Mit ebendieser Steuerungsfunktion legitimieren sie ihre besonders herausgehobene Position.

Relativ selten dagegen findet man Organisationen, die sich konsequent am Grundsatz »*Structure follows Function*« orientieren; die sich flexibel und zeitlich begrenzt nach dem Prinzip der Projektorganisation ausrichten; wo alles, was auf längere Dauer angelegt werden soll, zur begründungspflichtigen Ausnahme geworden ist.

Noch ungewohnter allerdings ist das Denken in Kraftfeldern, Energieströmen und offenen Prozessen. Alles, was in seiner Wirkung nicht eindeutig einschätzbar und dessen Verlauf nicht exakt steuerbar scheint, wird als dubios und chaotisch erachtet. »Chaos« hat die negative Bedeutung von Durcheinander – von »nicht ordentlich geplant«; von etwas »Unordentlichem« und »Unkalkulierbarem«; kurz: von etwas, von dem man sich als verantwortungsvoller Mensch und Manager fern halten sollte. Dass man nur deshalb etwas als unkalkulierbares Durcheinander bezeichnet, weil es in seinen inneren Ordnungsmustern nicht zugänglich ist, diese Einsicht ist noch wenig verbreitet. Noch seltener ist es, dass ein Manager oder Berater sich in chaotischen Situationen wohlfühlt, weil er darin eine neue wichtige Funktion gefunden hat. Die in der heutigen turbulenten Zeit so wichtige Rolle des »Chaos-Piloten«, der sich in offenen Prozessen mehr erspürend als wissend den Weg sucht, ist noch wenig salonfähig. Die meisten Manager tun nach wie vor so, als ob sie Entwicklungen ganz gezielt steuern und, wenn sie einem nicht in den Kram passen, ganz nach Belieben anhalten oder unterdrücken könnten. Für diese Fehleinschätzung zahlen sie einen doppelten Preis: Zum einen machen sie sich etwas vor; sie betätigen ein Steuerrad, das keinen Anschluss hat an das Lenkungssystem. Mit Goethe: »*Du glaubst zu schieben, und du wirst geschoben.*« Zum anderen vergeuden sie viel Energie – je länger und kräftiger sie versuchen, hin und her zu steuern, desto mehr.

Die Wirkungszusammenhänge dynamischer Systeme bleiben einem Beobachter, der direktiv zu steuern versucht, weitgehend verschlossen. Mit der falschen Aktivität ist nämlich auch die Aufmerksamkeit in eine falsche Richtung gelenkt. So passiert es dann auch fast zwangsläufig, dass falsch gesteuerte Systeme – aus Sicht der steuernden Manager völlig überraschend – aus dem Ruder laufen. Sie »entgleiten« einer ohnehin nur scheinbaren Kontrolle und beweisen ihre Selbstständigkeit – so wie ein mit Luft gefüllter Ball, den man mit Macht unter Wasser drückt, bei der geringsten Unachtsamkeit einem aus den Händen flutscht.

Das Denken in offenen Prozessen und vernetzten Systemen ist unter anderem von *Frederic Vester* eingehend beschrieben worden. Es gilt, nach dem Prinzip des Judo die vorhandenen Kräfte zu erkennen und umzulenken, anstatt sie zu zerstören: *mit der Energie zu gehen, nicht gegen sie*. Die Herausforderung, sich diesem dynamischen Denk- und Handlungsansatz zu stellen, betrifft alle, die in einer Welt leben und leiten wollen, die turbulent und durch ordnende Eingriffe grundsätzlich nicht beherrschbar ist. Dynamische Systeme, die in ihrer Existenz von vornherein und immer gefährdet sind, können ihr Überleben nur durch kluge Anpassungs- und Entwicklungsstrategien sichern. Ob als Manager eines Wirtschaftsbetriebs oder eines Non-Profit-Unternehmens, ob als Politiker, Lehrer oder Familienvater – diesen Herausforderungen müssen sich alle stellen, die in solchen Zeiten erfolgreich führen wollen.

Alles ist heute im Fluss. Das gilt gleichermaßen für die Wirtschaft, den Staat und die Gesellschaft. Zwei Möglichkeiten stehen uns im Prinzip zur

Verfügung: Entweder wir versuchen, vor dieser bedrohlichen Dynamik die Augen zu verschließen und in die Arme derer zu flüchten, die uns Ordnung, Sicherheit und Orientierung versprechen – um den Preis des Verzichts auf unsere Freiheit und Selbstverantwortung. Oder wir akzeptieren die Unkalkulierbarkeit und lernen, uns darin zu bewegen und zu überleben. Dazu müssen wir uns üben in der Kunst,

- die inneren Muster von Systemen zu erforschen; zu entdecken, wann und wodurch sie in Bewegung geraten oder gebracht werden können – wohl wissend, dass uns vieles, vielleicht das meiste, verborgen bleiben wird;
- uns an das Geschehen »anzudocken«, uns elegant einzufädeln und mit viel Geschick von innen heraus das zu fördern und zu unterstützen, was unseren Zwecken dienlich ist;
- und, dies vor allem: Entwicklungen und Trends mit Intuition erspüren zu lernen – und rechtzeitig, mit kluger Dosierung des Risikos, zu handeln, ohne auf letzte Gewissheiten zu warten.

Das Unternehmen auf sein Umfeld ausrichten

Jedes Unternehmen befindet sich im Wirkungsfeld vieler Faktoren und Rahmenbedingungen, die seine Entwicklung beeinflussen: Kunden, Märkte, Wettbewerb, gesetzliche Regelungen, Wirtschaftslage etc. Faktoren, die maßgeblich auf das Unternehmen einwirken und damit seinen Erfolg oder Misserfolg bestimmen, bezeichnen wir als »relevante Umwelten«.

Wer nicht autark oder so mächtig ist, dass er seine Umwelten nach Belieben bestimmen kann, muss sich rechtzeitig mit ihnen beschäftigen und sich im Zusammenspiel mit ihnen als großes Netzwerk betrachten. Er muss wahrnehmen, was vor sich geht, sich damit auseinandersetzen – und sich anpassen, um zu überleben.

Dazu eine praktische Übung, die sehr hilfreich ist, um sich die Situation des Unternehmens im Wirkungsgefüge seiner relevanten Umwelten bewusst zu machen:

Übung: Wechselwirkungen Unternehmen/Umwelt

Schritt Nr. 1:
Die konkreten Umwelten erfassen, die für den Erfolg und Bestand des Unternehmens von Bedeutung sind. Erstellen einer »Landkarte«: Darstellen des Unternehmens in einem Netzwerk – in Beziehung gesetzt mit allem, was seinen Zustand und Erfolg maßgeblich beeinflusst, zum Beispiel: spezifische Märkte, spezielle Kundenzielgruppen und besonders wichtige Marktsegmente, Wettbewerb, gesetzliche Rahmenbedingungen, allgemeine wirtschaftliche und gesellschaftliche Trends, Mitarbeitererwartungen und anderes mehr. Der Übersichtlichkeit halber können das externe und das interne Beziehungs- und Einflussgefüge auch voneinander getrennt dargestellt werden.

Schritt Nr. 2:
Die Kommunikationskanäle, Sensoren und Feedbackschleifen aufzeigen, über die das Unternehmen mit seinen definierten Umwelten in Kontakt tritt. Die Qualität der einzelnen Verbindungen untersuchen: Registriert das Unternehmen rechtzeitig, was vor sich geht und welche Entwicklungen gerade im Gange sind? Gelangen die eigenen Botschaften schnell und unverfälscht an die richtigen Adressaten?

Vernetzung durch Kommunikation

Vielen Unternehmen fehlt es im Grunde nicht an den Informationen, die für das erfolgreiche Überleben notwendig wären. Die Informationen befinden sich nur nicht an der richtigen Stelle. Sie bleiben irgendwo im Dickicht interner vertikaler oder horizontaler Abschottungsstrategien von Funktionsträgern und Bereichen stecken. Sie werden weder rechtzeitig zur Kenntnis genommen noch abgerufen, geschweige denn konsequent verarbeitet. Die besten und schnellsten Informationen nutzen aber nichts, wenn sie nicht umgehend – ohne Substanz- und Zeitverlust – verarbeitet und in entsprechende Leistung umgesetzt werden.

Die internen Vernetzungen im Unternehmen durch Kommunikation sicherzustellen, das Unternehmen kommunikativ zu durchdringen, ist mit die wichtigste Managementaufgabe. Ziel muss sein: das *Unternehmen als lernendes System*. Eine Vielzahl von Sensoren liefert die Informationen aus allen Umwelten, die für das erfolgreiche Überleben von Bedeutung sind. Die äußeren Umwelten (Markt, Kunde, Wettbewerb, staatliche Einflussnahme oder gesellschaftliche Strömungen) sind ebenso wichtig wie die inneren Faktoren (Motivation und Einstellungen der Mitarbeiter, Know-how und Kernkompetenzen, Verfügbarkeit von Ressourcen).

So gerüstet, vermag das Unternehmen sich weitgehend selbst zu steuern und zu regulieren. Es bedarf nicht mehr für jede Aktion oder Reaktion einer speziellen Veranlassung durch das Management. Dies spart Zeit und Steuerungsaufwand. Die Schnelligkeit wird erhöht. Die Chance für das Unternehmen steigt, sich auch in instabilen Umwelten rasch genug bedarfs- und bedürfnisgerecht neu zu positionieren.

Ein Unternehmen ist, was Kommunikation anbetrifft, dem menschlichen Körper vergleichbar, der bis in die letzten Winkel über ein hoch differenziertes System von Adern und Nerven mit allen notwendigen Informationen versorgt wird. Doch genau wie im menschlichen Körper geht es auch im Unternehmen um die Sicherstellung eines kontinuierlichen, auf Feedback beruhenden Kreislaufs. Nicht einzelne, isolierte Informationen sind gefragt, sondern Kommunikation. In der Führungspraxis bedeutet dies: Nicht nur vom Schreibtisch aus anordnen oder erklären, worum es geht – sondern hinausgehen zu den Menschen, mit ihnen sprechen; hinhören, welche Meinungen sie haben, und hineinfühlen, wie es ihnen geht. Ihre Fragen, Zweifel, Widerstände zur Kenntnis nehmen; deren Hintergründe zu verstehen suchen – und dadurch eine Vertrauensbasis aufbauen, die es wiederum möglich macht, die eigenen Anliegen zu verdeutlichen. Nur wer selbst ein guter Sensor ist und seine Antennen am richtigen Ort ausfährt, erhält die Informationen, die ihm ermöglichen, in einem sozialen System sinnvoll lenkend Einfluss zu nehmen.

Je sensibler die Themen und je stärker eigene Interessen berührt sind, desto mehr Zeit muss den Menschen eingeräumt werden, um sich vorsichtig an die heißen Fragen heranzutasten. Hierbei geht es den Betroffenen nicht zuletzt auch darum, die Glaubwürdigkeit der Akteure zu testen und eine Vertrauensbasis aufzubauen.

Konkrete Mittel und Wege, solche Prozesse der Kommunikation nach außen und nach innen professionell zu gestalten, werden in einem eigenen Kapitel beschrieben (*Gestaltung der Kommunikation*, ab Seite 350).

Von außen nach innen organisieren

Es gilt nun, zwei Erkenntnisse miteinander zu verbinden: »Ein Unternehmen ist nur im Zusammenspiel seiner relevanten Umwelten zu definieren« und: »Die Struktur soll sich an den Bedürfnissen und der Funktion orientieren – nicht umgekehrt.« Es gibt drei Gruppen, die in diesem Sinne Ansprüche an das Unternehmen stellen: Kunden, Mitarbeiter und Anteilseigner. Es mag zwar wünschenswert sein, ist aber nicht immer möglich, allen drei Bedürfnisträgern in ausgewogener Weise gerecht zu werden. Insofern stellt sich die Frage nach den Prioritäten und ihren Konsequenzen für die Organisation:

- Den Bedürfnissen der Mitarbeiter den Vorzug geben heißt, den internen Handlungsspielraum, die Befindlichkeit der Mitarbeiter und ihre Entwicklungsperspektiven zum Maß aller Dinge zu machen – mit der Gefahr, dass das Unternehmen sich nur noch mit seinen eigenen inneren Bedürfnissen beschäftigt. Konsequenz: Man organisiert von innen nach außen – in einer Zeit der Bedrohung von außen eine riskante Angelegenheit.

- Kurzfristigen Ertragserwartungen der Anteilseigner den Vorrang geben kann, je nach Ertragslage, bedeuten, das Unternehmen aufzugliedern, zu fusionieren oder es eventuell gar zu schließen und das Kapital am Geldmarkt anzulegen. Kunden und Mitarbeiter haben eindeutig sekundäre Bedeutung – ein Konzept, das sehr schnell an die Substanz gehen kann.

- Dem Kunden und dem Markt Priorität einräumen würde bedeuten, das Unternehmen konsequent in Form einer Prozesskette zu organisieren: Ausgangspunkt der Überlegungen sind immer der Markt und die Bedürfnisse des Kunden. Daraus werden – auf der Basis der vorhandenen Ressourcen – Strategien, Ziele und operative Maßnahmen abgeleitet, um den erkannten Markt- und Kundenbedürfnissen durch geeignete Produkte oder Dienstleistungen gerecht zu werden und diese zeit- und qualitätsgerecht am Markt beziehungsweise beim Kunden zu platzieren. Es wird von *außen nach innen gedacht und organisiert*. Jeder Schritt in dieser Prozesskette muss legitimiert werden durch einen nachgewiesenen *produktiven Mehrwert*, den er beisteuert. Alles, was sich dieser Prozesskette in den Weg stellt, sie verfälscht, unnötig verlängert oder verlangsamt, wird radikal bekämpft.

In diesem Modell werden immer wieder kurzfristige Bedürfnisse von Mitarbeitern oder Anteilseignern an zweiter Stelle stehen. Aber das langfristige Interesse aller Beteiligten bleibt gewahrt: die Sicherung der Existenz des Unternehmens.

Lernen sicherstellen

Sind lebende Systeme nicht »vernünftig«, wenn sie mit möglichst wenig Energieaufwand auszukommen versuchen? Ist das Streben nach Ruhe und Trägheit sowie schneller Bedürfnisbefriedigung nicht ein Naturgesetz? Wie viel Unsicherheit erträgt der Mensch mit seinem Grundbedürfnis nach Sicherheit und Geborgenheit? Es bedarf großer Aufmerksamkeit und eines hohen Kraftaufwands, um einer natürlichen Tendenz zur Trägheit und Erstarrung rechtzeitig und erfolgreich entgegenzuwirken; um zu verhindern, dass die Organisation ihren inneren Verwucherungen zum Opfer fällt und zum Selbstzweck degeneriert.

Wie aber konkret den scheinbar natürlichen Fluss der Dinge umsteuern?

- Bei Maschinen unterwerfen wir uns seit jeher ganz selbstverständlich dem Zwang regelmäßiger Inspektions- und Wartungsintervalle. Exakt das Gleiche ist notwendig, um soziale Systeme leistungsfähig zu erhalten. Es muss im Management zur Selbstverständlichkeit werden, die Strategie, die daraus abgeleiteten operativen Maßnahmen, die dafür eingerichtete Aufbau- und Ablauforganisation sowie die praktizierten Formen der Kommunikation und der Kooperation in regelmäßigen und genügend kurzen Zeitabständen daraufhin zu überprüfen, ob sie den aktuellen Anforderungen noch entsprechen.
- Der Tendenz zur Verfestigung, die in der Praxis dazu verführt, die notwendigen Überprüfungen in der Hektik des Tagesgeschäfts »untergehen« zu lassen, kann mit einem einfachen Kunstgriff begegnet werden: Es wird nichts mehr unbefristet angelegt. Bereits zum Zeitpunkt des In-Kraft-Tretens einer Regelung oder einer Organisation wird der Zeitpunkt festgelegt, zu dem sie automatisch außer Kraft gesetzt wird – sofern sie nicht einer neuen Prüfung standhält. Die gängige Praxis wird

ganz einfach umgekehrt. Das Motto »Alles bleibt in Kraft, bis eine Veränderung sich aufzwingt« wird umformuliert: »Nichts bleibt in Kraft, außer eine Überprüfung rechtfertigt eine weitere Versuchsperiode.«

- Der Aufbau eines sensiblen, mehrdimensionalen »Frühwarnsystems« ist von besonderer Bedeutung: Durch systematisches »Management by wandering around«, durch laufende Auswertung aller Informationen, die über institutionalisierte Kanäle der Kommunikation fließen, aber auch durch gezielte Befragungen im Markt, bei den Kunden sowie bei den Mitarbeitern können der aktuelle Stand und die Entwicklungstendenzen zuverlässig erfasst werden. Und wenn an irgendeiner Front Anlass gegeben ist, kann rechtzeitig gehandelt werden.

- Eine weitere Möglichkeit besteht darin, ein »Sensorteam« zu bilden und mit Sondierungen zu beauftragen. Die Unternehmensleitung besetzt eine spezielle Task-Force mit Personen, von denen man weiß, dass sie über einen scharfen analytischen Verstand verfügen, Missstände unverblümt ansprechen und die Dinge in ihrem Umfeld ungeduldig vorantreiben. Dieses Team erhält in nebenamtlicher Funktion die Aufgabe, gezielt ins Unternehmen, in den Markt oder in bestimmte Kundenzielgruppen hineinzuhorchen und alle Informationen auszuwerten, die für die Entwicklung des Unternehmens von Bedeutung sind. Das Team darf offiziell das tun, was manch einer schon lange gern getan hätte: ohne Ansehen von Personen und ohne Rücksicht auf irgendwelche Tabus das Management mit kritischen Fragen, beunruhigenden Trends und offenkundigen Schwachstellen konfrontieren, auf die man unweigerlich stößt, wenn man danach sucht. Dazu gehört, neben Intelligenz und Gespür, eine gehörige Portion Unbefangenheit und Zivilcourage. Damit das Team seinem Auftrag mit der notwendigen »Frechheit« nachkommen kann, muss es in dieser Funktion direkt der Unternehmensleitung berichtspflichtig gemacht werden.

- Wenn es darum geht, in kurzer Zeit von möglichst vielen Mitarbeitern Ideen zu sammeln und rasch ein Gefühl für wichtige Meinungstrends in der Belegschaft zu erhalten, besteht die Möglichkeit, gegebenenfalls auch kurzfristig, eine Serie von Workshops mit größeren Gruppen von Mitarbeitern in wechselnder Besetzung durchzuführen. Diese sehr lebendige Form der Datenerhebung setzt allerdings eine offene, teamorientierte Kultur oder aber die Verfügbarkeit erfahrener Moderatoren voraus.

Kapitel 4

Führung im Wandel

Im Zukunftsszenarium haben wir das neue Bild des Managers bereits kurz umrissen. Die Entwicklung in die angedeutete Richtung geht jedoch nur langsam vonstatten. Manager sind Menschen, und Menschen tun sich nun mal schwer mit grundsätzlichen Veränderungen. Exakt darum aber geht es hier – um eine grundlegende Neuorientierung: um ein neues Rollenverständnis und um neue Kompetenzen.

Ein weiteres kommt hinzu, was hier nicht vornehm übergangen werden soll. Es entwickelt sich, was Führung anbetrifft, eine nachgerade paradoxe Situation. Auf der einen Seite wird Führungskapazität von der Art, wie sie heute und in Zukunft dringend gebraucht wird, zu einem außerordentlich kritischen Engpassfaktor. Und gleichzeitig stehen wir vor bedrohlich wachsenden Massen überzähliger Arbeitnehmer, und zwar nicht zuletzt auch auf leitenden Ebenen. Die Praxis zeigt leider, dass nur ganz wenige Führungskräfte in der Lage sind, sich so schnell neu zu orientieren und zu entwickeln, wie dies notwendig wäre, damit sie den Anschluss nicht verpassen. Die Unternehmen stehen deshalb – so unschön dieser Begriff klingt – vor einem fast nicht zu bewältigenden »Entsorgungsproblem«.

Drei gravierende Hemmschuhe

Stolz auf die alten Erfahrungen

Es ist nicht jedermanns Sache, vertraute Muster, die Dinge einzuordnen, immer wieder aufzugeben, sich jedes Mal neu auf unbekanntes Terrain einzulassen. Der Gegner von gestern sollte möglicherweise der Partner von morgen sein? Die Stärke der Vergangenheit im Hinblick auf Organisation,

Produkt, Marktsegment könnte in naher Zukunft bereits den Bestand des Unternehmens gefährden? Doch eine erfolgversprechende Zukunftsstrategie kann nur entwickeln, wer nicht in der Vergangenheit befangen, sondern in der Lage ist, die gewohnten Muster der Wahrnehmung, des Denkens und des Handelns zu sprengen. Was gestern noch selbstverständlich war, muss – wenn es auch für morgen Geltung haben soll – grundsätzlich neu begründet werden.

Bequemlichkeit, Rechthaberei und Stolz auf bisherige Leistungen, also sachfremde, emotionale Faktoren, blockieren solche Erkenntnisse oder verhindern, dass sie in radikaler Konsequenz umgesetzt werden. Diese Rückwärtsgewandtheit wird gern schöngeredet, indem man auf den angeblich unschätzbaren Wert langjähriger Erfahrungen aufmerksam macht. Dabei wird zweierlei übersehen. Erstens: Erfahrungen machen nicht nur klug, sondern genauso oft dumm. Sie können nämlich den Blick verstellen für neue Erkenntnisse. Zweitens: Eine ganze Menge alter Erfahrungen sind heute null und nichts mehr wert – weil sie unter Rahmenbedingungen gemacht wurden, die sich inzwischen radikal verändert, gelegentlich sogar ins Gegenteil verkehrt haben. Zugegeben: Viele alte Erfahrungen sind auch heute noch wertvoll. Aber in einem Unternehmen sind sie dies – gleich auf welcher Stufe – nur in Verbindung mit konsequenter Aufgeschlossenheit für Neues.

Ordnungsdenken

»*Die meisten Bürokraten litten schon als Kinder unter der schier unendlichen Weite ihres Laufstalls.*«
Arnulf Herrmann

Der Begriff »Beamtenmentalität« ist sprichwörtlich geworden für die Einstellung von Menschen, die sich nur innerhalb eines klar abgegrenzten Raumes bewegen – und nur dann, wenn dieser bis ins letzte abgesichert ist. Das Klischee vom »Beamtentyp« mag entstanden sein, weil Regelungen im öffentlichen Dienst einen besonders hohen Stellenwert haben. Für einen Beamten können Freiräume tatsächlich gefährlich werden. Wo immer ein Beamter in einem nicht geregelten Raum selbstverantwortlich handelt, läuft er Gefahr, hinterher der Willkür bezichtigt zu werden. Daraus hat sich mit der Zeit durchaus eine Tendenz entwickelt, für alles, was vorkommen könnte, eine Regelung zu finden, auf die man sich im Fall der Fälle abstützen könnte. Und es gibt in der Tat viele Beamte, für die nicht entscheidend ist, ob ein Problem gelöst wird, sondern nur, ob sie zuständig sind – und wenn sie es sind, dass man ihnen keinen Regelverstoß nachweisen kann. Verfahrensgerechtigkeit geht vor konkreter Hilfe im einzelnen Fall. Aber dieses Verhalten ist systembedingt. »Beamtenmentalität« ist letztlich ein »Milieuschaden«. Sie tritt nicht nur im öffentlichen Dienst auf, sondern grassiert in Massen von Unternehmen in der Wirtschaft – überall dort, wo Bürokraten im Management über Jahre hinweg dafür gesorgt haben, dass alle Abläufe bis ins Kleinste geregelt werden.

Was ursprünglich in sinnvoller Absicht entwickelt wurde, um herrschaftlicher Willkür vorzubeugen und allen Beteiligten Sicherheit und Gerechtigkeit zu gewährleisten, wird in Zeiten, wo es keine dauerhaft stabilen Zustände mehr gibt, weil das gesamte Umfeld sich nach kaum durchschaubaren Mustern dynamisch entwickelt, zu einem großen Hemmschuh. Hierbei sind die Regelungssysteme selbst noch nicht mal das eigentliche Problem, denn Regelungen können an und für sich durch Maßnahmen der Deregulierung außer Kraft gesetzt werden. Das Problem sind die vielen Menschen, denen die Arbeit in und mit geregelten Systemen zur zweiten Natur geworden ist. Regelung ist ein zentraler Teil ihrer Identität – und Identitäten kann man nicht von heute auf morgen ändern. Es stimmt eben schon: »*Der Mensch ist, was er tut*« oder, genauer gesagt: »*Er wird, was er lange genug getan hat.*«

Der »Unternehmertyp«, der heute allenthalben beschworen wird und meistens wie die Stecknadel im Heuhaufen gesucht werden muss, ist anders gestrickt. Er ist nicht darauf aus, in erster Linie das sichere Ufer der Nicht-Zuständigkeit zu erreichen und in zweiter Linie die eigene Unschuld zu beweisen. Er sieht, dass ein Problem vorliegt, und will es lösen – wenn nicht so, dann eben anders. Ihn interessiert zunächst das Ziel, nicht der Weg. Dass dieser »Unternehmertyp« eine so seltene Spezies darstellt, ist nichts anderes als der Fluch der bösen Tat. Man soll hier nicht nur auf die Schule und auf die Gesellschaft insgesamt zeigen, sondern selbstkritisch betrachten, wie in der Wirtschaft – vom Beginn der Industrialisierung bis in unsere Tage hinein – mehrheitlich organisiert und geführt worden ist. Und wer dann noch die letzten Scheuklappen beiseite legen mag, denke darüber nach, wie die Dinge in der Kirche und in der Armee ablaufen – in Institutionen, die seit jeher und bis heute Massen von Menschen prägend beeinflusst haben.

Anstand und Anpassung

> *»Fahre nicht aus der Haut,
> wenn Du kein Rückgrat hast.«*
>
> Stanisław Jerzy Lec

Auch wer heute als Manager ganz oben steht, hat als Kind seiner Zeit einmal »unten« angefangen – hat entsprechend den Spielregeln, die in seiner Zeit gegolten haben, Karriere gemacht. Anstand und Anpassung – und damit fast immer auch ein Stück Opportunismus – sind in der Vergangenheit als Tugenden hoch bewertet worden. Das Hochdienen hat seinen Preis verlangt. Nach einer genügenden Anzahl von Jahren zeigt sich der Rücken mehr oder weniger gekrümmt. Ein gekrümmter Rücken aber behindert den freien Blick. Muss man doch unter Umständen bis zur letzten Minute vor der endgültigen Beförderung »brav« sein, um die Karriere nicht zu gefährden – wie prominente Beispiele auch in jüngster Zeit immer wieder zeigen.

Angepasste, »domestizierte« Angestellte, Edelsachbearbeiter, die sich brav im gesetzten Denk- und Laufgitter bewegen, sitzen auch an obersten Stellen. Der stromlinienförmige »Organization Man« ist bis hinauf ins Topmanagement weitverbreitet. Benötigt würden aber heute: unternehmerische Frechheit, Zivilcourage, unkonventionelles Denken und Verhalten, mutige Konfrontation, Bereitschaft zum persönlichen Risiko. Doch an Gesetzen der Natur kommt man nicht vorbei: Man kann wilde Enten zähmen, nicht aber zahme Enten wild machen.

Zeitgemäße Rollen des Managers

Am System arbeiten statt im System

Wer eine Form der Organisation anstrebt, die ausreichend rasch und flexibel auf turbulente Entwicklungen im Markt zu reagieren vermag, steht als Manager vor der Herausforderung, seine bislang hierarchisch geführte Organisation in die teamorientierte Selbststeuerung überzuleiten. Dazu muss er zuallererst darauf verzichten, die Führung immer selbst wahrzunehmen, alle auftretenden Defizite selbst zu kompensieren und letztlich selbst für alles gerade zustehen – das heißt: *im* System zu arbeiten. Seine Rolle ist vielmehr die eines »Systemarchitekten« und Prüfers, der das System regelmäßig inspiziert, seine Gesetzmäßigkeiten erforscht, seine Fehleranfälligkeiten, seine Stärken und Schwächen, seinen Entwicklungsstand und seine Potenziale erkennt. Seine vordringliche Aufgabe: das Auftreten von Fehlern auf Schwächen des Systems hin zu analysieren und durch Verbesserungen *am* System auf Dauer Abhilfe zu schaffen.

Wer *im* System arbeitet, setzt seine Energie letztlich dafür ein, das bestehende System in seinem bisherigen Zustand zu erhalten. Bei Gefahr und bei Engpässen legt er als Manager selbst Hand an. Die Dinge selbst in die Hand zu nehmen ist immer gut für das eigene Seelenleben: Man kann, für alle sichtbar, etwas leisten – zeigen, wozu man fähig ist. Aber derartige Überbrückungsleistungen verschleiern die Systemfehler. Sie verhindern ihre Früherkennung – und letztlich ihre Behebung.

Organisation des Lernens

Wer *am* System arbeitet, richtet sich am Prinzip der »*lernenden Organisation*« aus: Die beteiligten Menschen passen sich selbst – ihre Einstellungen, ihr Verhalten, die operativen Maßnahmen sowie die dazu notwendige Aufbau- und Ablauforganisation – ständig den wechselnden Anforderungen der relevanten Umwelten an.

Diese Anpassung geschieht nicht von allein. Sie muss immer wieder von neuem angeregt, vermittelt, angestoßen und organisiert werden. Geeignete Rahmenbedingungen dafür schaffen und die Entwicklung einer Unternehmenskultur fördern, die Selbstverantwortung, Eigeninitiative und Selbststeuerung der Mitarbeiter fördert – dies ist ein wesentlicher Teil der Aufgabe von Managern.

Dafür sind folgende Prinzipien von Bedeutung:

- *Durch Handeln lernen:* Menschen lernen in erster Linie durch praktisches Handeln – und sie lernen dann am meisten, wenn das Vorgehen in einem Team gemeinsam geplant und hinterher ausgewertet wird. Der Preis: kleine Fehler, gelegentliche Pannen. Sie sind wichtige Lerngelegenheiten – eine Investition, die sich letztlich immer auszahlt. Entscheidend ist, dass die Lernschleife fest eingebaut ist. Ohne geregelte Reflexion führen gute Resultate lediglich zu Bequemlichkeit – und schlechte Resultate zu Schuldzuweisungen.

- *Partnerschaftliches Lernmodell:* Die herkömmliche Rollentrennung zwischen Lehrer, Trainer oder Meister einerseits und lernenden Schülern andererseits mag für viele Lernfelder auch heute noch tauglich sein. Selbststeuerung aber lernt man nur in einem partnerschaftlichen Organisationsmodell. Insofern ist der Manager nicht mehr derjenige, der alles besser weiß, besser kann und sich deshalb einseitig das Recht nimmt, die anderen zu beurteilen. Das System unterzieht sich vielmehr einem gemeinsamen Lernschritt, bei dem auch Rolle und Verhalten des Managers zum Gegenstand gemeinsamer Reflexion gemacht werden.

- *Die Verantwortung für Entwicklung beim Betroffenen belassen:* Auch mittlere Unternehmen – die großen haben dies schon immer getan – investieren zunehmend in Entwicklungsprogramme für Mitarbeiter. So genannte »Mitarbeiter-Portfolios«, »Potenzialgruppen«, »Goldfisch-Teiche« werden angelegt, Vorgesetzte zur Einschätzung ihrer Mitarbeiter sowie zur Auswahl potenzieller Nachfolger verpflichtet. Im Rahmen von Entwicklungspatenschaften betreuen Vorgesetzte einzelne Nachwuchskräfte gezielt vor Ort.

Vom Engagement der Vorgesetzten aus betrachtet, hört sich das zunächst ganz gut an. Auf die Mitarbeiter kann sich dies aber problematisch auswirken: Die »Totalversorgung« kann einer Verwöhnungshaltung Vorschub leisten, die alles andere als wünschenswert ist im Hinblick auf die turbulenten Zeiten, für die man sich ja vorbereiten und fit machen will. Denn wer, ohne selbst Wesentliches dazu beigetragen zu haben, in einen »Goldfischteich« hineinselektiert wird, kommt leicht auf die Idee zu fragen: *»Und wie, bitte schön, geht es nun mit mir weiter?«* Das Gefühl, den Marschallstab bereits im Tornister zu haben, lässt nicht unbedingt Bescheidenheit und Kampfgeist aufkommen. Im Übrigen ist der Ausdruck »Goldfischteich« an sich schon verräterisch. Will man wirklich den Goldfisch – attraktiv anzusehen, pflegebedürftig und krankheitsanfällig? Oder möchte man einen Mitarbeiter, der sich durch Neugierde, Biss und Sozialkompetenz auszeichnet?

Berater und Coach

Selbstständigkeit und Eigenverantwortung der Mitarbeiter verstärken die Einsamkeit und den Verantwortungsstress – zumal wenn man es bisher anders gewohnt war. In einer hierarchisch strukturierten Organisation ist zumindest klar, wer die letztlich Verantwortlichen und damit auch die Schuldigen sind: die »oben«. Wer nach dem Prinzip der Selbstverantwortung arbeitet, verbaut sich diese Regressmöglichkeit. Zwischen den beiden Polen »Fremdbestimmung durch Hierarchie« und »teilautonome Selbststeuerung« liegen Welten. Um eine Organisation verantwortungsvoll von einem ins andere überzuleiten, muss man viele, jeweils verkraftbare Zwischenschritte planen. Die Kunst besteht einerseits darin, immer weniger Dinge selbst zu tun und den Mitarbeitern immer mehr Gestaltungsfreiraum zu übertragen. Andererseits geht es darum, von Schritt zu Schritt wohldosiert die notwendige Unterstützung zu leisten – ohne aber Rückdelegation zuzulassen. Der alles entscheidende Grundsatz ist so schwer umzusetzen, wie er einfach klingt: *Fördern durch Fordern!*

In diesem Zusammenhang hat der aus dem Bereich des Sports stammende Begriff »Coach« Eingang in den Management-Jargon gefunden. Er bringt einige wesentliche Aspekte der Führungsfunktion, um die es geht, noch deutlicher zum Ausdruck als der Begriff des »Beraters«. Die ganzheitlich angelegte, konsequente Leistungsorientierung – und die Motivation, nicht sich selbst zu profilieren, sondern *andere* stark und erfolgreich zu machen. Ob »Berater« oder »Coach«: Das Geheimnis des Erfolgs liegt darin, den Partner genau zu kennen und richtig einzuschätzen – und alle Maßnahmen auf seine individuelle Lernkurve abzustimmen. Da wird ein guter Beobachter und verständnisvoller Zuhörer gebraucht sowie ein kompetenter Sparringpartner in Situationen des Misserfolgs, des persönlichen Konflikts oder schwieriger Entscheidungen.

Der Rollenwechsel vom »Manager« zum »Coach« oder »Berater« kann einem Vorgesetzten allerdings nur gelingen, wenn er

- keine geheimen Aktien im Spiel hat, das heißt nicht versucht, seine Mitarbeiter psychologisch zu manipulieren und für seine eigenen Zwecke zu missbrauchen;
- kritisches Denken gezielt fördert – und zwar auch in Bezug auf seine eigene Rolle und sein persönliches Führungsverhalten;
- von seinen Mitarbeitern als kompetenter und starker Partner akzeptiert wird – als jemand, von dem man etwas lernen kann;
- und vor allem diesen einen schwierigen Schritt geschafft hat: nicht nur am eigenen Wachstum und Profil, sondern am Wachstum und Profil anderer Freude haben zu können.

Dazu gehören, neben einer integren Gesinnung, vor allem Lebenserfahrung und persönliche Reife.

Die Zukunft: Mehr Gruppe

Abbau von Hierarchie, »Lean Management«, »Führung nach oben«, Projektorganisation, teilautonome Gruppen, Fertigungsinseln – dies alles sind nur einzelne Indikatoren für einen fundamentalen Entwicklungstrend, der in kleinen Schritten wegführt von einem Organisationsmodell, in dem die Rollen des Führenden und der Geführten klar getrennt sind – hin zu einem Modell, dessen Baustein ein Team ist –, eine Gruppe, in der Führung situativ wechselnd von unterschiedlichen Mitgliedern wahrgenommen wird; in der Koordinationsaufgaben und externe Vertretungsfunktionen rollierend an die einzelnen Mitglieder delegiert werden können; und in der es, neben der Einzelverantwortung für Einzelaufgaben, eine von allen geteilte, gemeinsame Verantwortung für das Gesamtergebnis gibt.

Bedeutet dies letztlich das Ende hierarchischer Ordnung, das Ende herausragender Einzelleistungen und das Ende ausgeprägter Führungspersönlichkeiten? Unsere Antwort lautet: Nein. Auch auf Gruppen aufgebaute Organisationen brauchen unterschiedliche Steuerungsebenen – und damit letztlich ein Grundmuster hierarchischer Ordnung. Auch in Gruppen wird nicht alles gemeinsam erledigt, werden Aufgaben und Kompetenzen an einzelne delegiert, werden Einzelleistungen honoriert. Und auch in Gruppen sind die Menschen individuell verschieden – gibt es Personen, die stärker Einfluss nehmen, und andere, die sich eher anpassen. Auch in Gruppen übernehmen starke Persönlichkeiten mehr Führungsfunktionen als andere – oder füllen solche Funktionen besser aus.

Trotzdem wird es in Zukunft auf allen Ebenen »mehr Gruppe« geben, und zwar aus folgenden Gründen:

1. In einem Team werden die Stärken des Einzelnen aktiviert, seine Schwächen aber laufend kompensiert.
2. Das direkte und flexible Zusammenspiel innerhalb einer Gruppe verschafft in einem schnelllebigen Umfeld den notwendigen Zeitgewinn.

3. Teamarbeit ist heute praktisch Grundvoraussetzung für Innovation; die meisten Aufgabenstellungen sind schlicht zu komplex, als dass ein Einzelner in der Lage wäre, aus eigener Kraft praxisgerechte und umsetzbare Problemlösungen zu erarbeiten.

4. Ein Team ist das ideale, wenn nicht das einzig wirklich effektive Umfeld für individuelles Lernen; Gruppen haben einen viel stärkeren erzieherischen Effekt, das heißt Einfluss auf individuelle Einstellungen und Verhaltensweisen als pädagogisch noch so begabte hierarchische Vorgesetzte.

5. Die Zusammenarbeit unter Gleichrangigen entspricht der Wertelandschaft der Leistungsträger vor allem der jüngeren Generation.

6. Last, but not least: Ein einigermaßen gut funktionierendes Team übernimmt, neben seinen operativen Aufgaben, auch gleich noch einen großen Teil seiner eigenen Führung – und dies bedeutet eine gewaltige Einsparung an Führungskapazität und damit an Overhead-Kosten.

Ein qualifizierter, in der Entwicklung von Teams erfahrener Vorgesetzter ist in der Lage, sechs bis acht selbststeuernde Teams mit je sechs bis acht Mitarbeitern zu koordinieren. Dies entspricht de facto einer Führungsspanne von bis zu 50 Personen und liegt weit jenseits dessen, was auf der Basis direkt geführter Einzelpersonen denkbar wäre.

Die Vorteile von Gruppenorganisation bezüglich Flexibilität, Innovationsfähigkeit, Know-how-Entwicklung und Wirtschaftlichkeit sind enorm. Das Drama besteht darin, dass viele Führungskräfte und Manager, nicht zuletzt viele, die heute an der Spitze von Unternehmen stehen, in ihrem ganzen Leben noch nie ein echtes Team von innen erlebt haben. Sie führen so, wie sie zu führen gelernt haben und wie sie selbst immer geführt worden sind: auf der Basis klar zugeordneter Einzelverantwortung. Sie wissen im Grunde gar nicht, was das ist: ein echtes Team. Ein Blick auf das, was zum Beispiel in der Wirtschaft landauf, landab von den meisten obersten Führungsgremien vorgelebt wird, genügt, um diese Realität zu erkennen.

Wenn Wirtschaftsführer – zum Teil mit dem Nimbus hoch befähigter Manager und charismatischer Führungspersönlichkeiten versehen – ihre Philosophien zum Thema Führung in der heutigen Zeit von sich geben, wirkt es nicht selten ähnlich, wie wenn der Papst sich über Fragen der Schwangerschaft auslässt. Manch einer glaubt, Hochbedeutsames zu sagen – und merkt nicht, dass er im Grunde von Tuten und Blasen keine Ahnung hat.

Nun sollen Teams und Teamarbeit hier nicht idealisiert und schon gar nicht als »Selbstläufer« dargestellt werden – etwa nach dem Motto: Man muss eine neugebildete Gruppe nur sich selbst überlassen, dann steuert und entwickelt sie sich schon ganz von selbst. Sozialwissenschaftliche Forschungen haben es gezeigt, und die praktische Erfahrung im Betrieb bestätigt es: Laisser-faire ist der sicherste Weg, um mit Gruppen Fehlschläge zu produzieren. In jedem Unternehmen, in dem nicht seit Jahren eine teamorientierte Kultur herrscht, muss Gruppenarbeit von den Mitarbeiterinnen und Mitarbeitern sowie von Vorgesetzten erst gelernt werden:

- auf andere zugehen, statt zu warten, bis andere auf einen zukommen
- Aufgaben partnerschaftlich verteilen
- Sitzungen ohne hierarchische Leitung gestalten
- einander in Besprechungen gut zuhören
- in einer Gruppe offen und unverblümt seine Meinung sagen
- mit abweichenden Meinungen anderer konstruktiv umgehen
- Interessenkonflikte gemeinsam austragen – ohne Schiedsrichter
- ohne Lob und Tadel eines Chefs auskommen
- sich in der Überlagerung von Einzel- und Gruppenverantwortung zurechtfinden
- in wichtigen Fragen seines Berufslebens von Gleichrangigen abhängig sein
- Kollegen Vertrauen schenken und Macht delegieren
- Mitverantwortung tragen für Ergebnisse, die von anderen mit beeinflusst werden.

Genauso wie Vorgesetzte lernen müssen, Mitarbeiter zu führen, muss ein Team lernen, sich selbst zu führen. Da ist zunächst ein Stück Grundausbildung notwendig. Aber dann wird in der Praxis eine kompetente Begleitung gebraucht – ein Coach, der dem Team seinen Handlungsspielraum, aber auch seine Grenzen bewusst macht; der das Team in schwierigen Situationen berät, ohne die Verantwortung wieder an sich zu ziehen; der Unterstützung gibt, wo sie wirklich gebraucht wird, und sie verweigert, wenn Rückdelegation vorliegt; der das Team aber auch offen konfrontiert, wenn die Leistung absinkt, offenkundige Probleme nicht aufgegriffen oder vereinbarte Spielregeln verletzt werden. Auch und gerade für die Führung selbststeuernder Gruppen gilt der Grundsatz: *fördern und fordern.*

Teams können sich mental festfahren und nicht mehr über den Tellerrand hinausblicken; sie können sich gruppenintern in Querelen verstricken und sich eventuell nicht mehr am eigenen Schopf aus dem Sumpf ziehen; oder sie können nach dem Motto »Friede, Freude, Eierkuchen« in Harmonie miteinander leben, dafür aber die gesamte Umwelt, mit der sie durch ihre Aufgaben eng vernetzt sind, total vergessen. Dies alles *muss* nicht, *kann* aber passieren. Und auch wenn alles rund läuft, müssen Teams, genauso wie einzelne Mitarbeiter, koordiniert werden. Information und Kommunikation müssen sichergestellt werden. Leistungsanreize müssen so gestaltet werden, dass sie dem Verhältnis von Einzel- und Gruppenverantwortung möglichst gut entsprechen. Organisatorische Veränderungen müssen eingesteuert und enger begleitet werden. Kurz, da wird Führung gebraucht, und zwar in sehr qualifizierter Form.

Schlüsselfaktor: Sozialkompetenz

War es früher in erster Linie der auf hoher Fach- und Sachkompetenz beruhende professionelle Umgang mit den »harten Faktoren«, der den qualifizierten Manager auszeichnete, so werden in Zukunft die »weichen Faktoren« immer mehr das Bild beherrschen: Das Beeinflussen von Menschen und Gruppen in immer wieder unterschiedlichen und häufig konflikthaften Situationen – und das Steuern von Entwicklungs- und Veränderungsprozessen. Die Fähigkeit, die unterschwelligen Muster turbulenter Entwicklungen zu erkennen und mithilfe vorhandener Motivationen und Energien lenkend einzugreifen, wird in der Zukunft ein entscheidender Wettbewerbsfaktor sein.

Der Begriff »Sozialkompetenz« hat mittlerweile bereits einen festen Platz im Management-Jargon gefunden. Er steht aber für ein ganzes Spektrum sozialer Fähigkeiten, die wiederum nur selten genügend klar und konkret benannt werden. Wir wollen ihn deshalb, auf das Wesentliche reduziert, kurz aufschlüsseln.

Menschliche Grundbedürfnisse berücksichtigen

Die schönsten Konzepte der Selbststeuerung nützen nichts, wenn die Betroffenen daran keine Freude gewinnen und sie deshalb nicht umsetzen. Und es ist nun mal nicht so, dass alle Menschen nach mehr Selbstverantwortung lechzen. Es gibt vielmehr sehr unterschiedliche Mitarbeitertypen, die darüber hinaus nicht alle miteinander verträglich sind. In einem Betrieb treffen Mitarbeiter mit äußerst unterschiedlichen, manchmal gegensätzlichen Erwartungen aufeinander:

Da gibt es ein ganz besonders elitäres Segment von Leistungsträgern, bei denen das Bedürfnis nach Selbstführung, Selbstmotivation und Selbstverantwortung immer stärker zunimmt. Es handelt sich dabei um den Typus von Mitarbeiter, den man gern als »Unternehmer seines Bereichs« bezeichnet. Er identifiziert sich in hohem Maße mit dem Unternehmen, stellt sich engagiert den betrieblichen Anforderungen, will unbedingt Karriere machen. Auf diesen Typus kommen immer mehr Aufgaben zu.

Will man ihn bei Laune halten, so – neben Geld und Karriereangeboten – in erster Linie mit progressiven Organisations-, Steuerungs- und Führungsinstrumenten. Die Tendenz: Führung nur noch durch Zielvereinbarung, gemeinsame Ressourcenplanung, Beratung bei Bedarf – aber keine direktive Steuerung, keine Reglementierung.

Bei einer anderen Gruppe von Mitarbeitern ist eine zunehmende Trennung von Beruf und Privatleben zu beobachten. Lebensqualität wird vornehmlich außerhalb des betrieblichen Geschehens in der Freizeit gesucht. Man erfüllt seine Aufgabe unauffällig in einem durchschnittlichen Normalbereich, ist aber nur schwer und selten zu bewegen, über diesen Rahmen hinaus Leistung zu erbringen und Verantwortung zu übernehmen.

Bei wieder einer anderen Gruppe löst sich gerade diese Trennung zwischen Privat und Beruf zunehmend auf. Eigentlich bräuchte man ja gar nicht mehr zu arbeiten, der Lebensunterhalt wäre ohnedies gesichert. Man will aber tätig sein, um sich zu entfalten und seinem Leben einen Sinn zu geben – manchmal auch nur, um in irgendeine Art von Beschäftigung zu flüchten. Diese Arbeit muss aber in sich selbst attraktiv sein und einen Sinn haben.

Wieder andere betrachten Arbeit an und für sich als kostbares Gut. Daran teilzuhaben, wird als Privileg empfunden. Solche Menschen sind fleißig, pflichtbewusst und anpassungsfähig, aber nicht risikofreudig und deshalb für moderne Konzepte der Selbststeuerung nicht ohne weiteres ansprechbar.

Hinzu kommen Menschen in besonderen Lebenssituationen sowie Angehörige spezieller gesellschaftlicher Gruppen: zum Beispiel ältere Arbeitnehmer, »abgeschobene« ehemalige Leistungsträger, Leistungsgeminderte, Frauen mit heranwachsenden Kindern, Frauen, die nach einer Phase der

Kindererziehung wieder in die Berufswelt einsteigen, Gastarbeiter und andere mehr – insgesamt eine fast nicht überschaubare Vielfalt verschiedener, zum Teil in sich widersprüchlicher Erwartungen an die Arbeit und an das Arbeitsumfeld. Solcher Unterschiedlichkeit kann man nicht gerecht werden, wenn man alles über einen Leisten zu schlagen versucht. Da werden differenzierte »Cafeteria-Systeme« gebraucht, um den unterschiedlichen Ansprüchen gerecht zu werden: mannigfaltige Modelle der Vergütung, der Arbeitszeitregelung, der Gestaltung der Arbeit und des Arbeitsplatzes, der Karriereentwicklung, der Erfolgs- und Risikobeteiligung.

Nur im persönlichen Dialog mit dem einzelnen Mitarbeiter selbst kann man herausfinden, wie die individuellen Erwartungen strukturiert sind, was für Einstellungen vorhanden sind und welche Konsequenzen sich daraus für den Arbeitseinsatz ergeben. Es gibt in unserer Gesellschaft immer weniger seriöse Sinnangebote. Die Menschen stehen den traditionellen, großen Sinngebungsinstanzen und Sinnproduzenten – Kirche und Staat, Parteien und Verbänden – zunehmend kritisch gegenüber. Es ist eine gewaltige Lücke entstanden. Wer Wert legt auf den Typus von Mitarbeiter, der im Unternehmen mehr sieht als nur den Job, um sich seinen Lebensunterhalt zu verdienen, einen Mitarbeiter, der sich in seiner beruflichen Tätigkeit entwickeln will, der muss diesem Menschen das persönliche Gespräch und die Gelegenheit bieten, sich mit Fragen des Sinns auseinanderzusetzen.

Aufbau von Vertrauen

Wer nicht alles selbst machen möchte, muss Kooperationen eingehen und Verantwortung delegieren. Die Grundlage jeglicher Kooperation und Delegation aber ist Vertrauen.

»Ohne Vertrauen sind nur sehr einfache, auf der Stelle abzuwickelnde Formen menschlicher Kooperation möglich, und selbst individuelles Handeln ist viel zu störbar, als dass es ohne Vertrauen über den sicheren Augenblick hinaus geplant werden könnte. Vertrauen ist unentbehrlich, um das Handlungspotenzial eines sozialen Systems über diese elementaren Formen hinaus zu steigern«,

so der Sozialwissenschaftler Niklas Luhmann in seinem Buch *Vertrauen. Ein Mechanismus der Reduktion sozialer Komplexität.*

Man kann zwar die Welt auch über Misstrauen wesentlich vereinfachen. Nur: Wer misstraut, wird von immer weniger Leuten immer stärker abhängig. Denn, so Luhmann:

»Wer misstraut, braucht mehr Informationen und verengt zugleich die Informationen, auf die zu stützen er sich getraut. Er wird von weniger Informationen stärker abhängig.«

Wo Vertrauen fehlt, verfängt man sich in einem – im wahrsten Sinn des Wortes – heillosen Gestrüpp von Vorschriften, Regelungen und Kontrollmechanismen. »Misstrauensorganisation« ist die richtige Bezeichnung dafür. »*Vertrauen ist gut, Kontrolle ist besser*« – diese weitverbreitete »Weisheit« ist mit größter Vorsicht zu genießen. Wer danach handelt, ist von vornherein gar nicht mehr dazu in der Lage, vertrauensvolle Arbeitsbeziehungen aufzubauen. Dies aber schlägt früher oder später auf die Wirtschaftlichkeit. Denn es gibt nichts Effizienteres als auf Offenheit und Vertrauen beruhende Zusammenarbeit.

Teambildung und Teamentwicklung

Angesichts der Bedeutung der Gruppenarbeit für die Organisation der Arbeit in den kommenden Jahren wird klar: Der kompetente Umgang mit Gruppen wird immer mehr zu einem entscheidenden Kriterium der Management-Kompetenz. Dies beginnt bei der eigenen Teamfähigkeit. Darüber hinaus aber ist ein solides Grundwissen über die Gesetzmäßigkeiten der Vorgänge in und zwischen Gruppen gefragt. Der Manager muss nämlich in der Lage sein, zu beurteilen, wann Gruppenarbeit angezeigt ist und wann nicht – und wenn sie angezeigt ist, in welcher Form. Er muss nicht nur in der Lage sein, selbst Teams zu entwickeln und zum Erfolg zu führen, sondern vielmehr auf *strategischer Ebene* beurteilen und entscheiden können, welche Personen ausgewählt, welche Ausbildungsformen und Führungsinstrumente eingesetzt und welche Strukturen gebildet werden müssen, damit Teamarbeit in Projekten oder Gruppenstrukturen in einzelnen Betriebsteilen erfolgreich aufgebaut werden können.

Kommunikations- und Feedbacksysteme entwickeln

Dies ist ein entscheidender Teil der Arbeit am System: Die Installation, Wartung und Pflege des internen und externen Kommunikationsnetzwerkes; das Herstellen der notwendigen Vernetzungen – und das Auflösen überflüssiger oder überholter Verbindungen und Abhängigkeiten. Wer braucht wann welche Informationen – und wer muss bei welchen Gelegenheiten mit wem zusammenkommen, damit die Arbeitsprozesse optimal effizient und koordiniert ablaufen können? Welche Form der Frühwarnung, welcher Rhythmus von Zwischenüberprüfungen wird wo gebraucht, damit wichtige Entwicklungstendenzen frühzeitig erkannt, sich abzeichnende Schwachstellen vor der ersten großen Panne behoben werden können? Das Ziel: *die lernende Organisation*. Die Kompetenz, auf die es ankommt: ganzheitliches, vernetztes Denken und systemorientiertes Handeln.

Konfliktfähigkeit

Veränderungsprozesse sind Lernprozesse. Altgewohntes und Liebgewordenes muss aufgegeben, über Bord geworfen, »verlernt« werden. Dies geht nicht ohne Konflikte ab. Und wo immer Neues geschaffen werden soll, prallen Interessen, Bedürfnisse, Meinungen, ja, festgefügte Ideologien hart aufeinander. Einzelne Individuen, Gruppen oder ganze Bereiche können sich in einem offenen Streit oder in unterschwelligen Grabenkämpfen verheddern. Die Fähigkeit, den Dingen auf den Grund zu gehen, alte Erfahrungen und tiefverwurzelte Überzeugungen gegebenenfalls als Lernhindernisse und Barrieren für die zukünftige Entwicklung in einem harten, aber fairen Dialog offenzulegen, und die Fähigkeit, »verfeindete« Parteien in sinnvollen Schritten aus der Blockade in die Kooperation zu führen – dies werden Schlüsselkompetenzen der Zukunft sein.

Ertragen von Widersprüchen

Die Welt im Allgemeinen und die Arbeitswelt im Besonderen sind vielschichtig und unübersichtlich geworden. Die Klarheit und Eindeutigkeit von anno dazumal gibt es nicht mehr. In komplexen, letztlich weder exakt definierten noch für lange Zeit fixierten Vernetzungen und wechselseitigen Beeinflussungen bleibt nur handlungsfähig, wer Widersprüche erträgt und mit Mehrdeutigkeiten leben kann. Dies ist eine ganz besondere Form von Belastbarkeit: die Realität auch dann zu akzeptieren, wenn sie nicht voll durchschaubar und planbar ist; die Unsicherheit zu ertragen und mit ihr leben zu können – und nicht zu versuchen, sich selbst und den anderen vorzumachen, man hätte »alles im Griff«. Wem diese Fähigkeit abgeht, der wird als Manager in den kommenden Jahren nicht nur schweren Schaden in seinem Einflussbereich anrichten, sondern letztlich auch selbst an seinem »Schicksal« leiden. Und je mehr er sein Problem verdrängt, desto sicherer wird er früher oder später krank werden.

Das Problem überzähliger Mitarbeiter und Führungskräfte

Strukturelle Arbeitslosigkeit ist schon länger eines der großen Probleme unserer Zeit. Dass auch Führungskräfte in größerem Umfang davon betroffen sind – daran haben wir uns mittlerweile auch gewöhnt. Dafür gibt es verschiedene Gründe. Erstens, wenn zu Tausenden Mitarbeiterinnen und Mitarbeiter entlassen werden – und dies ist heute in vielen großen Unternehmen der Fall –, werden auch weniger Führungskräfte gebraucht. Zweitens, wenn unter dem Stichwort »Lean Management« Hierarchieebenen reduziert und an der Basis Gruppenstrukturen eingeführt werden, geht der Bedarf an Führungskräften auch dann drastisch zurück, wenn die Mitarbeiterzahl an der Basis konstant bleibt. Drittens, in den neuen, netzwerkartigen Organisationen werden andere Führungseigenschaften benötigt als diejenigen, die in der Vergangenheit herangebildet worden sind. Viele Unternehmen stehen deshalb heute vor dem Problem überzähliger Führungskräfte.

Die Kehrseite der Marktwirtschaft

Marktwirtschaft – auch die so genannte soziale Marktwirtschaft – beruht im Kern auf dem freien Spiel der Kräfte, auf der Dynamik von Angebot und Nachfrage. Dazu gehört auf der einen Seite das freie Anwerben von Mitarbeitern, auf der anderen die freie Wahl des Arbeitsplatzes – aber auch die Möglichkeit der Trennung, und zwar ausdrücklich nicht nur im gegenseitigen Einvernehmen. Es ist nur eine logische Folge dieser Mechanik, dass in Zeiten der Vollbeschäftigung die Arbeitnehmer, in Zeiten der Unterbeschäftigung dagegen die Arbeitgeber am längeren Hebel sitzen.

Nun haben wir eine lange Zeit des Booms hinter uns. In all diesen Jahren wurden Einkommenswachstum und Karriereaufstieg praktisch zu Automatismen. Niemand hat geschrien, als viele Firmen, anstatt die Strukturen zu bereinigen, wild drauflos Personal eingestellt haben – nicht diejenigen, die sich haben anstellen lassen, und auch nicht die Gewerkschaften. Und viele haben in dieser Zeit, ohne mit der Wimper zu zucken, den Arbeitsplatz gewechselt, wenn sie woanders mehr verdienen konnten. Aber damit nicht genug: Praktisch jeder hat seinen Erfolg auch noch als ausschließliche, logische Konsequenz seiner eigenen Tüchtigkeit verbucht. Dass man es mit Überfluss zu tun hatte und dass dieser kein Naturgesetz ist, wurde schlicht verdrängt. Wer die Realitäten derart verzerrt, kann gar nicht anders: Wenn das Blatt sich gegen ihn wendet, empfindet er dies als große »Ungerechtigkeit«. Denn es wird ihm etwas weggenommen, das ihm »gehört« – etwas, das er, seiner Meinung nach, durch persönliche Leistungen erworben und zu seinem lebenslänglichen Besitzstand erklärt hat.

Dass auch Menschen, die jahrzehntelang einer Firma »treu« geblieben sind, plötzlich den Arbeitsplatz verlieren, gehört zur Tragik der gegenwärtigen Situation. Aber nochmals: Dies ist die Marktwirtschaft, gegen die zu Zeiten des Booms niemand etwas einzuwenden hatte.

Schuldgefühle und Eiertänze

Der heute fast überall notwendig gewordene Personalabbau ist die logische Folge des eingangs beschriebenen strukturellen Umbruchs in der Wirtschaft, in vielen Firmen akzentuiert durch die jahrelange, sträfliche Vernachlässigung der notwendigsten Hausaufgaben durch das Management. Es bedurfte buchstäblich der Existenzkrise, um viele Unternehmensleitungen zu zwingen, über die Bücher zu gehen. Und nicht jeder hat bereits verstanden, dass sich durch einen Abbau der Personalhalde allein, ohne strategisch fundierte Veränderung der Strukturen, die Existenzprobleme des Unternehmens nicht lösen lassen. Wenn heute aufseiten des Arbeitgebers etwas Wichtiges verdrängt wird, dann dies: die Sünden der Vergangenheit – und nicht selten auch noch das Unvermögen, die gegenwärtigen Probleme des Unternehmens zu lösen.

Wie präsentiert sich das Problem des Personalabbaus aus Sicht des Arbeitgebers, aus Sicht des Managements? Erster und wichtigster Punkt: Quantitatives Wachstum wird im Grunde nach wie vor als die eigentlich normale Form der Unternehmensentwicklung betrachtet. Ein Unternehmen bewusst in einer bestimmten Größe zu halten und dafür zu sorgen, dass es in diesem Rahmen gesund und erfolgreich bleibt, oder gar ein Unternehmen aufgrund veränderter Märkte gezielt kleiner zu machen, um mit veränderten Strukturen auf einer neuen Basis den Erfolg aufbauen zu können – solche Gedanken fallen den meisten Managern äußerst schwer. Die Notwendigkeit einer so genannten Redimensionierung oder Kapazitätsanpassung – wohlklingende Bezeichnungen für den Abbau von Arbeitsplätzen – wird als Schicksalsschlag, als Folge einer unvorhergesehenen, aber vorübergehenden Konjunkturschwankung hingenommen. Die unausgesprochene Handlungsmaxime lautet: Auf Teufel komm raus Kosten reduzieren, bis das Tal durchschritten ist – dann kann man wieder aufbauen.

Wenn aber die Veränderung nicht im Sinne qualitativen Wachstums offensiv und konstruktiv angegangen wird, wenn die Anpassung von vornherein als unabwendbarer, tragischer Niedergang erlebt wird, hat dies Konsequenzen. Erstens, die Situation wird möglichst lange nicht zur Kenntnis genommen. Zweitens, wenn man die Augen nicht mehr vor den Realitäten verschließen kann, spekuliert man damit, dass vielleicht in letzter Minute noch ein Wunder eintritt – und zögert die notwendigen Entscheidungen so lange hinaus, bis es für ein vernünftiges, menschen- und prozessorientiertes Vorgehen zu spät ist. Und manch einer hat derart Angst vor der persönlichen Auseinandersetzung mit Menschen, die das Unternehmen verlassen müssen, dass er es von vornherein auf eine unwürdige Hauruck-Aktion ankommen lässt.

Wenn dann gehandelt werden muss, geschieht dies mit mehrfach schlechtem Gewissen. Zum einen, weil man den Personalüberhang, der jetzt abgebaut werden muss, seinerzeit selbst aufzubauen geholfen hat – sich vielleicht sogar durch die wachsende Zahl unterstellter Menschen in seiner Bedeutung als Manager aufgewertet gefühlt hat. Zweitens, weil man maßgeblich mit dazu beigetragen hat, dass das Problem verdrängt und verschleppt wurde, bis nur noch der Bulldozer und das Hackebeil eingesetzt werden konnten. Drittens, weil man zumindest instinktiv ahnt, was für existenzielle Probleme der Personalabbau in zahlreichen Familien und Einzelschicksalen auslöst.

Dies sind große psychische Belastungen – und sie müssen möglichst aus dem Bewusstsein verdrängt werden, wenn man handlungsfähig beiben soll.

Dazu kommt nun aber, last, not least: Man hat so etwas noch nie gemacht. Man weiß im Grunde gar nicht, wie man in solchen Situationen vorgehen soll. Konzeptionslosigkeit und – einmal mehr tief verdrängt – das Gefühl eigenen Unvermögens und eigener Unzulänglichkeit beherrschen die Szene.

Diese geistige und psychische Verfassung ist keine Grundlage für qualifiziertes Management in einer Krisensituation. Wer von unbewussten Schuldgefühlen geplagt ist und jegliche Kreativität und Professionalität verloren hat, der ist von vornherein nicht in der Lage, die anstehenden, anspruchsvollen Probleme sachlich richtig und sozial verträglich zu lösen.

Der Niedergang der mittleren Schicht

Der Trend-Guru John Naisbitt hat schon vor vielen Jahren eine kommende, drastische Ausdünnung der mittleren Führungsebenen prognostiziert. Die früheren Aufgaben dieser Ebenen – Informationen sammeln, strukturieren, kanalisieren und weitergeben – können mit der modernen Informationstechnologie schneller, besser und kostengünstiger wahrgenommen werden. Die Mitarbeiter/-innen an der Basis haben heute in der Regel sowohl die notwendige Qualifikation als auch den Anspruch, diese Instrumente zu nutzen und sich im operativen Bereich selbst zu steuern. Dass der Abbau scheinbar so plötzlich und brutal gekommen ist, hat ausschließlich damit zu tun, dass die meisten das Problem erst angegangen sind, als es (a) gar nicht mehr anders ging und (b) nicht mehr so stark auffallen konnte, weil alle anderen das Gleiche taten.

Doch was für das Management eine notwendige Strukturanpassung darstellt, ist für den Betroffenen eine persönliche Katastrophe. Der Weltuntergang findet immer individuell statt. Wer bis in die mittlere Hierarchie emporgekommen ist, hat hier nicht nur seine »Heimat«, sondern auch Macht, Einfluss und Sozialprestige – und damit eine Identität gefunden. Dies zu verlieren erscheint vielen unerträglich.

Nun werden auch auf den mittleren Ebenen schlanker Organisationen noch Führungskräfte gebraucht. Aber das Berufsbild hat sich verändert: Qualifizierung von Mitarbeitern, Begleitung von Veränderungsprozessen, Coaching von Mitarbeiter/-innen und Gruppen prägen die als Dienstleistungsfunktion neu positionierte Aufgabe der Führung. Doch wer ein Berufsleben lang geplant, gesteuert und verwaltet hat, ist in der Regel weder fähig noch bereit, einen derartigen Wechsel in seinem Selbstverständnis zu vollziehen.

Das Problem wird vom Management sehr oft auch noch durch Einstellungen akzentuiert, die einer »weichen« Lösung erst recht im Wege stehen. Man spricht von der »Lehm-« und »Lähmschicht«, die »herausgenommen werden muss, damit das Unternehmen revitalisiert werden kann«. Nach dem Motto »Der Mohr hat seine Schuldigkeit getan, der Mohr kann gehen« zelebriert die oberste Heeresleitung eine Scheinsolidarität mit der Basis, um sich vor der Welt und vor sich selbst für den chirurgischen Eingriff zu rechtfertigen. Völlig verdrängt wird hierbei, wer den Moloch aufgebaut und jahrzehntelang gehegt und gepflegt hat. Es ist schlicht eine Sache der Loyalität, zu dieser gemeinsamen Vergangenheit – in der notabene auch Aufbauarbeit geleistet und Arbeitsplätze geschaffen worden sind – zu stehen und jetzt, da die Rahmenbedingungen sich geändert haben, einen fairen Ablösungsprozess einzuleiten.

Dies tun zum Glück viele. Aber immer noch zu viele machen die überzähligen Führungskräfte zu den alleinigen Sündenböcken. Sie werden vom Management wie eine heiße Kartoffel fallen gelassen. So schleicht man sich aus der Verantwortung – und spart dabei auch noch Geld. Denn: »*Wer schuld ist an der Misere, dem muss man nicht auch noch Geld hinterherwerfen.*«

Den Stier bei den Hörnern packen

Schlechte Nachrichten so zu vermitteln, dass weder die Botschaft verwässert noch der Empfänger am Boden zerstört wird, gehörte schon immer zur hohen Schule der Führungskunst. Reger Wettbewerb herrscht nur dort, wo es darum geht, frohe Botschaften unter die Menschen zu bringen. Dies führt zu einem eklatanten, wenn auch verständlichen Fehlverhalten bei Restrukturierungen, die mit Personalabbau verbunden sind: Obschon die Weichen grundsätzlich gestellt und sowohl die Gewinner als auch die Verlierer definiert sind, wird nicht informiert und nicht gehandelt. Resultat: Alle ahnen Schlimmes, niemand weiß etwas Konkretes. Man fängt an, die Vorgänge genau zu beobachten: Wer wird zu welchen Sitzungen eingeladen, wer wird ausgelassen?

Dieses Vermeidungsverhalten ist gleich aus mehreren Gründen von großem Übel. Zum einen ist es Ausdruck einer miserablen Führungskultur, Menschen derart lange über ihr Schicksal im Ungewissen zu lassen. Zum Zweiten werden damit vielen Betroffenen ausgezeichnete Vorwände geliefert, sich als Opfer und Märtyrer zu fühlen. Zum Dritten bilden sich in solchen Zeiten an allen Ecken und Enden Eiterherde der Unzufriedenheit und der Frustration, die sich wie eine ansteckende Krankheit im Unternehmen ausbreiten. Und wenn man noch nicht mal mit denjenigen gesprochen hat, die man eigentlich unbedingt behalten möchte, riskiert man auch noch, die besten Leute zu verlieren.

Wir können hier nur dringend empfehlen, sofort und offen zu informieren, wenn die Würfel einmal gefallen sind – dann, wenn noch die Möglichkeit sorgfältiger Vorgehensweisen bei den Ablösungen gegeben ist. Dies liegt *im ureigensten Interesse des Unternehmens*. Denn alle, die im Unternehmen bleiben, beobachten mit Argusaugen, wie mit denjenigen umgegangen wird, die das Unternehmen verlassen müssen. Die Menschen sind schwer für eine positive, gemeinsame Zukunft zu motivieren, wenn sie das, was da geschieht, letztlich für unfair halten und sich als »Gewinner« mitschuldig fühlen müssen an einem Unrecht, das ihren bisherigen Kollegen und Kolleginnen angetan wird.

So viel zur psychologischen Ausgangslage. Wie nun konkret vorgehen?

Drei unterschiedliche Situationen

Situation 1:
Es sind zwar Führungskräfte frei geworden, diese können aber intern anders eingesetzt werden – nicht in der gleichen Aufgabe und Rolle, aber einigermaßen gleichwertig und manchmal sogar mit neuen Entwicklungsperspektiven.

Dies ist der günstigste Fall – und trotzdem kann es hier zu schwierigen Auseinandersetzungen kommen. Viele Führungskräfte haben nämlich noch nicht begriffen, was sich in der Welt tut, und schon gar nicht, was noch kommen wird. Sie glauben, Ansprüche auf Besitzstandswahrung geltend machen zu können, und zwar nicht nur auf eine bestimmte Einstufung, sondern wenn möglich auch noch auf eine bestimmte Art von Führungstätigkeit oder gar auf eine bestimmte Position. In solchen Situationen ist, wenn das normale Gespräch nicht weiterführt, eine ebenso offene wie harte Konfrontation fällig. In einer Zeit, da alle von Veränderungen und viele von Arbeitslosigkeit betroffen sind, kann es nicht angehen, dass das Unternehmen aus falscher Rücksicht auf einzelne Führungskräfte Entwicklungen verschleppt, welche eingeleitet werden müssen, um die Arbeitsplätze vieler zu erhalten.

Situation 2:
Es sind rein zahlenmäßig zu viele an Bord – zum Teil durchaus qualifizierte und bewährte Kräfte. Es gibt keine Möglichkeit, sie intern einzusetzen.

Hier gibt es eigentlich nur eines: die Karten offen auf den Tisch legen und die Situation, sobald sie erkannt ist, mit allen Betroffenen besprechen. Es gibt immer Einzelne, denen die Gelegenheit, vorzeitig aus dem Erwerbsleben auszuscheiden, gar nicht so unwillkommen ist, und andere, die von vornherein gute Chancen haben, anderswo eine angemessenere Aufgabe zu finden. Wenn man nicht unter akutem zeitlichem Druck steht, gelingt es nicht selten sogar, Unternehmens- und Mitarbeiterinteressen zu verbinden: Einzelne Funktionen, die nicht unbedingt von strategischer Bedeutung sind, können im Rahmen eines »Outsourcing«-Konzepts nach außen verlagert werden, was unter Umständen einer Gruppe von Mitarbeitern die Chance bietet, sich – mit einer gewissen Starthilfe seitens des Unternehmens – selbstständig zu machen. Diese Chance, für alle oder zumindest für einen großen Teil einvernehmliche, maßgeschneiderte Lösungen zu finden, hat nur, wer frühzeitig und offen mit allen Betroffenen spricht. Wer dagegen zu lange wartet und plötzlich unter Druck steht, dem bleibt nur das übrig, was heute leider in vielen Unternehmen beobachtet werden kann: kurzfristige rüde »Entsorgungsaktionen«, die mit schweren psychischen Belastungen für die Betroffenen verbunden sind und irreparable Vertrauensverluste im Unternehmen nach sich ziehen. In manchen Unternehmungen gilt das Motto: »Der Mensch steht im Mittelpunkt – und damit allen im Wege.« »*Operation Dead Wood*« war die interne Bezeichnung eines solchen Projekts in einem großen Konzern. Die Sprache, sagt man, entlarvt das Denken.

Situation 3:
Führungskräfte sind aus qualifikatorischen Gründen überzählig. Die Anforderungen sind drastisch gestiegen. Es bleiben nur noch zwei Möglichkeiten: massive Zurückstufung – oder Trennung. Häufig bleibt überhaupt nur die Trennung.

Dies ist mit die unangenehmste Ausgangslage. Erstens, weil das Besprechen von Qualifikationsdefiziten praktisch immer mit schweren persönlichen Kränkungen verbunden ist. Zweitens, weil seitens des Unternehmens fast immer ein schlechtes Gewissen mitspielt. Man ist konfrontiert mit den Konsequenzen eigener Unterlassungssünden in der Vergangenheit. Nicht immer sind nämlich die Anforderungen über Nacht derart angestiegen. Im Grunde galten diese Führungskräfte schon lange als überfordert – aber es war niemand da, der ihnen dies sagen mochte oder der rechtzeitig für einen anderen, adäquateren Einsatz gesorgt hätte. Zu der einen schlechten Botschaft, nämlich die bisherige Stelle zu verlieren, kommt dann noch eine zweite, nämlich für nichts Gleichwertiges mehr infrage zu kommen.

Gerade in diesen besonders heiklen Fällen weichen viele Vorgesetzte ihrer Führungsverantwortung aus. Zuerst gehen sie um das Problem herum wie die Katze um den heißen Brei – und wenn es sich dann nicht mehr verheimlichen lässt, gehen sie auf Reisen und delegieren die schwierigen Gespräche an die Personalabteilung, von der sie sonst das ganze Jahr über behauptet haben, sie sei nichts anderes als ein Haufen von Bürokraten.

Wir halten es für unumgänglich, auch in solchen Fällen möglichst frühzeitig die Situation offen zu klären, und zwar zunächst im Rahmen eines persönlichen Vier-Augen-Gesprächs zwischen dem Betroffenen und seinem direkten Vorgesetzten. Dass solche Gespräche zu den schwierigeren Führungsaufgaben gehören, steht auf einem anderen Blatt. Aber folgende Schritte sind notwendig und haben sich in der Praxis bewährt:

– *Das Anforderungsprofil der neuen Funktion sorgfältig besprechen und auf alle wichtigen beziehungsweise kritischen Elemente aufmerksam machen;*

– *sorgfältig und offen begründen, warum – beziehungsweise aufgrund welcher Anforderungen – der Betroffene als Kandidat nicht infrage*

> kommt; an dieser Stelle die vorhandenen Defizite klar benennen, auch wenn in der Vergangenheit nicht darüber gesprochen wurde – denn in der gegenwärtigen Situation kann nur noch volle Offenheit den Schaden begrenzen helfen;

- *die verbleibenden Alternativen – zum Beispiel Zurückstufung oder Trennung – deutlich benennen; unmissverständlich klar machen, dass die Vorentscheidungen gefallen sind und es jetzt nur noch darum geht, den Weg zur Umsetzung konkret vorzubereiten;*
- *auf den Vorwurf gefasst sein, man habe die Dinge zu lange laufen lassen, die Karten nicht offen gelegt, nicht rechtzeitig und nicht konsequent gehandelt. Wer nicht ein blütenweißes Gewissen hat – und das kann in der Praxis keiner haben, der massiv Personal abbauen muss –, tut gut daran, seine Energie nicht mit Rechtfertigungen zu verschwenden. Die kritische Sicht muss zugelassen und ertragen werden. Dies bedeutet jedoch nicht, zu Kreuze zu kriechen und sein Haupt mit Asche zu bestreuen. Es gilt deutlich zu machen, dass man über die Wege reden kann und will, dass aber an den grundsätzlichen Entscheidungen nichts geändert wird. Fehler der Vergangenheit – wer immer sie begangen haben mag – dürfen nicht dazu benutzt werden, noch größere Fehler in der Gegenwart zu machen.*

Man kann in einem solchen Gespräch so klar sein, wie man will – viele Menschen sind in kritischen Situationen nicht bereit, Realitäten sofort zu akzeptieren. Sie reagieren zunächst mit Abwehr: Beschönigungen, Beschwichtigungen, Erklärungen – manchmal aber auch mit geharnischten Vorwürfen oder aber peinlichen Versprechungen, sich ändern zu wollen. Solche ersten Reaktionen müssen mit Verständnis für die Situation des Betroffenen hingenommen und ertragen werden – ohne aber den geringsten Zweifel an der Endgültigkeit der Entscheidung aufkommen zu lassen.

Zweierlei ist entscheidend für den weiteren Verlauf und muss bereits beim ersten Gespräch deutlich gemacht werden. Erstens, der *Zeitpunkt, bis zu dem die Entscheidung vollzogen sein soll*. Zweitens, der *Rhythmus für die weiteren Gespräche*, die folgen werden, um die konkreten Modalitäten gemeinsam zu besprechen und die Bedingungen auszuhandeln. Wenn dies nicht geschieht, besteht die Gefahr, dass gar nichts geschieht – und dass am Schluss die Trennung nur noch im Zuge einer unschönen Auseinandersetzung vollzogen werden kann. Erstaunlich viele gekündigte Führungskräfte neigen nämlich dazu, den Kopf in den Sand zu stecken. Sie glauben, den Konflikt durch Nichtstun »aussitzen« und das Problem einschlafen lassen zu können. Jede Woche, die der Vorgesetzte verstreichen lässt, ohne auf das Thema zurückzukommen, bestätigt sie in der Richtigkeit ihrer Annahme.

Welche Personen oder Instanzen – neben der Personalfunktion – in die weiteren Gespräche einbezogen werden müssen, hängt nicht zuletzt davon ab, ob beziehungsweise wann der Betroffene die Situation akzeptiert und beginnt, sich auf konkrete Schritte in den Verhandlungen einzustellen. Von besonderer Bedeutung ist, ob es ihm gelingt, ein Stück Mitverantwortung dafür zu übernehmen, wie die Dinge sich über die Jahre bis in die heutige Situation entwickelt haben – oder ob er versucht, sich ausschließlich und einseitig als armes Opfer einer großen Ungerechtigkeit darzustellen. Wenn Letzteres der Fall ist, kann es unter Umständen notwendig sein, andere Arbeitspartner oder nächsthöhere Vorgesetzte mit einzubeziehen. Solange nämlich nur der direkte Vorgesetzte die Qualifikationsproblematik offen anspricht, legt sich manch ein Betroffener die These zurecht, dieser habe etwas gegen ihn und wolle ihn aus persönlichen Gründen loswerden.

In besonders schwierigen Fällen hat es sich schon bewährt, dem Betroffenen eine neutrale Eignungsabklärung durch einen professionellen Assessment-Berater anzubieten. Aufgrund einer solchen Untersuchung, zumal durch einen externen Profi, kann sich niemand der Konfrontation mit den eigenen Stärken und Defiziten entziehen. Die Auseinandersetzung mit sich selbst bietet im Übrigen eine ausgezeichnete Gelegenheit, die Krise als Chance zu nutzen.

Dazu mag ein Assessment allein nicht immer ausreichen. Eine längere psychologische Begleitung kann notwendig sein, um die subjektiv empfundene persönliche Abwertung, die totale Infragestellung des bisherigen Selbstbildes zu verarbeiten, auf die mit entsprechenden Ängsten und Blockaden reagiert wird. Hierbei ist zu berücksichtigen, dass das Selbstbild eines Menschen nicht von A bis Z eine rein innerpsychische Angelegenheit, sondern aufs Engste mit den erlebten oder erwarteten Reaktionen der Umwelt verbunden ist. Im Kern geht es also immer um den sozialen Status – um die Stellung im Netzwerk der Familie, der Freunde, der Nachbarn, der Kollegen und Bekannten. Nur wer diesen Schock verarbeitet, das heißt seinen »sozialen Abstieg« emotional zumindest ein Stück weit relativiert hat, kann sich frei machen für die eigentlich wichtigen Fragen:

- *Was habe ich für Neigungen und Interessen?*
- *Was habe ich für Kenntnisse und Fähigkeiten?*
- *Was ergeben sich daraus für denkbare Möglichkeiten?*
Und:
- *Wie will ich vorgehen, um eine neue, sinnvolle Tätigkeit aufzubauen?*

Wenn das Unternehmen einen Beitrag dazu leistet, dass dieser manchmal längere Prozess der persönlichen und beruflichen Neuorientierung professionell begleitet wird, zeugt dies von einer konstruktiven, Vertrauen aufbauenden Grundhaltung der Führung. Und es ist auch ein kleines Stück Wiedergutmachung für Unterlassungssünden in der Vergangenheit.

In jedem Fall ist der Weg von der Bekanntgabe der Entscheidung bis zu ihrem endgültigen Vollzug für den Betroffenen ein schwieriger Prozess – und muss vom Vorgesetzten entsprechend gehandhabt werden. Er darf vor allem nicht flüchten. Er muss sich Zeit nehmen für Gespräche – und er muss sich in diesen Gesprächen auf die schwierige Situation einlassen, in der sich der Betroffene befindet. Nur die schrittweise, aber kontinuierliche Auseinandersetzung mit seiner neuen Lage kann dem Betroffenen helfen, aus dem Schock herauszufinden in zukunftsorientiertes Handeln. Gleichzeitig muss immer ganz klar bleiben, was das Ziel ist – und wann spätestens die Trennung vollzogen sein muss. Auch dieser äußere Druck ist unverzichtbar.

Unsere Empfehlungen mögen hart oder gar »unmenschlich« klingen. In Wirklichkeit ist aber nur das »unmenschlich«, was passiert, wenn Realitäten nicht offen angegangen werden: Die Probleme werden verschleppt; das heikle Personalproblem wird viel zu spät unter akutem Zeitdruck abgewickelt; man geht in offenem Konflikt auseinander.

Im Übrigen gehen wir von zweierlei aus. Erstens, Führungskräfte werden nicht gegen ihren Willen befördert. Sie wissen im Grunde genau, dass sie eine anspruchsvolle und mit Risiken verbundene Aufgabe übernehmen – und sie lassen sich dafür auch entsprechend bezahlen. Zweitens, wenn eine Führungskraft wirklich wissen will, wie man über sie denkt und ob sie den Anforderungen genügt, hat sie immer die Möglichkeit, dies in Erfahrung zu bringen. Fälle, in denen die Verantwortung für untragbar gewordene Qualifikationsdefizite einzelner Führungskräfte ausschließlich beim Unternehmen liegt, sind in der Praxis äußerst selten.

Und schließlich: Was menschlich und unmenschlich ist, misst sich letztlich ausschließlich daran, was mit den Mitarbeiterinnen und Mitarbeitern an der Basis passiert. Es ist erstaunlich, wie leicht die Wirtschaft sich insgesamt tut, Stellen im produktiven Sektor abzubauen – und wie schwer sie sich tut, wenn die Führung betroffen ist. An der Basis sind Entlassungen längst zum Massengeschäft geworden und werden administrativ routiniert abgewickelt. Auf mittleren Führungsebenen wird ein gekündigter Mitarbeiter bereits als individueller Problemfall behandelt. Und ganz oben werden Positionen und Menschen oft gar nicht erst infrage gestellt. In einem bekannten Großunternehmen wurde unlängst die offizielle Bezeichnung eines umfassend angelegten Programmes zur Analyse der Kostenstruktur – OGK *(Optimierung der Gemeinkosten)* – vom internen Volksmund wie folgt umdefiniert: »*Oben geht keiner.*«

Den Prozess kreativ gestalten

Die eigentliche Kunst des Managements beginnt dort, wo nicht nur routiniert abgewickelt, sondern kreativ nach neuen Lösungen gesucht wird. Dies bedeutet keineswegs, dass jedes Unternehmen das Rad völlig neu erfinden muss. *Best-Practice*-Analysen eignen sich nicht nur für die Eroberung neuer Märkte. Wer sich sorgfältig umguckt und die Ideen und Erfahrungen anderer vorurteilslos prüft, wird erstaunt sein, wie viele Möglichkeiten es gibt, auf die man selbst nie gekommen wäre. Und wenn man erst ein breiteres Spektrum von Möglichkeiten des Vorgehens sieht, wenn verschiedene Alternativen auf dem Tisch liegen, ist man dem sinnvollen Handeln schon ein gutes Stück näher gekommen.

Dies sind einige der Ideen, mit denen heute in der Praxis erfolgreich experimentiert wird:

- *Teilzeitarbeit*
  Damit sind gleich mehrere Vorteile verbunden: Der Personaleinsatz kann den Schwankungen des Arbeitsanfalls entsprechend gesteuert werden. Die Bedürfnisse der Arbeitnehmer können flexibler berücksichtigt werden. Und: Wer Teilzeit arbeitet, leistet erfahrungsgemäß im Durchschnitt pro Zeiteinheit deutlich mehr als eine Vollzeitkraft.

- *Jobsharing*
  Wenn zwei oder mehrere Menschen einen Arbeitsplatz teilen, wird Arbeit nicht nur gerechter verteilt, sondern es ergeben sich leistungsmäßig die

gleichen Vorteile wie bei der Teilzeitarbeit. Und: Es gibt so gut wie keine Stellvertretungsprobleme mehr. Bei Krankheiten oder Abwesenheiten kann immer jemand einspringen, der den Job beherrscht. Dies gilt ausdrücklich auch für viele Führungsfunktionen. Was hier im Wege steht, sind in der Regel nicht sachliche Gründe, sondern mentale Barrieren.

- *Selbstständigkeit mit einmaliger Starthilfe oder entsprechendem Auftragspolster*
Wer möglichst vielen Teilbereichen den Weg in die unternehmerische Selbstständigkeit ebnet, entlastet das Management, macht Reduktionen des zentralen Kostenblocks möglich und erhöht die Flexibilität des Unternehmens. Durch entsprechende kommunikative Vernetzung der neuen, selbstständigen Teile kann eine neue Form des Zusammenspiels nach dem Modell des Netzwerkes beziehungsweise einer virtuellen Organisation geschaffen werden.

- *Zwischenparken in einer Qualifizierungsgesellschaft*
Wenn der Sprung in die Selbstständigkeit noch nicht gewagt werden kann, gibt es Übergangsstufen. Es wird eine eigene Gesellschaft gegründet, deren Aufgabe darin besteht, Menschen für neue und andere Herausforderungen zu qualifizieren. Die dafür notwendigen Mittel müssen nicht allein vom Arbeitgeber aufgebracht werden. Alle, denen es ein Anliegen ist, dass Menschen nicht als Sozialfälle in einer dunklen Ecke unserer Gesellschaft landen, können sich beteiligen: die Arbeitnehmer selbst, ihre Organisationen, Arbeits- und Sozialämter sowie andere übergreifende Einrichtungen, die ihrem Zweck nach der Arbeitsgestaltung oder der Qualität unserer Gesellschaft verpflichtet sind.

Keiner dieser Wege ist die Patentlösung für alle Fälle. Nur die Verbindung aller vorhandenen Möglichkeiten und das Erarbeiten situativer Lösungen können zum Ziel führen. Variable Mischformen, insbesondere aber die Vergabe begrenzter Aufgaben oder Arbeitspakete an selbstständige Mitarbeiter oder Gruppen, bieten noch weitgehend unausgeschöpfte Möglichkeiten.

Zwei Grundsätze müssen aber unangetastet bleiben.

Erstens, die unternehmerische Verantwortung für das eigene Leben und die Gestaltung der eigenen Zukunft muss beim Arbeitnehmer selbst liegen. Wo diese durch Wohlstand und Verwöhnung zugeschüttet worden ist, kann und muss man sie gegebenenfalls stärken – und zwar nach dem Motto: *Fördern durch Fordern*. Wo aber gar keine Bereitschaft zur Eigenverantwortung vorhanden ist, fehlt die Grundlage, auf der Beratung und Unterstützung als Hilfe zur Selbsthilfe wirksam werden und zu einem erfolgreichen Neubeginn führen können.

Zweitens, in der Organisation der Arbeit beziehungsweise der relevanten Geschäftsprozesse dürfen keine Kompromisse gemacht werden. Ohne klar erkennbaren Beitrag zur Wertschöpfung dürfen keine Zwischenstufen, Schleifen oder Nischen eingebaut werden, nur um Arbeitsplätze zu erhalten. Die Zeit des Überflusses, in der man sich den Heizer auf der Elektrolok leisten konnte, ist vorbei. Dass dies von manchen Seiten als asoziale Haltung gebrandmarkt werden mag, steht auf einem anderen Blatt. Aber die gleichen Kritiker werden noch lauter schreien – und dann zu Recht –, wenn das Unternehmen seine Bilanz deponieren muss.

Es steht außer Zweifel, dass neue Formen der Arbeitsorganisation gefunden werden müssen – und dass dazu neue Vereinbarungen zwischen Arbeitnehmern, Arbeitgebern und ihren Vertretungsorganen notwendig sind. Doch da ist mehr Partnerschaft gefragt, als in der Praxis im Allgemeinen erkennbar wird.

Kapitel 5

Hierarchie und Macht: Feinde der Veränderung?

Wo immer wesentliche Veränderungen ins Haus stehen, sind Interessen tangiert. Positionen und Privilegien, fein gesponnene Netzwerke und Einflusssphären sind bedroht. Da gibt es zwar auch neue Chancen: notorische Schwachstellen und Reibungsverluste zu beheben, möglicherweise schwerwiegende Unwuchten und Ungerechtigkeiten aus der Welt zu schaffen. Aber die Karten werden neu gemischt, Gewinner und Verlierer neu definiert, Einfluss umverteilt. Des einen Hoffnung ist nicht selten des anderen schlimmste Befürchtung.

Was soll's, könnte man sagen – es sitzen ja letztlich alle im selben Boot. Wie immer die aktuellen Rollen und Interessen verteilt sein mögen, man wird sich im allseitigen Interesse zusammenraufen – in einem konstruktiven Dialog zu einem gemeinsamen Konsens gelangen, wie die Zukunft am besten zu gestalten ist. Es müssen nur alle ihre Interessen offen auf den Tisch legen und bereit sein, die Interessen der anderen als gleichberechtigt anzuerkennen. In fairen, partnerschaftlichen Verhandlungen wird man Lösungen finden, die allen Interessen in angemessener Weise Rechnung tragen.

Dieser Sozialutopie steht die Realität gegenüber: Machtkampf als normaler Weg der Auseinandersetzung – Powerplay nach dem Motto: »Jeder ist sich selbst der Nächste.« Strategie und Taktik, manchmal geradezu sportlich betriebene Machtspiele, beherrschen die Szene. Ob Star Wars oder Karate, hängt lediglich vom jeweils verfügbaren Instrumentarium sowie nicht zuletzt von der Stellung in der Hierarchie ab, welche die Machtverhältnisse durch ein klares Oben und Unten strukturell absichert. Dies ist im Unternehmen letztlich nicht anders als in der Politik, in der Kirche, in der Armee oder in einem Fußballverein.

Wer Zustände verändern will, muss sich zunächst mit zwei Fragen auseinandersetzen. Erstens: »*Warum sind die Dinge so, wie sie sind?*« Theoretisch hätten sie sich nämlich auch ganz von selbst ändern können. Das haben sie aber nicht getan. Und: »*Weshalb ist das Bestehende so schwer zu verändern?*« Es sind doch schon verschiedentlich Anstrengungen unternommen worden, etwas zu verändern. Aber sie haben nichts gefruchtet.

Das Schlüsselthema heißt Macht. Es geht um die Frage, wer warum daran interessiert ist, dass sich nichts verändert – welche Macht den Vertretern dieser Interessen zur Verfügung steht und in welcher Form sie ausgeübt wird.

Der Sozialforscher Heinrich Popitz hat in seinem Buch *Prozesse der Machtbildung* ebenso vorurteilslos wie einleuchtend beschrieben, welche Mechanismen der Entstehung von Macht zugrunde liegen. Machiavelli hat Rezepte geliefert – Popitz erklärt, wie und warum sie funktionieren. Wenn wir uns im Folgenden darauf beziehen, mag dies zwar stellenweise etwas theoretisch anmuten. Aber wir möchten an Kurt Lewin erinnern, der gesagt hat: »*Es gibt nichts Praktischeres als eine gute Theorie.*« Vieles, das wir im praktischen Leben beobachten, wäre ohne eine fundierte Theorie gar nicht erklärbar. Macht ist solch ein faszinierendes Phänomen. Allein schon ihre Allgegenwart im menschlichen Leben, ihre erstaunliche Wirksamkeit und erst recht die Vielfalt ihrer Erscheinungsformen müssen unsere Neugier wecken. Wie David Hume mal gesagt hat: »*Nothing appears more surprising to those who consider human affairs with a philosophic eye than the easiness with which the many are governed by the few.*«

Vor allem aber: Nur wer das Spiel der Macht kennt und seine Spielregeln beherrscht, hat eine Chance, nicht nur tapfer mit dem Kopf gegen Wände zu rennen oder wie Don Quichotte gegen Windmühlen zu kämpfen, sondern die Verhältnisse zu ändern.

Die Problematik der traditionell-hierarchischen Organisation

Das Modell der traditionellen Organisationsstruktur mit ihrer streng hierarchischen Absicherung von Macht auf allen Stufen ist mit einer ganzen Reihe schwerwiegender, die Gesamteffektivität einschränkender Probleme verbunden:

- Der Kult der Einzelverantwortung – Konsequenz strikter Arbeitsteilung – führt sowohl auf individueller Ebene als auch auf der Ebene von Gruppen und Bereichen zu Konkurrenz statt zu Kooperation.
- Information, Überblick, Einfluss und – in der Folge – das persönliche Engagement nehmen nach oben hin zu und nach unten hin ab – in einer Zeit, da an der Basis »unternehmerisches Denken und Handeln« dringend gefragt wären.
- Das Denken in Positionen – statt in Aufgaben und Funktionen – behindert oder verhindert das Denken und Handeln in dynamischen Abläufen, das heißt in Prozessketten.
- Die Wege zwischen »oben« und »unten« sind zu lang, zu viel Information versickert auf den verschlungenen Pfaden von unten nach oben und von oben nach unten.
- Zu viele Steuerer in Stab und Linie, die täglich versuchen, ihre Existenz zu rechtfertigen, halten die produktiven Mitarbeiter/-innen durch ihre Eingriffe von der Arbeit ab – die Organisation wird schwerfällig.
- Aufgrund ungenügender Vernetzung und ungleicher Verteilung von Macht werden einzelne personelle Schwachstellen für die ganze Organisation oder große Bereiche zu einem untragbaren Risiko.

Doch dies alles sind keine brandheißen, neuen Erkenntnisse. Wir wissen, wie hierarchische Strukturen seinerzeit – vorab in den Bereichen Militär, Religion und Politik – entstanden sind und legitimiert wurden: zur Absicherung der Gesamtsteuerung und zur effizienten Durchsetzung von Entscheidungen in einer Zeit, da Befehl und Gehorsam die anerkannten Muster gesellschaftlichen Handelns darstellten.

Wir kennen mittlerweile aber auch die Nachteile herkömmlicher Organisation in einer völlig veränderten, modernen Welt. Und wir kennen nicht nur die Vorteile, sondern auch die konzeptionellen Grundlagen zukunftsorientierter Organisation. Trotzdem vollziehen sich entsprechende Veränderungen in der Praxis unglaublich zähflüssig. Woran liegt das?

Jede wie auch immer geartete Veränderung der Organisation bedeutet auch eine Veränderung bestehender Machtverhältnisse. Nun ist es ja nicht so, dass moderne, schlanke und dezentrale Strukturen ohne Macht auskommen. Da werden auch Entscheidungen getroffen, wird gesteuert, muss auf Menschen Einfluss genommen werden. Die Frage ist, auf welche Art und Weise dies geschieht.

Eine Gegenüberstellung

Das Spektrum der Möglichkeiten, Einfluss auszuüben, ist außerordentlich vielfältig. Es reicht von der rücksichtslosen und brutalen Ausübung brachialer Gewalt über die legitime Autorität eines Amtes bis hin zu fruchtbarer Überzeugungsarbeit, das heißt der erfolgreichen Beeinflussung aufgrund sozialer Kompetenz.

Wie unterscheidet sich der Weg der klassisch-hierarchischen Macht vom Weg der Sozialkompetenz? Dies zeigt Abbildung 9.

Dies sind zwei völlig verschiedene Wege der Einflussnahme. Wir wollen hier nicht schwarz-weiß malen. Aber man muss sich die fundamentalen Unterschiede erst mal bewusst machen, um erkennen zu können, dass es sich hier um zwei gegensätzliche »Philosophien« beziehungsweise Strategien handelt. Dass sie sich in der Praxis meistens auch noch vermischen, macht die Dinge nicht eben einfacher.

Weshalb Machtverhältnisse so schwer zu verändern sind

Wer nur den herkömmlichen Weg der hierarchischen Macht kennt, wird sich mit Händen und Füßen gegen eine Organisationsform wenden, in der vor allem soziale Kompetenz verlangt ist. Erstens, weil er nicht glaubt, sich selbst im Rahmen einer solchen Organisation den notwendigen Einfluss verschaffen zu können – und zweitens, weil er nicht glaubt, dass eine derartige Organisation in der Praxis überhaupt funktionieren kann.

Der Wandel, der heute ansteht, bedeutet nicht nur eine Veränderung der Struktur, sondern auch eine Veränderung der Kultur. Da geht es um Werte, um innere Einstellungen und um Normen faktischen Verhaltens – nicht zuletzt um die *Art und Weise, wie Einfluss ausgeübt wird*. Dies ist das eine, was in der Praxis außerordentlich schwer zu verändern ist: *menschliches Verhalten* – und am allermeisten dasjenige der Menschen, die es gewohnt

Abbildung 9: Zwei Wege der Einflussnahme

Klassisch-hierarchische Macht will ...	Sozialkompetenz will ...
Information und Wissen als Machtmittel verwenden und nur für die Erledigung von Aufgaben selektiv verteilen	frühzeitige, offene und umfassende Information und Kommunikation als Grundlage einer partnerschaftlichen Führungs- bzw. Unternehmenskultur
direktive Führung	Selbststeuerung und Selbstverantwortung
Anpassung und Unterordnung	Autonomie
Durchsetzung auch verdeckter Ziele und geheimer Interessen	Transparenz der Ziele, Absichten und Interessen
Gehorsam, »Loyalität«	selbstständiges Denken, kritisches Hinterfragen, offenes Feedback
klare und eindeutige Ordnung	sinnvolle Prozesse
Standardisierung	Vielfalt situativer Lösungen
Arbeitsteilung, Abgrenzung und Konkurrenz	Integration, Kooperation, Vernetzung
Demonstration von Mut und Stärke als Basis der Durchsetzung	Zulassen von Unsicherheit und Angst zur Früherkennung von Problemen
Konflikte durch Schiedsspruch beenden	Konflikte auf dem Verhandlungswege lösen
Kontrolle auf der Basis grundsätzlichen Misstrauens	Vertrauen nicht nur als Ausdruck menschlicher Wertschätzung, sondern als Weg zu hoher Effektivität

sind, andere zu steuern. Und gerade sie sind es, welche die Veränderung eigentlich leiten müssten.

Das Zweite, was sich nur sehr schwer verändern lässt, ist die faktische *Machtverteilung*. Man darf sich nicht darum herumdrücken, dass die neuen Formen der Organisation die Macht im Unternehmen breiter verteilen.

Nun gibt es aber ein altes Gesetz: Wer Macht hat, setzt sie unter anderem dafür ein, diese nicht zu verlieren. Mit anderen Worten: Macht neigt dazu, sich selbst zu erhalten.

Kernelemente der Machtbildung

- *Die Erotik der Macht*

Macht hat für Mächtige – und solche, die es werden wollen – eine geradezu erotische Anziehungskraft. Um das eigene Erscheinungsbild nicht zu trüben, wird diese Anziehungskraft – ähnlich wie bei der Erotik – systematisch verleugnet oder verdrängt. Dies ändert jedoch nichts an der nachgerade triebhaften Kraft der Macht als Motivator menschlichen Handelns.

- *Mein Recht → Dein Recht → Unser Recht*

Mächtige schützen ihre Macht unter anderem dadurch, dass sie sich gegenseitig bestätigen in ihrem »Recht«, an der Macht zu sein und an der Macht zu bleiben. Dieser Zusammenhalt ist naheliegend. Man hat sich nämlich gegenseitig unmittelbar etwas zu bieten – und zwar die Verteidigung gemeinsamer Privilegien. Dies verläuft nach dem Grundmuster: *Mein* Recht (Einkommen, Besitz, Titel, Position) wird zusammen mit *Deinem* Recht zu *unserem* Recht – und damit zum allgemeinen, nicht weiter zu hinterfragenden Recht.

- *Verstärkung durch Demonstration*

Die Mächtigen verstärken den Eindruck von Macht durch entsprechende Etikettierungen, Statussymbole oder Insignien, wie zum Beispiel Titel, Kleidung, Dienstwagen, Größe und Ausstattung von Büros, exklusiver Zugang zu speziellen Einrichtungen und andere abgrenzende Benefizien – und indem sie diese Insignien der Macht mit einer unübersehbaren, geradezu provokativen Selbstverständlichkeit zur Schau stellen.

- *Selbstentwertung der Machtlosen und Unterprivilegierten*

Diese demonstrierte Selbstverständlichkeit des Besitzes von Macht wirkt sich, ganz wie gewollt, auf die Untergebenen aus: Man verspürt zwar Neid, möchte vielleicht auch gern selbst zu diesem Kreis der Erwählten gehören, traut sich aber nicht, die bestehende Machtverteilung grundsätzlich infrage zu stellen.

Im Übrigen wird ein geradezu gesetzmäßiger Mechanismus der Selbstentwertung wirksam: Man fühlt sich durch diese eindeutige Machtverteilung auch befreit von aller persönlichen Zuständigkeit – wo die Macht, da die Verantwortung. Man erfüllt nur seine Pflicht – die Verantwortung dafür tragen die Vorgesetzten. Dies ist der Mechanismus, auf dem das Eichmann-Syndrom beruht – die unheilige Allianz zwischen Machtträgern und ausführenden Organen.

Die Anerkennung der Macht durch die Untergebenen, durch unterwerfendes Verhalten sichtbar gemacht, bestätigt wiederum die Gewissheit der Machtträger, dass sie »mit Recht« an der Macht sind.

- *Die Unfähigkeit der »Besitzlosen«, sich zu organisieren*

Wer nichts hat und etwas erwerben will, braucht Verbündete. Einen Verbund geht aber nur ein, wer sich etwas davon verspricht. Außerdem muss er die Risiken absichern, die er eingeht, wenn er Machtansprüche geltend macht. *Solidarität* wird zur unabdingbaren Voraussetzung.

Habenichtse können sich aber schlecht miteinander verbünden, weil sie – ganz im Gegensatz zu den Mächtigen – nur etwas zu erstreiten, aber kein gemeinsames Gut zu verteidigen haben. Es gibt zwar Gemeinsamkeiten: Man leidet unter dem gleichen Mangel; man ist sich einig in der Verurteilung der bestehenden Machtverteilung; man hofft auf bessere Zeiten – allerdings mit der großen Ungewissheit, wie denn die Macht, sollte man wirklich einmal welche erobern, konkret zu verteilen sein würde. Unklar ist auch, ob man später, sollte man wirklich an die Macht gelangen, den Bundesgenossen von heute noch würde trauen können. Alles in allem mehr Fragen als Antworten – und nichts Konkretes, was man sich gegenseitig zu bieten hätte.

Mag der gemeinsame Mangel auch ein gewisses Minimum an Willensenergie liefern, die bestehenden Verhältnisse ändern zu wollen – die ungeklärte Zukunft und die nicht kalkulierbaren Risiken verhindern in der Regel den solidarischen Zusammenschluss, der zu einem gemeinsamen Vorgehen notwendig wäre. So stehen die Ohn-Mächtigen in ihrer Unfähigkeit, sich zu organisieren, dem bestehenden, sauber strukturierten Machtkartell ziemlich hilflos gegenüber.

- *Macht bietet allen die Sicherheit einer Ordnung*

Ist die Macht klar verteilt – egal, wie unrechtmäßig sie erworben wurde oder ausgeübt wird –, ist zumindest Ordnung hergestellt: Man weiß, woran man ist, und kann sich darauf einstellen. Diese Ordnung, die Sicherheit gibt, würde gefährden, wer die Verhältnisse ändern wollte.

- *Gehorsam als erste Bürgerpflicht ...*

Eine »gute Erziehung« bedeutet für viele die Erziehung zu Gehorsam, Anstand und Anpassung. Solche Verhaltensweisen stabilisieren wiederum – in allen Lebensbereichen – bestehende Ordnungen und Machtstrukturen.

Ungehorsam, Frechheit und Widerstand wurden und werden als sozial unerwünschte »Störungen« empfunden und entsprechend bestraft. Kritisches Denken und offener Widerspruch werden auch heute weder in der Familie noch in der Schule aktiv gefördert. Damit fehlen die mentale Voraussetzung und die soziale Kompetenz für eine gesunde und natürliche Form, Einfluss auf die Verhältnisse im Umfeld zu nehmen. Was bleibt, sind – neben Passivität, Anpassertum und innerer Emigration – Eruptionen aggressiver und gewalttätiger Auflehnung.

- *Die Strategie der partiellen Beteiligung an der Macht*

Wenn jemand sich partout mit der herrschenden Machtverteilung nicht zufrieden gibt und den Machtbesitzern immer näher auf den Pelz rückt, bleibt den Mächtigen eine besonders wirksame Abwehr: die *Umarmungsstrategie*. Der Störenfried wird ganz einfach – in fein säuberlich begrenztem Ausmaß – an den Benefizien beteiligt. Der Preis, den er dafür zu zahlen hat: Unterstützung beim Schutz der bestehenden Machtverhältnisse – ab jetzt auch im eigenen Interesse. Auf diese Weise ist er zumindest vorläufig ruhig gestellt, aus der potenziellen Solidarität der Habenichtse herausgebrochen und zur Stütze des Gesamtsystems umfunktioniert.

Strategien der Machtveränderung

Verändern bedeutet immer auch, sich mit »Machtkartellen« anzulegen. Der Erfolg von Veränderungskonzepten ist deshalb im Prinzip immer gefährdet. Veränderungsstrategien können bis zum letzten Augenblick der nicht mehr umkehrbaren Umsetzung von Entscheidungen zum Scheitern gebracht werden, wenn kunstvoll aufgebaute, clever stabilisierte und immer verteidigungsbereite Machtkartelle ihre Interessen gefährdet sehen. Dies ist im Unternehmen nicht anders als in der hohen Politik.

Nun liegt aber die »Weisheit« nicht automatisch bei denen, die gerade das Sagen haben. Die Ziele der Veränderung sind nicht unbedingt kompatibel mit den Zielen der Mächtigen. Es ist immer möglich, dass man mit durchaus legitimen und – mit Blick auf das Ganze – sinnvollen Veränderungsabsichten einer Machtstruktur ins Gehege kommt – und dass diese die Zähne zeigt. Was tun?

Wer eine bestehende Machtstruktur aufweichen und verändern will, braucht nicht nur gute Ideen, sondern muss, um der Veränderung zum Durchbruch verhelfen zu können, eine entsprechende *Gegenmacht* aufbauen. Die Gesetzmäßigkeiten der Machtbildung bleiben sich gleich – unabhängig von den Zielen, für welche die Macht eingesetzt werden soll.

Dies sind die wesentlichen Handlungsmaximen für denjenigen, der sich vorgenommen hat, bestehende Machtverhältnisse zu ändern:

- Die eigene Bereitschaft zu einem nicht geringen Anfangsrisiko sorgfältig klären – und sich bewusst sein, einen möglicherweise langen Weg vor sich zu haben.
- Sich nicht vor den Karren ungeklärter Interessen anderer Leute spannen lassen, sondern sich nur für das einsetzen, was man selbst für richtig und wichtig hält.
- Weder Macht im Allgemeinen noch die aktuellen Machtträger verteufeln, sondern selbst gezielt Macht aufbauen und Macht einsetzen, um die Verhältnisse zu ändern.
- Prinzipiell und systematisch alle Machtprivilegien und Statussymbole infrage stellen; auch und gerade die scheinbaren »Selbstverständlichkeiten« gezielt bezüglich ihrer Funktion hinterfragen.
- Offen Kritik an den bestehenden Verhältnissen üben und Widerstand leisten gegen notorische Missstände.
- Kritik, Widerspruch und Widerstand als Tugend – das heißt als Kompetenz – propagieren, um verfilzte und erstarrte Strukturen aus dem Gleichgewicht zu bringen.
- Konsequent Ausschau halten nach Gleichgesinnten, und ein Kernteam von Verbündeten bilden, in dem man geistig und psychisch auftanken und alle Schritte des Vorgehens gemeinsam planen kann.

- Schrittweise ein erweitertes Netzwerk von Verbündeten aufbauen, das durch das Kernteam sorgfältig gepflegt und koordiniert wird.
- Wenn die »Hausmacht« stabil genug geworden ist: Vorbereitung eines solidarischen Vorgehens zur Durchsetzung der gemeinsamen Ziele.

Die Erfahrung in der Praxis zeigt: Der letzte Schritt als formaler Akt erübrigt sich sehr häufig. Aufgrund vielfältiger informeller Auswirkungen des Netzwerks verändern sich schrittweise – manchmal fast unmerklich – Einstellungen, Verhaltensweisen und Einflusssphären im Umfeld. Die bestehenden Verhältnisse haben sich dann oft ohne weiteres Dazutun in der angestrebten Richtung verändert, bevor das sorgfältig aufgebaute Machtpotenzial im Rahmen einer solidarischen Aktion gezielt eingesetzt werden muss.

Ein altes Tabu wird entzaubert

Möglicherweise haben Sie beim Lesen dieses Kapitels ein merkwürdiges Gefühl in der Magengrube verspürt. Vielleicht waren Sie stellenweise peinlich berührt und haben sich gefragt: Werden hier linke Ideologien verbreitet? Wird hier Anleitung zur Revolution oder zum Terror geboten?

Falls dem so gewesen sein sollte, wäre dies der Grund: Macht ist ein *Tabu*. Es gehört sich nicht, darüber zu sprechen – und wenn man Verbotenes tut, hat man nun mal seltsame Gefühle. Macht spielt zwar im Leben der Menschen eine ganz zentrale Rolle – aber sie ist offiziell »kein Thema«. Auch Träger massiver formaler Macht – Spitzenpolitiker oder Leiter großer Unternehmen – leugnen, wenn sie darauf angesprochen werden, mit absoluter Regelmäßigkeit und im Brustton der Überzeugung ihre Macht oder spielen sie dramatisch herunter. Dies geschieht noch nicht mal immer bewusst und reflektiert, sondern häufig ganz instinktiv: Man ist lediglich »Vermittler zwischen unterschiedlichen Interessengruppen«, »Diener der Allgemeinheit« oder schlicht »einer von vielen engagierten Mitarbeitern dieses Unternehmens«. Es ist wie mit dem Sex: Jeder weiß, dass es ihn gibt und dass er eine ganz wichtige Rolle spielt im Leben der Menschen – aber es ist nicht »salonfähig«, darüber zu sprechen.

Wie stark dieses Tabu wirkt, erkennt man daran, dass das Thema Macht in der Ausbildung von Managern schlicht nicht vorkommt. Nun ist Macht im Management eines der wichtigsten Instrumente zur Durchsetzung von Entscheidungen; im Rahmen einer Hierarchie ist jeder täglich Macht ausgesetzt – und jeder setzt sie selbst täglich ein; man ist dafür angestellt und bezahlt, Massen von Menschen zu lenken und zu beeinflussen – aber das Thema Macht »existiert nicht«. Wie ist dies zu erklären?

Exakt hier beginnt im Grunde der spannende Weg in die Anatomie der Macht: *Tabus sind immer auch – manchmal sogar in erster Linie – Mittel zur Erhaltung bestehender Machtverhältnisse.* Solange Macht ein Tabu bleibt, so lange wird nicht allenthalben kritisch darüber gesprochen – und so lange besteht keine große Gefahr, dass die bestehenden Machtverhältnisse hinterfragt, in Zweifel gezogen und zur Veränderung vorgeschlagen werden. Das ungeschriebene »Verbot«, über Macht im Allgemeinen und über die in einer bestimmten Organisation hier und jetzt herrschenden Machtverhältnisse im Besonderen zu sprechen, hat also durchaus seinen tieferen Sinn.

Wir vertreten in diesem Buch folgenden Standpunkt:

1. *Macht ist an sich weder gut noch schlecht. Was Macht »gut« oder »schlecht« macht, sind ausschließlich die Ziele, für die sie eingesetzt wird.*

2. *Macht ist ein Instrument zur Durchsetzung von Entscheidungen in Organisationen. Große Organisationen sind ohne Einsatz von Macht gar nicht steuerbar.*

3. *Macht gehört nicht tabuisiert, sondern – genau wie alle anderen Instrumente der Führung und Beeinflussung – transparent gemacht und regelmäßig kritisch hinterfragt im Hinblick auf ihre Ziele, ihre Funktion sowie die Art und Weise ihrer Ausübung.*

4. *Wer in Organisationen Veränderungsprozesse steuern und etwas bewegen will, kann es sich gar nicht leisten, sich schamhaft um das Thema Macht herumzudrücken. Er muss die Gesetze kennen, die der Bildung und Erhaltung von Macht zugrunde liegen. Erstens, weil er früher oder später bestehende Machtverhältnisse infrage stellen und gegebenenfalls verändern muss. Und zweitens, weil dies mit guten Argumenten und frommen Wünschen nicht zu schaffen ist. Er braucht dazu selbst Macht. Und wenn er diese nicht schon hat, muss er sie aufbauen.*

Wir können deshalb Führungskräften, gleich welcher Ebene, nur herzlich empfehlen, sich mit den Mechanismen der Machtbildung eingehend zu befassen. Die Beschäftigung mit diesem Thema ist nicht nur außerordentlich spannend, sondern auch von größtem Nutzen für den praktischen Alltag. Wer ein Profi sein will, muss die Instrumente beherrschen, auf denen er spielen will. Die Entscheidung, welche Melodie gespielt wird, ist dem Einzelnen damit noch lange nicht abgenommen.

Kapitel 6

Charta des Managements von Veränderungen

Primat des Transfers

Wenn Veränderungen der Organisation anstehen, glauben viele kluge Leute – oberste Entscheidungsträger und qualifizierte Spezialisten genauso wie teuer bezahlte Berater –, ihr Job sei getan, wenn sie dafür gesorgt haben, dass entsprechende Konzepte auf dem Tisch liegen. Auf die Analyse und die Konzeptentwicklung wird die größte Sorgfalt und in der Regel auch die meiste Zeit verwendet – viele Monate, manchmal sogar Jahre kann die Inkubationszeit in Anspruch nehmen. Wenn dann aus dem Allerheiligsten weißer Rauch aufsteigt, kann es mit der Umsetzung nicht schnell genug gehen – und anschließend wundert man sich, warum das, was so professionell erarbeitet wurde und auf dem Papier so logisch erscheint, in der Praxis nicht funktioniert.

In Tat und Wahrheit ist es gar nicht so furchtbar schwierig, ein gutes Konzept zu entwickeln. Manchmal genügt es, mit den richtigen Leuten in Ruhe zu reden – und schon ist im Wesentlichen klar, wohin die Reise gehen sollte. Aber Konzeptentwicklung ist eine angenehme Arbeit. Man kann sie am grünen Tisch verrichten, und niemand macht sich dabei die Hände schmutzig. Kein Wunder also, dass sich manch einer gern recht ausgiebig damit beschäftigt.

Nein, die Konzeptarbeit ist wirklich nicht der kritische Teil eines Veränderungsprozesses. Wirklich schwierig ist nur eines: die Realisierung. Die Kunst der Fuge besteht nicht darin, Konzeptvorlagen zu entwerfen und zu verabschieden, sondern darin, diese in die Praxis umzusetzen. Auf den *Transfer* kommt es an – und an nichts anderem hat der Erfolg sich zu messen.

Aus diesem absoluten Primat des Transfers leitet sich das ab, was man die Charta des Managements von Veränderungen nennen könnte: acht Prinzipien des Vorgehens, die letztlich alle ein und demselben Ziel dienen, nämlich

Abbildung 10: Charta des Managements von Veränderungen

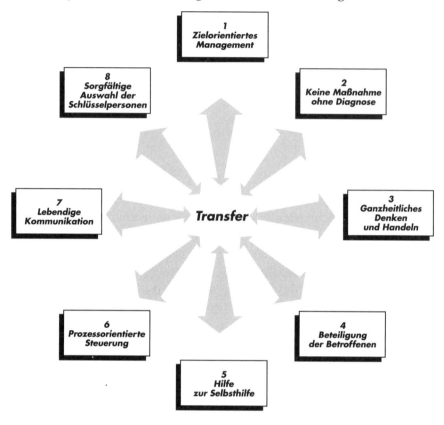

die spätere *Umsetzung zu sichern*. Wenn der kritische Engpass »Transfer« heißt, dann bedeutet dies logischerweise, dass man von allem Anfang an – bereits im Vorfeld eines Projekts – an das eigentliche Ziel, die Realisierung, denken und bei jedem einzelnen Schritt sorgfältig darauf achten muss, *optimale Voraussetzungen für die praktische Umsetzung* zu schaffen.

Dies sind die acht Prinzipien im Überblick (siehe Abbildung 10):

- Zielorientiertes Management
- Keine Maßnahme ohne Diagnose
- Ganzheitliches Denken und Handeln
- Beteiligung der Betroffenen
- Hilfe zur Selbsthilfe

- Prozessorientierte Steuerung
- Sorgfältige Auswahl der Schlüsselpersonen
- Lebendige Kommunikation

Sie bilden ein äußerst effektives Managementkonzept. Es handelt sich allerdings nicht um eine Sammlung möglicher Optionen, unter denen man situativ mal die eine, mal die andere auswählen kann. Die Grundsätze ergänzen sich gegenseitig und müssen alle gleichzeitig beachtet werden, wenn der Erfolg nicht infrage gestellt sein soll.

1. Grundsatz:
Zielorientiertes Management

Es mag banal erscheinen, wenn hier als Erstes auf eine scheinbare Selbstverständlichkeit hingewiesen wird: *Ein Projekt, das brauchbare Ergebnisse zeitigen soll, muss zielorientiert geführt werden.* Es gehört zu den verhängnisvollen Missverständnissen unserer Zeit, zu glauben, menschenorientierte und partizipative Führung – wie wir sie in diesem Buche auch propagieren – vertrage sich nicht mit systematischer Planung, Steuerung und Kontrolle. Vertreter einer falsch verstandenen humanistischen Psychologie – »Softies« und »Psycho-Freaks«, wie die modernen Sozialwissenschaften sie nun mal auch hervorgebracht haben – werfen ihren Bannstrahl auf alles, was nach Hierarchie und nach Macht riecht. Führung ist für sie von vornherein suspekt. In Wirklichkeit ist es gerade umgekehrt: Ohne Führung wird Partizipation zur Fahrt ins Blaue und endet früher oder später im Gestrüpp.

Über folgende Punkte sollte zu Beginn der Projektarbeit Klarheit herrschen:

1. Ausgangslage
- Wo drückt der Schuh?
- Warum ist Veränderung angesagt?
- Wie begründet sich der Handlungsbedarf?

2. Zielsetzung
- Welches sind die Ziele des Projekts?
- Was soll durch das Projekt konkret erreicht werden?
- Was wird danach anders sein, als es jetzt ist?

3. *Erfolgskriterien*
   - Welches sind die Kriterien der Zielerfüllung?
   - Wie soll der Projekterfolg qualitativ beurteilt werden?
   - Wie soll der Projekterfolg quantitativ gemessen werden?

4. *Organisation*
   - Wie sollen die Aufgaben verteilt sein – wer tut was?
   - Wer ist für Koordination und Steuerung zuständig?
   - Wo liegt die Verantwortung für Entscheidungen?

5. *Planung*
   - In welchen Phasen verläuft die Projektarbeit – und was passiert konkret in jeder einzelnen Phase?
   - Welches sind die wichtigsten »Meilensteine« – und was muss bis zu diesen Fixpunkten jeweils geleistet sein?
   - Wie sieht der Terminplan des Projekts aus? Wann muss jede einzelne Phase, wann das Gesamtprojekt abgeschlossen sein?

6. *Kontrolle*
   - Wie soll der Projektfortschritt kontrolliert werden?
   - Wann und wie soll jeweils eine kritische Zwischenbilanz gemacht werden?
   - Wer hat die Befugnis, bei Zielabweichungen korrigierend einzugreifen?

Jeder einzelne dieser sechs Punkte ist von entscheidender Bedeutung für ein sinnvolles Zusammenwirken aller Beteiligten im Rahmen der Projektarbeit, für den ökonomischen Einsatz der zur Verfügung stehenden Ressourcen, für konkrete Ergebnisse – und damit letztlich für die spätere *Umsetzung der Projektziele in die Praxis*. Das Schaffen der Grundlagen für ein zielorientiertes Management des Projekts ist deshalb der erste Schritt, wenn die Notwendigkeit einer Veränderung einmal erkannt ist.

2. Grundsatz:
Keine Maßnahme ohne Diagnose

Auch dies ist ein scheinbarer Gemeinplatz: dass am Anfang jeder Veränderung eine *sorgfältige Lagebeurteilung* stehen muss. Aber genau hier nimmt das spätere Unheil sehr oft seinen Anfang: Man glaubt, die Situation zur Genüge zu kennen, und beginnt mit der Entwicklung von Konzepten – anstatt die *Ist-Situation* systematisch zu analysieren und den *Soll-Zustand* möglichst konkret zu beschreiben.

In der Medizin gilt der Satz: »*Jede Therapie ist nur so gut wie die ihr zugrunde liegende Diagnose.*« Keiner, der sich in die Obhut eines Arztes begibt, würde dies infrage stellen. Auf die Organisationsentwicklung übertragen, kann man formulieren: »*Eine gute Analyse ist der halbe Projekterfolg.*« Diese Erkenntnis ist allerdings noch lange nicht Allgemeingut geworden.

Die Daten-Grundlage für die Beurteilung der aktuellen Situation in einer bestimmten Organisationseinheit kann nur von denjenigen geliefert werden, die in dieser Organisationseinheit arbeiten. Und häufig genug wissen auch nur sie, was sinnvollerweise verändert werden sollte. Am Anfang eines Veränderungsprojekts steht deshalb fast immer eine Befragung der betroffenen Mitarbeiter und Führungskräfte:

- *Was läuft gut?*
- *Was läuft nicht so gut?*
- *Was für Veränderungen sind angezeigt?*
- *Wie könnten sie realisiert werden?*

Wenn alle Betroffenen sich zu diesen Fragen geäußert haben, liegt in der Regel alles notwendige Material auf dem Tisch, um erfolgversprechende Lösungskonzepte zu entwickeln.

In der Regel empfiehlt es sich, bei der Diagnose in vier Schritten vorzugehen:

1. *Datenerhebung*
Befragung

2. *Datenverdichtung*
Reduktion der Datenflut auf das Wesentliche

3. *Datenfeedback*
Information aller Beteiligten über die Ergebnisse

4. Datenanalyse
Analyse der Zusammenhänge, Definition der Schwachstellen, Aufzeigen von Lösungsansätzen

Zugegeben: Mit einer guten Analyse ist es nicht getan. In manch einem Unternehmen wird sogar zu viel analysiert – und zu wenig gehandelt. Es gibt auch Situationen, in denen eine Analyse der Ist-Situation überhaupt nichts bringt. Etwa wenn es darum geht, auf der grünen Wiese eine neue Fabrik aufzubauen; wenn in einem bestehenden Betrieb die Organisation für völlig neue Aktivitäten total umgekrempelt werden soll; oder wenn kurz vor dem endgültigen Zusammenbruch eines Unternehmens ein »Turn-around« eingeleitet werden muss. Doch dies sind spezielle Situationen. In den meisten Fällen ist man gut beraten, die Situation, die man verändern will, zunächst einmal gründlich zu untersuchen. Nur wer die Innereien seines Weckers kennt und die Mechanik seines Uhrwerks versteht, kann ihn reparieren, wenn er nicht mehr richtig funktioniert.

3. Grundsatz:
Ganzheitliches Denken und Handeln

Eine der häufigsten Ursachen für Fehlschläge bei Veränderungsprojekten liegt darin, dass Technokraten am Werk sind, die bei ihrer Planung alle technischen, strukturellen und ökonomischen Aspekte berücksichtigen – und alle menschlichen und zwischenmenschlichen Aspekte ebenso konsequent missachten.

Die Unterlassungssünden beginnen häufig bereits bei der *Analyse der Ist-Situation*: Die technischen und ökonomischen Strukturen und Abläufe werden eingehend untersucht – Arbeitsklima, Motivation, Führungsstil, Entscheidungsvorgänge, Zusammenarbeit innerhalb und zwischen den einzelnen Organisationseinheiten sind keine Themen.

Die einseitige Sichtweise setzt sich fort bei der *Gestaltung der Projektarbeit*: Das Projekt wird systematisch durchgeplant und straff organisiert – aber ob die Belegschaft die Projektziele verstanden und akzeptiert hat, ob die einzelnen Gremien personell richtig zusammengesetzt sind und ob die eingesetzten Mitarbeiter die vorgesehenen Aufgaben in der zur Verfügung gestellten Zeit erfüllen können, interessiert niemanden.

Und bei der *Konzeption der zukünftigen Organisationsstruktur* wiederholt sich das gleiche Muster. Da wird beispielsweise ein gertenschlanker Organisationsplan mit wenigen Hierarchieebenen und breiten Führungsspannen entworfen – und niemand prüft, ob diese Struktur mit der herrschenden Führungskultur in Einklang zu bringen ist und ob die vorhandenen Führungskräfte aufgrund ihrer Fähigkeiten und Erfahrungen überhaupt in der Lage sind, breite Führungsspannen zu managen.

Ganzheitliches Denken und Handeln in Organisationen bedeutet, nicht nur der »Hardware« Beachtung zu schenken, sondern auch der »Software«. Das Phänomen »Organisation« muss im Grunde immer unter drei Gesichtspunkten betrachtet werden:

- *Strukturen*
  Aufbauorganisation, Ablauforganisation, Führungssysteme

- *Verhalten*
  Motivation und Identifikation, Kommunikation und Kooperation

- *Kultur*
  geschriebene und ungeschriebene Gesetze und Spielregeln, Belohnungs- und Sanktionsprinzipien

Ganzheitliches Denken und Handeln bedeutet ferner, sorgfältig auf wichtige *Vernetzungen* zu achten. Im Wirkungsgefüge einer komplexen Organisation kommt es nicht nur auf die Struktur und die innere Verfassung der einzelnen Organisationseinheiten an. Zwischen menschlichen Individuen, Gruppen und Organisationseinheiten kommt es in der Praxis zu dynamischen *Wechselwirkungen*. Es gibt immer wieder Schwachstellen, deren Ursache weder in der einen noch in der anderen Organisationseinheit gefunden werden kann. Der Grund: Sie liegt ausschließlich in einer *Dysfunktionalität* des *Zusammenspiels* begründet.

Wenn in einem Unternehmen beispielsweise vorgeschrieben ist, dass jede einzelne Rechnung von fünf oder sechs Stellen einzeln geprüft werden muss – in manch einer öffentlichen Verwaltung findet man auf den abgelegten Fakturen Girlanden von zehn oder zwanzig Unterschriften! –, ist mit an Sicherheit grenzender Wahrscheinlichkeit anzunehmen, dass keine einzige Rechnung sorgfältig geprüft wird. Jeder geht nämlich davon aus, dass die bei ihm vorbeizirkulierende Rechnung entweder schon mehrmals geprüft worden ist oder noch von soundso vielen anderen Instanzen eingehend geprüft werden wird.

Und niemandem ist letztlich ein Vorwurf zu machen. Jeder Einzelne handelt im Grunde durchaus vernünftig. Sollten nämlich alle Beteiligten auf die Idee kommen, jede einzelne Rechnung vorschriftsgemäß sorgfältig zu prüfen, würde der gesamte Betrieb innerhalb kürzester Zeit zusammenbrechen, weil alle nur noch mit der Prüfung von Rechnungen beschäftigt wären. Die Lösung des Problems wird denn auch nicht darin bestehen, die einzelnen Mitarbeiter wegen mangelnder Arbeitsdisziplin zu verwarnen, sondern darin, die Vorschrift zu ändern.

Wer die Mehrdimensionalität der Organisation immer im Auge behält und gleichzeitig auf wichtige Vernetzungen achtet – bei der Beurteilung der *Ausgangslage*, bei der Gestaltung der *Projektarbeit* und bei der Gestaltung neuer *Konzepte* –, läuft kaum Gefahr, wesentliche Einflussfaktoren zu übersehen. Er wird Störfaktoren erkennen und beheben können, bevor er mit einem möglicherweise kostspieligen Projekt auf Grund gelaufen ist.

4. Grundsatz:
Beteiligung der Betroffenen

Es gibt drei gute Gründe, bei Veränderungsprozessen die betroffenen Mitarbeiter aktiv in die Projektarbeit sowie in die Entscheidungsvorbereitung einzubeziehen:

1. Bessere Entscheidungen – praxisgerechtere Lösungen
Nur die unmittelbar Betroffenen kennen die Details und wissen, auf was besonders geachtet werden muss, damit die neue Organisation in der Praxis dann auch wirklich funktioniert.

2. Erzeugen von Motivation
Wer an der Erarbeitung von Lösungen aktiv beteiligt gewesen ist, engagiert sich anschließend persönlich für deren Umsetzung.

3. Identifikation mit dem Unternehmen
Wer aktiv in die Projektarbeit und in die Entscheidungsvorbereitung einbezogen wird, fühlt sich als Partner ernst genommen – und identifiziert sich persönlich mit dem Unternehmen.

Entscheidend ist allerdings, dass die Mitarbeiter von Beginn an – bereits bei der Analyse der Ist-Situation – aktiv einbezogen werden. Nur wer die Ausgangslage kennt und die Hintergründe versteht, kann sich mit Überzeugung hinter die Konsequenzen stellen.

Zwei besonders weitverbreitete Vorurteile sind an dieser Stelle zu entkräften.

Vorurteil Nr. 1: »*Mitarbeiter beteiligen kostet viel Zeit – mehr Zeit, als man in der Praxis normalerweise zur Verfügung hat.*« Jawohl, Mitarbeiter beteiligen kostet Zeit – mehr Zeit, als ein direktiver Alleingang in Anspruch nehmen würde. Aber: Diese Zeit wird während und nach der Realisierung um ein Mehrfaches wieder hereingeholt. Im Übrigen kann man mit gut motivierten Mitarbeitern – wenn tatsächlich hoher Zeitdruck herrscht – durchaus flott vorankommen. In neun von zehn Fällen ist jedoch der hochnotpeinliche Zeitdruck von A bis Z hausgemacht: Die Führung hat jahrelang die Probleme anstehen lassen und im Vorfeld des Projekts dann auch noch die Entscheidungen verschleppt – und alle wissen das.

Vorurteil Nr. 2: »*Wenn jeder bei allem mitreden will, wird bei uns nur noch geredet anstatt gearbeitet.*« Irrtum: Die Mitarbeiter wollen überhaupt nicht bei allen Fragen mitreden. Sie wollen nur bei denjenigen Fragen mitreden, von denen sie selbst in ihrer täglichen Arbeit direkt betroffen sind und zu denen sie aufgrund ihrer Kenntnisse und Erfahrungen auch etwas Sinnvolles beitragen können. Es ist im Gegenteil eine wichtige Aufgabe der Führung, die Projektarbeit so zu organisieren, dass alle dort – und nur dort – beteiligt werden, wo sie persönlich etwas beitragen können und wollen.

Sinnvolle Partizipation ist nicht einfach eine Frage des Führungsstils, sondern sehr wesentlich eine Frage der Organisation. Der Komplexitätsgrad der bei Veränderungsprojekten anfallenden Aufgaben erfordert in der Regel qualifizierte Teamarbeit. Teambildung und Teamentwicklung spielen deshalb beim Organisieren von partizipativen Problemlösungsprozessen eine ganz zentrale Rolle. Dies wiederum bedeutet: *Gruppendynamische Basis-Kenntnisse* gehören zum unverzichtbaren Rüstzeug einer Führungskraft, die im Rahmen innovativer Projekte eine leitende Funktion übernimmt.

5. Grundsatz:
Hilfe zur Selbsthilfe

Die Arbeit in Veränderungsprozessen beruht letztlich – bei aller notwendigen Führung – auf *dezentraler Selbstorganisation* der beteiligten Mitarbeiter und Mitarbeitergruppen. Die Projektarbeit vollzieht sich im Wesentlichen im hierarchiefreien Raum. Gleichzeitig handelt es sich aber um innovative und damit um anspruchsvolle Arbeit – um *dispositive* und *konzeptionelle Aufgaben* außerhalb der täglichen Routine, nicht selten sogar außerhalb jeglicher bisheriger Ausbildung und Erfahrung. Dies macht Projektarbeit in der Regel für alle Beteiligten interessant und motivierend: Man lernt neue Fragestellungen kennen; man wirkt bei der Gestaltung neuer Lösungen mit. Aber: Man bewegt sich häufig außerhalb dessen, was man wirklich beherrscht. Man ist bis an die Grenzen der Kompetenz – und manchmal darüber hinaus – gefordert.

- Nicht jeder hat im Laufe seiner bisherigen beruflichen Aus- und Fortbildung die Methodik von Problemlösungs- und Entscheidungsprozessen kennen gelernt; für manch einen ist die Beschäftigung mit organisatorischen Strukturen und Abläufen völliges Neuland; und wer erstmals mit Kollegen aus ganz anderen Funktionen und Bereichen konfrontiert ist, muss möglicherweise zunächst so viel Neues aufnehmen, dass er gar nicht in der Lage ist, eigene Beiträge zu leisten.

- Nicht jeder weiß, wie in einem Team ohne hierarchischen Leiter diskutiert und kooperiert werden muss; manch einer kennt keinen anderen Umgang mit Konflikten, als ihnen auszuweichen; der eine ist noch nie auf seine Unart aufmerksam gemacht worden, anderen ständig ins Wort zu fallen; der Zweite traut sich nicht, in Gegenwart hierarchisch Höhergestellter eine abweichende Meinung zu äußern; und es gibt hoch bezahlte Manager, die überhaupt nichts dabei finden, langfristig angesetzte und gemeinsam vereinbarte Sitzungstermine platzen zu lassen, weil sie gerade etwas Besseres vorhaben.

- Fast in jedem größeren Projekt kommt es vor, dass ein Mitarbeiter entgegen allen vorherigen Abmachungen von seinem Linienvorgesetzten für wichtige Projekt-Termine nicht freigegeben wird; dass ein Team für die Erfüllung seiner Aufgabe Mittel benötigt, die in keinem Budget vorgesehen sind; oder dass aufgrund äußerer Einflüsse Zielkorrekturen oder Terminverschiebungen vorgenommen werden müssen.

Kurz: Es gibt in jedem Veränderungsprozess und in jedem noch so gut organisierten Projekt immer wieder Situationen, in denen die Arbeit eines Teams verzögert oder blockiert wird – und die Teammitglieder mangels entsprechenden Know-hows oder eigener Kompetenzen nicht in der Lage sind, das Problem aus eigener Kraft zu lösen.

Die Führung muss deshalb von Anfang an darauf eingestellt sein, dann und dort, wo sich dies als notwendig erweist, unterstützend tätig zu werden. Je nach Situation können folgende Formen von Unterstützung gefragt sein:

- *Feedback:* Bei gruppeninternen Schwierigkeiten genügt es manchmal, dem Team den Spiegel vorzuhalten, das heißt ihm ungeschminkt mitzuteilen, was dem kritischen Beobachter auffällt – und schon sorgt die Gruppe selbsttätig für Abhilfe.

- *Ausbildung:* Vermittlung von theoretischen Grundlagen (zum Beispiel Organisationslehre) und methodischem Know-how (zum Beispiel Problemlösungstechnik) oder Verhaltenstraining (zum Beispiel Kommunikation und Kooperation im Team).

- *Moderation:* externe Unterstützung bei Arbeitsklausuren und Workshop-Veranstaltungen: Strukturierung der Arbeitsprozesse, Gesprächsmoderation, Visualisierung.

- *Beratung:* persönliches Coaching durch einen Vorgesetzten, Unterstützung durch interne Fachspezialisten oder Begleitung durch externe Berater – sei es angesichts besonders anspruchsvoller fachlicher Problemstellungen, sei es in akuten Konflikt- oder Krisensituationen.

- *Entscheidung:* Freigabe von Ressourcen: Manpower, Mittel, Räume, Material, Termine.

Gleich welche Form der Unterstützung gebraucht wird oder angezeigt erscheint – das Ziel muss immer sein, die betreffenden Mitarbeiter beziehungsweise Teams *so schnell wie möglich wieder selbstständig handlungsfähig* zu machen. Die Unterstützung muss sich ausschließlich nach der unmittelbaren Bedarfslage richten und möglichst in homöopathischen Dosen verabreicht werden. Alles, was darüber hinausgeht, lädt zur Rückdelegation ein und erzeugt Unselbstständigkeit. Es gibt sogar Situationen, in denen die einzig wirklich hilfreiche Unterstützung darin besteht, *keine Unterstützung* zu geben. In jedem Falle gilt der Grundsatz: *Wer wirksame Hilfe zur Selbsthilfe leisten will, muss sich immer mit einem Bein auf dem Rückzug befinden!* Dass sich manch ein Vorgesetzter oder Berater damit schwer tut, steht auf einem anderen Blatt. Das Gefühl, gebraucht zu werden, ist nun mal eine süße Droge.

6. Grundsatz: Prozessorientierte Steuerung

Wo immer zur Herstellung eines Produkts komplexe Arbeitsvorgänge ablaufen, ist eine flexible Feinsteuerung erforderlich. In der Chemie müssen die Arbeitsprozesse im Hinblick auf die Kontinuität der Produktion ununterbrochen überwacht und reguliert werden. An allen kritischen Stellen sind Sensoren angebracht. Diese messen regelmäßig die vor Ort herrschenden Drücke, Temperaturen und Mischungsverhältnisse. Die Messwerte werden durch fest installierte Feedback-Mechanismen in die Steuerungszentrale gemeldet. Kleinste Abweichungen von den Soll-Werten führen zu fein dosierten Korrekturen der Energie- oder Materialzufuhr. Und bei größeren Abweichungen wird die Produktion zurückgefahren oder ganz stillgelegt, damit es nicht zu einer ernsthaften Panne kommt.

Exakt darum geht es auch in Arbeitsprozessen, an denen Menschen beteiligt sind: um die *Dosierung des Tempos*, um die *laufende Entstörung*, um den sorgfältigen *Abschluss eines wichtigen Arbeitsschritts, bevor der nächste in Angriff genommen wird*. Im Bereich der menschlichen Arbeit ist prozessorientierte Steuerung sogar noch viel wichtiger als im Bereich rein technischer Arbeitsvorgänge. Die Komplexität des menschlichen Wesens übertrifft diejenige einer Maschine um ein Vielfaches. Und wenn – wie dies bei Veränderungsprozessen der Fall ist – auch noch viele Menschen in wechselnden Rollen und Gruppierungen zusammenwirken, ist es schlicht nicht mehr möglich, immer vorauszusehen, wann an welcher Stelle ein Störfaktor oder ein Reibungsverlust auftritt. Da gibt es nur eines: die Hand am Puls des Geschehens halten – und steuernd eingreifen, wenn die Situation dies erfordert.

Zwei Faktoren machen das Geschehen im menschlichen und zwischenmenschlichen Bereich ebenso interessant wie schwer vorhersehbar:

Erstens: Menschen sind zwar immer noch intelligenter als Computer, aber die Geschwindigkeit, mit der sie Neues aufnehmen und verarbeiten können, ist vergleichsweise begrenzt. Mit anderen Worten: Man hat es bei Veränderungsprojekten nicht nur mit *Arbeitsprozessen*, sondern immer auch mit *Lernprozessen* zu tun. Jeder Mensch und jedes Team haben ihre spezifische Lernkurve, die sich immer nur in der jeweils aktuellen Situation erkennen lässt. In einem Veränderungsprozess verkraftbare Schritte machen setzt voraus, dass man die beteiligten Menschen zwar fordert, aber nicht überfordert; dass man sie nicht durch forciertes Tempo »abhängt«; dass man ihnen Gelegenheit gibt, die einzelnen Arbeitsschritte zu »verdauen« und die innere Logik des Projektverlaufs nachzuvollziehen.

Zweitens: Bei Menschen hat man es nicht nur mit sachlichen – und damit letztlich logisch erfassbaren – Zusammenhängen zu tun, sondern immer auch mit Emotionen. Was die Menschen innerlich bewegt – ihre Bedürfnisse und Interessen, ihre Hoffnungen und Befürchtungen, ihre Freude und ihr Ärger – beeinflusst ihr Verhalten weit mehr als alles, was äußerlich sichtbar zutage liegt. Wer mit Menschen arbeitet und sie für gemeinsame Ziele gewinnen will, muss deshalb auf ihre *innere Verfassung*, ihre *Gefühle* und ihre *Stimmungslage* Rücksicht nehmen. Dazu benötigt man keinen Zauberstab. Die Menschen geben von sich aus Signale, welche ihre emotionale Lage erkennen lassen. Aber man muss auf diese Signale achten, man muss sie ernst nehmen – und man muss bereit sein, einen Zwischenhalt einzuschalten, wenn plötzlich Spannungen auftreten oder auffallende Lustlosigkeit um sich greift.

Prozessorientierte Steuerung setzt dreierlei voraus:

- *Regelmäßige Prozess-Analyse:*
    - »Management by wandering around«: Mit den Leuten an der Front über ihre Arbeit reden – und gut zuhören!
    - Regelmäßige gemeinsame Zwischenbilanz und »Manöverkritik«.
- *Bearbeitung von Widerständen und Konflikten:*
    - Auftretende Widerstände aufnehmen – im Gespräch Ursachen und Hintergründe erforschen.
    - Gemeinsam Vorgehensweisen festlegen, die für alle akzeptabel sind.
    - Konflikte nicht verdrängen, sondern offenlegen – Konfliktparteien an einen Tisch – Meinungs- und Interessenhintergründe klären – Konfliktlösungen partnerschaftlich aushandeln.

- *Rollende Planung:*
  - Flexibilität in der operativen Feinplanung.
  - Steuerung unter Berücksichtigung situativer Gegebenheiten. (Aber: Konsequentes Einhalten von Phasenplan und Eckterminen!)

Vier Dimensionen müssen immer besonders sorgfältig im Auge behalten werden:

- *Energie*
  Wo liegt die »ownership«? Wer sind die wichtigsten Verbündeten und Promotoren?

- *Macht*
  Wie können die »Schlüssel-Hierarchen«, wie die informellen »Opinion Leaders« motiviert werden?

- *Kräftefeld*
  Was gibt es insgesamt für fördernde, was für hindernde Faktoren und Einflüsse?

- *Vernetzungen*
  In was für ein Umfeld ist das Projekt eingebettet? Wer muss wann aktiv einbezogen oder informiert werden?

Nicht jeder Widerstand und jeder Konflikt können gelöst werden. Wessen Arbeitsplatz und Beschäftigung ernsthaft gefährdet ist, den kann man nicht für engagierte und kreative Mitarbeit bei der Umgestaltung der Organisation motivieren. Wer von seinen Vorgesetzten in der Vergangenheit bezüglich vorgesehener Veränderungen immer wieder angelogen worden ist, wird weder durch Absichtserklärungen noch durch gutes Zureden plötzlich Vertrauen in die Führung gewinnen und bereit sein, sich für eine gemeinsame Sache ins Zeug zu legen. Unter einigermaßen normalen Verhältnissen gibt es aber in der Praxis kaum Konflikte, aus denen sich nicht durch offene, konstruktive und partnerschaftliche Auseinandersetzung ein Ausweg finden lässt.

7. Grundsatz:
Sorgfältige Auswahl der Schlüsselpersonen

Es gibt ein Gesetz, das jeder kennen muss, der in Organisationen etwas bewegen will: *Prozesse laufen über Personen.* Dies gilt ganz besonders für Entwicklungs- und Veränderungsprozesse. Bei allen großen Revolutionen und Reformbewegungen gibt es den einen oder die wenigen, ohne die die Geschichte anders geschrieben worden wäre. Und es sind immer einige wenige, die die Dinge in einem Sportklub, in einer Dorfgemeinde oder in einem Betrieb voranbringen. Die große Mehrheit kann durchaus für eine Idee gewonnen werden – von den Vordenkern und Vorreitern. Aber sie bewegt sich nicht von selbst.

Wer eine Veränderung vorhat, muss sich bereits im Vorfeld drei Fragen stellen:

1. *Wo sind die wichtigsten potenziellen »Verbündeten«, mit denen man gemeinsame Sache machen kann?*
2. *Wo sind die »Opinion Leaders«, die für die Idee gewonnen werden müssen, wenn die Mehrheit mitziehen soll?*
3. *Wer hat das Zeug dazu, den Veränderungsprozess – oder wichtige Arbeitsschritte – zu leiten?*

In der Praxis werden diese drei Schlüsselfragen leider allzu häufig gar nicht erst gestellt. Da werden Mitarbeiter zu Projektleitern gemacht, weil sie gerade anderweitig nicht allzu stark belastet sind, oder weil man ihnen – als »Bonbon« für geleistete Dienste oder als Impuls für die individuelle Entwicklung – »doch mal die Leitung eines Projektes übergeben könnte«. Und bei der Besetzung eines Projektkoordinationsteams wird gefragt: »Wer alles sollte hier vertreten sein oder berücksichtigt werden, damit die Kirche im Dorf bleibt?« Das einzig Entscheidende, nämlich die Eignung, ist überhaupt kein Thema. Resultat: Das Projekt wird in den Sand gefahren.

Dass man bei der Besetzung von Positionen in der Normalorganisation dafür sorgen sollte, dass »*der richtige Mann am richtigen Platz*« ist, hat sich mittlerweile herumgesprochen – obschon auch hier nicht selten gewaltige Sünden begangen werden. Dass aber bei Projekten ebenfalls eine qualifizierte Personalpolitik gefragt wäre, ist vielerorts noch völlig unbekannt. Dabei wirken sich Fehlbesetzungen in Projekten viel schneller aus, weil die

Beteiligten sich außerhalb einer fest etablierten Hierarchie sowie außerhalb ihrer fachlichen Routine bewegen – und im Übrigen nicht allzu viel Zeit haben, sich aufeinander einzuspielen. Da ist qualifizierte Führung besonders wichtig.

Wenn Mitarbeiter für *steuernde und koordinierende Funktionen im Rahmen von Veränderungsprozessen* ausgewählt werden, haben folgende Kriterien oberste Priorität:

1. *Offene, ehrliche und unkomplizierte Art, mit Menschen umzugehen*
   Die Fähigkeit, Vertrauen aufzubauen, ist die vielleicht wichtigste Voraussetzung für erfolgreiche Projektarbeit überhaupt.

2. *In der Praxis erprobte Fähigkeit, mit anderen in Teams zusammenzuarbeiten*
   Projektarbeit vollzieht sich im Wesentlichen in Teams – und nur wenn diese funktionieren, führt die Arbeit zu brauchbaren Ergebnissen.

3. *Fähigkeit, zuzuhören und sich in die emotionale Lage anderer Menschen hineinversetzen zu können*
   Nur wer auf Menschen eingehen und Widerstände rechtzeitig erkennen kann, ist in der Lage, Prozesse richtig zu steuern.

4. *Mut zu Entscheidungen – Entschlossenheit, Dinge vorwärts zu bringen*
   In einem Veränderungsprozess müssen laufend Entscheidungen getroffen werden – manchmal auch unangenehme. Wer nicht handelt, verpasst Chancen, die nie mehr wiederkehren. Die Probleme eskalieren zu Krisen.

5. *Hohe Akzeptanz bei Mitarbeitern und Führungskräften*
   Man glaubt gar nicht, wie leicht viele Dinge über die Bühne gehen – wenn sie nur von jemandem vorgeschlagen werden, auf den gern gehört wird; und wie alles und jedes zum Problem werden kann, wenn die falsche Person es vorgebracht hat.

Alles andere kann allenfalls durch Schulung erworben werden. Die persönlichkeits- und verhaltensbezogenen Voraussetzungen dagegen müssen im Vorhinein beurteilt werden. Sie können nicht kurzfristig – wenn überhaupt – antrainiert werden.

Selbstverständlich kann man nicht an alle zu besetzenden Funktionen allzu hohe persönliche Anforderungen stellen. Letztlich muss man in jeder

Organisation mit den Menschen leben und arbeiten, die nun mal da sind. Aber bei den entscheidenden Koordinationsgremien und Leitungsfunktionen darf man keine Kompromisse machen. Man kann im Laufe eines Projekts vieles ändern, wenn sich dies als notwendig erweist: die Aufgabenverteilung, den Zeitplan, wenn es sein muss, sogar die Zielsetzung. Fehler bei der Besetzung von Schlüsselfunktionen aber lassen sich praktisch nicht mehr korrigieren.

Die Führungsfrage stellt sich heute grundsätzlich anders als noch vor fünf oder zehn Jahren. Da konnte man es sich leisten, mal hier und mal da einen unfähigen Vorgesetzten oder Projektleiter sein Unwesen treiben zu lassen. Heute erfolgt die Quittung für gutes oder schlechtes Management ebenso rasch wie knallhart – und oft genug sind Massen von Menschen und Arbeitsplätzen von den Konsequenzen betroffen. Es ist deshalb nicht nur eine Frage der Effektivität, sondern letztlich auch der Ethik, dafür zu sorgen, dass die richtigen Leute an den Schlüsselstellen sitzen.

Die Erfahrung zeigt, dass es Menschen gibt, die aufgrund ihrer Fähigkeiten und ihrer Persönlichkeit geeignet sind, Veränderungsprozesse voranzubringen – und andere, die dafür von vornherein ungeeignet sind. Die richtige oder die falsche Person an die Schlüsselstelle gesetzt – das macht in der Praxis oft den Unterschied zwischen Erfolg und Misserfolg eines Projekts aus. Es gibt keinen schnelleren und effizienteren Weg, um Veränderungen in Gang zu bringen und erfolgreich zu verwirklichen, als die richtigen Leute auszuwählen und in Schlüsselfunktionen einzusetzen. Mit einigen wenigen wirklich fähigen Mitarbeitern, die das Gleiche wollen, gut kooperieren und konsequent am gleichen Strick ziehen, kann man Berge versetzen. Aber auf die Personen kommt es an, zuallererst. Über Personen steuert man letztlich die Prozesse.

8. Grundsatz:
Lebendige Kommunikation

Die meisten Menschen sind weder dumm noch widerborstig. Sie lassen sich verhältnismäßig leicht führen und machen auch bei unpopulären Maßnahmen erstaunlich bereitwillig mit – vorausgesetzt, sie haben die Ziele verstanden und als sinnvoll, oder sogar notwendig, akzeptiert. Dies bedeutet:

Abbildung 11: Die zehn wichtigsten »To do's« und »Not to do's«

1
Unklare Gedanken – diffuse Ziele
⇩
Transparente Projektziele – plausible Begründungen

2
Schlampig zusammengestiefeltes Projektteam
⇩
Handverlesene Auswahl der Schlüsselleute

3
»High-pressure selling« pfannenfertiger Konzepte
⇩
Beteiligung der Betroffenen bei der Erarbeitung von Lösungen

4
Efficiency-Fetischismus
⇩
Realistische Zeitplanung

5
Kaltstart
⇩
Sorgfältige Vorbereitung und »Kick-off«-Phase

6
Lieblingsideen als »hidden agenda«
⇩
Lieblingsideen als Erstes offen auf den Tisch

7
Vorgehen nach Taktfahrplan
⇩
Sensible und flexible Steuerung des Prozesses

8
Widerstand brechen
⇩
Konstruktiver Umgang mit Widerstand

9
Konflikte vermeiden
⇩
Konflikte offenlegen und bearbeiten

10
Kabinettspolitik und Geheimratsdiplomatie
⇩
Offene Information – lebendige Kommunikation

Die Führung muss Überzeugungsarbeit leisten – und die Grundlage dafür ist lebendige Kommunikation.

Angesichts der Bedeutung der Kommunikation als Steuerungsinstrument haben wir diesem Thema ein eigenes Kapitel gewidmet (*Gestaltung der Kommunikation*, ab Seite 350). Hier vorweg nur folgende Bemerkungen.

- *Information ist nicht Kommunikation.*
  Wer Menschen für ein Vorhaben gewinnen will, muss mit Ihnen sprechen – von Angesicht zu Angesicht. Er muss auf ihre Bedürfnisse und Anliegen, ihre Hoffnungen und Befürchtungen eingehen – im offenen Dialog. Und er muss bereit sein, mit den Menschen Wege des Vorgehens zu vereinbaren, auf denen sie mitgehen können.

- *Mit individuellen Kontakten und Teamgesprächen top-down in der Führungskaskade allein ist dies nicht zu schaffen.*
  Veranstaltungen in größeren Führungs- und Mitarbeiterkreisen sind notwendig – damit alle das Gleiche hören, sofort ihre Fragen stellen können und den Dialog mit der Führung »live« miterleben. Ohne gelegentliche, in regelmäßigen Zeitabständen stattfindende Dialog-Veranstaltungen in größeren Kreisen lassen sich umfangreiche Projekte heute praktisch nicht mehr effizient steuern.
- *Auch wenn reiner Informationstransport notwendig ist, müssen – wo immer möglich – interaktive Formen gewählt werden:*
  Informationsmärkte oder Präsentationen mit anschließender Diskussion in Kleingruppen und Möglichkeit für Rückfragen und Kommentare im Plenum.
- *Bei größeren und umfassenderen Projekten muss ein eigenes Kommunikationskonzept erarbeitet werden.*
  Es muss bereits vor dem Start klar sein, wer in welchen zeitlichen Abständen in welcher Form aktiv in den Dialog oder in den Informationsfluss einbezogen werden muss – und wer für die entsprechenden Aktivitäten verantwortlich sein wird.
- *Das allgemeine Interesse an der Projektarbeit muss konsequent wach gehalten werden.*
  Dazu gehört, dass während der Projektarbeit laufend über interessante Aktivitäten sowie insbesondere über Erfolge berichtet wird. Das Projekt muss als Thema aktuell bleiben, das Interesse der Belegschaft muss wach gehalten werden. Eine lebendige und aktuelle Projekt-Zeitung kann hierfür ein äußerst nützliches Medium sein.
- *»Management by wandering around«*
  Regelmäßige, direkte Kontakte mit der Front beziehungsweise Basis. Mit den Leuten reden. Fragen beantworten – aber auch Fragen stellen. Dies ist unverzichtbar – sowohl um die »Temperatur« fühlen, als auch um die notwendige Überzeugungsarbeit leisten zu können.
- *Last, but not least: Das Ganze muss auch Spaß machen!*
  »Lebendig« heißt nicht zuletzt gefühlsnah, spontan, frech und unkompliziert. Mit einer guten Prise Humor. Glanzfolie, hochgestochener Jargon, bürokratische Perfektion und tierischer Ernst haben hier nichts zu suchen. Sonst breitet sich nur gähnende Langeweile aus.

Teil III
Blick in die Werkstatt

Kapitel 1

Strategieentwicklung

Vier Klarstellungen vorweg

Erstens, den Weg zu bestimmen, den ein Unternehmen in die Zukunft nehmen soll, ist eine nicht delegierbare Aufgabe der *Unternehmensleitung*. Wer immer sonst noch beteiligt werden muss – der obere Führungskreis, Vertreter zentraler Fachfunktionen, der Betriebsrat, das Aufsichtsgremium oder externe Berater –, die Entscheidungsträger sind die Mitglieder der Unternehmensleitung. Sie tragen letztlich die Verantwortung für Wohl und Wehe des Unternehmens – und dies bedeutet in erster Linie, seine Zukunft zu sichern.

Der guten Ordnung halber: In einer Aktiengesellschaft liegt die Verantwortung für die Strategie formal beim Aufsichts- bzw. Verwaltungsrat. Aber die Mitglieder von Aufsichtsgremien sind in aller Regel viel zu weit weg vom operativen Geschäft des Unternehmens, um aus eigener Kraft taugliche Strategien zu formulieren. Sinnvolle Strategiearbeit vollzieht sich deshalb in der Praxis zumeist im Rahmen einer engen Zusammenarbeit von Unternehmensleitung und Aufsichtsgremium. Die fachlichen Impulse gehen vom Management aus, das Aufsichtsgremium übt nach Gesichtspunkten der Plausibilität die Kontrolle aus.

Zweitens, um die Zukunft des Unternehmens zu sichern, muss man sich nicht aufs Glatteis der allgemeinen Zukunftsforschung begeben. Im Zeitalter des raschen Wandels und der chaotisch ablaufenden Veränderungen in der Wirtschaft, der Politik und der Gesellschaft können Marktentwicklungen bestenfalls kurz- und mittelfristig abgeschätzt werden. Das Ziel der Strategieentwicklung besteht deshalb nicht darin, die eine und einzige, für alle Zeiten richtige Strategie festzulegen, sondern darin, eine aus aktueller Sicht sinnvolle und erfolgversprechende Marschrichtung einzuschlagen, diese aber vor dem Hintergrund neuer Entwicklungen regelmäßig zu überprüfen und, wenn notwendig, rechtzeitig anzupassen. Das heißt: *Strategie-*

controlling ist ein zentrales Element der Strategieentwicklung und letztlich eine Daueraufgabe des obersten Managements.

Drittens, das relevante Wissen über das Umfeld, in dem das Unternehmen erfolgreich bestehen soll – die Verfassung der Märkte, deren kurz- und mittelfristige Entwicklung sowie die Bedarfslage aktueller oder potenzieller Kundenzielgruppen –, ist fast immer irgendwo im Unternehmen selbst vorhanden – nicht unbedingt in den Köpfen der obersten Chefs, wohl aber, meist häppchenweise verstreut, in den Köpfen einzelner Mitarbeiter und Führungskräfte sowie in Studien einzelner Funktionsbereiche oder Fachstellen. Es geht deshalb meist weniger darum, fundamental neues Wissen zu generieren, als vielmehr darum, das an verschiedenen Stellen bereits vorhandene Wissen zu bündeln und für eine erfolgversprechende Strategie des Unternehmens verfügbar zu machen. Mit anderen Worten: Bei der Entwicklung von Strategien kommt dem *Prozess*, das heißt den konkreten Vorgehensweisen, eine ganz besondere Bedeutung zu.

Last, but not least: Viele Leute glauben, mit der Formulierung der Strategie sei der Job getan. In Tat und Wahrheit ist dies der leichteste Teil der Aufgabe. Der wirklich anspruchsvolle Teil besteht darin, die Strategie umzusetzen. Dies aber ist kaum möglich, wenn die Strategie in den Köpfen einzelner Manager, Stabsleute und Berater wie ein Staatsgeheimnis unter Verschluss gehalten wird. Eine Strategie ist nur dann wertvoll und wirksam, wenn sie von allen Mitarbeiter verstanden und als Leitidee für ihr Handeln im Sinne der Unternehmensziele akzeptiert wird. Das heißt: Die Wirksamkeit der Strategie steht und fällt mit der *Strategiekommunikation* und einem *transparenten Umsetzungscontrolling*.

Begrifflichkeiten

»Strategie«, »Ziel«, »Plan«, »Vision«, »Maßnahme«, »Leitbild« – es herrscht eine verwirrende Begriffsvielfalt. Und häufig wird das eine mit dem andern verwechselt. Etwa wenn jemand mit stolzgeschwellter Brust verkündet: »Unsere Strategie besteht darin, in zwei Jahren Nummer eins im Markt zu sein!« oder »Unsere Strategie ist es, den Umsatz in drei Jahren zu verdoppeln!«.

Nachfolgend kurz unser Verständnis der einzelnen Begriffe.

Vision

Im Zusammenhang mit Strategien bezieht sich dieser Begriff in der Regel auf eine Vision vom Unternehmen – eine allgemein gehaltene, positive Vorstellung vom Unternehmen in der Zukunft. Sie steht am Anfang und sagt etwas aus über die angestrebte Identität der Firma oder der Institution. Sie ist eine Realutopie, also ein Zustand, der noch nicht erreicht ist, aber grundsätzlich erreicht werden kann – gleichsam ein »Stern von Bethlehem«, der anzeigt: In diese Richtung wollen wir uns bewegen.

Ziele

Ziele sind die Basis unternehmerischen Handelns schlechthin – und die wesentlichen Impulsgeber für Veränderungen. Die Ziele definieren konkret den Zustand, den man zu erreichen sucht. Sie müssen, wenn sie wirksam sein sollen, überprüfbar und sinnvollerweise mit konkreten Zeitvorstellungen gekoppelt sein: *Was wollen oder müssen wir erreichen – bis wann?*

Strategie

Die Strategie ist der grundsätzliche Weg, auf dem die Hauptziele des Unternehmens erreicht werden sollen. In Anlehnung an das Bedeutungswörterbuch des Dudens können wir definieren: *Die Strategie ist ein Plan, wie man sein Ziel am besten, günstigsten oder schnellsten erreichen will, und in dem man diejenigen Faktoren oder Ereignisse, die in die eigenen Aktionen – positiv oder negativ – hineinspielen könnten, von vornherein einzukalkulieren versucht.*

Plan

Ein Plan kann theoretisch die Qualität einer Strategie haben. In der Praxis wird jedoch unter Plan in der Regel eine Zusammenstellung vorgesehener, aufeinander abgestimmter Maßnahmen verstanden.

Maßnahmen

Maßnahmen sind konkrete Aktionen oder operative Schritte, die notwendig sind, um die Strategie umzusetzen und die Ziele zu erreichen.

Leitbild

Als *Unternehmensleitbild* wird in der Regel eine Darstellung bezeichnet, wie das Unternehmen sich selbst sieht und wie es gesehen werden möchte. Es gibt in kompakter Form Antwort auf Fragen der Identität des Unternehmens *(Wer sind wir?)*, seiner Ziele *(Was wollen wir?)* sowie seiner Werthaltungen *(Wofür stehen wir?)*. Als *Führungsleitbild* dagegen wird im Allgemeinen eine interne »Charta« im Bereich der weichen Faktoren bezeichnet, eine aktenkundige Sammlung der Grundsätze und Spielregeln der Kommunikation, der Führung und der Zusammenarbeit, wonach alle Beteiligten ihr Verhalten ausrichten sollen.

A. Kernelemente einer Strategie

In Zeiten des schnellen, häufig radikalen technologischen Wandels und der damit einhergehenden raschen Veränderung von Märkten, Wertschöpfungsketten und Geschäftsprozessen kann ein Unternehmen, wenn das Management die Nase nicht im Wind gehabt hat, eines Tages vor der bitteren Einsicht stehen, dass alles, was man bisher gemacht hat, und wie man es gemacht hat, nicht mehr gebraucht wird.

Folgende Handlungsmuster können tatsächlich die Existenz des Unternehmens gefährden:

1. Einfach so weitermachen wie bisher.
2. Das tun, was man immer schon gemacht hat, nur konsequenter.
3. Ausschließlich tun, was man schon kann.
4. Nachmachen, was alle anderen, mit denen man sich vergleicht, auch tun.

Für die Strategie, weiterhin zu tun, was man immer schon gemacht hat, nur konsequenter, gilt der Satz: »Wenn die Richtung nicht stimmt, nützt es nichts, das Tempo zu erhöhen.«

Wenn der Wettbewerb sich völlig neu aufstellt, wenn scheinbar aus dem Nichts neue Wettbewerber mit völlig neuen Fähigkeiten auf den Plan getreten sind, kann es durchaus vernünftig sein, sich neue Optionen zu überlegen, sich allenfalls zu verbünden oder aber sich woanders neu zu etablieren. Nur das tun, was man beherrscht, kann tödlich sein, wenn bisheriges Know-how keine Bedeutung mehr hat. Märkte werden heute buchstäblich umgekrempelt – und verlangen von den Teilnehmern völlig neue Fähigkeiten. Ob im Verlagswesen, im Buchhandel, im Bankgeschäft oder auch generell in der Logistik vieler Unternehmen verschiedenster Branchen: Die Geschäftsprozesse werden durch Internet und E-Commerce kräftig durcheinandergewirbelt. Wer sich hier nicht frühzeitig Kompetenz erwirbt, wird in Zukunft schlechte Karten haben.

Das Verderben lauert aber auch auf der anderen Seite: Wer zu früh alles auf eine Karte setzt, dem können wir den Spruch von Stanislaw Lec als Mahnung ans Herz legen: »Wer seiner Zeit voraus ist, muss oft in sehr unbequemen Unterkünften auf diese warten.«

Eine qualifizierte Strategiebildung setzt deshalb eine offene, ohne ideologische Scheuklappen geführte Diskussion und eine differenzierte Auseinandersetzung sowohl mit dem Umfeld als auch mit dem eigenen Unternehmen voraus. Zwischen den beiden Extremen – *alles auf eine Karte setzen* oder *sich völlig verzetteln* – liegt ein weiter Gestaltungsspielraum. Es geht darum, sich ein differenziertes Bild über die in Zukunft notwendigen Kompetenzen zu verschaffen, schonungslos die aktuelle Ausgangssituation im Hinblick auf alle geschäftsrelevanten Faktoren zur Kenntnis nehmen, um vor diesem doppelten Hintergrund die unternehmerischen Ressourcen – nicht zuletzt die alles entscheidende Managementkapazität – gezielt zu entwickeln und einzusetzen.

Vier Perspektiven bilden das wesentliche Gerüst für die weitere Untersuchung:

1. Blick nach außen: Der Wandel im Umfeld – aktuell und Szenarien

Wir müssen der spontanen Neigung, Nabelschau zu betreiben, widerstehen und uns grundsätzlich fragen, ob ein Unternehmen seine ursprüngliche Aufgabe noch erfüllt, oder ob sich die Möglichkeiten und Anforderungen des Umfeldes geändert haben – und andere »Spieler« im Markt möglicherweise bessere Lösungen gefunden haben oder dabei sind, diese zu finden.

Die entscheidenden Fragen dazu lauten:

- *Was tut sich für uns Bedeutsames im Hinblick auf*
  - *Märkte*
  - *Kundenbedürfnisse und Kundenverhalten*
  - *für unsere Wertschöpfungsketten relevante Technologien*

- *Konkurrenz*
- *politische Rahmenbedingungen*
- *gesellschaftliche Trends?*
- *In welche Richtung könnte das, was sich zur Zeit abspielt oder abzeichnet, mittelfristig führen?*
  - *Was ist absehbar – was nicht?*
  - *Welches sind mögliche Szenarien für heute in drei oder fünf Jahren – und wie müssten wir im Fall jedes einzelnen Szenarios im Hinblick auf Know-how, Produkte, Geschäftsprozesse, Strukturen und Qualifikationen aufgestellt sein, um Erfolg haben zu können?*

2. Kernkompetenzen

Dies ist der nächste Schritt: die kritische und ehrliche Zwischenbilanz. Hier entscheidet sich, ob man schönen Zukunftsfantasien nachjagt und letztlich die Existenz des Unternehmens aufs Spiel setzt – oder ob ein solides Fundament für eine den Realitäten angepasste Zukunftsentwicklung geschaffen wird.

Die Leitfragen:

- *Wird das, was wir gut können, in Zukunft noch gebraucht?*
- *Ist die Art und Weise, wie wir heute unsere Produkte herstellen und vermarkten, unter Gesichtspunkten von Qualität, Zeit und Kosten noch der bestmögliche Weg?*

3. Konsequenzen und Neu-Positionierung

Wenn es um die zukünftige Existenz des Unternehmens geht, darf es keine Tabus geben. Alles muss radikal infrage gestellt werden – nicht nur Produkte, Prozesse und Strukturen, sondern auch bisherige Strategien, ja möglicherweise gar die bisherigen Unternehmensziele. Die Grundfragen von Michael Hammer und James Champy in ihrem Bestseller *How to Reinvent the Corporation* sind nach wie vor äußerst nützlich: *Warum tun wir das, was wir tun, überhaupt?* Und: *Warum tun wir dies genau so, wie wir es tun – gibt es dazu nicht längst bessere Möglichkeiten?* Mit diesen beiden Hebeln können wir es schaffen, vor dem Hintergrund aktueller Bedingungen und Entwicklungen im Umfeld regelmäßig die Firma mental auszulöschen und neu zu erfinden – nicht nur das Kerngeschäft des Unternehmens, sondern auch die Art und Weise, wie es sich aufgestellt hat.

Auf drei Grundfragen gilt es klare Antworten zu finden.

Frage Nr. 1: *Was machen wir auch weiterhin – und von was werden wir in Zukunft die Finger lassen?*
Frage Nr. 2: *Was machen wir selbst – und was lassen wir von anderen für uns machen?*
Frage Nr. 3: *Wie sichern wir uns den Zugriff auf beziehungsweise die Steuerung von Ressourcen, Produkten, Dienstleistungen und Prozessen, die wir nicht mehr unter eigener Regie haben, von denen wir aber abhängig sind?*

Eines der Hauptprobleme der Unternehmensführung ist die Komplexität. Mit ihr sind zwei existenzielle Gefahren verbunden, nämlich (a) Überforderung des Managements und (b) nicht mehr wettbewerbsfähige Kosten. Wenn die Geschäftsidee grundsätzlich geklärt ist, stellen sich deshalb zusätzlich wichtige Fragen:

- *Was ist unser Kerngeschäft, also das, womit wir aufgrund unserer spezifischen Kompetenzen Mehrwert schaffen und unser Geld verdienen können – und das wir deshalb möglichst selbst machen sollten?*
- *Welches sind dagegen flankierende Aktivitäten, die wir mit Blick auf eine schlanke Organisation nicht zwingend selbst machen müssen?*
- *Was machen wir mit Aktivitäten, die nicht zu unserem Kerngeschäft gehören: Liquidieren? Verkaufen? Ausgründen?*
- *Und wenn ausgründen: Als selbstständige Einheit im Unternehmensverbund behalten – oder sich ganz trennen und nach Bedarf am freien Markt einkaufen?*

Auch auf diese Fragen gibt es keine Standard-Antworten. Sorgfältiges Abwägen ist angesagt. Ein wichtiger Grundsatz lautet zwar: Nichts aufgeben, was von strategischer Bedeutung ist, das heißt dessen Aufgabe einen in existenzielle Abhängigkeit von anderen bringen würde. Doch folgte man diesem Grundsatz in allen Fällen, müsste ein großer Teil der Automobilindustrie gleich die Tore schließen. Denn hier wird in Netzwerken gearbeitet. In einem hoch differenzierten Geflecht von eigener Produktion und einer *Just-in-time-* Zulieferindustrie, die teilweise direkt auf dem Produktionsgelände angesiedelt und in den Herstellungsprozess integriert ist, bleibt jeder zwar unternehmerisch selbstständig, ist aber gleichzeitig existenziell von anderen abhängig.

Ein zweiter Grundsatz lautet: Einkaufen nur dann, wenn das Produkt oder die Dienstleistung (a) am freien Markt eine *Commodity* ist, das heißt bei vielen konkurrierenden Anbietern in vergleichbarer Form zu haben ist, und (b) im Notfall auch kurzfristig wieder im eigenen Haus aufgebaut werden könnte. Auch dies ist theoretisch plausibel. Doch wer einmal auch relativ simpel erscheinende Teile aus einem Geschäftsprozess herausgebrochen und in andere Hände übergeben hat – etwa die Abwicklung von Kundenkontakten in ein externes Callcenter –, kann ein Lied davon singen, wie schwierig es ist, später wieder selbst einzusteigen. Allein der Wechsel von einem Anbieter zu einem andern kann unter Umständen mit einem so hohen Kommunikations- und Kostenaufwand verbunden sein, dass man am Schluss lieber auf einer suboptimalen Lösung sitzen bleibt.

Man wird solche Fragen immer situativ beurteilen müssen. Wenn man die Fähigkeit besitzt, mit anderen so zu kooperieren, dass alle sich für den gemeinsamen Erfolg ins Zeug legen, kann man Dinge tun, die andere möglicherweise ins Verderben stürzen würden. Auch dies ist eine wichtige Kompetenz: *mit Partnern funktionsfähige Netzwerke bauen.* Die Praxis zeigt immer wieder: Die einen können es – andere nicht.

Im Endeffekt bleiben wahrscheinlich als nicht ausgründbarer Unternehmenskern lediglich die Geschäftsidee als solche, die Kernelemente der strategischen Planung, insbesondere die Fähigkeit, den Markt und das relevante Umfeld zu beurteilen, stabile Kundenbeziehungen, die Steuerung der Finanzen und – last, but not least, als Träger und Treiber des ganzen Geschehens – ein Kern qualifizierter und gut organisierter Managementkompetenz, die diesen Namen wirklich verdient. Alles andere steht von Fall zu Fall prinzipiell zur Disposition: Finanzverwaltung, Personalwirtschaft, Informationstechnologie, Produktion, Logistik, Materialwirtschaft, ja eventuell sogar Marketing und Vertrieb. In vielen Fällen wird man zum Schluss kommen, diese Funktionen im eigenen Hause schlank zu halten und kontinuierlich zu optimieren. Aber die Alternativen müssen zumindest auf den Prüfstand gelangen. Generell gilt: Alles, was Massengeschäft und Abwicklung ist, kann potenziell ausgelagert werden – aber in allen wichtigen Unternehmensfunktionen muss ein Kern an hoch qualifiziertem Know-how erhalten bleiben. Man kann den größten Teil der Informatik auslagern. Wenn aber im eigenen Haus überhaupt niemand mehr da ist, der sich in der Informatik fundiert auskennt, läuft man Gefahr, ungünstige Verträge mit Dienstleistern abzuschließen. Resultat über kurz oder lang: Die Kosten der Informatik werden de facto nicht gesenkt, sondern dramatisch gesteigert.

Die Kernfrage, die im Grunde immer zu beantworten ist, lautet: Wie kann eine Geschäftsidee – es geht letztendlich immer um Produkte oder Dienstleistungen im Dreieck von Qualität, Zeit und Kosten – mit möglichst geringem Aufwand erfolgreich in die Tat umgesetzt werden, und zwar mit einer *Flexibilität*, die der Turbulenz der Umfeldbedingungen gerecht wird, und mit einem *Ertrag*, der den Erwartungen der Unternehmenseigner entspricht.

4. Die Fähigkeit zur Kooperation

Es gibt höchst erfolgreiche und steinreiche Unternehmer, die gewaltige Menschen- und Materialmassen bewegen, höchst anspruchsvolle Produkte herstellen oder Dienstleistungen erbringen – und keinen einzigen Mitarbeiter beschäftigen. Da gibt es keinen festen Firmensitz, keine Produktionsstätten, keine Verwaltungsgebäude. Das Unternehmen befindet sich im Kopf des Unternehmers. Seine ganze Infrastruktur besteht aus einem Laptop und einem Handy. Alles andere beruht auf einem Netzwerk von Kooperationen mit selbstständigen Firmen, Institutionen und Individuen. Man nennt dies ein virtuelles Unternehmen.

Das zentrale Anliegen eines wirklichen Unternehmers besteht heute nicht mehr darin, ein möglichst großes Unternehmen aufzubauen und zu leiten, noch kommt es zu Trennungsängsten, wenn es darum geht, sich von Dingen zu verabschieden, die andere besser machen können. Es geht ihm letztlich nur um zweierlei: etwas zu bewegen – und möglichst erfolgreich zu sein. Die Ziele und die Strategie sind für ihn entscheidend – bezüglich der Formen, die zu finden sind, ist er höchst beweglich.

Kurz, die Geschäftätigkeit ist in den meisten Branchen so anspruchsvoll geworden, dass kaum jemand mehr darum herumkommt, in der einen oder anderen Form mit anderen zu kooperieren. Das entsprechende Beratungsgeschäft boomt bereits seit längerer Zeit mit beträchtlichen jährlichen Zuwachsraten. Ganze Branchen leben vom Insourcen zentraler Fachfunktionen anderer Unternehmen. Weltumspannende Unternehmensgebilde mit Hunderten oder Tausenden von Betrieben sind auf Franchising-Basis aufgebaut und funktionieren als Netzwerk unzähliger selbstständiger Unternehmen unter dem Dach einer gemeinsamen Marke. Größte Konzerne bilden mit anderen, auf gewissen Gebieten möglicherweise konkurrierenden Unternehmen strategische Allianzen. Joint Ventures, Fusionen und Akquisitionen sind an der Tagesordnung.

Um Einfluss nehmen und Erfolg haben zu können, muss man nicht unbedingt über die disziplinarische oder gesellschaftsrechtliche Hoheit verfügen. Und selbst dort, wo man diese besitzt, bedeutet dies noch lange nicht, dass alles so läuft, wie man es gern hätte. Das haben mittlerweile viele Unternehmen entdeckt und experimentieren mit unterschiedlichsten Formen der Zusammenarbeit. Dies sind manchmal eher lockere, manchmal aber auch engere Verbundsysteme, virtuelle Wertschöpfungsketten, die sich durch folgende Merkmale auszeichnen:

- Sie sind auf Zeit angelegt und können nur durch gegenseitige Übereinkunft verlängert werden.
- Sie betreffen nicht das gesamte Unternehmen, sondern nur bestimmte Teile einer Prozesskette.
- Die Zusammenarbeit wird durch spezielle Verträge und Vereinbarungen geregelt, die sich nur auf das beziehen, was man gemeinsam tun will.
- Die Organisation ist in den Grundzügen derjenigen von Projekten vergleichbar.
- Die unternehmerische Selbstständigkeit der beteiligten Partner wird nicht ohne Not eingeengt.

Solche Allianzen werden nicht unbedingt aus Freude an der Zusammenarbeit mit anderen eingegangen. Man wäre noch so gern gänzlich unabhängig geblieben, wenn dies, bei Lichte betrachtet, erfolgversprechend gewesen wäre. Oder man hätte noch so gern eine entsprechende Firma aufgekauft – wenn eine solche zu finden gewesen wäre; wenn man das erforderliche Kleingeld verfügbar gehabt hätte; oder wenn keine staatliche Regulierungsbehörde etwas dagegen einzuwenden gehabt hätte. Im Übrigen sind Allianzen häufig auch ein Zusammenleben auf Probe, das man, sobald es die Umstände zulassen und die Erfahrung es nahelegt, in einen Zusammenschluss überführen kann.

Zwei Erkenntnisse sind entscheidend. Erstens: Ohne wie auch immer geartete Kooperation mit anderen wird es immer schwieriger, erfolgreich Geschäfte zu betreiben. Zweitens: Wie immer die Form einer Kooperation aussieht – sie ist schwierig. Zwei von drei Fusionen sind fünf Jahre nach dem formellen Closing nicht vollzogen, viele geraten zu Flops und manche bleiben für immer ein Papiertiger. Auf Franchising beruhende Vertriebssysteme schießen wie Pilze aus dem Boden – und verschwinden ebenso schnell wieder von der Bildfläche. Im Bestreben, alles loszuwerden, was nicht explizit »Kerngeschäft« heißt, haben viele Firmen den Zugriff auf strategisch bedeutsame Ressourcen – vorab in den Bereichen Informatik, Personal oder Materialwirtschaft – aus der Hand gegeben. Nun hängen sie auf Gedeih und Verderben am Tropf externer Dienstleister und leiden möglicherweise nicht nur unter gravierenden Qualitätsmängeln, sondern auch unter exorbitanten Kosten. Und Allianzen werden so häufig gewechselt, dass man Monatsberichte braucht, um festzustellen, wer mit wem was vorhat – oder neuerdings nicht mehr vorhat.

Fazit: Die Fähigkeit, funktionsfähige Netzwerke zu bilden und partnerschaftlich mit anderen zu kooperieren, wird zunehmend selbst zu einer Kernkompetenz. Es ist nicht anders als im Privatleben: Das Glück hängt letztlich davon ab, ob man bereit ist, sich auf Partner einzulassen; ob man die richtigen Partner aussucht oder aber auf die falschen hereinfällt; ob qualifizierte Partner bereit sind, sich mit einem einzulassen; und ob man es versteht, die mit dem Alltag einer Partnerschaft unweigerlich verbundenen Schwierigkeiten und Konflikte partnerschaftlich zu bereinigen. Da geht es nicht um die Ergebnisse einer *Due Diligence,* nicht um Buchstaben eines Vertrags und nicht um formale, organisatorische Strukturen und Prozesse. Da geht es im weitesten und besten Sinne um *soziale Kompetenz.* Sie ist heute sowohl im Innen- als auch im Außenverhältnis ein zentraler Erfolgsfaktor der Unternehmensführung.

B. Der Strategieprozess

Es gibt mehrere Gründe, weshalb dem Prozess der Strategiebildung eine besondere Bedeutung zukommt:

- Die strategische Ausrichtung eines Unternehmens gehört, wie eingangs erwähnt, zur Kernaufgabe der Leitung. Die Strategiearbeit muss in einem festen Rhythmus gesichert werden. Sie darf kein plötzliches Ereignis sein, das je nach Zustand der Firma und Stimmungslage der Unternehmensleitung irgendwann einmal aus heiterem Himmel über das Unternehmen hereinbricht oder aber jahrelang überhaupt nicht stattfindet.

- Es muss sorgfältig überlegt werden, welches Wissen man für die Entwicklung der Strategie benötigt und wie die notwendige Wissensbasis geschaffen werden kann. Dazu gilt es, das interne Wissen konsequent zu nutzen, eventuelle Lücken aber durch ergänzendes Know-how entsprechend spezialisierter, externer Berater zu schließen.
- Man sollte sich im Voraus bewusst machen, auf wen man bei der Umsetzung der Strategie angewiesen sein wird. Diese Personenkreise und Funktionen gilt es so zu beteiligen, dass sie später auch bereit und in der Lage sind, bei der Umsetzung entsprechend mitzuarbeiten.
- Die Kommunikation der Strategie wird eine entscheidende Rolle im Hinblick darauf spielen, ob und inwieweit die strategische Ausrichtung das konkrete Handeln der Führungskräfte und Mitarbeiter/-innen durchdringt. Denn nur dann kann sie wirklich wirksam werden. Ein einzelner, wann immer angesetzter Informationschub vermag dies niemals zu leisten. Es ist unabdingbar, parallel zum Prozess der Strategiebildung einen geeigneten Prozess der Kommunikation zu installieren.
- Alle Beteiligten müssen sich darüber im Klaren sein, dass wir in einer äußerst turbulenten Umwelt leben. »Nichts ist so alt wie die Zeitung von gestern« – so heißt es schon länger. Die Verkürzung der Lebenszyklen und Halbwertszeiten gilt auch für unternehmerische Entscheidungen. Wenn die Umwelt instabil und turbulent ist, müssen Ziele und Strategien häufiger überprüft und angepasst werden.
- Schließlich ist die in jedem Unternehmen allgegenwärtige Gruppendynamik zu berücksichtigen, die sich in Form von Machtkämpfen, Profilierungen und Koalitionen für oder gegen eine bestimmte Strategie auswirken kann. Vor diesem Hintergrund muss rechtzeitig überlegt werden, wer die Betroffenen sind und wie diese beteiligt werden können, damit möglichst viel vorwärts gerichtete Energie erzeugt wird – und möglichst keine unberücksichtigten Kräfte sich hinterher in Widerstand und Blockaden manifestieren.

Wen beteiligen – und wie?

Unternehmensleitung

Wenn Strategiebildung eine nicht delegierbare Aufgabe der obersten Heeresleitung ist, muss diese Eignerin und Treiberin dieses Prozesses sein – und verantwortlich für dessen Regie. Oft ist dies auch ganz selbstverständlich der Fall – aber nicht immer. Was tun, wenn gerade an dieser Stelle die blinden Flecke besonders groß sind? Da gibt es etwa Gründer und Pioniere, die nicht von ihren ursprünglichen Ideen abzubringen sind; die ganz tief im operativen Geschäft stecken und sich ganz allgemein schwertun, loszulassen. Dem schumpeterschen Anspruch der schöpferischen Zerstörung kann schwerlich Genüge getan werden, wenn Menschen mit durchaus berechtigtem Stolz auf Leistungen und Erfahrungen aus ganz anderen Zeiten zurückblicken können. Sowohl Chancen als auch Gefahren der Zukunft können dann nicht erkannt werden, weil das dafür notwendige Sensorium nicht vorhanden ist.

Anteilseigner und Mitarbeiter können sich deshalb, wenn es um die Zukunft des Unternehmens geht, nicht immer allein auf die Leitung verlassen. Andere müssen in diesen Prozess einbezogen werden. Nur so ist es möglich sicherzustellen, dass Hindernisse, auch wenn sie mit der Rolle der Unternehmensleitung zusammenhängen, nicht zu einer Blockade des Denkens und, in der Konsequenz, in eine gefährliche Krise führen. Aber von solchen, wenn auch nicht ganz seltenen Sonderfällen einmal abgesehen: Es ist heute gar nicht mehr möglich, alles strategisch relevante Wissen in der Unternehmensleitung konzentriert zu haben. Der Prozess der Strategiebildung muss allein schon deshalb breiter abgestützt werden.

Der Kreis der Führungskräfte

In Deutschland ist der formale Status des so genannten Leitenden Angestellten geschaffen worden. Er ist Führungskräften vorbehalten, die – so die Idee – maßgeblich an der Gestaltung des Unternehmens mitwirken. Also erscheint es folgerichtig, die Leitenden mit Vorrang an der Konzeption der Unternehmensstrategie zu beteiligen. So weit die Theorie. Wie sieht die Praxis aus? Allzu oft werden selbst obere Führungskräfte lediglich mit fertigen Konzepten konfrontiert, die möglichst nur noch abgenickt werden sollen –

ausgenommen vielleicht einzelne Mitglieder einschlägiger Stabsbereiche oder Leiter einer Linienfunktion, an der die Geschäftsleitung nun wirklich nicht vorbeikommt. Es gilt mancherorts schon als fortschrittlich, wenn die Gruppe der oberen Führungskräfte als beratendes Gremium oder »sounding board« häppchenweise mit Zwischenergebnissen konfrontiert wird und Gelegenheit erhält, ein bitte nicht allzu kritisches Feedback abzugeben.

Mit Floskeln wie »Strategieentscheidungen sind keine Plebiszite« wird der Kreis der Beteiligten oft von vornherein unnötig eingeengt, obschon es heute, was Kommunikationstechnik betrifft, durchaus Möglichkeiten gibt, schnelle und präzise Rückkoppelungsschleifen zu installieren. Auch Bedenken, es könnte etwas nach außen dringen, werden oft vorschnell ins Feld geführt. Nicht selten haben nämlich die Spatzen längst von den Dächern gepfiffen, worüber im Allerheiligsten nachgedacht wird. Außerdem ist es im Zweifelsfall immer noch besser, die Führungskräfte erfahren frühzeitig aus dem eigenen Haus, an was gearbeitet wird, als dass sie es *post factum* den öffentlichen Medien entnehmen müssen.

Mitarbeiter

Wer das volle Engagement seiner Mitarbeiter haben und nutzen will, wer nicht nur Funktionäre gebrauchen kann, die Vorgedachtes ausführen, sondern Menschen, die mitdenkend mitgestalten, der muss, sobald klar ist, wo die Reise hingehen soll, eine sorgfältige Information und Kommunikation über die zukünftige Strategie gewährleisten. Dies ist allerdings das Minimum. Es stimmt zwar, dass bei weitem nicht alle Mitarbeiter/-innen daran interessiert sind, bei der Erarbeitung der Gesamtstrategie mitzuwirken. Es stimmt, dass die Formen der Beteiligung stufengerecht gestaltet werden müssen. Es stimmt aber auch, dass möglichst alle die Strategie des Unternehmens verstehen und überall, wo sie direkt von der Umsetzung betroffen sind, beteiligt werden müssen. Und wenn das Management monatelang um eine Strategie gerungen hat, kann nicht erwartet werden, dass die Mitarbeiter/-innen mit einer dürren, womöglich schriftlichen Information ins Boot geholt werden können. In einer Zeit, in welcher das Überleben des Unternehmens immer mehr von einem erfolgreichen Wissensmanagement abhängt, und die technischen Voraussetzungen dafür vorhanden sind, spricht nichts gegen direktere und lebendigere Formen der Beteiligung auch der nicht leitenden Mitarbeiter.

Betriebsrat

Wo immer der Betriebsrat seiner vorgesehenen Rolle gerecht wird und seiner Beratungsfunktion nachzukommen gedenkt, ist es wichtig, ihn rechtzeitig auch in strategische Überlegungen mit einzubeziehen. Sicher gibt es auch Unternehmen, in denen der Betriebsrat jede Gelegenheit nutzt, um gegen das Management anzutreten; ausschließlich und einseitig die unmittelbaren Interessen der Belegschaft, der Gewerkschaft oder auch des eigenen Gremiums vertritt; und sich wenig Gedanken macht um die längerfristige Zukunft des Unternehmens. Doch auch hier lohnt es sich, die Mitbestimmungsorgane frühzeitig einzubeziehen. So problematisch dies in der konkreten Situation manchmal erscheinen mag – es ist fast immer die beste Strategie, den Stier bei den Hörnern zu packen. Zumindest erhält man rechtzeitig ein Gespür dafür, was ins Haus steht. Entscheidend ist, sich das Gesetz des Handelns nicht aufzwingen zu lassen. Es ist wie im Sport: Wer sich das Spiel des anderen aufdrängen lässt, hat schon verloren.

Stäbe

Wenn es eine Fachfunktion Unternehmensentwicklung gibt, die nicht nur Planzahlen zusammenstellen, sondern strategisch arbeiten kann, hat sie eine prominente Rolle bei der Gestaltung des Strategieprozesses. Aber auch sonst können Stäbe wichtige Zuarbeit leisten bei der Beschaffung von Daten und bei der Anfertigung von Analysen. Qualität ist allerdings nur unter zwei Voraussetzungen gewährleistet. Erstens, die Stäbe dürfen noch nicht verlernt haben, unabhängig zu denken. Häufiger als man denkt, haben Stabsmitarbeiter ihre geistige Eigenständigkeit verloren. Sie denken und handeln – oft ohne es selbst zu merken – nur noch in vorauseilender Anpassung an vermutete Meinungen und Erwartungen ihrer Chefs. Sie kämen gar nicht erst auf die Idee, ihre Vorgesetzten zu zwingen, sich mit neuen Gedanken auseinanderzusetzen und diese gegebenenfalls kontrovers zu diskutieren. Zweitens, die Stäbe dürfen den Kontakt zum Markt sowie zur Basis der Mitarbeiter, das heißt letztlich zur Realität und zur Praxis des Unternehmens, nicht verloren haben.

Externe Berater

Die Funktion von Beratern ist grundsätzlich derjenigen interner Stäbe vergleichbar. Allerdings können externe Berater spezielles methodisches Knowhow und Erfahrungen aus anderen Unternehmungen einbringen. Sie sind in der Regel leichter in der Lage, fundierte Benchmark-Studien durchzuführen. Keiner internen Partei verpflichtet, sind sie in manchen Fällen auch wertvolle, neutrale Makler zwischen den unterschiedlichen Interessengruppen. Schön wäre es, sie könnten auch gut moderieren, und wenn darüber hinaus die entsprechende Praxiserfahrung vorhanden ist, könnten sie den gesamten Prozess methodisch begleiten oder gar steuern.

Da sie in aller Regel direkt von der Unternehmensleitung beauftragt sind, ist es nicht verwunderlich, dass manchmal auch bei Beratern das unabhängige Denken verloren geht. Aufgrund überlegener Methodenkompetenz können Berater aber auch zu grauen Eminenzen werden und eine gefährliche Macht erlangen. Vor einer Auftragserteilung sollte die Unternehmensleitung deshalb sehr sorgfältig überlegen: *Was können wir selbst? Welches zusätzliche Know-how müssen wir von außen beschaffen? Welche soll die Rolle der Berater sein? Und: Welche ist unsere Rolle als Unternehmensleitung?* Generell gilt: Berater sollten wie interne Stäbe als hilfreiche Geister beratend und unterstützend beigezogen werden. Wenn dagegen die Regie – sei es *de iure*, sei es *de facto* – in Hände übergeht, die letztlich keine unmittelbare Verantwortung für den Erfolg des Unternehmens zu tragen haben, ist Gefahr im Verzug.

Aufsichtsgremien

Ein Aufsichtsgremium, das seiner Funktion und seiner Verantwortung gerecht werden will, kann es nicht zulassen, zu spät oder gar nicht einbezogen zu werden. Im Gegensatz zu den Führungskräften hat es grundsätzlich auch die Sanktionsmacht, dies durchzusetzen. Allerdings: Dies bedeutet Arbeit. Außerdem stellt es hohe Anforderungen nicht nur an die strategische Kompetenz der Funktionsträger, sondern auch an deren Kenntnis des Unternehmens sowie seines Umfelds. Kurzum, das in Aufsichtsgremien erwirtschaftete Geld will zunehmend verdient werden. Bei nachweislich fehlender oder ungenügender Aufsicht droht Regress. Professionelle Shareholder sind des Laisser-faire hoch bezahlter Honoratioren müde und drängen auf bessere Besetzungsqualität. So ist es verständlich, dass zunehmend auch Kandidaten für Aufsichtsgremien durch Headhunter gesucht und begutachtet werden.

Strategiegruppe

Angesichts der verschiedenen, am Prozess der Strategiebildung zu beteiligenden Gruppen sollte die Steuerung nicht in den Händen einer einzigen Person oder Partei liegen – auch nicht ausschließlich in den Händen der Unternehmensleitung. Die Unternehmensleitung ist zwar dafür verantwortlich, dass dieser Prozess in qualifizierter Form stattfindet, und sie muss die letztendlich notwendigen strategischen Weichen stellen. Sie muss aber auch sicherstellen, dass alle Betroffenen zur richtigen Zeit und in geeigneter Form beteiligt werden, um ihr Know-how und ihre Ideen einzubringen – und diese Aufgabe ist mit einem beträchtlichen Arbeitsaufwand verbunden.

Eine bewährte Vorgehensweise besteht darin, dass die Unternehmensleitung eine strategische Arbeitsgruppe bildet, in der die wichtigsten Funktionen vertreten sind. Diese Gruppe, die als Kern- und Prozess-Steuerungsgruppe möglichst klein gehalten werden sollte, hat nicht die Aufgabe, die Strategie zu entwickeln, sondern

- ein Vorgehenskonzept zu erarbeiten, wie die Einbeziehung der verschiedenen Betroffenen – wer, wann, auf welche Weise – am besten gewährleistet werden kann;
- den Gesamtprozess der Strategieerstellung zu managen;
- die Umsetzung zu überwachen;
- den begleitenden Prozess der Strategiekommunikation zu koordinieren und zu steuern.

Die Entscheidungs- und Umsetzungsverantwortung dagegen liegt nicht in dieser Gruppe, sondern in der Linie.

Phasen des Vorgehens

1. Die richtige Einstimmung

Wir haben an verschiedenen Stellen dieses Buches darauf hingewiesen, wie wichtig es ist, als Vorstufe jedes Veränderungsprozesses das Bewusstsein dafür zu schaffen, dass und warum es notwendig ist, sich überhaupt mit dem zur Diskussion stehenden Thema zu befassen. Für das Thema Strategie gilt dies in besonderem Maße.

Bevor die Gruppe mit ihrer eigentlichen Aufgabe beginnt, empfehlen wir ihr, sich durch offene Diskussion dem Thema anzunähern, die im Kreis vorhandenen Ideen und Vorstellungen *(mental models)* offenzulegen und sich darüber auszutauschen. Je nach Vorerfahrung bedarf es als Vorbereitung einiger Inputs geeigneter Stellen im Unternehmen, aus denen sich möglicherweise bereits recht konkrete Leitfragen ergeben. Es ist fast immer zu empfehlen, sich im Rahmen eines Startworkshops außer Haus einzustimmen. Sitzungen im Hause bieten in der Regel nicht die für diesen Schritt erforderliche ungestörte Atmosphäre.

Der Zeitbedarf hängt davon ab, wie komplex die Situation des Unternehmens sich darstellt, wie groß die Gruppe ist, wie gut die Mitglieder einander schon kennen und wie viel Erfahrung in der Auseinandersetzung mit strategischen Fragen vorhanden ist. Entscheidend ist, dass die Gruppe, bevor sie den Prozess der Strategieüberprüfung konkret plant, sich selbst in eine Stimmung versetzt, die der aktuellen Lage des Unternehmens, dem Ernst des Themas sowie der voraussichtlichen Radikalität notwendiger Veränderungen entspricht. Ein mögliches Vorgehen ist unter *Instrumente und Verfahren* (Seite 211) beschrieben.

2. Drehbuch des Strategieprozesses

In einem Drehbuch wird festgelegt, in welchen Phasen die Strategiearbeit ablaufen wird, wer wann in welcher Form zu welchen Themen einzubeziehen sein wird und wie die Beteiligten regelmäßig über den jeweils aktuellen Stand auf dem Laufenden gehalten werden.

Weiterhin müssen strategische Entscheidungen und Festlegungen im Hinblick auf die Ressourcenallokation aufeinander abgestimmt werden.

Schließlich ist sicherzustellen, dass die getroffenen strategischen Entscheidungen einer regelmäßigen Überprüfung unterzogen werden. Dies ist kein Plädoyer dafür, Beschlüsse laufend immer wieder infrage zu stellen. Aber wo Bewegung und Wandel im Umfeld die Norm sind, kann die Unveränderbarkeit der strategischen Ausrichtung in die Erstarrung führen. Ob und wann tatsächlich Korrekturen erforderlich sind, wird sich jeweils situativ herausstellen. Entscheidend ist, dass eine regelmäßige und ideologiefreie Überprüfung stattfindet – und diese muss bereits im Drehbuch vorgesehen werden.

3. Sammeln von Stellungnahmen – Erarbeiten von Szenarien – Einholen von Feedback

Die neuen elektronischen Medien ermöglichen heute schnelle und kostengünstige Interaktion und Kommunikation, gerade auch dann, wenn viele Menschen zu beteiligen und größere Distanzen zu überwinden sind. Der Sitzungsaufwand für Abstimmungen im operativen Bereich wird drastisch reduziert. Nicht selten kann er auf null gefahren werden. Gleichzeitig hat sich aber im Hinblick auf Meinungsbildung und Entscheidungsfindung in konzeptionellen, politischen und strategischen Fragen der Bedarf an direkter Kommunikation deutlich erhöht. Hier geht es nicht um kurze Sitzungen, sondern um intensive Workshops. Dies ist ein genereller Befund. Die Begegnungsindustrie boomt.

Dies prägt auch die Gestaltung von Strategieprozessen. Die Datenbeschaffung, die Information über offene Fragen und Zwischenresultate, das Einholen von Stellungnahmen und Feedback wird gegenüber früher erheblich erleichtert. Es ist möglich, wesentlich mehr Menschen mit geringerem Aufwand stufengerecht zu beteiligen. Meinungsbildung und Entscheidungsfindung in den Schlüsselgremien dagegen erfordern direkte, persönliche Auseinandersetzung. Da muss diskutiert und auch gestritten werden können. Und wenn die Gruppe mehr als acht oder zehn Personen umfasst, müssen spezifische Arbeits- und Kommunikationsformen angewendet werden, damit die Tagung nicht zu einem Bandwurm von Einzelreferaten gerät – nach dem Muster einer UNO-Vollversammlung oder einer nationalen Parlamentssitzung.

Der Bedarf an Workshops und Dialogveranstaltungen ist phasenweise hoch. Eine sorgfältige, vorausschauende Planung ist notwendig, allein schon, um Tagungsorte rechtzeitig bereitzustellen und den Teilnehmern die Reservierung der Termine zu ermöglichen.

4. Entscheidungsvorlage für die Unternehmensleitung

Die Arbeit der Strategiegruppe mündet zunächst in eine Entscheidungsvorlage. Diese muss Auskunft geben über

- alle geprüften strategischen Optionen;
- die Vor- und Nachteile der einzelnen Varianten;
- das Argumentarium für die Wahl der empfohlenen Marschrichtung;
- die Schritte, in denen die zukünftige Strategie umzusetzen sein wird;
- die Entscheidungen, die jetzt getroffen werden müssen.

Die Entscheidung und die konkrete Umsetzung der Beschlüsse sind Aufgaben der Linie beziehungsweise der von den Entscheidungen betroffenen Linienfunktionen.

5. Strategieumsetzung

Jede neue oder auch nur modifizierte strategische Ausrichtung hat Konsequenzen – zumindest auf Strukturen und Prozesse sowie auf die Verteilung finanzieller und personeller Ressourcen, und damit auf einen gewissen Teil der Führungskräfte und der Mitarbeiter/-innen. Unter Umständen geht es aber um Veränderungen im Unternehmen, bei denen kein Auge trocken bleibt: völlig neue Aufbauorganisation, neue Qualifikationen, neue Kooperationslinien mit anderen Unternehmen, neue und andere Führungs- beziehungsweise Unternehmenskultur. Wenn man den Prozess der Strategiebildung noch als Trockenübung bezeichnen konnte – spätestens bei der Umsetzung handelt es sich deshalb um *Change Management*, und damit um eine Fahrt in bewegten Wassern.

Aufgabe der Linie

Gefordert sind jetzt die operativen Organisationseinheiten – und hier zeigt sich, wer mit wie viel Überzeugung und Überzeugungskraft hinter den Entscheidungen des Unternehmens steht. Die Unternehmensleitung, die vorher im stillen Kämmerlein gearbeitet und sich in Geheimniskrämerei geübt hat, wird jetzt vom Schicksal eingeholt. Es bleibt ihr nur noch der Sanktionsdruck – die Angst, den Job zu verlieren –, der die Chefs im operativen Bereich antreibt, gute Miene zum bösen Spiel zu machen und ungeliebte Entscheidungen des Managements umsetzen zu helfen.

Projekte und Vernetzungen

Das Tagesgeschäft wird durch Projektarbeit überlagert. Der Arbeitsdruck steigt enorm. Dazu kommt: Viele der vorgesehenen Veränderungen – neue Geschäftsfelder, neue Geschäftsprozesse, neue Aufgaben- und Ressourcenverteilung – können nur mit funktionsübergreifenden Projekten verwirklicht werden. Organisationseinheiten werden ausgelagert, auseinandergerissen oder zusammengelegt. Dies bedeutet für Führungskräfte und Mitarbeiter: neue Aufgaben, neue Kollegen, neue Vorgesetzte und Berichtswege.

Widerstand und Rückfallgefahr

Auch wenn offen kommuniziert wird: Während der Strategiebildung bleiben viele Mitarbeiter/-innen völlig desinteressiert. Erst wenn Entscheidungen fallen, werden beabsichtigte Veränderungen zur Kenntnis genommen. So kommt es, dass sich Widerstände und Vermeidungstendenzen oft erst dann manifestieren, wenn es um die Umsetzung geht – als wäre alles wie ein Blitz aus heiterem Himmel gekommen. Die Brisanz dieser Phase ist nicht zu unterschätzen. Die Zeit der Diskussionen, der Argumentationen und Gegenargumentationen ist nämlich vorbei. Es geht jetzt darum, zu handeln – und möglichst zügig vom Zustand A in den Zustand B zu kommen. Dies bedeutet engste Kooperation mit denjenigen, die konstruktiv vorwärts gehen wollen. Beharrenden Kräften dagegen muss klar und konsequent entgegengetreten werden.

Gute Technik – gute Kondition

Professionelle Steuerung der Projekte ist das eine – der Atem über den Tag hinaus das andere. Es ist wie im Sport. Ob im Fußball oder im Langlauf: Chancen hat nur, wer erstens über eine gute Technik verfügt und zweitens seine Kräfte gut einteilt.

Nicht der fulminante Start entscheidet über den Erfolg, sondern die Ökonomie der Kräfte über die ganze Zeitstrecke. Zielorientierung und Unbeirrbarkeit sind beim Management von Veränderungen entscheidende Erfolgsfaktoren – und jede Strategie ist nur so gut, wie sie umgesetzt wird.

6. Strategiecontrolling

Strategieentwicklung bedeutet in regelmäßig wiederkehrenden Phasen eine besonders intensive Beschäftigung mit der Zukunft des Unternehmens. Davon abgesehen aber handelt es sich um eine Daueraufgabe der Unternehmensleitung sowie, falls vorhanden, der Fachfunktion Unternehmensentwicklung oder aber einer interdisziplinären Strategiegruppe.

Zwischen den einzelnen, intensiveren Strategiebildungszyklen geht es um dreierlei. Zum einen muss die konsequente Umsetzung überwacht werden. Ein sorgfältiges *Monitoring* ist gefragt. Zum Zweiten: Keine Strategie beruht auf hieb- und stichfest gesicherten Annahmen. Außerdem verändern sich die Märkte immer schneller – und zwar nach Gesetzen des Chaos. Die getroffenen strategischen Entscheidungen müssen deshalb, unabhängig vom Bemühen um konsequente Umsetzung, regelmäßig auf Funktionalität und Erfolgsaussichten überprüft werden – und manchmal zeigt sich früher als erwartet, dass an der einen oder anderen Stelle nachjustiert werden muss. Das ist aber nicht alles. Der Erfolg in der Zukunft ist entscheidend davon abhängig, dass das Management die Nase im Wind hat. Dass neue Trends, neue Technologien, neue Produkt- oder Dienstleistungsmöglichkeiten sowie nicht zuletzt auch neue potenzielle Partner aufgespürt und evaluiert werden. Im harten Zeitwettbewerb von heute genügt ein gutes Urteilsvermögen allein nicht mehr. Der Schnellere ist der Klügere, und Erfolg hat oft nur einer – nämlich derjenige, der zuerst zur Stelle war.

Stephan Fröhlich, seinerzeit Leiter der Unternehmensentwicklung der Swissair, hat den Begriff »Management by Fledermaus« geprägt: permanentes Absuchen des Umfelds und Aufspüren möglicher Chancen und Potenziale – um blitzartig zupacken zu können, wenn sich irgendwo etwas zeigt, das im Sinne der definierten Strategie zum quantitativen oder qualitativen Wachstum des Unternehmens beitragen kann. Dies ist ein unverzichtbarer Teil der Daueraufgabe Strategieentwicklung: Die Outlook-, Sensor- und Antennenfunktion, das Radar, ohne welches die Strategiearbeit eines Unternehmens fast unweigerlich früher oder später zu einem operativen Planungsritual verkommt.

Ein noch so pfiffiges einzelnes Kerlchen in einer zentralen Fachfunktion Unternehmensentwicklung, welches laufend nach interessanten Entwicklungen, Ideen und Objekten Ausschau hält, genügt allerdings nicht, um die Zukunft des Unternehmens zu sichern. Dazu gehört eine Unternehmensleitung, die sensibel ist für neue Entwicklungen; Führungskräfte und Mitarbeiter, die über ihre Nase hinaus denken; und eine Unternehmenskultur, in der Veränderung nicht negativ besetzt ist, sondern als natürliches Element einer dynamischen und zukunftsorientierten Entwicklung des Unternehmens betrachtet wird.

C. Instrumente und Verfahren

In strategischen Diskussionen kann es heiß zu- und hergehen. Es wird gestritten und gekämpft. Die eigenen Ideen und Vorstellungen werden wie auf einem Jahrmarkt angepriesen. Die als einzig richtig erachtete Ausrichtung wird schöngeredet, gegnerische werden schlechtgemacht.

Engagierte Auseinandersetzungen können und sollen sein. Aber ein kluger Regisseur wird sorgfältig darauf achten, dass Blitz und Donner, Schlachtgetümmel und Pulverdampf nicht die Sicht trüben und die Sinne vernebeln. Er wird vor allem auch darauf achten, dass die Kunst der Rhetorik nicht mangelnde inhaltliche Qualität verdeckt; dass fehlende Überzeugungskunst nicht dazu führt, dass gute Ideen und richtige Einschätzungen auf der Strecke bleiben oder gar nicht erst auf den Tisch kommen. Zweierlei ist in der Praxis kaum ganz zu vermeiden, muss aber immer wieder ausbalanciert werden: Erstens: ellenlange Vorlagen mit unendlich vielen, beeindruckenden Zahlen gespickt – bei denen häufig der Spruch zutrifft: »Die Exaktheit der Daten entspricht in keinster Weise ihrer Relevanz.« Zweitens: hitzige Wortgefechte, bei denen immer die gleichen Matadoren und Platzhirsche die Szene beherrschen. Sowohl Zahlenberge als auch Redeschlachten können die klare Sicht auf die wichtigen Dinge vernebeln.

Nachfolgend eine Auswahl bewährter Instrumente und Verfahren, um

– bei diffuser Ausgangslage einen Einstieg zu finden,
– alle Teammitglieder zu aktivieren,

- Themen strukturiert anzugehen,
- veranschaulichende Übersichten zu schaffen,
- verdeckte Perspektiven auszuleuchten

und dadurch die Ruhe und die Gelassenheit in das Geschehen zu bringen, die für eine ausgewogene Diskussion notwendig sind.

Retropolation

Die Wortschöpfung »Retropolation« bedeutet so viel wie *zurückblickende Vorausschau* (im Gegensatz zu Extrapolation) und ist ein ursprünglich in Harvard entwickeltes Verfahren zur Einleitung eines Strategieprozesses. Es eignet sich vor allem als Initialzündung, insbesondere auch dann, wenn die Beteiligten noch wenig Erfahrung mit Strategiearbeit haben. Es hilft den Beteiligten, den Zugang zu vielfältig vernetzten Zusammenhängen sowie zu längerfristigen, strategischen Überlegungen zu finden.

Es wird ein Workshop des Kernteams (Unternehmensleitung oder Strategiegruppe) von ein bis zwei Tagen angesetzt. Die Teilnehmer haben den Auftrag, sich nach folgendem Muster individuell vorzubereiten:

»Ich befinde mich im Jahr x (ca. fünf Jahre voraus) und blicke zurück auf unsere Strategieklausur am y (aktuelles Datum des Treffens). Ich beschreibe die damalige Situation, den Weg, den das Unternehmen seither genommen hat, sowie seinen heutigen Zustand:

- *die damalige Ausgangslage*
- *die Fragen, die wir uns gestellt haben*
- *die Alternativen, die geprüft wurden*
- *die Schlüsse zu denen wir gekommen sind*
- *die konkreten Schritte der Umsetzung*
- *die Schwierigkeiten, denen wir begegnet sind, und wie wir sie überwunden haben*
- *die Rolle, welche die Unternehmensleitung in diesem Prozess gespielt hat*
- *wie wir heute strategisch positioniert und organisatorisch aufgestellt sind*
- *wie wir den Markt bearbeiten*
- *womit wir unser Geld verdienen*
- *welches aus heutiger Sicht die entscheidenden Erfolgsfaktoren sind*

Ein Bekannter hat mich kürzlich gebeten, in zwei Sätzen (a) unser damaliges und (b) unser heutiges Unternehmen zu charakterisieren. Ich gebe hier wieder, was ich ihm gesagt habe: (a) … … …, (b) … … …«

Die Instruktion lautet:

Bitte bringen Sie die Ergebnisse Ihrer Arbeit auf zwei bis max. drei A4-Seiten zu Papier (Prosa – nicht Stichworte!). Bereiten Sie sich darauf vor, diese Inhalte (und nur diese Inhalte) dem Team in der Klausur in max. zehn Minuten vorzutragen. Sie können Ihren Vortrag mit Visualisierungen auf Flipchart oder Metaplankarten, die aber keine Texte enthalten dürfen, unterstützen (keine Beamer- oder Overheadprojektion). Bitte lesen Sie am Schluss Ihres Vortrags die beiden Sätze zur Charakterisierung des Unternehmens langsam und im Wortlaut vor. Bringen Sie bitte für alle Teammitglieder eine Kopie Ihres Textes mit.

Die Aufgabe ist anspruchsvoller, als Sie annehmen. Sie werden dies feststellen, sobald Sie begonnen haben. Wenn Sie einen qualifizierten Input abliefern wollen, müssen Sie mit einem Aufwand von ungefähr einem Arbeitstag rechnen. Verteilen Sie Ihre Vorbereitung auf mehrere Sequenzen und planen Sie die entsprechenden Zeitfenster rechtzeitig ein.

Programm des Workshops:

Phase 1: **Vorträge aller Teammitglieder reihum**
→ *Regel: Zuhören, nachfragen – aber nicht diskutieren!*

Phase 2: **Sammeln und Festhalten der Gemeinsamkeiten**
→ *Die Konsenspunkte bilden eine erste, gemeinsame Ausgangsbasis.*

Phase 3: **Sammeln und Festhalten der offenen Fragen und Dissenspunkte**
→ *Wichtiger Teil des Rohmaterials für die weitere Arbeit!*

Phase 4: **Prioritäten**
→ *Herausarbeiten der Kernfragen*

Phase 5: **Entwurf eines Vorgehenskonzepts**
→ *Architektur des Strategieprozesses*

Phase 6: **Planung der nächsten Schritte**
→ *Wer tut was bis wann?*

Vorteile des Verfahrens:

- Alle sind gezwungen, sich individuell und sorgfältig Gedanken zu machen.
- Alle müssen sich von Anfang an mit der Komplexität der Materie befassen.
- Der Zwang zur Beschreibung der Umsetzung verhindert das Abdriften in völlig unrealistische Wunschfantasien.
- Alle müssen einen bestimmten Weg in die Zukunft konkretisieren – niemand kann nach dem Motto »Zukunft unbekannt« einfach alles offen lassen.
- Alle haben Gelegenheit, sich den anderen ungestört mitzuteilen.
- Die unterschiedlichen Inputs eröffnen sofort ein breites Feld offener Fragen.
- Die Ideen jedes Teammitglieds regen die anderen zu weiteren Überlegungen an.
- Es ergibt sich auf organische Art und Weise eine Basis für die weitere Arbeit.
- Die Arbeit im Rahmen dieser Übung macht Spaß – der Start in die Strategiearbeit erfolgt in einer Stimmungslage positiven Denkens.

Einschränkungen:

- Das Verfahren eignet sich nicht für Routine-Checks; es sollte nur eingesetzt werden, wenn eine grundsätzliche Überprüfung der strategischen Ausrichtung ansteht.
- Das Verfahren eignet sich nicht für Gruppen, die kleiner sind als fünf Personen (ungenügende Vielfalt der Inputs) oder größer als max. zehn Personen (ermüdende Abfolge von Vorträgen zu Beginn).
- Der Workshop darf nicht kurzfristig eingeplant werden; der im Hinblick auf eine qualifizierte Vorbereitung notwendige zeitliche Vorlauf beträgt mehrere Wochen.

Landschaft der Einflussfaktoren

Ziel: Gemeinsames Erstellen eines Schaubilds der wichtigsten zu berücksichtigenden externen und internen Einflussfaktoren.

Abbildung 12: Landschaft der externen und internen Einflussfaktoren

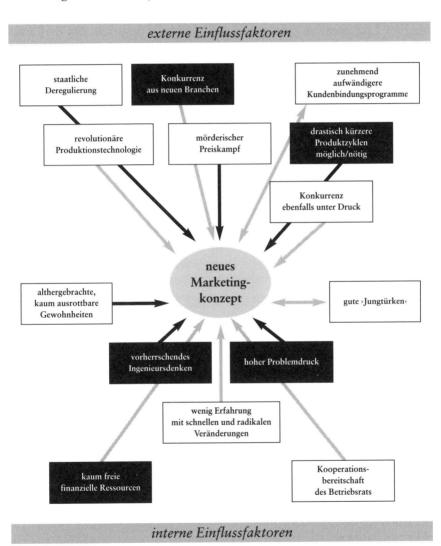

Strategieentwicklung

Landschaft der externen Einflussfaktoren: Zunächst werden die Ideen aller Teilnehmer, ohne sie sofort zu bewerten, gesammelt. In kleinen Gruppen macht das jeder für sich, in größeren Gruppen geschieht dies in kleineren Untergruppen. In einer zweiten Phase werden diese Ideen in Form eines Brainstormings zusammengetragen, ergänzt, geordnet und verdichtet – am besten für alle sichtbar und nachvollziehbar auf Flipchart oder Metaplankarten. In einer dritten Phase werden die einzelnen Faktoren oder Faktorenbündel bewertet – zum Beispiel im Hinblick auf die vermutliche Bedeutung des Einflussfaktors (unterstreichen) und/oder die Stärke des Einflusses (Stärke der Pfeile) sowie eindeutige gegenseitige Vernetzungen (zweiseitige Pfeile).

Danach wird in gleicher Art und Weise eine *Landschaft der internen Einflussfaktoren* erstellt.

Die beiden Bilder können anschließend in einer Gesamtübersicht über die wichtigsten externen und internen Einflussfaktoren sowie über wichtige Vernetzungen dargestellt werden.

Bild ohne Worte

Statt in der gewohnten Form mit Worten zu kommunizieren, die immer nur unseren Verstand anregen, können Verfahren gewählt werden, die auch die vorhandenen Emotionen, wie zum Beispiel Angst, Unsicherheit, Energie, Wut, Trauer, Resignation, Kampfeslust, Pioniergeist oder Innovationsfreude, zum Ausdruck bringen – nach dem Motto: »Ein Bild sagt mehr als tausend Worte.« Im Kapitel *Die Kunst der Gestaltung von Workshops* (Seite 400) haben wir beschrieben, worauf speziell geachtet werden muss, und wie man mit diesem Bild konkret arbeiten kann.

Der Eisberg – oder: Worüber nicht gesprochen wird ...

In geschäftlichen Besprechungen wird gemeinhin viel geredet, aber nicht alles gesagt. Es gibt bei nahezu allen komplexen und kontroversen Themen eine Unterwelt von Motiven, Absichten, Wünschen und Befindlichkeiten, die verdeckt bleiben und, wenn überhaupt, unter falscher Flagge und bis zur Unkenntlichkeit versachlicht in die Diskussion einfließen. Es kann sehr erhellend, wenn auch möglicherweise ernüchternd sein, diese unter Gesichtspunkten der Prozessdynamik entscheidend wichtigen Aspekte aufs Tapet zu bringen. Nicht immer ist dies allerdings erwünscht, denn die Veröffentlichung dieser nicht ganz von ungefähr in der Versenkung befindlichen Zusammenhänge kann so manche sorgfältig gestrickte, machiavellistische Machtstrategie in Gefahr bringen.

Abbildung 13: Eisberg unterschwelliger Interessen und Motive

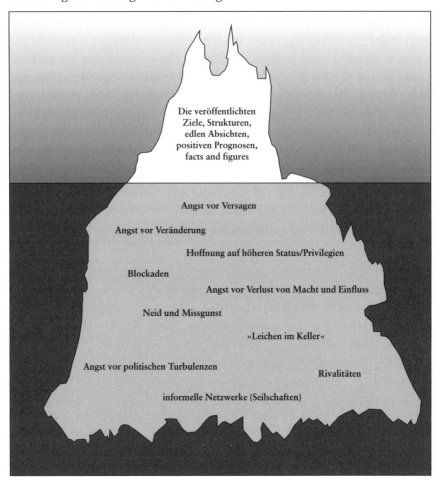

Portfolio

Diskussionen verlaufen häufig chaotisch. Vorgebrachte Argumente werden widerlegt, verschärft, pauschal abgewertet, bekämpft oder auch – bewusst oder unabsichtlich – ganz einfach überhört. Die Diskussion wird hitzig – und irgendwann einmal kommt das Karussell: Die Argumente wiederholen sich. Dafür gibt es zwar plausible Gründe: Man weiß ja nicht, ist man nicht gehört, nicht verstanden oder auch geflissentlich nicht zur Kenntnis genommen worden. Aber die Diskussion dreht sich im Kreis. In dieser Situation kann es im Hinblick auf eine qualifizierte Meinungsbildung hilfreich sein, die Gedanken der Gesprächspartner und den gemeinsamen Stand der Auseinandersetzung für alle transparent zu machen.

Ein besonders geeignetes Instrument hierfür ist die Erstellung eines Portfolios (siehe Abbildung 14). Dieses kann die unterschiedlichsten Inhalte betreffen: Geschäftstätigkeiten, Produkte, Dienstleistungen, die im Unternehmen vorhandene Management- und Führungskompetenz, Entwicklungspotenziale, Schlüsselkunden, Konkurrenten – was immer eben im Moment zur Diskussion steht. Die einzelnen Inhalte können im Hinblick auf zwei völlig unterschiedliche, gemeinsam definierte Kriterien bewertet und in einem entsprechenden Koordinatensystem im Rahmen einer Matrix platziert werden.

Kandidaten, die im Quadranten C positioniert würden – und dort noch möglichst im rechten oberen Eck –, hätten die besten Chancen, wer bei B im linken unteren Eck landen würde, die schlechtesten.

Es gibt auch Ansätze, mithilfe entsprechender EDV-Programme sowie eines Beamers den Gehalt von Diskussionen in Form mehrdimensionaler Matrizen simultan in die Runde einzublenden. So faszinierend derartige Bilder rein optisch erscheinen mögen, farbig, dreidimensional und auch noch in Bewegung – sie werden immer ziemlich rasch so komplex, dass die Diskussion erstirbt, weil alle damit beschäftigt sind, die Visualisierung zu interpretieren.

Abbildung 14: Beispiel: Portfolio Managementkompetenz

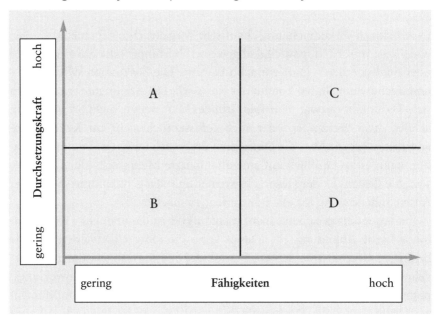

Entscheidungsvorlage – Alternativen im Vergleich

Am Ende ist es wichtig, dem Entscheidungsgremium einen groben Überblick zu ermöglichen, unter welchen Alternativen gewählt werden kann – und aufgrund welcher Hauptargumente. Auch hier gilt allerdings meist der Grundsatz: *Weniger ist mehr*. Komplexe Synopsen helfen nicht, den Blick für das Wesentliche zu schärfen. Das Wichtigste sollte in Stichworten erscheinen, Details und differenzierte Argumentarien befinden sich in Unterlagen, die wünschbarerweise vorher studiert worden sind.

Abbildung 15: Beispiel: Entscheidungsvorlage für Geschäftsfeld XY – Alternativen im Vergleich

Alternativen	A	B	C	D
strategische Ausrichtung	verkaufen	in Eigenregie weiterbetreiben, begrenzt ausbauen	so weitermachen wie bisher	sich mit einem starken Partner verbünden
Aufwand und Folgekosten	keine	relativ hoch	kaum kalkulierbar	begrenzt, weil mit dem Partner geteilt
Bewertung	+/–	+	–	++

D. Strategiekommunikation

Viele Unternehmen haben überhaupt keine klare Strategie, sondern operieren ereignisgesteuert. Hochstimmungen und Krisen ergeben sich je nach aktuellen Entwicklungen. Die Kommunikation ins Haus, wenn es sie denn gibt, wirkt entsprechend zufällig und unberechenbar. Andere Unternehmen haben durchaus eine definierte Unternehmensstrategie, sind aber äußerst zurückhaltend, was die Kommunikation betrifft. Das strategische Konzept ist lediglich der Leitung sowie einigen Auserwählten bekannt. Wieder andere Firmen haben zwar eine klare Ausrichtung, kommunizieren diese auch mithilfe der üblichen Instrumente, als da sind: schriftliche Leitlinien, Leitbilder, Unternehmensgrundsätze. Die Praxis ist aber weit entfernt vom deklarierten Anspruch. Die Dokumente werden teilweise gar nicht gelesen, teilweise nicht verstanden, teilweise nicht als relevant betrachtet. Bezüglich der Zukunft des Unternehmens herrscht Desorientierung.

Im Hinblick auf eine wirksame Kommunikation im Zusammenhang mit der strategischen Ausrichtung des Unternehmens sind vor allem vier Punkte zu beachten:

1. Die richtige Einstimmung: Warum das Ganze?

Wenn es für die obere Ebene des Managements wichtig ist, ein adäquates Problembewusstsein zu schaffen, dann gilt dies erst recht für Mitarbeiter/innen, die ihren Berufsalltag weit weg vom Gipfel des Olymps in den Niederungen des operativen Geschäfts verbringen. Da genügt es nicht, über getroffene Entscheidungen zu informieren. Zuerst muss plausibel gemacht werden, dass und warum es notwendig ist, sich mit der Frage der zukünftigen Ausrichtung des Unternehmens zu befassen. Die Erkenntnis muss geweckt werden, dass es gefährlich wäre, einfach so weiterzumachen wie bisher. Dazu bedarf es konkreter und nachvollziehbarer Informationen über die Entwicklungen im Umfeld sowie über die Stärken und Schwächen des Unternehmens. Eine gesunde Unruhe und eine Verunsicherung lassen sich nicht nur nicht vermeiden, sondern sind unbedingt notwendig. Ob es einem gefällt oder nicht: Ohne Einsicht in die Notwendigkeit zeigen Menschen wenig Bereitschaft, sich mental auf ernsthafte Veränderungen einzulassen. Ein Klient hat sich einmal in einem Vorgespräch wie folgt geäußert: »In diesem Laden herrscht mir viel zu viel Ruhe. Ich glaube, uns ist es zu lange Zeit zu gut gegangen. Aber wenn das so weitergeht, sind wir in ein paar Jahren weg vom Fenster.«

2. Wo geht die Reise hin – und was bedeutet das für mich persönlich?

Wenn der Boden aufbereitet ist, geht es darum, das strategische Konzept zu platzieren: in kompakter Form und klarer, einfacher Sprache. Über eines muss man sich allerdings immer im Klaren sein: Wer immer über mögliche Veränderungen informiert oder an deren Ausgestaltung beteiligt wird, bei dem läuft unweigerlich ein innerer Film ab. Der Titel des Films lautet: »Was heißt das für mich?« Es gilt für Manager, und es gilt für nicht leitende Mitarbeiter: *Everybody is in business for his own*. Es geht letztlich immer um die eigene Existenz und um die eigenen Zukunftsperspektiven. Dies bedeutet, dass man so konkret wie irgend möglich aufzeigen muss, in welchen Bereichen welche strukturellen Konsequenzen zu erwarten sind, welche Auswirkungen diese auf Führungskräfte und Mitarbeiter haben werden und wie der Dialog mit den Betroffenen aufgenommen werden soll.

Wer aus Angst, Unruhe zu erzeugen, unklar bleibt, riskiert zweierlei. Erstens, die Mitarbeiter sind in aller Regel normal intelligente Menschen. Sie ersetzen fehlende Information durch spekulativen Annahmen, und diese gehen – durchaus vernünftigerweise – häufig vom *worst case* aus. Die Spekulationen sind deshalb sehr oft düsterer als alles, was tatsächlich vorgesehen ist. Man hat also nicht Ruhe geschaffen, sondern die Unruhe erst recht angeheizt. Zweitens, wenn es keine konkreten Hinweise gibt, welche Bereiche direkt von Veränderungen betroffen sein werden, sind alle verunsichert – auch diejenigen, die eigentlich gar keinen Anlass hätten. Man ist deshalb gut beraten, so offen wie irgend möglich zu informieren. Wer dies tut, stärkt außerdem das Vertrauen in die Führung, eine Ressource, die in turbulenten Zeiten einen ganz besonderen Wert hat.

3. Kommunikation bedeutet Dialog

Auf der Basis schriftlicher oder digitaler Information können Menschen nur verhältnismäßig einfache Inhalte aufnehmen und verstehen – und auch diese nur, sofern sie nicht persönlich und emotional vom Inhalt betroffen sind. Sowie es um komplexere Fragen geht – und insbesondere wenn eine direkte oder indirekte Betroffenheit vorliegt – ist es notwendig, die Menschen bei ihrem aktuellen Informationsstand und ihrer inneren Befindlichkeit abzuholen. Sie können nur wirklich verstehen und mitgehen, wenn sie die Möglichkeit haben, sich im direkten Gespräch zu äußern und die Fragen zu stellen, die sie tatsächlich beschäftigen. In nicht allzu großen Kreisen kann dies in speziell angesetzten Dialogveranstaltungen geschehen. In größeren Unternehmen führt aber kein Weg daran vorbei, dass die direkten Vorgesetzten im Rahmen der Führungskaskade mit ihren Mitarbeiter/-innen über die Strategie des Unternehmens und deren Auswirkungen auf den eigenen Bereich sprechen. Nur so kann gewährleistet werden, dass die Betroffenen den Sinn des strategischen Konzepts verstehen und ihren eigenen Beitrag zum Erfolg des Unternehmens erkennen können. Das Kaskadenmodell wird allerdings nur dort funktionieren, wo die Vorgesetzten selbst erst einmal verstanden und akzeptiert haben, wohin die Reise geht – und warum.

4. Kommunikation als kontinuierlicher Prozess

Kommunikation ist deshalb mehr als das Veranlassen punktueller Informationsschübe. Wenn Strategieentwicklung eine Daueraufgabe darstellt; wenn Dialog erforderlich ist, um Nachvollziehbarkeit zu gewährleisten; wenn es wichtig ist, dass alle aufgrund eigener Einsicht und nicht aufgrund direktiver Arbeitsanweisungen ihren Beitrag zum Unternehmenserfolg leisten; und wenn es stimmt, dass Menschen komplexe Zusammenhänge nicht in einem Aufwasch aufnehmen und verstehen können, sondern sich in mehreren Schritten mit der Materie auseinandersetzen müssen – dann ist auch klar, welche Bedeutung es hat, die Kommunikation als mehrstufigen Prozess anzulegen, aber auch, wie entscheidend wichtig die Fähigkeit der Vorgesetzten aller Stufen ist, mit ihren Mitarbeiter/-innen offen, konstruktiv und sensibel zu kommunizieren. Auch wenn dies noch lange nicht überall so gesehen wird: Kommunikation ist ein entscheidender Teil der Führungsaufgabe – und beim Management von Veränderungen die halbe Miete.

Abbildung 16: Anforderungskriterien für ein gutes strategisches Konzept

- Klare Aussage über den aus aktueller Sicht erfolgversprechendsten Weg des Unternehmens in die Zukunft – in Abwägung aller Einflussfaktoren: Identität, Kerngeschäft, Positionierung im Markt.
- Grundsatz: *So einfach wie möglich – so differenziert wie nötig!*
- Zuerst *von außen nach innen* gedacht (externe Faktoren: Einflüsse der Umwelt),
- dann *von innen nach außen* (interne Faktoren: innere Verfassung, Stärken und Defizite des Unternehmens).

- *Ganzheitlich* – das heißt alle relevanten Dimensionen berücksichtigend:
  - Markt
  - Kundenbedürfnisse
  - Wettbewerb
  - technologische Entwicklungen
  - interne Stärken, Schwächen und Potenziale

- *Das Ziel im Blick* – aber genügend konkret:
  - was tun wir
  - für wen
  - unter welchen Voraussetzungen
  - in welcher Qualität
  - zu welchem Preis?

- *Gut kommunizierbar*
  - begrenzte Anzahl von Botschaften
  - der Wahrnehmungsfähigkeit der Mitarbeiterzielgruppen angepasste Form
  - möglichst mit einem einprägsamen Leitsatz verbunden

- *Klares Profil* – in wahrnehmbarer Abgrenzung von den wichtigsten Konkurrenten

- Deutlicher *Fokus auf Umsetzung*

- Festgelegte Form von *Controlling* und *Monitoring*

- In Rahmen eines auf *Dialog* basierenden *Prozesses* kommuniziert

E. Machtspiele

Strategiepapiere strotzen fast immer vor Sachlichkeit. Wohlabgewogene Sätze übermitteln die Botschaft, *facts and figures* verleihen ihr Überzeugungskraft, Folienzauber, Glanzpapier und Mehrfarbigkeit erfreuen das Auge. Nur der mit allen Wassern gewaschene Insider vermag den an sich völlig normalen, dahinterliegenden Schmutz dieser Welt noch zu erkennen.

Wo immer Menschen arbeiten, planen, verhandeln, kooperieren, konkurrieren und kommunizieren, geht es immer auch um Macht und Einfluss:

- *Wer verfolgt welche Interessen?*
- *Welche Interessen werden offengelegt – welche nicht?*
- *Wer ist oben, wer ist unten?*
- *Wer setzt sich durch, wer muss nachgeben?*
- *Wer zieht wen vor – und wen über den Tisch?*
- *Wer kann mit wem, wer mit wem nicht?*
- *Wer steht im Mittelpunkt, wer am Rand einer Gruppe?*
- *Welche einflussreichen Seilschaften und Netzwerke gibt es?*
- *Welche Koalition geht schlussendlich siegreich aus dem Powerplay hervor?*

Diese und ähnliche Fragen werden so gut wie nie gestellt. Und wo es keine Fragen gibt, findet man auch in noch so umfangreichen Papieren keine Antworten. Aber ob diese Dinge auf der offiziellen Agenda stehen oder nicht – sie haben einen maßgeblichen Einfluss auf den Verlauf des Gesamtprozesses.

Chefs, die ihren Machiavelli gut gelernt haben, zeigen ein außerordentlich feines Händchen, wenn es darum geht, situativ festzulegen, wer bei welcher Frage beteiligt werden soll und wer nicht – oder in welchen Zirkeln die wichtigen Fragen vorabgestimmt werden müssen, damit die Dinge in der entscheidenden Sitzung widerstandslos abgenickt werden. Die Unternehmensleitung mag feste Vorstellungen davon haben, wie die Strategie auszusehen hat, und möchte kein Risiko eingehen, dass ihre Ideen infrage gestellt werden. Die Angst kann sie umtreiben, man könnte ihr angesichts einer neuen strategischen Ausrichtung aus der Vergangenheit einen Strick drehen. Sie könnte sich dem Vorwurf aussetzen, sich nicht schon viel früher strategisch anders positioniert zu haben. Oder aber es geht ihr ganz simpel darum, deutlich zu machen, wer im Hause das Sagen hat. Denn wie soll man Verantwortung tragen, wenn man die Dinge nicht im Griff hat?

Dazu kommt: Je höher die Pyramide, desto dünner die Luft. Je weiter oben man sitzt, desto wackeliger sind die Stühle. Da gibt es fast immer welche, die auf der Lauer liegen und jede Gelegenheit nutzen, um an einem Stuhlbein zu sägen – und wer oben sitzt, hat in der Regel ein feines Gespür für Vibrationen. Ähnliches gilt für die Aufsichtsgremien. Je stärker der öffentliche Druck, desto mehr sitzt man da im Glaushaus. Auf einmal gucken alle hin, wer hier am Werk ist – und was er tut. Man gerät in einen Legitimationsnotstand. Unversehens muss man die Notwendigkeit der eigenen Existenz und die Qualität eigenen Wirkens unter Beweis stellen. Da muss man sich selbst gut darstellen, andere dagegen auf möglichst elegante Weise weniger gut aussehen lassen. Es gilt, sorgfältig darauf zu achten, dass der Schwarze Peter, so einer im Spiel ist, auf keinen Fall bei einem selbst landet oder gar längere Zeit hier liegen bleibt. Und wenn der Vorsitzende des Aufsichtsgremiums sich öffentlich für eine bestimmte Strategie starkgemacht hat, der Vorsitzende der Konzernleitung dagegen für eine ganz andere, kann dies zu einem Medienspektakel von höchstem Unterhaltungswert führen. Das Duell der Giganten hält womöglich eine ganze Nation in Atem – und die Belegschaft von der Arbeit ab.

Alle, die am Prozess der Strategieentwicklung mitwirken, sind gefährdet, in die Arena zu steigen und aktiv oder passiv, bewusst oder unbewusst im Machtpoker mitzumischen. Führungskräfte und Mitarbeiter, interne Stäbe, externe Berater – alle laufen Gefahr, sich der Meinung des Machtzentrums oder aber einer Partei, von der sie annehmen, sie werde sich durchsetzen, willfährig anzuschließen oder bereits im Vorfeld anzupassen. Vorlagen werden möglicherweise so verfasst, dass sie die Gedanken der Macht- oder Hoffnungsträger wiedergeben, bevor sie ausgesprochen wurden, und noch Minuten vor einer entscheidenden Sitzung werden Folien verändert, wenn es Hinweise gibt, dass man die Absichten des Favoriten eventuell nicht genau antizipiert hat.

Man kann über solche Verhaltensweisen lächeln – man sollte sie aber nicht pauschal abqualifizieren. Man muss differenzieren. Im Management gibt es auf Dauer keinen Erfolg ohne eine gesunde Portion taktischen Kalküls. Dies gilt vorab für externe Verhandlungen. Aber auch im Innenverhältnis gibt es Situationen, in denen es nicht angezeigt sein mag, sofort alle Karten offen auf den Tisch zu legen – zumal man nicht wissen kann, ob die Kontrahenten dies auch tun würden. Eine gewisse Cleverness oder Schlitzohrigkeit gehört deshalb im Management zum Geschäft – im Hinblick auf die Sicherung des eigenen Überlebens, aber auch im Hinblick auf die Durchsetzung der Interessen des Unternehmens.

Wenn es hingegen darum geht, gemeinsam den Weg des Unternehmens in die Zukunft zu bestimmen, sind Offenheit, Ehrlichkeit und vertrauensvolle Zusammenarbeit gefragt. Internes Machtgerangel zerstört die Schlüsselressourcen: Es absorbiert die Zeit und die Energie, welche eigentlich für die Gestaltung der Zukunft des Unternehmens bereitgestellt worden sind. Man muss deshalb allen, die aus der Strategieentwicklung eine Bühne für Machtspiele machen, Folgendes ins Stammbuch schreiben: Wo immer sie in der Organisation angesiedelt sind – sie tragen nicht zur Lösung der Probleme des Unternehmens bei. Sie sind selbst ein Teil des Problems.

Kapitel 2

Instrumente und Verfahren der Unternehmensentwicklung

Viele Wege führen nach Rom – ein Überblick

Im Prinzip steht uns eine fast verwirrende Vielfalt von Methoden, Instrumenten und Verfahren zur Verfügung, um die Entwicklung eines Unternehmens voranzutreiben. Zur besseren Orientierung verwenden wir bei unserer Gesamtübersicht (siehe Abbildung 17) folgende Ordnungskategorien:

- *Adressat der Maßnahme (Intervention)*
  - der Einzelne
  - die Gruppe
  - das gesamte Unternehmen oder wesentliche Teile
  - relevante Umwelten des Unternehmens

- *Art der Maßnahme (Intervention)*
  - eher über weiche Faktoren
    (Wissen und Können, Einstellungen und Verhalten)
  - eher über harte Faktoren
    (Strukturen und Abläufe, Systeme und Regelungen)

Wir sagen bewusst ›eher‹; denn es gibt Instrumente und Verfahren, bei denen eine eindeutige Zuordnung schwerfällt, weil sie sowohl bei harten als auch bei weichen Faktoren ansetzen.

Abbildung 17: Instrumente, Methoden und Verfahren der Unternehmensentwicklung

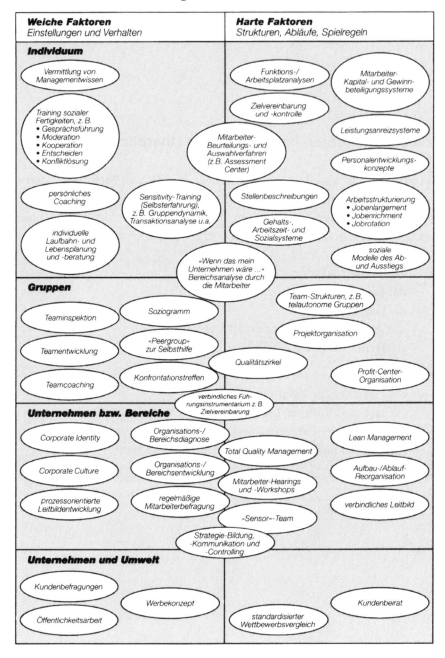

Sie können eigentlich wie in einer Cafeteria auswählen, was immer Ihnen für das Management von Veränderungen in Ihrem Unternehmen besonders zweckdienlich erscheint. Einiges davon ist geradezu selbstverständliches Handwerkszeug der Führung. Hier werden wir es bei der Erwähnung belassen. Anderes scheint uns erklärungsbedürftig, vor allem im Hinblick darauf, dass Sie die Instrumente gegebenenfalls selbst einsetzen können. Solche Methoden und Verfahren werden wir im Folgenden kurz erläutern oder in weiteren Kapiteln ausführlicher beschreiben.

Der Einzelne als Adressat von Maßnahmen

Strategien und Konzepte sind nur so gut, wie sie von den betroffenen Menschen akzeptiert und umgesetzt werden. Ob dies geschieht, hängt sehr stark von den Rahmenbedingungen im Arbeitsumfeld der Mitarbeiter ab. Das Umfeld kann Handeln erleichtern, aktiv unterstützen, erschweren oder nahezu unmöglich machen. Je stärker sich Mitarbeiter in ihren Erwartungen, Wertvorstellungen und Qualifikationen unterscheiden, desto weniger werden sie sich über einen Kamm scheren lassen, desto mehr lohnt es sich, sich mit den einzelnen Individuen zu beschäftigen, ihre persönlichen Voraussetzungen und Erwartungen kennen zu lernen und diesen mit maßgeschneiderten Maßnahmen gerecht zu werden.

Fortbildungsmaßnahmen zum Thema Führung und Management

Unser Verhalten ist zu einem wesentlichen Teil das Ergebnis von entsprechenden Mustern, die wir im Kopf haben. Wir haben zum Beispiel ein ganz bestimmtes Bild darüber, was eine gute und was eine schlechte Besprechung ausmacht – wo auch immer dieses Bild herstammt. Von diesem »Modell« lassen wir uns leiten, wenn wir Besprechungen durchzuführen haben. Von diesem Bild lassen wir uns auch leiten, wenn wir als Teilnehmer einer Konferenz beurteilen, ob wir eher zufrieden oder unzufrieden sind.

Wir haben solche Vorstellungen von »Führung«, »Kommunikation«, »Kooperation«, »Konflikten« und anderen mehr. Alle Maßnahmen, die dazu dienen, sich solcher Bilder im Kopf bewusst zu werden, sie auf ihre Brauchbarkeit für heutige Anforderungen zu überprüfen und zu ihrer zeitgemäßen Weiterentwicklung beizutragen, sind hilfreich. Dazu gehört die theoretische Beschäftigung mit modernen Führungs- und Managementkonzepten ebenso wie das Training daraus ableitbarer Fertigkeiten – etwa wie man ein Mitarbeitergespräch führt, wie man Gruppengespräche moderiert, welche Modelle der Entscheidungsfindung oder des Umgangs mit Konflikten sich in welcher Situation anbieten. Fortbildungsmaßnahmen sind wichtige Trockenübungen, die Sicherheit geben, Kondition aufbauen und letztlich Verhalten verändern helfen.

Sensitivity-Training

Sozialkompetenz, das heißt der erfolgreiche Umgang mit anderen Menschen – gerade auch in spannungsgeladenen Situationen –, ist immer stärker gefragt. Wer diesem Anspruch genügen will, muss ein gutes Gespür haben für die Gefühle von anderen. Dies aber setzt voraus, dass er *mit sich selbst* in gutem Kontakt ist, das heißt sich der eigenen Gefühle bewusst ist, und weiß, wie er auf andere wirkt. Viele Menschen machen das ganz spontan und hervorragend. Nicht immer aber ist gute Fachkompetenz mit der notwendigen Sozialkompetenz gepaart. So genannte Sensitivity-Trainings dienen dazu, sich selbst im Spiegel einer Gruppe zu erkunden, Defizite in der Wahrnehmung zu entdecken und neue Verhaltensweisen auszuprobieren. Dazu werden unterschiedliche Methoden angeboten. Am meisten erprobt sind: das gruppendynamische Verhaltenstraining, die Transaktionsanalyse, die themenzentrierte Interaktion, der aus der Familientherapie abgeleitete systemische Ansatz. Das Ziel ist immer soziales Lernen durch Selbsterfahrung in der Gruppe.

Entscheidende Kriterien für den Einsatz oder die Empfehlung einer solchen Trainingsmaßnahme sind: Freiwilligkeit der Teilnahme, fachlich kompetente Leitung und ein Umfeld, das es ermöglicht, sich ohne Furcht vor Verletzungen zu öffnen, Ungewohntes an sich heranzulassen und mit neuen Verhaltensweisen zu experimentieren.

Coaching

Oft liegt aber das Problem nicht darin, dass Führungskräften das theoretische Rüstzeug, das methodische Know-how oder der gute Wille fehlt. Es geht vielmehr darum, in der operativen Hektik des Alltags den konkreten Weg zu finden, das, was man eigentlich weiß und im Prinzip auch will, konkret und konsequent in die Führungspraxis umzusetzen. Man nimmt sich nicht die notwendige Zeit dazu. Im Klartext: Man setzt andere Prioritäten.

Wer sich von einem Berater begleiten lässt, verpflichtet sich zu einer geregelten, kritischen Überprüfung seines Verhaltens und seiner Vorgehensweisen im Arbeitsfeld – und damit letztlich zu einer Konfrontation mit sich selbst. Die Themen können sowohl vom Manager selbst als auch vom Coach eingebracht werden. Die eigene Rolle als Führungskraft, Vorgehensweisen im Umgang mit Mitarbeitern, Kollegen, Vorgesetzten und Kunden, die Bearbeitung von emotionalen Verstrickungen, strategische Überlegungen zur Entwicklung des Unternehmens oder des Bereichs, Fragen der persönlichen Laufbahn- und Lebensplanung können bearbeitet werden. Ziel ist nicht nur die gemeinsame Reflexion und Analyse, sondern vor allem auch das Entwickeln von Handlungsszenarien und Entscheidungsalternativen.

Allerdings entbindet eine solche »private Beratungsbeziehung« den Manager nicht vom direkten Feedback der Mitarbeiter, Kollegen und Kunden. Ein Coach darf nicht zur beruflichen Hauptbezugsperson, zur grauen Eminenz, zum geheimen Drahtzieher hinter den Kulissen werden.

Strukturelle und organisatorische Regelungen

Die Effizienz von Mitarbeitern hängt nicht nur von ihrer Qualifikation, der Art der Führung und ihrer Motivation ab, sondern auch davon, wie klar und attraktiv ihre Arbeit strukturiert ist. Weiß jeder genau, was von ihm erwartet wird? Weiß er, nach welchen Kriterien, wann, wie und von wem er beurteilt wird? Sind die Kompetenzen und Ressourcen klar zugeteilt und geregelt? Weiß man, wie man es zu etwas bringen kann und was passiert, wenn die Leistungsfähigkeit nachlässt? Sind diese Regelungen zeitgemäß und attraktiv?

Vor dem Hintergrund solcher und ähnlicher Fragestellungen lassen sich zum Beispiel *Funktionen und Arbeitsplätze analysieren*: Ist der Mitarbeiter darin lediglich als ausführendes Organ vorgesehen oder als jemand, der selbstständig und verantwortlich zu handeln in der Lage ist? Ist er ausschließlich als verfügbares Instrument des Unternehmens eingeplant, oder sind Funktionen und Arbeitsplätze so gestaltet, dass die Mitarbeiter sich darin auch bezüglich eigener Lebens- und Entwicklungsbedürfnisse entfalten können?

Gezielte Erweiterung *(Jobenlargement)*, Anreicherung *(Jobenrichment)* und Wechsel von Tätigkeiten *(Jobrotation)* haben sich schon länger als hervorragende Instrumente erwiesen, zwei Fliegen mit einer Klappe zu schlagen: Impulse für die Unternehmensentwicklung setzen und gleichzeitig Personalentwicklung betreiben.

Zuständigkeiten sowie *Leistungsanreiz- und Förderungssysteme* nicht einfach vorschreiben, sondern *die Betroffenen an ihrer Entwicklung beteiligen* – dies ist eine weitere Möglichkeit, die Attraktivität der Arbeitsbedingungen zu steigern.

Noch ist es keineswegs selbstverständlich, die Arbeit statt durch Anweisungen über *Zielvereinbarungen* zu steuern. Noch weniger gehört es zum allgemeinen Standard, anhand geeigneter *Controllingsysteme* dem Einzelnen oder einer Gruppe zu ermöglichen, die Qualität und den Erfolg der eigenen Arbeit so zu kontrollieren, dass sie bei Abweichungen rechtzeitig und selbstständig gegensteuern können.

Wenn die Anforderungen an den Einzelnen sich immer schneller verändern, wenn die Arbeitsbedingungen härter werden, wenn sich gleichzeitig die Form der Organisation laufend den wechselnden Anforderungen anpassen muss, entsteht leicht ein ungutes Klima, geprägt von Leistungsdruck, Unsicherheit und Unberechenbarkeit. Es wächst die Angst, plötzlich diesen unberechenbaren Anforderungen nicht mehr gewachsen zu sein. Es müssen deshalb nicht nur *geregelte und motivierende Wege des Aufstiegs*, sondern ebenso *geregelte und attraktive Wege des Abstiegs* geschaffen werden, auf die man sich einstellen und denen man vertrauen kann. Die Realität sieht heute vielerorts noch ganz anders aus: Wer vor Ideen und Kraft strotzt, darf noch nicht – wer darf und soll, kann nicht mehr. Man wird nicht für Zukünftiges, sondern für Vergangenes belohnt und nach oben befördert – und irgendwann einmal steht jeder im Weg. Dies ist keine neue Erkenntnis. Alle wissen im Grunde, dass es so nicht wirklich funktionieren kann. Aber erst ganz wenige Unternehmen haben begonnen, konkret über sozial verträgliche Ab- und Ausstiegswege nachzudenken.

Eine ganz einfache Frage

Angestellte Mitarbeiter neigen dazu, Probleme in ihrem Arbeitsumfeld schicksalhaft hinzunehmen, ganz einfach, weil es ja letztlich nicht um ihr eigenes Geld geht. Die Frage *» Wenn das mein Unternehmen wäre – was würde ich verändern?«* kann eingefahrene Wahrnehmungs- und Denkblockaden auflösen und kreative Ideen freisetzen. Adressat dieser Übung kann der einzelne Mitarbeiter sein, eine Gruppe, eine Abteilung oder ein Bereich.

Diese Aufgabe kann man unterschiedlich anlegen: Eine *allgemeine schriftliche Befragung* unter diesem Leitmotiv hat den Vorteil, dass sich alle eingeladen und um ihren Rat gefragt fühlen. Wenn alle gefragt sind, kann dies andererseits dazu führen, dass sich keiner so richtig gefragt fühlt. Deshalb hat es sich auch als vorteilhaft erwiesen, *einzelne Personen oder Bereiche nach Maßgabe ihrer strategischen Bedeutung* herauszugreifen und gezielt um ihren Beitrag zu bitten. Eine spezielle Variante besteht darin, ein *interdisziplinäres Analyseteam* zu bilden und mit der Erarbeitung von Vorschlägen zu beauftragen.

Bei der Gruppe ansetzen

Vielleicht hat es sich noch nicht überall herumgesprochen, aber: *Eine Gruppe ist mehr als die Summe der einzelnen Mitglieder.* Vielfältige sozialpsychologische Untersuchungen belegen die besondere Dynamik und Leistungsfähigkeit von Gruppen – speziell, wenn es um Konfliktbehandlung und Problemlösung geht. Unter den richtigen Rahmenbedingungen entwickeln Gruppen ein *hohes Maß an Selbststeuerung und Selbstorganisation*. Wie kann man diese Vorteile nutzen?

Mehr Gruppe wagen

Viele Organisationen sind völlig überreguliert. Dicke Handbücher und eine Flut interner Dienstanweisungen sind Beleg dafür. Bis ins Kleinste ist alles geregelt. Die Perfektion der Regelung steht in keinem Verhältnis zu ihrer Bedeutung. Ausgenommen natürlich Situationen, in denen die exakte Einhaltung von Qualitäts- und Sicherheitsnormen von geradezu existenzieller Tragweite ist, zum Beispiel im Flugbetrieb oder im medizinischen Bereich. Überregulierung schafft verantwortungsarme Zonen. Jeder kann sich hinter den wahrscheinlichen Defiziten und Versäumnissen anderer, die in der Kette der Einzelaufgaben vor oder nach ihm kommen, verstecken. Letztlich ist er über solche Defizite sogar froh, enthebt ihn dies doch der Notwendigkeit, den eigenen Beitrag rechtzeitig bereitzuhalten.

Alternativen dazu:

- Aufgabenfelder und Problemstellungen, die am besten durch gemeinsames, interdisziplinäres Denken und Handeln bearbeitet werden, auf Gruppen übertragen.

- Solchen Gruppen zwar das Ziel ihrer Aufgabe klar benennen, die dazu notwendige strategische Hintergrundinformation geben, mit ihnen die Rahmenbedingungen, Spielregeln und Ressourcen aushandeln – aber ihnen selbst überlassen, wie sie die Dinge im Einzelnen regeln, wie die Aufgaben und Rollen konkret zu verteilen sind, zum Beispiel wer innerhalb der Gruppe welche Aufgaben und Funktionen übernimmt.

- Bestimmte Aufgaben können einer solchen »teilautonomen Gruppe« auf Dauer zugeordnet werden, andere als Projekt mit klarer zeitlicher Begrenzung.

Solche Gruppen benötigen allerdings auch ein Mitspracherecht in Bezug auf Personalentwicklung, Qualifizierung sowie leistungsbezogene Einkommensanteile.

Die Bedeutung von »Systempflege«

Diese Art von Gruppenorganisation kommt nur dann voll zum Tragen und kann ihre im Prinzip mögliche Wirkungskraft nur dann entfalten, wenn ausreichend in die Entwicklung, Pflege und Wartung sowohl der Organisation als auch der menschlichen Beziehungen investiert wird. Eine Gruppe wird nicht anhand rein organisatorischer Spielregeln zu einem funktionierenden Team. Die Teammitglieder können sich in Konflikte verstricken. Gruppen können aber auch die Energie verlieren, erstarren und zum Selbstzweck degenerieren. In manchen Unternehmen gibt es eine Fülle von obsolet gewordenen Projektgruppen oder Arbeitskreisen, die ohne klare Zielsetzung, ohne Führung und ohne besonderes Engagement ihrer Mitglieder vor sich hin dümpeln. Der soziale Kontakt im Team sowie gegebenenfalls der Status der Teamzugehörigkeit reichen oft genug als Motivatoren – und wenn kein Chef da ist, der die Gruppe auflöst, überdauert sie auch ohne echte Funktion und ohne konkrete Aufgaben Monate oder gar Jahre.

Wer solche Degenerationserscheinungen verhindern will, muss in regelmäßigen Abständen für Bestandsaufnahme sorgen: Zielvorgaben, Aufgabenstellung, Zusammensetzung der Gruppe, Rollenverteilung, Spielregeln der Gruppenkultur sowie die Ausstattung mit Ressourcen und Kompetenzen sind kritisch zu hinterfragen und müssen neu begründet werden. Ist Letzteres nicht möglich, muss die Gruppe aufgelöst werden.

Durch teamorientierte Struktur- und Ablauforganisation, durch dynamische Systeme der Selbstorganisation spart man also keinen Aufwand, man verlagert ihn nur. Statt des Aufwands für Kästchenmalerei und das Erfinden vielfältiger Vorschriften entsteht Pflegeaufwand. Der Gewinn: Flexibilität und Zeit – durch kleinere, reaktionsschnelle unternehmerische Einheiten.

Ob hierarchisch strukturierter Bereich, ob interdisziplinäre Projektgruppe oder teilautonome Gruppe – sich einmal pro Jahr einem »System-Check« unterziehen ist das Mindeste, das sich eine Organisationseinheit leisten sollte. Eine solche *Teaminspektion* kann einen oder mehrere Tage dauern. Sie kann in Eigenregie erfolgen oder von einem externen Moderator geleitet werden.

Entscheidend ist, dass

- alle *Dimensionen* ausgeleuchtet werden, die für die Effizienz und Motivation von Belang sind, insbesondere
  - *Leistung aus Sicht der externen oder internen Kunden,*
  - *Qualität der Methoden und Verfahren,*
  - *Rollenverteilung und Zusammenspiel untereinander,*
  - *Betriebsklima und Arbeitszufriedenheit,*
  - *strategische Perspektiven;*
- *genügend Zeit* zur Verfügung steht, damit vorhandene Probleme nicht nur oberflächlich angerissen, sondern in Ruhe und lösungsorientiert durchgearbeitet werden können;
- eine *Atmosphäre* geschaffen wird, in der es möglich ist, Kritik konstruktiv zu äußern und zu akzeptieren.

Unterschiedliche Modelle der Systempflege

Ein jährlicher »Großputz« reicht allerdings nicht immer aus. Je nach Situation kann es notwendig sein, dass ein Team sich in Form von *Teamsupervision* oder *Team-Coaching* in zeitlich kürzeren Abständen einer ›Rüttelstrecke‹ unterzieht. Dies hat zwei Vorteile. Zum einen müssen Unzulänglichkeiten und Störungen nicht über einen längeren Zeitraum bis zur nächsten Wartung aufgehoben werden, sondern können ohne Verzug bearbeitet werden. Zum Zweiten ist es möglich, komplexere Probleme über einen gewissen Zeitraum hinweg in verkraftbaren Schritten zu bearbeiten. Dazu kommt, dass bei einem etwas engeren Rhythmus das »Gesetz des Wiedersehens« zu spielen beginnt: Gewisse Unarten kommen schon gar nicht erst auf, weiß man doch, dass sie beim nächsten Treffen ohnehin angesprochen würden. Das Selbsthilfesystem der Gruppe wird stärker aktiviert.

Eine spezielle, aber altbewährte Form der Überprüfung des internen Zusammenspiels von Gruppen besteht darin, sich von einem psychologisch Geschulten während einer Routinebesprechung beobachten und sich anschließend gezielte Rückmeldungen geben zu lassen *(Prozess-Feedback)*. Durch den Einsatz von Videoaufzeichnungen können solche Rückmeldungen besonders eindrücklich gestaltet werden.

Eine Gruppe kann ihrem Innenleben aber auch dadurch auf die Spur kommen und vorhandene Störungen bereinigen, dass sie ihr emotionales Beziehungsgefüge zum Thema macht. Mithilfe eines *Soziogramms* wird analysiert, welche Art von Beziehungen die Mitglieder untereinander pflegen und wie sich dieses Beziehungssystem auf die Leistungsfähigkeit und die Zusammenarbeit in der Gruppe auswirkt. Dazu werden die Beziehungen der Gruppenmitglieder untereinander aufgrund konkreter Fragestellungen (zum Beispiel: *Wer steht wem nahe beziehungsweise nicht nahe?*) erfasst und in Form einer sozialen »Landkarte« grafisch dargestellt, sodass jedes Gruppenmitglied seine Stellung in der Gruppe klar erkennen kann. Ganz entscheidend für diese Übung ist allerdings, dass eine tragfähige Vertrauensbasis in der Gesamtgruppe besteht, damit die unweigerlich auch sichtbar werdenden »Ablehnungen« verkraftet werden können. Außerdem muss genügend Zeit investiert werden, um die Ergebnisse gemeinsam zu diskutieren. Sonst kann dieses Instrument nicht nur viel Flurschaden anrichten, sondern die gesamten Lernchancen sind vertan – nach dem Motto: *»Viel erlebt – und nichts verstanden!«*

Steht das Zusammenwirken zwischen zwei Gruppen zur Debatte, können die wechselseitigen Arbeitsbeziehungen im Rahmen eines so genannten *Konfrontations-* beziehungsweise *Konfliktlösungstreffens* geklärt und neu verhandelt werden. In Anbetracht der zunehmenden praktischen Bedeutung dieses Verfahrens haben wir es in einem eigenen Kapitel »*Konfliktmanagement*« eingehend beschrieben.

Qualitätszirkel

Qualitätszirkel einrichten heißt

Mitarbeitern die Möglichkeit geben, sich in Gruppen zusammenzutun und systematisch über Verbesserungen am eigenen Arbeitsplatz sowie im engeren Arbeitsumfeld nachzudenken.

Andere Bezeichnungen dafür sind *Lernstatt-* oder *Werkstattkreise*. Wer in einem Qualitätszirkel arbeitet, darf offiziell tun, womit er sich inoffiziell ohnehin beschäftigt: sich Gedanken machen über all das, was ihm seine Arbeit erschwert, was ihm widersinnig scheint – und was ihm die Arbeit erleichtern würde. Die Energie, die normalerweise im Beklagen von Missständen nutzlos verpufft, wird umgewandelt in konstruktive Gestaltung von Lösungen. Früher nur in produzierenden Bereichen eingesetzt, finden diese Konzepte mittlerweile längst auch im Dienstleistungsbereich Anwendung.

Der Erfolg von Qualitätszirkeln hängt allerdings von folgenden Faktoren ab:

- *Motivation:* »Alle Lust muss vom Volk ausgehen ...« – das heißt, die Mitarbeiter müssen ein echtes Bedürfnis haben, sich mit solchen Fragen zu beschäftigen. Dass solche »Lust« ausschließlich auf freiwilliger Basis gedeihen kann, ist selbstverständlich.
- *Infrastruktur:* geeigneter Besprechungsraum, Ausstattung mit Hilfsmitteln zur Visualisierung.
- *Moderation:* kompetente Moderation und methodische Unterstützung der Gruppe.
- *Koordination und Steuerung:* eine engagierte einzelne Person oder eine kleine Steuerungsgruppe als »Drehscheibe«, die dafür sorgt, dass Ideen

und Lösungsvorschläge konsequent überprüft und weiterverfolgt werden.

- *Unterstützung durch die Hierarchie*: echte Bereitschaft speziell im mittleren Management, daraus Nutzen zu ziehen.
- *Unternehmenskultur*: eine Kultur im Unternehmen, die geprägt ist von Partizipation und umfassendem Qualitätsdenken.
- *Zusammenarbeit mit Betriebsrat*: gegebenenfalls entsprechende Betriebsvereinbarung mit dem Betriebsrat.

In der Praxis gefährden häufig folgende Klippen das Gelingen dieses im Kern richtigen Ansatzes:

- *Die Mitarbeiter/-innen werden auf diese Form der Mitwirkung nicht entsprechend vorbereitet*: Man schafft lediglich die organisatorischen Rahmenbedingungen und erwartet dann eine geradezu wundersame Energie der Mitarbeiter. Diese sind aber nicht sensibilisiert und entsprechend eingestellt. Es fehlt an Problembewusstsein, dass etwas getan werden muss, und an Vertrauen in die Führung, dass die ganze Übung ernst gemeint ist.
- *Das mittlere Management wird nicht aktiv eingebunden*: Zum einen besteht die Gefahr, dass Verbesserungsvorschläge der Mitarbeiter generell als Angriff auf die Managerfunktion gewertet werden. Neue Ideen werden – weil man meint, man hätte eigentlich selbst drauf kommen müssen – von vornherein abgeschmettert. Zum anderen gibt es überall schwache Vorgesetzte, welche die eigene Führungsautorität als Manager untergraben sehen, wenn wesentliche Problemlösungen an ihnen vorbei oder sogar gegen ihren Willen von Mitarbeitern durchgesetzt werden können.
- *Qualitätszirkel werden für alle gleichzeitig flächendeckend verordnet* – statt in kleinen Zellen anzufangen, dort, wo wirklich Energie vorhanden ist, und diese Bewegung wie einen Steppenbrand sich schrittweise ausbreiten zu lassen.
- *Die Mitarbeiter fühlen sich ausgebeutet*: Wer sich engagiert, muss über kurz oder lang spüren, dass sich sein Engagement tatsächlich lohnt. Die Auszahlung kann durchaus in unterschiedlichen »Währungen« stattfinden. Geld ist nicht unbedingt der entscheidende Faktor. Oft reicht Anerkennung, sofern sie durch die »richtigen« Leute erfolgt. Unentbehrlich

ist auf jeden Fall das Erleben, dass sich wirklich etwas verändert, dass man tatsächlich »etwas bewegen« kann.

- *Es wird keine angemessene Öffentlichkeit geschaffen:* Lebendige Berichterstattung erweist sich immer wieder als hervorragendes Mittel der Ermutigung und Verstärkung. Einerseits geht es darum, den Gruppen ein Forum zu verschaffen, um ihre eigenen Ergebnisse und damit sich selbst darstellen zu können – durch Berichte in der allgemeinen Firmenzeitung, in einem eigenen Publikationsorgan, in Form origineller Plakataktionen oder im Rahmen eines Informationsmarktes. Andererseits sind solche Publikationen auch Provokationen und Herausforderungen an diejenigen Teile des Unternehmens, die sich bislang solchen Prozessen entzogen haben.

- *Man setzt ausschließlich auf die Karte »Ausbildung von Moderatoren«:* Zwar ist kompetente Moderation wichtig – in Bereichen, wo man wenig gewohnt ist, miteinander zu diskutieren, sogar unverzichtbar. Aber sie ist nur eine von mehreren unabdingbar notwendigen Rahmenbedingungen. Im Übrigen muss man auch darauf Acht geben, dass die Moderatoren nicht der Versuchung erliegen, sich über diesen Weg nur selbst zu profilieren und die eigentlichen Hauptakteure, nämlich die Mitarbeiter, zu Statisten zu degradieren.

Das ganze Unternehmen im Blick

Organisationsveränderung

Nicht immer reichen Optimierungen und Modifikationen aus, um das Überleben im Markt zu sichern. In vielen Fällen hilft nur noch ein radikaler »Modellwechsel«. Zwei Kriterien können dabei als Prüfsteine der Überlegungen und als Richtschnur des Handelns dienen:

- *von außen nach innen organisieren*

  das heißt die Organisation konsequent nach dem Prinzip einer *Prozesskette* ausrichten, die sich im Wesentlichen aus drei Gliedern zusammensetzt:

- den Bedarf des Kunden und die Situation am Markt erkennen;
- den diagnostizierten Bedarf durch entsprechende Produkte oder Dienstleistungen ohne Informations- und Zeitverlust in Problemlösungen für den Kunden umsetzen;
- das maßgeschneiderte Produkt erfolgreich auf den Markt bringen.

Als einzige Maxime des Handelns gilt das Prinzip »*Structure follows Function*« – ohne Rücksicht auf bisherige Strukturen, Abläufe und Gewohnheiten.

- *sich einzig und allein nach dem produktiven Mehrwert ausrichten*

  Das zweite Prüfkriterium ist die Frage nach dem produktiven Mehrwert. Jede Funktion, jede Stelle, jede Person und jede Handlung, die sich an dieser Prozesskette beteiligen wollen, müssen nach ihrem produktiven Mehrwert, den sie beitragen können, beurteilt werden. Alles, was dieser Prüfung nicht standhält, muss aus der Kette entfernt werden.

  »Unproduktive« Zwischenglieder würden noch am wenigsten schaden, wenn sie einfach nichts tun würden. Sie wären dann lediglich ein Kostenfaktor. Aus verständlichen Gründen versuchen sie aber, ihre Existenz zu rechtfertigen, indem sie aktiv werden. Um Profil zu gewinnen, vermarkten sie ihre Tätigkeit. Ihr Handeln – weil eben ohne direkten produktiven Mehrwert – führt aber lediglich dazu, dass andere dadurch beschäftigt und von ihrer eigentlichen Aufgabe abgehalten werden. Solche Bereiche kosten deshalb nicht nur Geld für ihren eigenen Unterhalt, sondern erzeugen durch ihr Tätigwerden weitere unproduktive Tätigkeiten. Das bedeutet Zeit- sowie Informationsverlust – und Ärger.

Der Speck, den jede Organisation mit der Zeit ansetzt und der oft nur durch systematische »Durchforstungs«-Aktionen abgeschmolzen werden kann, besteht häufig aus *Stabsfunktionen*, die lediglich Zahlen hin und her schaufeln, Zustände neu beschreiben, anderen Abteilungen mit ihren Forderungen nach irgendwelchen Daten und Berichten die Zeit stehlen, theoretische Modelle basteln – ohne mit zurechenbarer Verantwortung konkret an der Lösung von Problemen mitzuarbeiten.

Mitarbeiter-Meinungsumfrage

Ein bewährtes Instrument, die gesamte Organisation in regelmäßigen Intervallen herauszufordern, ist die Mitarbeiterbefragung in Abständen von einem bis drei Jahren zu allen Themen, die die Arbeit und das Arbeitsumfeld betreffen.

Die Vorteile liegen auf der Hand:

1. Das Management erhält einen Eindruck vom Gesamtzustand des Unternehmens, so wie die Mitarbeiter ihn erleben. Die These von Norbert Wiener »*Ich weiß nicht, was ich gesagt habe, bevor ich nicht die Antwort darauf gehört habe*« kann hier auf das gesamte Managementhandeln erweitert werden: Wir wissen nicht, was wir getan haben, bevor wir nicht die Reaktionen der Mitarbeiter darauf wahrgenommen haben.

2. Die regelmäßige Wiederholung der Befragung gibt Einblick, wie weit sich das Unternehmen, bestimmte Bereiche oder Aspekte über die Zeitachse hinweg entwickelt oder verändert haben.

3. Die Gesamtbefragung lässt die einzelnen Bereiche ihren relativen Stellenwert erkennen und feststellen, wo sie besser oder schlechter liegen als der Durchschnitt des Unternehmens oder andere Bereiche, mit denen sie sich vergleichen wollen. Dieser Vergleich ermöglicht gezielte Entwicklungsmaßnahmen.

Das Instrument der Organisationsdiagnose ist für die Unternehmensentwicklung von besonderer Bedeutung. Wir haben ihm deshalb ein eigenes Kapitel gewidmet.

Unternehmensleitbild

Ein formuliertes Leitbild, das nicht nur ein Stück Glanzpapier darstellt, sondern akzeptierte und wirksame Leitplanken für die strategische Planung und die Führung des Unternehmens enthält, ist ein weiterer Teil eines festen Gerüsts der Unternehmensentwicklung. Wie der Prozess der Entwicklung eines Leitbilds gestaltet und genutzt werden kann, wird an anderer Stelle dargestellt.

Verbindliches Führungsinstrumentarium

Ein gemeinsames und verbindliches Führungsinstrumentarium stellt für Führungskräfte und Mitarbeiter einen wichtigen Orientierungsrahmen dar. Für alle gelten die gleichen Prozeduren und Instrumente der Ertragssteuerung, der Mitarbeiterführung, der Bereichs- und Unternehmensinformation und -kommunikation, der Entscheidungsbildung, der Planung, der Budgetierung und des Controllings – und zwar sowohl im theoretischen Anspruch als auch in der alltäglichen Führungspraxis.

Diese Gemeinsamkeit erleichtert einerseits ein sinnvolles Zusammenwirken innerhalb des Managements und fördert andererseits den Aufbau einer gemeinsamen Unternehmenskultur.

Die Bedeutung von Außensichten

»*Gib mir einen Standpunkt außerhalb der Erde, und ich werde sie aus den Angeln heben*«, soll Archimedes gesagt haben.

Lebende Systeme aller Art streben nach einem inneren Zustand der Ruhe mit möglichst wenig Verbrauch an Energie. Schöpferische Unruhe ist aber die Bedingung der Möglichkeit von Veränderung. Reichen die internen Kräfte und Sichtweisen nicht aus, das Unternehmen aus einer eventuell fatalen Ruhe und Selbstsicherheit herauszuführen und in suchende Unruhe zu versetzen, dann hilft oft nur der Blick beziehungsweise das Bild von außen:

– *Wie sehen die Kunden das Unternehmen?*
– *Wie werden speziell auch Dienstleistungsabteilungen von ihren internen Kunden erlebt und beurteilt?*
– *Wie schneidet das Unternehmen im Quervergleich zu den relevanten Mitbewerbern ab?*

Einmalige Ad-hoc-Aktionen oder standardisierte, regelmäßige Kundenbefragungen sowie Wettbewerbsvergleiche oder ein fest installierter Kundenbeirat können die notwendigen Daten dazu liefern.

Ein anderer Weg, um interne Energien zu wecken, besteht in der Nutzbarmachung der Öffentlichkeitsarbeit. Jedes Unternehmen stellt sich auf vielfältige Weise in der Öffentlichkeit dar – durch Werbung, Verkaufsförderung, Art der Bearbeitung von Reklamationen, allgemeine Presse- und Öffentlichkeitsarbeit, Sponsoring und Lobbying. Diese Investitionen zur Beeinflussung von Kunden und anderen relevanten Umwelten können ohne großen Zusatzaufwand einen zweiten Nutzen erzeugen: Was man draußen tut, gilt es auch nach innen zu kommunizieren. Der Bericht in den Medien oder die gelungene Werbeansprache und so weiter kann das Gefühl verstärken, dass es gut ist, dazuzugehören, dass es sich lohnt, für dieses Unternehmen tätig zu sein. Wo dieses Außenbild – wodurch auch immer – die Motivation und die Identifikation zu beeinträchtigen droht, muss entsprechend gegengesteuert werden.

Manager machen sich in der Regel viele Gedanken darüber, mit welchen Mitteln sie Großes bewirken können – und denken zu wenig daran, wie sie das, was schon vorhanden ist, nutzen können.

Über das einzelne Instrument hinaus ...

»*Eine Schwalbe macht noch keinen Sommer*« – und ein einzelnes Instrument, isoliert eingesetzt, gibt noch keinen entscheidenden Impuls für die Entwicklung des Unternehmens. Wer Letzteres will, muss folgende grundsätzliche Aspekte berücksichtigen:

Ganzheitlichkeit

In komplexen Problemsituationen hilft oft nur eine Kombination unterschiedlicher, aber gut aufeinander abgestimmter Maßnahmen. Nur eine genauere Diagnose kann zeigen, wo wir gegebenenfalls gleichzeitig und sinnvoll ineinander verschränkt eingreifen müssen – zum Beispiel bei der Strategie, der Struktur, den Abläufen, dem Verhalten, den Einstellungen, den Qualifikationen, den Arbeitsbedingungen, der Ressourcenzuteilung, der Regelung von Kompetenzen.

Beispiel: Ein Verband mit der Hauptaufgabe, die wirtschaftlichen Interessen seiner Mitglieder gegenüber der Öffentlichkeit zu vertreten, will sich für die Zukunft rüsten. Die Ressourcen, die für die Verbandsarbeit zur Verfügung stehen, werden knapper, gleichzeitig nimmt der Vertretungsanspruch zu. Man entschließt sich zu einer eingehenden Analyse der Effizienz der Arbeit in den Geschäftsstellen. Zuständigkeiten werden geklärt, Doppelarbeiten identifiziert und eliminiert, die Arbeitsabläufe mithilfe zeitgemäßer Technik neu gestaltet, die Mitarbeiter in ihrem Umgang miteinander und mit ihren Mitgliedern intensiv geschult und auf Kooperation getrimmt.

Trotz alledem kommt der Verband zwei Jahre nach Abschluss dieses Reorganisationsprojekts in eine existenzielle Krise. Wichtige Mitglieder drohen auszutreten, weil sie ihre Interessen nicht entsprechend ihrer Bedeutung vertreten sehen. Diese Drohung ist nicht neu. Doch jetzt spricht alles dafür, dass sie wahr gemacht wird. Das Reorganisationsprojekt hatte die *verbandspolitische Gesamtsituation* de facto ignoriert. Obwohl man um die zunehmende existenzielle Gefährdung wusste, wollte man an dieses heiße Eisen verdeckter informeller Interessengruppen, die sich mit ihren Erwartungen gegenseitig blockierten, nicht herangehen. Im Gegenteil: Man hoffte, bessere Kommunikation untereinander könnte die Basis gemeinsamer Werte und Interessen stabilisieren. Frühzeitiges Offenlegen der unterschiedlichen Interessen, offene Konfrontation der verschiedenen Erwartungen und Ansprüche, durchaus auch mit dem Ziel, gegebenenfalls rechtzeitig zu entdecken, dass es eine gemeinsame Interessenvertretung in dieser Form gar nicht geben kann, ist unterblieben.

Ohne Berücksichtigung und Bearbeitung der *strategischen Dimension* ist die Gefahr groß, dass an und für sich gute Projektergebnisse sich schließlich als obsolet erweisen.

Der Geist, der hinter den Instrumenten steht

Nicht die Perfektion der Instrumente wird ihren Erfolg bestimmen, sondern die Anliegen, die damit verfolgt werden. Stil und Kultur des Vorgehens werden als die eigentlichen Botschaften verstanden werden. Die Betroffen werden spüren, ob die buchstabengetreue Abwicklung, die formelle Richtigkeit im Vordergrund stehen oder gemeinsame Ziele und Bedürfnisse. Mit purer Sozialtechnik wird man keine dauerhaften Impulse setzen können. Es gibt Unternehmen mit ausgefuchsten Formen aller möglichen kommunikativen Instrumente und Verfahren – von Informationsmärkten, Haus- und Kundenzeitschriften, neuesten technischen Kommunikationsmedien über regelmäßige Mitarbeiterbefragungen bis hin zur »Open-door policy«. Trotzdem sind Betriebsklima, Motivation und Identifikation der Mitarbeiter alles andere als gut. Die Instrumente greifen nicht, weil die Mitarbeiter sich in Tat und Wahrheit als »Instrumente« fühlen. Das obere Management hat kein wirkliches Interesse an ihren Meinungen. Es erfüllt nur eine Pflicht, um der obersten Unternehmensleitung sowie der Öffentlichkeit gegenüber gut dazustehen.

Die Energie im System beachten

Jedes soziale System verfügt nur über begrenzte Ressourcen und Energien. Auf der einen Seite ist es wichtig, das System nicht zu *unterfordern* – sonst erreichen wir weder das notwendige Problembewusstsein noch die notwendige Aufbruchsstimmung. Andererseits hat es aber auch keinen Sinn, das System zu *überfordern*. Wenn die Leitung zu viel auf einmal – oder gar alles zusammen – als »wichtig« darstellt, betrachten die Mitarbeiter überhaupt nichts mehr als besonders wichtig.

Die Instrumente müssen zur Unternehmenskultur passen

Ein Unternehmen verfügt, genauso wie der menschliche Organismus, über ein »Immunabwehrsystem«. Was mit der vorherrschenden Kultur des Unternehmens nicht kompatibel ist, läuft Gefahr, abgestoßen zu werden. Zahlreiche an sich sinnvolle Aktionen werden in den Sand gesetzt, viele Energien verpuffen, weil der »Unternehmenskörper« nicht darauf vorbereitet und eingestellt wurde. Wenn beispielsweise in der Vergangenheit die Meinung des Mitarbeiters nie gefragt war, bringt es nichts, ohne Vorarbeit durch entsprechende vertrauensbildende Maßnahmen eine Befragung der Mitarbeiter durchzuführen. Verweigerungshaltung und Verfälschung der Ergebnisse sind geradezu vorprogrammiert.

Das Wie ist entscheidender als das Was

Oft können wir beobachten, wie gerade nicht das fertige Instrument, sondern der Prozess der Entstehung – etwa die gemeinsame Entwicklung von Leitbildern, Unternehmensvisionen, Führungsgrundsätzen und Managementsystemen – einen echten Entwicklungsschub mit sich bringt. Vorausgesetzt allerdings, es gelingt, diesen Prozess als intensiven Dialog zu gestalten. Menschen aus sehr unterschiedlichen Bereichen und hierarchischen Ebenen kommen während dieser Zeit miteinander ins Gespräch, lernen sich, ihre besondere Situation und Sichtweise kennen und verstehen. Dadurch werden echte Synergien freigesetzt, ohne dass groß darüber geredet werden muss. Das Gleiche ist zu beobachten, wenn *Corporate Identity* oder *Corporate Culture* unter maßgeblicher Beteiligung der eigenen Mitarbeiter – statt von noch so guten externen Experten – entwickelt und formuliert wird. Man kann sich oft nur wundern, welcher Ideenreichtum und welches Engagement bisher ungenutzt im Unternehmen geschlummert haben.

Meist setzt nicht das Instrument selbst den ausschlaggebenden Impuls, sondern der *Prozess seiner Entstehung*: Die Mitarbeiter spüren, dass das Management sie ernst genug nimmt, um sie an der Entwicklung aktiv zu beteiligen. Durch die Beteiligung der Betroffenen wird die Entwicklung selbst zum entscheidenden Vorgang.

Kapitel 3

Organisationsdiagnose

Jede menschliche Organisation ist ein komplexer und sensibler Organismus. Wer darin herumfummelt, ohne die inneren Zusammenhänge zu berücksichtigen, riskiert, mehr Schaden anzurichten als Zustände zu verbessern. Das Erste, was für ein sinnvolles Management von Veränderungen gebraucht wird, sind saubere Entscheidungsgrundlagen. Eine gute Diagnose ist die halbe Miete.

Es gibt selbstverständlich Situationen, in denen Visionen, Ziele und Strategien gefragt sind – und nicht eine Diagnose. Es gibt Situationen, in denen man nicht lange analysieren muss, weil die Diagnose – für denjenigen, der Augen hat, zu sehen, und Ohren, zu hören – längst klar zutage liegt. Und: Eine diagnostische Grundhaltung ist zunächst einmal eine der entscheidenden Voraussetzungen erfolgreichen, individuellen Handelns überhaupt – die Neugier darauf, wie die Dinge wirklich liegen; die Skepsis eigenen Vorurteilen gegenüber; die Fähigkeit, Fragen zu stellen und gut zuzuhören; der immer wieder unternommene Versuch, sich in die Lage anderer hineinzuversetzen; die Sensibilität für das Unterschwellige; die Bereitschaft, aus dem eigenen Handeln und dessen Auswirkungen zu lernen. Erfolgreiche Führung beruht zu einem guten Teil auf solcher handlungsorientierter Diagnose.

Organisationsdiagnose bedeutet aber auch *geplantes und systematisches Vorgehen, um Informationen über den inneren Zustand der Organisation zu gewinnen*. Diagnose als gezielte Aktion oder spezielle Phase im Rahmen eines Projekts. Es gibt immer wieder Situationen, in denen es notwendig ist, systematisch in eine Organisation hineinzuleuchten, um die Voraussetzungen für Veränderungen transparent zu machen.

Wir konzentrieren uns hier auf die Methodik einer systematischen Organisationsdiagnose.

Die Vogelperspektive und die Froschperspektive

Es gibt drei psychologische Barrieren, die in der Praxis sehr häufig einer sorgfältigen Organisationsdiagnose im Wege stehen. Diese Barrieren hängen alle direkt oder indirekt mit dem hierarchischen Denken zusammen, das auch in unseren modernen Leistungsorganisationen noch immer tief verwurzelt ist.

Die erste Barriere besteht darin, dass praktisch jeder Entscheidungsträger als privilegiertes Mitglied der Organisation bereits eine mehr oder weniger festgefügte Meinung darüber hat, was insgesamt läuft, was nicht läuft, warum es nicht läuft und was verändert werden muss. Diese Meinung ist zwar fast nie ganz falsch. Aber sie ist erfahrungsgemäß auch nie ganz richtig. Jede Führungskraft blickt aus einer ganz bestimmten Optik auf die Organisation – und sie verfügt aufgrund ihrer hierarchischen Position sowie aufgrund ihrer spezifischen Funktion so gut wie nie über alle relevanten Fakten. Es gehört sehr viel Bescheidenheit und Lebenserfahrung dazu, als erfolgreicher Manager und eventuell hoch angesiedelter Verantwortungsträger zu akzeptieren, dass die eigene Sicht im günstigsten Falle eine brauchbare Arbeitshypothese darstellt, die sehr sorgfältig überprüft werden muss, bevor man daraus folgenträchtige Entscheidungen ableitet.

Die zweite Barriere besteht in der Annahme, die Vorgesetzten der unteren und mittleren Stufen wüssten am besten, wo die Stärken und Schwachstellen der Ist-Situation liegen, und folglich, was zu tun sei, um die Organisation auf Vordermann zu bringen. Auch diese Annahme ist nicht ganz falsch. Jeder Vorgesetzte kann etwas Sinnvolles zur Lagebeurteilung beitragen. Aber jeder Vorgesetzte verfügt nur über einen begrenzten Teil der wichtigen Informationen. Jeder hat seinen blinden Fleck. Und manch einer tut sich schon deshalb schwer, Schwachstellen zu erkennen – geschweige denn, sie zu benennen –, weil sich damit automatisch die Frage erheben würde, warum er sie nicht längst im Rahmen seiner normalen Führungsaufgabe behoben hat.

Die dritte Barriere besteht in der Hemmung, Menschen, die die Organisation nur aus der »Froschperspektive« kennen, Menschen, die mit der Nase tief in den operativen Details stecken, über keinerlei Erfahrung in leitenden Funktionen verfügen, möglicherweise keine höhere Ausbildung genossen und sich noch nie über die strategischen und strukturellen Gesamtzusammenhänge des Unternehmens Gedanken gemacht haben, um ihre Meinung zu fragen. Doch exakt dies ist der entscheidende Punkt: dass diejenigen, die an vorderster Betriebs- und Kunden-Front die Arbeit verrichten, gefragt werden, was aus ihrer Sicht gut läuft, wo es Reibungsverluste gibt und was verändert werden sollte. Sie verfügen aufgrund ihrer täglichen Erfahrung und ihrer intimen Sachkenntnis als Einzige über viele Praxisinformationen, die berücksichtigt werden müssen, wenn der Veränderungsprozess erfolgreich verlaufen soll.

Vollerhebung oder repräsentativer Querschnitt?

Selbstverständlich gibt es in der Praxis immer wieder spezifische Fragestellungen, zu denen nur ein sehr begrenzter Personenkreis etwas beitragen kann. Aber wenn man sich ein Bild über den Gesamtzustand einer Organisationseinheit machen will, sind die Mitarbeiterinnen und Mitarbeiter an der Basis allemal die wichtigsten Auskunftgeber.

In kleineren Organisationseinheiten gibt es auf die Frage, wie viele Mitarbeiter in die Erhebung einbezogen werden sollen, eigentlich nur eine Antwort: *alle*. Wenn die Belegschaft aber Hunderte oder Tausende von Personen umfasst, wird die Bewältigung des Massengeschäftes zum Problem. Im Hinblick auf ein vertretbares Aufwand-Nutzen-Verhältnis stellt sich die Frage einer geeigneten Selektion. Durch die Wahl entsprechender Befragungsmethoden kann der Aufwand allerdings auch bei großen Zielgruppen erträglich gestaltet werden. So kann man beispielsweise eine begrenzte Auswahl von Mitarbeitern und Führungskräften individuell befragen, einen größeren Teil in Gruppen, die gesamte Belegschaft aber im Rahmen einer schriftlichen Fragebogenaktion.

Im Zweifelsfalle sollte die Entscheidung immer zugunsten einer Vollerhebung ausfallen, und zwar nicht nur im Hinblick auf eine möglichst breite Datenbasis, sondern auch im Hinblick darauf, möglichst alle Mitarbeiter persönlich anzusprechen und damit breites Interesse für die gemeinsame Sache zu wecken.

Inhalt der Befragung

Ein umfassender »Check-up« muss alle wichtigen Dimensionen der Organisation auf Stärken und Defizite abklopfen:

- Die strategische Positionierung:
  - *Vision/Mission*
  - *Produktportfolio/Leistungspalette*
  - *Wettbewerbsumfeld*
  - *Markt-/Kundensegmente*

- Die Strukturen:
  - *Aufbauorganisation*
  - *Ablauforganisation*
  - *räumliche Verhältnisse und äußere Arbeitsbedingungen*
  - *Führungssysteme und Führungsinstrumentarien*

- Das Verhalten:
  - *Motivation und Identifikation*
  - *Arbeitsklima*
  - *Führungsstil*
  - *Informationsfluss*
  - *Entscheidungsbildung*
  - *Zusammenarbeit in Teams*
  - *Zusammenarbeit zwischen Teams, Funktionen und Bereichen*

- Die Führungs- beziehungsweise Unternehmenskultur:
  - *geschriebene und ungeschriebene Gesetze und Spielregeln*
  - *Regelungsdichte*
  - *übliche Formen der Kommunikation und Kooperation*
  - *Belohnungs- und Sanktionsprinzipien*
  - *Leitbilder und Führungsgrundsätze*
  (was geschrieben steht – und wie es gelebt wird)

Es ist von entscheidender Bedeutung, dass nicht nur nach *Schwachstellen* gesucht, sondern ausdrücklich und sorgfältig auch nach *Stärken* gefragt wird. Der erste und wichtigste Grund: Man soll nicht Dinge verändern, die nicht unbedingt verändert werden müssen – sondern im Gegenteil vorhandene Stärken erkennen, nutzen und allenfalls ausbauen. Zweitens: Mitarbeiter sind viel leichter bereit, vorhandene Schwachstellen konkret zu benennen, wenn sie sich auch über die positiven Seiten der Ist-Situation geäußert haben.

Die meisten Menschen neigen im Allgemeinen dazu, sich ausschließlich über das zu ärgern, was sie stört – und alles als Selbstverständlichkeit zu betrachten (und möglicherweise überhaupt nicht mehr bewusst wahrzunehmen), was zur Zufriedenheit Anlass gibt. Wenn gleichgewichtig nach Stärken und Defiziten gefragt wird, hat dies einen heilsamen Nebeneffekt: Die Befragten geben sich ausgewogen Rechenschaft über ihre Arbeitssituation und verfallen nicht in eine einseitig kritische Haltung ihrem beruflichen Umfeld gegenüber.

Gerade auch in gut geführten Unternehmen herrscht unter den Mitarbeitern häufig eine ausgeprägte »Motzkultur«. Man hat es sich angewöhnt, allenthalben unbefangen seine kritische Meinung kundzutun – und vergisst dabei völlig, wie viele Dinge es gibt, mit denen man eigentlich sehr zufrieden sein kann. Manch einer muss in externe Seminare geschickt werden, um dort von Kolleginnen und Kollegen zu erfahren, was für Zustände in anderen Firmen herrschen.

Wie soll befragt werden?

Für die Datenerhebung steht grundsätzlich ein recht breites Spektrum von Methoden zur Verfügung. Fünf für die Praxis besonders wichtige Erhebungsmethoden sollen hier kurz skizziert werden: *Einzelinterview, Gruppeninterview, Hearing, Diagnose-Workshop, schriftliche Befragung (standardisierter Fragebogen)*.

- Einzelinterview

  persönliches Einzelgespräch
  halb strukturiert (die Themenbereiche sind vorgegeben, im Rahmen der einzelnen Themen findet ein offener Dialog statt)
  Zeitbedarf: 1 ½ bis 2 Stunden

  Vorteile:
  – persönliche und individuelle Ansprache des Einzelnen
  – höchster Offenheitsgrad
  – hohe Interaktivität (Qualität der Kommunikation)

– Tiefgang der Analyse (ermöglicht ein sehr genaues Verstehen der betrieblichen Zusammenhänge)

Nachteil:
– hoher Zeitaufwand
  (bei großen Zielgruppen meist nur in Kombination mit anderen Methoden geeignet)

- **Gruppeninterview**

  Gruppe von fünf bis sieben Personen
  halb strukturiertes Gespräch (analog Einzelinterview)
  Zeitbedarf: 3-4 Stunden

  Vorteile:
  – größere Zielgruppen erfassbar
  – wichtige Punkte werden sehr deutlich erkennbar
  – hohe Lebendigkeit
  – Gruppenaktivität fördert Teamkultur

  Nachteile:
  – individuelle Offenheit nicht ganz so hoch
  – Gruppendynamik überlagert eventuell das Geschehen
    (nicht alle kommen gleichgewichtig zum Zuge)
  – eventuell zwei Befrager notwendig
    (falls interne Mitarbeiter ohne Erfahrung in Teammoderation als Befrager eingesetzt werden)

- **Hearing**

  Kurz-Befragung einer größeren Zahl von Personen, die jeweils nur für eine begrenzte Zeit verfügbar sind (wechselnde Zusammensetzung der Befragungsgruppe)

  Zeitbedarf: $1/2$ *Tag*
  (jedoch nur begrenzte Anwesenheit der einzelnen Befragten erforderlich)

  Vorteile:
  – rascher Überblick über die Gesamtsituation sowie über Schlüsselthemen
  – viele Personen können in kürzester Zeit und mit geringstem Aufwand erste Trendaussagen einbringen

- auch kurzfristig problemlos organisierbar (Interviewpartner können nach individueller Verfügbarkeit flexibel dazustoßen)

Nachteile:
- begrenzter Tiefgang der Analyse
  (Probleme können nicht gründlich besprochen werden)
- Offenheit bei heiklen Themen begrenzt
- je nach spezifischer Managementkultur und personeller Konstellation: Gefahr der »Rummelplatz-Veranstaltung«

- **Diagnose-Workshop**

  Gruppe von 20-25 Personen
  moderierte Workshop-Veranstaltung
  (Sammeln und Verdichten der Aussagen durch Karten- Abfrage, Vertiefung der einzelnen Themen durch Kleingruppenarbeit beziehungsweise Plenumsdiskussion)
  Zeitbedarf: 1 Tag

  Vorteile:
  - hohe Vielfalt von Ergebnissen, breites Spektrum aufgezeigter Aspekte
  - gleichzeitig: Deutlichwerden der Prioritäten
  - flexibles Vertiefen der Analyse möglich

  Nachteile:
  - verhältnismäßig hoher organisatorischer Aufwand
  - hoher Zeitaufwand für die einzelnen Teilnehmer/-innen

- **Schriftliche Befragung**

  standardisierter Fragebogen
  skalierte Antworten (»Multiple-Choice«-Verfahren)
  computergestützte Auswertung (anonym)
  Zeitbedarf (individuelles Ausfüllen): ½-1 Stunde

  Vorteile:
  - problemlose Bewältigung großer Zielgruppen
  - aufgrund quantitiver Verteilungen erkennbare Prioritäten
  - allgemeine Akzeptanz der Ergebnisse
    (Image der »Objektivität«)

Nachteile:
- die Ergebnisse (Zahlen und Prozentwerte) sind in der Regel schwer interpretierbar
(sie liefern nur Hinweise auf Problem-Schwerpunkte, jedoch keine Hintergründe für das Verständnis der Zusammenhänge)
- befriedigende Rücklaufquoten sind die Ausnahme (Mitarbeiter im tariflichen Bereich tun sich häufig von vornherein schwer mit Papier und Bleistift)
- anonyme (unpersönliche) und schriftliche (»bürokratische«) Form der Mitarbeiter-Ansprache

Schriftliche Befragungen eignen sich im Wesentlichen zur Feststellung statistischer Verteilungen. In der Regel empfiehlt es sich, sie nur in Verbindung mit anderen, interaktiveren und im Hinblick auf die Analyse ergiebigeren Methoden einzusetzen.

Standardisierte, schriftliche Befragungen erscheinen uns insbesondere dann sinnvoll, wenn sie regelmäßig (zum Beispiel alle zwei Jahre) wiederholt werden. Es können dann nicht nur die aktuellen Werte (»Momentaufnahme«), sondern auch die Veränderungen der Werte seit der letzten Erhebung (Entwicklungstrends) aufgezeigt werden.

Dank der computergestützten Auswertung ist es auch in einem großen Unternehmen ohne sonderlichen Aufwand möglich, jedem einzelnen Vorgesetzten gleich welcher Stufe sowohl die Durchschnittswerte des Unternehmens als auch diejenigen seiner Organisationseinheit direkt zur Verfügung zu stellen – nicht einfach zu seiner eigenen, höchstpersönlichen Information, sondern als Grundlage für eine gemeinsame Standortbestimmung und Problemlösungsrunde mit seinem Team. Die Erfahrung zeigt allerdings, dass die Unternehmensleitung diese intensive Verarbeitung in den einzelnen Führungskreisen ausdrücklich verlangen und kontrollieren muss. Andernfalls gehen alle guten Vorsätze in der Betriebsamkeit des Tagesgeschäfts sang- und klanglos unter.

Das sensibelste und differenzierteste Instrument der Befragung ist aber in jedem Falle das persönliche Einzelgespräch. In aller Regel sollte zumindest eine repräsentative Auswahl von Mitarbeitern in Einzelinterviews befragt werden. Wenn es nicht möglich ist, alle Mitarbeiter einzeln zu befragen, empfiehlt es sich, die Einzelinterviews durch Gruppeninterviews oder Diagnose-Workshops zu ergänzen. Der gegenüber einer schriftlichen Befragung scheinbar höhere Aufwand lohnt sich letztlich immer. Nach Datenerhebungen im direkten Gespräch mit den Betroffenen muss in der Regel nicht mehr viel analysiert werden – die wichtigsten Zusammenhänge sind klar, und meist liegen auch schon viele gute Ideen und Vorschläge für konkrete Maßnahmen auf dem Tisch. Das eine oder andere kann ohne weitere Präliminarien umgesetzt werden. Diese Qualität der Ergebnisse lässt sich durch nichts aufwiegen.

Externes Institut – oder »Do-it-yourself«?

Die Frage, ob ein externes Institut eingeschaltet oder ob die Befragung durch eigene Mitarbeiter durchgeführt werden soll, wird in der Praxis meist gar nicht erst gestellt. Das Management geht von vornherein davon aus, dass Neutralität, Objektivität und Professionalität nur durch Externe gewährleistet werden können. Wir vertreten hier einen anderen Standpunkt. Neutralität und Objektivität können auch durch ein externes Institut nie hundertprozentig gewährleistet werden – und wenn man Pech hat, wird mit Studenten oder Teilzeitkräften angerückt, die bisher am Fließband standardisierte Kurzinterviews mit Hausfrauen über Waschmittel durchgeführt haben.

Im Übrigen sind Neutralität und Objektivität bei weitem nicht die einzigen Kriterien für die Wahl des Weges. Ebenso wichtig ist es, Resultate zu produzieren, die auf einem echten *Verständnis der betrieblichen Zusammenhänge* beruhen. Wichtig ist ferner, ob das *Know-how*, das durch die Befragung erarbeitet wird, im Unternehmen bleibt oder mit den externen Beratern wieder abzieht. Und wichtig ist endlich, ob die Befragung lediglich der Daten-Extraktion dienen oder ob sie zusätzlich einen wichtigen Beitrag zur *Entwicklung der unternehmensinternen Kommunikation* leisten soll.

Was die Professionalität anbetrifft, so kann diese durch die Auswahl und die Ausbildung der eingesetzten Mitarbeiter sowie durch eine entsprechende Projektbegleitung durchaus gewährleistet werden. Dies ist kein Plädoyer gegen den Einsatz Externer, wohl aber dafür, diese gegebenenfalls für unterstützende »Hilfe zur Selbsthilfe«, für die Ausbildung der eigenen Mitarbeiter »on the job« und damit für den Know-how-Transfer ins Unternehmen zu verwenden (siehe Abbildung 18).

Die Mitwirkung bei einer internen Befragung ist für Mitarbeiterinnen und Mitarbeiter eine motivierende Herausforderung und eine echte Ar-

Abbildung 18: Einsatz eigener Mitarbeiter als Befrager

Vorteile:

- Erste-Hand-Information bleibt im Hause
- Praxisrelevanz der Analyse ist höher
- flexible Organisation (Befrager sind schon im Hause)
- Aufbau von Know-how im Unternehmen
- »Jobenrichment« für die eingesetzten Mitarbeiter/-innen
- wertvolle Qualifizierung für die eingesetzten Mitarbeiter/-innen
- die Befragung durch Kolleginnen und Kollegen aus dem eigenen Unternehmen wird erfahrungsgemäß hochgeschätzt
- die Befragung ist ein signifikanter Beitrag zur Entwicklung einer lebendigen Kommunikationskultur im Unternehmen

Voraussetzungen:

- äußerst sorgfältige Auswahl der Befrager/-innen (Sozialkompetenz!)
- Ausbildung der Befrager/-innen für ihre Aufgabe (2-3 Trainingstage)
- Bildung selbststeuernder Teams mit fest zugeteilten Befragungszielgruppen
- projektmäßige Organisation (sauberes Projektmanagement)
- Unterstützung der Teams bei der Auswertung (Moderation/Visualisierung)

beitsbereicherung. »Ich habe mein Unternehmen jetzt erst richtig kennen gelernt« ist eine typische Aussage. Die ausgewählten Mitarbeiter müssen zwar während ihres Einsatzes zu einem gewissen Teil ihrer Arbeitszeit freigestellt werden. Die Erfahrung zeigt aber, dass die angestammte Aufgabe während dieser Zeit praktisch ohne Einbußen wahrgenommen wird. Die faszinierende Nebenaufgabe mobilisiert ungeahnte zusätzliche Energien.

Entscheidend ist allerdings eine sorgfältige Ausbildung der Befragerinnen und Befrager für ihre Aufgabe. Wer noch nie Interviews gemacht hat, muss in die Methodik eingeführt werden, damit er in der Lage ist, qualifizierte diagnostische Gespräche zu führen (siehe Abbildungen 19, 20 und 21: Diagnostische Grundhaltung/Methodische Hinweise für die Gesprächsführung/Interview-Leitfaden). Der Aufwand hierfür hält sich allerdings in Grenzen. In der Regel genügen zwei bis drei Trainingstage.

Abbildung 19: Diagnostische Grundhaltung

> *Was soll der Interviewer tun?*
> Fragen, zuhören, nachfragen – fragen, zuhören, nachfragen ...
>
> *Mit welchem Ziel?*
> Die individuelle Sicht, die subjektive Meinung und die persönlichen Empfindungen des Gesprächspartners erfassen und verstehen.
>
> *Warum »nachfragen«?*
> Erstens: Weil nicht jede Antwort auf Anhieb verständlich ist. Zweitens: Weil es nicht nur darum geht, Fakten zu sammeln, sondern auch darum, Hintergründe und Zusammenhänge zu verstehen.
>
> *Auf was muss besonders geachtet werden?*
> Darauf, wie der Befragte seine Arbeitssituation subjektiv erlebt: seine Gefühle, seine Grundstimmung, seine »emotionale Lage«.
>
> *Was soll der Interviewer nicht tun?*
> Widersprechen, korrigieren, diskutieren – als vermeintlich oder tatsächlich »besser Informierter« versuchen aufzuklären, wie die Dinge »in Wirklichkeit« liegen.
>
> *Welche Eigenschaften zeichnen einen guten Interviewer aus?*
> Neugier, Interesse für Menschen, Einfühlung in andere Menschen (die andere Erfahrungen, andere Interessen, andere Ansichten haben) – das heißt unter anderem auch: eine gewisse Bescheidenheit!
>
> *Welches ist die Funktion des Interviewers?*
> Überbringer der »Botschaft« des Befragten – nicht Überbringer seiner eigenen Meinung. Ehrlicher Vermittler zwischen dem Befragten und der Projekt-Organisation. Engagierter Reporter – nicht Schiedsrichter!
>
> *Welches ist die Funktion des Befragten?*
> Kompetenter Auskunftgeber über das Geschehen in seinem Arbeitsumfeld – und darüber, was dieses in ihm selbst auslöst.

Abbildung 20: Methodische Hinweise für die Gesprächsführung

- *Im Rahmen der einzelnen Themen offener Dialog*
  Es handelt sich um ein so genanntes »halb strukturiertes« Interview, das heißt, die Themenbereiche sind vorgegeben und müssen alle angesprochen werden – zu den einzelnen Themen findet jedoch ein freies Gespräch statt.
- *Konkretisierung durch praktische Beispiele*
  - »Können Sie mir ein praktisches Beispiel nennen?«
  - »Denken Sie da an einen bestimmten Vorfall?«
  - »Bei welcher Gelegenheit haben Sie diesen Eindruck gewonnen?«
- »Wann waren Sie zuletzt in so einer Situation?«
- *Nicht nur nach Problemen, sondern auch nach Lösungen fragen*
  - »Woran liegt das – und wie könnte man es ändern?«
  - »Wer könnte oder müsste was tun, um hier Abhilfe zu schaffen?«
  - »Was würden Sie tun, wenn dieser Betrieb Ihnen gehören würde?«
- *Zum Thema zurückführen*
  Wenn der Befragte beim Reden »vom Hundertsten ins Tausendste« gerät, unterbrechen und durch entsprechendes Anknüpfen zum Thema zurückführen:
  - »Ich würde gern nochmals bei folgendem Punkt anknüpfen ...«
  - »Sie sagten vorhin ...«
  - »Nochmals zurück zur Frage ...«
  - »Was ich vorhin noch nicht genau verstanden habe: ...«
- *Die Zeit im Auge behalten*
  Die für die einzelnen Gesprächsphasen budgetierten Zeiten in etwa einhalten – das heißt rechtzeitig zur nächsten Frage überleiten (es sei denn, beide Gesprächspartner haben genügend Zeit und stehen nicht unter Druck). Im Zweifelsfalle einen Themenbereich nur kurz ansprechen (das Wichtigste spontan abfragen) – aber kein Thema auslassen.
- *Aussagen über Personen sind wichtig – und fast immer heikel*
  Die Arbeitssituation wird nicht zuletzt durch die Menschen im Arbeitsumfeld geprägt. Vor allem Probleme werden häufig überhaupt nur an Personen erlebt und auf Personen zurückgeführt. Aussagen zu einzelnen Personen sind deshalb immer wichtig und müssen fest-

gehalten werden. Der Befragte darf aber nicht intensiv über Personen »ausgequetscht« werden, denen er kritisch gegenübersteht. Die Gefahren: peinliche Situation; schlechtes Gewissen; Beeinträchtigung des offenen Gesprächsklimas.

- *Auf die »Körpersprache« achten*
  Die innere Einstellung des Befragten zu bestimmten Fragen und seine Gefühle in Bezug auf seine Arbeitssituation teilen sich manchmal nicht durch das gesprochene Wort mit, sondern durch Mimik, Gestik oder Schweigen – also durch das, was nicht gesagt wird.

- *Stichwortartige Gesprächsnotizen*
  Die wichtigsten Aussagen während des Gesprächs in Stichworten kurz festhalten – aber nicht alles mitschreiben, was gesagt wird. Der Interviewer ist überwiegend in direktem Blickkontakt mit dem Befragten und darf nur ab und zu aufs Blatt schauen. Tonbandgeräte sind strikt verboten. Nur sehr erfahrene Interview-Geber (öffentliche Prominenz) behalten ihre Unbefangenheit auch bei elektronischer Aufzeichnung.

- *Besonders prägnante Aussagen wörtlich protokollieren*
  Besonders treffende Formulierungen oder charakteristische Aussagen als wörtliches Zitat festhalten und für die spätere Auswertung optisch markieren. Zitate dokumentieren besonders anschaulich die emotionalen Hintergründe und tragen entscheidend zur Lebendigkeit, Plausibilität und Überzeugungskraft der Ergebnisse bei.

- *Unergiebige Interviews oder Interview-Teile gehören zum Geschäft*
  Es gibt ergiebigere und weniger ergiebige Interviews. Und es gibt Fragen, die beim einen Befragten viel, beim andern wenig oder nichts hergeben. »Weiße Zonen« in den Interview-Protokollen sind etwas ganz Normales. Nicht »auf Teufel komm raus« Resultate festhalten wollen!

- *Kurze Bilanz nach jedem Gespräch*
  Nach jedem Gespräch eine Viertelstunde allein und in Ruhe die Notizen ordnen, das Gespräch gedanklich »Revue passieren lassen« und die persönlichen Eindrücke über den Verlauf des Interviews, das Gesprächsklima und den Gesprächspartner (Offenheit, Stimmung, Verhalten) gesondert kurz festhalten.

Der Interview-Leitfaden

Das mit Abstand wichtigste Arbeitsinstrument einer Mitarbeiterbefragung ist der Gesprächsleitfaden. Sorgfalt bei seiner Erarbeitung ist eine gute Investition. Es geht ja nicht nur darum, dass in allen Gesprächen die gleichen Fragen

Abbildung 21: Interview-Leitfaden

> *Muster eines Leitfadens, der bei verschiedenen Mitarbeiterbefragungen in größeren Unternehmen eingesetzt worden ist – jeweils ergänzt durch einige unternehmensspezifisch interessante Fragen. In der Arbeitsunterlage für die Befrager/-innen, dem Interview-Protokoll, werden die Fragen jeweils über ca. acht A4-Seiten (inkl. Deckblatt für Personalien) verteilt, mit genügend Raum nach jeder Frage für handschriftliche Notizen (Stichworte sowie wörtliche Zitate).*
>
> **1. *Einleitung des Gesprächs***   *(5-10 Min.)*
> – Persönliche Vorstellung des Interviewers
> – Information:
>   • Ziele, Ablauf und Zeitplan der Mitarbeiterbefragung
>   • Anzahl und Auswahl der Befragten
>   • Wichtigste Themen des Gesprächs (Übersicht geben, was kommt)
>   • Vorgehen bei der Auswertung (speziell: Vertraulichkeit)
>   • Protokollierung (stichwortartige Notizen)
> – Gelegenheit geben zu Rückfragen …
>
> **2. *Derzeitige Tätigkeit***   *(5-10 Min.)*
> Zunächst zu Ihrer Tätigkeit. Ich sehe hier, dass Sie als … arbeiten. Ich habe zwar eine gewisse Vorstellung davon, was man da macht – aber nur sehr allgemein. Können Sie mir kurz schildern, wie ein ganz normaler Arbeitstag bei Ihnen abläuft – das heißt, was Sie von morgens bis abends ganz konkret tun?
>
> **3. *Motivation***   *(5 Min.)*
> Welche sind die schönen Seiten Ihres Berufs? Was gefällt Ihnen an Ihrer Aufgabe?
> Was macht einem in Ihrer Tätigkeit Freude? Was gibt Ihnen Befriedigung oder Stolz auf das, was Sie gemacht haben?

4. Belastungen *(5 Min.)*
Jeder Beruf hat auch seine Schattenseiten. Welches sind die unangenehmeren Begleitumstände oder Belastungen, mit denen man in Ihrer Tätigkeit normalerweise rechnen muss?

5. Positive Aspekte des betrieblichen Geschehens *(5-10 Min.)*
Wenn Sie an die Arbeitsabläufe im betrieblichen Alltag denken – was läuft da Ihrer Meinung nach gut? Was hat man Ihrer Ansicht nach gut organisiert? Was sollte auch in Zukunft möglichst so bleiben? Was sind Dinge, von denen Sie sagen: Das hat sich bewährt?

6. Kritische Aspekte des betrieblichen Geschehens *(15-20 Min.)*
– Was läuft im betrieblichen Alltag nicht so gut, wie es könnte oder sollte?
– Gibt es Dinge, die Ihnen für die Zukunft Sorgen machen – zum Beispiel im Hinblick auf die Effizienz der Arbeit, die Sicherheit, das Arbeitsklima oder Ihre eigene Arbeitsfreude?
– Was könnte Ihrer Ansicht nach passieren, wenn man nichts tut?
– Wo liegen Ihrer Ansicht nach die Ursachen?
– Wie könnten diese Probleme gelöst werden? Wer müsste was tun?

7. Führung und Zusammenarbeit *(5 Min.)*
– Wie beurteilen Sie das Klima, die Führung und die Zusammenarbeit in Ihrem engeren Arbeitsumfeld, speziell in Ihrem Team? Wie gut oder wie schlecht kommt man da miteinander aus?
– Gibt es außerberufliche Kontakte untereinander? Welcher Art?
– Kann man bei der Gestaltung und Organisation der Arbeit mitsprechen, oder wird grundsätzlich nur angeordnet? Wird man um seine Meinung gefragt? Kann man Vorschläge einbringen – und werden diese berücksichtigt?
– Welche Eigenschaften schätzen Sie an Ihrem Vorgesetzten besonders? Welche dagegen schätzen Sie weniger?

8. Kontakte mit höheren Stellen *(5 Min.)*
– Haben Sie ab und zu auch mit höheren Vorgesetzten persönlichen Kontakt?
– Welche dieser Kontakte beurteilen Sie als angenehm, welche weniger? Warum?

9. Zusammenarbeit mit anderen Funktionsbereichen *(5 Min.)*
- Mit was für anderen Abteilungen oder Bereichen haben Sie im betrieblichen Alltag gelegentlich zu tun?
- Was läuft da Ihrer Ansicht nach gut in der Zusammenarbeit? Was läuft weniger gut? Was müsste verbessert werden?

10. Information und Kommunikation *(5-10 Min.)*
- Als Mitarbeiter eines nicht gerade kleinen Unternehmens möchte man ja auch ein wenig darüber informiert sein, was wann warum geschieht oder auch nicht geschieht, was sich im Gesamtunternehmen tut und was in nächster Zeit auf einen zukommt. Wie erfahren Sie normalerweise solche wichtigen Neuigkeiten?
- Wer spricht bei welchen Gelegenheiten mit Ihnen über solche Fragen?
- Was für schriftliche Informationen erhalten Sie? Wie nützlich finden Sie diese?
- Gibt es Fragen, auf die Sie gerne eine Antwort hätten, aber bisher nicht erhalten haben?

11. Personalpolitik *(5 Min.)*
- Wie beurteilen Sie die Personalpolitik des Unternehmens insgesamt?
- Was erwarten Sie an fachlicher und persönlicher Förderung in diesem Unternehmen?
- Fühlen Sie sich bezüglich Ihrer beruflichen Entwicklung ausreichend unterstützt und beraten? Wenn nein, wer müsste was tun?
- Was haben Sie in Ihren bisherigen Kontakten mit Vertretern der Personalabteilung insgesamt für Erfahrungen gemacht?

12. Unternehmensleitung *(5 Min.)*
- Wie beurteilen Sie die Leitung des Gesamtunternehmens und die Politik der Geschäftsleitung?
- Gibt es Fragen, mit denen die Geschäftsleitung sich Ihrer Ansicht nach besonders intensiv befassen sollte?
- Wenn der oberste Chef Sie bitten würde, ihm eine Anregung zu geben – was würden Sie ihm in einem Satz sagen?

13. Image des Unternehmens (5 Min.)
- Was für ein Ansehen hat das Unternehmen Ihrer Ansicht nach in der Öffentlichkeit?
- Was macht Ihrer Ansicht nach das Unternehmen als Arbeitgeber attraktiv, was vielleicht eher unattraktiv?
- Wie empfinden Sie persönlich den Werbeauftritt des Unternehmens in den Medien?

14. Blick in die Zukunft (5 Min.)
- Zum Schluss sozusagen als Quintessenz: Angenommen, man könnte nur eines oder zwei der heute in Ihrem beruflichen Alltag vorhandenen Probleme angehen – welches wären für Sie die wichtigsten Dinge, die verändert werden müssten?
- Welche Lösungen könnten Sie sich vorstellen – und wer müsste oder könnte sie Ihrer Ansicht nach verwirklichen?
- Und wenn Sie an das Unternehmen insgesamt denken, was wäre Ihrer Meinung nach das Wichtigste, das verbessert oder verändert werden sollte?

15. Abschluss des Gespräches (5 Min.)
- Danken für das interessante Gespräch.
- Nachfrage, wie der/die Interview-Partner/-in das Gespräch empfunden hat.
- Nochmaliger kurzer Hinweis, wann und auf welchem Wege Information über die Ergebnisse der Befragung erwartet werden kann.

gestellt werden. Die Fragen müssen auch so gestellt werden, dass die Befragten sie verstehen und sinngemäß beantworten können. Da ist eine klare und einfache Sprache gefragt. Im Übrigen muss der Leitfaden so gestaltet sein, dass der Befrager seine Gesprächsnotizen gleich den einzelnen Fragen zuordnen kann. Dies erleichtert die Arbeit bei der späteren Auswertung.

Fragebögen sind in der Praxis fast immer viel zu lang. Zu viele intelligente Schreibtischtäter haben zu viel Zeit gehabt, sich darüber den Kopf zu zerbrechen, was alles auch noch interessant wäre zu erfahren, wenn man denn die Leute schon mal an der Strippe hat. Resultat: Das Interview wird zu einem geisttötenden und nervenaufreibenden Abhaken von Einzelfragen. Das Ende vom Lied ist ein imposanter Datenberg – und ein Mangel an Verständnis der Hintergründe.

Entscheidend ist nicht, dass in möglichst kurzer Zeit möglichst viele Fragen beantwortet werden, sondern vielmehr, dass im Rahmen der einzelnen Fragestellungen ein *qualifizierter Dialog* geführt werden kann. Hierfür ist eine entsprechende, durch den Interview-Leitfaden vorgegebene Dramaturgie erforderlich. Im Übrigen soll man sich nicht durch Zahlenfanatiker und Methoden-Perfektionisten dazu verleiten lassen, möglichst viele präzise, so genannte »geschlossene« Fragen zu stellen. Wer nur noch »Ja« oder »Nein« sagen darf, fühlt sich nicht zu einem echten Gespräch eingeladen. Offene Fragen dagegen aktivieren den Gedanken- und Gesprächsfluss – und nur auf diesem Wege ist es möglich, über die nackten Fakten hinaus die wesentlichen Hintergründe und Zusammenhänge zu verstehen (siehe Abbildung 21: Interview-Leitfaden).

Was geschieht mit den Daten?

Das Erste, was nach einer Befragung bewältigt werden muss, ist die verwirrende Vielfalt der Daten. Aus Dutzenden oder Hunderten von ein- bis zweistündigen Gesprächen ergibt sich eine gewaltige Masse von Informationen. Dieses Material muss verdichtet werden. Interne Mitarbeiter benötigen hier in der Regel Unterstützung: Moderation, Visualisierung, Aufbereiten und Darstellen der wesentlichen Erkenntnisse.

Das Verdichten der Daten erfordert besondere Sorgfalt. Es geht darum, das wirklich Wichtige herauszuarbeiten und zusammenzufassen. Typische Aussagen, die wörtlich zitiert werden, tragen wesentlich zur Illustration und zum Verständnis generell formulierter Trendergebnisse bei. Andererseits darf keine Aussage in die Berichterstattung aufgenommen werden, die auf einen bestimmten Urheber zurückbezogen werden könnte. Außerdem gehört nichts in einen offiziellen Bericht, was irgendeine Person im Unternehmen kompromittieren könnte.

Anschließend müssen geeignete Wege der Information über die Ergebnisse gefunden werden. Die Entscheidungsträger müssen sich besonders intensiv mit den Ergebnissen auseinandersetzen, denn sie sind es, die die Weichen für das weitere Vorgehen zu stellen haben. Gleichzeitig ist es aber von großer Bedeutung, dass alle Mitarbeiter offen über die Ergebnisse informiert werden. Nur so kann eine breite Akzeptanz der sich aus der Befragung ergebenden Maßnahmen sichergestellt werden.

In einem größeren Unternehmen wird es außerdem sinnvoll sein, den Führungskreisen größerer Organisationseinheiten die sich auf ihren Verantwortungsbereich beziehenden spezifischen Ergebnisse gesondert zu erläutern. Mindestens sollte man dies als Option anbieten – für diejenigen, die auch kritische Ergebnisse als wertvolle zusätzliche Management-Information und nicht als unflätige Nestbeschmutzung betrachten.

Organisationsdiagnose als Management-Instrument

Es gibt letztlich keine umfassende Organisationsdiagnose ohne Befragung der betroffenen Organisationsmitglieder. In vielen Unternehmen sind jedoch Mitarbeiter-Befragungen tabu. Das Management hat Angst, »schlafende Hunde« oder »überzogene Erwartungen« zu wecken. Das heißt: Man mag sich nicht unter Handlungszwang setzen lassen. Oder: Das Management glaubt nicht, dass eine Befragung der Mitarbeiter »etwas bringt«. Es glaubt, dass das, was getan werden kann, von der operativen Führung längst getan worden ist. Dass die Mitarbeiter in Tat und Wahrheit die einzigen wirklichen »Experten« sind in Bezug auf das, was sich zuvorderst an der Front abspielt, ist noch keine allzu weitverbreitete Erkenntnis.

Mit Abstand häufigster Fall jedoch: Frühere Befragungsaktionen haben das Thema für alle Zeit tot gemacht. Man hatte nicht offen über die Ergebnisse berichtet oder keine nennenswerten praktischen Konsequenzen gezogen – oder beides. Resultat: Die Mitarbeiter sind überhaupt nicht mehr bereit, sich auf irgendeine »Schnüffel-Umfrage« einzulassen.

Dies ist sehr bedauerlich, denn gerade in größeren Betrieben sind Mitarbeiterbefragungen ein äußerst wertvolles Instrument – nicht nur, um Entscheidungsgrundlagen zu schaffen, sondern vor allem auch, um im Unternehmen *Energie für Veränderungen* zu mobilisieren. Es gibt immer und überall zu viele Kräfte, deren wesentliches Ziel darin besteht, den Status quo zu erhalten. Befragungsresultate sind ungemein elegante, für sich selbst sprechende »Argumente« für Veränderungen. Sie legitimieren auf ganz natürliche Weise Entscheidungen, die sonst mit hohem Aufwand und möglicherweise gegen massiven Widerstand durchgesetzt werden müssten.

Eine Befragung ist allerdings immer eine markante, kulturprägende Intervention. Vom Kommunikationswissenschafter *McLuhan* stammt der berühmte Satz: »*The medium is the message.*« Wie bei jedem anderen Medium enthält auch bei einer Mitarbeiterbefragung die äußere Form eine wichtige »verschlüsselte Botschaft«. Im Falle einer schriftlichen Fragebogen-Umfrage, durchgeführt von einem externen Markt- oder Meinungsforschungsinstitut, lautet diese Botschaft: »*Wir wollen statistische Daten erheben*« oder: »*Bei uns wird schriftlich kommuniziert.*« Im Falle ausführlicher Einzelgespräche lautet die Botschaft: »*Wir interessieren uns für Deine persönliche Meinung*« oder: »*Du bist als Individuum wichtig.*« Gruppengespräche signalisieren: »*Bei uns ist Teamarbeit gefragt.*« Wenn nicht nur nach der Funktionalität der Strukturen und Abläufe, sondern auch nach dem Führungsstil und dem Arbeitsklima gefragt wird, besagt dies: »*Es geht uns nicht nur um Effizienz, sondern auch um gute menschliche Arbeitsbeziehungen.*« Und wenn Interne die Gespräche führen, bedeutet dies: »*Wir suchen den internen Dialog untereinander.*«

Dies ist kein generelles Votum gegen schriftliche Formen der Befragung im Unternehmen. Für gewisse Zwecke kann eine Fragebogen-Umfrage durchaus das richtige Instrument sein. Die Wahl der Methode hängt letztlich immer davon ab, welche Ziele man verfolgt. Und da stellen sich stets zwei Fragen. Zum einen: »*Was wollen wir wissen?*« Zum andern: »*Was wollen wir bewirken?*«

Wie immer aber die Antwort auf diese beiden Fragen und damit die Wahl der Methode ausfallen mag – zwei Voraussetzungen müssen gegeben sein, wenn man eine eingehende Diagnose in Angriff nehmen will: die Bereitschaft, offen über die Ergebnisse zu informieren – und der Wille, die Ergebnisse in konkrete Maßnahmen umzusetzen.

Kapitel 4
Führen durch Zielvereinbarung

> »Wer nicht weiß, wohin er segeln will,
> für den ist kein Wind der richtige.«
>
> Seneca

Führen durch Zielvereinbarung ist in der Wirtschaft alles andere als eine neue Errungenschaft. Das Konzept ist vor mehreren Jahrzehnten – ursprünglich unter der Bezeichnung MBO (Management by Objectives) – aus den USA nach Europa gekommen. Zielvereinbarungen gehören mittlerweile in den meisten größeren Firmen zum festen Bestand etablierter Führungsinstrumente.

Warum befassen wir uns in diesem Buch damit?

Erstens, weil dieses Instrument in der Praxis erstaunlich häufig in einer Art und Weise angewendet wird, die den eigentlichen Zweck völlig verfehlt. In vielen Fällen ist es nicht übertrieben, von einer Alibi-Übung zu sprechen.

Zweitens, weil selbstständige Mitarbeiter/-innen und Organisationseinheiten nur über geregelte Zielvereinbarung und -kontrolle qualifiziert geführt und entwickelt werden können. Wer mit diesem Instrument nicht vertraut ist, sollte gar nicht erst damit anfangen, seine Organisation in Richtung schlanke und dezentrale Strukturen verändern zu wollen.

Sinn und Nutzen von Zielen

Sinnentleerung und Mangel an Perspektiven gehören im Arbeitsbereich – wie übrigens generell im menschlichen Leben – zu den am meisten verbreiteten und gleichzeitig schädlichsten Übeln. Wer den Sinn seiner Arbeit nicht kennt, kann nicht motiviert sein. Und wer in seinem Leben überhaupt keinen Sinn und keine Perspektiven mehr erkennen kann, fällt der Depression anheim und versucht sich früher oder später auf die eine oder andere Weise aus dem Leben zu schleichen.

Ein Ziel vor Augen zu haben hilft wie nichts sonst gegen Müdigkeit, Mutlosigkeit und innere Leere. Wer den größeren Rahmen überblickt, in den seine Arbeit eingeordnet ist, die Prozesskette kennt, in die seine Aufgabe eingebaut ist, der ist auch in der Lage, Energie zu mobilisieren. Und wenn er seinen Beitrag – wie bescheiden dieser im Verhältnis zum Ganzen auch sein mag – als wichtig, wertvoll oder sogar unverzichtbar empfindet, wird er außerdem über seine eigene Nasenspitze hinausdenken und sich für das gemeinsame Gelingen einsetzen. Er wird, wo immer er angesiedelt ist, an seinem Platz unternehmerisch denken und handeln.

Sich selbst oder jemand anderem ein Ziel setzen bedeutet, ein angestrebtes Resultat zu definieren – zunächst nur ein Resultat, nicht den Weg, auf dem es zu erreichen ist. Das Ziel gibt Orientierung, engt aber nicht ein. Im Gegenteil: Das Ziel öffnet erst neue, mögliche Handlungsfelder. Es zwingt, über die Ausrichtung des eigenen Handelns nachzudenken, Lösungen und Wege zu suchen, die eigenen Energien gezielt und damit ökonomisch einzusetzen. Und: Es beflügelt – sowohl durch die Möglichkeit selbstständigen Handelns als auch durch die Möglichkeit überprüfbaren, persönlichen Erfolgs. Dies ist nämlich gerade im Bereich der Führung gar nicht so einfach – dass man nach getaner Arbeit zurückblicken und sagen kann: »Das habe ich geschafft!«

Wer »Unternehmertum« nicht nur als modische Begriffshülse im Munde führen will, kommt nicht darum herum, sich selbst und seine Mitarbeiter/-innen über Ziele zu führen. Menschen, die immer über detaillierte Kataloge operativer Aufgaben geführt worden sind, haben nie gelernt, selbstständig zu denken und zu handeln. Sie haben nicht gelernt, echt Verantwortung zu übernehmen. Und dies trifft leider für Massen von Menschen zu, die heute die Unternehmenshierarchien bis in mittlere und höhere Ränge hinauf bevölkern: Sie wickeln – auf höherem oder niedrigerem fachlichem und intellektuellem Niveau – vorgegebene Aufgaben ab. Oft genug solche, die man mit großem Gewinn fürs Ganze ersatzlos streichen könnte.

Die Orientierung an Zielen ist eine der Grundvoraussetzungen für Selbstorganisation und Selbststeuerung in schlanken Organisationen.

Was sollte man nicht mit »Zielen« verwechseln?

Stellen- beziehungsweise Funktionsbeschreibung
Hier werden Aufgabengebiete definiert und Zuständigkeiten geregelt – tunlichst nicht in Form ellenlanger Kataloge einzelner Tätigkeiten, sondern durch Abstecken des Rahmens der Verantwortung. Also nicht »Er tut …«, sondern »Er gewährleistet …«. Die Stellenbeschreibung zeigt den Rahmen auf, innerhalb dessen Ziele sich bewegen können. Die Ziele konkretisieren auf jeweils aktueller Basis die in Stellenbeschreibungen allgemein gehaltenen Erwartungen an den Mitarbeiter.

Aufgaben
Eine Aufgabe stellen bedeutet, einen Auftrag zu erteilen, etwas Bestimmtes zu tun. Da kann situativ – muss aber nicht – einiges ähnlich sein wie bei der Zielsetzung: die Orientierung am Ergebnis; ein definierter Handlungsspielraum; definierte Erfolgsparameter. Der Hauptunterschied liegt darin, dass ein Ziel in der Regel übergeordnete Aspekte betrifft und nicht den Weg definiert, auf dem es erreicht werden soll. Aufgaben dagegen können einfachster Natur und so eng gefasst sein, dass für selbstständiges Denken und Handeln, für kreative und konzeptionelle Arbeit, auch nicht der geringste Spielraum vorhanden ist. Auch wer funktioniert wie ein Automat, kann seine Aufgabe – je nachdem wie sie definiert ist – durchaus ordentlich erledigen.

Tätigkeiten
Hier geht es ausschließlich um faktisches Tun, um Ausführung, um operative Aktivität. Dies schließt das Vorhandensein sinnvoller, übergeordneter Ziele und Aufgaben nicht aus. Diese können – oder sollten – den Rahmen bilden, innerhalb dessen sich die Tätigkeit vollzieht. Doch oft genug fehlt diese Orientierung. Die eine mögliche Konsequenz ist Gleichgültigkeit – innere Emigration und Entfremdung. Die andere ist die operative Hektik. Sie ist nichts anderes als der verzweifelte Versuch, von der inneren Leere abzulenken. Motto: »*Wir haben das Ziel aus den Augen verloren und deshalb unsere Anstrengungen verdoppelt.*«

Planung
Während das Ziel eine Richtung vorgibt und die Aufgabe einen Weg definiert, dienen Pläne dazu, Aktivitäten, die vorgesehen sind, im Einzelnen vorzubereiten.

So wichtig Planung für die Erfüllung komplexer Aufgaben ist – in der heutigen Zeit des raschen Wandels muss Planung neu verstanden und gehandhabt werden. Pläne verführen dazu, nicht mehr auf Eventualitäten eingestellt zu sein. Sie vermitteln ein trügerisches Gefühl der Sicherheit. Sätze wie diese illustrieren das Dilemma: »*Planung bedeutet, den Zufall durch Irrtum zu ersetzen*«; »*Die Genauigkeit der Daten steht in keinem Verhältnis zu ihrer Relevanz*«; »*Je genauer man plant, desto härter schlägt der Zufall zu.*«

Vorsätze

Das Sprichwort sagt: »*Der Weg zur Hölle ist mit guten Vorsätzen gepflastert.*« Der Vorsatz ist, anders als ein echtes Ziel, letztlich nicht verbindlich. Vorsätze bilden – als Probehandeln in der Fantasie – den unentbehrlichen Rohstoff, aus dem sich, wenn die Zeit gekommen und die Situation günstig ist, feste Vorhaben entwickeln können. Vorsätze können aber auch als bequemes Ruhekissen dienen. Der Vorsatz ist die raffinierteste Form der Selbstüberlistung – der Königsweg, um vor sich selbst das Bild eines vorhandenen Willens aufrechtzuerhalten, ohne tatsächlich handeln beziehungsweise etwas verändern zu müssen.

Was für Ziele können im Bereich der Führung gesetzt werden?

Die Ziele lassen sich ganz grob in vier Kategorien unterteilen:

1. Arbeitsziele im Rahmen der normalen Funktionsbeschreibung, die das laufende Geschäft betreffen.
2. Arbeitsziele, die über den gewohnten Rahmen hinausgehen und sich in Sonderaufträgen oder Projekten niederschlagen können.
3. Auf Mitarbeiter/-innen, Gruppen, Funktionen oder Organisationseinheiten bezogene Entwicklungs- oder Veränderungsziele (betr. z. B.: Organisation, Zusammenspiel, Verhalten, Qualifikation etc.).
4. Auf die eigene Person bezogene Entwicklungsziele (betr. z. B.: Führungsverhalten, Kommunikation, Qualifikation etc.).

Es geht nicht darum, die gesamte Geschäftstätigkeit bis ins Kleinste aufzudröseln und mit spezifischen Zielen zu hinterlegen. Im Geschäftsleben sind viele Dinge bestens geregelt und eingespielt und bedürfen keiner speziellen Zielsetzung und Planung, um Sinn zu machen. Ziele sind dort angebracht, wo zwischen einem Soll und einem Ist eine Abweichung besteht – und wo der Weg zum Soll-Zustand nicht von vornherein klar auf der Hand liegt (wo die Wege klar sind, müssen nicht Ziele gesetzt, sondern Maßnahmen geplant und umgesetzt werden).

Beispiele quantitativer Ziele:

- »*Steigerung des Ertrags um den Prozentsatz x bei gleich bleibendem Aufwand*«
- »*Aubbau von x Stellen in der Zentralen Administration*«
- »*Reduktion der Lagerbestände um x Prozente*«
- »*Gewinnen von soundso vielen neuen Kunden der Zielgruppe X für unsere Dienstleistung Y*«
- »*Reduktion der durchschnittlichen Durchlaufzeit (oder Entwicklungszeit) von x auf y Stunden (oder Tage, Monate, Jahre)*«

Beispiele qualitativer Ziele:

- »*Lösung des Konflikts zwischen Abteilung X und Abteilung Y*«
- »*Die Belegschaft versteht, akzeptiert und unterstützt die Ziele der geplanten Restrukturierung*«
- »*Teilautonome Fertigungsgruppen sind eingeführt und funktionsfähig*«
- »*Entwicklung des neuen Gerätetyps X zur Produktionsreife*«
- »*Zielvereinbarung ist im ganzen Bereich eingeführt und wird auf allen Stufen der Konzeptvorlage entsprechend gehandhabt*«

Die Kunst im Management besteht nicht darin, alles richtig zu machen, sondern darin, die richtigen Dinge anzupacken. Nicht die Anzahl der Ziele zeugt für Qualität und führt zum Erfolg, sondern die richtigen Prioritäten.

Zieldiktat und Zielvereinbarung

»So weit kommt's noch, dass jeder selbst seine Ziele bestimmt – Ziele zu setzen ist Aufgabe der Führung.« Wer so redet, zeigt, dass er im Grunde nicht menschen- und prozessorientiert denkt. Er leidet unter tief verdrängter Unsicherheit. Er fühlt sich nicht in der Lage, auf der Basis des Dialogs Ziele zu vermitteln. Und er hat mit an Sicherheit grenzender Wahrscheinlichkeit ein ziemlich unvorteilhaftes Menschenbild im Hinterkopf.

Zielvereinbarung hat nichts zu tun mit Basisdemokratie. Sie bedeutet lediglich, dass Ziele und Prioritäten sorgfältig bedacht und abgestimmt werden, bevor man sie festlegt. Nur die Zielvereinbarung im Dialog kann sicherstellen,

– *dass die Ziele wirklich verstanden und akzeptiert sind;*
– *dass die Prioritäten richtig gesetzt und keine Zielkonflikte eingebaut sind;*
– *dass nicht Ziele formuliert werden, ohne dass man sich über die notwendigen Mittel und Ressourcen Gedanken gemacht hat.*

Die Mitsprache des Einzelnen bei der Festlegung seiner Ziele ist also nicht ein persönliches Bonbon, sondern legitimiert sich aus der Sache heraus.

Dass Handlungsspielraum nicht totale Freiheit bedeutet und dass manch ein übergeordnetes Ziel nur einen begrenzten Spielraum lässt für das daraus abzuleitende, individuelle Ziel, steht auf einem anderen Blatt. Entscheidend ist, dass die Ziele gemeinsam, das heißt im Dialog, geprüft und im Gesamtkontext beurteilt, nicht aus dem hohlen Bauch heraus in die Welt gesetzt werden.

Gleichgültig woher der Anstoß zu einem Ziel kommen mag – eigene Idee, Rahmenvorgabe von oben oder Ergebnis einer offenen, gemeinsamen Bilanz und Standortbestimmung: Was nicht als Selbstverpflichtung verinnerlicht wird, hat wenig Chancen, verwirklicht zu werden. Es ist wie beim Raucher: Man kann ihm Zuwendung geben; man kann an ihn heranreden wie an ein krankes Pferd; man kann ihm als Arzt mit dem baldigen Tode drohen; er kann im Fernsehen mit farbigen Innenaufnahmen aus den Lungen früh verstorbener Kettenraucher konfrontiert werden; man kann an sein Verantwortungsfühl appellieren; man kann sich von ihm abwenden – aber erst wenn er sich dafür entscheidet, die unternehmerische Verantwortung für seine Gesundheit zu übernehmen, wird er das Rauchen aufgeben.

Abbildung 22: Hitparade der Misserfolgsfaktoren

Dies sind die häufigsten Defizite von Zielvereinbarungsprozessen, denen man in der Praxis begegnet:

1 **Es werden nicht Ziele vereinbart, sondern Tätigkeiten.**
   Zielvereinbarung wird mit operativer Planung verwechselt.

2 **Ziele werden nicht vereinbart, sondern vorgegeben.**
   Es findet kein Dialog statt.

3 **Es gibt nur quantitative Ziele: Umsatz, Head-Count, Ausschussquote.**
   Alles, was die »soft factors« betrifft, wird als irrelevant betrachtet.

4 **Zielvereinbarung erfolgt ausschließlich bottom-up.**
   Konsolidierter Input der Basis – kein unternehmerischer Führungswille.

5 **Keine klaren Unternehmensziele als Ausgangspunkt.**
   Jeder Bereich schaut nur für sich – nicht auf seine Funktion fürs Ganze.

6 **Die vereinbarten Ziele werden horizontal nicht abgeglichen.**
   Keiner weiß, was der andere tut – Prioritäten und Mittel sind nicht abgestimmt.

7 **Die Zielerreichung wird nicht überwacht und kontrolliert.**
   Im Nachhinein wird begründet, warum die Ziele nicht erreicht werden konnten.

8 **Zielvereinbarung ist nicht vernetzt mit Mitarbeiter-Qualifikation.**
   Es gibt weder Belohnung noch Sanktion – das Ganze ist völlig ohne Belang.

Individuelle Ziele und Gruppenziele

Aufgaben und Arbeitsstrukturen werden immer komplexer. Gruppenarbeit mit einem hohen Anteil an Selbststeuerung gewinnt in modernen, schlanken Organisationen zunehmend an Bedeutung. Die Führungsinstrumente müssen dieser Entwicklung Rechnung tragen. Wenn Gruppen eine gemeinsame Aufgabe haben und sich zu ihrer Erfüllung selbstständig organisieren sollen, müssen die Ziele mit der Gruppe – und nicht bilateral mit den einzelnen Mitgliedern – vereinbart werden.

Es kann sinnvoll oder sogar notwendig sein, dass darüber hinaus auch individuelle Ziele gesetzt werden. Wenn dies der Fall ist, findet die Zielvereinbarung des Einzelnen mit dem Gesamtteam, das heißt im Gesamtkreis der Kolleginnen und Kollegen statt, und nicht mit dem Vorgesetzten auf der nächsthöheren Stufe.

Die wichtigsten Grundsätze

Ziele steuern das Verhalten desto wirksamer in Richtung Erfolg, je konsequenter folgende Grundsätze beachtet werden:

Ziele müssen hoch gesteckt, aber realistisch und erreichbar sein.

Ziele können aus zwei Gründen ihren Zweck verfehlen. Entweder weil sie keine Herausforderung darstellen und deshalb letztlich nichts bewirken. Oder aber, weil sie von vornherein als unrealistisch und nicht erreichbar empfunden werden. Im ersteren Falle werden Erfolgs- und Entwicklungschancen verpasst, im zweiten Frust und Resignation erzeugt. In beiden Fällen verpuffen wertvolle Energien. Unterforderung ist bei der Zielsetzung genauso gefährlich wie Überforderung. Wo kein Impuls, kein Anreiz ist, bewegt sich auch nichts. Zu hoher Erwartungsdruck oder gar der Glaube, ein Ziel ohnehin nicht erreichen zu können, führt zu Demotivation und zu Handlungsblockaden.

Die Kunst der Zielvereinbarung liegt deshalb darin, bei jedem einzelnen Ziel die Latte genau so hoch zu legen, dass der Sprung – entsprechend der Qualifikation des Mitarbeiters, den verfügbaren Mitteln und Ressourcen sowie der eventuell notwendigen Unterstützung – gerade noch zu schaffen ist.

Klare Beschreibung des zu erreichenden Zustands

»*Wo will ich hin?*« beziehungsweise »*Was will ich erreichen?*« ist die entscheidende Frage – nicht: »Was muss getan werden?« Ziele sind in der Zukunft zu erreichende Zustände, vorweggenommene Resultate von Aktivitäten, definierte Ergebnisse von Anstrengungen – nicht die Beschreibungen von Tätigkeiten. Da sind Klarheit und Konkretisierung gefragt. Manch ein Orientierungsläufer, der die allgemeine Richtung kannte, hat schon das Rennen zu früh abgebrochen, weil er glaubte, bereits am Ziel zu sein – oder ist am Ziel vorbeigelaufen, weil er es nicht erkannt hat.

Die Zielerreichung messbar beziehungsweise überprüfbar machen

Ein Ziel – quantitativ oder qualitativ –, dessen Erreichung nicht überprüft werden kann, macht keinen Sinn. Zu welchem Zeitpunkt soll konkret welcher Zustand erreicht sein? Welche sind die zu erreichenden Messdaten oder Kennzahlen? Aufgrund welcher Kriterien soll das Ergebnis beurteilt werden? Wer etwa das Ziel »*Entwicklung von Kundenorientierung*« setzt, tut gut daran, (a) zu präzisieren, was unter »Kundenorientierung« konkret zu verstehen ist, und (b) im Voraus festzulegen, aufgrund welcher Kriterien und welchen Verfahrens sie zu einem festgelegten Zeitpunkt beurteilt werden soll.

Handlungsspielraum und Grenzen definieren

Unternehmer sein heißt nicht, totale Freiheit zu haben, heißt nicht, jederzeit tun und lassen zu können, wonach einem gerade ist. Ein guter Unternehmer weiß vielmehr sehr genau, was er selbst kann und darf und wo seine Grenzen liegen – wann und wo er handeln kann, wann und wo er auf wen Rücksicht nehmen, andere Interessen einbeziehen, andere Menschen für ihre Unterstützung gewinnen muss. Auch der »interne Unternehmer« muss sein Aktionsfeld genau kennen, damit er zielorientiert vorgehen kann:

- *Handlungsspielraum*
- *Kompetenzen*

- *verfügbare Mittel und Ressourcen*
- *Vorgaben, Auflagen, Einschränkungen*
- *Information und Kommunikation nach außen*
- *Spielregeln betreffend Rücksprache mit dem Vorgesetzten*

Spätestens wenn diese Themen verhandelt werden, zeigt sich, ob der Vorgesetzte es mit dem Führen durch Zielvereinbarung ernst meint – oder ob er zwar die anspruchsvollsten Ziele vorgibt, dem Mitarbeiter aber Mittel und Entscheidungskompetenzen vorenthält.

Zeit und Meilensteine planen

Wer ein Haus baut, weiß, wie wichtig Etappenplanung und Terminziele sind. Jeder Bauabschnitt baut auf dem vorhergehenden auf. Wer nur die Gesamtzeit im Kopf hat, begibt sich auf eine Fahrt ins Blaue. Vor allem aber: Er wiegt sich zu lange in der Sicherheit, noch sehr viel Zeit zu haben, verfällt irgendwann in operative Hektik – und gerät am Schluss ins Schludern.

- *Wann soll das Gesamtergebnis vorliegen?*
- *Bis wann werden welche Teilergebnisse erwartet?*

Diese Fragen müssen bei der Vereinbarung der Ziele beantwortet werden.

Ein Ziel muss kompatibel sein mit anderen Zielen

Zielvereinbarungen können nicht nur nichts bewirken, sondern sogar Schaden anrichten – dann nämlich, wenn widersprüchliche Ziele angesteuert und damit Zielkonflikte vorprogrammiert werden. Die Ziele des Einzelnen müssen mit den Zielen seiner Kollegen so weit abgeglichen werden, dass keine Konflikte um Prioritäten entstehen können. Doch dies ist fast noch der einfachere Teil. Die gefährlichsten Konflikte sind diejenigen, die der Einzelne sich selbst einbaut, weil er die Liste sämtlicher Weihnachtswünsche – seiner eigenen oder derjenigen des Vorgesetzten – ungeprüft in einen Zielkatalog umfunktioniert hat. Wenn sich aber zwei Ziele, bei Lichte betrachtet, schlecht miteinander vertragen, wird unausweichlich früher oder später Energie blockiert werden. Es geht dem Menschen dann wie Buridans Esel, der vor zwei gleich großen Heuhaufen verhungert ist, weil er sich für keinen der beiden entscheiden konnte – und niemand war da, ihm den einen wegzunehmen.

Vernetzungen sicherstellen, Interdependenzen klären

Kein Mensch, keine Gruppe, kein Bereich ist eine Insel im Ozean. Nicht alle Vorhaben lassen sich realisieren, ohne dass andere Personen, Funktionen oder Bereiche in der einen oder anderen Weise tangiert werden.

- *Wer muss informiert, wer eventuell um Mitwirkung oder Unterstützung gebeten werden?*
- *Wer könnte eventuell Ziele haben, die mit den eigenen kollidieren?*
- *Wo könnten sich – wenn man sich rechtzeitig abstimmt – wertvolle Synergien ergeben?*

Solche Fragen müssen – mit Blick nach rechts und nach links – sorgfältig geklärt werden, bevor man loslegt.

Aufwand abschätzen

Sachmittel, Personalkapazitäten, Budget und Formen der Unterstützung können nicht dann veranschlagt werden, wenn man sie braucht. Natürlich kann man zum Zeitpunkt der Zielvereinbarung, wenn das Vorgehen zur Zielerreichung noch gar nicht festgelegt ist, die voraussichtlich anfallenden Aufwände nicht auf Heller und Pfennig genau berechnen. Aber man kann sie ganz grob abschätzen. Dies genügt, um die dicksten Hunde, die in einem Zielkatalog vergraben sein können, ans Tageslicht zu holen. Viele Leute glauben, ein guter Unternehmer sei ein Mann, der immer großzügig Investitionen tätigt. In Wirklichkeit ist der erfolgreiche Unternehmer derjenige, der genau weiß, wann er wo wie viel investieren darf – wann und wo aber konsolidiert werden muss.

Zielcontrolling und Zielaudit sicherstellen

Wer sein Handeln an Zielen ausrichten, gleichzeitig aber auf unvorhergesehene Ereignisse und Entwicklungen gefasst sein will, muss prozessorientiert vorgehen. Er benötigt ein Frühwarnsystem, das ihm ermöglicht, die Gefahr von Zielabweichungen rechtzeitig zu erkennen, damit geeignete Korrekturmaßnahmen eingeleitet werden können. Dreierlei ist hierbei wichtig.

1. *Definition der Kriterien, aufgrund welcher beurteilt werden soll, ob man sich noch im Zielkorridor befindet oder nicht.*
2. *Einplanen von »Check-Points« in der Zeitachse für Zwischenbilanz und Standortbestimmung.*
3. *Verbindliche Vereinbarung, dass der Mitarbeiter von sich aus (»Bringschuld«) mit dem Vorgesetzten Kontakt aufnimmt, sobald er potenzielle Zielabweichungen erkennt, die er nicht glaubt, selbstständig korrigieren zu können.*

Es kann auch mal der Fall eintreten, dass man gezwungen ist, nicht das Vorgehen zu korrigieren, sondern das Ziel. Zielkorrekturen liegen aber von vornherein außerhalb des Handlungsspielraums des Mitarbeiters. Doch unabhängig von solchen Eventualitäten sollte zumindest eine gemeinsame Halbzeitbilanz fest eingeplant und durchgeführt werden.

Prioritäten nach Wichtigkeit und Dringlichkeit beurteilen

Es gibt zwei völlig unterschiedliche Gründe, weshalb ein Ziel Vorrang haben kann. Entweder weil es wichtig, das heißt von grundsätzlicher Bedeutung ist. Oder aber, weil es dringlich ist, das heißt zeitlich keinen Aufschub duldet. Nach dem ersten Brainstorming ist die »Wunschliste« fast immer (a) ein Gemisch von beidem und (b) viel zu lang. Wichtige und dringliche Ziele müssen deshalb zunächst getrennt und dann in einer Rangreihenfolge geordnet werden. Anschließend kann entschieden werden, wie viele und welche Ziele beider Kategorien realistischerweise in Angriff genommen werden können.

Weniger ist mehr

Wenn zu viele Ziele gleichzeitig gesetzt werden, ist so gut wie vorprogrammiert, dass nicht alle erreicht werden – eventuell kein einziges. Ein ganzer Wald von Zielen bietet eine ausgezeichnete Gelegenheit, sich zu zersplittern, von einem zum anderen zu springen und sich beim demonstrativen Bemühen, sein Bestes zu geben, völlig aufzureiben. Prioritäten setzen heißt die Devise – und, wenn es eben geht, die richtigen.

Der Prozess der Zielvereinbarung

Punktuell und situativ stattfindende, voneinander völlig losgelöste mündliche Absprachen von Vorgesetzten mit Mitarbeitern »zwischen Tür und Angel« – das hat nichts mit qualifizierter Zielvereinbarung zu tun. Zielvereinbarungen sind ein Führungsinstrument. Wenn dies dem Unternehmen etwas bringen soll, muss es – wie andere Führungsinstrumente auch – koordiniert eingesetzt werden und bedarf eines gewissen Grades der Formalisierung.

Der Prozess der Zielsetzung beginnt an der Unternehmensspitze. Die Unternehmensleitung legt den Gesamtrahmen fest: die strategische Ausrichtung des Unternehmens für das kommende Jahr, die wichtigsten Ziele und Prioritäten, die entsprechende, grobe Ressourcen-Allokation. Hier können bereits Akzente enthalten sein, die recht konkret sind und die Ziele der einzelnen Funktionen oder Bereiche maßgeblich beeinflussen werden, zum Beispiel:

- *Auf welche Kundenzielgruppen werden wir uns besonders konzentrieren?*
- *Auf welchem Gebiet sind forciert neue Produkte zu entwickeln?*
- *Was wird bezüglich Organisation oder Kostenstruktur zu verändern sein?*
- *Welche Kennzahlen müssen um wie viel verbessert werden?*
- *Welche Ressourcen sind verfügbar – und wie werden sie eingesetzt?*
- *Welche Grundsätze haben in diesem Jahr oberste Priorität?*

Dass solche Festlegungen nicht im stillen Kämmerlein und aus dem hohlen Bauch getroffen werden können, sondern dass im Vorfeld die Ideen, Meinungen und Vorschläge der Führungskräfte und Mitarbeiter/-innen – gegebenenfalls bis ganz hinunter an die Basis – eingeholt und berücksichtigt werden, versteht sich von selbst.

Aber die erste und wichtigste verbindliche Zielsetzung erfolgt an der Spitze. Sie ist Ausfluss der vorangegangenen Diskussionen im Unternehmen, enthält aber in wichtigen Akzenten den Führungswillen der obersten Leitung.

Die Praxis zeigt, dass erste Impulse für entscheidende Entwicklungen manchmal von der Basis, manchmal von der mittleren Ebene und manchmal von der Unternehmensspitze ausgehen. Die Unternehmensleitung muss und kann nicht alle guten und wichtigen Ideen selbst gebären. Aber es ist ihre Aufgabe, dafür zu sorgen, dass den richtigen Ideen durch entsprechende Zielsetzungen und Ressourcen-Allokationen zum Durchbruch verholfen wird.

Wenn auf Unternehmensebene die Ziele formuliert sind, geht es darum, diese anschließend auf der nächsten Ebene in den entsprechenden Bereichen herunterzubrechen:

- *Was bedeutet dies für uns?*
- *Welche Beiträge sind von uns gefordert, damit die Unternehmensziele erreicht werden können?*
- *Was für spezifische Ziele ergeben sich für uns daraus?*

Nach dem gleichen Muster wird anschließend der Prozess stufenweise nach unten fortgesetzt. Das heißt: Jeder Mitarbeiter, mit dem Ziele vereinbart werden, muss zunächst die Ziele seines Vorgesetzten kennen, um die eigenen Prioritäten entsprechend setzen zu können.

Dies bedeutet nicht, dass alle individuellen Ziele ausschließlich und unmittelbar aus den Zielen der nächsthöheren Ebene abgeleitet sein müssen. Es gibt bereichsspezifische Ziele, die auch dann zu setzen wären, wenn es keine Vorgaben von oben geben würde. Entscheidend ist, dass die strategische Ausrichtung des Unternehmens von allen Mitarbeiter/-innen verstanden und durch entsprechende Ausrichtung der Bereichsaktivitäten unterstützt wird.

Dass der Zielvereinbarungsprozess mit der Zielsetzung nicht abgeschlossen ist, haben wir bereits erwähnt: Die Zielplanung muss in regelmäßigen Abständen überprüft werden – mindestens einmal, bei Halbzeit, mit dem Vorgesetzten. Das Gesetz des Wiedersehens ist mit ein Garant dafür, dass Ziele in Erinnerung und verbindlich bleiben. Sonst kann es leicht passieren, dass das Jahr nach dem Motto »*Stark angefangen und ebenso stark nachgelassen*« abläuft.

Schriftliche Dokumentation

Formalismus und Papierproduktion sollten in engen Grenzen gehalten werden. Zweierlei genügt:

1. Ein Übersichtsblatt mit zwei Teilen:
   a) die übergeordneten strategischen Schwerpunkte und die Ziele des Unternehmens, die der eigenen Arbeit für den infrage kommenden Zeitraum den Rahmen, die Ausrichtung und den Sinn geben;
   b) die Auflistung aller vereinbarten Ziele in Stichworten.
2. Je ein Blatt pro Ziel, auf welchem in Stichworten die konkreten Vereinbarungen und die wichtigsten Diskussionsergebnisse festgehalten sind (siehe Abbildung 23 »Formblatt Zielvereinbarung«).

Dieses Minimum an Schriftlichkeit ist notwendig, damit man später noch weiß, was man konkret besprochen und vereinbart hat. Später heißt: anlässlich der Zwischenbilanzen, erst recht aber anlässlich der gemeinsamen Schlussbilanz, die dann nicht nur in enger Verbindung mit der Mitarbeiter-Qualifikation steht, sondern auch eine der Grundlagen für die nächste Zielvereinbarung darstellt.

»Grau, teurer Freund, ist alle Theorie …«

Dieses Motto scheint dem Verständnis von Zielvereinbarung in der Praxis mehrheitlich zugrunde zu liegen. Es gibt kaum ein Führungsinstrument, das schon so lange bekannt ist, allenthalben als »Selbstverständlichkeit« gilt – und so wenig konsequent angewendet wird (siehe Abbildung 22 »Hitparade der Misserfolgsfaktoren«, Seite 275). Dafür muss es gute Gründe geben, zumal da Manager – ihrem eigenen Selbstverständnis nach – besonders rational denkende und vernünftig handelnde Menschen sind.

Zwei Erklärungen bieten sich an.

Zum einen: Es ist nicht nur angenehm, von sich selbst und anderen Klarheit zu fordern und den Dingen gemeinsam auf den Grund zu gehen. Da muss man sich von Angesicht zu Angesicht auseinandersetzen. Da kann man nicht nur Süßholz raspeln. Da muss man dem Mitarbeiter auch mal sagen,

Abbildung 23: Formblatt Zielvereinbarung

1. **Ziel**

2. **Begründung des Handlungsbedarfs**
   Ausgangslage, Ist-Zustand

3. **Adressat**
   beziehungsweise Betroffene

4. **Relevanter Gesamtrahmen**
   Teil welcher größeren Prozesskette

5. **Messgrößen**
   Kriterien für die Beurteilung der Zielerreichung

6. **Zeitrahmen**
   inklusive Meilensteine

7. **Wesentliche Handlungsansätze**
   Strategien, spezielle Vorgehensweisen

8. **Aufwand**
   Mittel/Ressourcen

9. **Rahmenbedingungen**
   Eckwerte, Vernetzungen, Kommunikation

10. **Priorität**

was man ihm zutraut und was nicht. Oder dem Chef sagen, was man für Mittel und Kompetenzen braucht, wenn ein bestimmtes Ziel ins Stammbuch geschrieben werden soll.

Zum Zweiten: Es ist sehr riskant, sich eindeutig festzulegen. Da wird man aus seiner lauschigen Nische, in der man sich komfortabel eingerichtet hat, brutal herausgerissen. Man gerät ins Glashaus. Man wird messbar, überprüfbar, kontrollierbar. Man wird rechenschaftspflichtig. Wo bleiben da noch Optionen, sich später anders zu besinnen? Vorbei ist es mit dem Menschenrecht der Freiheit.

Nun, man könnte annehmen, es seien in erster Linie die Mitarbeiter, die ihre Chefs nicht gern in ihre Karten gucken lassen, von ihnen nicht kontrolliert werden möchten. Jawohl, das gibt es auch. Wenn aber in einem Unternehmen bezüglich Zielvereinbarung mehr oder weniger flächendeckend Alibi-Übungen veranstaltet werden, dürfen Sie getrost davon ausgehen, dass vorab und zuallererst auf oberster Führungsebene die Zielvereinbarungen zu wünschen übrig lassen. Der Grund: Da wird echte Leadership gefordert. Da kann man als Vorstand nicht mehr nur Aufsichtsrat spielen. Dieses Führungsinstrument kann man nicht einfach von oben administrieren. Da ist man selbst, höchstpersönlich, gefordert. Und, was das Allerschlimmste ist: Man wird selbst überprüfbar. Denn der Mitarbeiter muss die wesentlichen Ziele seines Vorgesetzten kennen, bevor seine eigenen diskutiert und festgelegt werden. Wer es gewohnt ist, für andere Ziele zu setzen und Handlungsspielräume zu definieren, der mag sich selbst nicht gern an die Kandare nehmen lassen. Es sind deshalb nicht selten die Bewohner des Olymps, welche die stärksten seelischen Blähungen kriegen, wenn sie sich auf einen qualifizierten Prozess der Zielvereinbarung einlassen sollen.

Zielvereinbarung ad absurdum geführt ...

In vielen Firmen wird den Leistungsträgern jedes Jahr mit schöner Regelmäßigkeit in einem seelenlosen Automatismus ganz einfach die Latte höher gelegt – vor allem dann, wenn die vereinbarten Ziele erreicht worden sind, oder gar, wenn sie nur erreicht zu werden drohen. Man mag sich nicht der Mühe unterziehen, mit jedem Einzelnen in fairen Verhandlungen Ziele,

Mittel und Anreize neu zu definieren. Man handelt nach der simplen Maxime: Wo viel ist, ist meistens noch mehr.

Wem solches widerfährt, der handelt vernünftig, wenn er diesen Mechanismus künftig mit in sein Kalkül einbezieht. Er wird sich davor schützen müssen, für anspruchsvolle Zielsetzungen und qualifizierte Leistungen bestraft zu werden; nicht erreichbare oder an der Substanz zehrende Ziele aufs Auge gedrückt zu bekommen; sich und seinen ganzen Laden wie eine Zitrone ausquetschen zu lassen. Er wird alles tun, um in Zukunft die Ziele tiefer zu hängen, angemessene Reserven einzubauen – oder aber dafür zu sorgen, dass die Ziele für einmal deutlich nicht erreicht werden. Mit anderen Worten: Dies ist der beste Weg, um risikobereite, unternehmerisch denkende und handelnde Führungskräfte zu gewieft taktierenden Untergebenen umzuerziehen.

Zu irgendeinem, meist ziemlich genau vorhersagbaren Zeitpunkt in der zweiten Jahreshälfte bricht in vielen Unternehmen eine ganz große operative Hektik, um nicht zu sagen Panik aus. Die Zielerreichung scheint gefährdet, es gibt erkennbare Abweichungen von den Planzahlen. Anstatt die Situation gemeinsam mit allen Betroffenen zu untersuchen, kommt mit einem Donnerschlag der große Eingriff von oben. Man glaubt, Stärke zu demonstrieren, indem man die seinerzeit festgelegten Ziele sowie alle damit zusammenhängenden Vereinbarungen per Dekret außer Kraft setzt. Der Notstand wird proklamiert. Da werden linear die geltenden Budgets eingeschränkt, an allen Ecken und Enden Stopps verordnet, die abenteuerlichsten Kostengrenzen diktiert. Vorbei ist es plötzlich mit Selbstständigkeit und Handlungsspielraum im Unternehmen.

In der Unternehmensführung ist es wie im Straßenverkehr: Es kann trotz Überblick und Vorsicht, die man beim Fahren walten lässt, durchaus vorkommen, dass man sich plötzlich gezwungen sieht, scharf auf die Bremse zu treten. Mit welcher Häufigkeit allerdings – das hängt doch sehr stark vom persönlichen Fahrstil ab. Manch einer ist seit zwei Jahren mit ABS ausgerüstet und hat es noch nie gebraucht. Und manch anderer benötigt es grundsätzlich, um anhalten zu können.

Wer das Verhalten in Ausnahmesituationen zur Gewohnheit werden lässt, dessen Instrumente nützen sich ab. Der Mensch ist, wenn es ums Überleben geht, ein Gewohnheitstier mit Langzeitgedächtnis. Mitarbeiter, die zweimal hintereinander ein derartiges herrschaftliches Bremsmanöver erlebt haben, warten schon darauf, dass es beim dritten Mal nicht anders sein wird. Und meistens haben sie damit Recht. Resultat: Man engagiert

Abbildung 24: Checkliste der Essentials

Dies sind die Punkte, die Sie beachten müssen, wenn die Zielvereinbarungen keine Alibi-Übungen werden sollen:

1 *Ziele vereinbaren – nicht Maßnahmen*

2 *Ziele vereinbaren – nicht diktieren*

3 *Die übergeordneten Ziele sind Ausgangspunkt für den Zieldialog*

4 *Ziele für das laufende Geschäft – Ziele für Entwicklung und Veränderung*

5 *Balance zwischen quantitativen und qualitativen Zielen*

6 *Anspruchsvolle, aber realistische und erreichbare Ziele*

7 *Aufgrund definierter Kriterien überprüfbare Zielerreichung*

8 *Horizontale Abstimmung der individuellen Ziele*

9 *Vereinbarte Ziele sind schriftlich festzuhalten*

10 *Die Zielvereinbarungen erfolgen als koordinierter Prozess top-down*

11 *Zielerreichung wird kontrolliert – Abweichungen werden rechtzeitig erkannt und führen zu Korrekturmaßnahmen*

12 *Die Zielerreichung ist eine wesentliche Grundlage der Mitarbeiter-Qualifikation*

sich bei den Zielvereinbarungen in höchst beschränktem Maße, weil man von vornherein damit rechnet, dass sie noch vor Ablauf der Planperiode außer Kraft gesetzt sein werden. Die Notstandsproklamationen verlieren ihre Schrecken. Man nimmt sie mit der Zeit gelassen hin, denn man weiß: Alle Jahre wieder kommt der Wirbelwind ... Die Konsequenz: Energie und Ideenreichtum werden nicht für zusätzliche Leistungen, sondern für das Unterlaufen des Systems aufgewendet.

Ist die Orientierung an Zielen noch zeitgemäß?

Wenn das Umfeld instabil und unberechenbar geworden ist; wenn Chaos-Management propagiert wird; wenn die Weisheit von Laotse »Der Weg ist das Ziel« Eingang findet ins Denken der Manager; wenn die »lernende Organisation« das Modell zukunftsorientierter Unternehmensführung darstellt – sind da Ziele und Zielvereinbarung nicht obsolet geworden? Ist es überhaupt noch sinnvoll, Ziele zu setzen, wenn alles sich so schnell verändert? Sind Zielformulierungen nicht schon Makulatur, bevor sie schriftlich niedergelegt sind? Machen solche Festlegungen nicht unsensibel für überraschende Veränderungen der Rahmenbedingungen? Fördern sie nicht den Mythos der Planbarkeit wirtschaftlichen und politischen Geschehens? Vermitteln sie nicht lediglich eine falsche Sicherheit?

Die Antwort lautet: Doch – wenn Ziele nicht vor dem gedanklichen Hintergrund eines turbulenten Umfelds gesetzt werden – und wenn man die Ziele nicht prozessorientiert angeht, sondern so tut, als würde man sie auf einer Eisenbahnschiene im Tunnel erreichen können. Wer auf hoher See segelt, weiß, was prozessorientiertes Vorgehen bedeutet: Immer und immer wieder den aktuellen Standort bestimmen; die wechselnden Winde und die wechselnden Strömungen berücksichtigen; durch Stürme abgetrieben werden; in Flauten stehen bleiben; mal hier und mal da ein gerissenes Tuch oder ein Leck in der Bordwand reparieren müssen. Und nicht zuletzt: Die Mannschaft bei Laune halten. Da muss der Kurs immer wieder neu bestimmt werden – aber das Ziel bleibt. Die Ziele sind es, die die großen Entdecker schon vor Hunderten von Jahren, mit nichts anderem als einem Kompass, einem Sextanten und ihren erstaunlichen navigatorischen Fähigkeiten, auf Holzschiffen bis ans Ende der Welt und wieder zurück gebracht haben.

Kapitel 5
Moderation

Wann und wo immer Change Management angesagt ist, steigt die Nachfrage nach Moderation. Dies hat mehrere Gründe. Zum einen gehört die Fähigkeit zu moderieren zunehmend zum normalen Rüstzeug eines jeden Vorgesetzten, der seine Mitarbeiter/-innen aktivieren und sein Team entwickeln will. Zum Zweiten nimmt innovative Arbeit in Workshops, Projektteams und Werkstattkreisen zu – und diese erfordert sehr häufig in der einen oder anderen Form Moderation. Zum Dritten steigt der Bedarf an Dialogveranstaltungen in größeren Kreisen von Mitarbeiter/-innen und Führungskräften – und hier wird in neun von zehn Fällen von vornherein Moderation gebraucht.

Nun kann man natürlich mal hier und mal da externe, professionelle Moderationskapazität einkaufen. Besser ist es allerdings, wenn eigene Mitarbeiter/-innen berufsbegleitend für Moderationsaufgaben qualifiziert werden. Dann bleibt das Know-how im eigenen Haus, Mitarbeiter/-innen werden vielseitiger einsetzbar. Dazu kommt: Die Übernahme von Moderationsaufgaben wird praktisch immer als wertvolles *Jobenrichment* erlebt.

Allerdings: Moderieren will gelernt und geübt sein. Mit Wortmeldungen-Zuteilen ist es nicht getan. Erwartungsvoll in die Runde blicken, wenn eine Frage gestellt ist, und »Bitte schön!« sagen, wenn irgendwo eine Hand hochgeht – das schafft auch der unfähigste Manager gerade noch. Und weil er es schafft, tut er es dann meistens auch – unabhängig davon, ob die Situation es erfordert oder nicht. Resultat: Jede Lebendigkeit geht verloren. Manch einer ist in der Hierarchie ganz weit nach oben gelangt, ohne sich je Gedanken darüber gemacht zu haben, was Moderation eigentlich bedeutet – und ob er nicht vielleicht das eine oder andere an seinem Stil, Sitzungen zu leiten, noch verbessern könnte.

Nachfolgend finden Sie in knapper Zusammenfassung das Wesentliche zum Thema Moderation – als Grundlage für die Ausbildung von Moderatoren und Moderatorinnen oder für das Selbsttraining »on the job«:

- *die Rolle des Moderators*
- *die »Essentials« – oder worauf es vor allem ankommt*
- *die konkreten Aufgaben des Moderators*
- *Hinweise für den praktischen Einsatz*

Die Rolle des Moderators

Wer die Aufgabe übernimmt, ein Team zu moderieren, muss sich als Erstes und Wichtigstes klar werden über seine Funktion und seine Rolle.

- *Welches ist die Rolle eines Moderators?*

  – Aktiver Dienstleister für die Gesamtgruppe
  – Berater für sinnvolle und effiziente Arbeitsmethodik
  – Berater und Unterstützer für Verständigung
  – Berater und Unterstützer für Zusammenarbeit
  – Team-Coach

- *Welches ist **nicht** die Rolle eines Moderators?*

  – Team-Sprecher
  – Fachreferent
  – Oberlehrer
  – sanktionsberechtigter Schiedsrichter
  – unbeteiligter Zuschauer
  – außenstehender Beobachter

Die »Essentials« – oder worauf es vor allem ankommt

1 Klima der Offenheit und des Vertrauens schaffen
Dies ist das Wichtigste: eine Atmosphäre der Offenheit und des Vertrauens sowie ein lockerer, entspannter Umgangsstil. Nur dann kann pro-

duktiv gearbeitet werden – nur dann findet Lernen statt. Dies beginnt mit der Offenheit und Ehrlichkeit sowie dem Humor des Moderators. Dieser hat eine wichtige Vorbildfunktion.

2 *Kommunikation: Dialog kontrollieren*
Gute Verständigung der Teammitglieder untereinander ist das A und O. Der Moderator muss dafür sorgen, dass gut zugehört, nachgefragt, geklärt – und nicht aufeinander ein- oder aneinander vorbeigeredet wird.

3 *Teamentwicklung: Hilfe zur Selbsthilfe*
Nicht alles selbst machen wollen, sondern dafür sorgen, dass die Teammitglieder selbst aktiv werden und aktiv bleiben; dass sie sensibler werden für die Qualität der Verständigung im Team; und dass sie ihr Zusammenwirken selbstständig »entstören« und »entpannen« lernen.

4 *Das Gesamtteam als »Kunden« betrachten*
Immer die Funktionsfähigkeit des Gesamtteams im Auge behalten. Das Prinzip lautet: *Jedes Teammitglied ist ein wichtiger Partner!* Für alle verfügbar und ansprechbar sein. Niemanden bevorzugt behandeln, niemanden abqualifizieren, niemanden »abhängen«, niemanden ausgrenzen.

5 *Sich selbst nicht unnötig unter Leistungsdruck setzen*
Der Moderator muss nicht immer alles »im Griff« haben. Er kann nicht zaubern. Er versteht nicht immer alles auf Anhieb. Er ist nicht »schuld«, wenn es mal stockt oder zu einer Verstimmung kommt. Entscheidend ist einzig und allein sein aufrichtiges Bemühen, das Team bei der Analyse und Verarbeitung auftretender Schwierigkeiten zu unterstützen.

Die konkreten Aufgaben des Moderators

Was hat der Moderator für Möglichkeiten, Einfluss zu nehmen?
Wie sieht sein Werkzeugkasten aus?
Was kann beziehungsweise was muss er konkret tun?

- *Hintergründe und Zusammenhänge klären*

  Gut moderieren kann nur, wer selbst genau versteht, wovon die Rede ist, was von wem gesagt wird und welches die Hintergründe und Zusammenhänge der Fragen und Probleme sind, die im Team besprochen werden. Das heißt: Er braucht allein schon für sich selbst Klarheit. Er muss aber auch im Interesse des Teams dafür sorgen, dass in komplexen Fragestellungen – und darum handelt es sich fast immer – nicht voreilige Schlüsse gezogen und vorschnelle »Lösungen« produziert, sondern die Hintergründe einer Sachlage sorgfältig analysiert werden.

Selbst gezielt nachfragen oder das Team zur Klärung anregen.

- *Gute Verständigung sicherstellen*

Dafür sorgen, dass die Teammitglieder einander gegenseitig gut zuhören und verstehen – und nicht aneinander vorbeireden (Fachjargon: »*Kontrollierter Dialog*«).

- *Für Konkretisierung sorgen*

Sicherstellen, dass Abstraktes, zu Allgemeines oder ganz einfach Unverständliches durch Konkretisierung (Beispiele, Ergänzungen, Analogien) verständlich gemacht wird.

- *Für Visualisierung sorgen*

Komplexe Zusammenhänge durch eine bildhafte Darstellung (zum Beispiel Zeichnung auf dem Flipchart) veranschaulichen oder veranschaulichen lassen.

- *Wortmeldungen zuteilen*

Es ist sorgfältig abzuwägen, ob beziehungsweise wann der Moderator Voten zuteilen muss und wann nicht.

In einem kleinen Team (bis circa sieben Personen) können die Diskussionsteilnehmer in der Regel spontan das Wort ergreifen. In größeren Gruppen (ab circa zehn Personen) dagegen kann es sich als notwendig erweisen, dass der Moderator Voten zuteilt. Und in Großgruppen (ab circa 20 Personen) geht es meist von vornherein nicht anders.

Der Moderator kann aber auch in einer Großgruppe eine spontane Diskussion während einer gewissen Zeit frei laufen lassen, wenn er den

Abbildung 25: Die Aufgaben des Moderators im Überblick

- *Hintergründe und Zusammenhänge klären*
- *Gute Verständigung sicherstellen (kontrollierter Dialog)*
- *Für Konkretisierung sorgen*
- *Für Visualisierung sorgen*
- *Wortmeldungen zuteilen*
- *Stille Gesprächsteilnehmer aktivieren*
- *Vielredner bremsen*
- *Zum Thema zurückführen*
- *Das Wesentliche herausarbeiten (fokussieren)*
- *Zwischenergebnisse festhalten*
- *Meinungs- und Interessenunterschiede offenlegen*
- *Konflikte bearbeiten*
- *Die Verständigung im Team zum Thema machen*
- *Dem Team Feedback geben*
- *Den einzelnen Teammitgliedern Feedback geben*
- *Gefühle und Empfindungen ansprechen*
- *Eigene Gefühle zeigen*
- *Zeitmanagement*
- *Ergebnisse sichern*
- *Für klare Vereinbarungen sorgen*
- *Gemeinsame Bilanz und »Manöverkritik«*

Eindruck hat, dass gerade etwas Wichtiges im Gange ist. Manch eine gute Idee oder eine wesentliche Einsicht konnte nur entstehen, weil der Moderator im richtigen Moment nicht interveniert hat. Wichtig ist allerdings, dass er dies begründet. Sonst registrieren die Teilnehmer »Führungsvakuum« und werden verunsichert.

- *Stille Gesprächsteilnehmer aktivieren*

    Es müssen nicht alle genau gleich viel reden – und schon gar nicht alle bei jedem Thema. Aber insgesamt muss der Moderator für eine einigermaßen ausgeglichene Beteiligung sorgen, indem er Schweiger aktiviert.

- *Vielredner bremsen*

    Wenn einzelne Gesprächsteilnehmer zu viel Raum für sich beanspruchen, müssen sie gebremst werden.

    Und hier noch ein guter Tipp: Wenn Sie einen Vielredner bremsen wollen, schauen Sie ihn einfach nicht mehr an! Augenkontakt mit Ihnen als Steuermann oder Steuerfrau signalisiert »Wichtigkeit«, »Aufmerksamkeitswert« und »Interesse«, fehlender Augenkontakt dagegen »Desinteresse«. In vier von fünf Fällen werden Sie feststellen: Es funktioniert!

- *Zum Thema zurückführen*

    Wenn das Team vom Hundertsten ins Tausendste gerät, bis man plötzlich bei ganz anderen Themen ist – zum ursprünglichen Thema zurückführen.

    Auch hier gibt es Ausnahmen. Das scheinbare »Nebengleis« kann ein bisher unerkannt gebliebener Hauptstrang sein. Wenn Sie feststellen, dass es sich um ein wichtiges, vorher weggedrücktes Thema handelt, holen Sie es auf den Tisch. Wenn Sie sich in Ihrer eigenen Diagnose nicht sicher sind, können Sie es kurz überprüfen – gemeinsam mit den Teilnehmer/-innen.

- *Das Wesentliche herausarbeiten*

    Wenn die Diskussion richtungslos hin und her geht, kann es sein, dass die Gesprächsteilnehmer den roten Faden verloren haben. Wer sich mitten im »Kampfgetümmel« einer Gruppendiskussion befindet, hat nun mal keine Übersicht. Der Moderator dagegen muss den Überblick bewahren und das Thema gegebenenfalls »auf den Punkt bringen« (Fachjargon: »*fokussieren*«).

- *Zwischenergebnisse zusammenfassen*

  Die Diskussion kann sich aber auch im Kreise drehen, weil den Gesprächsteilnehmern nicht klar genug bewusst ist, was alles eigentlich schon geklärt und besprochen ist.

- *Meinungs- und Interessenunterschiede offenlegen*

  Das Harmoniebedürfnis der Teilnehmer kann dazu führen, dass gegensätzliche Positionen nicht wahrgenommen oder bagatellisiert werden. Wenn die Diskussion weitergeht, als ob nichts geschehen wäre, läuft sie unweigerlich später umso härter auf Grund.

- *Konflikte bearbeiten*

  Nicht jede Meinungsverschiedenheit muss eingehend besprochen, nicht jeder Interessenkonflikt ausgetragen werden. Aber wenn eine konstruktive Diskussion gefährdet sein könnte, muss darüber gesprochen werden.

- *Die Verständigung im Team zum Thema machen*

  Wenn die Qualität der Verständigung im Team ernsthaft zu wünschen übrig lässt, ist es sinnvoll, einen Zwischenhalt einzulegen und darüber zu sprechen.

- *Dem Team Feedback geben*

  Eine andere Möglichkeit, das Team für die Qualität der Verständigung zu sensibilisieren, besteht darin, dass der Moderator direkt Rückmeldungen dazu gibt.

- *Den einzelnen Teammitgliedern Feedback geben*

  Es gibt immer wieder Situationen, in denen es sinnvoll ist, das Verhalten eines einzelnen Teammitglieds anzusprechen.

- *Gefühle und Empfindungen ansprechen*

  Menschen werden in ihrem Verhalten primär durch Emotionen gesteuert. Diskussionen bewegen sich aber meistens auf einer rein rationalen Ebene – das heißt, es wird »verkopft« geredet. Der Moderator muss immer wieder dafür sorgen, dass die unterschwellig mitschwingenden Emotionen transparent werden.

- *Eigene Gefühle zeigen*

  Der Moderator muss ein Mensch zum Anfassen sein. Er darf und soll auch seine eigenen Gefühle zeigen.

- *Zeitmanagement*

  Die Zeit im Auge behalten und jeweils rechtzeitig den Übergang von einem Arbeitsschritt zum nächsten einleiten.

- *Ergebnisse sichern*

  Der Moderator muss sicherstellen, dass am Schluss der Diskussion (beziehungsweise der gemeinsamen Tagungsarbeit) die Ergebnisse kurz zusammengefasst und festgehalten werden. Sonst weiß irgendwann niemand mehr, was seinerzeit besprochen beziehungsweise erarbeitet wurde.

- *Klare Vereinbarungen*

  Für den Fortgang der Arbeit ist es von entscheidender Bedeutung, dass Aufgaben verteilt und klare Vereinbarungen getroffen werden.

- *Gemeinsame Bilanz und »Manöverkritik«*

  Keine Tagung ohne Auswertung! Eine gemeinsame, kritische Rückschau – emotionale Bilanz und »Manöverkritik« – steigert den Lerneffekt für alle Beteiligten ganz erheblich und hilft dem Team, sich künftig selbst besser zu steuern.

  Der Moderator kann die Leitfragen kurz nennen oder auch für alle sichtbar anschreiben. Es muss nicht jeder zu allen Fragen etwas sagen – aber alle sollen sich zumindest kurz äußern.

  Sinnvolle Leitfragen:
  - *Wie beurteile ich das Resultat unserer Gespräche? Wie zufrieden beziehungsweise unzufrieden bin ich mit den Ergebnissen?*
  - *Wie beurteile ich die Effizienz unserer Arbeit? War die gemeinsam verbrachte Zeit gut genutzt?*
  - *Auf was sollten wir in Zukunft besser achten?*

Hinweise für den praktischen Einsatz

- *Wann sollte jemand speziell für Moderation eingesetzt werden?*
  - Fast immer, wenn die Workshop-Gruppe größer ist als sieben oder acht Personen.
  - Wenn die Teilnehmer des Workshops wenig Erfahrung haben in Fragen der Gesprächsführung und Sitzungsgestaltung, mit Problemlösungs-, Entscheidungs- und Visualisierungstechniken sowie in Teamentwicklung.
  - Wenn alle Teilnehmer – inklusive des Leiters – frei sein wollen oder müssen von Moderationsaufgaben, um sich ganz der inhaltlichen Diskussion widmen zu können (was bei Teamentwicklungs- oder Strategie-Workshops fast immer der Fall ist).
  - Wenn die Gesamtgruppe personell heikel zusammengesetzt ist oder die Teilnehmer sich gegenseitig nicht kennen.
  - Wenn das Thema so brisant ist, dass mit kontroversen Diskussionen und eventuell konflikthaften Auseinandersetzungen gerechnet werden muss.

- *Wann sollte ein Externer für Moderation hinzugezogen werden?*
  – Wenn Moderation gebraucht wird, unternehmensintern aber niemand mit den erforderlichen Qualifikationen zur Verfügung steht.

- *Wann sollten zwei oder mehr Personen für Moderation eingesetzt werden?*
  – Bei Großgruppen-Veranstaltungen, insbesondere wenn phasenweise in Untergruppen gearbeitet wird, die durch Moderation unterstützt werden müssen.

- *Wann sollte niemand für Moderation hinzugezogen werden?*
  – Wenn der formelle Leiter (Vorgesetzter oder Projektleiter) die Moderation selbst übernehmen kann und will.
  – Wenn das Team so gut eingespielt und in Workshop-Arbeit erfahren ist, dass überhaupt keine spezielle Moderation gebraucht wird.
  – Wenn Sitzungsleitung und Gesprächsmoderation explizit von allen Teammitgliedern gelernt werden sollen und die Moderation als »Training on the Job« abwechselnd von den einzelnen Teilnehmern wahrgenommen wird.

- *Welches ist bei einem Team-Workshop die Rollenverteilung zwischen dem Vorgesetzten, den Mitarbeiter/-innen und dem Moderator?*

  Der Vorgesetzte ...
  – ist und bleibt auch während des Workshops der Chef;
  – leitet das Team und ist – gemeinsam mit seinen Mitarbeiter/-innen – verantwortlich für den Inhalt des Workshops, für das Erreichen der Ziele und für die Ergebnisse.

  Die Mitarbeiter/-innen ...
  – arbeiten aktiv mit und sind mitverantwortlich für den Inhalt des Workshops, für das Erreichen der Ziele und für die Ergebnisse.

  Der Moderator ...
  – berät das Team in Bezug auf die Vorgehensweise und die Arbeitsmethodik;
  – leitet phasenweise oder immer (je nach Absprache) die Diskussion;

Abbildung 26: Visualisierung

- **Warum und wozu Visualisierung?**

  – *Zwischenergebnisse*
  Die Bearbeitung anspruchsvoller Fragestellungen in einem Team ist mit einer hohen Komplexität verbunden. Damit der Arbeitsprozess zielorientiert und effizient gestaltet werden kann, ist es unabdingbar notwendig, jeweils erreichte Zwischenergebnisse festzuhalten und für alle Teilnehmer sichtbar zu machen. Nur wenn alle eine Übersicht haben über den Stand der gemeinsamen Arbeit und alle die gleichen Daten vor sich haben, kann der jeweils nächste Arbeitsschritt geplant und koordiniert durchgeführt werden.

  – *Zeichnungen und Grafiken*
  Bildhafte Darstellungen können oft die Verständigung in komplexen Fragestellungen wesentlich erleichtern. Sie ermöglichen, komplexe Zusammenhänge rascher und klarer verständlich zu machen als auf dem Wege verbaler Erklärungen. Visualisierung ist ein wichtiges Instrument zur Bewältigung von Komplexität!

  – *Entscheidungsprotokoll*
  Dokumentierte Endergebnisse als Protokoll der Arbeitstagung sind die Grundlage und notwendige Voraussetzung für die Planung und Kontrolle weiterer Arbeitsschritte.

- **Worauf kommt es bei der Visualisierung an?**

  – *Konzentration auf das Wesentliche*
  Nur die wichtigsten Punkte beziehungsweise Aspekte festhalten

  – *Prägnanz*
  Stichworte im Telegrammstil – keine Prosa!

  – *Lesbarkeit für alle*
  Große und deutliche, überall im Raum lesbare Schrift

- *Für gemeinsame Bearbeitung geeignete Form*
  Möglichkeit zum Strukturieren und Umstrukturieren: auseinandernehmen, anders zusammenfügen, Teile wegnehmen, Teile ergänzen

- *Flipchart*
  - unverzichtbar als »Notizblock« des Plenums oder einer Kleingruppe: stichwortartige Diskussionsprotokolle, Checklisten, Ergebnisprotokolle

- *Tragbare und frei aufstellbare Pinnwände*
  - das Medium der Wahl für die gemeinsame Bearbeitung komplexer Themen
    unverzichtbar zum Sammeln und Strukturieren von Daten mittels Karten
  - ideal für großflächige bildhafte Darstellungen
    Organigramme, Netzwerke, Matrizen, komplexe Diagramme et cetera
  - ermöglichen den Transport umfangreicher Visualisierungen
    flexibles Wegstellen und Wieder-Hervorholen von Bildern und Texten

- *Overheadprojektor und Beamer*
  - eignen sich nur für Einweg-Informationsübermittlung
    vorbereitete, strukturierte Information (Referat)
  - für gemeinsame, interaktive Bearbeitung ungeeignet
    in Workshops in der Regel kaum oder überhaupt nicht einsetzbar

- steuert den Ablauf oder sorgt zumindest dafür, dass das Team zielgerichtet vorgeht;
- achtet auf die Qualität der Verständigung und die Beteiligung;
- greift ein, wenn Spielregeln nicht eingehalten werden;
- achtet auf unterschwellige Störungen, Spannungen und Konflikte – und bringt sie gegebenenfalls in konstruktiver, aber klarer Form zur Sprache.

Plenum und Gruppenarbeit

Die ideale Größe von Arbeitsgruppen liegt bei fünf bis sieben Personen. Eine solche Gruppe ist groß genug, um die notwendige Vielfalt an Ideen, Meinungen und Kompetenzen zu gewährleisten, andererseits aber klein genug für eine direkte und lebendige Verständigung im Gesamtkreis.

Sobald die Gruppe größer ist, müssen Arbeitsformen gewählt werden, die sicherstellen, dass alle sich genügend aktiv am Arbeitsprozess beteiligen können. Das Plenum wird schwerfälliger und wirkt nach einiger Zeit lähmend. Die vorhandenen menschlichen Ressourcen können nicht mehr optimal genutzt werden. Arbeit in Untergruppen wird zu einem wichtigen Instrument.

Die Dynamik und die Effizienz der Arbeitsprozesse hängen wesentlich von einem sinnvollen Wechselspiel zwischen Gruppenarbeit und Plenum ab.

	Plenum	**Kleingruppen**
Funktion:	Integration der Gesamtgruppe	Aktivieren der Einzelnen
Vorteile:	– alle sind anwesend – alle sehen alle – alle hören das Gleiche	– lebhafte Diskussion – aktive Beteiligung – persönlicher Kontakt
Nachteile:	– Dialog begrenzt möglich – Beteiligung begrenzt möglich – quasi »Öffentlichkeit«	– nur Zwischenschritte möglich – unmittelbarer Ergebnisdruck – keine Gesamtschau möglich
geeignet für:	– Herstellen von Transparenz – Herstellen von Gemeinsamkeit *(Gefühl »dabei zu sein«, »Wir-Gefühl«)* – Informationsaustausch – Klärung und Abstimmung – Sammeln von Meinungen – »Einschwören« auf gemeinsame Vorgehensweisen und Projekte	– Entwickeln von Ideen *(Brainstorming)* – Entwickeln von Konzepten – systematische Analyse – vertiefte Diskussion und Auseinandersetzung – konkrete Ausarbeitungen – Detailplanungen

- *Wann sollten möglichst kleine Gruppen gebildet werden?*
  - Wenn die Teilnehmer/-innen sich erst kennen lernen müssen.
  - Wenn es um besonders persönliche Fragen geht.
  - Wenn es darauf ankommt, dass jeder Einzelne seine Ideen einbringen kann.
- *Wann sollten eher größere Gruppen gebildet werden?*
  - Wenn sonst die Anzahl der Gruppen zu groß wird: Mehr als drei Präsentationen von Gruppenergebnissen hintereinander wirken im Plenum ermüdend.
  - Wenn es mehr um das Sammeln von Ideen und nicht um vertiefte Diskussion geht.
- *Wann sollten alle Gruppen den gleichen Auftrag haben?*
  - Grundsätzlich immer, wenn Neues entwickelt wird: Ideen, Problemlösungsansätze, Strategien, Vorgehenskonzepte.
  - Wenn es wichtig ist, möglichst mehrere Alternativen beziehungsweise Varianten zum Vergleich auf den Tisch zu kriegen.
- *Wann können unterschiedliche Aufträge erteilt werden?*
  - Wenn alle grundsätzlichen Fragen geklärt sind und es darum geht, »Fleißarbeit« zu verteilen, damit man möglichst schnell vorankommt.
  - Wenn zu verschiedenen, vorher gemeinsam bearbeiteten Einzelthemen konkrete Ausarbeitungen gemacht werden müssen.
- *Wann sollte die Zusammensetzung von Kleingruppen verändert werden?*
  - Möglichst oft – zumindest bei jedem neuen Thema (gute Durchmischung ist wichtig für eine gleichmäßige Entwicklung der Beziehungen innerhalb der Gesamtgruppe).
- *Wann sollte die Zusammensetzung von Kleingruppen unverändert bleiben?*
  - Bei mehreren aufeinander folgenden Arbeitsschritten am gleichen Thema.
- *Was eignet sich nicht für Gruppenarbeit?*
  - Redaktion von Texten, die länger sind als ein Satz (grundsätzlich nur in Einzelarbeit).

Kapitel 6

Persönliches Feedback

Kollektive Milieuschädigung

Traurig, aber wahr: Unsere Zivilisation ist krank. Wir leben nicht mehr natürlich. Wir verhalten uns im Umgang miteinander in erschreckendem Maße gekünstelt. Verkrampfte Rituale beherrschen die Szene. Offenheit und Ehrlichkeit sind uns, so scheint es, abhanden gekommen. Wir haben schlicht verlernt, was wir als Kinder noch konnten: einander spontan zu sagen, was wir denken und empfinden. Wir erfinden tausend Gründe, warum es im direkten Kontakt schädlich, ja gefährlich wäre, offen zu sein. Und wir glauben auch noch daran.

Es ist ausgerechnet die Krise, die uns zwingt, über die Bücher zu gehen. Die Sozialwissenschaften lehren uns, dass Offenheit und Vertrauen in den zwischenmenschlichen Beziehungen etwas mit Effektivität zu tun haben; dass ohne Offenheit keine ersprießliche Teamarbeit zu haben ist; und dass all die neuen, »schlanken« Organisationskonzepte mit den Verhaltensnormen der Vergangenheit überhaupt nicht zum Funktionieren gebracht werden können.

Und siehe da: Plötzlich werden uralte menschliche Tugenden wie Spontaneität, Emotionalität oder Konfliktfähigkeit – im Management bislang systematisch verteufelt – zu strategischen Erfolgsfaktoren. Und so stehen wir nun in vielen Unternehmen vor der Überlebensnotwendigkeit, etwas von Grund auf zu lernen und einzuüben, was eigentlich ganz natürlich und normal wäre: Offenheit im Umgang miteinander – in einer Art und Weise, die für ein ersprießliches Zusammenleben und Zusammenwirken förderlich und nicht hinderlich ist.

Die Bedeutung von Feedback

Entscheidend für den Erfolg oder Misserfolg im beruflichen Arbeitsfeld ist nicht, wie ein Mensch ist, sondern wie er von anderen wahrgenommen wird. Wenn jemand weiß, wie er auf andere wirkt, hat dies zwei wesentliche Konsequenzen: Erstens, er versteht das Verhalten seiner Mitmenschen ihm selbst gegenüber besser als bisher; zweitens, er kann sein eigenes Verhalten besser – zielorientierter und situativ angepasster – steuern.

Wie ein Mensch auf andere wirkt, bleibt jedoch dem Betreffenden selbst normalerweise verborgen. Die meisten Menschen haben Hemmungen, anderen ihre Beobachtungen und Empfindungen offen und ehrlich mitzuteilen. Der Hauptgrund: Angst vor »Verletzungen«. Vorgesetzte erhalten von ihren Mitarbeitern in der Regel erst recht kein offenes Feedback. Das Verhalten des Chefs ist aufgrund der hierarchischen Abhängigkeit als Gesprächsthema tabuisiert. Die Angst vor Sanktionen verhindert von vornherein jede offene Kritik. Damit aber bleiben die Chancen zur Entwicklung der gerade für Manager so wichtigen sozialen Kompetenz weitgehend ungenutzt.

Doch was Menschen verlernt haben, können sie auch wieder lernen. Das Ziel von persönlichem Feedback besteht zum einen im

Schärfen der Selbstwahrnehmung des Einzelnen

als Voraussetzung für eine bessere Steuerung des eigenen Verhaltens. Zum anderen besteht es im Entwickeln von

Offenheit, Ehrlichkeit und Vertrauen
in den direkten Arbeits-, Führungs- und Kooperationsbeziehungen

als Voraussetzungen für ein gesundes emotionales Beziehungsgefüge, für fruchtbare Zusammenarbeit – und damit für eine hohe Effektivität des Gesamtteams.

Konkrete Fragen und Antworten

- *Was versteht man unter persönlichem Feedback?*

   Offene Rückmeldungen an einen Menschen darüber, wie er auf andere wirkt – das heißt wie sein Verhalten von anderen wahrgenommen wird.

- *Was wird mit persönlichem Feedback in einem Team bezweckt?*

Erstens: *Persönlichkeitsentwicklung* des Einzelnen – insbesondere die Entwicklung der Sozialkompetenz.

Zweitens: *Teamentwicklung* – insbesondere das Entwickeln gesunder emotionaler Beziehungen als Voraussetzung für effektive Zusammenarbeit.

Persönliches Feedback ist also eine Investition in das einzelne Individuum, aber auch eine Investition in das Team als organisatorische Einheit.

Eine wirklich offene und teamorientierte Führungskultur kann überhaupt nur dann aufgebaut werden, wenn innerhalb der einzelnen Teams offen über Führung und Zusammenarbeit gesprochen wird. Offenes Feedback ist eine der Grundvoraussetzungen für Selbstorganisation und Selbststeuerung von Teams in schlanken Strukturen.

- *Wo wird persönliches Feedback geübt?*

Es ist grundsätzlich zu unterscheiden zwischen Offenheit im persönlichen »Vier-Augen-Gespräch« und der Offenheit in einem Team. Der individuelle Lerneffekt und der Gewinn im Alltag sind eindeutig dann am höchsten, wenn in einem Führungskreis, in einer Arbeitsgruppe, in einem Projektteam – also dort, wo mehrere Menschen unmittelbar gemeinsame Erfahrungen im Umgang miteinander machen – persönliches Feedback ausgetauscht wird.

- *Wie wird persönliches Feedback eingeführt?*

Sowohl Feedback geben als auch Feedback empfangen muss in der Regel schrittweise gelernt und eingeübt werden. Wenn noch gar keine praktische Erfahrung mit Feedback vorhanden ist, muss mit strukturierten und moderierten Formen begonnen werden, die mit der Zeit in spontane Formen übergehen können und schließlich zu einem natürlichen Bestandteil einer offenen und lebendigen Unternehmenskultur werden (siehe Abbildung 27: »Persönliches Feedback – Grad der Strukturierung«, S. 308).

- *Wie läuft eine strukturierte Feedback-Übung in einem Team ab?*

In Form einer Klausurtagung. Jedes Teammitglied hat ein Zeitkontingent von 1 bis 1 ½ Std. zur Verfügung, in dem das Team sich mit ihm ganz persönlich beschäftigt. Eine solche individuelle Feedback-Runde verläuft typischerweise in vier Phasen: Erstens, positive Rückmeldungen der anderen Teammitglieder; zweitens, kritische Rückmeldungen; drittens, Wünsche und Anregungen für die weitere Zusammenarbeit; viertens, Resümee und Kommentar des Empfängers (siehe Abbildung 28: »Ablauf einer Feedback-Runde«, S. 309).

- **Bedeutet offenes Feedback »Gehirnwäsche« und »Seelenstriptease«?**

Nein. Wer Feedback gibt, muss nicht »sein Innerstes nach außen kehren«. Die persönliche Intimsphäre bleibt durchaus bestehen. Es gibt viele persönliche Dinge, die auch in einem offenen Teamgespräch nicht unbedingt besprochen werden müssen – zum Beispiel Gehaltsfragen oder persönliche Karriereüberlegungen. Es geht lediglich darum, dass über die faktischen Formen der Kommunikation, der Führung und der Zusammenarbeit im Alltag offen gesprochen wird. Hierbei geht es um das individuelle Erscheinungsbild, nicht um den Kern der Persönlichkeit (siehe Abbildung 30: »Bereiche der menschlichen Persönlichkeit«, S. 311).

- **Bedeutet Feedback im Team »Chef-Beurteilung durch die Mitarbeiter«?**

Jein. Im Sinne der Bewertung, Benotung, Qualifikation (beziehungsweise Abqualifikation): eindeutig nein. Im Sinne eines partnerschaftlichen Austauschs über das persönliche Erscheinungsbild im Rahmen der Führungs- und Kooperationsbeziehungen: ja. Durch Feedback werden hierarchische Schranken in einem Team zwar aufgeweicht, aber nicht aufgehoben.

- **Ersetzt Feedback institutionalisierte Mitarbeitergespräche?**

Nein. Feedback bezweckt ausschließlich mehr Offenheit und Klarheit in den Arbeitsbeziehungen und ergänzt das normale Führungsinstrumentarium. Es ersetzt weder die Zielvereinbarungs- noch die Mitarbeiter-Beurteilungs- und Entwicklungsgespräche.

- **Welches sind die Voraussetzungen für konstruktives Feedback?**

Die Bereitschaft aller Teammitglieder – auch des Chefs –, persönlich dazuzulernen; eine gewisse wechselseitige Grundakzeptanz (das Vertrauen, dass niemand jemand anderen »verletzen« will); eine ruhige Arbeitsatmosphäre; genügend Zeit; eine neutrale Moderation (zumindest beim ersten und zweiten Mal); einige wenige, aber wichtige Spielregeln (siehe Abbildung 29: »Acht Regeln für persönliches Feedback«, S. 310).

- *Beruht Feedback nicht auf völlig subjektiven Wahrnehmungen?*
  Doch, genau so ist es. Feedback bedeutet nicht die Mitteilung »objektiver Wahrheit«, sondern persönlicher und damit subjektiver Wahrnehmungen. Ein und dasselbe Verhalten kann von zwei Menschen möglicherweise völlig unterschiedlich wahrgenommen und erlebt werden.
- *Was macht es für einen Sinn, völlig subjektive Wahrnehmungen auszutauschen?*
  Wenn ich als Chef weiß, dass meine Mitarbeiterin X am frühen Morgen zuerst eine Stunde Ruhe braucht, um warm zu laufen, und sich bedrängt fühlt, wenn ich sie gleich nach ihrem Eintreffen in Gespräche verwickle, während mein Mitarbeiter Y ein Frühaufsteher ist und es schätzt, wenn ich gleich am frühen Morgen Zeit für ihn habe, weil er dann seinen Tag richtig planen kann – dann mache ich allen Beteiligten das Leben leichter, wenn ich mich zuerst mit ihm befasse. Oder wenn ich weiß, dass meine gelegentlichen ironischen Sprüche zwar die meisten meiner Mitarbeiter überhaupt nicht stören, einige wenige aber massiv verunsichern – dann kann ich ohne Verlust meiner Selbstachtung mal hier und mal da auf eine solche Eitelkeit verzichten. Kurz, offenes Feedback erleichtert mir die so genannte situative Führung ganz erheblich.
- *Ist das alles – unterschiedliche subjektive Wahrnehmungen vergleichen?*
  Nein. Wenn die meisten oder gar alle Teammitglieder erklären, sie hätten den Eindruck, dass ich mich nach oben nicht genügend für unsere gemeinsamen Interessen stark mache; dass meine straffe Art, die Sitzungen zu führen, für eine offene Aussprache im Gesamtteam als hinderlich empfunden wird; dass hinsichtlich Zielvereinbarung oder Mitarbeiter-Entwicklungsgesprächen eine erhebliche Kluft zwischen Anspruch und Wirklichkeit vorliegt; oder dass mein gelegentliches Kritisieren von Zuständen und Missständen als »öffentliches Abkanzeln von Mitarbeitern« erlebt wird – dann sind das zwar immer noch subjektive Wahrnehmungen. Aber ich kann mich dann schlecht darum herumdrücken, dass da in der einen oder anderen Weise bei mir selbst Handlungsbedarf besteht.
- *Besteht denn nicht die Gefahr, dass jemand seine eigenen Probleme in andere hineinprojiziert?*
  Doch, diese Gefahr besteht grundsätzlich, und in der Praxis kommt das auch ab und zu mal vor. Feedback geben heißt, »den Spiegel vorzuhal-

ten« – aber es gibt bekanntlich trübe Spiegel und solche, die ein verzerrtes Bild liefern. Dies ist ein wesentlicher Grund, weshalb persönliches Feedback möglichst im Gesamtteam ausgetauscht werden sollte: Als Feedback-Empfänger lernt man, subjektive Wahrnehmungen in ihrer Bedeutung fürs Ganze richtig einzuschätzen. Und als Feedback-Geber lernt man, dass die Wahrnehmungen anderer sich möglicherweise ganz erheblich von den eigenen Empfindungen unterscheiden. Mit anderen Worten: Durch Feedback wird die soziale Wahrnehmungsfähigkeit aller Beteiligten systematisch geschärft.

- *Setzt offenes Feedback im Team grundsätzlich eine neutrale Moderation voraus?*

Nein. Ziel ist es selbstverständlich, dass ein Team ohne fremde Unterstützung in der Lage ist, offenes, persönliches Feedback zu praktizieren. Es hat ja auch nicht jeder, der sich auf einer Skipiste bewegt, einen Skilehrer dabei. Aber für die ersten zwei bis drei Male, wenn Feedback völlig neu gelernt und eingeübt werden muss, ist eine fachlich qualifizierte Begleitung dringend zu empfehlen. Erstens wird dann die Methodik von Anfang an richtig und im Übrigen wesentlich schneller gelernt. Zweitens gibt die Gegenwart des »Neutralen« am Anfang, wo man sich auf völlig »unbekanntes Gelände« begibt, allen Teammitgliedern Sicherheit.

Abbildung 27: Persönliches Feedback – Grad der Strukturierung

Abbildung 28: Ablauf einer Feedback-Runde

Vier Phasen

Phase 1 Alle Teammitglieder äußern sich zu folgenden Fragen:
- Was gefällt mir an Dir?
- Was, glaube ich, kannst und machst Du besonders gut?
- Wo sehe ich Deine Stärken?

Phase 2 Alle Teammitglieder äußern sich zu den Fragen:
- Was stört, ärgert, irritiert oder verunsichert mich manchmal?
- Was, glaube ich, kannst Du nicht so gut?
- Wo, glaube ich, stehst Du Dir manchmal selbst im Wege?

Phase 3 Alle Teammitglieder äußern sich zu den Fragen:
- Auf was würde ich an Deiner Stelle besonders achten?
- Was, glaube ich, könntest Du eventuell anders und besser machen?
- Was würde ich mir bei Dir für die Zukunft wünschen?

Der »Empfänger« hört während dieser drei Phasen gut zu und fragt nach, wenn er etwas nicht versteht. Er widerspricht aber nicht, gibt keine Erklärungen ab, rechtfertigt sich nicht.

Phase 4 Nach Abschluss der Rückmeldungen äußert sich der »Empfänger«:

1. **Kurzes Resümee** (»Quittieren«)
   - Welches sind die wichtigsten Punkte, die ich aufgenommen habe?

2. **Kommentar** (»Einblick geben«)
   - Wie geht es mir damit? Was löst es bei mir aus?
   - Was war mir bekannt? Was hat mir auch schon jemand gesagt?
   - Was ist für mich neu? Was überrascht mich?

3. **Bewertung** (»Prioritäten setzen«)
   - Welche Punkte beschäftigen mich besonders?
   - Was will ich bei mir besonders gut überprüfen?

Abbildung 29: Acht Regeln für persönliches Feedback

- »*Ich bin o. k. – Du bist o. k.*«
  Rückmeldungen über persönliches Verhalten sind ein Angebot, mehr darüber zu erfahren, wie andere einen wahrnehmen. Sie sind keine objektiven Wahrheiten und keine Werturteile. Und: Sie betreffen nicht den Kern der Persönlichkeit, sondern deren Erscheinungsbild.

- *Beschreiben – nicht bewerten*
  Wer Rückmeldung gibt, beschreibt seine Wahrnehmungen und Beobachtungen – also das, was ihm am anderen aufgefallen ist. Und er beschreibt, was das in ihm selbst auslöst: Gefühle, Empfindungen, Fragen, Überlegungen. Er fällt keine Werturteile, er macht keine Vorwürfe, er moralisiert nicht.

- *Immer zuerst positive Rückmeldungen*
  Entweder positive *und* kritische Rückmeldungen oder gar keine – und die positiven immer zuerst! Es ist wichtig, dass sowohl der »Sender« als auch der »Empfänger« beide Dimensionen betrachten. Einseitigkeit führt immer zu Verzerrungen. Außerdem helfen positive Aspekte dem »Empfänger«, Kritisches zu akzeptieren und zu »verdauen«.

- *Möglichst konkrete Rückmeldungen geben*
  Mit Allgemeinplätzen und abstrakten Betrachtungen kann der »Empfänger« nichts anfangen. Rückmeldungen sollten konkret und nachvollziehbar sein. Am besten ist es, wenn sie durch praktische Beispiele aus der gemeinsamen Arbeit untermauert werden können. (Aber: Nicht ein einzelnes Beispiel als »Drama« hochspielen!)

- *Jeder spricht für sich selbst*
  Jeder spricht per »ich« und nicht per »man«. Der Feedback-Geber spricht den Empfänger direkt und persönlich an. Jeder bezieht sich auf seine eigenen Erfahrungen und Empfindungen.

- *Bei Störungen »Signal« geben*
  Wer sich verletzt oder durch die aktuelle Situation verunsichert fühlt, teilt dies den anderen sofort mit, sodass darüber gesprochen werden kann.

- **Jeder ist für sich selbst verantwortlich**
  Rückmeldungen sind keine Verdikte und keine Verpflichtungen, sondern Angebote zur Selbstüberprüfung. Der »Empfänger« entscheidet selbst, was er aufnehmen und annehmen sowie gegebenenfalls bei sich verändern will – und was nicht.

- **Strikte Vertraulichkeit**
  Alles, was im Rahmen von persönlichem Feedback gesprochen wird, bleibt ausschließlich im Kreis der Anwesenden und wird nicht nach außen weitergetragen.

Abbildung 30: Bereiche der menschlichen Persönlichkeit

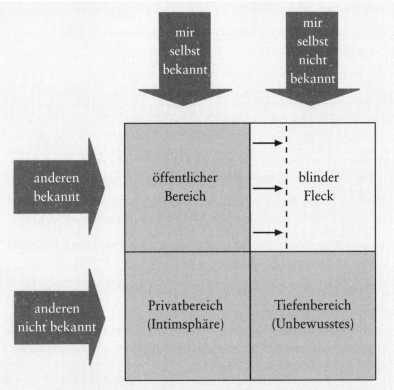

Feedback betrifft das Erscheinungsbild der Persönlichkeit –
nicht deren charakterliche Substanz

Abbildung 31: Anleitung zum persönlichen Feedback

Ziele

1 *Ich erfahre mehr darüber, wie andere mich und mein Verhalten wahrnehmen.*
2 *Ich lerne und übe, mich selbst und mein Verhalten kritisch zu überprüfen.*
3 *Ich lerne und übe, anderen in konstruktiver Weise sowohl positive als auch kritische Rückmeldungen zu ihrem Verhalten zu geben.*

Grundsätze

– Entscheidend für meinen persönlichen Erfolg im beruflichen Umfeld ist nicht, wie ich bin, sondern wie die anderen mich wahrnehmen.
– Wie andere mich wahrnehmen, bleibt mir selbst normalerweise verborgen.
– Die meisten Menschen haben Hemmungen, anderen ihre Wahrnehmungen offen und ehrlich mitzuteilen.
– Der Hauptgrund für mangelnde Offenheit im Umgang miteinander ist Angst – Angst vor Verletzungen und Angst vor Sanktionen.
– Arbeitspartner wissen viel über mein Erscheinungsbild, was für mich selbst sehr wertvoll wäre zu wissen.
– Wenn Arbeitspartner sicher sind, dass ich dies wirklich will, sind sie bereit, mir ihr Wissen über mein Erscheinungsbild mitzuteilen.
– Wenn ich weiß, wie andere mich wahrnehmen, verstehe ich das Verhalten anderer mir gegenüber besser als bisher.
– Wenn ich weiß, wie ich auf andere wirke, kann ich mich selbst besser steuern.
– Als Führungskraft bin ich unter anderem auch »Coach« meiner Mitarbeiter – und eine der wichtigsten Aufgaben eines »Coachs« besteht darin, offenes Feedback zu geben.
– Ich kann als »Coach« nur dann wirklich effektiv sein, wenn meine Mitarbeiter/-innen mir mitteilen, wie sie mein Führungsverhalten erleben.

Individuelle Vorbereitung auf das persönliche Feedback

Wir arbeiten jetzt seit einiger Zeit zusammen. Ich kenne meinen Kollegen *(Kollegin, Chef/-in)* zwar privat nicht so gut, habe aber im Arbeitsbereich viele Beobachtungen machen und persönliche Eindrücke sammeln können. Ich habe ihn/sie in den verschiedensten Situationen erlebt und auch immer wieder mal informell Kontakt mit ihm/ihr gehabt.

Aufgrund meiner bisherigen Erfahrungen mit ihm frage ich mich:

- *Was gefällt mir an ihm? Was kann und macht er besonders gut? Wo liegen seine Stärken?*
- *Was stört, ärgert, irritiert oder verunsichert mich manchmal? Was kann oder macht er nicht so gut? Wo steht er sich manchmal selbst im Wege?*

Ich stelle mir vor ...

- *Würde ich ihm die Leitung eines Unternehmens anvertrauen, das ich geerbt habe, aus verschiedenen Gründen aber selbst nicht leiten kann?*
- *Könnte ich ihn mir als meinen persönlichen Vorgesetzten vorstellen?*
- *Möchte ich ihn als direkt unterstellten Mitarbeiter in meinem Team haben?*
- *Würde ich ihn als Partner für eine schwierige Expedition zu zweit wählen?*

Ich stelle mir folgende Fragen:

- *Was lösen diese Bilder bei mir für* positive Gedanken *und* angenehme Empfindungen *aus?*
- *Was lösen diese Bilder bei mir für* kritische Gedanken *und* unangenehme Empfindungen *aus?*
- *Was für konkrete* Beobachtungen *und* Erfahrungen *(Äußerungen oder Verhaltensweisen meines Kollegen) lösen wohl diese Empfindungen aus?*

Ich nehme mir für jedes Mitglied unseres Teams irgendwann vor unserem gemeinsamen Workshop eine Viertelstunde Zeit (allein, in Ruhe, ohne Störungen). Ich stelle mir die oben genannten Fragen und versuche wahrzunehmen, was diese in mir auslösen. Ich mache zu meinen Eindrücken, Beobachtungen und Empfindungen stichwortartige Notizen – als Grundlage für meine persönlichen Rückmeldungen im Workshop.

Abbildung 32: Durchführung einer Feedback-Klausur

Teilnehmer alle Teammitglieder (Führungskreis, Arbeitsgruppe, Projektteam)

Ort außer Haus, ruhiges Tagungshotel abseits (alle übernachten vor Ort)

Zeitbedarf 1 1/2 bis 2 Tage (abhängig von der Größe des Teams)

Einführung erste 1/2 Std. für »Anwärmen«, Organisation, Zeitplanung, Spielregeln

Raum ruhig und hell, bequeme Stühle, im Kreis (ohne Tisch)

Material 1 Flipchart, 1-2 Pinnwände (Visualisierung Zeitplan, Spielregeln, Leitfragen)

Grundsätze
- für jedes Teammitglied (inkl. Chef) eine Feedback-Runde
- pro Feedback-Runde ca. 1 Std. (4-5 Pers.) bzw. 1 1/2 Std. (6-8 Pers.)
- nach jeder Feedback-Runde eine Pause von 1/4 bis 1/2 Std.
- Abend sowie min. 1 Std. am Schluss als Zeitreserve für evtl. Aufarbeiten
- beim ersten Mal: nicht mehr als 4 Feedback-Runden pro Tag einplanen

Modell-Ablauf einer Feedback-Klausur mit 7 Teammitgliedern
Richtzeiten aufgrund von Erfahrungswerten (Gestaltung situativ)

1. Tag		2. Tag	
08.30	Einführung	08.30	*Feedback-Runde 5*
09.00	*Feedback-Runde 1*	10.00	Pause
10.30	Pause	10.30	*Feedback-Runde 6*
11.00	*Feedback-Runde 2*	12.00	Mittagspause
12.30	Mittagspause	13.30	*Feedback-Runde 7*
14.00	*Feedback-Runde 3*	15.00	Pause
15.30	Pause	15.30	Zeitreserve (Option)
16.00	*Feedback-Runde 4*	16.30	Gemeinsame Bilanz
17.30	Kurze Tagesbilanz	17.00	Ende

Ideale Variante: Anreise am Vorabend, gemeinsames Besprechen des Programms, anschließend Abendessen und informelles Zusammensein, Start am ersten Vormittag unmittelbar mit Feedback-Runde 1.

Generell gilt: Die informellen Kontakte in den Pausen und an den Abenden sind außerordentlich wichtig für die Festigung der individuellen Beziehungen und für den Gesamtprozess.

Abbildung 33: Wann sind Feedback-Übungen nicht angezeigt?

- *Mangelnde wechselseitige Grundakzeptanz*
  Einzelne oder alle Beziehungen im »Team« sind hoffnungslos zerrüttet. Man verkehrt ausschließlich auf taktischer Ebene miteinander, hält aber im Grunde wechselseitig wenig voneinander. Feedback im Team wäre eine reine Alibi-Übung.

- *Völlig neu formiertes Team*
  Man kennt sich noch gar nicht richtig. Es fehlt an praktischen Erfahrungen in der Zusammenarbeit und im Umgang miteinander. *(Wenn dagegen nur ein oder zwei Teammitglieder neu sind und wenn man bereits einige Monate zusammengearbeitet hat, macht persönliches Feedback durchaus Sinn.)*

- *Auflösung des Teams*
  Eine Umstrukturierung steht vor der Tür, man hat überhaupt keine gemeinsame Zukunft. Dies bedeutet zwar mitnichten, dass persönliches Feedback keinen Sinn macht. Jeder Einzelne könnte für sich selbst sehr wertvolle Erkenntnisse aus einem Feedback gewinnen. Aber die »Investition ins Team« würde wegfallen.

- *Die Gruppe hat überhaupt keine Funktion als Team*
  Das Team ist gar kein Team: Es gibt keine gemeinsamen Ziele, keine gemeinsamen Aufgaben, keine Querverbindungen. Man hat lediglich – per Zufall – denselben Vorgesetzten. Feedback im Gesamtkreis bringt wenig bis gar nichts. *(Selbstständige Profit-Center können aber in einem Geschäftsfeld durchaus gemeinsame strategische Aufgaben haben!)*

- *Ein Teammitglied ist grundsätzlich infrage gestellt*
  Ein Mitglied des Kreises steht auf der »Abschussliste«. Man weiß bereits, dass es demnächst aus qualifikatorischen Gründen ausscheiden wird. Konstruktives Feedback ist in diesem Falle nicht möglich. Feedback würde entweder zu einer »Generalabrechnung« oder aber zu einer verlogenen Show entarten. Dazu kommt: »Feedback« wäre im Hause ab dann abgestempelt als »Mittel zum Einleiten von Abberufungen«.

- *Akute Konflikt- oder Krisensituation*
  Es gibt im Team zwischen zwei oder mehreren Personen einen akuten, nicht bearbeiteten Konflikt. Dieser würde das persönliche Feedback emotional überlagern und konstruktive Rückmeldungen zumindest teilweise verunmöglichen.

- *Hohe Offenheit im Alltag*
  Eher selten der Fall, kommt aber vor: Man hat in der täglichen Zusammenarbeit bereits einen Offenheitsgrad und eine Konfliktfähigkeit entwickelt, die es völlig überflüssig machen, Feedback im Rahmen einer speziellen Veranstaltung zu üben.

Wichtigste Feedback-Regel: Beschreiben – nicht bewerten

Warum befürchten die meisten Menschen, jemanden zu »verletzen«, wenn sie ihm offenes Feedback geben würden? Dafür gibt es einen guten Grund: den Mechanismus »Aktenschrank«.

Wir können nicht in andere Menschen hineinsehen. Was wir erkennen können, sind ausschließlich faktische Verhaltensweisen. Aber wir sind nun mal keine rationalen Wesen. Wir neigen dazu, das, was wir an einem anderen wahrnehmen, zu *interpretieren* – und anschließend die Person aufgrund dieser Interpretation zu *bewerten*. Um uns selbst das Leben einfacher zu machen, fügen wir unseren Beobachtungen zweierlei hinzu: Erstens die *Motive* des Verhaltens; zweitens die *Charaktereigenschaften*, welche diesen Motiven und Verhaltensweisen zugrunde liegen. Und das, was wir da in den anderen Menschen hineinlegen, ist nicht immer sehr schmeichelhaft. Hier handelt es sich nun aber um reine Unterstellungen, das heißt um so genannte *Projektionen*.

Diese Projektionen haben Konsequenzen.

Erstens: Es wird unterstellt, dass der andere »*nun mal so ist, wie er ist*«, und deshalb gar nicht anders kann, als sich so zu verhalten. Der Mitmensch wird abgestempelt, in einem bestimmten Kästchen untergebracht und ein für alle Mal im Aktenschrank abgelegt.

Zweitens: Es wirkt ab sofort die so genannte *selektive Wahrnehmung*: Man nimmt praktisch nur noch wahr, was die eigenen Vorurteile bestätigt. *Drittens*: Man nimmt – völlig zu Recht – an, der andere würde sich *verletzt fühlen*, wenn man ihm ungeschminkt sagen würde, was man über ihn denkt. Resultat: Feedback unterbleibt – mögliche und notwendige Verhaltensänderungen finden nicht statt. Und weil sie nicht stattfinden, wird das eigene Bild vom anderen laufend »bestätigt« und damit verstärkt.

Beim Üben von offenem Feedback geht es darum, diesen negativen in einen positiven Kreisprozess umzukehren – das heißt eine Form der Kommunikation zu finden, die es erlaubt, wichtige Informationen zu transportieren, ohne Schaden anzurichten. Die wichtigste Regel lautet deshalb: *Beschreiben – nicht bewerten.*

Was kann man beschreiben?

---

1) **Wahrgenommenes Verhalten**
   ➡ Was sehe, erlebe, erfahre, beobachte ich …?

   z. B. *»Sie zitieren mich häufig ohne jegliche Voranmeldung sofort zu sich, ohne sich darum zu kümmern, wo ich gerade bin und was ich tue.«*

2) **Eigene Gefühle, Empfindungen, Fragen**
   ➡ Was löst das in mir aus …?

   z. B. *»Ich komme mir vor wie Ihr Leibeigener. Ich habe das Gefühl, dass da einfach über mich verfügt wird und dass ich als Partner überhaupt nicht ernst genommen werde.«*

3) **Konsequenzen für die praktische Arbeit**
   ➡ Was hat es für Auswirkungen auf die Arbeitsprozesse …?

   z. B. *»Meine gesamte Zeitplanung fliegt über den Haufen. Vor allem aber: Ich werde aus Meetings herausgerissen, in denen noch eine ganze Reihe anderer Leute sitzt. Einige von ihnen sind sogar von weit her angereist. Da kommt es in jedem einzelnen Falle zu massiven Verzögerungen von Arbeits- oder Entscheidungsprozessen.«*

Was heißt bewerten?

1) **Pauschale Werturteile fällen**

    z. B. *»Sie sind ein Despot.«*
    »Du bist ein Chaot.«
    »Sie sind undiszipliniert und desorganisiert.«

2) **Vorwürfe machen**

    z. B. *»Du denkst immer nur an Dich und nie an die anderen.«*
    »Sie missbrauchen Ihre Macht als Vorgesetzter auf meine Kosten.«
    »Sie verhindern, dass man hier effizient und produktiv arbeiten kann.«

3) **Moralinsaure Unterstellungen vornehmen**

    z. B. *»Es ist Ihnen völlig egal, dass Sie mein Arbeitsprogramm kaputtmachen.«*
    »Es scheint Ihnen Spaß zu machen, die Puppen tanzen zu lassen.«
    »Dir geht es nur um Dein Profil nach oben – alles andere ist Dir wurst.«

Die konsequente Einhaltung dieser Regel hat zwei Konsequenzen. Erstens, der *Feedback-Empfänger* kann auch kritische Rückmeldungen akzeptieren, weil er sich in seiner persönlichen Integrität nicht verletzt fühlt. Dies ist eine Grundvoraussetzung für eine Veränderung des Verhaltens. Zweitens, der *Feedback-Geber* lernt, die Zerrbilder, die er von seinen Mitmenschen hat, infrage zu stellen. Er lernt, vorsichtiger zu sein in seinem Urteil. Er lernt, anderen eine Chance zu geben.

Kapitel 7

Prozessorientiertes Projektmanagement

Prozessorientiertes Projektmanagement unterscheidet sich in wesentlichen Punkten von konventionellen technokratischen Modellen. Der Hauptunterschied liegt in der ganzheitlichen Betrachtungs- und Vorgehensweise oder, anders ausgedrückt, im Berücksichtigen der *strategischen und politischen Dimension von Projektarbeit*. Ein Projektleiter, der glaubt, es genüge, methodisch »sauber« vorzugehen, um ein großes, komplexes Projekt zum Erfolg zu führen, handelt blauäugig und verschleudert letztlich in gewaltigem Umfang kostbare Ressourcen seines Unternehmens. Zwei Aspekte, über die herkömmliche Handbücher sich von vornherein ausschweigen, entscheiden nämlich weitgehend über den Verlauf der Projektarbeit: die *Dynamik* und die *Vernetzungen*.

- *Energie:* Wo liegt die »ownership« – wer betrachtet dieses Projekt als »seine Sache«? Wer alles ist am Erfolg des Projekts interessiert und bereit, sich persönlich dafür zu engagieren?
- *Macht:* Wer hat welchen Einfluss auf das Geschehen? Welches sind die »Schlüssel-Hierarchen«, welches die informellen »Opinion-Leaders« – und wie können sie gewonnen werden?
- *Kräftefeld:* Was gibt es insgesamt für unterstützende, was für hindernde Einflüsse – und welche Konsequenzen ergeben sich aus diesem Kräftefeld für die Umsetzbarkeit von Maßnahmen?
- *Vernetzungen:* In was für ein Umfeld ist das Projekt eingebettet? Wer muss bei welchen Fragen aktiv einbezogen werden? Was für Informations- und Kommunikationskanäle müssen etabliert werden, damit eine reibungsarme Projektarbeit sichergestellt werden kann?

Solche und ähnliche Fragen stehen zunächst im Vordergrund – und müssen im weiteren Verlauf immer wieder gestellt werden. Im Brennpunkt der Aufmerksamkeit stehen die am Projekt beteiligten und vom Projekt betroffenen Personen und Gruppen – und damit das dynamische Geschehen im Spannungsfeld von Interessen, Bedürfnissen, Motivationen und Machtkonstellationen. Die Dynamik ergibt sich letztlich immer aus situativ variierenden Antriebsenergien und Widerständen – wobei sich stets einiges an der Oberfläche abspielt, während anderes verdeckt abläuft. Nicht selten ist es gerade das Wichtigste, das »unter fremder Flagge segelt«.

Eine Checkliste

Im Hinblick auf die Gestaltung konkreter Projekte haben wir die wesentlichen Punkte zunächst in Form einer Checkliste zusammengestellt (siehe Abbildung 34). Diese werden anschließend, mit konkreten Leitfragen versehen, kurz skizziert. Denn darauf kommt es letztlich an: Dass die richtigen Fragen gestellt werden. Wenn dies geschieht, ergeben sich die gebotenen Schritte des Vorgehens im konkreten Fall fast von selbst.

Im Vorfeld zu klärende Fragen

> *»Wer das erste Knopfloch verfehlt,*
> *kommt mit dem Zuknöpfen nicht zurande.«*
>
> Johann Wolfgang von Goethe

Viele Verwirrungen und Turbulenzen in Projekten rühren daher, dass mit ungeklärten Voraussetzungen begonnen wurde. Man hat sich sozusagen in das Projekt hineingeschlampt. Die folgenden Aspekte sollen als Prüffragen für eine Rüttelstrecke dienen, um die Schwachstellen eines Projektvorhabens rechtzeitig erkennen und beheben zu können. Es geht darum, »die Kuh festzubinden, ehe man zu melken beginnt«, wie man in Südafrika sagt.

Anlass und Problemstellung

– Ist der benannte Anlass des Projekts nachvollziehbar, oder scheint er eher vorgeschoben, weil man den eigentlichen Beweggrund nicht ohne weiteres offenlegen mag?

Abbildung 34: Checkliste Projektarbeit

Im Vorfeld zu klärende Punkte:

- Anlass und Problemstellung
- Auftraggeber
- Betroffene und Interessierte
- Einbeziehung der Personalvertretungen
- Zielsetzung und Leistungserwartungen
- Restriktionen und Tabus
- Geplante Vorgehensweise
- Zeitperspektive
- Erfolgskriterien
- Gründe für den Status quo
- Projekthypotheken
- Abhängigkeiten und Vernetzungen
- Projektkultur und Unternehmenskultur
- Projektleitung
- Projektteam
- Ressourcen
- Ungereimtheiten und kritische Punkte

Für den Projektverlauf entscheidende Faktoren:

– Leitlinien der Projektarbeit
– Projektorganisation
– Entscheidungsstruktur
– Kraftfeldanalyse
– Projekt-»Unterwelt«
– Topographie des Projekts
– Projektsupervision und Teamwartung

- Handelt es sich um eine Situation, die in dieser Form zum ersten Mal aufgetreten ist? Oder gibt es dazu Erfahrungen?
- Ist eine echte Analyse erwünscht, oder sind Diagnose und Lösungsvorstellungen – ausgesprochen oder unausgesprochen – bereits vorgegeben?
- Erscheint die Problemstellung plausibel? Ist sie wichtig und komplex genug, um die Inangriffnahme eines Projekts zu rechtfertigen?

Auftraggeber

- Wie ernsthaft ist beziehungsweise scheint seine Bereitschaft, an dieses Problem heranzugehen?
- Ist der Auftraggeber tatsächlich oder nur mittelbar für dieses Thema zuständig?
- Inwieweit ist er von der Problemstellung überhaupt selbst betroffen?
- Inwiefern könnte er selbst Teil des Problems sein?
- Zeigt er sich einsichtig und bereit, seinen Teil zur Lösung beizutragen, soweit er Teil des Problems ist?
- Weshalb hat er das Problem bisher nicht gelöst?

Betroffene und Interessierte

- Wer ist von der Problemstellung direkt betroffen?
- Wer ist indirekt betroffen und könnte insofern an einer Aufrechterhaltung oder Veränderung des bestehenden Zustands interessiert sein?
- Inwieweit können, sollen und wollen die Betroffenen beziehungsweise Interessierten in den Prozess der Problembearbeitung einbezogen werden?

Einbeziehung der Personalvertretungen

- Inwieweit unterliegt das Projektvorhaben der gesetzlichen Mitbestimmung?
- Gibt es Aspekte, die dafür sprechen, über den gesetzlich geregelten Rahmen hinauszugehen?

Zielsetzung und Leistungserwartungen

- Welche Erwartungen hat der Auftraggeber? Was soll in ein bis zwei Jahren anders sein als heute?
- Wie konkret und messbar sind die genannten Ziele?
- Gibt es Anzeichen für verdeckte Erwartungen?
- Welche erklärten oder verdeckten Erwartungen haben die anderen Betroffenen beziehungsweise Interessierten?
- Wie plausibel, realistisch und kompatibel sind diese Erwartungen insgesamt?

Restriktionen und Tabus

- Was wird vom Auftraggeber beziehungsweise von den anderen Betroffenen und Interessierten nicht gewünscht? Was darf nicht passieren?
- Wird darüber offen gesprochen?
- Sind die Begründungen dafür nachvollziehbar und plausibel?
- Gibt es Tabu-Themen oder Tabu-Fragen?

Geplante Vorgehensweise

- Gibt es bestimmte Vorstellungen oder Einschränkungen, was das methodische Vorgehen betrifft?
- Passen die geplanten beziehungsweise gewünschten Methoden zum Vorgehen, das im Hinblick auf Problemstellung und Zielsetzung gewählt werden muss?

Falls Berater beigezogen werden:

- Können sich Auftraggeber und Betroffene beziehungsweise Interessierte unter den vorgeschlagenen Vorgehensweisen der Berater konkret etwas vorstellen?
- Verstehen sie die Konzepte der Berater und die dahinter liegende Philosophie? Können sie beurteilen, was gegebenenfalls auf sie zukommt?
- Fühlen sie sich kompetent genug, um die Regie für das Projekt wahrnehmen zu können – oder würden sie sich von den Externen auf Gedeih und Verderb an die Hand nehmen lassen?

Zeitperspektive

- Welche Zeitvorstellungen haben Auftraggeber und die anderen Betroffenen beziehungsweise Interessierten?
- Wie realistisch sind diese Vorstellungen? Lässt sich das Projekt in dieser Zeit durchziehen?

Erfolgskriterien

- Aufgrund welcher quantitativen und qualitativen Kriterien soll der Erfolg des Projekts gemessen werden?

Gründe für den Status quo

- Warum sind die Dinge noch immer so, wie sie sind – wenn doch angeblich so viele darunter leiden?
  Das heißt: Worin besteht die »Vernunft« des Bestehenden?
- Wer sind die Nutznießer des Status quo – wer wäre Nutznießer einer Veränderung?
- Sind sich Auftraggeber und Betroffene beziehungsweise Interessierte in dieser Einschätzung einig – oder gibt es Meinungsunterschiede?

Projekthypotheken

- Ist dieses Thema »jungfräulich«, oder wurde früher schon daran gearbeitet? Wenn ja: Wann, mit welchem Ergebnis, welchen Erfahrungen und welchen Auswirkungen?
- Welches »Image« hat dieses Thema beziehungsweise Projekt im Unternehmen? Ist es in irgendeiner Form »vorbelastet«?
- Welche Konsequenzen ergeben sich daraus für das geplante Vorgehen?

Abhängigkeiten und Vernetzungen

- Gibt es Projekte mit ähnlicher Aufgabenstellung?
- Gibt es andere aktuelle Themen, die mit der Fragestellung vernetzt werden könnten oder müssten?

- Wird oder wurde das vorliegende Thema schon einmal unter einer anderen Fragestellung bearbeitet?

Projektkultur und Unternehmenskultur

- Wie stark orientiert sich das Unternehmen am Prinzip der Arbeitsteiligkeit, wie stark an der Hierarchie?
- Wie viel Erfahrung und Kompetenz hat das Unternehmen bezüglich der Steuerung komplexer Projekte?
- Inwieweit gehört Teamarbeit zur bisherigen Kultur des Unternehmens?

Projektleitung

- Ist die *Sachkompetenz* vorhanden, um die anfallenden Sachfragen richtig einschätzen zu können?
- Ist ausreichende *Methodenkompetenz* vorhanden, um die für diesen Fall richtigen Vorgehensweisen, Instrumente und Verfahren auswählen zu können?
- Ist die erforderliche *Sozialkompetenz* vorhanden, um den Umgang mit unterschiedlichen Menschen, Gruppen und gruppendynamischen Prozessen im Umfeld dieses Projekts – speziell in schwierigen und konflikthaften Situationen – aktiv zu gestalten?
- Sind zeitliche *Verfügbarkeit* und *persönliches Engagement* gewährleistet, um sich dem Projekt so zu widmen, wie es notwendig ist oder werden könnte?
- Sind Reserven eingeplant für *Teaminspektion* der Projektgruppe sowie zur Bereinigung unvorhergesehener Turbulenzen im Projektumfeld?

Projektteam

- Ist gesichert, dass alle vorgesehenen Mitglieder der Projektgruppe neben allen sonstigen willkommenen Qualifikationen auf jeden Fall eine Grundbedingung erfüllen, nämlich *teamfähig* zu sein?

- Haben die vorgesehenen Mitglieder der Projektgruppe insgesamt ausreichend *Sachkompetenz*, um zu verstehen, worum es geht, und um die anfallenden Sachfragen richtig beurteilen zu können?
- Ist insgesamt hinreichend *Methodenkompetenz* vorhanden, um die vorgesehenen Methoden, Instrumente und Verfahren anwenden zu können? Wenn nein: Ist die Bereitschaft vorhanden und die Möglichkeit gegeben, sich entsprechend weiterzubilden oder sich externer Ressourcen zu bedienen?
- Ist im Gesamtteam insgesamt genügend *Sozialkompetenz* vorhanden, um den Umgang mit anderen Menschen, Gruppen und gruppendynamischen Prozessen im Rahmen des Projekts, speziell aber in schwierigen und konflikthaften Situationen konstruktiv zu gestalten?
- Ist die Gruppe bereit und fähig, diese Kompetenz auch auf ihre eigene Situation anzuwenden und sich in regelmäßigen Intervallen einer gemeinsamen, kritischen *Selbstüberprüfung* zu unterziehen?
- Ist allen Mitgliedern der Projektgruppe klar, dass der Erfolg des Projekts in hohem Maße von der Bereitschaft abhängt, ihre soziale Kompetenz weiterzuentwickeln?
- Stehen *Energie, Engagement* und *verfügbare Zeit* der vorgesehenen Mitglieder der Projektgruppe in einem realistischen Verhältnis zu den voraussichtlichen Anforderungen?
- Ist allen klar, dass – neben sachlich-inhaltlichen Problemen – Turbulenzen im Projektumfeld sowie gruppendynamische Spannungen im Projektteam selbst auftreten können, ja, wahrscheinlich auftreten werden – und dass die Bearbeitung solcher Schwierigkeiten »zum Geschäft« gehört?

Ressourcen

- Gibt es eine halbwegs solide und plausible Einschätzung des Aufwands, der über die »Manpower« hinaus notwendig erscheint – zum Beispiel an Sachmitteln, Raum, Geld, Verfügbarkeit eventueller Gesprächspartner für Interviews und/oder Workshops sowie gegebenenfalls externe Unterstützung?
- Wird diese Einschätzung von allen, die darüber zu befinden haben, in etwa geteilt?

Ungereimtheiten und kritische Punkte

- Was erscheint insgesamt widersprüchlich, wenn man die bisherigen Erkenntnisse zusammenfügt?
- Inwieweit sind durch auferlegte Restriktionen und Tabus die Projektziele oder erforderliche Vorgehensweisen infrage gestellt?
- Wie erfolgversprechend scheint es, dieses Thema unter diesen Umständen auf die geplante beziehungsweise vorgeschlagene Weise überhaupt anzugehen?
- Welches sind die kritischen Fragen beziehungsweise »Engpassfaktoren«, die besonders im Auge behalten werden müssen?

Für den Projektverlauf entscheidende Faktoren

Leitlinien für die Projektarbeit

Was sich in der Führung und Entwicklung von Unternehmen generell bewährt, kann auch für die Projektarbeit wichtig sein: die Ausrichtung auf ein klares Leitbild. Als »Spielregeln« oder »Grundsätze« formuliert und veröffentlicht, gibt die Grundphilosophie allen Beteiligten die Möglichkeit, sich besser zu orientieren und gegebenenfalls auch von den Grundsätzen abweichende Vorgehens- oder Verhaltensweisen einzuklagen. »Betroffene beteiligen«, »offene Information für alle«, »Hilfe zur Selbsthilfe«, »so viel Selbststeuerung wie möglich«, »konsequentes Einhalten von Terminen und Vereinbarungen« – solche Prinzipien können beispielsweise wesentliche Elemente sein.

Projektorganisation

- *Pflichtenheft:* In einem so genannten Pflichtenheft sind
    1. die *Ziele* so konkret beschrieben, dass man sich die angestrebte Zukunft möglichst plastisch vorstellen kann;
    2. die *Aufgaben und Tätigkeiten* aufgelistet, die erledigt werden müssen, um die Ziele zu erreichen;

3. die *quantitativen und qualitativen Kriterien* dargestellt, mit denen der *Erfolg gemessen* werden soll;

4. die geplanten *Vorgehensschritte* einschließlich der notwendigen Kommunikation mit den Betroffenen und Interessierten, auf der Zeitachse in Form einer *Projektmatrix* grafisch dargestellt – mit klar markierten *Meilensteinen*: Anfang, Ende und alle wesentlichen Zwischenstationen (siehe Abbildung 35: Muster einer Projektmatrix, S. 330);

5. die weniger planbaren, aber mit hoher Wahrscheinlichkeit auftretenden Turbulenzen im Projektteam und im Projektumfeld dadurch berücksichtigt, dass ausreichend *zeitliche Pufferzonen* vorgesehen sind (diese Zeitplanung muss in regelmäßigen Abständen überprüft und aktualisiert werden).

- *Aufgaben- und Rollenverteilung:* Die Aufgaben und Rollen werden in offener Teamdiskussion auf der Basis der erkennbaren fachlichen und persönlichen Kompetenz der einzelnen Mitglieder für alle transparent verteilt. Soweit möglich und dem Ganzen zuträglich, werden auch persönliche Entwicklungserwartungen und Profilierungsbedürfnisse zugelassen und berücksichtigt.

- *Arbeitsorganisation: Projektgruppe oder Steuergruppe:* Je nach Komplexität wird die Aufgabenstellung von einer einzigen Projektgruppe oder in mehreren Teams unter der Regie einer Steuergruppe bearbeitet.

  Ist die Aufgabenstellung sachlich überschaubar, inhaltlich verkraftbar, und sprechen keine weitergehenden sozialen oder unternehmenspolitischen Gesichtspunkte für eine direkte Einbeziehung weiterer Personen oder Gruppen, so empfehlen wir, eine *Projektgruppe* mit der Bearbeitung der Problemstellung zu beauftragen. Als besonders effizient erweisen sich immer wieder Arbeitsgruppen mit nicht weniger als fünf und nicht mehr als sieben Mitgliedern. Ist die Gruppe zu klein, besteht die Gefahr einer zu geringen Ideenvielfalt. Ist die Gruppe zu groß, benötigt sie zu viel Energie zur Steuerung ihrer internen Gruppendynamik. Sie beschäftigt sich dann mehr mit sich selbst als mit ihrer Aufgabe. Mit anderen Worten: Größe und Zusammensetzung solcher Gruppen dürfen einzig und allein nach den Kriterien der *benötigten Kompetenzen* und der *Funktionsfähigkeit der Gruppe* entschieden werden und nicht, wie so oft, nach Vertretungswünschen der Interessenparteien, die sich am Pro-

Abbildung 35: Muster einer Projektmatrix

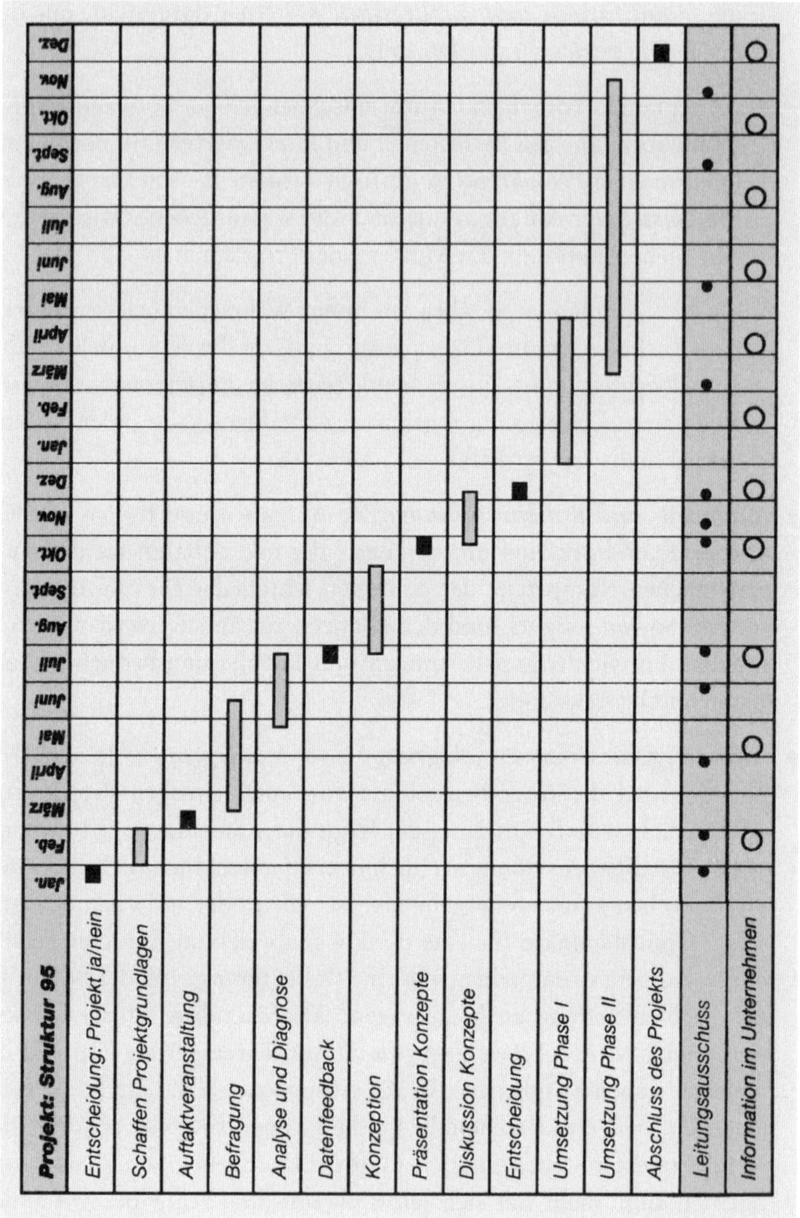

porz orientieren. Solchen Wünschen der Mitgestaltung kann über vielfältige andere Wege der Beteiligung Rechnung getragen werden – beispielsweise durch Befragungen, fest installierte Beratungsausschüsse oder regelmäßige Hearings, in denen der Projektstatus dargestellt und Anregungen dazu abgefragt werden.

Ist die Aufgabenstellung komplexer, der zeitliche Erwartungshorizont relativ eng oder gibt es gute Gründe, von Anfang an mehrere Gruppen ins Boot zu holen, lässt man verschiedene Projektteams simultan an unterschiedlichen Teilaufgaben arbeiten. Diese Satellitengruppen müssen aber von einer so genannten *Steuer-* oder *Regiegruppe* beauftragt und koordiniert werden. Für die Mitglieder einer solchen Steuergruppe gilt als ausschließliches und entscheidendes Auswahlkriterium gut ausgeprägte Sozial- und Prozesskompetenz. Ins Detail gehende Sachkenntnis oder Zugehörigkeit zu bestimmten Bereichen ist dagegen von untergeordneter Bedeutung.

- *Projektpromotoren:* Ist ein Projekt in seinem Umfeld besonderen Turbulenzen und Gefährdungen ausgesetzt, die vom Projektteam nicht ohne weiteres gemeistert werden können, so kann es empfehlenswert sein, so genannte *Projektpromotoren* zu etablieren. Dabei handelt es sich um Mitglieder der Organisation, die genügend Durchblick und Einfluss haben, um bei Gefährdungen den entsprechenden Schutz zu bieten und bei versuchten Blockaden den notwendigen Durchbruch zu erzwingen. Diese Unterstützungs- und Schutzfunktion kann auch durch einen entsprechend zusammengesetzten *Projektbeirat* erfolgen.

- *Zeitmanagement und Berichterstattung:* Der Projektleiter koordiniert die Projektarbeit und die Mitglieder der Projektgruppe. Das setzt zunächst ein effizientes Zeitmanagement voraus: Die Verfügbarkeit der am Projekt Beteiligten muss mit den vom Projekt her notwendigen Aufgaben und Terminen in Einklang gebracht werden. Unerlässlich dazu ist ein frühzeitig fixiertes *Termingerüst* mit allen voraussichtlich notwendigen Besprechungen und sonstigen voraussehbaren Arbeitseinsätzen – einschließlich ausreichender Puffertermine für nicht Vorhersehbares.

  Der Projektleiter gewährleistet eine zeitgemäße Form der *Dokumentation* und *Berichterstattung* – zur Unterstützung der Arbeit des Projektteams und als Voraussetzung für ein effizientes *Projektcontrolling*. Dadurch werden Projektmitarbeiter und Auftraggeber in regelmäßigen Abständen über den Grad der Zielerreichung und die Arbeitsqualität informiert, um bei Abweichungen vom Soll-Wert rechtzeitig korrigierende Maßnahmen ergreifen zu können.

- **Kommunikationskonzept und Projektmarketing:** Die Projektgruppe beziehungsweise die Steuergruppe konzipiert gleich zu Beginn ein spezielles *Kommunikationskonzept* für dieses Projekt. Im Modell einer mehrdimensionalen Matrix wird geklärt: Wer ist von wem über was jeweils wann und auf welche Weise zu informieren oder aktiv einzubeziehen?

  Nach Maßgabe der Bedeutung des Projekts und der Notwendigkeit, Verbündete und Mitstreiter zu gewinnen, wird das Image des Projekts in einem weiteren Umfeld durch entsprechendes *Projektmarketing* verankert und gefördert.

Entscheidungsstrukturen

Entschließt man sich, eine Problemstellung nicht im Rahmen der normalen, häufig arbeitsteiligen Linienorganisation bearbeiten zu lassen, sondern durch eine speziell für diese Aufgabenstellung gebildete Projektorganisation, so schafft man damit auch eine besondere Schnittstelle zum offiziellen Entscheidersystem. Sind die eigentlichen Entscheider nicht vollzählig in der Projekt- beziehungsweise Steuergruppe vertreten, sodass schon im Verlauf der Projektarbeit die jeweils fälligen Entscheidungen getroffen werden können, so muss sichergestellt sein, dass die formal zuständigen Funktionen oder Gremien regelmäßig informiert beziehungsweise rechtzeitig einbezogen werden – entweder direkt oder über einen zwischengeschalteten *Lenkungsausschuss*.

Kraftfeldanalyse

Nicht nur für die Projektarbeit, sondern vor allem für die spätere erfolgreiche Umsetzung der Projektergebnisse in die Praxis ist von entscheidender Bedeutung, dass die innere Haltung aller vom Projektthema berührten Interessengruppen rechtzeitig erfasst wird:

– *Wer ist für eine Änderung des derzeitigen Zustands – und mit wie viel Energie wird er sich dafür einsetzen?*
– *Wer ist gegen eine Änderung, und mit welchen Verhinderungs- oder Blockadestrategien wird er vermutlich arbeiten?*

- Wer hält sich zwar im Moment heraus, könnte aber unter bestimmten Bedingungen ein »Förderer« oder ein »Widerständler« werden?
- Welche anderen Themen und Projekte sind mit diesem Projekt verflochten?
- Welches Energiefeld ergibt sich daraus insgesamt für das geplante Vorhaben?

Projekt-»Unterwelt«

Es ist ganz normal und zunächst nicht weiter schlimm, dass in jedem Projekt neben offiziellen – selbstverständlich immer höchst ehrenwerten – Zielen auch andere Interessen verfolgt werden. Schlimm ist nur, wenn dies nicht rechtzeitig erkannt und ins Kalkül gezogen wird. Deshalb muss das Energiefeld um diese *verdeckte Dimension* ergänzt werden. Die generelle Leitfrage lautet: *Was spielt sich bei diesem Projekt alles unter der Decke ab?*

- *Welche verdeckten Ziele könnte eventuell der Auftraggeber verfolgen? Etwa, sich mithilfe einer Reorganisation bestimmter Mitarbeiter zu entledigen?*
- *Besteht die Möglichkeit, dass wichtige Betroffene im Hintergrund bleiben und dort die Drähte ziehen, sodass das Ganze im Endeffekt ein »Marionettenprojekt« werden könnte?*
- *Wie groß ist die Gefahr, dass man versucht, bisher erfolglose Bemühungen lediglich unter der Tarnkappe einer neuen Bezeichnung erneut anzuschieben, also in neuen Schläuchen alten Wein anzubieten?*
- *Gibt es Anzeichen für eine reine Alibiübung, die letztlich nur beweisen soll, dass das Ziel gar nicht erreicht werden kann?*
- *Welche Tabus könnte es geben? Wo und wie sind die »heiligen Kühe« versteckt?*
- *Gibt es tatsächliche oder im Projektumfeld vermutete, sachfremde Interessen des Projektteams oder des Projektleiters, die sich ungünstig auf den Projektverlauf auswirken könnten?*

Topographie des Projekts

Es kann für die Projektgruppe äußerst aufschlussreich sein, die bisherigen Informationen aus der Analyse des Kraftfelds und der Projekt-«Unterwelt«

in einer Lagebeschreibung des Projekts bildlich darzustellen. In diesem Bild sollten deutlich werden:

- Vernetzungen mit anderen Themen und Projekten;
- projektrelevante Umwelten und Rahmenbedingungen;
- offene und verdeckte fördernde beziehungsweise hemmende Faktoren, Personen und Gruppen sowie die daraus abzuleitenden kurz-, mittel- und längerfristigen Chancen und Gefahren für das Projekt.

Die Verdeutlichung der Dynamik und der Vernetzungen auf einem Bild kann eine wertvolle Entscheidungshilfe sein, ob beziehungsweise wie das Projekt angefangen werden muss und gesteuert werden kann.

Projektsupervision und Teamwartung

Die Projektgruppe – beziehungsweise bei größeren Projekten die Steuer- oder Regiegruppe – unterzieht sich in regelmäßigen Intervallen (bei Anzeichen von Störungen auch außerplanmäßig) einer Überprüfung. Ob diese Inspektion in eigener Regie durchgeführt wird oder mit Unterstützung durch externe Beratung – die Fragen, um die es geht, sind die gleichen:

- *Inwieweit ist das Kräftefeld, in dem sich das Projekt bewegt, noch vergleichbar mit der Ausgangssituation? Wie muss eventuell die Lagebeurteilung verändert werden?*
- *Verfolgen wir mit diesem Projekt noch die richtigen Ziele?*
- *Haben wir die richtigen Leute an Bord?*
- *Arbeiten wir mit den bestmöglichen Methoden?*
- *Beteiligen wir in angemessener Weise die Betroffenen – und zwar aus deren eigener Sicht beurteilt?*
- *Wie gut fühlen sich die Entscheider eingebunden?*
- *Inwieweit halten wir uns in der praktischen Projektarbeit an die von uns formulierten Leitlinien?*
- *Wie gut funktioniert unsere interne Projektorganisation?*
- *Welche Erfahrungen haben wir bislang mit unserem Kommunikationskonzept? Welche Reaktionen darauf kennen wir?*
- *Wie zufrieden ist jeder im Projektteam mit der Rolle, die er spielt? Wie zufrieden ist jeder mit der Rolle, die andere spielen, sowie mit dem Zusammenspiel und dem Klima untereinander?*

– *Was gäbe es darüber hinaus noch für Möglichkeiten, die Arbeit effizienter oder befriedigender zu gestalten?*

In welchen Phasen eines Projekts welche speziellen Klippen zu beachten sind, zeigt Abbildung 36.

Abbildung 36: Schritte im Veränderungsprozess und ihre Tücken

#	Schritt	Tücke
1	Die ersten Überlegungen	zu viel »fertige Lösung« im Kopf
2	Gezielte Sondierungen	man hör nur, was man hören will
3	Schaffen der Projektgrundlagen	»Reinschlampen
4	Kommunikationskonzept	geheime Kommandosache
5	Datenerhebung	falsche Fragen führen zu »falschen« Daten
6	Datenfeedback	Daten kommen in den »Giftschrank«
7	Diagnose und Kraftfeldanalyse	die »oben« entscheiden; Lieblingslösungen
8	Konzeptentwicklung und Maßnahmenplanung	keine oder »Schein«-Alternativen; kein Mut zum neuen
9	Vorentscheidung	alles offen lassen
10	Experimante und Praxistests	reine Alibi Übungen; »Facelifting«
11	Entscheidung	verzögern/ verwässern
12	Praxiseinführung/ Umsetzungsbegleitung	die alte Denke bricht sich wieder Bahn

Kapitel 8

Umgang mit Widerstand

Widerstand ist im Arbeitsbereich ein ganz alltägliches Phänomen und eine normale Begleiterscheinung jedes Entwicklungsprozesses. Es gibt in der Praxis kein Lernen und keine Veränderung ohne Widerstand. Widerstand zwingt jedoch, wann und wo immer er auftritt, zu Denkpausen, zu klärenden Gesprächen, mal hier und mal da sogar zu einer Kurskorrektur. Wenn Zeitdruck herrscht – und er herrscht praktisch immer –, erscheint Widerstand außerordentlich lästig, eventuell sogar unerträglich und inakzeptabel. Man ist geneigt, ihn zu missachten – und exakt dies ist ein Fehler, den man später bitter zu bereuen hat. Es ist für den Fortgang eines Veränderungsprojekts von entscheidender Bedeutung, dass Widerstand – in welcher Form auch immer – rechtzeitig erkannt und richtig beantwortet wird. Wenn dies nicht der Fall ist, kommt es zu ernsthaften Verzögerungen, schwerwiegenden Blockaden und kostspieligen Fehlschlägen. Konstruktiver Umgang mit Widerstand ist deshalb einer der zentralen Erfolgsfaktoren beim Management von Veränderungen.

Was ist »Widerstand«?

> *Von Widerstand kann immer dann gesprochen werden, wenn vorgesehene Entscheidungen oder getroffene Maßnahmen, die auch bei sorgfältiger Prüfung als sinnvoll, »logisch« oder sogar dringend notwendig erscheinen, aus zunächst nicht ersichtlichen Gründen bei einzelnen Individuen, bei einzelnen Gruppen oder bei der ganzen Belegschaft auf diffuse Ablehnung stoßen, nicht unmittelbar nachvollziehbare Bedenken erzeugen oder durch passives Verhalten unterlaufen werden.*

Wie entsteht Widerstand?

Die Ursachen für Widerstand sind im Grunde – wenn man sich ernsthaft bemüht, sich in die Lage der Betroffenen zu versetzen – durchaus nahe liegend. Etwas vereinfacht, gibt es deren drei:

1. Der oder die Betroffenen haben die Ziele, die Hintergründe oder die Motive einer Maßnahme *nicht verstanden*.
2. Die Betroffenen haben verstanden, worum es geht, aber sie *glauben nicht*, was man ihnen sagt.
3. Die Betroffenen haben verstanden, und sie glauben auch, was gesagt wird, aber sie *wollen oder können nicht mitgehen*, weil sie sich von den vorgesehenen Maßnahmen keine positiven Konsequenzen versprechen.

Der dritte und letzte Punkt ist der häufigste und schwierigste. Negative Erwartungen können nämlich weder durch zusätzliche Erklärungen noch durch gut gemeinte Beteuerungen aus der Welt geschafft werden.

Widerstand als verschlüsselte Botschaft

Wenn normal intelligente und nicht verhaltensgestörte Menschen sich gegen sinnvoll erscheinende Maßnahmen sträuben, dann haben sie irgendwelche *Bedenken*, *Befürchtungen* oder *Angst*. Mit anderen Worten: Man hat es nicht mit sachlichen Überlegungen und logischen Argumenten, sondern mit *Emotionen*, das heißt mit Gefühlen zu tun.

Wo immer Gefühle beteiligt sind, ist jedoch die Verständigung erschwert. Zum einen kann es sein, dass eine angekündigte Maßnahme den Betroffenen irgendwie »nicht geheuer« vorkommt, dass sie aber selbst nicht so genau wissen, warum. Sie können deshalb auf Befragung auch keine unmittelbar einleuchtende Erklärung abgeben, sondern bringen allenfalls – um nicht »dumm« zu erscheinen – irgendwelche Verlegenheitsbegründungen vor.

Zum andern kann es sein, dass die Betroffenen durchaus konkrete Befürchtungen haben, es jedoch aus Angst, jemanden zu verletzen oder selbst in ein schiefes Licht zu geraten, peinlich finden würden, darüber zu sprechen. Auch in diesem Falle wird es auf dem Wege einer klaren Frage und einer direkten Antwort kaum gelingen, die eigentlichen Ursachen des Problems zu ermitteln.

In beiden Fällen liegt ein und dieselbe Situation vor: Die logische Verbindung zwischen Verhalten und Aussage fehlt – die eigentliche »Botschaft« ist gleichsam verschlüsselt. Es gilt zunächst, die tieferliegenden Gründe für das festgestellte Verhalten zu ermitteln, die geheime Botschaft zu entschlüsseln – erst dann kann das weitere Vorgehen situationsgerecht gestaltet werden.

Wie erkennt man Widerstand?

Widerstand ist nicht immer leicht zu erkennen. Klar ist in der Regel nur, dass irgendetwas »nicht stimmt«. Dies sind typische Anzeichen für Widerstand bei einzelnen Individuen oder kleineren Gruppen (siehe Abbildung 37):

– Es »rollt« plötzlich nicht mehr. Die Arbeit kommt nur noch mühsam und zähflüssig voran. Sitzungen werden lustlos geführt. Entscheidungsprozesse geraten ins Stocken.

– Es wird geblödelt; es wird endlos über nebensächliche Fragen debattiert; man gerät vom Hundertsten ins Tausendste; keiner hört dem andern zu; der »rote Faden« geht verloren.

– Es entstehen peinliche Schweigepausen. Man sieht betretene Gesichter. Auch Mitarbeiter, die sich sonst engagieren, halten sich auffallend zurück. Es herrscht allgemeine Ratlosigkeit.

– Auf klare Fragen erhält man unklare Antworten. Das eine oder andere erscheint vordergründig plausibel, aber vieles lässt sich auch bei genauem Zuhören nicht richtig »einordnen«.

Auf betrieblicher oder Unternehmensebene sind folgende Phänomene typische Anzeichen für Widerstand:

– hoher Krankenstand, hohe Fehlzeiten- und Fluktuationsraten;
– Unruhe, Intrigen, Gerüchtebildung;
– Papierkrieg, interner Verkehr per Memo mit ellenlangen Verteilern;
– hoher Ausschuss, Reibungsverluste, Pannen.

Dies sind typische Indizien für Widerstand: eine diffuse Problemlage – und die Schwierigkeit, das Problem zu »orten«.

Abbildung 37: Allgemeine Symptome für Widerstand

	verbal (Reden)	nonverbal (Verhalten)
aktiv (Angriff)	Widerspruch Gegenargumentation Vorwürfe Drohungen Polemik sturer Formalismus	Aufregung Unruhe Streit Intrigen Gerüchte Cliquenbildung
passiv (Flucht)	Ausweichen Schweigen Bagatellisieren Blödeln ins Lächerliche ziehen Unwichtiges debattieren	Lustlosigkeit Unaufmerksamkeit Müdigkeit Fernbleiben innere Emigration Krankheit

Konstruktiver Umgang mit Widerstand

Jeder Mitarbeiter und jede Mitarbeiterin – ob Hilfsarbeiter, Sekretärin oder Führungskraft – stellt sich angesichts geplanter Veränderungen zunächst einmal folgende simple Fragen:

1. »*Warum und wozu das Ganze?*«
   - Was ist das Ziel dieser Übung – und erscheint mir dieses Ziel plausibel?
   - Sagt uns die Leitung alles, oder gibt es Ziele und Hintergründe, die uns verschwiegen werden?
   - Ist die Sache wirklich wichtig – oder gäbe es dringendere Probleme, um die sich das Management vorrangig kümmern sollte?

2. »*Kann ich das?*«
   – *Bin ich dem, was da mit mir vorgesehen ist, gewachsen?*
   – *Kann ich die neuen beziehungsweise zusätzlichen Aufgaben, die da auf mich zukommen, erfüllen?*
   – *Wie stehen meine Chancen für gute Arbeitsergebnisse und persönlichen Erfolg?*
3. »*Will ich das?*«
   – *Was bringt's mir? Ist die Tätigkeit interessant? Ist sie im betrieblichen Umfeld gut angesehen? Mit was für Leuten habe ich es da zu tun?*
   – *Besteht das Risiko, etwas zu verlieren: einen sicheren Arbeitsplatz, Einkommensanteile, einen guten Vorgesetzten, angenehme Kolleginnen und Kollegen, interessante Karriereperspektiven?*

Die erste spontane Reaktion auf Widerstand ist in der Regel Ungeduld, Ärger oder sogar persönliche Betroffenheit. Die zweite Reaktion ist der Versuch, das Problem durch zusätzliche Erklärungen aus der Welt zu schaffen. Meist stellt sich aber bald heraus, dass dies auch nicht weiterführt. Man läuft Gefahr, sich zu wiederholen, jede weitere Erklärung wirkt nur noch wie eine persönliche Rechtfertigung. Spätestens hier wird klar, dass die Ursachen des Problems tiefer liegen müssen.

Es gibt nun nur noch eine einzige sinnvolle und weiterführende Haltung: die analytische. Jetzt muss in Ruhe mit den Betroffenen gesprochen werden – einzeln oder in kleinen Gruppen. Nur das ruhige, ohne Zeit- und Ergebnisdruck geführte Gespräch und das aufrichtige Interesse für die Situation der Betroffenen und für ihre persönlichen Meinungen können die Vertrauensbasis schaffen, die notwendig ist, damit auch heiklere Gedanken und Empfindungen geäußert werden. Es gilt, Fragen zu stellen und gut zuzuhören:

– *Was ist für die Betroffenen besonders wichtig? Welches sind ihre Interessen, Bedürfnisse, Anliegen?*

– *Was könnte passieren, wenn man wie vorgesehen vorgehen würde? Was sollte aus Sicht der Betroffenen nach Möglichkeit verhindert werden?*

– *Was für Alternativen sehen die Betroffenen selbst? Wie müsste ihrer Ansicht nach vorgegangen werden, um das Problem zur Zufriedenheit aller Beteiligten zu lösen?*

Solche Fragen führen schrittweise näher an die »verschlüsselte Botschaft« und damit an den Kern des Problems heran.

Auf folgende Punkte, die unmittelbar mit den wichtigsten menschlichen Bedürfnissen im Arbeitsbereich zu tun haben, muss immer besonders geachtet werden:

Lohn/Gehalt	Werden direkte Einkommenseinbußen oder andere, indirekte finanzielle Nachteile erwartet?
Sicherheit	Wird ein Wechsel oder gar der Verlust des Arbeitsplatzes befürchtet – oder werden andere unkalkulierbare Risiken gesehen?
Kontakt	Drohen gute persönliche Beziehungen – zum Vorgesetzten, zu Kolleginnen und Kollegen, zu Mitarbeiterinnen und Mitarbeitern – verloren zu gehen? Ist in der neuen Situation der Zwang zur Zusammenarbeit mit besonders schwierigen oder unangenehmen Menschen zu befürchten?
Anerkennung	Bestehen Befürchtungen, in der neuen Arbeitssituation fachlich oder persönlich überfordert zu sein oder nicht mehr über die Mittel zu verfügen, die notwendig sind, um die Aufgabe erfolgreich zu erfüllen? Ist die neue Aufgabe oder der neue Arbeitsort mit einem schlechten Ruf im Hause behaftet?
Selbstständigkeit	Ist der Verlust von Entscheidungsbefugnissen oder persönlichem Handlungsspielraum zu befürchten? Bestehen in der heutigen Situation aufgrund persönlicher Beziehungen indirekte Einflussmöglichkeiten, die in Zukunft nicht mehr gegeben wären?
Entwicklung	Was für Lernbedürfnisse und Karriere-Ambitionen liegen vor? Was für Möglichkeiten sind in der heutigen Situation gegeben – und wie ist die zukünftige Konstellation diesbezüglich einzuschätzen?

Wenn einmal klar ist, wo die Hauptursachen des Widerstands liegen, ist der Weg offen für das Aushandeln von Vorgehensweisen, die den Interessen der Betroffenen Rechnung tragen, ohne die Ziele des Projekts infrage zu stellen.

Beispiel 1: Teilautonome Arbeitsgruppen

In einem Fertigungs- und Montagebetrieb, in dem traditionell an Einzelarbeitsplätzen gearbeitet wurde, sollte umgestellt werden auf teilautonome Gruppenarbeit. Mitarbeiterinnen und Mitarbeiter wurden sorgfältig mit dem neuen Konzept und den Vorteilen, die dieses bietet, vertraut gemacht: abwechslungsreichere Arbeit, mehr Kontakt mit anderen, größere Flexibilität in der Arbeitszeitgestaltung, direkter Einfluss auf die Organisation der Arbeitsabläufe. Doch eine Mehrheit lehnte dieses Vorhaben vehement ab. Die Betriebsleitung verstand zunächst überhaupt nicht, wie dies möglich war, denn Arbeitspsychologen hatten die Vorteile des neuen Organisationskonzepts für die Arbeitnehmer in den leuchtendsten Farben geschildert. Besonders irritierend war, dass die Gründe für die Ablehnung, die in Betriebs- und Abteilungsversammlungen vorgebracht wurden, kein verständliches Bild der Problemlage ergaben. Man stand vor einem Rätsel. Der Widerstand war aber so stark, dass die Betriebsleitung das Projekt ernsthaft gefährdet sah. Sie beschloss, der Sache auf den Grund zu gehen. Im Verlaufe vieler Einzelgespräche kristallisierte sich Folgendes heraus: Die meisten Mitarbeiterinnen und Mitarbeiter hatten in ihrem ganzen Leben noch nie in einem Team gearbeitet. Sie konnten sich überhaupt nicht vorstellen, in unmittelbarer Abhängigkeit von Kolleginnen und Kollegen in einer Gruppe produktiv arbeiten und zu gemeinsamen Entscheidungen kommen zu können. Sie befürchteten ein ständiges Gerangel in der Gruppe – und letztlich schlechte Arbeitsergebnisse. »An meinem heutigen Arbeitsplatz weiß ich, was ich zu tun habe – und niemand behindert mich bei meiner Arbeit.« Nun kann man Menschen nicht etwas schmackhaft machen, das sie nicht kennen. Sie haben lieber den Spatz in der Hand als die Taube auf dem Dach. Nachdem die Betriebsleitung die Bedenken der Mitarbeiterinnen und Mitarbeiter verstanden hatte, traf sie mit ihnen folgende Vereinbarung: Man würde zunächst für eine Experimentalphase von sechs bis acht Monaten auf Gruppenarbeit umstellen, damit alle Beteiligten durch eigene Erfahrung die Vor- und Nachteile des neuen Systems kennen lernen könnten. Die Experimentalphase würde gemeinsam ausgewertet. Wenn die Mitarbeiterinnen und Mitarbeiter danach immer noch mehrheitlich zur Einzelarbeit zurückkehren möchten, würde das Experiment abgebrochen. Darauf konnte die ganze Belegschaft sich einlassen. Das »Experiment« verlief äußerst erfolgreich. Nach einem halben Jahr wollte praktisch niemand mehr zur alten Organisation zurückkehren. Nur eine Frau und ein Mann fühlten sich ausgesprochen unwohl in einem Team. Sie konnten problemlos außerhalb der Gruppen eingesetzt werden.

Beispiel 2: Umstellung auf EDV

In einem kommerziellen Telefonservice-Institut arbeiteten zwölf Telefonistinnen. Sie betreuten eine große Zahl von Telefonstationen. Jede Station gehörte einem Kunden, der – anstelle eines Anrufbeantworters oder einer eigenen Sekretärin – in diesem Institut eine eigene Linie gemietet hatte, auf die er bei Abwesenheit umschalten konnte. Der gesamte Informationsfluss wurde von Hand abgewickelt. Vor jeder Kundenlinie standen zwei Kästchen: eines für die Instruktionen des Kunden; das andere für eingehende Meldungen. Der Betrieb war eigentlich eine Zettelwirtschaft. Man war von morgens bis abends mit Schreiben, Verschieben, Ablegen und Vernichten von handgeschriebenen Notizen beschäftigt. Eines Tages stellte der Geschäftsinhaber fest, dass es im Ausland bereits ein ausgereiftes EDV-System mit entsprechender Standard-Software gab, die es erlaubte, den gesamten Informationsfluss über Bildschirm abzuwickeln. Man würde keine Zettel mehr schreiben müssen. Es würde keine Fehlermeldungen aufgrund unleserlicher Handschriften mehr geben. Die Telefonistinnen würden immer sofort die Gesamtübersicht über alle für einen Kunden eingegangenen Meldungen auf dem Bildschirm haben. Und: Die Damen würden nicht mehr ständig von einer Kundenlinie zur andern wandern müssen. Jeder eingehende Anruf, für welchen Kunden auch immer, würde automatisch zu einer gerade nicht besetzten Telefonistin geschaltet werden können. Trotz der hohen Investition, die mit dem neuen System verbunden sein würde, war der Geschäftsinhaber von der Idee begeistert. Freudig erzählte er seinen Mitarbeiterinnen von diesen Zukunftsperspektiven – und biss auf Granit. Die Damen, allesamt langjährige Mitarbeiterinnen, gaben tausend Gründe an, warum das Ganze von vornherein nur ein Flop werden könnte und auf gar keinen Fall ins Auge gefasst werden dürfte: »Maschinen haben immer mal Ausfälle – und dann bricht bei uns der gesamte Betrieb zusammen«; »Stellen Sie sich mal vor, was das kostet – so viel Geld können wir gar nie hereinwirtschaften«; »Wir sind Telefonistinnen und keine Datentypistinnen.« Niemand sagte: »*Ich kann keinen Computer bedienen – und ich glaube auch nicht, dass ich das lernen kann.*« Exakt dies war aber, wie sich in vielen Gesprächen langsam herausstellte, der tiefere Grund für die Opposition. Der Geschäftsinhaber machte den Mitarbeiterinnen folgendes Angebot: »Wir fahren alle miteinander nach Paris und schauen uns den Betrieb, der mit diesem System arbeitet, genau an. Wir sprechen mit den Telefonistinnen dort über ihre Erfahrungen. Und dann diskutieren wir nochmals, was wir hier machen wollen.« Die Reise wurde gemacht. Allein die ruhige Arbeitsatmosphäre und die aufgeräumten, übersichtlichen Arbeitsplätze wirkten Wunder. Die Erfahrungen der französischen Kolleginnen überzeugten die Zürcher Telefonistinnen endgültig. Der Betrieb wurde umgestellt – und niemand möchte heute die frühere Arbeitssituation wieder zurückhaben.

Beispiel 3: Jobrotation für Manager

In einem multinationalen Konzern beklagte sich das Topmanagement bitterlich über die mangelnde Mobilität der Führungskräfte. Man hatte immer wieder dringenden Bedarf für qualifizierte Manager in einzelnen Auslandsgesellschaften – aber so gut wie niemand war bereit, sich vom Stammhaus ins Ausland transferieren zu lassen. Man hatte gerade ein Haus gebaut; die Ehefrau wollte nicht zu weit weg von ihren Eltern wohnen; die Kinder sträubten sich dagegen, ihren Freundeskreis aufgeben zu müssen. Das Problem wurde eingehender untersucht. Eine größere Anzahl von Tiefeninterviews ergab folgendes Bild:

Manch eine Frau fände es sogar spannend, für ein paar Jahre ins Ausland zu gehen; Kinder wollen zwar immer ihren Freundeskreis behalten, aber man kann sich in seinem Leben nicht nur nach den Kindern richten; im Übrigen schadet es Kindern keineswegs, wenn sie einmal eine völlig neue Umgebung kennen lernen. Hingegen ist es in diesem Konzern wenig ratsam, ins Ausland zu gehen, wenn man Karriere machen will. Die wenigen, die im Laufe der Jahre den Schritt ins Ausland gewagt hatten, mussten gleich für immer dort bleiben. Sie hatten im Stammhaus nie mehr Anschluss an die Aufstiegspfade gefunden. »*Wer mal weggeht, ist hier abgekoppelt. Bei uns macht man im Stammhaus Karriere – oder gar nicht. Der Fahrstuhl funktioniert nur senkrecht. Gucken Sie sich mal an, wer in den obersten Etagen unseres Hauses sitzt. Da finden Sie Leute, die aus zentralen Stäben*

Abbildung 38: »Widerstand« – vier Grundsätze

1. Grundsatz: *Es gibt keine Veränderungen ohne Widerstand!*

    Widerstand gegen Veränderungen ist etwas ganz Normales und Alltägliches. Wenn bei einer Veränderung keine Widerstände auftreten, bedeutet dies, dass von vornherein niemand an ihre Realisierung glaubt.
    - *Nicht das Auftreten von Widerständen, sondern deren Ausbleiben ist Anlass zur Beunruhigung!*

2. Grundsatz: *Widerstand enthält immer eine »verschlüsselte Botschaft«!*

    Wenn Menschen sich gegen etwas sinnvoll oder sogar notwendig Erscheinendes sträuben, haben sie irgendwelche Bedenken, Befürchtungen oder Angst.
    - *Die Ursachen für Widerstand liegen im emotionalen Bereich!*

3. Grundsatz: *Nichtbeachtung von Widerstand führt zu Blockaden!*

    Widerstand zeigt an, dass die Voraussetzungen für ein reibungsloses Vorgehen im geplanten Sinne nicht beziehungsweise *noch nicht* gegeben sind. Verstärkter Druck führt lediglich zu verstärktem Gegendruck.
    - *Denkpause einschalten – nochmals über die Bücher gehen!*

> **4. Grundsatz:** *Mit dem Widerstand, nicht gegen ihn gehen!*
>
> Die unterschwellige emotionale Energie muss aufgenommen – das heißt zunächst einmal *ernst genommen* – und sinnvoll kanalisiert werden.
>
> *(1) Druck wegnehmen (dem Widerstand Raum geben)*
> *(2) Antennen ausfahren (in Dialog treten, Ursachen erforschen)*
> *(3) Gemeinsame Absprachen (Vorgehen neu festlegen)*

direkt in die Konzernleitung hinaufgefallen sind, ohne je einen ordentlichen Job in der Linie gehabt zu haben. Aber Sie finden keinen, der selbst auch nur für zwei Jahre im Ausland gewesen wäre.« Es bedurfte im Grunde nur dieses und einiger ähnlicher Zitate, um der Konzernleitung klar zu machen, wo der Hase im Pfeffer lag. Es war durchaus kein Ding der Unmöglichkeit, qualifizierte Manager für Ausland-Rotationen zu gewinnen. Aber man brauchte individuelle Entwicklungspläne – und saubere Vereinbarungen über mehr als die nächsten paar Monate hinaus. Kurz: Wenn man Ausland-Rotationen haben wollte, mussten Ausland-Rotationen *belohnt* und nicht bestraft werden. Heute sind diese Voraussetzungen gegeben – und siehe da: Man findet die entsprechenden Kandidaten.

Der Problemlöser ist selbst das Problem

Widerstand ist immer ein Signal. Es zeigt an, wo Energie blockiert ist. Mit anderen Worten: Widerstand zeigt an, wo *Energien freigesetzt* werden können. Widerstand ist also im Grunde nicht ein Störfaktor, sondern eine Chance – vorausgesetzt, sie wird als solche erkannt und wahrgenommen. Das gefährlichste Hindernis liegt nicht im Widerstand der Betroffenen –

sondern in der gestörten Wahrnehmung und in der Ungeduld der Planer und Entscheider. Sie vergessen leicht, wie lange sie selbst gebraucht haben, wie viele kontroverse Diskussionen geführt und wie viele Zweifel überwunden werden mussten, bis sie sich zu einem neuen Konzept durchringen konnten. Vor allem aber: Sie sind nicht in der Lage, sich in die Situation der Menschen zu versetzen, deren Aufgabe nicht darin besteht, für andere neue Konzepte zu entwickeln, sondern die davon unmittelbar betroffen sind. Wenn Manager einmal überzeugt sind, den richtigen Weg gefunden zu haben, ertragen sie es sehr schlecht, wenn ihnen die Mitarbeiter keine Gefolgschaft leisten. Ihr Ärger, ihr Selbstmitleid, ihre Ungehaltenheit und ihr Handlungsdruck sind die schwierigsten und letztlich die einzig wirklich gefährlichen Hindernisse auf dem Weg zu einvernehmlichen Lösungen. Mit anderen Worten: *Der kritische Faktor im Umgang mit Widerstand ist letztlich der Umgang mit sich selbst.* Da gilt es, die eigenen Emotionen zu überwinden, sich in die Lage anderer zu versetzen – und Dinge zu untersuchen, die man längst für geklärt gehalten hatte. Das eigene Bild einer Sachlage – und damit letztlich sich selbst – infrage zu stellen: Dies ist die erste und wichtigste Klippe, die überwunden werden muss, wenn ein konstruktiver Umgang mit Widerstand gefunden werden soll (siehe Abbildung 38).

Auflösbarer Widerstand oder nackte Realangst – und was dann?

In einer Zeit der Restrukturierungen, der Firmenübernahmen, der Auslagerungen und der Massenentlassungen geht vielerorts permanent Angst um: die Angst, arbeitslos zu werden. Diese oft genug sehr begründete Angst muss sorgfältig unterschieden werden von einem generellen, eher diffusen Widerstand gegen betriebliche Veränderungen.

Angst führt günstigstenfalls zu Anpassung und Disziplin. Echter Motivation und Identifikation ist sie abträglich. Doch vielen Managern kommt Angst gerade zupass. Ihre Philosophie: Wer Angst hat, ist leichter zu führen und macht, was man von ihm verlangt. Der psychische Druck wird womöglich noch künstlich erhöht – und kurzfristig geht diese Rechnung oft sogar noch auf. Aber längerfristig bleibt emotional verbrannte Erde zurück. Qualifizierte Mitarbeiter/-innen können unter diesen Voraussetzungen weder gewonnen noch gehalten werden. Die personelle Substanz des Unternehmens erodiert, und früher oder später werden auch die gerissensten Hasardeure vom Schicksal eingeholt.

Doch es gibt auch viele Manager, die durchaus langfristig orientiert sind und Mitarbeiter nicht leichten Herzens unter Druck setzen. Auch sie können aus strategischen Gründen gezwungen sein, Arbeitsplätze abzubauen. Wie können sie verhindern, dass das ganze Unternehmen durch Angst gelähmt wird, und dass überlebensnotwendige Change-Projekte ins Stocken geraten oder überhaupt nicht mehr umgesetzt werden können?

In solchen Fällen geht es nicht darum, herauszufinden, wo der Widerstand herkommt, sondern darum, unnötige Folgeschäden zu verhindern und die Glaubwürdigkeit des Managements nicht aufs Spiel zu setzen. Vier Aspekte sind entscheidend:

- *Erstens:* Die Lage nicht verschleiern, nicht schönreden und nicht salamischeibchenweise kommunizieren, sondern die Wahrheit offen auf den Tisch legen – d. h. den Betroffenen die volle Wahrheit zumuten. Genau hier beginnt die Glaubwürdigkeit.
- *Zweitens:* Klar kommunizieren, wer vom Abbau betroffen sein wird, und wer auch weiterhin gebraucht wird – und warum. Wenn die Begründung fehlt, entsteht der Eindruck von Willkür. In der Gerüchteküche wird dann von »Euthanasie« gesprochen. Wenn aber nicht klar ist, wer direkt betroffen sein wird und wer nicht, greift die Angst quer durch das Unternehmen epidemisch um sich. Ausgerechnet die besten Fach- und Führungskräfte sind dann die ersten, die von sich aus den Hut nehmen. Wenn dieser Erosionsprozess erst einmal eingesetzt hat, ist er nicht mehr aufzuhalten.
- *Drittens:* Klar kommunizieren, dass für die Zukunft keine generelle Beschäftigungsgarantie abgegeben werden könne. Es bestehe jedoch kein Grund für Pessimismus. Der Markt werde zwar auf Dauer instabil und turbulent bleiben. Aber man versuche laufend, neue Geschäftsmöglichkeiten ausfindig zu machen, und falls trotzdem ein weiterer Stellenabbau notwendig werden sollte, würde man immer erst versuchen, diesen durch natürliche Fluktuation aufzufangen. Aber angesichts rasch ändernder Marktverhältnisse sei weder das eine noch das andere immer möglich. – Jeder, der Zeitung liest und Fernsehen schaut, weiß im Grunde, dass alles andere reine Augenwischerei wäre.

- *Viertens:* Mit denjenigen, die das Unternehmen verlassen müssen, sozialverträgliche Ausstiegsmodalitäten aushandeln, ggf. gemeinsam mit den Belegschaftsvertretungen. Dazu können unter Umständen harte Verhandlungen notwendig sein – auf der doppelten Basis, einmal, dass der Markt eine andere Lösung nicht zulässt (wenn dem wirklich so ist!), und zum andern, dass seitens des Unternehmens ein wirklich faires Angebot unterbreitet wird. Hierbei geht es nicht lediglich um Moral. Diejenigen, die im Unternehmen bleiben, unterhalten vielfältige Kontakte zu Kolleg/-innen, die entlassen werden. Sie werden sehr genau beobachten, wie mit diesen umgegangen wird – und sie werden ihre Einstellung zum Unternehmen daran ausrichten. Denn sie könnten die nächsten sein, die es trifft.

Kapitel 9

Gestaltung der Kommunikation

Kommunikation und Veränderung

Statistiken zeigen, dass Führungskräfte 80 Prozent ihrer Zeit mit Kommunikation beschäftigt sind – in Gesprächen, Sitzungen und Konferenzen sowie beim Analysieren, Aufbereiten und Weiterleiten von Informationen. Die meisten beklagen sich auch noch darüber: »Man hängt nur noch in Sitzungen herum, muss zwischendurch seine E-Mails bearbeiten und hat keine Zeit mehr für die eigentliche Arbeit!« Da kann man nur sagen: Irrtum! Kommunikation *ist* die eigentliche Arbeit, Kommunizieren *ist* der Job der Führung. Wer dafür gesorgt hat, dass die richtigen Informationen zur richtigen Zeit am richtigen Ort ankommen und dass die richtigen Leute zur richtigen Zeit die richtigen Fragen auf die richtige Art und Weise so miteinander bearbeiten, dass die richtigen Entscheidungen getroffen werden, der hat seinen Job als Manager hervorragend getan. Die Infrastruktur der Kommunikation ist nämlich das Nervensystem des Unternehmens.

Funktionsstörungen im Nervensystem des menschlichen Körpers können – je nachdem welche Nervenstränge betroffen sind – die vielfältigsten Symptome zeitigen: Die Hände können zittern; es können kleinere oder auch große Lähmungen auftreten; man kann mit gesunden Augen erblinden; man kann sich schwere Verbrennungen zuziehen, weil der Schmerz nicht weitergeleitet wird; oder man kann überhaupt nicht mehr gehen, weil einzelne Muskelpartien nicht auf die Steuerungsimpulse des Gehirns ansprechen – von schweren, bis zum Tod führenden Störungen des Stoffwechsels gar nicht zu reden.

Exakt so ist es auch bei einem Unternehmen: Sein Wohl und Wehe hängt davon ab, ob die Informationen aus dem Umfeld präzise genug aufgenommen, intern rasch weitergeleitet und richtig verarbeitet werden. Allein schon das operative Tagesgeschäft erfordert eine effiziente Koordination und Steuerung. Sobald aber irgendwelche Veränderungen ins Haus stehen, steigt der Kommunikationsbedarf enorm an: Das Tagesgeschäft muss störungsfrei weiterlaufen, gleichzeitig und parallel dazu aber müssen Innovationen vorbereitet und umgesetzt werden. Beide Prozesse müssen in sich gut koordiniert, darüber hinaus aber auch noch sorgfältig aufeinander abgestimmt werden. Dies ist nur möglich, wenn alle Beteiligten genau wissen, was wann warum zu geschehen hat. Qualifizierte Kommunikation wird zum entscheidenden Erfolgsfaktor. In einer Zeit, da Veränderung nicht die Ausnahme, sondern den Normalzustand darstellt, ist es keine grobe Vereinfachung, wenn Peter Drucker sagt: *Management ist Kommunikation.* Insgesamt stehen wir vor der doppelten Herausforderung, *erstens* die Informationsflut zu bewältigen und *zweitens* auf der Basis der richtigen Informationen eine echte Kommunikation herzustellen.

Herausforderung Nr. 1: Bewältigung der Informationsflut

Ein häufiges Bild in vielen Vorstandsetagen noch vor wenigen Jahren: In den Vorzimmern wurde mit dem Computer gearbeitet, der eine oder andere Vorstand hatte zwar vielleicht einen Computer auf dem Schreibtisch stehen (vielleicht war es auch nur ein Dummy), arbeitete aber selbst nicht wirklich damit. Alles, was mit Computer zu tun hatte, lief über das Sekretariat; E-Mails wurden diktiert beziehungsweise ausgedruckt. Mittlerweile hat sich diese Situation drastisch geändert: Handys mit Internetzugang und Push-E-Mail-Funktion gehören mittlerweile zur Grundausstattung von Managern und wichtigen Mitarbeitern. An Flughäfen, in Zügen, in Konferenzen – und auch am fernen Meeresstrand kann man hautnah miterleben, wie Manager intensiv mit ihrem kleinen elektronischen Helfer hantieren, sich aus dem Internet aktuelle Informationen besorgen oder elektronisch ihre Korrespondenz erledigen. Motto: immer erreichbar und immer reaktionsfähig – in Echtzeit, rund um den Globus und in international agierenden Unternehmen auch rund um die Uhr – egal mit was man sich gerade geschäftlich oder auch privat beschäftigt. Endlich schien der technologische Durchbruch gelungen.

Inzwischen sieht die Welt schon wieder anders aus: Was am Anfang als Segen erlebt wurde, ist für viele zum Fluch geworden. Immer lauter werden die Klagen: Ich werde zugeschüttet, ja geradezu zugemüllt, mit einer Flut von Informationen. Fast schon resignativ klingen die Fragen: Gibt es ein Entrinnen aus dieser Flut? Wie kann ich mich schützen vor unerwünschten Informationen? Wie kann ich unterscheiden zwischen wichtig und unwichtig? Wie kann ich Informationen so steuern, selektieren und strukturieren, dass sie mich nicht unnötig Zeit kosten, mich nicht dauernd bei meinen aktuellen Tätigkeiten stören?

Das Rad der technologischen Entwicklung wird sich sicher nicht mehr zurückdrehen lassen. Beim Blick auf die Praxis lassen sich allerdings zwei sehr unterschiedliche Arten erkennen, wie Menschen mit dieser Situation umgehen:

Auf der einen Seite sind diejenigen, die sich als Opfer einer Entwicklung sehen, der man scheinbar nichts entgegensetzen kann. Sie fühlen sich wie in einem Hamsterrad getrieben – und treiben selbst wieder andere an. Beinahe zwanghaft checken sie in immer kürzeren Abständen den Nachrichtenstand auf ihren Geräten und fühlen sich genötigt, sofort zu reagieren. Sie klagen und leiden teilweise auch mit körperlich sichtbaren Stresssymptomen unter der Knute dauerhafter Rufbereitschaft, dem Anspruch, prinzipiell immer im Dienst zu sein – auch privat, auch im Urlaub – und die Familie leidet mit.

Auf der anderen Seite wächst die Zahl derer, die sich diesem scheinbaren Automatismus nicht ausliefern, sondern Möglichkeiten erkunden und ausprobieren, sich in diesem Feld professionell zu bewegen, d. h. sich die richtigen Informationen zeitnah ohne größeren Aufwand zu besorgen, über technische Hilfsmittel den Dialog aufzunehmen, aber alles in dosierter und kontrollierter Form.

Das betrifft in erster Linie den Umgang mit *E-Mails*; ein Instrument, welches aus dem Geschäftsverkehr nicht mehr wegzudenken ist, weil der E-Mail-Verkehr neben dem Telefon zum Haupt-Medium geworden ist und enorm viel Zeit, Energie und Aufmerksamkeit erfordert – allerdings mit einem ebenso enormen Effizienzgewinn, wenn es denn gelingt, das Instrument richtig zu nutzen:

→ *Empfehlung Nr. 1*
E-Mails generell durch Filter oder automatische Kategorisierung selektieren und strukturieren.

→ *Empfehlung Nr. 2*
Mit potenziellen Kooperationspartnern zum Beispiel zwei Grundregeln vereinbaren:

- *erstens*, es werden nur direkt adressierte E-Mails beantwortet – und auch diese nur dann, wenn klar ist, was konkret erwartet wird, z. B.
  - Bestätigung der übermittelten Information,
  - Meinungsbekundung,
  - Entscheidung,
  - Übernahme einer Aufgabe
- *zweitens*, alle E-Mails, in denen man lediglich als cc einkopiert ist, werden nicht besonders beachtet und schon gar nicht beantwortet.

Wenn im Hinblick auf die Nutzung von Telefon und E-Mail eine stabile Infrastruktur plus eine einigermaßen befriedigende, allgemeine Anwenderkompetenz vorhanden sind, ist schon sehr viel gewonnen. Der größte Aufwand und die größten Zeitverluste resultieren in der Praxis aus der Bekämpfung von Spam, Viren, Systemabstürzen sowie Netz-Instabilitäten – plus, eben, aus der unterschiedlichen individuellen Bereitschaft und Kompetenz, diese einfachen Medien optimal zu nutzen. So banal es klingen mag: Ein paar Stunden Schulung in der sinnvollen Nutzung von Telefon sowie E-Mail würden enorm viel bringen – und wären bei vielen dringend nötig.

Darüber hinaus gibt es eine ganze Reihe von Internet-Anwendungen, die – sinnvoll eingesetzt – helfen können, die Informationsflut einzudämmen und die Verständigung zu fördern:

- *Videokonferenzen* bzw. *Videotelephonie*
- In speziellen Funktionen bzw. Situationen *Blogs,* um Betroffene und Interessierte zeitnah an aktuellen Entwicklungen teilhaben zu lassen, und um mit ihnen in einen offenen Dialog zu treten bzw. anhand gezielter Fragestellungen systematisch Feedback einzuholen.
- *Internet-Portale* und *Plattformen*, um in möglichst kurzer Zeit alle gewünschten Diskussions- oder Verhandlungspartner gleichzeitig an einem virtuellen runden Tisch zu versammeln. Das spart Zeit und Geld – und ermöglicht in vielen Fällen eine äußerst rasche Meinungserkundung und Meinungsbildung.

Es gibt eine Fülle weiterer Internetanwendungen, die im Geschäftsleben bislang, wenn überhaupt, nur vereinzelt genutzt werden. Ein Hauptgrund dürfte darin liegen, dass man, damit ein echter Nutzen für das Unternehmen resultieren würde, die ganze Belegschaft darauf hin schulen und koordinieren müsste. Dies ist ein Riesenaufwand – und manch einer verliert dann in diesen Gefilden letztendlich auch noch mehr Zeit mit neugierigem Suchen und Surfen, als er für die Verständigung im Unternehmen nutzbar macht.

Manche dieser Instrumente werden sich stark entwickeln, andere werden wieder vom Markt verschwinden, neue werden entstehen. Man muss nicht gleich auf jeden neuen Zug aufspringen; aber andererseits tut sich oder seinem Unternehmen auch keinen Gefallen, wer solche Entwicklungen schlicht nicht zur Kenntnis nimmt. Wer sich bezüglich verfügbarer Instrumente kundig macht, findet mal hier und mal da willkommene Möglichkeiten, den Informationsfluss im Unternehmen zu verbessern und die Kommunikation im Unternehmen zu unterstützen.

Im Übrigen bleibt offen, inwieweit diese Möglichkeiten in den Unternehmen auf breiterer Basis genutzt werden können, zum einen, weil die Engpässe bereits bei der bisher bekannten Infrastruktur liegen, und zum anderen, weil der Aufwand, eine ganze Belegschaft (oder auch nur den oberen Führungskreis) dafür fit zu trimmen, in der Praxis nur schwer leistbar wäre – individuelle Freaks, die es immer und überall gibt, einmal vorbehalten.

Schließlich darf eines nicht übersehen werden: Durch die Differenzierung des elektronischen Instrumentariums entsteht zusätzlich Komplexität, und mit ihr neue Hektik und Stress. Die Instrumente müssen nämlich, wenn man sie wirklich nutzen will, laufend bewirtschaftet werden. Da lauern Dysfunktionen und Abhängigkeiten auf Schritt und Tritt. Mit der extensiveren Nutzung von Internet-Anwendungen steigen potentiell auch die Störfaktoren und Belastungen (Spam, Viren, Hackerangriffe und andere kriminelle Machenschaften) für den Einzelnen, für das Unternehmen und für die ganze Internet-User-Community exponentiell – bis hin zur zunehmend realeren Gefahr eines Totalabsturzes des Internets.

Angesichts der bereits bestehenden Überkomplexität sind erste Versuche zu beobachten, die Komplexität zu reduzieren. Analog dem »casual friday«, wo es darum geht, sich wenigstens ein Mal pro Woche aus dem Zwangskorsett der standesüblichen Kleidung zu befreien, gibt es Unternehmen, die konsequent versuchen, die E-Mail-Flut einzudämmen, indem sie zum Beispiel an einem festgelegten Tag in der Woche jeglichen E-Mail-Verkehr untersagen, ausgenommen in absoluten Notfällen. Und siehe da, man macht dabei die wunderbare Entdeckung, dass die Firma dadurch beileibe keinen dauerhaften Schaden erleidet – und dass man mit dem Nachbarbüro sogar mündlich kommunizieren kann.

Herausforderung Nr. 2: Von der Information zur Verständigung

»*Tatsächlich ergeben sich nur sehr wenige politische, gesellschaftliche und vor allem persönliche Probleme daraus, dass irgendwelche Informationen unzureichend sind. Dennoch: Während sich unbegreifliche Probleme um uns türmen, während der Begriff des Fortschritts verblasst, während der Sinn selbst suspekt wird, hält der Technopolist unerschütterlich an der Hypothese fest, was die Welt brauche, sei mehr, immer mehr Informationen – wie in dem Witz von dem Mann, der sich im Restaurant darüber beschwert, das Essen, das man ihm vorgesetzt habe, sei ungenießbar und außerdem seien die Portionen zu klein.*«
Neil Postman

Unser eigentliches Problem ist allerdings nicht ein Informationsdefizit, sondern ein *Kommunikationsdefizit*. Kommunikation – der Austausch untereinander und die Auseinandersetzung miteinander – ist die Grundvoraussetzung zwischenmenschlicher Verständigung. Hinter dem im Unternehmen häufig vorgetragenen Wunsch nach besserer Information verbirgt sich fast immer ein viel weitergehendes Anliegen: der Wunsch nach Dialog und Beteiligung. Menschen wollen gar nicht, wie vielfach befürchtet, »bei allem und jedem mitreden«, Einfluss nehmen und Macht ausüben. Sie wollen aber – zumal in turbulenten Zeiten – Entwicklungen und Veränderungen nicht blind ausgeliefert sein. Sie wollen Ziele und Absichten, Hintergründe und Zusammenhänge verstehen. Sie wollen wissen, was auf sie zukommt. Sie haben das Bedürfnis, eigene Anliegen mitteilen zu können, und hoffen, dass diese Berücksichtigung finden. Es geht um die Bewältigung von Komplexität. Es geht um Orientierung.

Dies alles ist in vielen Fällen nur möglich im direkten Gespräch – in manchmal sehr zeitaufwändigen persönlichen Begegnungen. In der Praxis angewendete Informationsstrategien bezwecken jedoch oft das genaue Gegenteil: Man versucht, die Betroffenen so lange wie möglich aus dem Geschehen herauszuhalten. Man versucht, sie hinzuhalten, abzuwiegeln und Zeit zu gewinnen. Und wenn es sich dann gar nicht mehr verhindern lässt, »kommuniziert« man nach Art amtlicher Mitteilungen und versorgt Massen von Menschen mit schriftlicher Information. Solche »Kommuniqués«

halten die Adressaten nicht nur auf Distanz, sondern erfordern von ihnen auch noch die hohe Kunst der Interpretation. Lesen zwischen den Zeilen ist gefragt. Die Spekulation wird angeheizt – und damit sind keine Kommunikationsprobleme gelöst, wohl aber in gewaltigem Umfang neue geschaffen.

Die geregelte Kommunikation im Unternehmen

Zweierlei ist also zunächst entscheidend.

Zum einen: der Unterschied zwischen der *Verteilung von Information im Einwegverfahren* – und echter, menschlicher Kommunikation, die letztlich nur auf dem Weg des Dialogs im *direkten Gespräch der Menschen miteinander* stattfinden kann. In einer Zeit, da der Begriff »Kommunikation« für jeden noch so einseitigen Massentransport von Information verwendet wird – nicht zuletzt für die Produktwerbung in den Massenmedien –, kann dieser Unterschied gar nicht deutlich genug hervorgehoben werden.

Zum Zweiten: *Menschen lernen und verändern ihr Verhalten praktisch nur durch direkte Kommunikation.* So wichtig die Gestaltung des Informationsflusses mittels Medien auch ist – die Kunst der Fuge im Management besteht darin, die menschliche Kommunikation im Unternehmen im Hinblick auf *Effizienz und Qualität* richtig zu organisieren.

Es gibt eine Vielzahl erprobter Methoden und Verfahren, mit deren Hilfe die Kommunikation in der Praxis erfolgreich gestaltet werden kann. Wir beginnen mit der externen Kommunikation, weil wir den Grundsatz vertreten, dass von außen nach innen gedacht und organisiert werden muss. Der Akzent liegt aber in diesem Kapitel ganz klar auf der internen Kommunikation. An ihr liegt es nämlich in der Regel, wenn die Gesamtsteuerung versagt.

Das Kernstück der innerbetrieblichen Kommunikation ist der geregelte Führungsrhythmus: sinnvoll vernetzte, regelmäßig stattfindende Teambesprechungen auf allen Ebenen – eine Schlüsselfunktion im Hinblick auf die Steuerung und Entwicklung des Unternehmens. Ihm widmen wir hier besondere Aufmerksamkeit. Das ergänzende Instrumentarium kommentieren wir vor allem im Hinblick auf seine praktische Anwendung.

Kommunikation zwischen außen und innen

»Von außen nach innen organisieren« kann nur, wer *einerseits* sich laufend alle notwendigen Informationen von außen verschafft, um die Bedürfnisse des Marktes, die Bewegungen am Markt und die eigene Akzeptanz im Markt rechtzeitig zu erkennen, und *andererseits* seine Leistungen und sein angestrebtes Profil kontinuierlich und erfolgreich in diesen Markt hineinkommuniziert.

Die wichtigsten Mittel und Wege:

- Befragungen der Kunden, vielfältig segmentiert nach den jeweils als relevant erachteten Kriterien;
- Imagestudien;
- Markt- und Markttrendanalysen;
- Wettbewerbsvergleich;
- Kundenbetreuungs- und Kundeninformationssysteme (zum Beispiel Kundendienst-Hotline, zielgruppenspezifische Kataloge, Kundenbriefe, Kundenzeitschriften, Internetportal);
- Imagewerbung und Öffentlichkeitsarbeit;
- Werbewirksamkeitsanalysen;
- systematische Erfassung und Auswertung der Informationen aller Mitarbeiter mit direkten Kunden- beziehungsweise Marktkontakten (Vertriebsaußendienst, technischer Kundendienst, Bestellungsannahme, Reklamationsbearbeitung, Telefonvermittlung).

Die Informationen von außen können aber nur dann ihren wirklichen Nutzen entfalten, wenn sie intern weitergeleitet und verarbeitet werden. Zweierlei muss gewährleistet sein:

1. dass Informationen über Bedürfnisse von Kunden und über Trends im Markt direkt, unverfälscht und unverzüglich an die richtigen internen Fachstellen gelangen und in Form entsprechender Produkte und Dienstleistungen in Problemlösungen umgesetzt werden;

2. dass die Meinungen und Interessen anderer Stellen im Unternehmen – Hierarchie, zentrale Fachfunktionen, Mitbestimmungsorgane et cetera – so aufeinander abgestimmt werden, dass die Prozesskette zur Marktbearbeitung unterstützt und gefördert und nicht gestört oder behindert wird.

Die Realität sieht häufig anders aus: Wertvolle Marktinformationen werden nicht weitergeleitet oder nicht ausgewertet; sie gelangen allenfalls zunächst in die Hände zentraler Stäbe und werden dort zu Tode analysiert oder politisch zerredet; Entwicklung und Vertrieb liegen sich in den Haaren und sprechen nicht miteinander; man gibt kostspielige Studien extern in Auftrag, um Daten zu erarbeiten, die bei den eigenen Mitarbeitern an der Front längst vorliegen würden; das Management befasst sich mit dem Jahr 2018 und niemand fühlt sich für die Gesamtsteuerung verantwortlich.

Hier liegen in der Regel die Hauptursachen für Reibungsverluste, Pannen, Konflikte und Fehlentwicklungen: in einer ungenügend qualifizierten unternehmensinternen Kommunikation.

Netzwerk regelmäßiger Führungsbesprechungen

Dies ist das unabdingbar notwendige Grundgerüst der unternehmensinternen Kommunikation: ein Netzwerk geregelter Teambesprechungen auf allen Ebenen – von der Spitze des Unternehmens bis zur Basis. Im Rahmen dieses Netzwerks wird die Grundversorgung mit Information überprüft und auf jeder Ebene im direkten Dialog verarbeitet werden.

Nun gehören regelmäßige Führungsbesprechungen in vielen Unternehmen längst zur Routine. Zweierlei lässt jedoch sehr häufig zu wünschen übrig: die *Effizienz*, das heißt das Verhältnis von Aufwand und Nutzen – und die *Qualität der Verständigung*. Die Effizienz misst sich im Wesentlichen an der Dynamik der Innovations- und Entscheidungsprozesse, die Qualität der Verständigung an der Lust oder Unlust, mit der die Teilnehmer in eine Sitzung gehen. Wenn die Führungsbesprechung im internen Jargon als »Morgenandacht«, »Abnickrunde« oder »Muppets Show« bezeichnet wird, kann man davon ausgehen, dass es entweder an der Struktur der Sitzungen oder am Verhalten der Teilnehmer – oder an beidem – einiges zu verbessern gibt.

Es wird in Führungsetagen viel zu viel um das Mysterium menschlicher Zusammenarbeit herumgeheimnisst. Es sind in der Regel verhältnismäßig einfache Regeln, die missachtet werden, wenn Führungsbesprechungen zu Unzufriedenheit Anlass geben.

Trennung von Tagesgeschäft und Grundsatzfragen

Aus dem Leben gegriffen: Der eine Sitzungsteilnehmer spricht über ein Problem im Tagesgeschäft, ein zweiter entdeckt eine Grundsatzfrage dahinter, der dritte stellt die langfristige Unternehmensstrategie infrage. Die Diskussion geht hin und her – und am Schluss der Sitzung ist das Tagesproblem ungelöst, keine Grundsatzfrage besprochen und die Strategie nicht diskutiert.

Es gilt, von vornherein zu unterscheiden zwischen Fragen von kurzfristiger, mittelfristiger und langfristiger Wirksamkeit. Es ist in der Regel von großem Vorteil, für jede dieser drei Kategorien gesonderte Veranstaltungen anzuberaumen. Erstens sind ganz unterschiedliche Formen der Vorbereitung notwendig, und zweitens fällt die Verständigung leichter, wenn alle vom Gleichen reden. In vielen Unternehmen hat sich ein Rhythmus bewährt, der in etwa Folgendes vorsieht: wöchentlicher »Jour fixe« für die Steuerung des laufenden Geschäfts; einmal pro Monat eine Veranstaltung, die reserviert ist für Grundsatz- bzw. »Policy«-Fragen; zweimal pro Jahr eine Strategie-Klausur, in welcher man sich mit der längerfristigen Zukunft befasst; und einmal pro Jahr eine Klausur, in der das Team ausschließlich und intensiv die Kommunikation und Kooperation im eigenen Kreis zum Thema macht.

Es gibt in praktisch allen Unternehmen Themen, die jedes Jahr aktuell werden und von denen man aufgrund des normalen Geschäftsrhythmus fast auf die Woche genau sagen kann, wann dies der Fall sein wird: Zielvereinbarungs-, Planungs- und Budgetrunden etwa, aber auch große Ereignisse wie Auslandsvertreter-Konferenzen oder Betriebsversammlungen, die entsprechend vorbereitet sein wollen. Es ist von großem Vorteil, nicht nur den Sitzungsplan fürs ganze Jahr im Voraus festzulegen, sondern die wichtigsten voraussehbaren Themen auch gleich entsprechenden Terminen fest zuzuordnen. Dies hat den großen Vorteil, dass alle – vor allem auch die Mitarbeiter, die Vorarbeiten zu leisten haben – wissen, wann was ansteht. Man muss dann nicht alle Jahre wieder »plötzlich und unvorhergesehen« das ganze Unternehmen in eine wilde Hektik versetzen.

Einige wenige Dinge müssen von Anfang klar geregelt sein, wenn ein Führungskreis als echtes Team funktionieren und nicht zu einer Dauerkirmes degenerieren soll:

– Führungsbesprechungen haben Vorrang – insbesondere Policy- und Strategie-Sitzungen. Die Teilnahme ist verbindlich.

- Keine Stellvertreter – auf jeden Fall nicht in Policy- und Strategie-Sitzungen.
- Mitarbeiter können punktuell zu einzelnen Sachthemen in die Führungsbesprechung eingeladen werden – aber nur gegen Voranmeldung und zeitlich begrenzt auf den entsprechenden Tagesordnungspunkt.

Entstehung der Tagesordnung

Aus dem Leben gegriffen: Man beginnt die Sitzung ohne Tagesordnung, diskutiert stundenlang im Kreis herum und weiß anschließend nicht, wozu man eigentlich zusammengekommen ist. Oder aber: Man hat eine ellenlange Liste von Tagesordnungspunkten, beginnt mit dem »Kleinkram«, arbeitet nur einige Besprechungspunkte ab und vertagt den Rest – in der Regel das Wichtigste – auf die nächste Sitzung.

Das Einbringen der Besprechungsthemen ist grundsätzlich eine Bringschuld aller Teilnehmer. Die Koordination liegt in der Regel beim Leiter. Und dieser sorgt dafür, dass *erstens* das Wichtigste zuoberst auf der Liste steht; dass *zweitens* für jeden Tagesordnungspunkt das zu erreichende Ziel benannt ist (Information, Meinungsbildung, Antrag, Entscheidung et cetera); und dass *drittens* alle Sitzungsteilnehmer rechtzeitig vor dem Treffen im Besitz der Tagesordnung sowie der Unterlagen sind, die vorbereitend gelesen werden müssen.

Zu Beginn der Sitzung wird die Tagesordnung gemeinsam daraufhin überprüft, ob sie aufgrund aktueller Ereignisse ergänzt beziehungsweise abgeändert werden muss. Es gilt generell: das Wichtigste zuerst! Anschließend werden die einzelnen Besprechungspunkte mit einem *Zeitbudget* versehen. Nur wenn dies geschieht und der Sitzungsleiter dafür sorgt, dass es eingehalten wird, ist sichergestellt, dass alle Tagesordnungspunkte abgearbeitet werden können. Was allenfalls vertagt werden kann, muss *vor Beginn der Sitzungsarbeit*, in Kenntnis der Prioritäten, aus der Liste gestrichen werden.

Vorbereitung der Teilnehmer

Der Leiter des Ressorts X braucht in einer wichtigen Frage dringend eine Entscheidung des Kreises. Aber außer ihm ist niemand sachkundig. Die einen benutzen die Sitzung, um sich schlau zu fragen. Andere blättern nervös in irgendwelchen Akten. Die Dritten melden alle möglichen Bedenken an. Und die ganz Geschickten schweigen sich aus und plädieren anschließend für eine Vertagung.

Eine Führungsbesprechung ist kein Promenadenkonzert, kein Saunatreff und kein Stammtischpalaver. Anspruchsvolle Sachfragen können auch in einem guten Team intelligenter Leute nur effizient bearbeitet werden, wenn alle Mitglieder sich vorher sachkundig gemacht und auf die Diskussion vorbereitet haben. Merksatz: In Sitzungen wird nicht gelesen – weder individuell noch kollektiv! Wenn überhaupt Unterlagen verteilt werden, dann nur zur späteren Lektüre. Es ist selbstverständlich möglich – und immer wieder notwendig –, komplexe Fragen und Projekte zunächst in Form mündlicher und visuell unterstützter Präsentationen aufzurollen. »Information« kann also durchaus das Ziel einer Sitzungssequenz sein. Sowie es aber um gemeinsame Analyse, um Meinungsbildung oder gar um Entscheidungsvorbereitung geht, ist Sachkunde Bürgerpflicht. Und diesbezüglich trägt jeder die Mitverantwortung für die Arbeitsfähigkeit des Gesamtteams.

Ablauf der Sitzung

Aus dem Leben gegriffen: Die Sitzung beginnt, es sind noch nicht alle da. Diejenigen, die da sind, sind in Eile. Man beginnt sofort mit dem Abarbeiten der geplanten Besprechungspunkte – möglichst rasch, damit man wieder an seinen Schreibtisch zurückkehren kann. Der eine kriegt von seiner Sekretärin laufend Zettel in die Sitzung gebracht; der Zweite überprüft immer mal wieder seinen Blackberry auf neue Nachrichten, um diese umgehend zu beantworten; der Dritte muss mal schnell raus, um zu telefonieren; der Vierte studiert Akten zur Vorbereitung auf eine andere Sitzung. Alle schauen abwechselnd auf die Uhr. Einige der Uhren piepsen alle fünf Minuten. Nachdem die Letzten gekommen sind, müssen die Ersten schon wieder gehen. Die meisten hüten sich, noch ein Wort zu sagen,

aus Angst, die Sitzung könnte verlängert werden. Die Sitzung wird geschlossen – und innerhalb von Sekunden sind alle wieder aus dem Raum verschwunden.
Menschen sind keine Maschinen. Damit sie sich gut verständigen können, brauchen sie

a) die Anwesenheit ihrer Partner,
b) ein einigermaßen angenehmes Klima und
c) die notwendige Zeit und Ruhe, um konzentriert zuhören und sprechen zu können.

Es ist ein guter Brauch, zehn Minuten vor Beginn der Konferenz zusammenzukommen, sich erst mal ohne unmittelbaren Arbeitsdruck zu sehen und außerhalb der Tagesordnung vieles zu erledigen, was auch wichtig ist: die Weitergabe einer interessanten Information an den einen Kollegen, eine kleine Rückfrage an einen anderen, eine Terminvereinbarung mit dem dritten.

Am Anfang der Sitzungsarbeit steht, wie erwähnt, immer die Bereinigung der Tagesordnung. Es kann aber sehr sinnvoll sein, als ersten, regelmäßigen Tagesordnungspunkt eine kleine, zeitlich begrenzte Informationsrunde einzuschalten, in der jeder ganz kurz berichtet, was bei ihm aktuell gerade ansteht. Für den Hauptteil des Treffens ergeben sich jedoch die Reihenfolge der Themen und die Zeitdauer der einzelnen Besprechungspunkte automatisch aus der Tagesordnung.

Sitzungen, die länger dauern als ein bis zwei Stunden, sollten grundsätzlich durch eine Pause unterbrochen werden. Was im Sport als »Intervall-Training« längst Allgemeingut geworden ist, wird im Management zu wenig berücksichtigt:

Kurze Erholungspausen verzögern den Arbeitsprozess nicht, sondern beschleunigen ihn.

Keine Zusammenkunft sollte abgeschlossen werden, ohne dass folgende Punkte kurz besprochen sind:

– wichtigste Punkte fürs Protokoll;
– wichtige Themen für das nächste Treffen;
– Inhalt, Form und Adressaten der Information nach außen.

Manchmal kann es auch notwendig sein, die Zusammenkunft kurz kritisch zu reflektieren:

– Was war gut? Was war weniger gut?
– Auf was müssen wir in Zukunft besser achten?

Dies bedeutet: Die letzte Viertelstunde ist von vornherein reserviert für Rückblick und weiteres Vorgehen.

Protokoll der Ergebnisse

Aus dem Leben gegriffen: Wichtige Dinge sind beschlossen, Aufgaben verteilt worden. Man erwartet Aktionen, aber nichts geschieht. Irgendwann einmal schlägt das Problem, das alle gelöst wähnten, wieder zu. Allgemeine Ratlosigkeit. Die einen wissen von gar nichts, andere erinnern sich ganz schwach: »Da war doch mal was ...« Niemand ist zuständig, niemand kann haftbar gemacht werden. Man trifft neue Verabredungen. Es geschieht wieder nichts. Mit der Zeit ist das Thema ausgesessen. Neue, viel ernstere Probleme beherrschen die Szene. Und alle lieben ihre Freiheit, Vereinbarungen nach Gutdünken einhalten oder vergessen zu können. Es gibt ja keine Kontrolle – und ohne Kontrolle keine Sanktionen.

Umsetzung und Durchsetzung von Entscheidungen ist ein wesentlicher Teil der Führungsarbeit. Wenn getroffene Entscheidungen und Vereinbarungen bereits auf Führungsebene verschlampt werden, kann nicht erwartet werden, dass die Mitarbeiter sie ernst nehmen. Damit der einzelne sich in der turbulenten Vielfalt unterschiedlicher Sitzungen und Obliegenheiten organisieren, vor allem aber damit das Team seinen eigenen Arbeitsprozess kontrollieren kann, sind Protokolle unerlässlich. Im Gegensatz zu einer Konferenz des UNO-Sicherheitsrats geht es bei normalen Führungsbesprechungen nicht darum, alle Äußerungen für die Nachwelt wortgetreu schriftlich festzuhalten. Lange Protokolle können in der Managementpraxis von vornherein nicht gelesen werden. Gefragt ist dagegen ein *Ergebnis-Protokoll*, in dem kurz festgehalten ist, was inhaltlich beschlossen und bezüglich des weiteren Vorgehens festgelegt wurde: *Wer tut was bis wann?*

Da dieses Protokoll kurz ist, kann es unmittelbar nach der Zusammenkunft geschrieben und allen Teilnehmern sofort als Arbeitsunterlage zugestellt werden. Aus diesem Protokoll ist auch gleich ersichtlich, wann – das heißt anlässlich welches zukünftigen Treffens – welches Teammitglied zu welchem Thema Zwischenbericht zu geben oder Vollzugsmeldung zu erstatten hat. Das »Gesetz des Wiedersehens« ist nicht nur eine besonders humane, sondern auch eine besonders effiziente Form der Steuerung und Kontrolle.

Feedback und Teamentwicklung

Aus dem Leben gegriffen: Eine wichtige Angelegenheit wird im Führungskreis besprochen. Mehrere Sitzungsteilnehmer sind wie üblich nicht vorbereitet. Es werden nur Statements abgegeben. Keiner hört dem anderen zu. Es findet kein Dialog statt. Einige beteiligen sich überhaupt nicht an der Diskussion. Am Schluss fasst der Vorsitzende zusammen und hält fürs Protokoll fest, was er für eine »gemeinsame Entscheidung« hält. Diese wird bekannt gegeben. Doch im Betrieb geht die Kontroverse weiter, als wenn nichts geschehen wäre. Ganze Bereiche halten sich nicht an die Entscheidung. Einzelne Mitglieder des Führungskreises verkünden jedem, der es hören will:»Ich war immer dagegen und bin es noch – aber man hat mich überstimmt.« Der Chef ist verärgert, das Klima miserabel – und es wird nicht darüber gesprochen.

Auch wenn die innere Verfassung eines Teams grundsätzlich intakt ist: Es gibt in der praktischen Zusammenarbeit immer wieder Reibungsverluste, Pannen, unterschwellige Spannungen oder auch mal handfeste Konflikte. Und: Die Struktur und die Organisation der Treffen müssen immer wieder mal geänderten Verhältnissen angepasst werden. Es ist deshalb unabdingbar notwendig, in regelmäßigen Abständen eine Inspektion vorzunehmen und die Arbeitsweise des Teams gemeinsam kritisch zu überprüfen:

- *Was läuft gut? Was läuft nicht so gut?*
- *Stimmt die Organisation unserer Treffen noch?*
- *Befassen wir uns mit dem wirklich Wichtigen?*
- *Wie beurteilen wir die Art und Weise unserer Verständigung in der Diskussion?*
- *Sind wir offen genug miteinander – oder wird in unserer Runde hauptsächlich taktiert?*
- *Halten sich alle an die gemeinsam vereinbarten Spielregeln?*

- *Wie wird das Arbeitsklima empfunden? Freuen wir uns in der Regel auf unsere gemeinsamen Sitzungen – oder ist jeder froh, wenn er sie hinter sich hat?*
- *Darf bei uns auch mal gelacht werden – oder herrschen tierischer Ernst und angespannte Hektik?*
- *Wie werden die Zusammenkünfte geleitet – was ist hilfreich, was müsste anders gemacht werden?*
- *Sind wir zufrieden mit der Art und Weise der Meinungsbildung und Entscheidungsfindung?*
- *Wenn man die Ergebnisse insgesamt betrachtet: Ist unsere gemeinsam verbrachte Zeit gut genutzt?*
- *Wenn nein: Woran liegt es? Wer kann was dazu beitragen, dass es besser wird?*

Solche Fragen müssen von Zeit zu Zeit gestellt und in Ruhe gemeinsam besprochen werden. Offenheit und Ehrlichkeit müssen im Team geübt und entwickelt werden. Nur so kann das Team lernen, sich besser zu steuern – sowohl im Hinblick auf *Effektivität* als auch im Hinblick auf das *emotionale Klima* und die persönliche Befindlichkeit der Teammitglieder.

Teams, die es überhaupt nicht gewohnt sind, Fragen der Zusammenarbeit zu besprechen, brauchen in der Regel mehrere, möglicherweise sogar extern moderierte Klausuren, um die notwendige Sensibilität für Verhaltensfragen und den erforderlichen Grad der Offenheit im Gesamtkreis zu entwickeln. Teams, die diese Grundvoraussetzungen bereits geschaffen haben, sind in der Lage, ihre Treffen gleich vor Ort kurz auszuwerten. Reibungsverluste, Störungen und emotionale Spannungen können aktuell behoben werden. Doch die hohe Schule der Offenheit und der Dynamik in einem Team besteht darin, dass die Teammitglieder sich jederzeit spontan äußern, wenn sie sich besonders freuen oder ärgern – über wen oder was auch immer. Damit ist die bestmögliche Früherkennung und Behebung von Problemen in der Zusammenarbeit gewährleistet. Dies setzt allerdings eine Offenheit und Konfliktfähigkeit voraus, die in Führungsetagen leider nicht immer anzutreffen ist.

Zweierlei ist abschließend zu bemerken.

Zum einen: Ein sinnvoll vernetztes System gut funktionierender interner Information und Kommunikation ist grundlegende Voraussetzung nicht nur für die Steuerung des Unternehmens im Normalbetrieb, sondern insbesondere auch für die Bewältigung des organisatorischen Wandels – das heißt für die Gesamtsteuerung innovativer Prozesse sowie deren Vernetzung mit der Normalorganisation. Unternehmensentwicklung kann ohne ein gut funktionierendes Netzwerk der internen Kommunikation nicht erfolgreich betrieben werden. Dies bedeutet: *Unternehmensentwicklung beginnt nicht selten exakt bei der Optimierung dieser Infrastruktur der Kommunikation.*

Zum Zweiten: Damit das Gesamtsystem funktionieren kann, müssen die einzelnen Teams funktionieren. Es sind häufig gar nicht Fragen der Gesamtvernetzung, die als Erstes anstehen, sondern das *Schaffen von Voraussetzungen für offene und ehrliche Verständigung in den einzelnen Teams.* Dieser Prozess beginnt nicht selten *an der Spitze*. Was dort praktiziert und vorgelebt wird, prägt wie nichts sonst die Kommunikation und die Kooperation auf den nachfolgenden Stufen der Hierarchie.

Das ergänzende Instrumentarium

Spezielle Klausurtagungen und Workshops

Es gibt Fragen, die sich im Rahmen von Besprechungen, die in die Hektik des Tagesgeschäfts eingebettet sind, von vornherein nicht qualifiziert bearbeiten lassen:

- Strategiebildung
- eingehende Überprüfung der Zusammenarbeit im Team
- Bearbeitung von Spannungen und Konflikten
- Grundsatzfragen der Führung und Zusammenarbeit
- längerfristige Organisationsentwicklung

Für die Bearbeitung solcher Themen ist es für Arbeitsgruppen, Projektteams und Führungskreise sinnvoll, sich außerhalb der Reichweite störender Telefonate für einen oder zwei Tage in Klausur zu begeben. Ein Projektteam, das neu gebildet worden ist, sollte seine Arbeit gar nicht aufnehmen, ohne im Rahmen einer Start-Klausur in Ruhe seine Arbeit geplant und die Spielregeln für die Zusammenarbeit gemeinsam festgelegt zu haben. Und jedes Führungsteam sollte sich zumindest einmal im Jahr zwei Tage Zeit nehmen, um Rückschau zu halten auf die Zusammenarbeit im vergangenen Jahr – und Vorschau auf die mittelfristige Zukunft.

Dialogveranstaltungen in größeren Kreisen

Geregelte Kommunikation in den einzelnen Teams der Normalorganisation und der Projekte reicht in turbulenten Zeiten nicht aus, um – vor allem in größeren Unternehmen – den Informationsfluss und die Koordination sicherzustellen. Treffen in größeren Kreisen von Mitarbeitern sind erforderlich, um zu gewährleisten, dass alle das Gleiche hören – und sich bezüglich der Hintergründe und Zusammenhänge ein verlässliches Bild machen – können.

Die Effekte lebendig gestalteter Treffen in größeren Kreisen lassen sich auf keinem anderen Wege erzielen. Zum einen *Klarheit*: Was im großen Kreis klar gemacht worden ist, wird hinterher nicht mehr zerredet oder missinterpretiert. Zum Zweiten *Verhaltenswirksamkeit*: Der Dialog im großen Kreis übt eine eigene Suggestionskraft aus, der Einfluss auf das Verhalten ist besonders ausgeprägt. Zum Dritten, »*Wir*«-*Gefühl*: Es gibt kaum einen anderen Weg, auf dem sich in gleich nachhaltiger Weise ein Gefühl der Gemeinsamkeit erzielen ließe.

Es ist allerdings entscheidend, dass ein echter Dialog mit hoher Begegnungsqualität inszeniert wird. Wenn die Arbeit in einem großen Kreis nicht zur »Musik von vorn« degenerieren soll, müssen besondere, gruppenorientierte Arbeitsformen gewählt werden. Außerdem stellen sich spezielle Anforderungen bezüglich Visualisierung, Raumbedarf und Moderation. Aber dieser Aufwand ist eine Investition, die sich durch die erzielte Wirkung mehr als rechtfertigt.

Nachstehend fünf Arten von Treffen in größeren Kreisen, die sich in der Praxis außerordentlich bewährt haben:

- *Strategie-Klausur der oberen zwei bis drei Führungsebenen*: Wenn die Unternehmensleitung sich einmal jährlich gemeinsam mit den direkt unterstellten Leitern der operativen Einheiten zum strategischen Dialog zurückzieht, erreicht sie zweierlei. Erstens, sie erhält wertvolle Anregungen. Zweitens, die motivatorische Wirkung auf die Führungskräfte ist nicht zu unterschätzen. Man hat die Mannschaft wirklich »hinter sich«. Manchmal ist es sogar empfehlenswert, auch die dritte Führungsstufe einzubeziehen – entweder von Anfang an oder aber in einer zweiten Phase des Prozesses.

    Durchaus möglich, diesen Prozess in zwei Phasen zu gestalten: Zunächst trifft sich die zweite Führungsebene unter sich – in großen Unternehmen in überschaubare, dialogfähige Gruppen unterteilt –, um eine Bestandsaufnahme der Situation zu erstellen sowie Ideen und Wege zu entwickeln, wie man den neuen Anforderungen gerecht werden könnte. Mit diesem »Material« geht man dann in die zweite Phase des eigentlichen Dialogs mit der Unternehmensleitung.

- »*Kick-off-Meeting*«: Größere Veränderungsprojekte stellen namentlich in der Startphase hohe Anforderungen an die Kommunikation. Der beste Weg, Klarheit zu schaffen und eine positive Aufbruchsstimmung zu erzeugen, besteht darin, alle direkt Beteiligten und Betroffenen im Rahmen einer Auftaktveranstaltung gemeinsam über Ziele, Hintergründe, Vorgehensweise, Organisation und Zeitplan zu informieren und alle Fragen im Zusammenhang mit dem Projekt gleich vor Ort zu klären.

- *Projekt-Informationsveranstaltung:* Bei großen und komplexen Projekten ist es notwendig, den Gesamtkreis der Beteiligten und der direkt Betroffenen in größeren Zeitabständen zu einer gemeinsamen Zwischenbilanz und Standortbestimmung zusammenzuholen. Solche Veranstaltungen sind nicht nur von hohem Informationswert. Sie sind vielmehr echte Steuerungsinstrumente und unabdingbare Elemente eines funktionsfähigen Frühwarnsystems.

- *Mitarbeiter-Forum:* Die Entfremdung zwischen Spitze und Basis ist in praktisch allen größeren Unternehmen ein Problem. Ein Mitglied der Unternehmensleitung kann immer nur mit einer sehr begrenzten Zahl von Mitarbeitern in regelmäßigen persönlichen Kontakt kommen, auch wenn es den Grundsatz des »Management by wandering around« hochhält. Die Institution Mitarbeiter-Forum hilft hier, eine Lücke zu schließen: Regelmäßige Termine eines oder mehrerer Vertreter der Führung mit jeweils wechselnden, größeren Gruppen von Mitarbeitern. Mitarbeiter-Foren taugen allerdings nur als feste Institution. Nur dann gehen die Mitarbeiter nämlich aus sich heraus, nur dann können die Treffen wirklich interaktiv gestaltet werden.

- *Großgruppen-Workshop*: Unter der Bezeichnung »*Open Space*« ist bereits seit geraumer Zeit eine Methodik zur Gestaltung von Workshops mit Großgruppen (bis zu mehreren Hundert Personen) bekannt geworden. Das Vorgehen eignet sich, um wichtige Fragen des Unternehmens in großen Kreisen von Führungskräften und/oder Mitarbeitern zu bearbeiten und im Hinblick auf Maßnahmen konkrete Ideen und Vorschläge zu generieren. Der Ablauf einer derartigen Veranstaltung sieht im Modell ungefähr wie folgt aus:

Phase 1 *Einstimmung:* Benennung und Begründung des Themas, Ziele und Ablauf der Veranstaltung

Phase 2 *»Anwärmen«:* Diskussion in kleinen Gruppen freier Wahl

Phase 3 *Informationsmarkt:* Einzelpersonen oder kleine Gruppen veröffentlichen in Form eines Plakats eine Ideenskizze, die deutlich macht, was für ein Teilthema sie gern vertiefen beziehungsweise konkretisieren möchten. Die Teilnehmer/-innen besichtigen das gesamte Angebot und optieren sich einer Idee ihrer Wahl zu. Es entstehen größere und kleinere Gruppen, die auf der Basis der Selbstorganisation jeweils ein Thema bearbeiten.

Phase 4 *Diskussion in den Themengruppen*

Phase 5 *Rückmeldung der Zwischenergebnisse* (gegebenenfalls mit Vorschlägen für die weitere Bearbeitung)

Phase 6 *Weiteres Vorgehen:* Bestimmen der weiter zu bearbeitenden Themen sowie entsprechender Regiegruppen, Freigabe eventuell erforderlicher Ressourcen, Festlegen der Terminziele.

Es handelt sich hier grundsätzlich um ein sehr wertvolles Instrument, um Mitarbeiter in großen Gruppen zu aktivieren und zu beteiligen. Leider wird es in der Praxis allzu häufig nach dem Motto »Immer wieder mal was Neues« eingesetzt, um Progressivität zu markieren oder um den Unterhaltungswert einer Großveranstaltung zu optimieren. Es fehlt das strategische Konzept, es fehlt der Wille, die Unternehmenskultur konsequent zu entwickeln. Die in der Veranstaltung generierten Ideen werden nicht konsequent weiterbearbeitet. Es finden auch keine weiteren Veranstaltungen dieser Art statt. Es bleibt im günstigsten Fall die Erinnerung an ein interessantes Happening, im ungünstigen Fall ein schaler Nachgeschmack.

Solche anspruchsvolle Veranstaltungen sollten gezielt genutzt werden, um eine offene, lebendige und partizipative Führungskultur zu entwickeln. Wenn man dies will, muss man für zweierlei sorgen: Erstens, dass die in der Tagung generierten Ideen und Vorschläge konsequent weiterverfolgt werden. Sonst entsteht leicht der Eindruck einer Alibi-Übung. Zweitens, dass es nicht bei einem einmaligen Event bleibt. Sonst hat die Großgruppenveranstaltung den Charakter eines Ausnahmeereignisses und bleibt im Empfinden der Mitarbeiter/-innen ein Fremdkörper ohne realen Bezug zum Miteinander im Unternehmen.

Das Mitarbeitergespräch

Das geregelte Mitarbeitergespräch ist Pflichtteil jeder Kommunikationsstrategie. Zwei Themen bedürfen eines mindestens einmal jährlich stattfindenden persönlichen Grundsatzgesprächs jeder Mitarbeiterin und jedes Mitarbeiters mit dem direkten Vorgesetzten:

- *Zielvereinbarung und -kontrolle:* Gemeinsame kritische Beurteilung der Zielerreichung in der abgelaufenen Periode. Vereinbaren quantitativer und qualitativer Ziele für die bevorstehende Periode. Festlegen einer gemeinsamen Halbzeit-Bilanz. Vereinbaren der Modalitäten einer rechtzeitigen Rücksprache, wenn der Mitarbeiter erkennt, dass sich eine Zielabweichung ergibt.

- *Qualifikation und Entwicklungsplanung:* Kritischer Rückblick auf ein Jahr Zusammenarbeit. Gegenseitiges offenes Feedback: fachliche und persönliche Stärken und Defizite des Mitarbeiters aus Sicht des Vorgesetzten; Stärken und Defizite des Vorgesetzten aus Sicht des Mitarbeiters. Treffen von Vereinbarungen in Bezug auf die weitere Zusammenarbeit. Planung von Qualifizierungsmaßnahmen. Besprechen der mittelfristigen Entwicklungsperspektiven für den Mitarbeiter im Unternehmen.

Diese Gespräche sind nicht nur unverzichtbare Steuerungsinstrumente. Sie sind auch wichtige Gelegenheiten zur Erzeugung von Motivation und Identifikation, zur Erkundung von Potenzialen sowie zur Entwicklung der Mitarbeiterqualifikation.

Projektspezifisches Kommunikationskonzept

Projekte sind Veränderungsmaßnahmen. Sie führen in der Praxis so gut wie immer zu internen Informationslücken, Spannungen und Konflikten. Gerade im Zusammenhang mit Projektarbeit gilt der Satz: Kommunikation ist alles. Es sollte kein Projekt verabschiedet werden, wenn nicht ein entsprechendes Kommunikationskonzept vorliegt. Sowohl die Kommunikation im Rahmen der Projektorganisation als auch die Information über den Verlauf des Projekts im Umfeld bedürfen einer klaren Regelung. Aufgrund des geplanten Phasenverlaufs lässt sich von vornherein absehen, wann ein Informationsschub anstehen wird – und wenn er fest eingeplant ist, wird er erstens nicht vergessen und kann zweitens sorgfältig vorbereitet werden. Bei umfassenderen Projekten in größeren Unternehmen kann es sogar sinnvoll sein, ein entsprechendes Intranetportal einzurichten oder in bestimmten Abständen eine eigene Projekt-Zeitung herauszugeben, mit der Möglichkeit für die Mitarbeiter, ihre Rückmeldungen oder Fragen zu plazieren. Lebendig gestaltet können beide Instrumente wesentlich zur Grundversorgung der Mitarbeiter mit Information beitragen.

Kommunikation ist im Rahmen des Projekt-Managements zunächst ein unverzichtbares Steuerungsinstrument. Gleichzeitig trägt die Kommunikation über aktuelle Projekte aber auch zur Identifikation der Mitarbeiter sowie zur Entwicklung einer offenen und lebendigen Unternehmenskultur bei.

Controllingsysteme

Auf dem Hintergrund eines Managementkreislaufs von unternehmerischer Zielsetzung, strategischer Planung, daraus abgeleiteten operativen Maßnahmen in unterschiedlichen Teilbereichen und an unterschiedlichen Stellen wird Ergebnis-, Prozess- und Qualitätscontrolling zum unverzichtbaren Führungsinstrument. Das Controlling sollte sich allerdings als *Dienstleister* verstehen und dem verantwortlichen Leistungsersteller alle relevanten Steuerungsdaten liefern, die dieser braucht, um einen laufenden Überblick zu haben, wie die Dinge sich tatsächlich entwickeln, und um bei gravierenden Abweichungen rechtzeitig korrigierend eingreifen zu können. Das geht oft nicht ohne ein gehöriges Maß an Auseinandersetzung – vor allem, wenn die Botschaft, die mit diesen Daten geliefert wird, eher unangenehm ist. Doch dieser Vorgang wird nur dann zum fruchtbaren Dialog, wenn Controllingdaten nicht – wie so oft! – als Herrschaftsmittel gebraucht und zum Beweismittel der Anklage umfunktioniert werden.

Mitarbeiterbefragung

Die Befragung der Mitarbeiterinnen und Mitarbeiter zu ihrer Arbeitssituation, zu ihrer Sicht der Dinge, zu ihren Vorschlägen und Anregungen in Bezug auf die Organisation, die Führung und die Zusammenarbeit im Betrieb ist ein wesentliches Instrument der Kommunikation im Unternehmen. Entsprechend gestaltet, kann allein schon die Befragung selbst positive Effekte erzeugen. Entscheidend sind allerdings die Resultate – und was daraus gemacht wird. Befragungsergebnisse sind eine hervorragende Datengrundlage, um in den einzelnen Organisationseinheiten gemeinsam mit den Mitarbeitern Verbesserungsvorschläge und Veränderungsideen zu evaluieren und entsprechende Maßnahmen zu realisieren. Dieser Prozess – lebendige Kommunikation im besten Sinne – trägt wesentlich bei zur Optimierung der Leistungsorganisation sowie zur Entwicklung von Motivation und Identifikation bei den Mitarbeitern (vergleiche Teil III, Kapitel 3: *Organisationsdiagnose*).

Betriebsversammlung

Betriebsversammlungen sind eigentlich dafür vorgesehen, der gesamten Belegschaft die Möglichkeit zu geben, die für sie relevanten Informationen aus erster Hand zu erhalten, sowohl vonseiten der Vertretungsorgane als auch vonseiten der Unternehmensleitung. Sie können für die Mitarbeiter gute Gelegenheiten sein, grundsätzliche Auseinandersetzungen im Sinne einer fairen Streitkultur »live« mitzuerleben und selbst mitzugestalten.

In der Praxis sind aber gerade solche Zusammenkünfte gefährdet, zur Wahlkampfarena, Showveranstaltung oder öffentlichen Gerichtssitzung zu degenerieren. Belegschaftsvertretung und Unternehmensleitung treten an zum populistischen Schaukampf, der Belegschaft wird nur die Rolle des Publikums zugeteilt, um dessen Applaus gebuhlt wird. Echte inhaltliche Auseinandersetzung, wo es darum ginge, die eigene Position ohne manipulative Dramatisierung darzulegen, Gegenpositionen zuzulassen und zu verstehen zu versuchen, Prozesse der gemeinsamen Meinungsbildung zu generieren – dies alles findet nicht statt, ist gar nicht vorgesehen. Mit etwas gutem Willen aller Beteiligten, wirklich sorgfältiger Vorbereitung sowie gegebenenfalls professioneller Moderation lässt sich dagegen eine Betriebsversammlung als lebendiges und eindrückliches Ereignis gestalten, welches wesentlich zu einer positiven inneren Verfassung des Unternehmens beitragen kann.

Dialog mit den Vertretungsorganen

Auf Dauer gesehen lohnt es sich allemal, und zwar für beide Seiten, genügend Zeit und Energie in das Zusammenspiel zwischen Unternehmensleitung und Personalvertretungsorganen zu investieren. Über das hinaus, was vom Gesetz vorgeschrieben ist, geht es im Wesentlichen um folgende Themen:

- Zukunft des Unternehmens
- Stimmungslage in der Belegschaft beziehungsweise in bestimmten Gruppen
- unausgeschöpftes oder blockiertes Potenzial
- Klima und Wertschätzung im gegenseitigen Umgang von Management und Vertretungsorganen
- Effizienz der Kommunikation miteinander, speziell auch im Hinblick darauf, heikle Probleme und Spannungsfelder rechtzeitig zu orten und ihre Bearbeitung sicherzustellen

Solche Begegnungen bedürfen oft eines zusätzlichen informellen Rahmens, damit der Dialog gelingen kann. Andererseits wird gerade der »gepflegte informelle Rahmen« von manchen Unternehmensleitungen genutzt, um die Vertretungsorgane zu verwöhnen und zu versuchen, sie dadurch zu domestizieren – manchmal auch zu korrumpieren. Trotzdem, wer sich auf die gesetzlich vorgeschriebene formale Informationspflicht zurückzieht – und diese auch noch eng interpretiert –, sollte sich zumindest nicht über die Folgen wundern. Wo keine echte Verständigung stattfindet, bleibt es beim Austausch vorgefertigter Kommuniqués, akribisch erstellter Forderungslisten oder gar pathetischer Anklageschriften – Vorspiel für Betriebs- und Unternehmensversammlungen, die nach dem bereits skizzierten Modell Show, Wahlkampf oder öffentliche Gerichtssitzung abgehalten werden.

Gerade die vielfältigen Kontakte, welche die Vertretungsorgane mit der Belegschaft haben, sind eine unerschöpfliche Quelle von Informationen, die auch vom Management genutzt werden könnte. Liegt es doch in der Regel auch im Interesse der Vertretungsorgane, über die Missstände zu berichten, um für Abhilfe zu sorgen.

Das »Schwarze Brett«

In seiner herkömmlichen Form ist das Schwarze Brett sicher kein besonders kommunikatives Instrument. Es dient aber immerhin der schnellen Übermittlung von Sachinformationen. Modernere Varianten, wie zum Beispiel Litfasssäulen, Bildschirme an verschiedenen Knotenpunkten des Unternehmens (Eingangsbereich, Casino, Pausenzonen) oder Intranetforen können einen wichtigen Beitrag zur Aktualisierung und Verlebendigung der Information leisten. Voraussetzung ist allerdings auch hier, dass nicht ein Informationsstil nach Art amtlicher Mitteilungen gepflegt wird.

Betriebs- und Mitarbeiterzeitung

Betriebszeitungen gibt es schon relativ lange. Ebenso alt wie das Modell der Betriebszeitung sind auch die häufig beklagten Defizite: zu viel Raum für Selbstdarstellungen der Unternehmensleitung, kaum verschleierte Hofberichterstattung, Charakter einer Kirchenzeitung mit Sonntagspredigten und sonstigen frommen Ermahnungen.

Entscheidende Kriterien einer lebendigen Hauszeitung:

- Redaktion in den Händen der Belegschaft oder zumindest mit ihrer maßgeblichen Beteiligung;
- professionelle Mithilfe bei der journalistischen Gestaltung;
- lebendiges Layout, das »anmacht«, weil es der Lesekultur der Adressaten entspricht;
- voll aus dem prallen Leben gegriffen, mit Fotos, Kurzreportagen und Interviews;
- überwiegende Mehrheit der Berichte und Fotos über Menschen und Ereignisse an der Basis.

Von der Belegschaft akzeptierte, *»freche«* und lebendige Medien sind hervorragende Träger für wichtige Unternehmensbotschaften. Werden sie aber als einseitige »bischöfliche Hirtenbriefe« erlebt, wird ihnen deren Schicksal nicht erspart bleiben: Sie werden nur von ganz wenigen – und zwar in der Regel von den Falschen – gelesen.

Immer mehr Unternehmen trauen sich, der »Tugend der Frechheit« Raum zu geben, indem sie solche Publikationen zwar fördern, aber auf jede

Form der Zensur verzichten. Der Tugend des Mutes bedarf es aber allemal, um solche Freiheit auch entsprechend zu nutzen.

Informationsmarkt

Eine zeitgemäße Art, vor allem auch horizontale Kommunikation und Begegnung zu gewährleisten, bietet das Modell des Informationsmarkts: Gruppen, Funktionen oder Bereiche stellen sich in Form von »Marktständen« einander vor und kommen darüber miteinander ins Gespräch. Zum Beispiel: Projektgruppen informieren über den aktuellen Stand ihrer Projekte; die Geschäftsleitung stellt die derzeitige Unternehmensstrategie dar und steht den Besuchern ihres Standes Rede und Antwort; die Ergebnisse interessanter Erhebungen werden einer breiteren internen »Öffentlichkeit« vorgestellt. Das Ganze kann vorbereitet und gemanagt werden von einer kleinen Gruppe, die man interdisziplinär zusammensetzt. Die wesentlichen Erfolgskriterien dieses Instruments sind: lebendige Form der Standpräsentationen, genügend Möglichkeit zur Aussprache, Freiheit der Diskussion. Virtuelle Präsentationen im Rahmen entsprechender Intranetforen können die direkte persönliche Kommunikation im Rahmen eines realen Informationsmarktes nicht ersetzen.

Die informelle Kommunikation

Wer sich unter Gesichtspunkten der Führung und Einflussnahme intensiv mit der geregelten Kommunikation in Unternehmen befasst, vergisst leicht dies: Man kann nicht verhindern, dass Menschen miteinander kommunizieren – offiziell oder inoffiziell, formell oder informell, geplant oder ungeplant, offen oder verdeckt. Menschen sind von ihrem Wesen her auf Gemeinschaft angelegt. Mit anderen kommunizieren ist ein menschliches Grundbedürfnis und eine Grundvoraussetzung seelischen Wohlbefindens. Wenn viele Menschen mit vielen anderen kommunizieren, können sich Informationen, Vorurteile oder Stimmungen mit erstaunlicher Geschwindigkeit verbreiten. Man spricht dann gern von der »Buschtrommel« oder von der »Gerüchteküche«.

Die formelle, offizielle und geregelte Kommunikation und die informelle, inoffizielle, nicht geregelte Kommunikation sind zwei verschiedene, aber außerordentlich wichtige Dimensionen der Kommunikation im Unternehmen. In der Praxis stellt sich allerdings die Frage, ob die formelle und die informelle Kommunikation sich gegenseitig ergänzen und sinnvoll genutzt werden – oder ob sie sich als zwei »Gegenwelten« darstellen, die immer wieder im Widerspruch zueinander stehen.

Beispiel: Informations-Pannen

Es gibt kaum ein größeres Unternehmen, das nicht schon diese Erfahrung gemacht hätte: In einer wichtigen Frage werden im engsten Kreise des Topmanagements streng geheime Diskussionen geführt und Vorentscheidungen getroffen; man plant sorgfältig die einzelnen Schritte der Bekanntgabe im Unternehmen; und am Vortag steht alles – leider weitgehend richtig recherchiert – in der Zeitung. Resultat: Alle Mitarbeiter sind frustriert, über die Zeitung erfahren zu müssen, was sich im Unternehmen tut. Im Management: großes Rätselraten; unausgesprochene wechselseitige Verdächtigungen; Misstrauen den eigenen Führungskräften gegenüber. Und häufig erfährt man nie, wie's wirklich gelaufen ist.

Tatsachen sind:

Erstens: Wenn ein Politikum – etwa eine bevorstehende Fusion oder Restrukturierung – eine genügend hohe Plausibilität aufweist, muss es nicht erst bekannt gegeben werden, damit das Thema in aller Munde kommt.

Zweitens: Die obersten Chefs haben in der Regel keine Ahnung, was alles längst als offenes Geheimnis im Unternehmen gehandelt wird.

Drittens: In Tat und Wahrheit hat überhaupt niemand irgendwo bewusst die ganze heiße Kiste ausgepackt. Aber: Menschen kommunizieren eben gern. Der eine hat mal hier eine Vermutung geäußert; ein Zweiter hat mal dort eine vage Andeutung gemacht; ein Dritter hat vielleicht auf eine direkte Frage mit Schweigen geantwortet. Und wer nicht auf den Kopf gefallen ist, kann sich nach kurzer Zeit eine ganze Menge zusammenreimen.

> *Last, but not least: Auch Aufsichtsräte sind Menschen. Von spektakulären Indiskretionen in der Wirtschaft gehen zwei Drittel auf inkontinente Aufsichtsräte zurück. Die einen wollen sich nur irgendwo interessant machen; die andern streuen aus politischem Kalkül gezielt Informationen.*
>
> *Preisfrage: Gegen wen richten sich am Schluss die Emotionen des Managements? Gegen die Medien, die aus purer Sensationsgier und ohne Rücksicht auf Verluste Stimmung gegen ein Unternehmen machen ...*

Wer die Kommunikation im Unternehmen entwickeln will, muss sich auch um die informelle Kommunikation im Unternehmen kümmern. Es gelten drei Grundsätze:

- Die informelle Kommunikation gezielt fördern.
- Dafür sorgen, dass formelle und informelle Kommunikation nicht in Widerspruch zueinander geraten.
- Die informelle Kommunikation konsequent nutzen.

Auch dafür gibt es eine ganze Reihe bewährter Verfahren:

- *Betriebsbesuche – oder »Wandering around«*: In Bezug auf das, was in den Köpfen und Herzen der Mitarbeiterinnen und Mitarbeiter auf den unteren Stufen sowie insbesondere an der Basis vorgeht, sind die obersten Chefs die am schlechtesten informierten Leute im ganzen Unternehmen. Die Entfremdung zwischen Spitze und Basis ist in allen großen Unternehmen ein nackter Tatbestand – sofern das Kommunikationsdefizit nicht durch gezielte Maßnahmen kompensiert wird: durch *direkte, informelle Besuche an der Front*. Hier haben die Mitarbeiter ein »Heimspiel«. Sie befinden sich in ihrer gewohnten Arbeitsumgebung. Sie freuen sich, von einem hohen Vorgesetzten besucht zu werden. Wenn sie auch noch feststellen, dass der Besuch keinen anderen Zweck hat als das Interesse, zu erfahren, was sich hier tut und was einen bewegt – dann öffnen sich Menschen. Auf diesem Weg erfährt der Chef Dinge, über die noch nicht mal die Vorgesetzten auf den Zwischenstufen informiert sind. Er kann sich ein realistisches Bild von der Situation in seinem Unternehmen machen. Manch einer wird allerdings feststellen, wie vorsichtig sich die Mitarbeiter selbst am eigenen Arbeitsplatz einem »Hierarchen« gegenüber verhalten. Aber auch dies ist eine wichtige Information. Man kann dann selbst entscheiden, ob dies so bleiben oder ob etwas dagegen unternommen werden soll.

- *Informelle Gesprächsrunden:* Ähnlich ergiebig – als Temperaturfühler sowie als Instrument zum Kommunizieren wichtiger Botschaften – sind informelle Gesprächsrunden mit Führungskräften, beispielsweise am Rande von Bildungsveranstaltungen. Der entspannte Rahmen und die Gelegenheit zum lockeren Meinungsaustausch ermutigen die Mitarbeiter, sich das, was sie wirklich bedrückt, von der Seele zu reden. Solche »Kamingespräche« sind dann besonders ertragreich, wenn auf große Präsentationen – bei denen ohnehin häufig Form vor Inhalt geht – verzichtet wird. Am besten ist es für das In-Gang-Kommen eines Dialogs, wenn der Chef gar nicht erst mit eigenen Statements anfängt, sondern zunächst auf Empfang schaltet und allenfalls seinerseits Fragen zur Situation vor Ort sowie zur Befindlichkeit der Gesprächspartner stellt. Besonders gut ist es, wenn der oberste Kriegsherr nicht glaubt, er müsse auf jede an ihn gerichtete Frage sofort eine druckreife Antwort haben. Nachdenken muss erlaubt sein – und zugeben, dass man dessen bedarf, bevor man zu eindeutigen Schlüssen kommt. Wichtig ist allerdings, mitzuteilen, was man mit einer offen gebliebenen Frage oder einer Anregung weiter zu tun gedenkt.

- *Telefongespräche mit Mitarbeitern:* Amerikanische Präsidenten, Meister in der Kunst des »Lobbying«, haben es sich zur Angewohnheit gemacht, vor schwierigen Gesetzesvorstößen oder kontroversen Budgetdebatten eine Reihe von Senatoren, zumal die »Opinion Leaders«, persönlich anzurufen und mit ihnen zu diskutieren. Dieses Modell eignet sich hervorragend, um mit Mitarbeitern im Außendienst oder in Außenstellen, die weniger eng in die interne Kommunikation eingebunden sind, in Kontakt zu treten. Das Management ruft einen ausgewählten Querschnitt von Mitarbeitern persönlich, gegebenenfalls zu Hause an. Man erhält dabei nicht nur den gewünschten Lagebericht sowie eine Reihe von Anregungen, sondern setzt dadurch auch Zeichen des persönlichen Interesses.

Mit unteren Stufen in direkte Kommunikation treten darf allerdings nicht bedeuten, nach Gutsherrenart überall einzugreifen und an den Vorgesetzten vorbei Aufträge zu erteilen. In das Unternehmen hineinhören, sich ein Bild von der Lage machen, wichtige Botschaften direkt an die

Front bringen und Interesse dokumentieren – dies sind die Ziele. Wer den großen, wilden Mann spielt oder überall an den zuständigen Vorgesetzten vorbei Aufträge erteilt, dem werden direkte Kontakte mit den Mitarbeitern auf Dauer nicht zum Segen gereichen.

- *Feste und Ausflüge:* Viele Manager sind buchstäblich zwanghaft auf Effizienz – ausgedrückt in Zahlen – getrimmt. Sie funktionieren wie Computer: digital. Alles Menschliche ist ihnen im Laufe ihrer Karriere fremd geworden. Jedes nicht zielorientiert geführte Gespräch ist für sie nutzloses Geschwätz; Gefühle: ein Gräuel; Feste: der Beginn von Sodom und Gomorrha. In Wirklichkeit sind gerade Betriebsfeste und gemeinsame Ausflüge exzellente Gelegenheiten für zwanglose Begegnungen. Wer als Vorgesetzter aufmerksam daran teilnimmt und es schafft, zumindest ansatzweise als »einer von uns« erlebt zu werden, hat gute Chancen, tiefe Einblicke in das innere Gefüge des Unternehmens zu gewinnen. Gleichzeitig können wesentliche Botschaften unverfälscht »unters Volk« gebracht werden. Bei den Mitarbeitern hinterlassen solche natürliche Begegnungen oft einen wesentlich nachhaltigeren Eindruck als noch so aufwändige offizielle Veranstaltungen.

  Wer tiefer in die Unterwelt seines Unternehmens Einblick nehmen und »dem Volk aufs Maul schauen« möchte, braucht oft nur eine kleine Anregung zu geben, damit Betriebsangehörige im Rahmen einer Festivität ein Kabarett auf die Beine stellen. Viele heikle Fragen, die im Unternehmensalltag schon gar nicht mehr angesprochen werden, weil man sich längst – verärgert oder resigniert – damit abgefunden hat, kommen dann oft überdeutlich, wenn auch in unterhaltsamer Form, auf den Tisch.

- *Begegnungsräume im Arbeitsumfeld:* Diese Chance wird in der Praxis viel zu wenig genutzt: Normale und natürliche Kontakte können systematisch gefördert werden durch das gezielte Ausrichten der vorhandenen Begegnungsräume auf die Möglichkeit zur Kommunikation. Dies beginnt beim Einrichten von Kaffee-Ecken, wo sich alle, die gerade da sind, in der Pause treffen können. Und es betrifft sehr stark das Kasino – eine besonders wichtige Gelegenheit zum informellen Dialog. In vielen Firmen tafeln die höheren Führungskräfte allerdings immer noch in getrennten Räumen. Es herrscht eine Zweiklassengesellschaft, gefördert wird dadurch fast ausschließlich die Kommunikation innerhalb der Klassen. Aber auch dort, wo es nur ein gemeinsames Kasino gibt, kann sich aufgrund des Verhaltens des Managements eine Tendenz entwickeln, dass immer nur die gleichen Cliquen miteinander zu Tisch gehen. Wenn dann keine offene Cafeteria vorhanden ist, wo man um ungezwungenes Zusammentreffen fast nicht herumkommt, ist eine täglich wiederkehrende Gelegenheit zu spontanen Kontakten und lebendiger Kommunikation von vornherein verpasst.

Gesetzmäßigkeiten der Kommunikation

Kommunikation hat in einer zeitgemäßen Organisation einen ganz zentralen Stellenwert. Ein wesentlicher Teil der Organisation und der Führung besteht im Grunde aus nichts anderem als strukturierter Kommunikation. Bezüglich konkreter Instrumente und Verfahren herrscht kein Mangel – im Gegenteil: Man hat eher die Qual der Wahl. Im Hinblick auf kreatives und kompetentes kommunikatives Handeln in der Praxis ist es allerdings wichtig, einige grundsätzliche Aspekte – gewissermaßen »Gesetzmäßigkeiten« – der Kommunikation zu beachten.

- *Kommunikation als siamesischer Zwilling jeder Veränderungsstrategie*
  Jedwede Veränderungsstrategie ist so gut wie das Konzept zu ihrer Kommunikation. Es gibt keine erfolgreiche Veränderung im Unternehmen – es sei denn, begleitet durch eine offene und lebendige Kommunikationspolitik.

- *Die Effizienz der Kommunikation beruht auf dem lebendigen Dialog*
  Es fehlt, wie wir gesehen haben, nicht an erprobten Instrumenten, Methoden und Verfahren, mit deren Hilfe die Kommunikation handwerklich gestaltet werden kann. Je formalisierter allerdings die Form, desto geringer sind Reiz, Lebendigkeit und Eindrücklichkeit. Deshalb: Je einschneidender eine Botschaft in ihrer Wirkung sein soll, je größer darüber hinaus die Wahrscheinlichkeit ist, dass wesentliche Interessen der Empfänger berührt sind, je emotional aufgeladener also die Situation ist, desto mehr empfiehlt es sich, ein Verfahren zu wählen, das den lebendigen Dialog ermöglicht. Im Klartext: Je mehr wir uns in der Praxis vor einer direkten Begegnung und Auseinandersetzung fürchten, desto eher ist sie angesagt.

- *»Man kann nicht nicht kommunizieren ...«*
  Der Kommunikationswissenschaftler *Watzlawick* hat diesen Lehrsatz für die persönliche Interaktion zwischen einzelnen Menschen formuliert. Es ist aber durchaus übertragbar auf größere organisatorische oder gesellschaftliche Gebilde. Lücken in der erwarteten Kommunikation, Schweigen, einseitige Stellungnahmen, für die kein Platz zur Auseinandersetzung eingeräumt wird, werden mit eigenen Fantasien und Interpretationen aufgefüllt. Was nicht gesagt wird, wird tendenziös – das heißt entsprechend den eigenen Vorurteilen – *hineininterpretiert*. Solche vom Empfänger selbst konstruierten »Ersatzbotschaften« sind im Endeffekt genau gleich wirksam wie direkt vermittelte Botschaften.

- *Man kommt fast immer zu spät*
  Schneller Wandel verstärkt den Drang nach Kommunikation. Wer möglichst vollständig und schön der Reihe nach kommunizieren will, kommt im Strudel der Ereignisse fast immer zu spät. Spekulationen eilen der ordentlich geplanten Kommunikation voraus – nach dem eben erwähnten Grundsatz: *Man kann nicht nicht kommunizieren ...* Meist ist es deshalb besser, unvollständig, aber zügig und häufiger zu kommunizieren als abzuwarten, bis man irgendwann einmal exakt und vollständig informieren kann. Aber einen Tod stirbt man immer – unvollständig, weil zu früh, oder zu spät, dafür aber vollständig; der Unterschied besteht lediglich darin, ob mit eher gutem oder eher schlechtem Gewissen.

- *Jeder hört nur, was er hören will*
  »Was dem Herzen widerstrebt, lässt der Kopf nicht ein.«
  Shopenhauer

  Je emotional geladener die Situation, desto größer ist die Gefahr der so genannten »selektiven Wahrnehmung« der Empfänger: Die Botschaft wird nicht so aufgenommen, wie sie vom Sender gemeint ist. Es wird nahezu immer *etwas anderes* verstanden als das, was der Sender eigentlich auf die Reise geschickt hat. Kommunizieren in emotional aufgeheizten Situationen ist wie säen im Sturm ...

  Die selektive Aufnahme von Informationen vollzieht sich hauptsächlich unter dem Einfluss von drei Faktoren: *Glaubwürdigkeit des Senders, Vorerfahrungen* oder *aktuelle Bedürfnislage des Empfängers*. Je nach Kontext, Perspektive, Vorerfahrung und Einschätzung der Glaubwürdigkeit können jeweils völlig unterschiedliche »Wahrheiten« empfangen beziehungsweise dem Sender unterstellt werden.

- *Richtiges Kommunizieren erfordert sorgfältiges Erkunden*
Richtig kommunizieren kann nur, wer vorher sondiert, in welcher (inneren) Verfassung sich seine Adressaten befinden. Nur auf der Basis dieser Kenntnisse kann er seine Kommunikation präzis auf den Empfänger ausrichten und entscheiden, mit welcher Methode, welchen Instrumenten, welcher »Verpackung« und mit wem als Übermittler der Botschaft die höchsten Chancen bestehen, wirklich »anzukommen«.

- *Es gibt keine zweckfreie Kommunikation*
Kommunikation ist kein Wert an sich. Jede Kommunikation will etwas erreichen – offen oder verdeckt. Je genauer geplant und je gekonnter inszeniert, desto stärker die Absicht. Wer darauf aus ist, den Versuch der Beeinflussung zu verschleiern oder gar in Abrede zu stellen, vor dem sollte man wirklich auf der Hut sein – denn er führt etwas im Schilde.

- *Schnelle Kommunikation erfordert direkte Wege*
Hängt die Wirksamkeit einer Botschaft davon ab, dass sie schnell und möglichst unverfälscht ihren Adressaten erreicht, muss sie

– auf möglichst kurzem Weg,
– direkt, das heißt ohne Zwischenstationen und
– mit der Möglichkeit von direktem Feedback (Rückfragen und Kommentare)

an den Empfänger transportiert werden. Und hierfür ist die Kaskade des hierarchischen Dienstwegs in der Regel von vornherein ungeeignet. Wer über Zwischenvermittler zentrale Botschaften versendet, kann mit an Sicherheit grenzender Wahrscheinlichkeit davon ausgehen, dass etwas anderes ankommt:

Niemand wird nämlich etwas weiterleiten, was ihn selbst in ein ungünstiges Licht stellen könnte; er wird alles für ihn Schädliche herausnehmen oder zumindest durch Relativierungen entschärfen.

Jeder, der etwas weiterleiten soll, wird im Gegenteil darauf achten, dass es ihm von Nutzen ist; also wird er es mit eigenen Duftmarken versehen. Ebenso muss, wer hierarchisch oben steht, prinzipiell davon ausgehen, dass alles, was ihm von ›weiter unten‹ über hierarchische Zwischenträger übermittelt wird, in der Regel so nicht ›auf die Reise geschickt wurde‹.

Aber auch dort, wo direkter Dialog möglich ist, kann es zu emotionalen Überlagerungen und Missverständnissen kommen. Es ist auch hier notwendig, die Qualität der Kommunikation zu überprüfen:

- Was ist beim Empfänger »angekommen«, was hat er verstanden?
- Welche Reaktion löst die Botschaft bei ihm aus?
- Stimmen Empfang und Reaktion mit den Absichten des Senders überein?

Erst die Überprüfung lässt erkennen, ob und gegebenenfalls wo korrigiert oder ergänzt werden muss.

- *Es gibt auch des Guten zu viel*
  In größeren und komplexen Unternehmen und Unternehmensgruppen ist es manchmal notwendig, eine besonders wichtige Botschaft mehrmals und auf unterschiedlichen Wegen auf die Reise zu schicken. In solchen Situationen muss sorgfältig darauf geachtet werden, dass es für die Mitarbeiter nirgends zu stereotypen Wiederholungen kommt. Wiederholungen führen nämlich sehr rasch zu Überdruss und zu Immunisierungsreaktionen. Die Menschen stumpfen ab und sind für neue Informationen in der Zukunft nicht mehr genügend empfänglich.

- *Der Appetit kommt mit dem Essen ...*
  Nur informierte Mitarbeiter sind engagierte Mitarbeiter. Mit zunehmender Intensität und Qualität der Kommunikation steigt aber auch das Anspruchsniveau. Die Mitarbeiter werden kritischer, selbstbewusster und unbequemer. Es kann sich sogar eine gewisse »Motzkultur« entwickeln. Aber die Frage ist, welche Ziele man verfolgt. Man kann durch regelmäßige und offene Kommunikation dafür sorgen, dass Arbeits- und Veränderungsprozesse reibungsarm ablaufen. Man kann Motivation und Identifikation erzeugen. Man kann Qualifikation entwickeln. Aber man darf nicht erwarten, dass die Mitarbeiter »zufriedener« werden. Das Gegenteil ist der Fall: Wer informiert ist, kann angesichts der vielen Probleme gar nicht anders als unruhig werden. In der heutigen Zeit können Ruhe und Zufriedenheit aber auch gar nicht sinnvolle Ziele sein. Ein Unternehmen, das überleben will, braucht Mitarbeiter, die wissen, dass und warum Veränderungen durchgeführt werden müssen. Und dies geht nun

mal nicht ohne ein gewisses Maß an Unruhe. Im Gegenteil: Wenn allenthalben Ruhe und satte Zufriedenheit herrschen, ist dies Anlass zu höchster Beunruhigung.

- *Kommunikation bedeutet nicht »Alle reden bei allem mit«*
  Viele Vorgesetzte betreiben in wichtigen Fragen, in denen sie sich bereits eine Meinung gebildet und eventuell eine Vorentscheidung getroffen haben, eine Geheimdiplomatie, weil sie Dialog mit Mitsprache oder gar Mitbestimmung gleichsetzen. Sie haben Angst davor, die Mitarbeiter könnten die bestehende Absicht grundsätzlich infrage stellen und die getroffene Vorentscheidung zerreden. Diese Angst beruht auf Unsicherheit. Entweder man hat seine Hausaufgaben nicht gemacht und verfügt nicht über genügend hieb- und stichfeste Argumente für die bestehende Absicht. Oder man traut sich nicht, sich vor die Mitarbeiter hinzustellen und zu sagen: »*Das habe ich vor. Dies sind meine Gründe. Dies werden die Konsequenzen sein. Ich möchte mit Ihnen darüber reden, wie wir das am besten realisieren können.*« Wenn ein Konzept Hand und Fuß hat – was leider in der Praxis nicht immer der Fall ist –, sind Mitarbeiter gar nicht so schwer für Veränderungen zu gewinnen. Sie wollen das Rad auch nicht immer von neuem selbst erfinden. Sie schätzen eine Führung, die Ideen hat und Impulse setzt. Aber sie wollen Ziele, Hintergründe und Konsequenzen wirklich verstehen – und dort, wo sie unmittelbar betroffen sind, auf die Vorgehensweisen bei der Realisierung Einfluss nehmen können. Dies aber ist nur im direkten Dialog möglich.

- *Es gibt auch »nicht-kommunizierbare Botschaften«*
  In der Praxis wird im Allgemeinen zu wenig offen, zu wenig regelmäßig und zu wenig lebendig kommuniziert. Aber es soll hier nicht der Eindruck erweckt werden, als sei Kommunikation ein Allerweltsheilmittel und als sei jede Information in jeder Situation kommunizierbar – wenn man nur die richtige Form wählt. Kommunikation muss, wenn sie wirksam sein soll,

  a) zielgruppengerecht,
  b) zeitgerecht und
  c) mit Blick aufs Ganze

  erfolgen. Es gibt Situationen, in denen eine offene Information unter einem oder mehreren dieser Gesichtspunkte entweder nicht möglich oder nicht sinnvoll ist.

- Dinge, die absolut nicht nach außen dringen dürfen, können nicht in größeren Kreisen diskutiert werden.

- Einem Mitarbeiter, dem in langen Jahren nie irgendjemand gesagt hat, dass er den Anforderungen hinten und vorne nicht genügt, kann man nicht mit der Kündigung eine Generalabrechnung seiner Defizite auf den Tisch legen und erwarten, dass er in tiefer Einsicht das Unternehmen verlässt.

- Wenn ein Direktor, der seiner Führungsaufgabe nicht gewachsen war, vorzeitig in den Ruhestand versetzt wird, kann man nicht im ganzen Unternehmen offen über die Hintergründe informieren.

- Und wenn irgendwo ein Turn-around ansteht, kann man weder mit allen darüber reden, welche personellen und strukturellen Maßnahmen getroffen werden sollten, noch im Vorfeld alle möglichen Absichten bekannt geben. Da gilt es in der Tat, klare Entscheidungen zu treffen, diese möglichst rasch umzusetzen – und mit dem bereinigten Team gemeinsam an die Bewältigung der Zukunftsaufgaben zu gehen.

Wenn allerdings diejenigen, die zu verantworten haben, dass es zu einem Turn-around kommen musste, danach wie eh und je an prominenter Stelle zu finden sind – dann ist bezüglich Kommunikation im Unternehmen auch mit den schönsten Instrumenten endgültig Hopfen und Malz verloren.

Kapitel 10

Fusionen und Akquisitionen: Integration als Herausforderung

Fusionen, Kooperationen, Allianzen, Erwerb und Verkauf von Beteiligungen sind an der Tagesordnung. Es gibt keine Anzeichen, dass sich daran in der nächsten Zeit etwas ändert. Im Gegenteil, die Tendenz ist eindeutig: Diese Prozesse werden noch häufiger, noch schneller, noch radikaler und zunehmend global vonstatten gehen. Die Ursachen oder Zielvorstellungen mögen unterschiedlich sein: Übernahme von Wettbewerbern, um dadurch Kapazitäten stillzulegen und den Markt zu bereinigen; Zukauf von Kompetenz und Know-how, um die eigene Wertschöpfungskette zu erweitern oder Defizite zu kompensieren; Verkauf von Unternehmensteilen oder Beteiligung an anderen Unternehmen, um sich selbst auf Kernkompetenzen zu fokussieren; Verbreiterung der eigenen Produkt- und Leistungspalette, um schnell neuen Entwicklungen am Markt begegnen zu können; neuen Markt »zukaufen« oder den Marktzugang beschleunigen beziehungsweise intensivieren; Übernahme von unterbewerteten Unternehmen, um sie zu filettieren beziehungsweise auszuschlachten – und dadurch den schnellen Gewinn zu machen.

Ob feindliche Übernahme, Verschmelzung, *merger of equals* oder *merger of the best* – die Etikettierungen können noch so unterschiedlich, richtig oder falsch sein – die Erfahrungen sind immer wieder die gleichen. Wir werden uns hier auf Fälle beschränken, die nicht ausschließlich dazu dienen, das schnelle Geld zu machen, sondern von denen sich die Initiatoren einen längerfristigen unternehmerischen Vorteil versprechen.

Einseitige betriebswirtschaftliche Analysen

Dies ist der Normalfall: Die finanzielle und betriebswirtschaftliche Seite wird nach allen Regeln der Kunst auf Herz und Nieren geprüft – und anhand hoch differenzierter Zahlengerüste belegt. Synergiepotenziale werden vor allem im Hinblick auf mögliche Einsparungen in den Geschäftsprozessen errechnet. Die strategische Positionierung des Produktportfolios wird akribisch ausgeleuchtet, ebenso das Spektrum der einschlägigen Märkte. So weit, so gut. Dies alles aber sind und bleiben Milchmädchenrechnungen, solange nicht noch ganz andere Faktoren ins Kalkül gezogen werden.

Egal in welcher Form sich Zusammenschlüsse abspielen, ob innerbetrieblich oder zwischen Hersteller und Kunden in Form von durchgängigen Prozessketten, ob zwischen verschiedenen Unternehmen lokal oder global in Form von Fusionen oder eher lockeren Verbundsystemen – eines wird immer wieder unterschätzt: Partner bringen nicht nur Produkte und Märkte mit, sondern auch Mitarbeiter und ihre eigene Kultur – das heißt: ihre ganz spezielle Art zu denken, die Dinge zu sehen, sich zu verständigen und zu handeln. Insgesamt eine prekäre Gemengelage unterschiedlichster Interessen und Perspektiven. Schon innerhalb eines Landes fremdartig und verwirrend genug. Ganz zu schweigen von den Implikationen, wenn das Spiel global gespielt wird.

Die wenigsten Übernahmestrategen machen sich Gedanken darüber, was zu geschehen hat, damit eine Fusion erfolgreich gestaltet werden kann; welchen Aufwand solche Prozesse bedeuten; und welche Ressourcen dadurch gebunden werden. Die betroffenen Führungskräfte und Mitarbeiter werden wie Schachfiguren behandelt, werden nach Belieben hin und her geschoben. *Post-merger*-Integrationsmanagement wird inszeniert wie ein Schauspiel mit mehreren Akten, die aber alle eines gemeinsam haben: Die wirklich Betroffenen werden kaum aktiv beteiligt. Sie sind Beiwerk, bestenfalls nützlich als Claqueure bei symbolischen Vereinigungsakten und rhetorischen Großauftritten der obersten Leitung. Ein Konzept für die Gestaltung der notwendigen Prozesse im Bereich der »weichen« Faktoren und erst recht eine entsprechende betriebswirtschaftliche Rechnung – Fehlanzeige!

Herausforderungen

Unabhängig von der Organisationsform, die angestrebt wird, stellen sich ganz bestimmte Fragen, die durch ein entsprechendes Konzept beantwortet werden müssen:

- Wie kann das neue Gebilde eine eindeutige Identität erhalten, die ihm ein klares Profil gibt?
  ⇨ *neues Profil*

- Was tun, damit sich die Mitarbeiter mit dem neuen Unternehmen identifizieren, sich ihm zugehörig und verpflichtet fühlen?
  ⇨ *positive Identifikation*

- Wie kann es gelingen, dass es keine Siegermächte und keine Siegermentalitäten gibt, die nur wieder Verlierergefühle produzieren?
  ⇨ *Einbezug erwartbarer, negativer Nebenwirkungen in die betriebswirtschaftlichen Rechnung*

- Wo liegen echte Synergiepotenziale?
  ⇨ *ehrlich kalkulierte Potenziale an Kosteneinsparungen und Ertragssteigerungen*

- Mit welchem Aufwand und zu welchen Kosten können diese gehoben werden?
  ⇨ *Ergänzung der betriebswirtschaftlichen Rechnung durch den kalkulierten Aufwand*

- Wie intensiv beschäftigen sich die betroffenen Mitarbeiter mit den anstehenden Veränderungen in Form von Mutmaßungen, Spekulationen, Ängsten – und wie viel Energie wird dadurch der aktuell notwendigen Aufgabenerledigung entzogen?
  ⇨ *Ergänzung der betriebswirtschaftlichen Rechnung durch die zu erwartenden Reibungsverluste und Demotivationen*

- Wie können die zu integrierenden Organisationen lernen, ihre Herkunft in der neuen Gestalt nicht zu verleugnen, sie aber gleichzeitig nicht für alle Zeiten als Spaltpilz zu konservieren?
  ⇨ *neue gemeinsame Gestalt mit neuer Geschichtsschreibung*

- Welche Vergangenheit bringen die Partner mit – und wie können diese Vergangenheiten für die gemeinsame Zukunftsgestaltung kreativ genutzt werden?
  ➪ *Blick nach vorn – ohne den Rückspiegel ganz aus dem Auge zu verlieren*
- Wie kann der Kunde in dem neuen Gebilde seinen Nutzen erkennen beziehungsweise wie kann ihm dieser Nutzen vermittelt werden?
  ➪ *nutzenorientiertes Kommunikationskonzept für den Kunden*
- Welchen Nutzen haben die Mitarbeiter von der neuen Organisation beziehungsweise welcher größere Schaden soll dadurch verhindert werden?
  ➪ *motivierendes Kommunikationskonzept für die Mitarbeiter*
- Wie reagieren die Produktmärkte, die Kunden, der Wettbewerb, der Kapitalmarkt, die allgemeine Öffentlichkeit auf die Bekanntgabe des Vorhabens?
  ➪ *Marktbeobachtung und Konzept für die Öffentlichkeitsarbeit*

Darüber hinaus gibt es eine Reihe von Fragen, welche die Mitarbeiter persönlich beschäftigen:

- *Was muss ich von mir hergeben, was wird von mir verlangt werden – und (wie) kann ich das leisten?*
- *Was wird alles neu auf mich zukommen?*
- *Wie wird es mir dabei ergehen? Wie werde ich mit den Veränderungen zurechtkommen?*
- *Wie passen die anderen zu uns – und wie passen wir zu ihnen?*
- *Wie weit kann ich vertrauen, wie weit muss ich auf der Hut sein?*
- *Was ändert sich dadurch in meinem bisherigen Entwicklungskonzept? Gehöre ich zu den Gewinnern oder Verlierern?*

Drehbuch der anderen Art

Auf die meisten dieser Fragen gibt es keine vorgefertigten Antwortschablonen. Dazu sind die Situationen zu spezifisch und die Kontexte zu unterschiedlich. Aber es gibt schon gar keine Antworten, wenn die Fragen gar nicht erst gestellt werden. Wer diese Themen ernst nimmt, muss sicherstellen, dass man sich in der Leitung eingehend damit auseinandersetzt – am besten in Form eines professionellen Vorgehensplans, eines Gesamtdrehbuchs. Wer dies nicht tut, riskiert, von spontanen Ereignissen und gruppendynamischen Prozessen überrollt und letztendlich fremdgesteuert zu werden.

Wer soll das Drehbuch schreiben?

Auf jeden Fall eine kleine Gruppe mit der richtigen psychologischen, gruppendynamischen, organisatorischen und betriebswirtschaftlichen Kompetenz sowie einer klaren Führung. Nicht eine diffuse Menge unterschiedlichster Akteure, von denen jeder mitreden kann – und keiner letztlich die Verantwortung trägt. Die erste große Herausforderung besteht darin, eine solche Task-Force zusammenzustellen. Die folgenden Kriterien sollten dabei beachtet werden. Sie müssen nicht auf jeden Einzelnen in der Gruppe zutreffen, wohl aber für die Gruppe insgesamt – und zwar so, dass sich das Handeln der Gruppe konsequent danach ausrichtet:

- Einfühlungsvermögen in die emotionale Lage anderer
- politisches Geschick
- Kommunikationsfähigkeit
- Akzeptanz im Unternehmen
- ganzheitliches und vernetztes Denken, das heißt nicht zuletzt Denken in »harten« *und* »weichen« Faktoren
- Denken in Prozessen und Rückkoppelungsschleifen statt in linearen
- Mustern
- Zivilcourage nach oben als auch horizontal, speziell in Bezug auf sture Interessengruppen
- offen für sich wandelnde Umwelten, verschiedenartige Kontexte sowie unterschiedliche Szenarien möglicher Zukünfte
- aufgeschlossen für Anregungen und Feedback
- beseelt von der Idee der Dienstleistung statt dem Kampf um Macht
- unverdrossen, wohl wissend um die Zähflüssigkeit von Veränderungsprozessen

Was soll mithilfe des Drehbuchs gesteuert werden?

Alles, was Einfluss haben wird auf Erfolg oder Misserfolg der angestrebten Integration.

In erster Linie wird es darum gehen, die Betroffenen frühzeitig und in regelmäßigen Abständen über die Vorhaben und Entwicklungen zu informieren. Information allein aber reicht nicht. Es ist unabdingbar, den Betroffenen Möglichkeiten zu verschaffen, sich zu den Vorhaben und Entwicklungen zu äußern, sich durch ihre Äußerungen selbst ein Bild davon zu verschaffen, was sie darüber denken und davon halten, welche Fragen sie in diesem Zusammenhang in Bezug auf ihren Arbeitsplatz, ihre Funktion, ihre Energie beschäftigen – und zu erfahren, wie sich das Ganze auf ihre Arbeitsqualität und ihre Arbeitszufriedenheit auswirkt. Je näher eine Veränderung kommt, umso deutlicher werden die Besorgnisse, umso konkreter wird der Informationsbedarf, umso gezielter die Fragen. Hier gilt es einerseits schnell und zügig zu handeln, um den Raum für Spekulationen einzuengen. Andererseits kann es nur von Vorteil sein, wenn man weiß, wie das Gelände beschaffen ist, auf dem man zu bauen gedenkt. Es ist keineswegs unsere Absicht, Ihnen basisdemokratische Vorgehensmodelle zu empfehlen. Aber gerade auch dann, wenn Sie gute Gründe dafür haben, eine Veränderung als Überraschungscoup über die Bühne zu bringen – von dem Moment an, wo die Katze aus dem Sack gelassen wird, ist eine stringente Kommunikation unter Berücksichtigung der oben genannten Aspekte umso wichtiger. Exakt in diesem Punkte herrscht vielerorts ein grandioser Dilettantismus.

Eine attraktive Leitstory

Viele organisatorische Veränderungen werden mit Zahlen begründet: Marktanalysen, Wettbewerbsvergleiche, Qualitätsanforderungen, Prognoserechnungen. Das ist natürlich notwendige Vorarbeit. Aber Zahlen sind eine trockene Materie. Vielen Menschen fehlt das Vermögen, sich die darin enthaltene Botschaft – Bedrohung oder Chance – eigenständig zu erschließen. In solchen Situationen kompetent führen bedeutet, den Menschen diese Übersetzungsarbeit abzunehmen. Es gilt, lebendige und anschauliche Szenarien zu entwickeln, in der Erlebniswelt und Sprache der Betroffenen verfasst, unter denen sich die Menschen konkret etwas vorstellen können. Szenarien, die sie zum Nachdenken bringen, die sie verunsichern und erschüttern, Szenarien, die aufwecken. Wer will, dass Menschen sich bewegen, muss sie zunächst einmal aus ihrer bisherigen möglicherweise sorglosen, selbstzufriedenen oder auch resignativen Verfassung bringen. Nur anschauliche Bilder können die Menschen wirklich packen, sie in ihrer gewohnten Komfortzone verunsichern und in ihnen die notwendige Motivation zum Handeln wecken. Wir müssen die Geschichte einer Entwicklung schreiben, welche deutlich macht,

- woher wir kommen,
- warum und
- wie wir Dinge verändern,
- wohin die Reise geht – und
- was uns dort schließlich erwartet.

Migrationssteuerung

Eine der Hauptaufgaben besteht in der Steuerung der Migration. Denn richtig munter werden die Betroffenen meist erst dann, wenn es für sie ganz konkret wird – im Hinblick auf Arbeitsinhalte, Arbeitsumfang, Arbeitsprozesse sowie Organisations- und Führungsstruktur. Bewegung kommt ins Spiel, wenn sich etwas ändert in Bezug auf die unmittelbaren Kollegen, den direkten Vorgesetzten oder die Zughörigkeit zu einer bestimmten Gruppe, wenn eine Änderung des Arbeitsplatzes, der Ausstattung des Arbeitsplatzes oder des Arbeitsortes in den Bereich des Möglichen rückt.

Praktiker des Wandels wissen, dass gerade in dieser Phase die Stimmung der Mitarbeiter an einen Tiefpunkt zu geraten droht – und dass darüber hinaus die Kunden beginnen, unruhig zu werden, weil Fehler sich häufen. Wenn die angespannte Stimmung der Mitarbeiter mit der Nervosität der Kunden zusammentrifft, ist es nicht verwunderlich, wenn die Spannung sich wie bei einem kräftigen Gewitter entlädt. Es gibt allerdings einen Unterschied: Das Wetter wird von so vielen Faktoren beeinflusst, dass es uns immer noch unmöglich ist, es über mehr als drei Tage einigermaßen verlässlich vorauszusagen. Bei Veränderungsprozessen in Unternehmen ist es anders: Sie werden in der Regel geplant und gesteuert. Wir könnten deshalb ziemlich genau sagen, was kommen wird. Und trotzdem lassen viele sich überraschen – etwa wie diejenigen, die alle Jahre wieder ganz plötzlich feststellen, dass Weihnachten unmittelbar vor der Tür steht und sich in großer Hektik auf die Suche nach Geschenken für ihre Lieben begeben.

Umsetzung sichern

Viele Regisseure von Veränderungsprozessen im Allgemeinen und von Fusionen im Besonderen machen einen kapitalen Fehler: Sie erarbeiten eine an sich durchaus einleuchtende Konzeption, denken aber zunächst überhaupt nicht an die Umsetzung. Diese, meinen sie, sei eine völlig unabhängige, in sich geschlossene Phase. Wir halten diese willkürliche Trennung von Konzept- und Umsetzungsphase für falsch. Dieses Vorgehen nährt bei den Betroffenen viel zu lange die Hoffnung, es werde alles bei weitem nicht so heiß gegessen, wie es gekocht wurde. Menschen sind nicht scharf auf Veränderungen und hoffen so lange wie möglich, dass sich im Endeffekt nicht wirklich etwas ändert. Diese Hoffnung zu stützen oder durch das sequenzielle Vorgehen überhaupt erst zu erwecken, halten wir für fatal. Die Umsetzung ist der Kern des Drehbuchs, nicht ein lästiges und eher nebensächliches Nachspiel. Das Drehbuch muss weit in den Prozess des Zusammenwachsens hineinreichen – bis dort, wo die Menschen sich an die neuen Verhältnisse gewöhnt haben, wo das Neue zum normalen Alltag geworden ist.

Jedes verfrühte Tun, als ob alles geregelt und eingespielt sei, zeugt lediglich vom Wunschdenken der Regie und gefährdet letztlich die Integration. Wer die Entwicklung übers Knie zu brechen versucht, den Integrationsprozess zu früh aus der »Intensivstation« entlässt, setzt den Erfolg aufs Spiel: In der Routine und im Druck des operativen Alltags stehen nämlich weder die besondere Aufmerksamkeit des Managements noch die notwendigen speziellen Überwachungs- und Interventionsinstrumente zur Verfügung. Da wird gearbeitet nach dem Motto *Business as usual*. Nicht bewältigte, emotionale Spannungsfelder und Konflikte schlagen voll durch auf die Gesamteffektivität.

Durchgängiges Kommunikationskonzept

Was immer also für die unterschiedlichen Gruppen von Betroffenen eine Rolle spielt, alles, worauf sie sich einstellen und reagieren sollen, muss in ein Kommunikationskonzept eingebettet sein. Veränderungsprozesse im Rahmen von Fusionen und Übernahmen gehen ja nun für die Betroffenen wirklich ans Eingemachte. Da gilt das Prinzip: Ein stringentes Kommunikationskonzept ist zwar nicht alles, aber ohne ein solches ist alles andere nichts. Aus unserer Sicht ist die Kunst der Kommunikation im Zusammenhang mit Veränderungen ganz allgemein von größter Bedeutung. Wir haben deshalb diesem Thema in unserem Buch gleich zwei eigene Abschnitte gewidmet.

Fünf Aspekte sind in diesem Zusammenhang entscheidend:

Erstens: Man hat es in der Regel mit sehr unterschiedlichen Gruppen von Betroffenen zu tun (Anteilseigner, Kunden, Kooperationspartner der unterschiedlichsten Art, Mitarbeiter in unterschiedlichsten Funktionen, Wettbewerber, allgemeine Öffentlichkeit). Für jede Gruppe muss ein eigenes, auf die speziellen Bedürfnisse zugeschnittenes Kommunikationskonzept entwickelt werden.

Zweitens: Diese Gruppierungen unterscheiden sich nicht nur hinsichtlich ihres spezifischen Informationsbedarfs, sondern auch hinsichtlich der geeigneten Kommunikationsmedien.

Drittens: Wir leben in einer äußerst bewegten, ja turbulentem Umwelt. Von daher sind die Bedürfnislagen nicht stabil, sondern es muss laufend mit Überraschungen gerechnet werden.

Viertens: Aus all diesen Gründen ist es mit Einweg-Information bei weitem nicht überall getan. Direkte und lebendige Kommunikation ist erforderlich, wenn man den Hand am Puls des Geschehens behalten und sicherstellen will, dass alle Botschaften von allen Zielgruppen richtig verstanden werden.

Last, but not least: Wir leben nicht nur in einer turbulenten, sondern auch in einer sich sehr schnell wandelnden Umwelt. Wer die relevanten Zielgruppen nicht rechtzeitig erreicht, zahlt einen hohen Preis. Es gilt das berühmte Gesetz, wonach es unmöglich ist, nicht zu kommunizieren. Auch Schweigen ist eine Botschaft. Wenn von offizieller Seite nicht klar kommuniziert wird, brodelt es alsbald in der Gerüchteküche. Meinungen, Einschätzungen der Situation und Überzeugungen verselbstständigen sich und entfalten ihre ungesteuerte Eigendynamik. Dies wird in den seltensten Fällen zur Ruhe und Stabilität des Prozesses oder der Beteiligten beitragen, sondern fast immer Ursache für zusätzliche Verwirrung, Verunsicherung oder auch Frustration sein.

Professionalität kann nur dem bescheinigt werden, der alles diese Aspekte in seinem Vorgehen voll berücksichtigt.

Typische Managementfehler bei Fusionen

Blitzkrieg

... wenn eine derartige Aktion als geheime Kommandosache vorbereitet und in Form der schnellen und vollständigen Überrumpelung durchgezogen wird.

Halbherzige Operation

... wenn aus Unsicherheit oder Konfliktscheu an entscheidenden Punkten Tempo und/oder Konsequenzen herausgenommen werden und der Prozess sich unnötig lange hinzieht.

Machtkämpfe

... wenn nicht strategische Überlegungen, sondern persönliche Interessen und Machtkämpfe der Spitzenleute unübersehbar die Ursache für das Zusammen- oder Auseinandergehen sind oder das Zusammenwachsen blockieren.

Krampfhafte Versachlichung

... wenn die Regie davon ausgeht, den ganzen Prozess rein sachlich – ohne Berücksichtigung emotionaler Vorgänge und über die Bühne zu bringen und damit »konfliktfrei« gestalten zu können.

Diffuse Steuerungs- und Entscheidungsgremien

... wenn zu viele Köche, die sich womöglich gegenseitig nicht grün sind, den Brei verderben. Wenn Linien- und Projektorganisation, Vorstands-, Aufsichtsrat-, Beirats- und Betriebsratsgremien in diffusem Neben- und Durcheinander sich gegenseitig behindern oder lahm legen.

Rückwärtsgerichtete Verlierer-Gewinner-Rechnungen

... wenn in der internen und externen Öffentlichkeit lauthals Rechnungen aufgemacht werden. Wenn öffentlich verhandelt wird, wer wen übernehmen wollte; wer in welcher Hinsicht besser, wer schlechter ist; wer für die Fehler der Vergangenheit die Schuld zu übernehmen hat; und wer deshalb in Zukunft das Sagen haben sollte.

Operation wird verfrüht als beendet erklärt

… wenn die oben das Projekt zu früh für gelungen erklären, weil sie meinen, es gut auf die Reise geschickt zu haben – und bereits mit den nächsten Themen beschäftigt sind, während die Betroffenen auf unteren und mittleren Stufen sich noch gar nicht richtig damit auseinandersetzen konnten.

Wenn zwei sich streiten, freut sich der Dritte

… wenn die Konkurrenz wegen der öffentlich bekannten schlechten Stimmungslage in einem fusionierenden Unternehmen die besten Mitarbeiter herausbrechen kann, weil man es versäumt hat, diese durch besonders engen persönlichen Kontakt bei der Stange zu halten.

Das Geschäft vergessen

… wenn vor lauter Beschäftigung mit sich selbst der Kunde aus dem Auge verloren wird. Oder wenn Mitarbeiter ihren Frust am Kunden auslassen.

Faktor Zeit

Schnelligkeit als Erfolgsfaktor

Der Markt ist schnelllebig. Die Chance von heute kann morgen bereits unwiederbringlich verloren sein. Wer mit seiner Entscheidung warten will, bis er alle Alternativen geprüft hat, um ganz sicherzugehen, kommt in aller Regel zu spät. In relativer Unsicherheit Entscheidungen zu treffen, ist allerdings nicht jedermanns Sache. Wir können nur raten, sich am schnellen Spiel zu beteiligen, aber gleichzeitig sehr aufmerksam zu verfolgen, wie die getroffene Entscheidung sich auswirkt: Es gehört mit zum Spiel, notwendige Korrekturen gegebenenfalls ebenso schnell vorzunehmen. Die Kunst der Kommunikation besteht dann darin, den Schwenk so zu vermitteln, dass er als das wahr- und hingenommen wird, was er wirklich ist: Ergebnis eines schnellen Lernprozesses – und nicht willkürliches Handeln.

Bewegliche Ziele

»Wann kehrt denn hier endlich Ruhe ein, damit wir wieder normal arbeiten können?!« Diese typischen Fragen von Betroffenen – und Seufzer zugleich – machen deutlich, womit wir zu kämpfen haben: Menschen wollen eigentlich ihre Ruhe. Sie wollen Sicherheit, Klarheit und Ordnung. Sie wollen raus aus diesem dauerhaft unkalkulierbaren Spiel der Veränderung. Und genau dieser an sich verständliche Wunsch ist Teil des Problems. Mag die aktuelle Veränderung auch noch so groß und noch so radikal gewesen sein – es wird keine Ruhe eintreten. Die Entwicklung geht weiter. Wer sich zurücklehnt, um eine Pause einzulegen, treibt ein gefährliches Spiel. Er riskiert, den Anschluss zu verlieren. Und genau dies zu vermitteln, dass wir uns auf Dauer so verhalten müssen, wie ein Segler auf hoher See und Freude daran haben sollten, in einem sportlichen Wettkampf Wind und Wellen zu trotzen, ist die Kunst der Kommunikation und Motivation.

Immer auf der Suche nach der noch besseren Lösung

Die Philosophie des kontinuierlichen *Noch-besser-Prozesses* gilt auch hier: Nicht Ruhe, sondern Unruhe ist die erste Bürgerpflicht. Immer auf der Suche, immer unterwegs nach neuen Erkenntnissen, grundsätzlich bereit, gegebenenfalls alles umzustoßen, was gestern noch Gültigkeit hatte – und trotzdem nicht in konzeptionslose, operative Hektik zu verfallen. Entscheidend für den Erfolg ist vielmehr Gelassenheit und Souveränität. Sie sind Voraussetzung dafür, dass es gelingt, die Betroffenen ins Boot zu holen, sie zu bewegen, die permanente Suche nach dem Besseren dauerhaft mitzumachen und mitzugestalten. Und ohne eine solche aktive Gefolgschaft ist die beste Strategie letztlich zum Scheitern verurteilt.

Abbildung 39: Fünf zentrale Erfolgsfaktoren

Die fünf Gebote

1. Gebot
Best Practice

Sich rechtzeitig, bevor man loslegt, schlau machen, womit andere, die bereits eine Fusion hinter sich haben, gute beziehungsweise schlechte Erfahrungen gemacht haben. Idealerweise sollte sowohl ein klarer Erfolgs- als auch ein Misserfolgsfall genauer studiert werden. Studieren heißt: hingehen und mit denjenigen, die das Ganze vorbereitet und geleitet haben, persönlich sprechen.

2. Gebot
Kompetenz im Bereich der weichen Faktoren

Einbezug professioneller Kompetenz in Fragen der Kommunikation, der Führung und der Zusammenarbeit im Rahmen der Projektleitung – von Anfang an. In der Regel werden Heere von Juristen, Wirtschaftprüfern, Investmentbankern und Managementberatern eingesetzt, Kompetenz im Bereich der weichen Faktoren aber ist nicht vertreten. Dabei zeigt die Erfahrung: Misserfolge sind in neun von zehn Fällen auf Fehler im Bereich der weichen Faktoren zurückzuführen.

3. Gebot
Vordiagnose der kulturellen Voraussetzungen

Parallel zur Due Diligence: Vergleich der beiden Unternehmen (oder Unternehmensteile) hinsichtlich praktizierter Formen der Organisation, des Führungsinstrumentariums, der Kommunikation, der Führung und der Zusammenarbeit. Unterschiede sind nicht von vornherein prohibitiv, aber man muss zumindest wissen, worauf man sich einlässt – und wo eventuell Konfliktherde liegen könnten.

4. Gebot
Kooperations-Workshop des Managements

Als erster Schritt des Integrationsmanagements mit beiden Führungsmannschaften gemeinsam in Klausur gehen und folgende Fragen bearbeiten:

- *Wie beurteilt jede Seite ihre eigene Organisations- und Führungskultur? Wo liegen aus ihrer Sicht Stärken, wo eventuelle Schwächen?*
- *Wie beurteilt jede Seite die Organisations- und Führungskultur der Partner? Was findet sie gut, was bereitet ihr eher Mühe?*
- *Was passt insgesamt gut zusammen oder wirkt sich zumindest nicht störend auf die Integration und die Zusammenarbeit aus?*
- *Welches sind Differenzen, die zu Spannungen oder Konflikten führen könnten?*
- *Wie können die beiden Organisationen und Führungskulturen integriert werden?*
- *Wie kann erreicht werden, dass beide Seiten Anpassungen leisten, aber nicht alles Bisherige aufgeben oder verleugnen müssen?*
- *Wie gehen wir vor, um bei den Führungskräften und Mitarbeiter zweierlei zu wecken: Interesse am neuen Partner – und die Bereitschaft, voneinander zu lernen?*

5. Gebot
Schulung in interkulturellem Management

Interkulturelle Kompetenz gehört heute zum Rüstzeug praktisch jedes Managers. Sie wird nicht nur gebraucht, wenn man den japanischen Markt erschließen will. Wer Standorte verlegt, zwei Bereiche integriert, ein Joint Venture zum Erfolg führen will oder eine Fusion zu bewältigen hat, braucht nichts dringender als interkulturelle Kompetenz. Eine entsprechende Schulung des Managements hilft nicht nur, das Zusammenwachsen zweier Partner erfolgreich zu gestalten, sondern ist ganz generell eine lohnende Investition in die Ressource Management.

Kapitel 11

Die Kunst der Gestaltung von Workshops

Was ist ein »Workshop«?

Der Begriff »Workshop« hat sich eingebürgert für eine *Werkstatt-Veranstaltung*, in der eine überschaubare Gruppe von Personen – ein Führungskreis, ein Projektteam, ein Fachausschuss – ein konkretes Thema bearbeitet, dessen Komplexität den Rahmen einer normalen Besprechung sprengen würde. Dies gilt insbesondere für strategische und planerische Aufgaben. Workshops sind Schlüsselveranstaltungen im Rahmen mittel- und längerfristiger Entwicklungs- und Veränderungsprozesse, in denen gemeinsam ein Konzept erarbeitet beziehungsweise ein wichtiger Arbeitsschritt umsetzungsreif geplant wird.

– *Workshops sind Schlüsselveranstaltungen im Rahmen innovativer Prozesse.*
– *Workshops sind immer eingebettet in eine Entwicklung – das heißt, es gibt immer ein »Vorher« und ein »Danach«.*
– *Workshops finden außerhalb der normalen Besprechungsroutine statt.*
– *Das Ziel eines Workshops ist die Erarbeitung konkreter, umsetzbarer Ergebnisse.*

Typische Anlässe für Workshops

- *Aktualisierung von Leitbildern, Zielen, Strategien und Maßnahmen:* Die Umwelten, die für das Unternehmen oder eine Organisationseinheit von Bedeutung sind, ändern sich – kaum dass die Planzahlen durch die betriebsinternen Abstimmungsrituale gelaufen und abgesegnet sind. Mindestens ein- bis zweimal im Jahr – manchmal noch öfter – muss deshalb geprüft werden, ob die Strategie und die daraus abgeleiteten Maßnahmen der aktuellen Lage noch entsprechen beziehungsweise inwieweit sie aktualisiert oder sogar völlig neu konzipiert werden müssen. Bisweilen erkennt man, dass selbst Ziele und Leitbilder überholt sind.

- *Konfliktbearbeitung:* Dass es an einer wesentlichen Stelle des Unternehmens »klemmt« – im Zusammenspiel innerhalb eines Bereichs oder an Nahtstellen der bereichsübergreifenden Zusammenarbeit –, ist eine der häufigsten Ursachen für Demotivation und Reibungsverluste in Unternehmungen. Konflikte nicht einfach »auszusitzen«, sondern professionell zu handhaben, ist eine der ganz zentralen Herausforderungen an das Management. Wir haben diesem Aspekt angesichts seiner Bedeutung ein eigenes Kapitel gewidmet.

- *Teaminspektion und Teamentwicklung:* Zusammenarbeit im Team war schon immer ein Schlüsselfaktor für die Erfüllung komplexer Aufgaben. Mit der wachsenden Bedeutung von Projektorganisation und Führungsmodellen, die dem Mitarbeiter einen größtmöglichen »unternehmerischen Freiraum« schaffen sollen, wird die Bedeutung der Teamarbeit noch weiter zunehmen.

  Teams aber sind äußerst differenzierte und anfällige Gebilde. Während wir für komplexere Maschinen ganz selbstverständlich viel Geld für Wartung und Inspektion investieren, die Maschinen in festen Intervallen stilllegen und Produktionsausfall in Kauf nehmen, gehen wir in der Regel davon aus, die viel komplizierteren und deshalb für Störungen im Prinzip viel anfälligeren sozialen Systeme würden ohne Aufwand für Wartung und Unterhalt funktionieren. Viele Teams bleiben weit unter ihrer eigentlichen Leistungsfähigkeit, weil sie buchstäblich verwahrlost sind. Man beschäftigt sich mit ihnen, wenn nahezu nichts mehr läuft, wenn für alle offensichtlich bereits viel Porzellan zerschlagen ist. Wirtschaftlich wäre dagegen eine vorsorgliche Systempflege: In regelmäßigen Intervallen, mindestens einmal im Jahr, macht sich das Team selbst zum Thema. Es begibt sich auf den Prüfstand und untersucht sich nach allen Regeln der Kunst, in allen Dimensionen, die für seinen Bestand, seine Leistungsfähigkeit und die Zufriedenheit seiner Mitglieder von Bedeutung sind.

- *Der Anpassung voraus – Entwicklungen erspüren:* Was aber, wenn momentan scheinbar keine Probleme vorliegen – weder am Markt noch in der Organisation noch im zwischenmenschlichen Umgang miteinander? Unsere These besagt: In so turbulenten Zeiten wie heute hat dasjenige Unternehmen die besten Erfolgs- und Überlebenschancen, das dem Wettbewerb um das berühmte kleine Quäntchen voraus ist. Wie aber voraus sein, wenn alle Konkurrenten vergleichbare Produkte und vergleichbare Organisationsformen haben und sich, mit allen anderen vergleichbar, am Kundenwunsch orientieren? Allen voraus sein kann nur, wer nicht wartet, bis alle Bedürfnisse von allen bis ins Letzte erkannt sind. Er muss zukünftige Bedürfnisse erahnen und sich vorsorglich darauf einstellen. Wer dagegen um fünf nach zwölf hektisch versucht, sich dem generellen Trend anzupassen, hat letztlich das Nachsehen.

Allen diesen Ausgangssituationen – und anderen, ähnlich gelagerten – ist gemeinsam:

- Man hat es mit unterschiedlichen, zum Teil kontroversen Meinungen zu tun. Auseinandersetzungen sind vorprogrammiert.

- Es braucht Zeit, um vielleicht überhaupt erst Problembewusstsein zu schaffen und die notwendige innere Unruhe für Veränderung zu erzeugen – Einstellungen, die sich möglicherweise über Jahre hinweg aufgebaut haben, zu destabilisieren, verhärtete Krusten aufzuweichen.

- Man benötigt neben »neuem Denken« auch Aufbruchsstimmung, ein verstärktes »Wir«-Gefühl, so etwas wie einen gruppendynamischen »Konzilseffekt«, um die Dinge in Schwung zu bringen.

Leitbilder und strategische Ziele entwickeln, sich mit Konflikten intensiv auseinandersetzen, ein Team einer sorgfältigen Inspektion unterziehen, Zukunftsvisionen entwerfen – solche grundsätzlichen Überlegungen können nicht zwischen Tür und Angel angestellt werden. Solche Themen benötigen eine andere Atmosphäre, ein anderes Ambiente und eine andere Art der Leitung als normale Besprechungen, Sitzungen oder Konferenzen, die in aller Regel unter dem Diktat festgelegter Tagesordnungen und Besprechungszeiten stehen. Hier bieten Workshops – in Form von Klausurtagungen, bewusst abgeschottet von der operativen Hektik des Tagesgeschäfts, abgegrenzt von der gewohnten Besprechungsroutine – eine wichtige Alternative.

Der Anfang liegt vor dem Beginn

Ein Workshop ist eine kostspielige Veranstaltung. Er bindet die Zeit einer unter Umständen nicht geringen Anzahl besonders qualifizierter Mitarbeiter oder hoch bezahlter Führungskräfte. Darüber hinaus laufen in solchen Zusammenkünften gruppendynamische Prozesse ab, deren kompetente Ausnutzung geradezu den eigentlichen atmosphärischen Wert und Antriebseffekt der Veranstaltung ausmacht, deren Vernachlässigung aber ebenso unerwünschte Nebenwirkungen und Spätfolgen nach sich ziehen kann. Umso wichtiger ist es, vorher gewissenhaft zu prüfen, ob eine solche Veranstaltung überhaupt angebracht ist, und – wenn ja – sie sorgfältig vorzubereiten. Dies aber bedarf einer gründlichen Voruntersuchung im Hinblick auf Anlass, Betroffene und Erfolgsaussichten.

Speziell, wenn man von außen als Berater oder Moderator zugezogen wird, gilt es, sich ein eingehendes Bild darüber zu verschaffen:

– *Von wem geht eigentlich die Initiative aus?*
– *Liegt es überhaupt in der Kompetenz des Initiators, dieses Thema anzugehen?*
– *Welches Interesse und welche Ziele verfolgt er?*
– *Erscheinen die Ziele klar und realistisch?*

Der veröffentlichte Anlass, die offiziellen Ziele sind natürlich immer hehr und edel. Oft aber sind auch verdeckte Interessen im Spiel – ja manchmal liegt gerade in den verdeckten Interessen der eigentliche Grund für die vorgesehene Maßnahme. Wehe, man entdeckt sie nicht rechtzeitig und lässt sich unbemerkt vor den Karren verdeckter Interessen spannen!

– *Wer ist von dem anstehenden Thema sonst noch betroffen – unmittelbar oder auch nur indirekt? Wie steht es mit deren Energie, die Dinge anzugehen?*

– *Wer ist Nutznießer des bestehenden Zustands oder wird als solcher von anderen so gesehen?*

– *Wo sind Gemeinsamkeiten, wo Unterschiede oder Gegensätze in der Einschätzung der Ausgangssituation, in den Erklärungen, warum die Dinge so sind, wie sie sind?*

- *Welche Chancen gibt man dem Unterfangen, sie zu verändern? In welchem Abhängigkeitsverhältnis stehen die Beteiligten untereinander? Wie könnte sich das auf den Workshop auswirken?*
- *Gibt es Vorerfahrungen mit dieser Art des Vorgehens und zu diesem Thema? Hat man sich schon einmal an der Problemlösung versucht? Mit welchem Ergebnis? Welche positiven oder negativen Erinnerungen haften daran?*
- *Welche Vorstellungen und Erwartungen bestehen hinsichtlich der Moderation und der Organisation?*

Um dies alles zu erkunden, muss eine Reihe von Gesprächen geführt werden.

Ganz entscheidend in dieser Phase: dass man sich nicht einseitig informiert beziehungsweise informieren lässt. Man muss, ja, man kann zu diesem Zeitpunkt noch nicht den Anspruch haben, die detaillierte Tiefenanalyse zu betreiben; viel wichtiger ist es, einen groben Gesamtüberblick zu bekommen, was und wer in dieses Thema hineinspielt. Sind die Gespräche geführt, hat man ein ungefähres Bild über das Kräftefeld, in dem das Vorhaben sich bewegt. Man weiß, wer vermutlich mitmachen und dafür sein wird. Man weiß auch, mit wessen Widerstand zu rechnen ist.

Auf der Basis dieser Sondierungsgespräche lässt sich entscheiden:

Erstens, ob man überhaupt einen Workshop macht und ob es günstig ist, ihn gerade zu diesem Zeitpunkt zu machen. Man beachte allerdings: Schon die Ankündigung einer solchen Maßnahme weckt Erwartungen; besteht aber kaum Aussicht auf Erfolg, ist es besser, das Vorhaben erst gar nicht zu beginnen, statt fahrlässig Enttäuschungen geradezu vorzuprogrammieren.

Zweitens, mit welcher Zielsetzung, welchen Teilnehmern sowie in welcher Regie und Verantwortung die Veranstaltung im Einzelnen konzipiert werden müsste.

In dieser Phase der Vorsondierung und der Vorbereitung einer Grundsatzentscheidung werden häufig folgende Fehler gemacht:

- Man will sich über unangenehme Aspekte der Situation nicht wirklich klar werden. Also lässt man die Konflikte lieber unterm Teppich – in der trügerischen Hoffnung, dass sie schön brav dort bleiben werden.

Abbildung 40: Checkliste Sondierungsphase

Was ist zu klären?

- Kompetenzen und Handlungsspielraum des Initiators
- Anlass der Frage- beziehungsweise Problemstellung
- Unmittelbar und indirekt Betroffene
 (sowie ihre Abhängigkeiten untereinander und mögliche Konsequenzen)
- Offen gelegte sowie verdeckte Ziele und Interessen der Betroffenen
- Vorerfahrungen der Betroffenen mit diesem Thema und die Konsequenzen (»Hypotheken«)
- Kraftfeld im Hinblick auf die Chance, etwas zu bewegen:
  - *Veränderungsenergie*
  - *Widerstandsenergie*
  - *Nutznießer des derzeitigen Zustands*
- Erwartungen an die Organisation und an die Moderation

Was ist zu tun?

- Gespräche mit Vertretern der unterschiedlichen Lager und Sichtweisen führen
- Sich daraus ein Gesamtbild machen über:
  - *Ziele,*
  - *Betroffene,*
  - *mögliche Art des Vorgehens,*
  - *Chancen und Risiken der Maßnahme*
- Eine Vorentscheidung treffen über das weitere Vorgehen

Was ist zu vermeiden?

- Oberflächenschau der Problemstellung (in der Regel wegen Konfliktscheu)
- Unterschätzung der »Geschichte« des Vorhabens und möglicher »Hypotheken«
- »Fertige Lösung im Kopf« – Veranstaltung als Alibi

- Man unterschätzt die Vorgeschichte der Betroffenen mit diesem Thema und die Auswirkungen auf ihre Motivation, an die Dinge heranzugehen. Man läuft dadurch Gefahr, »eine Leiche von Mund zu Mund zu beatmen«.
- Man hat wenig Neigung, eine gemeinsame Problemlösung zu entwickeln. Man entwickelt lieber im stillen Kämmerlein selbst eine fertige Lösung oder lässt sich vor eine Lösung spannen, die von einer der beteiligten Personen oder Gruppen angeboten wird – getrieben vom Anspruch, als jemand zu gelten, der die Dinge schnell durchschaut und »die Kuh vom Eis holt«.

Konzeption und Planung

Vorbereitungsgruppe bilden

Die Sondierungsphase hat ein erstes grobes Bild ergeben, wer von dem Vorhaben betroffen ist oder sich betroffen fühlen könnte, wessen Interessen vermutlich berührt sind und wer die Erwartung hat, in die weitere Bearbeitung einbezogen zu werden. Man kennt das Spektrum der Einschätzungen und hat einen Eindruck davon, aus wie viel unterschiedlichen Perspektiven das Thema angegangen werden muss, wenn eine praxisrelevante, für alle akzeptable Problemlösung entwickelt werden soll. Unabhängig davon weiß man: Rechtzeitige Beteiligung, gerade auch in der Vorphase, führt zu einer stärkeren Identifikation der Beteiligten mit dem Vorhaben und mit der Art des Vorgehens. Sie erhöht vor allem die Bereitschaft, sich auch später, in der Umsetzungsphase, stärker zu engagieren – war man doch schließlich von Anfang an »dabei«. Dem so häufig auftretenden »Not invented here«-Syndrom wird dadurch von vornherein der Boden entzogen. Auf der Basis dieser Erkenntnisse kann jetzt entschieden werden, wer am Workshop und dessen Vorbereitung zu beteiligen ist.

Ziele und Inhalte des Workshops festlegen

Gemeinsam mit dieser Gruppe wird man nun – auf dem Hintergrund der in den Sondierungsgesprächen erkannten Anliegen und Interessen – die endgültigen Ziele des Workshops definieren; sich auf die Themen einigen, die bearbeitet werden sollen; die Reihenfolge der Themen und die Tiefe der Bearbeitung festlegen; und schließlich die »emotionelle Ladung« der einzelnen Themen beurteilen und abschätzen, welche Konsequenzen für die Art und den Zeitpunkt ihrer Bearbeitung sich daraus ergeben.

Teilnehmer auswählen

Die Auswahl der Teilnehmer orientiert sich einerseits an den Zielen, die man erreichen, und an den Themen, die man inhaltlich bearbeiten will. Andererseits muss gewährleistet werden, dass die entscheidenden Dinge auf den Tisch kommen, die eigentlichen Praxis-Anwender und Umsetzer sich gut repräsentiert fühlen und niemand sich massiv gekränkt fühlt, weil er nicht berücksichtigt wird. Um diesen Aspekten gerecht zu werden, kann es erforderlich sein, die Teilnehmer nicht nur unter rein hierarchischen Gesichtspunkten auszuwählen.

In der Praxis ergibt sich nicht selten folgende Situation: Eine Gruppe von Mitarbeitern, die maßgeblich vertreten sein sollte, umfasst insgesamt zehn, 20 oder mehr Personen. Es muss eine Auswahl getroffen werden, weil sonst die Workshop-Gruppe viel zu groß und nicht mehr arbeitsfähig wäre. In dieser Situation besteht die eleganteste Lösung darin, die Vertreter von der Gesamtgruppe wählen zu lassen. Man kann sich darauf verlassen: Die Wahl wird auf Kolleginnen und Kollegen fallen, die sowohl über die notwendige Sach- als auch über Sozialkompetenz verfügen. Mitarbeiterinnen und Mitarbeiter – gleich welcher Ebene – haben ein feines Gespür dafür, wer sie unter ganzheitlichen Gesichtspunkten am besten vertreten wird. Man hat dann gleich zwei Fliegen auf einen Streich: ein qualifiziertes Workshop-Team – und beste Voraussetzungen für die Akzeptanz der Workshop-Ergebnisse im Gesamtkreis.

Ausgangssituation der Teilnehmer einschätzen

Nachdem man nun weiß, wer an diesem Workshop teilnehmen, wer dort mit wem zusammentreffen und mit welchen Themen man sich beschäftigen wird, stellen sich folgende Fragen:

Mit welcher psychologischen Ausgangssituation ist zu rechnen? Wissen die betroffenen Menschen, worum es wirklich geht? Sind sie bereit und in der Lage, offen an die Dinge heranzugehen – oder ist mit Vorsicht und Angst zu rechnen?

Ein ganz wesentliches Merkmal eines Workshops besteht ja gerade darin, gemeinsam mit den Betroffenen die Fragestellungen aus allen relevanten Perspektiven zu beleuchten, sich auf eine gemeinsame Sichtweise und Diagnose zu einigen, um schließlich eine Lösung der festgestellten Probleme zu erarbeiten, die von allen getragen wird. Dazu müssen sie miteinander in einen Dialog treten. Dieser aber kann nicht einfach verordnet werden.

Die Teilnehmer werden in der Regel unterschiedlich weit vom Thema und voneinander entfernt sein. Um das richtige Vorgehen auswählen zu können, muss man die psychologische Situation der Teilnehmer kennen und ihre Bereitschaft, an die Dinge heranzugehen. Davon hängt ab, ob man den direkten Einstieg wählt oder ob eine Phase des »Auftauens« vorgeschaltet werden muss, um die Beteiligten miteinander, mit dem Thema, mit der geplanten Vorgehensweise und mit den dahinter liegenden Absichten so vertraut zu machen, dass Motivation entsteht, sich wirklich damit auseinanderzusetzen.

Um die Ausgangssituation der Teilnehmer richtig einschätzen zu können, wird sich das Vorbereitungsteam ein Bild darüber verschaffen, wie klar die Zielsetzung ist, wie gut überhaupt der Informationsstand der Teilnehmer ist, welches Problembewusstsein und welchen Problemdruck sie haben, wie hoch ihr Vertrauen in die Initiatoren der Maßnahme ist. Je nachdem, wie diese Fragen beantwortet werden, ist auch klar, wie hoch oder wie gering das Engagement beziehungsweise die Vorsicht der Teilnehmer sein werden, mit dem zu Beginn der Veranstaltung zu rechnen sein wird.

Ergibt die Voruntersuchung, dass wesentliche Aspekte der Ausgangssituation der Teilnehmer unklar und nicht kalkulierbar sind, oder kann man sogar mit Sicherheit von einer schwierigen Anlaufsituation ausgehen, dann ist eines auf jeden Fall gewiss: Man darf nicht sofort ins Thema einsteigen. Der erste Schritt ist vielmehr so zu konzipieren, dass es den Teilnehmern möglich wird, sich Klarheit zu verschaffen und Vertrauen aufzubauen – und dadurch *Dialog- und Arbeitsfähigkeit* herzustellen. Wie man dies bewerkstelligen kann, werden wir bei der Beschreibung der Durchführung näher erläutern.

Arbeitsmethoden und Verfahren festlegen

Die Auswahl der Art und Weise, wie ein Thema bearbeitet wird, ist ganz entscheidend für den Erfolg. Es gibt die eher sachlichen Themen, für deren Bearbeitung es unabdingbar ist, etwas von der Sache zu verstehen. In solchen Fällen ist es erstens nötig, sowohl rechtzeitig entsprechende Unterlagen zur Verfügung zu stellen als auch vor Ort das Thema fachlich kompetent einzusteuern. Es gibt andererseits psychologische Themen, die die Einstellung oder das Miteinander betreffen. Um an solche »heißen« Themen heranzukommen, ist es in der Regel sinnvoll, ohne schriftliche Unterlagen zu arbeiten und zu versuchen, möglichst schnell in ein offenes Gespräch zu kommen. Hingegen kann es hilfreich sein, mit einigen kurzen Visualisierungen die wesentlichen Aspekte des Diskussionsstands für alle deutlich zu machen. Der Einsatz von Hilfsmitteln zur Visualisierung und die Auswahl von Arbeitsformen müssen anhand der Art des Themas, seiner Komplexität, der Zielsetzung, die mit der Bearbeitung des Themas verfolgt wird, und nicht zuletzt auf dem Hintergrund gruppenpsychologischer Aspekte entschieden werden (Konkretisierungen dazu siehe Teil III, 5. Kapitel, *Moderation*).

Vorbereitung der Teilnehmer und des Umfelds

Meist macht es sich bezahlt, dafür zu sorgen, dass alle Teilnehmer sich gut vorbereiten – durch formlose Beschäftigung mit dem Thema, durch eine gezielt formulierte Aufgabenstellung oder durch das Vorabstudium von Unterlagen. Die gemeinsame Zeit vor Ort ist kostbar und muss für Diskussionen und Verhandlungen reserviert bleiben. Man sollte sie nicht zum Studium von Unterlagen und langwierigen Einführungen verwenden.

Anders ist es, wenn es um emotionale Spannungsfelder geht. In solchen Fällen kann Vorbereitung geradezu schädlich sein für die konstruktive Arbeit im Workshop. Die »Gegner« sammeln eventuell nur Material für ihre gegenseitigen »Anklageschriften«, »schnitzen ihre Pfeile« und versuchen Bündnispartner zu gewinnen. Die Gesprächssituation wird durch derartige Vorbereitungen eher verschärft, Verhandlungen werden erschwert.

Ob mit oder ohne Vorbereitungsauftrag – den Teilnehmern muss auf jeden Fall in der Einladung klar mitgeteilt werden, warum man etwas tut, was man sich davon verspricht, wie man vorzugehen gedenkt und wer alles dabei sein wird:

- Anlass
- Ziele
- Inhalte
- Ablauf (Vorgehensweise in groben Zügen)
- Spielregeln
- Teilnehmer/-innen

Wenn ohne großen Aufwand leistbar, ist es empfehlenswert, diese Aspekte im Rahmen einer internen Zusammenkunft persönlich vorzubesprechen.

Da Workshops Impulse setzen sollen, die oft weit über die einzelne Veranstaltung hinausgehen, ist es ratsam, auch das Umfeld gut auf die Maßnahme einzustimmen. Aus den Sondierungsgesprächen weiß man, wer im Hinblick auf die Ziele zu den Betroffenen gehört oder sich dazu zählt. Man weiß, wer mit welchem Einfluss das Kräftefeld, in dem dieses Thema sich bewegt, mitgestaltet. Auf dem Hintergrund dieser Erkenntnisse ist zu entscheiden, wer von wem in welcher Weise über diese Maßnahme informiert, auf dem Laufenden gehalten und dadurch am Gesamtprozess mitbeteiligt wird.

Dauer

Nachdem Themen und Methoden festgelegt sind und man sich ein Bild von der Befindlichkeit der Teilnehmer gemacht hat, kann man auch einschätzen, wie viel Zeit für den Workshop zu veranschlagen ist.

Dreierlei sollte dabei allerdings berücksichtigt werden:

- Ein scheinbar harmloses Sachthema kann überraschende Tücken in sich bergen. Erst bei genauerer Diskussion und dem entsprechenden Grad von Offenheit entdeckt man, was sich eigentlich an ganz anderen Themen dahinter verbirgt.

- Manche Verspannungen in Sachfragen oder im Beziehungsgefüge werden erst in einer Atmosphäre besprechbar und vielleicht auch lösbar, wo genügend Zeit zum informellen Kontakt und zum Gespräch eingeräumt wird – oft bis spät in die Nacht hinein.

– Es gibt immer gruppendynamische Unwägbarkeiten. Unvermutete Rivalitäten und Grabenkämpfe, alte Hypotheken aus missglückten früheren Lösungsversuchen können viel Zeit in Anspruch nehmen – jedenfalls weit mehr als geplant.

Will man Workshops nicht nur zur Bearbeitung konkreter Sachthemen nutzen, sondern gleichzeitig das »Wir«-Gefühl stärken und Aufbruchsstimmung erzeugen, dann empfiehlt es sich allemal, die Zeit etwas großzügiger zu planen. Die Abende einzubeziehen, mit gemeinsamem Übernachten, bewährt sich gerade dann, wenn es um emotional aufgeladenere Fragestellungen geht.

Besonders empfehlenswert ist es in solchen Fällen, am Vorabend anzureisen, Ziele, Ablauf, Spielregeln und Rahmenbedingungen gemeinsam zu besprechen, den Abend informell zu gestalten und am nächsten Vormittag frisch ausgeruht direkt mit der Arbeit zu beginnen. Dies ist nicht nur die beste Form des »Anwärmens«, sondern hat den Vorteil, dass Unklarheiten gegebenenfalls rechtzeitig und in aller Ruhe besprochen werden können, ohne dass dadurch das inhaltliche Programm gefährdet wird. Außerdem können bilateral viele kleine Informationen ausgetauscht beziehungsweise unerledigte Aufgaben abgearbeitet werden, sodass alle danach den Kopf frei haben für die anstehenden gemeinsamen Themen.

Organisation und Rollenverteilung

Die Festlegung des Tagungsorts, die Auswahl der Tagungsräume, die konkrete Zeitgestaltung sollten nicht nur unter sachlich-ökonomischen, sondern auch unter psychologischen Gesichtspunkten erfolgen (vgl. Abbildung 41: Organisation von Workshops). Der betriebene Aufwand und der organisatorische Rahmen werden von den Teilnehmern auch unter dem Aspekt der Wertschätzung interpretiert. Es ist schon ein Unterschied, ob der Eindruck vermittelt wird, dass es ausschließlich um die effiziente Erledigung von Sachaufgaben geht, oder ob ersichtlich wird, dass die Zeit auch für beziehungsfördernde Begegnungen miteinander genutzt werden soll.

Zu guter Letzt bleibt noch zu klären, wer welche Aufgaben und welche Rolle übernimmt:

– *Wer formuliert das Tagungskonzept? Wer formuliert die Einladung, wer unterschreibt und verschickt sie?*

Abbildung 41: Organisation von Workshops

Es gibt eine ganze Reihe scheinbarer »Nebensächlichkeiten« im Bereich der Organisation, die sich außerordentlich fördernd oder hindernd auf das Arbeitsklima und damit letztlich auf die Ergebnisse auswirken können. Hier die wichtigsten Faustregeln:

- Ideale Dauer eines Workshops: zwei Tage
 (Ein Tag ist meist zu kurz – nach drei Tagen Klausur geht der Energiepegel zurück!)

- Pünktlicher Beginn und pünktliches Ende
 (Kein Beginn mit Ärger – Planbarkeit der Abreise!)

- Ruhiger und heller Plenumsraum
 (Die Arbeitsatmosphäre überträgt sich auf das Arbeitsklima!)

- Auf Funktionstüchtigkeit überprüftes Arbeitsmaterial
 (Keine Störungen oder Pannen wegen fehlenden oder fehlerhaften Materials!)

- Sitzordnung im Kreis, bequeme Stühle, keine Tische
 (Es geht um Dialog und Diskussion, nicht um Aktenverarbeitung!)

- Nach 1 1/2 bis 2 Std. Pause
 (Pausen tragen wesentlich zur Entkrampfung und Dynamisierung bei!)

- Mindestens ein Abend für informelles Beisammensein
 (wichtig für die Sachdiskussion sowie für die persönlichen Beziehungen!)

- Eher später zu Abend essen und danach keine Arbeitssitzung mehr
 (Abschlaffen in den Abendstunden, ungenügende Arbeitseffizienz!)

- Gelegenheit zu körperlichem Ausgleich
 (bei mehrtägigen Workshops)

- *Welche Rollenverteilung gilt im Workshop: Welche Aufgaben übernimmt der Moderator, was ist Aufgabe des Managements?*
- *Gelten die üblichen mit einem höheren Status verbundenen Privilegien speziell im Hinblick auf Häufigkeit, Länge und Reihenfolge der Diskussionsbeiträge – oder ist diese »Hackordnung« während des Work-shops außer Kraft gesetzt?*
- *Wer eröffnet die Veranstaltung? Wer führt eventuell notwendige Entscheidungen herbei?*
- *Soll ein Protokoll erstellt werden? Wenn ja, von welcher Art: Ablauf-, Inhalts- oder Ergebnisprotokoll? Wer ist verantwortlich für die Erstellung und Verteilung des Protokolls?*

Je klarer diese Dinge geregelt sind, desto besser können alle Beteiligten sich auf die eigentliche Arbeit konzentrieren.

Spielregeln

Um die Teilnehmer auf die besondere Form der Arbeit im Workshop einzustimmen, kann es hilfreich sein, die wesentlichen Aspekte in Form von Spielregeln zu formulieren und als *Verhaltensgitter* zu vereinbaren. Folgende Aspekte könnten sich zum Beispiel als Orientierung anbieten:

- *Grundsätze der Organisationsentwicklung:* zum Beispiel Betroffene beteiligen, ganzheitlicher Ansatz, Hilfe zur Selbsthilfe, prozessorientiertes Vorgehen, rollende Planung.
- *Gleichzeitig an den Inhalten und an der Verhaltenskultur arbeiten:* das heißt zwar durchaus die Sacharbeit in den Vordergrund stellen, so weit aber klimatische Faktoren, persönliche Einstellungen und gegenseitige Akzeptanzprobleme eine Rolle spielen, »die Bühne drehen«, diese Aspekte aufgreifen und sorgfältig besprechen, bis klar wird, wie diese beiden Dimensionen zusammenhängen und sich wechselseitig beeinflussen.
- *Nach Lösungen suchen – wenn möglich im Rahmen der eigenen Zuständigkeit:* das heißt sich nicht damit zufrieden geben, die Probleme ledig-

lich neu zu beschreiben oder zu beklagen, sondern sich auf Problemlösungen konzentrieren – und zwar auf solche, die die Anwesenden selbst verantworten und bewerkstelligen können.

- *Die Kunden im Auge haben:* Bei allen Analysen und Problemlösungen auch die Sichtweisen der Bereiche berücksichtigen, die nicht anwesend, wohl aber beteiligt sind: Mitarbeiter, Zulieferbereiche, interne und externe Kunden.
- *Den Prozess der Weiterverfolgung sichern:* Ist absehbar, dass man im Workshop nicht alle Themen, die man sich vorgenommen hat, abgearbeitet haben wird, muss rechtzeitig geklärt werden, wie die Weiterverfolgung der noch offenen Fragen sichergestellt werden kann.

Auch die Phase der Konzeptentwicklung und Vorbereitung birgt ihre speziellen Gefahren und Risiken:

– Jede der betroffenen Parteien versucht, den Moderator auf ihre Seite zu ziehen. Lässt er sich zu stark von der Sichtweise und Argumentation einer Seite beeinflussen, läuft er Gefahr, von den anderen nicht mehr akzeptiert zu werden.

– Um sich selbst kein schlechtes Zeugnis ausstellen zu müssen, wird die Ausgangssituation der Teilnehmer falsch eingeschätzt – nämlich zu positiv. Dies hat zur Folge, dass ein falsches Vorgehenskonzept entwickelt wird: zu versachlicht, auf »Efficiency« getrimmt und ohne die notwendige Zeit zum »Auftauen«.

Durchführung

Die Konzeption dient sowohl dem Veranstalter als auch den Teilnehmern und dem Moderator zur Orientierung. Deshalb sollte sie möglichst nachlesbar, nicht nur im Kopf des Veranstalters oder des Moderators vorhanden sein. Die schriftliche Fixierung bedeutet aber keineswegs, dass alles so ablaufen muss, wie es geschrieben steht. Es muss möglich sein – ja die Kunst besteht gerade darin –, auf dynamische Entwicklungen flexibel zu reagieren.

Abbildung 42: Checkliste Konzeption und Vorbereitung

Was ist zu tun?

- Vorbereitungsteam bilden
- Ziele und Inhalte festlegen
- Teilnehmer auswählen
- Ausgangssituation der Teilnehmer einschätzen im Hinblick auf:

  – *Klarheit der Ziele*
  – *Informationsstand*
  – *Problembewusstsein*
  – *Vertrauen in das Vorhaben*
  – *Offenheit*
  – *Motivation und Engagement*

- Arbeitsmethoden bestimmen
- Information und Vorbereitung der Teilnehmer sichern
- Dauer festlegen
- Organisatorischen Rahmen klären
- Information nach außen sicherstellen
- Aufgaben- und Rollenverteilung zwischen Veranstalter, Moderator und gegebenenfalls anderen Funktionsträgern abklären
- Spielregeln formulieren

Was ist zu vermeiden?

- einseitige Sichtweise und Parteilichkeit
- falsche *(zu positive)* Einschätzung der Startsituation

Besonderheiten der Anfangssituation

Jeder Anfang in einer neuen Gruppenkonstellation ist geprägt durch psychologisch bedingte Anfangsschwierigkeiten der Teilnehmer. Im Vordergrund stehen zunächst nicht die im Einladungsschreiben benannten sachlichen, sondern in der Regel verdeckte, emotionale Fragestellungen:

- *Was kommt hier auf mich zu?*
- *Wer sind die anderen Teilnehmer – und wie werden sie sich verhalten?*
- *Was kann man hier riskieren – und wo sollte man besser auf der Hut sein?*
- *Wie werde ich hier klarkommen?*

Eine solche Anfangssituation psychologisch richtig zu gestalten, entscheidet weitgehend über den späteren Erfolg der Veranstaltung. Vergessen wir nicht: So ausgezeichnet die Vorbereitung gewesen sein mag, so gut diejenigen, die unmittelbar daran beteiligt waren, mit der Sache und miteinander in Kontakt sind – für die Teilnehmer ist es in dieser Zusammensetzung, mit diesen Themen und mit dieser Vorgehensweise oft ein absoluter Neubeginn. Gerade in der Anfangssituation werden nach unserer Erfahrung – aus Unkenntnis, aus Unsicherheit, manchmal auch aus fehlendem Mut – gravierende Fehler gemacht. Wir werden uns deshalb hier speziell auf solche Aspekte konzentrieren und vor allem für die Startphase Werkzeuge liefern.

In einem ersten Schritt geht es darum, alle Teilnehmer auf ein gemeinsames Ausgangsniveau zu bringen, für alle eine gemeinsame Arbeitsbasis herzustellen. Dazu werden Veranstalter und Moderator zunächst informieren,

- welche Vorgespräche bisher stattgefunden haben,
- welche Erkenntnisse daraus gewonnen wurden,
- zu welchem Veranstaltungskonzept dies geführt hat und
- welche Erwartungen der Veranstalter mit diesem Workshop verbindet.

Außerdem werden die Spielregeln für die Veranstaltung erläutert, inklusive der Rollenverteilung zwischen dem verantwortlichen Leiter und dem gegebenenfalls zugezogenen Moderator.

Hat man in der Vorbereitungsgruppe die Ausgangssituation als »normal« prognostiziert, sind im direkten Anschluss an diese Einführung die *Teilnehmer* an der Reihe, ihre Erwartungen zu artikulieren – zum Beispiel anhand folgender Leitfragen:

- *Wie beurteile ich den Anlass, die Zielsetzung und die Themen dieser Veranstaltung?*
- *Was halte ich von der Art und Weise, wie wir hier an die Dinge herangehen wollen?*
- *Welche Konsequenzen ergeben sich daraus für meine Stimmung, meine Motivation und mein Engagement in diesem Workshop?*

Ist eine Gruppe größer als zehn bis zwölf Personen, empfiehlt es sich, diese Fragen in kleineren Untergruppen zu besprechen und im Plenum nur über die wesentlichen Trends berichten zu lassen.

Alle haben nun einen ersten aktuellen Eindruck voneinander – sachlich und emotional. Die Art und Weise, wie die Erwartungen von den Teilnehmern vorgetragen werden, gibt zusätzlichen Aufschluss über die Ausgangssituation – und damit die Möglichkeit, das geplante weitere Vorgehen entsprechend zu gestalten. Läuft alles erwartungsgemäß, wird man in der geplanten Tagesordnung fortschreiten.

Ist man sich bereits in der Vorbereitung klar geworden, dass sich die Teilnehmer aller Voraussicht nach in einer gespannten oder nicht kalkulierbaren Ausgangssituation befinden werden – oder zeigt sich spätestens anlässlich der Einstiegsrunde, dass es aus irgendwelchen Gründen »klemmt« –, muss als vertrauensbildende Maßnahme eine Phase des »Auftauens« zwischengeschaltet werden.

Modelle des Auftauens

»Auftauen« bedeutet: Die Analyse der Ausgangssituation der Teilnehmer wird zu einem eigenen ersten Teil des Workshops ausgebaut. Die Befindlichkeit der Teilnehmer und die Konsequenzen, die sich daraus ergeben für ihre Arbeits-, Dialog- und Leistungsfähigkeit in dieser Veranstaltung, werden zum Thema gemacht. Gemeinsam wird analysiert, was zu diesem Zustand geführt hat und was geschehen müsste, um ihn zu verändern. Die große Schwierigkeit besteht nun aber gerade darin, dass die wesentlichen Aspekte »unter dem Teppich« und nicht ohne weiteres besprechbar sind. In solchen Fällen helfen so genannte *projektive Methoden* – Verfahren, die es ermöglichen, Unterschwelliges nicht direkt, sondern über Umwege und ohne Gesichtsverlust an die Oberfläche zu bringen.

MODELL 1: *Bild ohne Worte*

1. Gruppenbildung: Um die Hemmschwellen herabzusetzen, in einem noch unsicheren Frühstadium zu heiklen Themen persönlich Stellung zu nehmen, lässt man die Teilnehmer sich nach freier Wahl in kleinen Gruppen von drei bis fünf Personen formieren. »Cliquenbildung« ist hier geradezu erwünscht, macht sie doch das informelle Netzwerk in der Gesamtgruppe deutlich.

Damit die unterschiedlichen Sichtweisen der Mitarbeiter und der Leitung nicht miteinander vermischt werden – beziehungsweise um zu vermeiden, dass sich Mitarbeiter in gewohntem, vorauseilendem Gehorsam opportunistisch der Meinung ihrer Vorgesetzten anschließen, aber auch, um zu vermeiden, dass die Vorgesetzten selbst »in Deckung« bleiben können –, bildet der verantwortliche Manager beziehungsweise das Managementteam eine eigene Gruppe.

2. Aufgabenstellung: Jeder notiert zunächst kurz *(ca. zehn Min.)* für sich allein seine Gedanken zu den Fragen:

- *Wie erlebe ich die derzeitige Situation?*
- *Wodurch ist sie im Wesentlichen bestimmt:*
  zum Beispiel Personen, Positionen, Normen, Klima,
  Zusammenspiel, Konflikte?
- *Wo und wie wirkt sich dieser Zustand auf uns,*
  unsere Befindlichkeit und unsere Leistungsfähigkeit aus?

Man trifft sich mit diesem Ausgangsmaterial in der gewählten Gruppe, tauscht sich über die vorhandenen Sichtweisen aus, erarbeitet die Gemeinsamkeiten und die Unterschiede und bereitet schließlich eine Gruppenpräsentation vor. Das Gruppenergebnis soll sowohl die Übereinstimmungen enthalten als auch die Streubreite der individuellen Erwartungen widerspiegeln *(ca. 30 Min.)*.

Im Anschluss daran einigt sich die Gruppe, wie sie ihre wesentlichen Aussagen in einem gemeinsamen »*Bild ohne Worte*« – auf Flipchart oder auf einer Stellwand – symbolisch darstellen will, und erstellt ihr Werk *(ca. 30 Min.)*.

3. Präsentation der Ergebnisse: Der Clou besteht darin, dass die Gruppen ihre Bilder nacheinander zunächst nur ausstellen – ohne eigenen Kommentar. Dafür dürfen alle anderen, die nicht zu der jeweiligen Gruppe gehören, frei assoziieren, was sie auf dem jeweiligen Bild dargestellt glauben. Dies ermöglicht, gleichsam ohne Verantwortung – man hat das Bild ja schließlich nicht selbst gemalt! –, alles das loszuwerden, was einem auf der Seele liegt. Man darf blödeln, überzeichnen, unterstellen, andere anmachen – alles, was sonst in der normalen angepassten Umgangskultur nicht gestattet ist. Kommt der freie Gedankenfluss der Kollegen zum Erliegen, werden die »Künstler« schließlich ihre eigene Interpretation darlegen.

Selten, dass diese Übung nicht greift. Zwar gibt es zu Beginn fast immer einige Vorwände zu überwinden: »*Wir sind doch keine Kunstmaler! … Was soll dieser Kinderkram?!*« Doch mit einigem pädagogischen Geschick und dem Hinweis »*Ein Bild sagt mehr als tausend Worte*« lässt sich diese Hemmschwelle gewöhnlich leicht überwinden.

Sind alle Bilder interpretiert und kommentiert, ist man mit der Analyse des Beziehungsgefüges und der emotionalen Gesamtsituation einen guten Schritt vorwärts gekommen. Nun sind auch die unterschwelligen Aspekte leichter ansprechbar. Im Regelfall kann jetzt mit der »normalen« Abklärung der Erwartungen – wie oben beschrieben – fortgefahren werden.

Erweist sich allerdings, dass genau in diesem unterschwelligen klimatischen Bereich die eigentlichen Probleme liegen – entweder offen geäußert oder durch Widerstand in Form von demonstrativem »Mauern« und Verleugnen vorgeführt –, sollte auf keinen Fall zur geplanten Tagesordnung übergegangen werden. Entweder man wird das begonnene, unterschwellige Thema weiter bearbeiten, bis die Gruppe sich als arbeitsfähig genug erweist, um an die geplanten Sachthemen herangehen zu können. Oder man entscheidet sich spontan, die vorgesehene Tagesordnung zu ändern und das »*Nebenthema*« zum *Hauptthema* zu machen.

Modell 2: *Was man denkt, was die anderen denken …*

Wem der geschilderte Umgang mit Bildern weniger liegt, der kann sich auch durch verbale Fragen an die innere Befindlichkeit der Teilnehmer heranpirschen. Das entscheidende projektive Element bei diesem Vorgehen liegt darin, nicht nur nach der persönlichen Einschätzung der Situation zu fragen, sondern auch danach, *was man denkt, was andere Teilnehmer denken …*

1. Die Fragen formulieren: Die Fragen sollten möglichst exakt zugeschnitten sein auf Bereiche, wo man aufgrund der Voruntersuchung vermutet,

*Abbildung 43: Workshop zur Strategie- und Teamentwicklung
Beispiel eines Fragebogens zum Einstieg*

1. *Identifikation mit dem Szenarium der Unternehmensentwicklung und der geplanten Strategie*

   a) Ich selbst bin damit voll und ganz einverstanden.   1 2 3 4 5 6   Ich meine eher, man soll sich lieber nicht so genau festlegen.

   b) Soweit ich die anderen hier kenne, bin ich sicher, dass alle voll dahinter stehen.   1 2 3 4 5 6   Ich habe eher Zweifel, ob alle voll dahinter stehen.

2. *Zufriedenheit mit der neuen Organisation und mit der Verteilung der Aufgaben*

   a) Ich selbst bin damit noch nicht so ganz glücklich.   1 2 3 4 5 6   Ich finde die neue Form und Verteilung voll gelungen.

   b) Ich könnte mir vorstellen, dass bestimmte Kollegen hier die neue Situation noch als problematisch erleben.   1 2 3 4 5 6   Ich bin davon überzeugt, dass alle hier voll und uneingeschränkt dahinter stehen.

3. *Von oben praktizierter Führungsstil*

   a) In den offiziellen Leitlinien ist das kooperative Führungskonzept vorgegeben – die Wirklichkeit aber sieht aus meiner Sicht ganz anders aus.   1 2 3 4 5 6   Die letzten Monate haben mich überzeugt: Das Konzept wird von oben herunter mit Leben erfüllt und konsequent umgesetzt.

| b) | Ich vermute, dass meine Kollegen hier die offiziellen Leitlinien aufgrund ihrer bisherigen Erfahrungen nicht mehr richtig ernst nehmen. | 1 2 3 4 5 6 | Ich weiß, auch die anderen hier sind durch die bisher erlebte Führungspraxis vom Konzept völlig überzeugt. |

4. *Eigener Führungsstil*

| a) | In meinem eigenen Verantwortungsbereich habe ich das kooperative Führungskonzept voll umgesetzt. | 1 2 3 4 5 6 | Anspruch und Wirklichkeit klaffen bei mir noch weit auseinander. |
| b) | Ich vermute, dass meine Kollegen den kooperativen Stil schon voll umgesetzt haben. | 1 2 3 4 5 6 | Nach meinem Dafürhalten haben meine Kollegen diesbezüglich noch viel zu tun. |

5. *Kooperation untereinander*

| a) | Das Zusammenspiel in unserem Managementteam ist meiner Meinung nach noch sehr entwicklungsbedürftig. | 1 2 3 4 5 6 | Ich bin mit dem Zusammenspiel voll und uneingeschränkt zufrieden. |
| b) | Andere hier sehen bei uns wahrscheinlich doch noch gute Möglichkeiten zur Verbesserung. | 1 2 3 4 5 6 | Andere hier haben vom Zusammenspiel sicher ein uneingeschränkt positives Bild. |

6. *Gesamtbeurteilung des bisherigen Vorgehens*

| a) | Ich persönlich halte das bisherige Vorgehen und die geplanten nächsten Schritte für gut und erfolgreich. | 1 2 3 4 5 6 | Ich habe erhebliche Vorbehalte und bin deshalb im Moment noch eher skeptisch. |

b)	Soweit ich meine Kollegen hier kenne, weiß ich, dass alle das Vorgehen uneingeschränkt für gut und erfolgreich halten.	1 2 3 4 5 6	Ich vermute, dass einige doch eher noch stark im Zweifel sind.

7. *Glaube an den Erfolg unserer Strategie*

a)	Ich bin felsenfest davon überzeugt, dass wir es schaffen werden.	1 2 3 4 5 6	Man sollte warten, die Praxis wird es zeigen.
b)	Ich bin sicher, dass alle anderen voll vom Erfolg überzeugt sind.	1 2 3 4 5 6	Ich vermute doch erhebliche Zweifel und Vorbehalte.

8. *Motivation und Engagement für diese Veranstaltung*

a)	Ich selbst bin vom Sinn dieser Veranstaltung voll überzeugt und entsprechend motiviert und engagiert.	1 2 3 4 5 6	Mir ist eher unklar, was wir hier eigentlich wollen, und ich warte mal ab, was so kommt.
b)	Ich bin überzeugt, dass die anderen hier voll motiviert und engagiert dabei sind.	1 2 3 4 5 6	Ich bin ziemlich sicher, man ist innerlich eher distanziert.

9. *Offenheit und Ehrlichkeit in der Veranstaltung*

a)	Ich selbst werde hier ganz offen und ehrlich sagen, was ich wirklich denke.	1 2 3 4 5 6	Ich werde mich eher zurückhalten und abwarten, wie die Dinge sich so entwickeln werden.
b)	Wie ich meine Kollegen so kenne, werden sie alle ganz offen und ehrlich ihre unverfälschte Meinung sagen.	1 2 3 4 5 6	Ich vermute, dass eine ganze Reihe eher abwarten und verdeckt taktieren wird.

dass Emotionen gebunden sein könnten, aber »unterm Teppich« gehalten werden. Das können eher *sachliche* Bereiche sein – zum Beispiel Identifikation mit der Unternehmensstrategie, Struktur und Aufgabenverteilung, Fragen des Führungsstils von Vorgesetzten oder Kollegen, Fragen der Kooperation und der Kommunikation – aber auch eher *emotionale* Fragen der Motivation, des Engagements oder der Offenheit und Ehrlichkeit in der Veranstaltung selbst (siehe Abbildung 42, Seite 415).

2. *Die Fragen erläutern, ausfüllen lassen und auswerten*: Die Fragen werden gut sichtbar – zum Beispiel auf Metaplanwände – aufgeschrieben und kurz erläutert. Auf einem Blatt Papier gibt jeder anonym seine Einschätzung ab. Die Ergebnisse werden eingesammelt, ausgewertet und plakativ auf die Stellwände übertragen. Es ist wichtig, dass nicht nur der Mittelwert, sondern auch die Streubreite der Antworten deutlich gemacht wird – zum Beispiel:

Offenheit und Ehrlichkeit in dieser Veranstaltung

a)	Ich selbst werde hier ganz offen und ehrlich sagen, was ich wirklich denke.	1 2 3 4 5 6 x x x x x x x x x x	Ich werde mich eher zurückhalten und abwarten, wie die Dinge sich entwickeln werden.	ø 1,7

b)	Wie ich meine Kollegen kenne, werden sie alle ganz offen und ehrlich ihre Meinung sagen.	1 2 3 4 5 6
		   x x x x
		   x x x x
		   x
		   x
			Ich vermute, die meisten werden zunächst abwarten und sich bedeckt halten.	ø 3,6

Die Gefahr, sich in einzelnen Aspekten zu verzetteln, kann man durch eine zusätzliche, generelle Frage am Schluss vermeiden, zum Beispiel:

Reparaturbedarf beziehungsweise Entwicklungspotenzial insgesamt: Wenn ich mir die Gesamtorganisation, um die es hier geht, vor Augen halte, sehe ich insgesamt einen »Reparaturbedarf« beziehungsweise ein »Entwicklungspotenzial« von circa:
100 % 90 % 80 % 70 % 60 % 50 % 40 % 30 % 20 % 10 % 0 %

3. *Gemeinsame Analyse:* Die Auswertungszahlen sprechen in der Regel für sich und bedürfen keiner langen Kommentierung. Entscheidend ist, miteinander ins Gespräch darüber zu kommen, was sich eigentlich hinter

den Zahlen verbirgt – vor allem *hinter den Annahmen, die die Kollegen betreffen.*

Diese Art von gezielter Befragung ist ein weiterer Weg, Betroffenheit herzustellen, Problembewusstsein zu schaffen, das Unterschwellige nach oben zu bringen, vorhandene Motivationen und Widerstände offenzulegen und zu aktivieren.

Ist das psychologische Gelände hinreichend geklärt und die notwendige Arbeits- und Dialogfähigkeit hergestellt, kann man die Sachaufgaben in Angriff nehmen. Stürzt man sich dagegen mit einem Kaltstart in die Sacharbeit, besteht eine hohe Wahrscheinlichkeit des Scheiterns. Die nicht bearbeiteten psychologischen Aspekte werden die sachliche Arbeit überlagern und verfälschen oder blockieren.

Prioritäten setzen und das endgültige Programm festlegen

Nachdem nun die Erwartungen des Veranstalters und die der Teilnehmer offen auf dem Tisch liegen, werden Ziele und Themenfelder der Veranstaltung, die vorgesehene Reihenfolge und Tiefe ihrer Bearbeitung gemeinsam überprüft und gegebenenfalls ergänzt beziehungsweise korrigiert. Liegen die Dinge quasi auf der Hand, wird man dies in einer kurzen Diskussion klären können. Ist die Situation weniger übersichtlich, sollte man mit einem geeigneten Hilfsmittel die unterschiedlichen Sichtweisen und Wünsche transparent machen, um jedem Manipulationsverdacht vorzubeugen. Der einfachste Weg besteht darin, dass jeder Teilnehmer eine bestimmte Anzahl von Bewertungspunkten erhält, mit denen er die Themen, die ihm besonders wichtig erscheinen, entsprechend kennzeichnen kann.

Das Muster der Themen-Bearbeitung

Folgendes Vorgehen in der Bearbeitung der Themen hat sich bewährt – unabhängig davon, ob im Plenum oder in Untergruppen gearbeitet wird:

1. *Datensammlung und Symptombeschreibung*
   Worum geht es genau? Was ist der eigentliche Anlass, weshalb wir uns mit dem Thema beschäftigen?
   Wo schmerzt es? Welche Symptome treten auf?
   Welche Folgeprobleme sind erkennbar?

2. Problemanalyse
Was steckt dahinter? Was sind die möglichen Ursachen?
Worin besteht das eigentliche Problem? Womit hängt es zusammen?

3. Kraftfeldanalyse
a) Was macht den derzeitigen Zustand so attraktiv, dass er überhaupt entstanden ist beziehungsweise nach wie vor besteht? Wer ist Nutznießer dieses Zustands? Wer könnte also Interesse daran haben, dass alles so bleibt, wie es ist (obwohl er sich vielleicht lauthals darüber beklagt)?
b) Wer ist wirklich unzufrieden? Wer ist wirklich an einer Veränderung interessiert?
c) Wie sieht die Gesamtbilanz der beharrenden Kräfte gegenüber den Kräften aus, die eine Veränderung anstreben?

4. Veränderungskonzept
Wie könnte die Veränderung unter Berücksichtigung des erkannten Spektrums der unterschiedlichen Interessen aussehen?
Wie kann mit dem absehbaren Widerstand umgegangen werden?
Welche Alternativen gibt es bezüglich des konkreten Vorgehens?

5. Aktionsplan
Wie kann die vorgesehene Veränderung konkret realisiert werden? Mit welchen Mitteln und welchem Aufwand?
Wer muss dazu was bis wann tun?

6. Letzter Check
Was passiert, wenn nichts passiert?
(Die Beschäftigung mit diesem Szenario dient einerseits dazu, den geplanten »Veränderungsaufwand« nochmals abzuwägen – manchmal kommt es nämlich im Endeffekt »billiger«, mit bestimmten Problemen zu leben; andererseits kann die Diskussion dieser Frage aber auch den letzten notwendigen Impuls zur Veränderung geben.)

7. Prognose
Wie hoch ist der Glaube an den Erfolg der geplanten Veränderung?
(abschließende Überprüfung, ob hier nur »Fleißarbeit« abgeliefert wird oder ob echte Erfolgsaussichten bestehen – wesentliches Kriterium für die endgültige Entscheidung, ob das Problem tatsächlich angegangen werden soll)

Das Prinzip der zwei Ebenen

Wann immer Menschen zusammen sind, entwickeln sie Beziehungen zueinander. Die Art dieser Beziehung beeinflusst maßgeblich die Effizienz der Arbeit – positiv oder negativ. Das Augenmerk ist also nicht nur auf die sachliche Vorgehensweise und die inhaltliche Diskussion zu richten, sondern auch darauf, wie miteinander umgegangen wird. Sobald es anfängt zu »klemmen«, bleibt nichts anderes übrig, als die Sacharbeit zu unterbrechen und einen Blick »hinter die Kulissen« zu werfen, nachzuschauen, was sich dort im Bereich des Zwischenmenschlichen abspielt – und wie sich dies im Moment auf die Arbeit auswirkt.

Zwischenbilanzen

Zur Früherkennung von möglichen Störungen empfiehlt es sich – unabhängig von der situativen Bearbeitung eventuell auftretender Störungen oder Blockaden –, in regelmäßigen Abständen vorbeugend die innere Verfassung der Gruppe zu erkunden, zum Beispiel anhand folgender Fragen:

- *Haben wir die richtigen Themen am Wickel?*
- *Wie zufrieden sind wir mit dem bisherigen Ergebnis?*
- *Wie beurteilen wir Art und Weise des Vorgehens?*
- *Wie empfinden wir den Stil im Umgang miteinander?*

Solches Innehalten, um aus besonderem Anlass oder prophylaktisch Zwischenbilanzen zu ziehen oder ein aktuelles Stimmungsbild zu erheben, gibt den Blick frei auf die so wichtige unterschwellige Beziehungs- und Verhaltenskultur. Die Erkenntnisse aus diesen Zwischenbilanzen ermöglichen es zu entscheiden, ob man ohne Bedenken in der Bearbeitung der ausgewählten Sachthemen weiter fortfahren kann oder ob es angeraten ist, vorübergehend das Thema zu wechseln, um aufgelaufene Störungen zu beheben. Beide Dimensionen – die Sache, um die es geht, und die Beziehungen zwischen den beteiligten Personen, also das *Was* und das *Wie* – gleichzeitig im Auge zu behalten, miteinander in Beziehung zu setzen und je nach Bedarf auf der jeweils gerade spielentscheidenden Seite der Bühne zu arbeiten – das macht die wirklich kompetente Moderation aus.

Am Ende ist noch lange nicht Schluss

Workshops sind keine isolierbaren Einzelveranstaltungen. Wir haben bereits darauf hingewiesen: Workshops sollen vielmehr entscheidende Impulse setzen für längerfristig angelegte Entwicklungsprozesse – oft weit über die Veranstaltung hinaus. Im Hinblick auf all das, was nach dem Workshop folgt, ist es erforderlich, die Arbeit an den inhaltlichen Themen rechtzeitig zu beenden beziehungsweise abzubrechen, damit ausreichend Zeit bleibt, um das weitere Vorgehen zu klären:

- *Was haben wir erledigt, und wie sichern wir die Umsetzung in die Praxis?*
- *Welche Punkte sind offen geblieben, und was passiert damit?*
- *Wer ist über die Ergebnisse zu informieren – von wem und auf welche Weise?*
- *Wer steuert insgesamt den weiteren Prozess?*

Mit klaren Vereinbarungen darüber, wer was bis wann zu erledigen hat und wer den weiteren Entwicklungsprozess insgesamt verantwortlich in die Hand nehmen wird, gilt es schließlich, die Umsetzung und den weiteren Entwicklungsprozess zu sichern.

Nach erfolgter Sachbilanz und »Follow-up«-Planung sollte zum Schluss kurz eine gemeinsame emotionale Bilanz gezogen werden. »Gemeinsam« bedeutet in diesem Falle, dass alle Teilnehmer/-innen sich zumindest kurz persönlich äußern.

Leitfragen:

- *Wie bewerte ich die Ergebnisse?*
- *Wie beurteile ich den Verlauf des Workshops?*
- *Wie zufrieden oder unzufrieden bin ich mit der Rolle, die ich in diesem Workshop gespielt habe?*
- *In welcher Stimmung gehe ich jetzt nach Hause?*

Das Schluss-Feedback sollte nicht unter Zeitdruck erfolgen. Es bietet eine letzte Gelegenheit, bisher nicht entdeckte Unwuchten im Beziehungsgefüge oder Unwägbarkeiten im weiteren Vorgehen zu identifizieren und zu besprechen.

Abbildung 44: Checkliste Durchführung

Phase I *Einführung*

- *Einstimmung*
  - Begrüßung und Information über die Vorgeschichte des Workshops
  - Abklärung der Erwartungen der Teilnehmer/-innen

- *Auftauen*
  Wenn die Teilnehmer/-innen sich gegenseitig nicht gut kennen – Arbeits- und Dialogfähigkeit herstellen:
  - Bild ohne Worte oder
  - Selbst- und Fremdeinschätzung der Ausgangssituation

- *Programm*
  - Übersicht über die Themen
  - Prioritäten setzen und Reihenfolge bestimmen
  - Zeitkontingente zuordnen

Phase II *Bearbeitung der Themen*

Vorgehensmuster:

1) *Datensammlung/Symptombeschreibung*
2) *Problemanalyse*
3) *Kraftfeldanalyse*
4) *Konzeption notwendiger Veränderungen*
5) *Aktionsplan*
6) *Was passiert, wenn nichts passiert?*
7) *Erfolgsprognose*

Kontinuierliche Überwachung:

a) *Fortschritt der inhaltlichen Arbeit*
b) *Kommunikation und Zusammenarbeit im Gesamtteam*

Phase III *Ergebnissicherung und Planung des weiteren Vorgehens*

- Zusammenfassung der Ergebnisse und Klärung der offenen Punkte
- Festlegen des weiteren Vorgehens:
  - Konkrete und terminierte Aufträge: *Wer tut was bis wann?*
  - Vorschau: *Wie geht es danach weiter?*
  - Protokoll: *Wer/bis wann/an wen/in welcher Form?*
  - Information über den Workshop: *Wer/an wen/wie/bis wann?*
- Feedback *(gemeinsame emotionale Bilanz)*

Häufig auftretende Gefahren

- *Versachlichung:* Trotz aller Erkenntnisse über die Bedeutung der zwischenmenschlichen Beziehungen in der sachlichen Arbeit und der besten Absicht, dies im Verlauf auch zu berücksichtigen, ist es doch allzu verlockend, den Workshop möglichst sachlich zu gestalten. Beziehungsthemen sind heikel. Kein Wunder, dass in der Praxis meistens versucht wird, sie so weit wie möglich zu vermeiden. Man spricht die Dinge erst dann an, wenn es wirklich nicht mehr anders geht, das heißt wenn es in der Bearbeitung der Sachinhalte so massiv »klemmt«, dass nichts mehr läuft. Wertvolle Zeit ist verloren. Anfangs wäre es vielleicht noch möglich gewesen, die drohende Arbeitsstörung rechtzeitig aufzufangen. Die Behandlung einer ausgewachsenen Beziehungsstörung dagegen ist nicht nur äußerst aufwändig, sondern auch weit weniger kalkulierbar.

- *Fixierung auf Lösungen:* »*Ich habe eine wunderschöne Lösung – leider fehlt mir das Problem dazu*« – dieser Spruch ist natürlich voll aus dem Leben gegriffen. Vermutlich hat es damit zu tun, dass es dem persönlichen Prestige förderlicher erscheint, fixe Patentlösungen zu bieten – möglichst spektakuläre noch dazu –, als sich auf die unauffällige, mühevolle Suche nach Hintergründen und Zusammenhängen einzulassen.

Wenn man den Anfängen nicht wehrt, entwickelt sich ein regelrechtes Drängeln auf der Überholspur der Vorzeigelösungen. Die Atmosphäre wird hektisch, jeder ist besorgt, nur ja entsprechend zur Geltung zu kommen. In diesem Fall hilft nur: die Bühne drehen, das störende Verhaltensmuster ansprechen, dadurch Raum schaffen für eine ruhigere Atmosphäre, in der gemeinsame Suche, Sorgfalt und die »Tugend der Langsamkeit« gefragt sind.

- *Übereifriger Moderator:* Der Moderator fühlt sich in der Hauptverantwortung für das Ergebnis. Er will etwas vorweisen können – seinem Kunden, vor allem aber sich selbst. Er treibt das System an, führt sich als »der bessere Manager« auf, entwickelt sich zum eigentlichen Energieträger. Die Teilnehmer können sich unbemerkt aus der Trägerschaft zurückziehen. Auftretender Widerstand wird entweder nicht erkannt oder geschickt wegmoderiert.

- *Verwirrspiel der Teilnehmer: So tun, als ob ...:* Jeder Zustand hat für bestimmte Menschen eine nicht zu unterschätzende Attraktivität, sonst bestünde er nämlich gar nicht. Darüber klagen heißt noch lange nicht, daran auch wirklich etwas ändern zu wollen. Werden diese aus gutem Grund sehr verdeckten Interessenlagen nicht erkannt, geht man zumindest als externer Moderator einer solchen Klientel leicht auf den Leim. Eine der raffinierteren Formen der Verweigerung und des Widerstands besteht nämlich darin, so zu tun, als ob man wirklich mit Leib und Seele dabei wäre. Alle flüchten sich in operative Hektik und produzieren Material. Es gibt ellenlange Problemlisten und Veränderungsvorschläge. Es wird visualisiert auf Teufel komm raus. Gleichzeitig wissen alle – und arbeiten auch gezielt darauf hin –, dass sich nach dem Workshop nichts ändern wird. Aber man ist geübt, den Schein zu wahren, damit kein Verdacht aufkommt. Die nach wie vor häufigen Klagen über die Folgenlosigkeit so mancher Workshops lassen vermuten, dass es weit mehr solcher Alibiveranstaltungen gibt, als man glauben möchte. Je stärker der Moderator auf die Sachthemen fixiert ist, umso weniger wird er diesem Spiel auf die Schliche kommen. Im Gegenteil, er wird den Eifer der Teilnehmer als echtes Engagement und, wenn möglich, als Resultat seiner gekonnten Moderation interpretieren.

- *Verhütungsdesign:* Der große Vorteil von Klausurveranstaltungen liegt in ihrer unschätzbar wertvollen, wenn auch nicht immer leicht steuer-

Abbildung 45: Sicherung des Transfers

Merksätze

- *Ohne Ergebnisprotokoll und Umsetzungsplanung gibt es keinen gesicherten Transfer!*
- *Ergebnis- und Transfersicherung sind entscheidend für die Motivation der Teilnehmer!*
- *Der Workshop ist nur so gut wie die Planung des weiteren Vorgehens!*
- *Die Umsetzungsplanung ist mit Abstimmungs- und Diskussionsaufwand verbunden!*
- *Man verschätzt sich regelmäßig beim Zeitbedarf für die Transfersicherung!*
- *Zeitliches Überziehen am Schluss führt zu Unruhe und Ärger!*

Konsequenz

> Von vornherein am Schluss des Workshops genügend Zeit für Ergebnis- und Transfersicherung reservieren!
> *Erfahrungswert: 1 Stunde pro Workshop-Tag*
> *(exkl. Feedback!)*

baren *Gruppendynamik*. Auf einmal werden Prozesse möglich, die bisher undenkbar schienen. Verständlicherweise fühlt sich manch ein Veranstalter oder Moderator im Hinblick auf diese potenzielle Dynamik der Veranstaltung eher unsicher und ängstlich. Um die eigene Unsicherheit zu binden, wird er versuchen, die Veranstaltung inhaltlich, methodisch und zeitlich so exakt und so eng wie nur möglich – ohne jeden freien Spielraum – zu strukturieren, damit, wie er nun hofft, nur ja nichts passieren kann, was er nicht im Griff hat – nach dem Motto: »*Das Design ist dazu da, dass es dem Moderator gut geht.*«

Eine derartige Überstrukturierung ist allein schon im Hinblick auf wichtige Ziele einer solchen Veranstaltung ein unangemessenes Zwangskorsett. Ein Workshop soll nämlich unter anderem echte Begegnungs-

Abbildung 46: Hauptsächliche Gefahren

- Versachlichung emotionaler Themen
- Fixierung auf Lösungen
- Übereifer des Moderators
- Verwirrspiel der Teilnehmer (So tun, als ob …)
- Verhütungs-Design
- Ungenügende Ergebnis- und Transfersicherung

qualität ermöglichen, Lern- und Entwicklungsräume schaffen und »Wir«-Impulse erzeugen. Im Übrigen zeigt die Praxis, dass eine unterdrückte emotionale Dynamik sich unbesehen aller Vorkehrungen früher oder später Bahn bricht – auf die eine oder andere Weise. Je stärker ohne zwingenden Grund strukturiert wird, desto mehr muss man auf unliebsame Überraschungen gefasst sein.

Genauso verkehrt wäre es selbstverständlich, auf Teufel komm raus gruppendynamische Themen hochzukochen. Die sachlichen Arbeitsergebnisse des Workshops sind allemal das erstrangige Ziel. Es geht vielmehr darum, situativ zu erspüren, wann unterschwellige, emotionale Vorgänge den Arbeitsprozess überlagern und aus dem Untergrund heraus behindern. Das Offenlegen und Besprechen solcher Vorgänge hat nur ein Ziel: die Dialog- und Arbeitsfähigkeit wieder herzustellen – nach dem bekannten Prinzip: »*Störungen haben Vorrang.*«

- *Ungenügende Ergebnis- und Transfersicherung:* Viele, auch an sich gut verlaufene Workshops enden mit einer unangemessenen operativen Hektik, ohne klare Vereinbarungen bezüglich des weiteren Vorgehens und mit entsprechend gemischten Gefühlen der Teilnehmer bezüglich des Aufwand-Nutzen-Verhältnisses. Erstens, man hat von vornherein zu wenig Zeit für Ergebnissicherung, weiteres Vorgehen und Feedback eingeplant. Zweitens, man ist gegen Ende gerade in einem wichtigen Thema drin und möchte dieses unbedingt noch zu einem »Abschluss« bringen. Drittens, alle werden unruhig, weil sie ihre Rückreise dem Programm entsprechend terminiert haben und befürchten, man würde die Zeit überziehen. Resultat: Der Abschluss gerät zur unwürdigen Schluderei oder unterbleibt ganz. Der gemeinsame Arbeitsprozess bricht abrupt ab, die Folgeaktivitäten werden der Substanz dessen, was im Workshop gemeinsam erarbeitet worden ist, in keiner Weise gerecht. Dies gehört schlicht in die Rubrik »Verschleuderung wertvoller Ressourcen«. Es ist immer möglich, nicht abgeschlossene Themen weiter zu bearbeiten – vorausgesetzt, dass dies rechtzeitig gemeinsam geplant wird. Der Schlussteil eines Workshops muss deshalb mit genügend Zeit im Programm versehen werden, und diese darf unter gar keinen Umständen angetastet werden.

Kapitel 12

Konfliktmanagement

Die Normalität von Konflikten

Konflikte sind an sich eine ganz normale und alltägliche Begleiterscheinung menschlichen Zusammenlebens. Es gibt keine dauerhaft konfliktfreien Beziehungen. Wo immer Menschen zusammenwirken, treffen unterschiedliche Meinungen, Bedürfnisse und Interessen aufeinander – mal zwischen einzelnen Individuen, mal zwischen kleineren Gruppen, mal auch zwischen großen Organisationen. Und wenn irgendwo irgendwelche Veränderungen anstehen, sind Konflikte von vornherein programmiert – denn da gibt es immer die einen, die etwas Neues schaffen wollen, und die anderen, die den bisherigen Zustand erhalten möchten. Es gibt keine Veränderung ohne Konflikt.

Die meisten Konflikte werden im täglichen Leben auf völlig unspektakuläre Art und Weise beigelegt. Mal gibt der eine nach, mal der andere, mal wird ein beiderseits tragbarer Kompromiss ausgehandelt – und am nächsten Tag weiß keiner mehr, dass es überhaupt eine Konfliktsituation gegeben hat. Mal hier und mal da nehmen die Dinge aber – plötzlich und unerwartet – einen ganz anderen Verlauf. Der Dialog gerät zum Streitgespräch, dieses wiederum zur harten Auseinandersetzung. Emotionen heizen die Szene an: Empörung und Wut, Hass und Verachtung. Die Gegner verkeilen sich in einem Abtausch von Angriff und Gegenangriff ineinander. Es kommt zu Verletzungen – und ehe man es sich versieht, ist ein Krieg im Gange, in dem die Vernichtung des Gegners zum Hauptziel geworden ist. Am Schluss gibt es entweder einen Sieger und einen Besiegten – oder zwei Verlierer. Zurück bleiben immer die Schäden – im günstigsten Falle zerstörte zwischenmenschliche Beziehungen; im ungünstigsten Falle tote, körperlich verletzte und seelisch geschädigte Menschen, ruinierte Siedlungen, verbrannte Erde.

Einen solchen Verlauf zu verhindern – im Zusammenleben der Völker, in der Familie oder im Arbeitsbereich –, ist unter Gesichtspunkten sowohl der menschlichen Ethik als auch der Ökonomie ein erstrangiges Ziel. Die Fähigkeit, Konfliktsituationen rechtzeitig zu erkennen und so zu steuern, dass Veränderung möglich und gleichzeitig Schaden begrenzt wird, ist etwas vom Allerwichtigsten, was ein Manager heute für die erfolgreiche Ausübung seines Berufs braucht.

Dramaturgie der Konfliktbildung

Wer ein Fahrrad oder ein Automobil reparieren will, muss zunächst verstehen, wie es funktioniert. Deshalb hier in aller Kürze das Wichtigste über die Dynamik von Konflikten.

Ein unkontrollierter Konflikt verläuft typischerweise in vier klar unterscheidbaren Phasen:

1. Die Diskussion

Im Verlaufe eines längerfristigen Konfliktgeschehens kann sie durch Folgeereignisse so stark überlagert werden, dass am Schluss keiner mehr weiß, dass es sie jemals gegeben hat. Aber am Anfang gibt es sie immer: die *Sachfrage* – den Diskussionsgegenstand, der im Rahmen eines zunächst durchaus partnerschaftlichen Dialogs Anlass war, unterschiedlicher Meinung zu sein oder unterschiedliche Interessen geltend zu machen.

Beispiel: In einem Großraumbüro, in dem enge Platzverhältnisse herrschen, bittet Abteilung X wegen Anschaffung eines Spezialgeräts die benachbarte Abteilung Y, ihr vier Quadratmeter Raum abzutreten. Abteilung Y macht jedoch geltend, selbst unter Platznot zu leiden und nicht in der Lage zu sein, Büroraum abzugeben.

Der Streitgegenstand ist ganz alltäglicher Natur. Es gibt zunächst keinen Grund für einen schweren Konflikt. Ähnliche Probleme sind in diesem Büro schon mehrmals aufgetreten. Man hat immer eine Lösung gefunden.

2. Die Überlagerung

Im Verlaufe der Diskussion entsteht eine kritische Situation: Argumente der einen Seite werden von der anderen nicht akzeptiert. Man stellt das, was gesagt wird, infrage. Man unterstellt der anderen Seite Eigennutz, Taktik und, in der Konsequenz, Unaufrichtigkeit. An diesem Punkt gerät die Auseinandersetzung auf die moralische Ebene. Die Sachfrage wird überlagert durch Wert-, Beziehungs- und Personenfragen. Emotionen kommen ins Spiel.

Beispiel: Abteilung X ist der Meinung, dass in Abteilung Y bei weitem nicht so enge Arbeitsverhältnisse herrschen wie bei ihr. Außerdem wird die Arbeit an dem neuen Gerät hohe Konzentration erfordern und keine laufenden Störungen vertragen. Abteilung Y andererseits ist der Meinung, dass Abteilung X ein ganz normales Arbeitsgerät zum Anlass nimmt, sich auf Kosten anderer mehr Komfort zu verschaffen.

Gerechtigkeit wird zum Thema. Außerdem fühlt Abteilung X sich in ihrer professionellen Bedeutung nicht ernst genommen. Sie fühlt sich abgewertet. Abteilung Y dagegen befürchtet, ausgebeutet und über den Tisch gezogen zu werden. Wert- und Personenfragen sind auf den Plan getreten.

3. Die Eskalation

Sobald eine Seite glaubt, von der anderen nicht ernst genommen, in ihrer Würde und Integrität verletzt oder gar vorsätzlich angelogen oder missbraucht zu werden, reagiert sie mit Wut und Empörung. Sie betrachtet den Fehdehandschuh als geworfen und geht zum – wie sie glaubt – berechtigten Gegenangriff über. Und exakt das Gleiche geschieht auf der Gegenseite.

Die Kommunikation mit dem Partner wird abgebrochen. Man versucht, den Gegner zu isolieren und ihm Schaden zuzufügen. Es wird im Umfeld nach Verbündeten gesucht. Der Konflikt gerät in die *heiße* Phase. Es kommt zu einer so genannten *symmetrischen Eskalation*. Diese beruht auf drei Mechanismen:

– *Erstens:* Die Emotionen liefern auf beiden Seiten in gewaltigem Umfang Energie, die Menschen engagieren sich wie nie zuvor.

– *Zweitens:* Das Geschehen vollzieht sich nicht mehr auf der Ebene der Sachlogik, der Vorgang ist *der rationalen Kontrolle entzogen.*

– *Drittens:* Beide Seiten leiden unter so genannter *selektiver Wahrnehmung*: Sie registrieren nur noch, was ihr Vorurteil über den Konfliktpartner bestätigt – und blenden systematisch alles aus, was diesem widerspricht. Konsequenz: Durch jeden Schritt der einen Seite fühlt sich die andere legitimiert, noch massiver zurückzuschlagen.

Es steht nun nicht mehr die ursprüngliche Sachfrage im Vordergrund, sondern das *aktuelle Verhalten* der jeweils anderen Seite. Der Kampf generiert sich selbst.

Beispiel: Es kommt zu einem unschönen Auftritt zwischen Vertretern der Abteilungen X und Y, bei welchem man sich gegenseitig alles an den Kopf wirft, was man voneinander hält. Es werden beiderseits persönliche Beschuldigungen und kränkende Vorwürfe erhoben. Danach ist das Klima versaut. Man spricht nicht mehr miteinander. Beide Seiten unternehmen Schritte bei der Hierarchie. Geharnischte schriftliche Vorlagen werden abgefasst. Das Umfeld wird einbezogen und polarisiert. Das Großraumbüro ist in zwei »Lager« gespalten.

Emotionen beherrschen die Szene. Die Raumfrage ist zwar nicht vom Tisch. Aber im Vordergrund stehen nun Fragen der Gerechtigkeit, der Wichtigkeit oder Unwichtigkeit bestimmter Aufgabenbereiche sowie – last, not least – der Glaubwürdigkeit einzelner Personen.

4. Die Verhärtung

Kein Konflikt bleibt dauerhaft in einer heißen Phase. Früher oder später kommt es zu einer Abkühlung – sei es, weil eine Seite gewonnen und ihre Interessen durchgesetzt hat, sei es, weil aufgrund der Kräfteverhältnisse eine Pattsituation entstanden ist, aus der sich ein Zustand labilen Gleichgewichts entwickelt hat. Im letzteren Falle herrscht »kalter Krieg«, der Konflikt ist »chronisch« geworden. Im Arbeitsbereich ist dies eine sehr häufige Situation. Sie kann Jahre oder gar Jahrzehnte überdauern. Tatsächlich oder vermeintlich erlittenes Unrecht wird aber nicht vergessen. Es bleibt als dauerndes Konfliktpotenzial für die Zukunft bestehen.

Beispiel: Das Management hat angesichts der Krise den gordischen Knoten durchgeschnitten und ein »salomonisches« Urteil gefällt: Abteilung Y gibt zwei Quadratmeter Raum ab. Diese Entscheidung ist endgültig, es gibt keine weiteren Diskussionen, in beiden Abteilungen wird es enger. Im weiteren Umfeld geht man zur Tagesordnung über, aber das Klima zwischen den beiden Abteilungen bleibt gestört. Es wird nicht miteinander gesprochen und schon gar nicht kooperiert. Man geht sich systematisch aus dem Wege.

Die Aufrechterhaltung dieses Zustands, insbesondere die *mangelnde Kommunikation und Kooperation zwischen zwei Funktionsbereichen*, kostet unerhört viel Zeit, Geld und Nerven. Außerdem ist die Gefahr eines offenen Ausbruchs nie ganz gebannt. Aber das Umfeld hat gelernt, die Situation zumindest in kaltem Zustand einigermaßen zu stabilisieren.

Grundvoraussetzungen für eine Konfliktregulierung

Jeder Konflikt hat seine Geschichte. Er ist nicht irgendein plötzliches und schon gar kein zufälliges Ereignis, sondern das Ergebnis eines ganz bestimmten Entwicklungsprozesses. Ein Konflikt wird »gelernt« – und wer ihn aus der Welt schaffen will, muss dafür sorgen, dass er wieder »verlernt« wird. Verständnis für das Geschehen muss gewonnen, Misstrauen schrittweise abgebaut, Vertrauen schrittweise wieder aufgebaut werden. Der Weg, der in die Irre geführt hat, muss gemeinsam ein Stück weit zurückgegangen werden, bevor man ohne Gefahr eines Rückfalls gemeinsam einen neuen Weg in die Zukunft gehen kann.

Was muss konkret geschehen?

- *Direkte Kommunikation herstellen*
  Ein Konflikt kann, wenn überhaupt, nur von den direkt betroffenen Konfliktpartnern selbst gelöst werden. Die direkte Verständigung ist jedoch in einer Frühphase des Konfliktgeschehens abgebrochen worden. Das erste und Wichtigste besteht deshalb darin, die direkte Dialogsituation wieder herzustellen, das heißt die beiden Kontrahenten an einen Tisch zu bringen.

- *Dialog kontrollieren*
  Die beiden Konfliktparteien sind zunächst gar nicht in der Lage, sich wirklich zu verständigen. Ohne fremde Hilfe würden sie sich aufgrund der nach wie vor wirksamen selektiven Wahrnehmung innerhalb kürzester Zeit wieder gegenseitig missverstehen und in einem Streit verheddern. Eine neutrale, dritte Seite muss die Interaktionen zwischen den beiden Konfliktparteien vor allem in der ersten Phase sorgfältig überwachen und bei jedem einzelnen Schritt sicherstellen, dass das gesprochene Wort nicht anders verstanden wird, als es gemeint ist.

- *Emotionen offenlegen*
  Es gibt keine Hoffnung auf eine Lösung des Konflikts, wenn die subjektiven Empfindungen, die enttäuschten Erwartungen, die Gefühle der Kränkung und der Verletzung auf beiden Seiten nicht offen ausgesprochen werden können. Nur wenn dies geschieht, lässt sich der Druck der gestauten Emotionen senken und der Konflikt auf seinen Ursprung, nämlich die realen Bedürfnisse und Interessen, reduzieren.

- *Vergangenheit bewältigen*
  Das Äußern der Gefühle allein genügt nicht. Beide Partner müssen der anderen Seite verständlich machen können, welche Umstände, Situationen oder Ereignisse bei ihnen Frustration, Enttäuschung oder Wut ausgelöst haben – und warum. Nur wenn dies geschieht, kann nämlich der Partner seinen eigenen – gewollten oder ungewollten – Anteil am Konfliktgeschehen erkennen und akzeptieren lernen. Dies wiederum ist Grundvoraussetzung dafür, dass er den anderen nicht weiterhin als den alleinigen »Schuldigen« betrachtet.

- *Beiderseits tragbare Lösung aushandeln*
  Wenn der Schutt weggeräumt ist, geht es darum, gemeinsam eine dauerhafte Lösung des Problems zu erarbeiten. Entscheidend ist hierbei: Es darf keinen »Verlierer« geben. Es muss sich für beide Partner wirklich lohnen, über den eigenen Schatten zu springen und in Verhandlungen einzutreten. Die Lösung muss die Interessen beider Seiten berücksichtigen. Aber die Lösung selbst ist nur das eine, sie partnerschaftlich auszuhandeln, das andere. Das Einüben von Zusammenarbeit ist in sich selbst ein wichtiger Schritt der Konfliktverarbeitung. Erst hier wird faktisch vom Konflikt Abschied genommen. Bis hierher hat man nur geredet. Jetzt *tut* man etwas gemeinsam. Es wird eine *neue Situation* geschaffen.

Phasenmodell der Konfliktregelung

Der gezielte und geplante Prozess der Konfliktlösung zwischen zwei Parteien – Individuen oder Gruppen – vollzieht sich, ausgehend von den genannten Voraussetzungen, in sechs Phasen. Die »Prozess-Architektur« ist nicht beliebig. Jede Phase baut auf den vorangehenden auf, keine darf ausgelassen werden.

Abbildung 47: Modelle menschlichen Konfliktverhaltens

	tief	hoch
hoch — Energie zur Durchsetzung der eigenen Bedürfnisbefriedigung	*Kampf* / *Verteidigung* — Gewinner/Verlierer	*Verhandlung* / *Zusammenarbeit* — Gewinner/Gewinner
tief	*Vermeidung* / *Verdrängung* — Verlierer/Verlierer	*Anpassung* / *Unterwerfung* — Verlierer/Gewinner

Energie zur Unterstützung der Bedürfnisbefriedigung des Partners

Phase 1:	***Vorbereitung***

Dies ist die Phase des neutralen Dritten, des Vermittlers oder Mediators, des Konfliktmanagers. Er hat Zugang zu beiden Konfliktparteien und stellt zunächst die einzige Verbindung zwischen diesen dar. Er hat in dieser Phase zwei Ziele. Erstens, die *Hintergründe des Konflikts verstehen*: die Geschichte aus Sicht beider Seiten erfahren; die Interessen und die empfindlichen Stellen beider Seiten eruieren. Zweitens, *Voraussetzungen für direkte Gespräche schaffen*: Perspektiven aufzeigen; die »Hoffnungslosigkeit« der Situation infrage stellen; Mut machen; Spielregeln und Verfahrensschritte für die direkte Begegnung vorschlagen. Der Vermittler pendelt in dieser Phase – eventuell während längerer Zeit – zwischen den beiden Konfliktpartnern hin und her. Über ihn bahnt sich eine erste, indirekte und behelfsmäßige Kommunikation zwischen zwei Parteien an, die sich formal im Zustand der Nicht-Kommunikation befinden. »*Kissinger-Diplomatie*« ist in diesem Zusammenhang ein Begriff geworden.

| Phase 2: | *Eröffnung* |

Wenn es dazu kommt, ist schon viel gewonnen: dass man sich überhaupt wieder gemeinsam an einen Tisch setzt. Aber das Klima ist gespannt, das Misstrauen groß. Es geht jetzt darum, all das, was man in bilateralen Kontakten vorbesprochen hat, in Gegenwart beider Konfliktparteien zu bestätigen: die *Ausgangslage*; das *Ziel* der Übung; die einzelnen *Schritte des Vorgehens*; die *Spielregeln*; die *Rolle des Moderators*; die *Rolle der beiden Konfliktparteien*; den *Zeitplan*. In der Regel gibt es hier kaum Rückfragen oder Korrekturen. Aber man tut gut daran, diese Dinge am Anfang nochmals ganz klar zu benennen. Die beiden Konfliktparteien sind emotional erregt. Sie haben längst nicht mehr alles im Kopf, was besprochen war. Eine klare Struktur gibt Sicherheit – auch der Moderation.

| Phase 3: | *Konfrontation* |

Es geht nun darum, dass beide Partner offen ihre Sicht der Dinge, ihre konkreten Erlebnisse und Erfahrungen sowie die damit verbundenen Gefühle darlegen können. Dies geschieht mit großem Vorteil in strukturierter Form: zuerst die eine Seite, dann die andere. Wenn von beiden Seiten gleichzeitig wild durcheinandergeredet wird, ist eine echte Verständigung nicht möglich, die Moderation wird überfordert. Entscheidend ist zweierlei. Erstens, dass beide Berichte vollständig angehört, nicht unterbrochen, zunächst nicht diskutiert und nicht zerredet werden. Zweitens Offenheit. Die Berichtenden sollen so reden, wie ihnen der Schnabel gewachsen ist, und aus ihrem Herzen keine Mördergrube machen. Es darf nachgefragt werden, wenn etwas nicht verstanden wird. Jede andere Unterbrechung aber wird von der Moderation sofort geahndet.

| Phase 4: | *Auswertung* |

Wenn alles auf dem Tisch liegt, was die Konfliktpartner an Erfahrungen und Gefühlen mitgebracht haben, muss das Material gemeinsam gesichtet, geordnet und ausgewertet werden. Da gibt es Fragen, die offen geblieben sind und geklärt werden müssen; da gibt es wichtige neue Erkenntnisse, Dinge, die man nicht gewusst oder möglicherweise falsch interpretiert hatte; und da gibt es Dinge, auf denen man nicht sitzen bleiben mag – Punkte, die präzisiert, Bilder, die geradegerückt, Wunden, die geleckt werden müssen. In dieser Phase ist Sorgfalt oberste Bürgerpflicht. Hier, wenn überhaupt, werden Aggression, Misstrauen und Vorurteile abgebaut; hier, wenn überhaupt, werden die Voraussetzungen für das Aufbauen neuen Vertrauens geschaffen. Es kann notwendig sein, ein Stück weit in die Vergangenheit zurückzugehen, um das, was dort passiert ist, besser zu verstehen – zu begreifen als unglücklich verlaufenes, prozessuales Geschehen, und nicht als einseitigen aggressiven Akt, dessen Opfer man geworden ist. Die moralinverschmierte Brille abzulegen und von der Schuldfrage wegzukommen – dies ist hier das wesentliche Ziel.

Phase 5:	*Verhandlung*

Welches sind die echten Anliegen? Welche sachlichen Interessen liegen vor – und welche emotionalen Bedürfnisse? Dies muss auf beiden Seiten geklärt werden. Nur wenn beide Seiten die Prioritäten des Partners wirklich verstanden haben, kann das Aushandeln einer Lösung mit Aussicht auf Erfolg beginnen. An Ideen fehlt es im Allgemeinen nicht. Wichtig ist allerdings, dass die Lösung nach beiden Seiten hin sorgfältig abgesichert wird. Das alle Beteiligten glücklich machende Ei des Kolumbus findet man selten. Die Lösung wird für beide Seiten ein Kompromiss sein – aber es darf kein billiger, kein fauler und kein vorschneller Kompromiss sein. Beide Partner müssen ausdrücklich bekräftigen, dass die gefundene Lösung ihnen fair erscheint und für sie tragbar ist. Sonst muss weiterverhandelt werden. Im Übrigen gehören zu einer dauerhaften Lösung nicht nur konkrete Maßnahmen im Zusammenhang mit der anstehenden Sachfrage. Es müssen zusätzliche Vereinbarungen getroffen werden: Spielregeln für den Umgang und die Kommunikation miteinander im betrieblichen Alltag; Modalitäten der Bearbeitung eventueller Pannen in den wechselseitigen Beziehungen; der Termin für eine gemeinsame Zwischenbilanz und Standortbestimmung.

Phase 6:	*Realisierung*

Es gibt nichts Gutes, außer man tut es. Die Qualität der Lösung misst sich an ihrer Umsetzung – und dafür muss einiges getan werden. Die offene Aussprache hat zu beiderseitiger Erleichterung geführt. Eine gewisse Euphorie kommt auf. Man glaubt, jetzt sei »alles in Butter«. Aber das Tagesgeschäft hat seine Tücken. Trotz beiderseits guten Willens kommt es im Alltag zu Pannen. Beide Partner werden auf Herz und Nieren daraufhin getestet, ob sie es mit der offenen Zusammenarbeit ernst meinen. Nur die strikte Einhaltung der vereinbarten Spielregeln hilft, neue kritische Situationen zu überwinden, ohne gleich wieder in Streit zu geraten. Das neue Kooperationssystem bedarf der Pflege. Aber mit der Zeit lernen beide Seiten, mit dem Partner umzugehen. Die Beziehungen normalisieren sich – und irgendwann einmal denkt niemand mehr an den Konflikt zurück. Dann ist er endgültig überwunden.

Konfliktregelung zwischen zwei Gruppen

Konflikte zwischen zwei Gruppen gehören in Unternehmen und Institutionen zu den häufigsten und gleichzeitig kostspieligsten Problemsituationen. Folgende Konfliktkonstellationen sind beispielsweise in der Praxis sehr häufig anzutreffen:

- Vertrieb ↔ Entwicklung
- zentrales Controlling ↔ Linie
- zentrale EDV ↔ Linie
- zentrale Personalabteilung ↔ Linie
- Betriebsrat ↔ Management
- Holding-Stäbe ↔ Konzerngesellschaften

Aber auch zwischen benachbarten Gruppen oder Bereichen, zwischen Ausschüssen, zwischen Projektgruppen und Linienbereichen kann es zu Spannungen und Konflikten kommen. Die Komplexität solcher Situationen macht häufig ein besonders systematisches Vorgehen erforderlich: Die Vorbereitung und Durchführung eines *Konfrontations-* beziehungsweise *Konfliktlösungstreffens* (siehe Abbildung 48). Diese Methode hat sich in der Praxis sehr gut bewährt und wird deshalb hier kurz beschrieben.

Der Ablauf im Überblick:

1) *Vorbereitung*
   Beide Konfliktparteien bereiten anhand eines detaillierten Leitfadens (siehe Abbildung 51: Konfliktlösungstreffen – Leitfragen zur Vorberei-

Abbildung 48: Konfliktlösungstreffen – Fragen und Antworten

Was ist ein Konfliktlösungstreffen?
Eine Methode strukturierter und moderierter Konfliktlösung zwischen zwei Gruppen.

Was ist das Ziel eines Konfliktlösungstreffens?
Einleiten eines Prozesses der Konfliktregelung:
- Herstellen von Transparenz bezüglich der Problemzusammenhänge für die direkt vom Konflikt Betroffenen;
- Deeskalation der Emotionen und Reduktion des Konflikts auf die sachlichen Meinungsverschiedenheiten und Interessengegensätze;
- Aushandeln von möglichen Lösungsansätzen sowie konkreten Vorgehensweisen zu deren Realisierung.

Wie groß ist die Anzahl der Teilnehmer/innen?
Idealerweise zwei Gruppen von je fünf bis acht Personen *(plus ein bis zwei Moderatoren)*.

Wie lange dauert ein Konfliktlösungstreffen?
1-2 Tage *(je komplexer und verharzter das Problem, desto eher 2 Tage!)*.

Welches sind die Vorteile eines Konfliktlösungstreffens?
- *Hohe Effizienz*: Das Wichtigste kommt in kurzer Zeit und in konzentrierter Form auf den Tisch und wird besprechbar.
- *Lebendige Arbeitsform*: Man kann für einmal richtig »auspacken« – ohne ständige Gefahr, in ein »Hickhack« abzudriften.

Welches ist der Nachteil eines Konfliktlösungstreffens?
Bei Problemen zwischen größeren Bereichen kann immer nur eine Auswahl der direkt Betroffenen teilnehmen, weil sonst die Gruppen zu groß werden und sich in der Tagung nicht mehr verständigen können.

Wann ist ein Konfliktlösungstreffen sinnvoll?
Wenn ein akuter oder latenter Konflikt von hoher Brisanz seit längerer Zeit ansteht – und wenn die Sachprobleme überlagert sind durch Einstellungs- und Verhaltensprobleme.

> *Welches sind die wichtigsten Voraussetzungen für gute Ergebnisse?*
> 1) Sorgfältige *Auswahl der Teilnehmer/-innen*: nur direkt Betroffene mit hohem Interesse an der Problemstellung.
> 2) Sorgfältige *Vorbereitung*: Die beiden Präsentationen am Anfang sind die Grundlage für die ganze weitere Tagungsarbeit.
> 3) Straffe *Moderation*: Einhalten des Programms, des Zeitplans sowie der eingangs vereinbarten Spielregeln.
> 4) Sorgfältige *Nachbereitung*: Sichern der Ergebnisse durch konsequente Nachbearbeitung sowie durch regelmäßige, gemeinsame Zwischenbilanz und »Manöverkritik«.

tung der Präsentation, Seite 449) eine Präsentation vor über ihre Sicht der Konfliktsituation – ihr Bild vom Konfliktpartner, ihr Selbstbild sowie ihr vermutetes Fremdbild.

2) *Konfliktlösungstreffen*
Im Rahmen einer gemeinsamen Klausurtagung mit klar strukturiertem Ablauf (siehe Abbildung 49: Konfliktlösungstreffen – Ablauf der Tagung, Seite 446) und klaren Spielregeln (siehe Abbildung 50: Konfliktlösungstreffen – Spielregeln, Seite 448) präsentieren zunächst beide Seiten ihre Ergebnisse. Anschließend wird das Material geordnet und gemeinsam verarbeitet. Ziel ist es, noch in der Tagung erste Lösungswege aufzuzeigen und die gemeinsame Arbeit an der Konkretisierung verbindlich festzulegen.

3) *Nachbearbeitung*
In gemischt zusammengesetzten Arbeitsgruppen werden zunächst konkrete Lösungsvorschläge für die eruierten Probleme erarbeitet. In einer zweiten gemeinsamen Klausurtagung werden die Ergebnisse bereinigt und verabschiedet.

Für die Vorbereitung und Leitung des Treffens ist es sinnvoll, nicht direkt Beteiligte als Moderatoren einzusetzen. Ihre Rolle muss von Anfang an für alle Beteiligten klar und von diesen akzeptiert sein. Die Funktion des Konfliktmanagers verlangt – neben einer gut entwickelten Kommunikationsfähigkeit – die Einhaltung ganz bestimmter Verhaltensregeln.

Abbildung 49: Konfliktlösungstreffen – Ablauf der Tagung

1)	Plenum	**Einführung** – Kurzer Rückblick auf die Vorgeschichte – Ziele und Ablauf der Tagung – Spielregeln
2)	Plenum	**Präsentation der Partei A** Verständnisfragen *(keine Diskussion!)*
3)	Plenum	**Präsentation der Partei B** Verständnisfragen *(keine Diskussion!)*
4)	*Gruppenarbeit (A + B getrennt)*	**Auswertung** • Wichtigste Botschaften, die wir verstanden haben … • Was ist für uns neu, evtl. überraschend? • Wichtigste Themen für die gemeinsame Diskussion
5)	Plenum	**Präsentationen** plus Verständnisfragen Erstellen einer gemeinsamen Themenliste durch Moderation *(Themen mit Zeitbudgets versehen!)*
6)	Plenum	**Diskussion der wichtigsten Themen** unter Moderation *(Einhalten der Zeitlimits, damit kein wichtiges Thema unbearbeitet bleibt!)*
7)	*Gruppenarbeit (drei gemischte Gruppen)*	**Weiteres Vorgehen** • Was für Sofortmaßnahmen können eingeleitet werden? • Welche Themen müssen eingehender bearbeitet werden? • Wie soll das geschehen (wer mit wem bis wann)?

8) Plenum *Präsentation der Vorschläge*
 Kurze, straff moderierte Diskussion

9) Plenum *Erstellen der Arbeitsorganisation und des Zeitplans*
 Gemeinsam festlegen: *Wer tut was bis wann?*
 – Bildprotokoll der Tagung an alle Teilnehmer
 – Form und Inhalt der Information über die Tagung
 – Termin für nächstes gemeinsames Treffen

10) Plenum *Feedback*
 Kurze persönliche Statements:
 • *Wie zufrieden/unzufrieden bin ich mit den Ergebnissen?*
 • *In welcher Stimmung gehe ich jetzt nach Hause?*

Gesucht: Konfliktfähigkeit

Effektvolle Methoden des Konfliktmanagements sind eine prima Sache. Aber neun von zehn Konflikten hätten sich gar nicht erst so weit entwickeln müssen, dass derart aufwändige Aktionen zu ihrer Beilegung erforderlich werden – wenn jemand rechtzeitig das Vorhandensein unterschiedlicher Interessen benannt, auf die Gefahr unfruchtbarer Auseinandersetzungen hingewiesen und die Konfliktparteien an einen Tisch gebracht hätte. Nicht selten genügt es, dass das Problem offen angesprochen und den Beteiligten bewusst gemacht wird – und die Angelegenheit regelt sich ganz von selbst.

In der Praxis werden jedoch offensichtliche Differenzen von Bedürfnissen, Interessen und Werthaltungen systematisch verdrängt und verharmlost – nicht nur von den unmittelbar Beteiligten selbst, sondern auch vom gesamten Umfeld. Und irgendwann einmal stellt man dann fest, dass die Be-

Abbildung 50: Konfliktlösungstreffen – Spielregeln

Gleichberechtigung
Partei A und Partei B sind zwei unabhängige und gleichberechtigte Partner.

Thema: Zusammenarbeit
Gegenstand der Tagung ist die Zusammenarbeit zwischen Partei A und Partei B – wir sind nicht hier, um Sachfragen aus dem Tagesgeschäft zu besprechen.

Offenheit und Ehrlichkeit
Probleme klar und direkt ansprechen – nicht um den »heißen Brei« herumreden!

Beschreiben – nicht »moralisieren«
Zustände und Verhalten beschreiben, Tatsachen und Meinungen vortragen – keine Beschuldigungen, keine Vorwürfe!

Zuhören und verstehen
Zuhören, nicht unterbrechen – nachfragen, nicht rechtfertigen!

Praktische Beispiele
Beispiele aus dem betrieblichen Alltag zur Illustration einbringen (aber keine Einzelfälle als Drama hochspielen)!

Personen direkt ansprechen
Anwesende Personen direkt ansprechen (aber Verhaltensweisen und ihre Auswirkungen beschreiben, nicht Motive in andere hineininterpretieren)!

Abbildung 51: Konfliktlösungstreffen – Leitfragen zur Vorbereitung der Präsentation

1. **Fremdbild**
   - Wie sehen beziehungsweise erleben wir die anderen? Wie nehmen sie ihre Aufgabe wahr? Wie verhalten sie sich uns gegenüber?
   - Was ist (oder scheint) für sie besonders wichtig? Wo liegt ihre Hauptmotivation? Was interessiert sie besonders, was interessiert sie weniger?
   - Was gefällt uns insgesamt an ihnen und ihrem Verhalten? Was läuft gut in der Zusammenarbeit? Wo liegen ihre Stärken?
   - Wo hapert's? Was stört uns? Wo sehen wir Defizite, Reibungsverluste, Konfliktherde – das heißt immer wiederkehrende Probleme in der täglichen Zusammenarbeit?
   - Welches sind Fragen, auf die wir schon lange gern eine Antwort gehabt hätten – oder die wir gern einmal mit den anderen besprechen würden?

2. **Selbstbild**
   - Wie sehen wir uns und unsere eigene Rolle? Wie beurteilen wir unser eigenes Verhalten in der Zusammenarbeit mit den anderen?
   - Wo liegt unsere Hauptmotivation? Was ist uns wichtig in der Wahrnehmung unserer Aufgabe?
   - Was leisten wir? Was tragen wir zu einer guten Zusammenarbeit bei?
   - Was gibt es bei uns intern für Probleme, die sich möglicherweise auf die Zusammenarbeit mit den anderen auswirken? Wo sehen wir bei uns selbst Defizite?

3. **Vermutetes Fremdbild**
   - Was glauben wir, wie die anderen uns sehen? Was vermuten wir, wie unser allgemeines »Image« aussieht?
   - Welches sind die wichtigsten »Knackpunkte«, die die anderen uns vermutlich vortragen werden?

Vortrag: maximal 45 Minuten – wichtigste Aussagen in Stichworten auf Flipcharts
(Konkretisierung durch praktische Beispiele, Nennen der beteiligten Personen, Beschreiben typischer Verhaltensweisen – aber Vermeiden von Vorwürfen und Unterstellungen!)

Abbildung 52: Zehn goldene Verhaltensregeln für Konfliktmanager

1. *Sorgfältige Diagnose vornehmen*
   Machen Sie sich ein gutes Bild von den Hintergründen und Zusammenhängen des Konflikts. Versuchen Sie, die Dynamik des Geschehens zu verstehen.

2. *Planmäßig vorgehen*
   Legen Sie sich einen Plan für Ihr Vorgehen zurecht. Arbeiten Sie nicht ohne Konzept. Eine Fahrt ins Blaue führt nicht zum Ziel.

3. *Rollenklarheit sicherstellen*
   Machen Sie sich und Ihren Partnern klar, welches Ihre Rolle ist und wie Sie Ihre Aufgabe wahrzunehmen gedenken – und halten Sie sich konsequent daran.

4. *Akzeptanz schaffen*
   Nehmen Sie beide Konfliktparteien ernst. Versuchen Sie, sich in ihre jeweilige Lage hineinzuversetzen.

5. *Kommunikation fördern*
   Halten Sie die Kommunikation mit und zwischen den beiden Konfliktparteien im Gange und fördern Sie die Verständigung.

6. *Emotionen zulassen*
   Versuchen Sie nicht, das emotionale Geschehen auf Teufel komm raus zu versachlichen. Auch Gefühle sind Realitäten – die wichtigsten sogar!

7. *Neutralität bewahren*
   Ergreifen Sie unter gar keinen Umständen Partei für eine der beiden Seiten. Lassen Sie sich nicht vereinnahmen. Erhalten Sie sich Ihre Unabhängigkeit und Ihre Unbefangenheit.

8. *Offen und ehrlich sein*
   Bleiben Sie für beide Partner immer transparent und glaubwürdig. Verhalten Sie sich bei gemeinsamen Treffen in keinem Punkt anders als im bilateralen Gespräch.

9. **Geduld haben**
   Erwarten Sie keine schnellen Fortschritte oder Resultate. Achten Sie auf die kleinen Schritte in die richtige Richtung.

10. **Bescheiden bleiben**
    Fühlen Sie sich nicht allein für den Erfolg verantwortlich. Wenn ein oder beide Partner den Konflikt nicht beigelegt haben wollen – Freud spricht bekanntlich vom »*sekundären Krankheitsgewinn*« –, bleibt er bestehen. Sie können nicht zaubern.

ziehungen hoffnungslos zerrüttet sind. Je höher man in der Hierarchie steigt, desto neurotischer wird häufig das Konfliktverhalten. Während einfache Menschen im Allgemeinen noch so reden, wie sie denken und empfinden, ist vielen Managern Taktik bereits zur zweiten Natur geworden. Da findet man die Weltmeister – sowohl im Verdrängen von Konflikten als auch in Star Wars und Karate.

Dabei gilt auch im Management die Binsenwahrheit: *Prophylaxe ist besser als Therapie.* Die Fähigkeit,

– Konflikte rechtzeitig zu erkennen,
– Konflikte offen und unbefangen anzusprechen,
– Konflikte als direkt Beteiligter konstruktiv auszutragen,
– Konflikte als nicht direkt Beteiligter regeln zu helfen,

gehört bei Menschen, die in Organisationen Verantwortung tragen, zu den ganz großen Tugenden. Doch diese Tugend ist durchweg Mangelware. Dass viele Leute im Management gute Ellbogen, wenig Gespür und eine harte Rechte haben, mit der sie ohne Rücksicht auf Verluste um sich schlagen, ist eine Sache. Aber woran liegt es, dass ebenso viele Leute Konflikten von vornherein fast zwanghaft aus dem Wege gehen – Konflikte, auch wo sie sich förmlich aufdrängen, scheinbar überhaupt nicht wahrnehmen?

Menschen verfügen – genau wie übrigens auch Tiere – nicht nur über die zur Selbst- und Arterhaltung erforderlichen natürlichen Aggressionstriebe, sondern auch über instinktgesteuerte Verhaltensprogramme, welche den Aggressionspegel reduzieren oder den gesamten Mechanismus außer Kraft setzen, wenn dies zur Fortpflanzung, für das soziale Zusammenleben in einer Gemeinschaft oder zur zielgerichteten Kooperation in komplexen Aufgaben notwendig ist.

Das praktische Leben zeigt, wie schwierig es ist, mit neuen Partnern – Vorgesetzten, Kollegen oder Mitarbeitern – eine vertrauensvolle Arbeitsbeziehung aufzubauen. Wenn dies aber erst mal gelungen ist, man angefangen hat, kollegial, partnerschaftlich, eventuell sogar freundschaftlich miteinander zu verkehren, werden die Hürden, die man überwinden muss, um sich gegenseitig weh zu tun, immer höher. Und irgendwann einmal sind sie so hoch, dass jede konflikthafte Auseinandersetzung von vornherein unterbleibt. Es entsteht das, was man im Interesse der Klarheit bei Menschen nicht anders nennen sollte als bei Hunden, nämlich »Beißhemmung«.

Während gesunde Tiere aber immer bereit sind, sich auch »familienintern« auseinanderzusetzen, wenn dies mal notwendig ist, kommt diese Fähigkeit vielen Menschen endgültig abhanden. Meinungsunterschiede werden nicht mehr angesprochen, offene Auseinandersetzungen sorgfältig vermieden, Interessengegensätze frei nach Freud glatt aus dem Bewusstsein verdrängt. Es gelten – selbstverständlich unausgesprochen – folgende Normen: »*Kritik ist unfein*«; »*Erwachsene Menschen streiten nicht*«; »*Emotionen sind Ausdruck von Unreife*«; »*Konflikte sind schädlich.*« Resultat: eine Führungskultur nach dem so genannten »Harmonie-Modell« – Friede, Freude, Eierkuchen. Und exakt hier liegt das Problem: Das betriebliche Geschehen ist einer laufenden kritischen Überprüfung entzogen, Entpannung findet nicht statt, die Organisation ist nicht mehr erneuerungsfähig und erstarrt.

Wenn eine Norm nicht sinnvoll ist, muss sie geändert werden. Dies ist der erste und wichtigste Schritt zu einer flexiblen, lebendigen und innovativen Organisation: die Norm, dass Kritik nicht »unfein«, Streit nicht »böse«, Konflikt nicht von vornherein »schlecht« ist; dass das Offenlegen von Meinungsunterschieden und Interessengegensätzen Voraussetzung ist für den gemeinsamen Erfolg; dass nicht eine »Harmonie« gefragt ist, die es gar nicht gibt, sondern eine *konstruktive Streitkultur*: eine Welt, in der Konflikte nicht verdrängt, sondern zum Anlass genommen werden, auf dem Wege partnerschaftlicher Auseinandersetzung neue Lösungen zu finden.

Kapitel 13

Teamentwicklung

Produktive und innovative Leistungen in Wirtschaft und in Verwaltung beruhen im Wesentlichen auf Teamarbeit. Die Zusammenarbeit von Menschen in Teams sind sowohl im Rahmen der normalen Linienorganisation als auch im Rahmen von Projekten die Grundlage des geschaffen Mehrwerts. Die überragende Bedeutung von Teams ist mittlerweile allgemein anerkannt. Allgemein bekannt ist auch, dass Teams besser oder weniger gut funktionieren können.

Dreierlei ist erstaunlicherweise auch heute noch weniger bekannt. Erstens, dass Teams der Entwicklung und Pflege bedürfen, wenn sie auf Dauer gut funktionieren sollen. Zweitens, dass dies nichts zu tun hat mit Händchenhalten und anderen esoterischen Wohlfühlritualen, sondern mit einer sorgfältigen Optimierung des Geschehens innerhalb einer Gruppe von Menschen, die gemeinsam hoch komplexe Aufgaben zu bewältigen haben. Und drittens, dass gut funktionierende Teams nicht nur auf den unteren Stufen der Organisation gefragt sind, sondern auch und gerade auf hohen und höchsten Managementebenen – also dort, wo Steuerungsleistungen und Steuerungsdefizite den größten Einfluss auf Wohl und Wehe eines Unternehmens haben.

Teamentwicklung ist ein wichtiges Element unternehmerischen Managements im Allgemeinen und das vielleicht wichtigste einzelne Element des Change Managements im Besonderen. Allerdings fehlt es in der Praxis der Unternehmensführung oft an sachlicher Information.

Vorab das Wichtigste in Kürze:

- **Definition: Was ist ein »Team«?**
  Eine Gruppe von Menschen, die durch gemeinsame Ziele und Aufgaben sowie durch regelmäßige Arbeitsbeziehungen miteinander verbunden sind.

- **Definition**: Was ist »Teamentwicklung«?
Regelmäßige, kritische Überprüfung und Optimierung der Funktionsweise, der Rollenverteilung, des Umgangs miteinander sowie der Arbeitsprozesse eines Teams durch die Teammitglieder.

- **Die wichtigsten Arten von Teams**
  - Führungsteam (Vorstand, Geschäftsleitung, Abteilungsleitung et cetera.)
  - Projektteam
  - Fachspezifische Arbeitsgruppen
  - Interdisziplinäre Arbeitsgruppen
  - Fachausschüsse
  - Task-Force

- **Nicht jedes Gremium ist ein Team**
In vielen Gremien sind die Mitglieder zwar theoretisch durch gemeinsame Ziele und Aufgaben miteinander verbunden, erfüllen aber in keiner Weise die Voraussetzungen für echte Teamarbeit. Dies gilt nicht selten für Aufsichtsgremien, Betriebsräte sowie obere Führungskreise. Dass häufig trotzdem das Etikett »Team« verwendet wird, steht auf einem anderen Blatt. Wir sprechen hier nur dann von einem echten Team, wenn alle Gruppenmitglieder die gemeinsamen Ziele ernst nehmen und sich für die gemeinsamen Aufgaben persönlich engagieren.

- **Gruppengröße**
Es können auch zwei oder drei Menschen ein gutes Team bilden. Aber umfassender angelegte, komplexe Aufgaben erfordern in der Regel die Mitwirkung mehrerer Personen. Ideale Gruppengröße für Teamarbeit: fünf bis sieben Personen. Diese Gruppengröße gewährleistet eine genügende Vielfalt der Persönlichkeiten, Ideen und Kompetenzen. Gleichzeitig handelt es sich aber noch um eine Kleingruppe, in der man sich leicht verständigen und organisieren kann.

  In Großgruppen ist die Kommunikation allein schon aufgrund der Anzahl Mitglieder erschwert. Personell günstig zusammengesetzt und sorgfältig gepflegt kann zwar auch eine Gruppe von zehn oder zwölf Personen als gutes Team funktionieren. Generell gilt allerdings: Je größer die Gruppe, desto höher der erforderliche Aufwand für Kommunikation.

- **Sinn und Zweck von Teamentwicklung**
  Menschliche Individuen sind höchst komplizierte Lebewesen. In einem Team wirken mehrere Menschen in unterschiedlichen Rollen zusammen – Individuen mit unterschiedlichen Werdegängen, Persönlichkeiten, Bedürfnissen und Interessen. Ein Team ist deshalb ein höchst komplexes und damit potenziell störanfälliges Sozialsystem.

  Teamentwicklung ist ein Lernprozess, in dessen Verlauf unterschiedliche Individuen gemeinsam lernen, ihre Kommunikation und ihre Kooperation zu optimieren. Dies bedeutet nicht zuletzt, Störfaktoren zu erkennen und zu eliminieren, bevor wirtschaftlicher oder menschlicher Schaden angerichtet ist. Teamentwicklung trägt wesentlich dazu bei, die menschlichen Ressourcen im Unternehmen zu entwickeln und gut zu nutzen.

- **Ziele der Teamentwicklung**
  1. Optimierung der Gesamtleistung des Teams
     (*Qualität und Quantität des Outputs*)
  2. Motivation (*Arbeitsinteresse und Einsatzbereitschaft*) und Identifikation (*Akzeptanz der gemeinsamen Ziele und Aufgaben*) aller Teammitglieder
  3. Gesundes Arbeitsklima (*entspannte emotionale Lage als Grundvoraussetzung für Arbeitseinsatz und Kreativität*)

- **Wichtigste Einflussfaktoren**
  1. »*Harte Faktoren*«:
     - Organisationsstruktur (*Geschäftsverteilung, Aufgabenportfolios, Schnittstellen, Berichtswege*)
     - Arbeitsprozesse (*Design der zentralen Geschäftsprozesse*)
     - Management-Instrumente (*Zielsetzung, Planung, Budgetierung, Informationssystem, Mitarbeiter-Beurteilung, Belohnungs- und Sanktionssysteme et cetera*)
  2. »*Weiche Faktoren*«:
     - Kommunikation (*Offenheit und Vertrauen, Art und Weise der Verständigung untereinander, Meinungsbildungs- und Entscheidungsfindungsprozesse*)
     - Führung (*Leitungs-, Koordinations- und Steuerungsfunktionen, Sitzungsmoderation und -management, Führungsstil*)
     - Zusammenarbeit (*Kooperation zwischen den Teammitglieder sowie zwischen deren Bereichen, Konfliktfähigkeit*)

- **Typische Formen der Teamentwicklung**
  1. Mindestens einmal im Jahr in Workshop- beziehungsweise Klausurform: Gemeinsame, ganzheitliche Teaminspektion
  1-1 ½ Tage, außer Haus
  – *Zwischenbilanz und Standortbestimmung*
  – *Diagnose von Störfeldern*
  – *Erarbeiten und Einleiten von Maßnahmen*
  In Zeiten größerer Change-Projekte sind sowohl die Führungsteams in der Linienorganisation als auch Projektteams besonderen Belastungen ausgesetzt.

  Es muss situativ beurteilt werden, wann – beziehungsweise in welchen zeitlichen Abständen – ein Team Zeit braucht, um sich in Ruhe mit seiner inneren Verfassung zu beschäftigen.
  2. Mindestens einmal pro Monat im Rahmen einer normalen Sitzung: Gemeinsame Zwischenbilanz und »Manöverkritik«
  ¼ bis ½ Stunde
  – *Was läuft bezüglich unserer Aufgabenerfüllung, unserer Verständigung und unserer Zusammenarbeit gut?*
  – *Was läuft nicht so gut?*
  – *Nachjustieren gemeinsam beschlossener Maßnahmen und Vereinbarungen*
  Solche gemeinsame Zwischenbilanzen müssen als Standard-TOP fest eingeplant und durch entsprechendes Zeitmanagement rigoros geschützt werden, sonst geraten sie in der Hektik des Tagesgeschäfts mit an Sicherheit grenzender Wahrscheinlichkeit unters Eis.

- **Geregelter Turnus**
  Genau wie komplexe technische Geräte und Anlagen (Flugzeuge, Autos, Produktionsanlagen) regelmäßig inspiziert werden, bedürfen auch Teams der regelmäßigen Wartung, des Unterhalt sowie der Früherkennung funktionaler Störungen.

  Wenn die komplexen, hoch vernetzten Arbeitsprozesse in einem Team längere Zeit nicht überprüft werden, kommt es früher oder später zu Reibungsverlusten und, in der Folge, zu emotionalen Spannungen. Mit zunehmendem Spannungsdruck wird es immer schwieriger, die Gesamtsituation partnerschaftlich zu besprechen und zu bereinigen. Die Sachdiskussion wird überlagert durch latente oder manifeste Frustration,

Misstrauen und Vorwurfshaltungen. Gemeinsame Aussprachen geraten zu »Gerichtsverhandlungen« anstatt zu einem konstruktiven, partnerschaftlichen Dialog.

Regelmäßiger »Check-up« bedeutet aber nicht »ewiges Veränderungsprojekt«, sondern gemeinsames, sorgfältiges Pflegen des Erreichten und rechtzeitiges Vornehmen notwendiger Korrekturen, bevor eine größere Reparatur fällig wird.

- Moderation
  In folgenden besonderen Situationen ist eine Moderation durch eine neutrale Drittperson – aus dem Unternehmen oder von extern – zu empfehlen:
  – wenn ein Team in Sachen Teamentwicklung noch keine Erfahrung hat und die entsprechenden Vorgehensweisen erst kennen lernen und einüben möchte;
  – wenn es sich um ein größeres Team (acht und mehr Personen) handelt und das Beziehungsgefüge nicht allzu stabil ist;
  – wenn es im Team ernst zu nehmende Spannungen oder Konflikte gibt;
  – wenn es sich um eine ganzheitliche Teaminspektion handelt und der Leiter frei sein möchte von Leitungsfunktionen.

Im Normalfall aber ist Teamentwicklung ein integrierender Bestandteil der Führungsarbeit und vollzieht sich unter aktiver Mitwirkung aller Teammitglieder ohne externe Unterstützung.

Doch nun zu einigen grundsätzlichen Aspekten der Teamarbeit.

Am Anfang steht die Auswahl der Teammitglieder

Teamentwicklung ist kein Allerweltsheilmittel. Am Anfang steht immer die Frage: Wie ist die Gruppe, die ein Team sein oder werden soll, personell zusammengesetzt? Fundamentale Fehler bei der Besetzung eines Teams lassen sich durch Teamentwicklung ebenso wenig ausbügeln wie ein Konstruktionsfehler im Bauplan eines Automobils durch Sorgfalt in der Produktion.

Bei der personellen Besetzung eines Teams sollte immer die Aufgabe, die zu erfüllen ist, im Vordergrund stehen. Drei Kriterien sind bei der Auswahl der Personen mit Priorität zu berücksichtigen: Erstens, die Sachkunde und die Fähigkeiten, die im Team vertreten sein müssen, damit dieses seine Aufgabe optimal lösen kann. Zweitens, die Fähigkeit und die Bereitschaft aller

Mitglieder, partnerschaftlich mit anderen zu kommunizieren und zu kooperieren. Es kann nicht Aufgabe eines Teams sein, sich auf Dauer mit Verhaltensdefiziten einzelner Mitglieder herumzuschlagen. Drittens: Keine Großgruppen. Wie bereits erwähnt: Zu große Gruppen haben allein schon aufgrund der Anzahl Personen größere Schwierigkeiten, zu einem funktionsfähigen Team zusammenzuwachsen.

Nicht ins Gewicht fallen dürfen Fragen wie diese: *Wer hat gerade nichts Besseres zu tun und wäre leicht verfügbar?* Oder: *Wer sollte noch alles vertreten sein, damit die Kirche im Dorf bleibt?* Wer Teamarbeit für wichtig hält und Hochleistung anstrebt, muss auch bereit sein, die Prioritäten entsprechend zu setzen.

Die Legitimation liegt außerhalb des Teams

Kein Team – kein Projektteam, keine teilautonome Arbeitsgruppe in der Fertigung und auch keine Unternehmensleitung – legitimiert seine Existenz aus sich selbst heraus. Der Bezugspunkt liegt immer außerhalb des Teams. Jedes Team ist eingebunden in eine Organisation sowie in ein Netzwerk von Arbeitsbeziehungen. Es hat letztlich immer eine vorgesetzte Instanz, definierte Arbeitspartner sowie interne oder externe Kunden mit ganz bestimmten Bedürfnissen und Erwartungen. Ziele und Aufgaben leiten sich immer ab von übergeordneten Strategien. Jedes Team hat einen Auftrag. Die Frage ist höchstens, wie dieser interpretiert wird.

Eines der Zehn Gebote in der Bibel lautet: »Du sollst nicht ehebrechen«. Was bedeutet dies in der Praxis? A sagt: »Dies bedeutet, dass Du unter gar keinen Umständen auch nur ein einziges Mal in deinem Leben fremdgehen darfst.« B sagt: »So lautet die Regel. Aber keine Regel ohne Ausnahmen.« Und C sagt: »Dies bedeutet, dass du so oft fremd gehen darfst, wie du Lust hast – solange du dich nur nicht erwischen lässt.« Exakt nach diesem Muster werden unternehmerische Ziele und Vorgaben in der betrieblichen Praxis ausgelegt. Es gibt ungefähr so viele Interpretationen wie Interpreten. Neu gebildete Teams beginnen oft, operativ tätig zu werden, ohne sich über Ziele, Aufgaben und Rollen gemeinsam Gedanken gemacht zu haben. Früher oder später kommt es dann zu Spannungen und Konflikten.

Teamentwicklung beginnt deshalb nicht bei der Beziehungsklärung zwischen den einzelnen Teammitgliedern, sondern bei der Klärung der Ziele, der Aufgaben sowie der Rollen der verschiedenen Funktionsträger. Außerdem ist zu überprüfen, wie es um Spielregeln bezüglich Kommunikation und Kooperation bestellt ist. Erst wenn hier keine Störfaktoren auszumachen sind, lohnt es sich, in die tieferen Schichten des zwischenmenschlichen Beziehungsgefüges einzudringen.

Im Übrigen gilt der Grundsatz: Keine Teamentwicklung ohne Einbezug der Außensicht. Wie wird das Team von außen beurteilt? Was sagt die vorgesetzte Instanz? Was sagen Mitarbeiter und Arbeitspartner? Was sagen die internen oder externen Kunden? Ohne Feedback von außen besteht die Gefahr, dass das Geschehen im Team nur noch um die eigenen Bedürfnisse, Interessen und Befindlichkeiten kreist. Das Team versucht dann, durch eine Beziehungsklärung im Innern die Konflikte zu lösen, die es sich durch eben diese Innenfokussierung erst selbst geschaffen hat.

Die Legende von der Gleichmacherei

Leute, die als Einzelkämpfer erfolgreich Karriere gemacht, einen ansehnlichen Machtbereich aufgebaut und erfreuliche Privilegien erworben haben, neigen manchmal dazu, Teamarbeit pauschal abzuwerten oder gar lächerlich zu machen. Sie verbreiten die Legende von der Gleichmacherei in Teams.

In Tat und Wahrheit leben Teams gerade von der Vielfalt. Gute Teams zeichnen sich dadurch aus, dass die unterschiedlichen Fähigkeiten und Kompetenzen der einzelnen Teammitglieder voll zum Zuge kommen. In einem echten Team nehmen die einzelnen Mitglieder entsprechend ihren Neigungen und Eignungen unterschiedliche Rollen wahr. Einzelne Teammitglieder sind vielleicht besonders kreativ und bringen immer wieder gute Ideen ein. Andere bringen das Team vor allem durch qualifizierte fachliche Beiträge weiter. Wieder andere haben ein besonders feines Gespür für Fragen des Klimas innerhalb der Gruppe und tragen Wesentliches bei zum Zusammenhalt im Team. Im Übrigen wird in jedem Team Führung benötigt. Wie im Fußball sind auch in Arbeitsteams Spielmacher Gold wert. In guten Teams wird Führung flexibel von denjenigen wahrgenommen, die entsprechende Fähigkeiten haben. Eine formale Hierarchie – die rangmäßige Über- beziehungsweise Unterordnung einzelner Teammitglieder – ist dazu nicht erforderlich. Der Einfluss der einzelnen Mitglieder auf das Gesamtteam mag unterschiedlich sein, für den gemeinsamen Erfolg aber sind alle wichtig.

Teamplayer und Solotänzer

Eines der Dilemmata hierarchisch aufgebauter Organisationen besteht darin, dass der Unternehmenserfolg von erfolgreicher Kooperation im Rahmen gut funktionierender Teams abhängt – und dass an der Spitze häufig Menschen stehen, die primär oder ausschließlich durch herausragende Einzelleistungen nach oben gelangt sind. Der Begriff »Team« fehlt zwar kaum je im Vokabular oberster Chefs. Manche halten Teamarbeit auch tatsächlich für wichtig. Aber mangels Erfahrung am eigenen Leib verstehen bei weitem nicht alle wirklich, worum es bei Teamarbeit und Teamentwicklung letztlich geht. Die Prioritäten in der Führung des Unternehmens werden deshalb oft nicht so gesetzt, dass eine teamorientierte Kultur entstehen kann. Es beginnt beim persönlichen Führungsstil der Nummer eins, setzt sich fort bei den praktizierten Management-Instrumenten und endet bei den Beurteilungskriterien sowie bei der Beförderungspraxis. Wenn es um Personalentscheidungen geht, nimmt nun mal jeder Chef bewusst oder unbewusst – meistens eher unbewusst – sich selbst als Maßstab. Resultat: Am Schluss finden sich in allen Schlüsselfunktionen wieder die begabtesten Solotänzer und keine ausgewiesenen Teamplayer.

Dieser Tatbestand ist in der Praxis so häufig anzutreffen, dass viele Leute allen Ernstes glauben, Leadership und Teamfähigkeit würden sich von vornherein gegenseitig ausschließen; auf unteren und mittleren Ebenen würden vor allem Teamplayer, in der Unternehmensleitung dagegen so genannte »Alpha-Tiere«, das heißt starke Einzelkämpfer gebraucht. Doch dies ist kein Naturgesetz. Selten genug, aber es gibt sie: Hoch charismatische und gleichzeitig höchst teamfähige Führungspersönlichkeiten. Wir kennen einige, sonst würden wir es möglicherweise selbst nicht glauben.

Breite Führungsspannen und die Folgen

Vielen Menschen fällt es schwer, zwei Ziele gleichzeitig im Kopf zu haben. Wenn »schlanke Organisation« angesagt ist, vergessen sie alles andere und streichen ohne Rücksicht auf Verluste Stellen und Hierarchieebenen aus dem Organigramm – meist unter Assistenz von Beratungsfirmen, welche sich vor allem im betriebswirtschaftlichen Einmaleins auskennen und sich aufs Erbsenzählen spezialisiert haben: Eine Strukturstelle gestrichen gleich Einsparung von beispielsweise 150 000 Euro. Zehn Strukturstellen gleich 1,5 Millionen Euro – jährlich wiederkehrend. Niemand fragt, wie breit die daraus resultierenden Führungsspannen – und mithin die Größen der entsprechenden Führungsteams – sein werden, geschweige denn, ob die übrig bleibenden Führungskräfte über die notwendigen Kommunikations- und Kooperationsfähigkeiten verfügen, um in Gruppierungen von zehn, 15 oder 20 Personen teamorientiert zusammen zu arbeiten.

Sicher, auch eine Gruppe von zehn oder 15 Mitgliedern kann theoretisch als hervorragendes Team arbeiten. Dazu aber ist ein Aufwand für Kommunikation und für Teamentwicklung erforderlich, den im Zeitwettbewerb heutiger Tage praktisch niemand mehr zu leisten bereit ist.

Und dies ist das Ergebnis: eine Vielzahl viel zu großer Führungskreise, die nur noch durch ihre Leiter mühsam zusammengehalten werden. Anstatt lebendiger Teamarbeit feiert die Hierarchisierung Urständ – mit all ihren Begleiterscheinungen: Ressortdenken, Priorität der Partikulärinteressen, Konkurrenz statt Kooperation und einsame Managemententscheidungen über die Köpfe sämtlicher Beteiligter hinweg. Dies ist kein Votum gegen flache Hierarchien, wohl aber ein Votum für Augenmaß bei Restrukturierungen und für die Berücksichtigung der weichen Faktoren beim Management von Veränderungen.

Wenn die Gruppendynamik aus dem Ruder läuft

Alles, was es in der großen Politik an Unerfreulichem gibt, kann in den kleinen Welten schlecht geleiteter und schlecht strukturierter Gruppen aufgrund unkontrollierter Gruppendynamik beobachtet werden: Konkurrenzrituale und Machtgerangel mehrerer Platzhirsche, sich feindlich gegenüber stehende Untergruppen mit fest zugeordneten Parteigängern, unheilige Allianzen, faule Kompromisse als Grundlage der Entscheidungsbildung, Mobbing einzelner Mitglieder, Ausgrenzung von Minderheiten. Wer Gruppen leiten, entwickeln oder beraten will, darf diesen einen Grundsatz nie vergessen: Mehrheiten haben nicht immer Recht. Besonders typische Symptome für eine wie auch immer geartete Fehlentwicklung in einer Gruppe sind informelle Hierarchien, Cliquenbildung sowie das Vorherrschen rigider Normen. Bei Fehlentwicklungen verliert die Gruppe praktisch immer eine der wichtigsten Eigenschaften eines guten Teams: das Fruchtbarmachen der Vielfalt unterschiedlicher Persönlichkeiten, Temperamente und Kompetenzen für das Erreichen gemeinsamer Ziele.

Solche Erscheinungen beeinträchtigen in gravierendem Masse die Leistungsfähigkeit einer Gruppe und müssen möglichst rasch im Gesamtkreis offen besprochen werden. In der Regel gelingt es auf diesem Wege, die innere Verfassung der Gruppe zu normalisieren. Wenn ein solcher Versuch allerdings nicht verhältnismäßig rasch Wirkung zeigt, muss an eine personelle Umbesetzung der Gruppe gedacht werden. Ein Ende mit Schrecken ist allemal besser als ein Schrecken ohne Ende.

Auf dem Weg zur Unsterblichkeit

Erfolgreiche Teams haben die Neigung, sich selbst zu erhalten. Die ursprünglichen Ziele mögen erreicht oder obsolet geworden sein – aber niemand mag daran denken, geschweige denn darüber sprechen, dass das Team eigentlich aufgelöst werden sollte. Man hat sich aneinander gewöhnt. Man versteht sich gut. Man würde es als Verlust empfinden, auseinandergehen zu müssen.

Zweierlei fällt gerade auch guten Teams außerordentlich schwer. Erstens, sich von einem untragbar gewordenen Mitglied, welches den gemeinsamen Arbeitsprozess permanent behindert, zu trennen. Zweitens, sich selbst, wenn die Zeit gekommen ist, aufzulösen – und damit Energien frei zu machen für neue und andere Aufgaben.

Hier liegen Grenzen dessen, was Teams zu leisten vermögen. Dies sind mit Gründe, weshalb jedes Team eine vorgesetzte Instanz haben sollte, die in besonders schwierigen Situationen das Notwendige erkennen, beschließen und durchsetzen kann.

Es war einmal ein Spitzenplayer

Tatort ist ein nicht unbedeutendes Hightechunternehmen, Tochtergesellschaft eines Weltkonzerns, das im Bereich des Fernmeldewesens tätig ist. Die Produkte sind hoch komplexe, kundenspezifisch gestaltete, elektronische Geräte und Anlagen mit Entwicklungszeiten von fünf bis sieben Jahren und entsprechenden Investitionsvolumina. Das Unternehmen beanspruchte in seinem Fachgebiet seit jeher europaweite, in Teilbereichen sogar weltweite technologische Führerschaft. Vor zwei bis drei Jahren kam es zu ersten Schwierigkeiten bei der Abnahme der ausgelieferten Systeme durch die Kunden. Teure Nachbesserungen und Zusatzentwicklungen sowie einzelne pauschal zurückgewiesene Anlagen führten immer tiefer in die roten Zahlen. Die konkreten Beanstandungen waren bekannt und aktenkundig, bezüglich der Ursachen der Fehlfunktionen dagegen wurden die unterschiedlichsten Theorien in die Welt gesetzt. Das Management wollte nun den Dingen auf den Grund gehen. Ein Kreis von etwa 20 Führungskräften und Spezialisten wurde im Rahmen einer Klausurtagung zu einem »Kassensturz« zusammengeführt. Zwei Tage Workshop genügten für eine Diagnose.

Das hoch spezialisierte technologische Wissen und die langjährige Erfahrung mit bestimmten praktischen Anwendungen hatten sich im Wesentlichen in den Köpfen von drei leitenden Entwicklern befunden. Vor fünf Jahren wurde die Altersguillotine im Rahmen eines umfassenden Programms zur Senkung der Overhead-Kosten drastisch heruntergesetzt. Die drei Spitzenkönner in der Entwicklung wurden finanziell anständig, aber ohne Wenn und Aber praktisch von heute auf morgen in den vorzeitigen Ruhestand geschickt. Zwei dieser drei Leute hatten dem Unternehmen noch angeboten, zumindest als Berater weiterhin zur Verfügung zu stehen – auch ohne zusätzliches Entgelt. Aber man zeigte ihnen die kalte Schulter. »Typisch«, hieß es etwa im Personalbereich, »Leute, die nicht loslassen können.«

Knapp zwei Jahre lebte das Unternehmen noch von den professionell zu Ende entwickelten Kundenaufträgen. Dann begannen die Schwierigkeiten. Und fünf Jahre danach konnte das Konzernmanagement nur noch feststellen, dass von technologischer Führerschaft keine Rede mehr sein konnte. Im Gegenteil: Der Rückstand auf die Konkurrenz war so groß, dass es aussichtslos gewesen wäre, diesen wieder aufholen zu wollen. Der Konzern ist heute nicht mehr auf diesem Gebiet tätig. Ein ehemaliger Spitzenplayer hat sich aus dem Markt verabschiedet.

Wissensmanagement und Teamarbeit

Spezialisiertes Fachwissen ist, zusammen mit qualifizierter Management-Kapazität, eine der beiden Schlüsselressourcen für unternehmerischen Erfolg. Es genügt nicht, solches Wissen aufzubauen und weiterzuentwickeln. Man muss es auch behalten können. Mit Wissen ist es ähnlich wie mit anderen Qualitäten im Bereich der weichen Faktoren, etwa mit Vertrauen in den Arbeitsbeziehungen oder mit Goodwill im Markt: Es kann nur langsam und schrittweise aufgebaut, aber sehr schnell wieder verloren werden.

Wissensträger zu fördern und zu pflegen, ist das eine. Dafür zu sorgen, dass privilegiertes Wissen nicht nur in einem, zwei oder drei Köpfen akkumuliert und konserviert wird, das andere. Auch wenn keine Erbsenzähler und Holzhacker am Werk sind, die das Unternehmen ruinieren, weil sie nicht über ihre Nase hinaus denken, kann der eine oder andere Wissensträger plötzlich ausfallen. Teamarbeit ist nicht nur ein möglicher, sondern der einzige wirklich wirksame Weg, um Wissen, welcher Art auch immer, auf mehrere Köpfe zu verteilen. Teamorientierte Führung ist deshalb nicht ein optionales Kulturelement, sondern eine entscheidende Voraussetzung für die Zukunftssicherung des Unternehmens.

Abbildung 53: Voraussetzungen für eine erfolgreiche Teamentwicklung

---

Erfolgsfaktoren der Teamarbeit

- **Positive Grundhaltung**
  Nicht nur über das reden, was zu Störungen geführt hat, sondern auch – und immer zuerst – über all das, was erfreulich ist und möglichst beibehalten werden sollte.

  Denken und Handeln nach dem Grundsatz: Probleme sind dazu da, gelöst zu werden.

- **Offenheit und Ehrlichkeit**
  Bereitschaft aller, aus ihrem Herzen keine Mördergrube zu machen, nicht um den heißen Brei herumzureden, sondern die Probleme offen anzusprechen. Denn: Ohne sorgfältige Analyse gibt es keine erfolgreiche Problemlösung!

- **Partnerschaftliche Grundhaltung**
  Alle Teammitglieder – beziehungsweise deren Sichtweisen und Anliegen – ernst nehmen. Keine hierarchischen Allüren, kein elitäres Gehabe. Ein Team ist auf die Beiträge und die Motivation aller angewiesen. Es gilt deshalb: Gleiche »Augenhöhe« im Dialog. Die funktionale Hierarchie im Arbeitsalltag wird dadurch nicht außer Kraft gesetzt.

- **Keine persönlichen Verletzungen**
  Probleme benennen durch Beschreiben der konkreten Schwierigkeiten in den Arbeitsprozessen *(Was läuft warum nicht optimal?)* sowie der eigenen, emotionalen Befindlichkeit (*Was löst bei mir ungute Gefühle aus?*) – aber keine Vorwürfe, keine Unterstellungen, keine neunmalklugen psychologischen Interpretationen, keine abwertenden oder verletzenden Qualifikationen!

- **Sensibilität für die emotionale Lage**
  Stimmungen, Gefühle und Empfindungen sind die wichtigsten Indikatoren, ob beziehungsweise wo nach Störfaktoren zu suchen ist. Reine Sachlogik und Verstandesakrobatik verstellen nur den Blick auf das, was in den Menschen wirklich vorgeht – in einem selbst sowie in den anderen.

- **Konsequentes Einleiten und Umsetzen von Maßnahmen**
  Es wird fast überall zu viel analysiert und zu wenig gehandelt. Grundsatz: Nur so lange analysieren, bis alle verstanden haben, was das Problem ist – dann aber konkrete Lösungen erarbeiten und deren Umsetzung einleiten.

- **Teilnahme aller Teammitglieder**
  Teams, die größer sind als vier bis fünf Personen kommen im Alltag erfahrungsgemäß nur selten vollzählig zusammen. Wenn dann bei den zur Teamentwicklung angesetzten Veranstaltungen auch noch Einzelne fehlen, ist es so gut wie unmöglich, zu allerseits verstandenen und gemeinsam getragenen Lösungen zu kommen.

Abbildung 54: Ungute Bedingungen für die Teamentwicklung

Limitierende Faktoren

Größe des Gremiums
Großgruppen von 15, 20 oder mehr Personen können nur schwer zu einem echten Team integriert werden. Sie haben immer einen gewissen Charakter von Bühne und »Öffentlichkeit«. Es fehlt an Spontaneität, Offenheit, Ehrlichkeit und Vertrauen. Das einzelne Mitglied hat begrenzte Möglichkeiten, aktiv auf das Geschehen im Gesamtkreis Einfluss zu nehmen. Resultate: Einzelstatements anstelle von Dialog; Fensterreden; taktisches Geplänkel; informelle Gruppen und Netzwerke.

Vorherrschen von Eigeninteressen
Wenn Leute unterschiedlichster Herkunft versammelt sind, Leute, die in ihrem Hauptberuf ganz woanders tätig sind, ist das Engagement für die gemeinsame Aufgabe häufig sehr begrenzt. Es überwiegen die offenen oder versteckten Partikularinteressen. Typisches Beispiel: Aufsichts- beziehungsweise Verwaltungsräte. Sie verkommen häufig zu Abnickgremien und versagen kläglich, wenn echte Aufsicht und entschlossenes Handeln gefragt wäre. Jede Firmenpleite ist letztlich auch auf das Versagen der Aufsichtsgremien zurückzuführen.

Begrenzte Funktion des Gremiums
Gremien, in denen es primär um Informations- und Erfahrungsaustausch, Meinungsbildung, Beratung und Networking geht, in denen aber keine außerhalb des Gremiums wirksamen Entscheidungen getroffen werden, degenerieren leicht zu sozialen Happenings.

Unregelmäßiger Arbeitsrhythmus
Wenn ein Gremium sich lediglich zwei- oder dreimal pro Jahr trifft, womöglich noch unregelmäßig, kommt von vornherein kein gemeinsamer Arbeitsprozess in Gang.

Kooperationsfeindliche Unternehmenskultur
Wenn der Führungsstil und das institutionalisierte Führungsinstrumentarium im Unternehmen nicht Teamarbeit, sondern Einzelleistung belohnen, ist die Kultur von Ressortdenken und Konkurrenzkampf

geprägt. In einem solchen Umfeld ist Teamentwicklung massiv erschwert, manchmal von vornherein gar nicht möglich.

Zerrüttete zwischenmenschliche Beziehungen
Wenn zwei oder mehrere Gruppenmitglieder sich aufgrund schlechter Erfahrungen in der Vergangenheit nicht mehr als ernst zu nehmende Partner akzeptieren und nur noch taktisch miteinander verkehren, herrscht emotional »verbrannte Erde«. Konstruktive Beziehungen aufzubauen ist entweder von vornherein unmöglich oder würde einen nicht leistbaren Aufwand voraussetzen.

Nicht teamfähige Gruppenmitglieder
Ein einziges verhaltensgestörtes Gruppenmitglied genügt, um den Teamentwicklungsprozess zu blockieren. Schwerwiegende Egozentrik, Unfähigkeit zuzuhören, notorische Unzuverlässigkeit oder krankhaftes Anerkennungsbedürfnis einer einzelnen Person haben fast automatisch zwei Konsequenzen. Erstens, die Gruppe ist permanent damit beschäftigt, die durch das neurotische Mitglied eingesteuerten Störungen auszubalancieren. Zweitens, es herrscht eine peinlich gedrückte Stimmung. Es kann kein Klima der Offenheit, der Ehrlichkeit und des Vertrauens entstehen. Dieses Team muss nicht entwickelt, sondern umbesetzt werden.

Abbildung 55: Phasenmodell für die Teamentwicklung in einem Workshop

---
Der Teamentwicklungs-Workshop

Vorbereitung
- Besprechen der Zielsetzung
- Festlegen von Ort und Termin
- Auftrag an alle, sich über die aus ihrer Sicht im Zusammenhang mit der Funktionsweise des Teams wichtigen Themen individuell Gedanken zu machen

1. Einleitung
- *Wozu sind wir hier zusammen gekommen?* (Ziele des Workshops)
- *Wie wollen wir vorgehen?* (Phasen des Workshops)

- *Auf was müssen wir besonders achten?* (siehe Abbildung 39: Erfolgsfaktoren, Seite 398)

2. Beschreiben der Ist-Situation
- *Was läuft gut? Was sollten wir beibehalten?*
- *Was läuft nicht so gut? Was gibt es für Spannungsfelder und Reibungsverluste?*

Sammeln der Sichtweisen und Empfindungen *aller* Teammitglieder
Wichtig: Individuelle Statements – gut zuhören – aber nicht diskutieren!

3. Analyse der Ist-Situation
- Bündeln der verschiedenen Voten, Herausarbeiten der zentralen Themen
- Besprechen der Ursachen und Zusammenhänge

4. Entwickeln von Lösungen
- Sammeln von Lösungsideen
- Konkretisieren erfolgversprechender Lösungsvorschläge
- Entwickeln von Alternativen
  (*Es gibt immer mehrere »Wege nach Rom«!*)

5. Entscheidung
- Bewertung der Lösungsvarianten (Vorteile/Nachteile)
- Festlegen von Maßnahmen und Treffen von Vereinbarungen

6. Festlegen der Umsetzung
- Aufgabenverteilung und Terminplanung: *Wer tut was bis wann?*
- Zeitpunkt und Form der Erfolgskontrolle

7. Bilanz und »Manöverkritik«
Alle äußern sich reihum kurz:
- *Wie beurteile ich die Ergebnisse? Haben wir die Ziele erreicht?*
- *Was war für mich besonders wichtig?*
- *Wie habe ich die Qualität des Dialogs empfunden?*
- *Mit was für Gefühlen und Empfindungen gehe ich nach Hause?*

Abbildung 56: Beurteilung der inneren Verfassung des Teams

Leitfragen für die Analyse der Ist-Situation

Organisationsstruktur
- Sind die Aufgaben richtig verteilt und zugeordnet?
- Haben wir ein einheitliches Verständnis der Funktionen und Rollen: (a) des Teams, (b) des Leiters beziehungsweise der Leiterin, (c) der einzelnen Funktionsträger
- Gibt es Aufgaben, die nicht (oder nicht befriedigend) wahrgenommen werden?

Arbeitsprozesse
- Wie beurteilen wir unseren Output, unsere Teamleistung insgesamt?
- Wie werden wir beziehungsweise wie wird unsere Teamleistung von außen beurteilt?
- Welche Arbeitsabläufe funktionieren gut?
- Wo gibt es immer wieder Reibungsverluste, Störungen und Ärger?
- Was müssen wir in Zukunft anders machen beziehungsweise besser organisieren?

Management-Instrumente
- Was für Management-Instrumente haben wir?
- Welche sind für unsere Arbeit förderlich, welche eher hinderlich?
- Was für Instrumente fehlen uns und sollten eingeführt werden?
- Welche wären zwar vorhanden, werden aber nicht (oder nicht konsequent) angewendet?

Kommunikation
- Wie funktioniert unsere Regelkommunikation, wie laufen unsere gemeinsamen Sitzungen, wie gut ist der Informationsfluss unter uns?
- Fühlen sich alle »auf dem Laufenden« bezüglich wichtiger Entwicklungen im Umfeld, im Gesamtunternehmen und im Bereich?
- Wird offen kommuniziert (a) zwischen den Funktionen, (b) zwischen den Hierarchieebenen, (c) zwischen den einzelnen Personen?
- Begegnen wir uns praktisch ausschließlich in der Arbeitssituation oder gibt es auch informelle Kontakte unter uns?

Führung
- Wer nimmt bei uns Führungsfunktionen wahr – konkret: wer welche?
- Gibt es wichtige Führungsaufgaben, die von niemandem wahrgenommen werden?
- Wie beurteilen wir den bei uns herrschenden Führungsstil?
- Gibt es spezifische Wünsche an die Leitung?

Zusammenarbeit
- Wird bei uns offen und kollegial zusammengearbeitet – oder kümmern sich alle nur um ihre eigenen »Gärtchen«?
- Hilft man sich gegenseitig aus, springt man füreinander ein, wenn Not am Manne beziehungsweise an der Frau ist?
- Fühlen sich alle genügend unterstützt, in ihrer Funktion akzeptiert und mit ihren Anliegen ernst genommen?

Abbildung 57: Zwischenbilanz zur Kommunikation und Kooperation

Leitfragen für die gemeinsame »Manöverkritik«

- Wie beurteilen wir unseren Fortschritt in der Teamentwicklung?
- Werden unsere gemeinsam getroffenen Vereinbarungen eingehalten – oder sind die guten Vorsätze alle still und leise wieder in Vergessenheit geraten?
- Sind wir in der gemeinsamen Diskussion offen und ehrlich genug miteinander – oder wird um den heißen Brei herumgeredet?
- Diskutieren wir partnerschaftlich und sachbezogen – oder kommt es immer wieder zu offenen oder versteckten Vorwürfen und persönlichen Angriffen?
- Kommen alle zum Zuge – oder gibt es unter uns Vielredner, welche die Bühne beherrschen und die anderen zu Statisten degradieren?
- Wird genügend zugehört und aufeinander eingegangen – oder besteht unsere »Diskussion« lediglich im Aneinander reihen individueller Meinungsäußerungen?

- Behalten wir den »roten Faden« und das Ziel der Übung im Auge – oder geraten wir immer wieder vom Hölzchen ins Stöckchen?
- Versuchen wir bei Meinungsverschiedenheiten, eine allerseits tragbare Lösung auszuhandeln – oder bleiben wir durch unüberbrückbare Gegensätze blockiert?
- Können wir konstruktiv streiten – oder beherrscht das Harmoniebedürfnis die Szene? Müssen wir das Offenlegen und Austragen von Interessenkonflikten ständig vermeiden, weil wir befürchten, es könnte zu irreparablen klimatischen Störungen kommen?
- Sind wir genügend handlungs- und umsetzungsorientiert? Versuchen wir genügend konsequent, Lösungen zu finden und umzusetzen – oder neigen wir dazu, die Dinge zu Tode zu analysieren und letztlich zu zerreden?
- Sind alle bereit, Dinge zu verändern – oder wird zum Teil krampfhaft am bisherigen Zustand festgehalten? Wenn ja: von wem – und warum?
- Gibt es andere Fragen, über die wir einmal offen sprechen sollten?

Kapitel 14

Veränderung der Unternehmenskultur

Kultur als Steuerungssystem

Unternehmenskultur kann man definieren als die *Gesamtheit aller Normen und Werte*, die den Geist und die Persönlichkeit des Unternehmens ausmachen. Was ist ihre Funktion?

Normen und Werte sind Steuerungsgrößen. Sie kanalisieren das Verhalten der Menschen. Das Ziel ist letztlich eine *Reduktion von Komplexität*: Sie schaffen Klarheit für alle Mitglieder eines Sozialverbands, was in dieser Organisation als »gut« beziehungsweise »nicht gut« gilt, was »erlaubt« beziehungsweise »nicht erlaubt« ist, was »belohnt« und was »bestraft« wird. Dies zu wissen hilft dem Einzelnen nicht nur, sich an seine Umwelt anzupassen, einigermaßen konfliktfrei zu leben und von seinem Umfeld akzeptiert zu werden. Es gibt ihm auch Orientierung bezüglich des Verhaltens der anderen: Er weiß, was er von seinen Mitmenschen erwarten darf und was nicht – und wie er sich dem zufolge auf bestimmte Situationen einzustellen hat. Sein soziales Umfeld wird für ihn verstehbar, durchschaubar, berechenbar. Menschliche Gemeinschaften, gleich welcher Art, sind ohne solche »Spielregeln« – Normen, die Orientierung nach innen und Zusammenhalt nach außen gewährleisten – überhaupt nicht funktionsfähig.

Jede Norm und jeder Wert steuern das Verhalten von Individuen und Gruppen in eine ganz bestimmte Richtung, die für das Überleben und den Erfolg des Gesamtverbands von Bedeutung ist – »*Kundenorientierung*« zum Beispiel, »*Kostenbewusstsein*« oder »*Teamarbeit*«. Hier liegt auch der tiefere Grund, weshalb »Unternehmenskultur« in der Wirtschaft früher kaum ein Thema war: In den klassisch-hierarchischen und arbeitsteiligen Organisationen wurden die Menschen direktiv, durch eng begrenzte Arbeitsinhalte sowie durch die unmittelbare Führungsautorität der Vorgesetzten gesteuert. In den netzwerkartigen Organisationen der Zukunft, im Zeitalter der dezentralen Selbstorganisation, verfügen die Mitarbeiter aller Stufen über einen großen Handlungsspielraum. Sie nehmen komplexe und anspruchsvolle Aufgaben wahr – ohne hierarchische Aufsicht und im Rahmen einer Organisation, die sich ständig im Fluss befindet. In dieser Situation ist es nicht mehr die äußere Struktur, die Orientierung und Sicherheit geben kann. An ihre Stelle treten vielmehr *transparente und stabile Normen und Werte*. Sie übernehmen die entscheidende Ordnungsfunktion. Sie geben der Gemeinschaft eine Identität und schaffen den Rahmen, innerhalb dessen Individuen und Gruppen sich weitgehend selbstständig organisieren können, ohne die gemeinsame Marschrichtung aus den Augen zu verlieren.

Es gibt letztlich keine effizientere Steuerung als eine ausgeprägte, in sich stimmige Unternehmenskultur. Wenn nämlich die allgemeine Marschrichtung stimmt, kann man den Rest vertrauensvoll der dezentralen Selbstorganisation überlassen. Aufwändige Koordinations- und Kontrollsysteme entfallen. Dies ist der Hauptgrund, weshalb »Unternehmenskultur« mittlerweile die Bedeutung eines zentralen Erfolgsfaktors erlangt hat.

Ausdrucksformen

Die Unternehmenskultur ist das nur schwer fassbare, letztlich nie vollumfänglich objektivierbare Ergebnis eines ebenso komplexen wie langjährigen sozialen Geschehens. Sie drückt sich nicht in harten Fakten und Zahlen, sondern durch *emotionale Qualitäten* aus. Ihr Wesen kann letztlich nur erlebt, nicht gemessen und nicht berechnet werden. Woran erkennt man die Kultur eines Unternehmens? Wie teilt sie sich mit?

Man kann die Ausdrucksformen ganz grob wie folgt unterteilen:

- *Kommunikation:* Was wird schriftlich, was mündlich kommuniziert? Worüber wird überhaupt gesprochen und geschrieben? Was für ein Sprachstil wird gewählt? Was wird nicht angesprochen – was wird tabuisiert?
- *Verhalten:* Wie verhält sich die Führung? Wie kommen Entscheidungen zustande? Was für Verhaltensweisen werden belohnt, was für Menschen werden gefördert? Wie wird im Unternehmen kommuniziert und kooperiert? Wie geht man miteinander um?

- *Strukturen:* Was für Gebäude, Anlagen und Formen der Raumgestaltung beherrschen die Szene? Was für Organisationsformen und Regelungen werden bevorzugt? Was für ein Führungsinstrumentarium gibt es – und wie wird es benutzt?
- *Soziale Ereignisse:* Was gibt es – neben der täglichen Arbeit – für Veranstaltungen und Rituale? Wer kommt mit wem bei welchen Gelegenheiten zusammen? Wie laufen Veranstaltungen in größeren Kreisen ab, welchen Erlebniswert haben sie?

Auf all diesen Wegen teilt sich dem Außenstehenden ein Geist mit, der sich im Laufe der Geschichte des Unternehmens herausgebildet hat. Unverwechselbare »Gesetze« und »Spielregeln«, die das soziale Geschehen im Innern steuern, werden als »Charaktereigenschaften« erkennbar, welche die Persönlichkeit des Unternehmens prägen. Was man im Management-Jargon als »*Corporate Identity*« bezeichnet, ist aufs Engste mit der im Unternehmen herrschenden Kultur verbunden.

Dem Internen ist die Kultur – beziehungsweise Unkultur – seines Unternehmens allerdings oft überhaupt nicht bewusst. Er ist direkt betroffen, kennt nichts anderes und hält die ihm aus dem Alltag geläufige »Lebensart« für selbstverständlich. Manch einer erfährt erst, wie gut oder wie schlecht er's hat, wenn er bei externen Veranstaltungen mit Kolleginnen und Kollegen aus anderen Unternehmen zusammentrifft.

Einflussfaktoren

Die Kultur eines Unternehmens oder einer Institution kann stark oder schwach ausgeprägt, bewusst gepflegt oder historisch gewachsen, auf klaren Grundwerten fundiert oder in sich widersprüchlich sein. Aber in jeder Organisation, die älter ist als ein paar Monate, entwickeln sich bestimmte Normen und Werte. Welches sind die wesentlichen Einflussfaktoren?

Ein Unternehmen ist zunächst einmal durch eine ganze Reihe *fundamentaler Faktoren* geprägt – vorab durch die Branche, in der es tätig ist (siehe Abbildung 58). Die Produkte, die hergestellt werden, die Art der Kunden, mit denen man es täglich zu tun hat, die Produktionsmittel, die das betrieb-

Abbildung 58: Unternehmenskultur – fundamentale Faktoren (nur bedingt beeinflussbar)

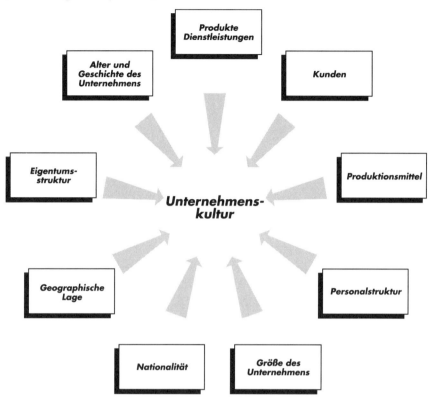

liche Geschehen bestimmen, die Personalstruktur, die sich notwendigerweise aus der Tätigkeit des Unternehmens ergibt – all dies schafft ganz bestimmte Rahmenbedingungen, die das soziale Zusammenleben prägen. Die Kulturen in einer Gießerei, in einem Ingenieurbüro, in einem Modehaus oder in einer Großbank lassen sich deshalb letztlich nicht vergleichen. Wo viele Frauen tätig sind, geht es beispielsweise von vornherein lebendiger zu als in einem reinen Männerbetrieb.

In der öffentlichen Verwaltung schafft die Regelungsdichte von vornherein Voraussetzungen, welche bürokratische Arbeitsabläufe und absicherndes Verhalten begünstigen. Und in einer internationalen Luftverkehrsgesellschaft herrscht grundsätzlich eine andere Weltoffenheit als in einer lokal tätigen Baufirma. Aber auch die Größe des Unternehmens, die Nationalität des Stammhauses, die geografische Lage, das Alter des Unternehmens oder

Abbildung 59: Unternehmenskultur – unternehmensspezifische Faktoren (weitgehend beeinflussbar)

die Eigentumsstruktur spielen eine wichtige Rolle. In einem kleineren Familienunternehmen entwickelt sich eine ganz andere Kultur als im Stammhaus eines großen multinationalen Konzerns.

Daneben gibt es aber sehr viele *unternehmensspezifische Faktoren*, die auch innerhalb ein und derselben Branche von einem Unternehmen zum andern völlig unterschiedliche Voraussetzungen für die Entwicklung des sozialen Zusammenlebens im Innern schaffen können (siehe Abbildung 59). Wenn das Topmanagement sich elitär, distanziert und hierarchisch verhält, darf nicht erwartet werden, dass sich im Unternehmen eine partnerschaftliche Kultur entwickelt. Wenn das gesamte Führungsinstrumentarium darauf ausgerichtet ist, Einzelleistungen zu züchten und zu prämieren, und wenn im Management auch noch täglich vorexerziert wird, wie man Ressortkriege führt, ist es schwierig, in interdisziplinär zusammengesetzten Projektgruppen Teamgeist zu entwickeln. Wenn die obersten Chefs nur per Memo miteinander verkehren, wenn Führungskräfte und Sachbearbeiter alle hinter geschlossenen Türen in Einzelbüros leben und wenn das Nachdenken über Veränderungen notorische Chefsache ist, kann es um die Innovationskraft des Unternehmens von vornherein nicht gut bestellt sein.

Es soll hier allerdings nicht der Eindruck erweckt werden, als herrschten allenthalben in der Wirtschaft archaische Zustände – oder als gäbe es so etwas wie die eine, einzig richtige Unternehmenskultur. Die Realität ist sehr viel komplizierter. Zum einen hängt das, was im konkreten Fall bezüglich Kultur als sinnvoll und wünschenswert definiert werden kann, sehr stark von der Gesamtsituation, insbesondere von der *Strategie* und von der *Struktur* des Unternehmens ab. Zum andern ist es in der Praxis – vorab in größeren Unternehmen oder Institutionen – selten so, dass man von einer durchgängig klaren und eindeutigen Kultur sprechen könnte. Das Problem besteht im Gegenteil meistens darin, dass überhaupt keine einheitlichen, zum Teil vielleicht sogar krass widersprüchliche Normen und Werte wirksam werden. In solchen Fällen wird Komplexität nicht reduziert, sondern erhöht. Konsequenz: Es fehlt an Orientierung. Vorsicht wird zur Grundlage erfolgreichen Verhaltens. Taktik beherrscht die Szene.

> **Beispiel: Teamarbeit im Unternehmen**
>
> *Einerseits ...*
> In den neu formulierten Grundsätzen der Führung wird speziell auf die Bedeutung der Teamarbeit für den Erfolg des Unternehmens hingewiesen. Es werden interdisziplinäre Projektteams eingesetzt. Qualitätszirkel sollen eingerichtet werden. Teilautonome Gruppen in der Produktion sind geplant. Mitarbeiter und Führungskräfte werden gruppendynamisch geschult. Es werden interne Moderatoren ausgebildet.
>
> *Andererseits ...*
> Der oberste Chef singt in Reden das Hohelied herausragender Einzelleistungen. Der Finanzchef verkündet in Zeitungsartikeln: »So etwas

> wie kollektive Verantwortung gibt es nicht.« Der Vorstand demonstriert hierarchisches Verhalten in Reinkultur. Es gibt serienweise Manager, die »das ganze Teamgesäusel« für einen ausgemachten Quatsch erklären. Aufgrund des Lohn- und Gehaltssystems kann ausschließlich die Einzelleistung honoriert werden, Gruppenleistungsprämien sind tabu.
>
> *Konsequenz ...*
> Es werden endlose Grundsatzdebatten über Sinn oder Unsinn von Gruppenarbeit geführt; die Meinungen polarisieren sich; die Produktivität tatsächlich eingerichteter Gruppen bleibt weit hinter den Erwartungen zurück.

Dies ist häufig das eigentliche Problem: Impulse am einen Ort werden in ihrer Wirksamkeit durch gegenläufige Impulse an anderen Orten wieder aufgehoben – und zwar schlicht mangels eines Konzepts und einer klaren Linie auf oberster Managementebene. Der Wildwuchs der in ein und demselben Unternehmen gleichzeitig herrschenden Normen und Werte erinnert nicht selten an den Bibelspruch: »*Denn sie wissen nicht, was sie tun ...*« Gerade so genannte knallharte Rechner geben sich überhaupt keine Rechenschaft, was die inneren Widersprüche im Unternehmen unter dem Strich an Geld kosten. Was nicht gemessen werden kann, erscheint nicht in der Bilanz.

»Ist« und »Soll«

Der Erfolg jeder strategischen Reorganisation ist heute unter anderem davon abhängig, ob die kulturellen Voraussetzungen für das Funktionieren des neuen Strukturmodells gegeben sind oder nicht. Wer nur am Organigramm herumbastelt, riskiert von vornherein einen Flop. Eine Profit-Center-Organisation, in der alle Fachfunktionen zentralisiert bleiben und das Controlling sich ausschließlich als verlängerter Arm der obersten Heeresleitung versteht, wird nie richtig ins Laufen kommen; Manager, die nicht gelernt haben, vernetzt zu denken und Verantwortung zu delegieren, sind von vornherein nicht fähig, in flachen Strukturen erfolgreich zu führen; und wenn eine Behörde lange genug als »Staat im Staate« geführt worden ist, wird es durch strukturelle Maßnahmen allein mitnichten gelingen, sie in eine effiziente, bürgernahe und dienstleistungsorientierte Organisation zu verwandeln.

Wenn ein Unternehmen sich strategisch neu ausrichtet, stellt sich deshalb nicht nur die Frage nach den geeigneten Strukturen, sondern auch nach der geeigneten Kultur. Der »Soll-Zustand« muss definiert und der »Ist-Situation« gegenübergestellt werden. Ein Manager, der von außen neu in ein Unternehmen eintritt, hat in der Regel keine Mühe, die »Ist-Situation« zu beschreiben. Wer aber im Unternehmen Karriere gemacht hat, ist mit Betriebsblindheit geschlagen und praktisch nicht in der Lage, die herrschende Kultur mit all ihren spezifischen Stärken, Defiziten und Widersprüchen zu erkennen – am allerwenigsten dann, wenn er selbst einen starken Einfluss auf die Geschicke des Unternehmens gehabt hat.

Es gibt aber einen durchaus probaten Weg, ein konkretes und realistisches Bild der »Ist-Situation« zu erheben: die Beurteilung der Kultur durch die Mitarbeiterinnen und Mitarbeiter. Man kann zu diesem Zwecke einen speziellen Fragenkatalog entwickeln. Meistens genügt es aber bereits, wenn man die im Unternehmensleitbild und in den Führungsgrundsätzen genannten Punkte – oder auch eine Liste genereller Erfolgsfaktoren, wie sie etwa in Abbildung 53 (Seite 464), enthalten sind – den Mitarbeitern zur Überprüfung vorlegt. Wenn alle Beteiligten sich dazu geäußert haben, welche Punkte im Unternehmen verwirklicht sind, welche nicht und woran sich dies in der Alltagspraxis festmachen lässt, liegen die wesentlichen Stärken und Defizite der Ist-Situation auf dem Tisch.

Das Hauptproblem ist jedoch weder die Analyse der Ist-Situation noch die Definition des angestrebten Soll-Zustands, sondern vielmehr die Umsetzung – die Frage, wie die Kultur des Unternehmens im betrieblichen Alltag verändert werden kann.

Wege zur Veränderung

Es ist keine große Kunst, in einem Unternehmen die Strukturen zu verändern. Wer aber das Verhalten der Menschen verändern will, kann sich leicht die Zähne ausbeißen. Bevor Sie sich als Unternehmer oder Führungskraft ernsthaft vornehmen, die Kultur in Ihrem Verantwortungsbereich zu verändern, müssen Sie sich über eines Rechenschaft geben: Verhalten wird gelernt – und eine Kultur lernen heißt, die bisherige Kultur, die sich in Jahrzehnten entwickelt und gefestigt hat, zu verlernen.

Wir sagen das nicht, um Sie zu entmutigen und von einem eventuell überlebensnotwendigen Veränderungsvorhaben abzuhalten, sondern nur, um Ihnen bewusst zu machen, auf was für ein Unterfangen Sie sich da einlassen.

Es gibt eine ganze Reihe von Möglichkeiten der Einflussnahme:

- *Die angestrebte Kultur konkret beschreiben*
- *Die Notwendigkeit der Veränderung sorgfältig begründen*
- *Normen setzen durch Vorbildfunktion*
- *Gemeinsame Arbeit an der Kulturveränderung*
- *Umsteuerung durch personelle Besetzung von Schlüsselfunktionen*
- *Belohnung und Sanktion im Führungsprozess*
- *Konsequentes Projekt-Management*

Dies ist allerdings kein Menu à la carte. Wenn nicht erst Ihre Urenkel Resultate erleben sollen, werden Sie von all diesen Möglichkeiten gleichzeitig und sehr konsequent Gebrauch machen müssen. Und auch dann werden Sie Ihre Welt noch nicht über Nacht verändern. Mittelfristig dürfen Sie dafür mit nachhaltigem Erfolg rechnen.

1.	*Die angestrebte Kultur konkret beschreiben*

Wer eine neue Kultur entwickeln will, muss zuerst mal sagen, wie sie aussieht. Er muss Sie beschreiben und die Kernelemente – Normen und Werte – benennen, auf denen sie beruht. Aber dies genügt nicht. Normen und Werte sind zunächst nur Schlagworte, leere Begriffshülsen. Wenn die Mitarbeiter/-innen verstehen sollen, was gemeint ist, müssen diese abstrakten Begriffe durch nachvollziehbare Konkretisierungen ergänzt, unterfüttert, mit »Fleisch« angereichert werden.

Zum Beispiel:

»Kundenorientierung«

ist zunächst ein abstrakter Begriff.
Konkretisierungen:

- *Jeder weiß, wer sein Kunde ist.*
- *Der Kunde und seine Bedürfnisse werden ernst genommen.*
- *Auch interne Partner werden als Kunden betrachtet und behandelt.*
- *Es herrscht nach außen wie nach innen eine ausgeprägte Dienstleistungsmentalität.*
- *Die Beziehungen zu den Kunden sind lebhaft, freundschaftlich und persönlich geprägt.*
- *Interne und externe Kunden werden aktiv an der Entwicklung neuer Produkte und an der Verbesserung der Dienstleistungen beteiligt.*
- *Das Denken und Handeln von Mitarbeiter/-innen und Führungskräften ist konsequent auf das Steigern von Kundennutzen ausgerichtet.*

Es wird im Laufe des Veränderungsprozesses noch genügend Widerstände geben. Aber wenn am Anfang die Orientierung fehlt, wohin die Reise gehen soll, kommt man gar nicht erst aus den Startlöchern.

> 2. *Die Notwendigkeit der Veränderung sorgfältig begründen*

Ohne Einsicht in die Notwendigkeit gibt es bei Menschen keine Verhaltensänderung. Einsicht ist zwar noch lange keine Garantie, aber eine unabdingbare Voraussetzung. In einem Unternehmen muss man den Mitarbeiter/-innen und Führungskräften erklären, dass und warum eine Veränderung angesagt ist. Dazu ist es nicht notwendig, die bisherige Kultur – und damit die gemeinsame Vergangenheit – schlechtzumachen. Man soll zu seiner Vergangenheit stehen. Die bisherige Kultur war ja unter den Bedingungen der Vergangenheit auch durchaus erfolgreich. Aber die Bedingungen haben sich geändert – und dies muss allen Beteiligten unmissverständlich klar gemacht werden.

Kultur ist kein Selbstzweck. Genauso wie eine bestimmte Organisationsform unter bestimmten Gegebenheiten sinnvoll oder hinderlich sein kann, können bestimmte Werte und Verhaltensnormen geeignet oder ungeeignet sein, um die gemeinsamen Zukunftsaufgaben zu bewältigen. Mit anderen Worten: Es geht hier nicht um Unternehmensfolklore. Die neuen angestrebten Werte und Verhaltensnormen sind *strategische Erfolgsfaktoren.*

Die konkrete – und damit glaubhafte und plausible – Begründung schafft überhaupt erst die Voraussetzung für die im Unternehmen notwendige Bewusstseinsänderung. Wenn Führen durch Sinngebung gefragt ist, dann hier. Denn manch einer hat sich über Dinge wie »Kultur«, »Grundwerte« oder »Verhaltensnormen« noch gar nie Gedanken gemacht. Die herrschenden Verhältnisse werden von den meisten Menschen schicksalhaft hingenommen. Dass es so etwas wie »Kultur« überhaupt gibt, geschweige denn, dass man diese gestalten und verändern kann, ist für viele ein völlig neuer Gedanke.

3.	*Normen setzen durch Vorbildfunktion*

Auch in einer Zeit, da Führungsautorität allenthalben in Verruf gerät, bleibt es dabei: Der wirksamste Weg, die Einstellungen und das Verhalten von Menschen in Organisationen zu beeinflussen, besteht darin, bestimmte Normen und Werte an der Führungsspitze glaubwürdig zu vertreten und modellhaft vorzuleben. Menschen suchen und brauchen heute mehr denn je Identifikationsfiguren, die zu überzeugen vermögen – nicht nur durch das, was sie sagen, sondern vor allem auch durch das, was sie tun und wie sie es tun. Wenn es Werte gibt, die die Führung für wichtig hält, dann muss sie dazu stehen, sie benennen – und danach handeln! Es gilt, Zeichen zu setzen durch Aktionen, die hohen Aufmerksamkeitswert haben. Verhaltensweisen, welche die Entwicklung unterstützen, müssen belohnt, Zustände, welche in die entgegengesetzte Richtung gehen, offen kritisiert werden. Und: Den Direktunterstellten gegenüber ist eine gesunde Skepsis angebracht. Sie müssen daraufhin kontrolliert werden, ob sie ihrerseits die Ideen weitertragen und konsequent umsetzen helfen oder nicht. Auch hoch angesiedelte Manager nehmen von ihrem direkten Vorgesetzten liebend gern einen offenen, teamorientierten und partizipativen Führungsstil entgegen – und kommen von sich aus überhaupt nicht auf den Gedanken zu überprüfen, wie sie es denn selbst mit ihren Mitarbeitern halten. Nur der direkte Kontakt mit den Menschen auf den nächstunteren Stufen zeigt, was bei ihnen angekommen ist – und was nicht. Manch einer, der die höheren Stufen der Hierarchie erreicht hat, wird sagen: »Ich bin doch kein Missionar!« Nein, ein Manager ist kein Missionar – aber sicher ist dies: Eine Kulturveränderung lässt sich nicht vom Schreibtisch aus administrieren. Und wer, wenn nicht der oberste Chef, soll den Anfang machen? Wessen Verhalten hat am meisten Chancen, das Verhalten anderer zu beeinflussen? Und wer wird dafür bezahlt, im Unternehmen optimale Voraussetzungen für die Bewältigung der Zukunftsaufgaben zu schaffen?

4. *Gemeinsame Arbeit an der Kulturveränderung*

Der erste Schritt zur Entwicklung der Kultur ist die Sensibilisierung – die eigene und diejenige der anderen; das Bewusstmachen der aktuell herrschenden Unternehmenskultur mit all ihren Stärken und Schwächen – und das Entwickeln von Ideen, wie man sie verändern könnte. Man muss als Chef nicht alles selbst erfinden – und schon gar nicht alles selbst machen. Am meisten bewegt man, wenn die Mitarbeiter selbst aktiv werden. Dafür zu sorgen, dass dies geschieht, ist Aufgabe der Führung: eine gemeinsame, kritische Bestandsaufnahme bezüglich der Ist-Situation; die Beschreibung des erwünschten Soll-Zustands; Ideen, die dahin führen; konkrete Schritte, die einzuleiten sind. Man glaubt gar nicht, wie viel Fantasie und Engagement Mitarbeiterinnen und Mitarbeiter entwickeln können, wenn es darum geht, die Kultur des Zusammenlebens und Zusammenarbeitens im Unternehmen kritisch zu hinterfragen und neu zu gestalten. Wichtig ist aber auch, dafür zu sorgen, dass die Mitarbeiter nicht nur im eigenen Saft schmoren. Man muss sie aus dem Haus schicken – auf Besuch zu Firmen, die bereits langjährige Erfahrung haben mit neuen Formen der Organisation, der Führung und der Unternehmenskultur. Erstens, damit sie auf neue Ideen kommen. Zweitens, damit keiner sagt: »Das ist alles graue Theorie. So etwas funktioniert in der Praxis nicht.« Die gemeinsame Beschäftigung aller Mitarbeiter mit der Kultur ist nicht nur Mittel zum Zweck. Sie ist selbst bereits gelebte Praxis einer neuen, lebendigen Kultur.

5. *Umsteuerung durch die personelle Besetzung von Schlüsselpositionen*

Wie bereits an anderer Stelle erwähnt: Die wirksamste Steuerung und Beschleunigung erfolgt über Personen. Nichts bewegt in einer Organisationseinheit so schnell so viel wie der richtige Mann oder die richtige Frau an der Spitze. Damit kommt zunächst der Entwicklung des Führungsnachwuchses eine außerordentliche Bedeutung zu – den Auswahlkriterien, den Beurteilungsprozeduren und den Modalitäten der Beförderung. Aber so wichtig diese Systeme für die langfristige Zukunft des Unternehmens sein mögen – sie greifen nur sehr langsam. Im heutigen Zeitwettbewerb ist jedoch rasche Reaktion und damit rasches Handeln gefragt. Führungspositionen müssen sehr viel schneller und flexibler adäquat besetzt und, wo notwendig, umbesetzt werden, als man sich dies früher leisten konnte. Das Augenmerk der Unternehmensleitung darf hierbei nicht nur auf die Positionen in der Linie gerichtet sein. Leitende Funktionen in Projekten haben eine zunehmende Bedeutung für die Gesamtentwicklung des Unternehmens. Die Zeit ist vorbei, da man eine Projektleitung als Spielwiese für Vorgesetzte vergeben konnte, die anderswo nicht zu gebrauchen waren.

Zweierlei muss geschehen, wenn im Unternehmen etwas bewegt werden soll. Erstens, unkonventionelle *Beförderungen in Schlüsselfunktionen* – und zwar gezielt von Leuten, die durch ihr Verhalten besonders deutlich für die Werte stehen, die entwickelt werden sollen. Dies bedeutet eine Kursänderung bezüglich der Auswahlkriterien. Zweitens: Funktionsträger, welche die neue Kultur nicht glaubwürdig vertreten können oder wollen, müssen ebenso unkonventionell *aus Schlüsselfunktionen abberufen* werden. So schwierig dies erscheinen mag – es führt kein Weg daran vorbei. Einige wenige »Bremser« in Schlüsselpositionen genügen – und die Glaubwürdigkeit des gesamten Projektes ist infrage gestellt. Wird dagegen für alle erkennbar gehandelt, gehen auf breiter Front die Schleusen auf. Dann – und nur dann – lautet die Botschaft: *Es ist ernst gemeint.*

6.	*Belohnung und Sanktion im Führungsprozess*

So wichtig punktuelle Personalentscheidungen sind, man kann in einem Unternehmen nicht alle Positionen nach Belieben umbesetzen. Dafür hat man schlicht nicht die entsprechenden personellen Ressourcen. Aber man kann und muss das gesamte Instrumentarium der Belohnung und Sanktion im Führungsprozess konsequent ausschöpfen. Die beiden wichtigsten Steuerungsinstrumente: die *Zielvereinbarung* und die *Mitarbeiterbeurteilung*. Auch hier geht es nicht einfach darum, das Instrumentarium anzuwenden, sondern ganz spezifisch darum, die angestrebte Kultur konsequent als Messlatte für das Führungsverhalten des Einzelnen anzuwenden.

Nur wenn der Einzelne spürt, dass nicht nur geredet, sondern auch gehandelt wird, dass Verhalten beobachtet und beurteilt wird und dass es Konsequenzen hat, wenn man tut, als ob nichts geschehen wäre, wird glaubhaft, dass die Sache ernst gemeint ist. Dies hat nichts mit einem negativen Menschenbild zu tun, sondern ausschließlich mit den Mechanismen, aufgrund welcher die Menschen nun mal zeit ihres Lebens Verhalten gelernt und verlernt haben.

| 7. | *Konsequentes Projekt-Management* |

Wer genügend Zeit hat, kann die Veränderung der Unternehmenskultur selbstverständlich ganz gelassen als offenen und unstrukturierten Prozess angehen – die Dinge »wachsen lassen«, wie man so schön sagt. Wer dagegen in verhältnismäßig kurzer Zeit – und dies bedeutet allemal noch zwei bis drei Jahre – eine andere Kultur braucht, damit überlebensnotwendige neue und schlanke Organisationsformen überhaupt funktionieren können, der muss die Kulturveränderung als Schlüsselprojekt angehen und konsequent managen. Da stellen sich – genau wie beim Bau eines neues Verwaltungsgebäudes, bei der Lancierung einer neuen Produktlinie oder bei der Einführung einer neuen Konzernstruktur – all die Fragen, die wir unter dem Thema *Zielorientiertes Management* (Grundsatz Nummer eins in unserer »Charta des Managements von Veränderungen«) genannt haben.

Für den einen oder anderen mag dies ein Umdenken bedeuten – dass man auch dann, wenn es um die Veränderung von »*soft factors*« geht, zielorientiertes Management braucht: klare Zielsetzungen, Erfolgskriterien, eine funktionsfähige Projekt-Organisation, einen realistischen Phasen- und Terminplan, ein effizientes Projekt-Controlling sowie geeignete Formen der Kommunikation. Manch ein wichtiges Vorhaben zur Veränderung der Unternehmenskultur ist nur deshalb im Sande verlaufen, weil es an konsequentem Management gefehlt hat.

So weit der strategische Ansatz. Der Rest ist mehr oder weniger Handwerk: die Auswahl der konkreten Maßnahmen auf dem Weg zu einer veränderten Kultur. Auch hier hat die Führung eine steuernde Funktion. Bei der Suche nach Faktoren, welche die Kultur besonders stark beeinflussen, denken Mitarbeiter und Führungskräfte immer zunächst an

– das Leitbild
– den Führungsstil
– gemeinsame Veranstaltungen

So wichtig all dies tatsächlich ist – das Zusammenleben und Zusammenwirken im Unternehmen wird durch sehr viel handfestere Dinge entscheidend mitgeprägt:

– die Organisationsform
– die formalisierten Abläufe
– das Führungsinstrumentarium
– die Beförderungspraxis
– den Führungsrhythmus und die Sitzungsgestaltung
– die Informationspolitik und die Informationsmedien
– das Lohn- und Gehaltssystem
– die Fort- und Weiterbildung

All dies ist daraufhin zu untersuchen, ob und inwieweit es die angestrebte Kultur im Unternehmen mit unterstützt – oder aber ihr, in der bisherigen Form, diametral entgegenwirkt.

Im Übrigen ist allerdings dem Phänomen »Kultur« mit Systematik allein nicht beizukommen. *Fantasie, Kreativität* und *Lebensfreude* sind gefragt. Halten Sie vor allem nach Frauen sowie nach jungen Menschen beiderlei Geschlechts Ausschau! Sie sind noch nicht ganz so verbildet wie die meisten so genannten gestandenen Männer und können Sie besonders gut bei der Gestaltung der Kultur in Ihrem Unternehmen oder Ihrer Organisationseinheit unterstützen.

In diesem Zusammenhang eine letzte persönliche Empfehlung: Halten Sie sich in kritischer Distanz zu sich selbst! Es kann nämlich sein, dass Sie in Sachen Kultur kein sonderlich begabter Mensch sind. Es kann sein, dass Ihre Mitarbeiterinnen und Mitarbeiter wesentlich mehr Gespür dafür haben, wie die Kultur in Ihrem Verantwortungsbereich entwickelt werden kann. Dies macht an sich gar nichts. Es ist durchaus nicht notwendig, dass alle zündenden Ideen von Ihnen kommen. Es fällt Ihnen keine Zacke aus der Krone, wenn Sie sich auch mal von Ihren Mitarbeiterinnen und Mitarbeitern an der Hand nehmen lassen. Aber handeln Sie um Gottes willen nicht nach dem »Not invented here«-Prinzip! Schmettern Sie eine Idee Ihrer Mitarbeiter nicht voreilig ab, nur weil Sie sie ungewöhnlich finden. Riskieren Sie auch mal etwas, das es in Ihrem Unternehmen noch nie gegeben hat. Dies ist nämlich exakt, was Sie eigentlich wollen: dass es anders wird. Oder?

Abbildung 60: Unternehmenskultur – Normen und Werte

Beispiele von Normen und Werten als strategischen Erfolgsfaktoren, die im Unternehmen stark oder schwach ausgeprägt sein können:

Kundenorientierung
Das Denken und Handeln von Führungskräften und Mitarbeiter/-innen ist auf den Kunden und auf den Kundennutzen ausgerichtet. Es herrscht nach außen wie nach innen eine ausgeprägte Dienstleistungsmentalität. Die Beziehungen zu den Kunden sowie zu den internen Dienstleistungsempfängern sind lebhaft, freundschaftlich und persönlich geprägt.

Mitarbeiterorientierung
Das Führungsverhalten und das Führungsinstrumentarium sind auf die Bedürfnisse der Mitarbeiter/-innen ausgerichtet. Es herrscht ein angstfreies und partnerschaftliches Klima. Die Mitarbeiter/-innen werden aktiv in die Entscheidungsprozesse einbezogen. Individuen und Gruppen wird Vertrauen geschenkt und Verantwortung delegiert. Mangel an »Kompetenzen« ist selten ein Thema.

Qualität
Qualität der Produkte und Dienstleistungen hat im gesamten Unternehmen einen hohen Stellenwert. Jedermann fühlt sich persönlich für die Qualität seiner Arbeitsergebnisse verantwortlich. Professionalität – in welcher Tätigkeit auch immer – ist im Unternehmen hoch angesehen und wird entsprechend belohnt. Es wird in Arbeitsmittel sowie in die Fort- und Weiterbildung der Mitarbeiter/-innen und Führungskräfte investiert.

Ergebnisorientierung
Es wird auf allen Ebenen ziel- und ergebnisorientiert gearbeitet. Effizientes Management und persönliche Einsatzbereitschaft gehören

zum Stil des Hauses. Führungskräfte und Mitarbeiter/-innen handeln sowohl kostenbewusst als auch ertragsorientiert. Man weiß, wo man Geld verdient und wo man drauflegt. Man verfügt über moderne Informationssysteme und Controllinginstrumente – und nutzt sie auch.

Innovationsbereitschaft
Es herrscht ein veränderungsfreudiges Klima. Die Optimierung der Produkte, der Produktionsmittel und der Arbeitsorganisation ist für alle ein ständiges Thema. Neue Ideen und Kritik am Bestehenden werden aufgenommen. Querdenker werden nicht ausgegrenzt. Es wird über Gruppen- und Funktionsgrenzen hinweg offen diskutiert und zusammengearbeitet. Lernbereitschaft gilt bis ins Topmanagement hinauf als Tugend. Fehler werden als Lernchancen betrachtet. Man experimentiert auch mit ungewöhnlichen Ideen und investiert mit Mut zum Risiko in Neuerungen.

Handlungsorientierung
Führungskräfte und Mitarbeiter/-innen verfügen über große Handlungsspielräume – und nutzen diese voll aus. Entscheidungen werden nicht verschleppt. Man unterscheidet zwischen »wichtig« und »dringend«. Auch Gruppen, die im hierarchiefreien Raum arbeiten, sind handlungsfähig. Zuständigkeitsgerangel und Rückversicherungsrituale sind unbekannt. Wer mit einem Problem konfrontiert ist und die Möglichkeit dazu hat, handelt spontan vor Ort.

Offene Kommunikation
Offenheit und Ehrlichkeit prägen den Informations- und Kommunikationsstil in den bilateralen Beziehungen, in Sitzungen und Konferenzen sowie in den institutionalisierten Medien. Auch heikle Fragen, ungünstige Ergebnisse oder Kritik an der Führung werden nicht tabuisiert. Das Management informiert nicht nur schriftlich, sondern, wo immer möglich, mündlich und stellt sich persönlich der kontroversen Diskussion auch in größeren Kreisen. Die informelle Kommunikation hat einen hohen Stellenwert. Alles Wichtige und Interessante geht wie ein Lauffeuer durchs Unternehmen. Nicht zuletzt deshalb sind alle Mitarbeiter/-innen immer bestens informiert.

Teamarbeit
In Führungskreisen und Arbeitsgruppen herrscht ein guter Teamgeist. Gruppenarbeit wird systematisch genutzt sowohl für operative als auch für innovative Aufgaben. Moderation, Visualisierung und Teamentwicklung haben einen hohen Stellenwert in der Fortbildung der Führungskräfte und der Mitarbeiter/-innen. Teamfähigkeit wird im Unternehmen konsequent kontrolliert und gefördert.

Konfliktbewältigung
Probleme – auch zwischenmenschlicher Art – werden offen angesprochen. Es herrscht keine Harmonie – sondern eine konstruktive Streitkultur. Meinungsverschiedenheiten und Interessenkonflikte werden offen gelegt, kommen auf den Tisch des Hauses und werden in der Sache hart ausgetragen. Man investiert viel Zeit und Energie in sauber ausgehandelte, nicht auf faulen Kompromissen beruhende Lösungen. Es kommt auch mal zu ernsthafteren Verstimmungen – aber die ausgehandelten Entscheidungen werden von allen mitgetragen.

Beschäftigungssicherheit
Es gilt das Motto: Niemand hat Anspruch auf einen bestimmten Arbeitsplatz; jeder muss damit rechnen, versetzt zu werden oder eine andere Aufgabe übernehmen zu müssen; aber das Unternehmen tut alles, damit niemand aus wirtschaftlichen Gründen entlassen werden muss. Wenn der Geschäftsgang schlecht ist, werden nicht nur Kosten gespart und Reserven eingesetzt, sondern alle Beschäftigten nehmen solidarisch Einkommenseinbußen in Kauf.

Gemeinschaft im Unternehmen
Führungskräfte und Mitarbeiter/-innen identifizieren sich mit dem Unternehmen und engagieren sich persönlich für die »gemeinsame Sache«. Sie vertreten nicht nur ihre eigenen Interessen oder diejenigen ihrer Organisationseinheit, sondern handeln mit Blick aufs Ganze. Es herrscht über Hierarchie- und Ressortgrenzen hinweg ein Gefühl der Zusammengehörigkeit. Dies äußert sich auch in der Fähigkeit, gemeinsam Feste zu feiern. Alle kommen gern zu gemeinsamen Anlässen im großen Kreis.

Kapitel 15

Ergebnisverbesserung durch Geschäftsprozessoptimierung

Kostensenkungs- und Ertragspotenzialermittlung

Die meisten Unternehmen sind immer mal wieder mit zwei Problemen konfrontiert: zu *hohe Kosten* und *schwindende Erträge*. Weltunternehmen solidester Art, von denen man noch vor wenigen Jahren gesagt hätte, ihr Wohlstand sei Naturgesetz, geraten ins Trudeln und sehen sich zu tiefgreifenden Restrukturierungen gezwungen. Unternehmen, die zu lange nicht an die Zukunft gedacht haben, verschwinden ganz einfach von der Bildfläche. Aber auch gesunde und grundsätzlich erfolgreiche Unternehmen müssen Kosten und Erträge optimieren, um überleben zu können.

In vielen Unternehmen laufen Kostenstrukturanalysen jedoch in Form dramatischer Krisen-Interventionen ab – als einmalige, konfliktbeladene Kraftakte, die wie eine Flutwelle über das Unternehmen hereinbrechen und so ziemlich alles kaputtschlagen, was vorher in vielen Jahren an Führungskultur aufgebaut worden ist. Der Hauptgrund: Man hat zu lange gewartet – und glaubt jetzt gezwungen zu sein, den Kostenblock im Rahmen eines Crash-Programms auf einen Schlag massiv zu reduzieren. Und dies geht nun mal nur mit dem Hackebeil.

Aber nicht alle Unternehmen, in denen so vorgegangen wird, sind Sanierungsfälle. In manch einem im Kern gesunden Unternehmen geht es an sich um eine ganz normale Kostenstrukturanalyse. Doch hierbei handelt es sich im Allgemeinen um Projekte von großem Aufmerksamkeitswert, die von der Börse nicht selten bereits auf Vorschuss honoriert werden. Management und Berater geraten dabei praktisch immer unter einen enormen, wenn auch weitgehend selbst erzeugten Erfolgsdruck. Das Resultat sind allzu häufig Vorgehensweisen, die zwar deutliche Kostenreduktionen zeitigen, gleichzeitig aber, was die innere Verfassung des Unternehmens anbetrifft, verbrannte Erde hinter sich lassen.

Sieben Todsünden

Hier die häufigsten und gleichzeitig gröbsten Fehler, die in der Praxis begangen werden, wenn Kostenstrukturanalysen und Kostensenkungsmaßnahmen auf dem Programm stehen. Wenn Sie diese »Todsünden« vermeiden, ist schon viel gewonnen.

Todsünde Nr. 1:	*Lineare Kürzungen*

Dies ist der wohl häufigste Managementfehler: Eine von oben verordnete, lineare Kürzung der Personal- oder Sachkosten um einen Prozentsatz X. Die Begründung ist immer ein und dieselbe – »Opfersymmetrie«. Es soll niemand bevorzugt oder benachteiligt werden. Aber der Schein trügt. In Tat und Wahrheit ist »Opfersymmetrie« die höchste Stufe der Ungerechtigkeit: Wer nämlich seinen Laden in der Vergangenheit bereits schlank getrimmt hat, muss genauso viel Blut lassen wie der Kollege nebenan, der nach dem Prinzip »Es gibt viel zu tun – warten wir's ab!« gehandelt und sich im Laufe der Jahre die dicksten Fettpolster zugelegt hat. Lineare Kürzungen können von vornherein nicht im übergeordneten Interesse des Unternehmens liegen. Es lassen sich nun mal nicht alle Funktionen über einen Leisten schlagen. Nur zwei Kriterien sind letztlich ausschlaggebend:

1. *Wer erbringt heute welchen produktiven Mehrwert?*
2. *Wer braucht welche Ressourcen, um den von ihm erbrachten und verlangten produktiven Mehrwert sicherstellen zu können?*

»Opfersymmetrie« hat hier nichts zu suchen. Lineare Kürzungen sagen vor allem über denjenigen etwas aus, der sie anordnet: Er traut sich offensichtlich selbst nicht zu, aufgrund von Vorlagen und kritischen Gesprächen beurteilen zu können, wo ohne Schaden fürs Ganze abgespeckt werden kann – und wo nicht. Und: Er traut sich nicht, vor seinen Mitarbeitern für differenzierte Entscheidungen geradezustehen. So ungern manch einer dies hören mag: Lineare Kürzungen sind letztlich immer der Ersatz für fehlende Managementkompetenz.

| Todsünde Nr. 2: | *Einseitige Sparoptik* |

So wichtig es ist, Kosten zu senken – genauso wichtig ist es, den Ertrag zu optimieren. Erstens: Ertrags- beziehungsweise Leistungssteigerungen sind dringend erforderlich, um den Handlungsspielraum des Unternehmens zu erhöhen oder zumindest zu erhalten. Zweitens: Mitarbeiter tun sich wesentlich leichter, defensive Maßnahmen zu realisieren, wenn gleichzeitig auch offensive Maßnahmen eingeleitet werden. Drittens: Alle Beteiligten lernen, kostenbewusst *und* ertragsorientiert zu denken und zu handeln – und dies ist, solange das Unternehmen überhaupt noch eine Zukunft hat, von existenzieller Bedeutung. Wenn dagegen einseitig Jagd auf Sparpotenziale gemacht wird, entwickelt sich sehr leicht eine nicht mehr funktionale, manchmal sogar gefährliche Sparmentalität. Das Management – und erst recht die mit der Kontrollfunktion beauftragten Erbsenzähler (wehe, wenn sie losgelassen!) – kann nur noch »Kostensenkung« denken und reden. Das gesamte Unternehmen gerät in den Sog eines delirischen »Spartrips«. Es wird nicht mehr in strategischen Gesamtzusammenhängen gedacht, sondern nur noch digital nach dem Gesichtspunkt »Kostenreduktion ja/nein« entschieden. Wichtige, auch kleinere Investitionen fallen der epidemischen Sparwut zum Opfer, die wie ein schwarzes Loch alles in sich hineinsaugt, was Geld kostet. Zukunftsorientierung ist »out«, längerfristige Chancen werden sinnlos vertan. Die Glaubwürdigkeit der Führung sinkt auf den Nullpunkt – und dies zu Recht; denn wer zuerst die Entwicklung verschläft und dann, fünf Minuten vor zwölf, derart Wind macht, dass tonnenweise Porzellan in die Brüche geht, gehört nicht an die Spitze eines Unternehmens.

| Todsünde Nr. 3: | *Unrealistische Vorgaben* |

Es gibt eine Faustregel, die besagt, dass in jedem Unternehmen oder Verwaltungsbetrieb, in dem seit fünf Jahren keine Strukturanalyse durchgeführt worden ist, die Kosten um zehn bis 20 Prozent gesenkt werden können, ohne die Gesamtleistung im Geringsten zu beeinträchtigen. Und es gibt eine zweite Regel, die besagt, dass neun von zehn Führungskräften weder in der Lage noch bereit sind, die in ihrem Verantwortungsbereich vorhandenen Kostenreduktionspotenziale aufzuzeigen – Ersteres, weil sie betriebsblind geworden sind; Letzteres, weil sich bei jedem identifizierten Rationalisierungspotenzial die Frage erheben würde, warum dieses nicht längst erkannt und realisiert worden ist. Um diese Denkblockaden zu brechen, wird den Linienvorgesetzten bei Kostenstrukturanalysen häufig die Vorgabe gemacht, Vorschläge für Kostensenkungen in nachgerade groteskem Umfang – beispielsweise 40 Prozent – zu unterbreiten. Solche Vorgaben führen in der Praxis nicht nur zu schwerwiegenden unterschwelligen Widerständen, sondern auch zu teilweise absurden Vorschlägen – die dann ihrerseits wiederum Störungen in den Beziehungen zwischen den Untersuchungseinheiten und der Entscheiderebene nach sich ziehen. Der psychologische Schaden, der bei solchen Übungen angerichtet wird, steht in keinem Verhältnis mehr zum sachlichen Ergebnis. Man sollte erwachsene Menschen, mit denen man auch in Zukunft zusammenarbeiten möchte, nicht wie dumme Jungs behandeln – zumal es andere Wege gibt, um die erwähnten, durchaus vorhandenen Denkbarrieren zu überwinden.

| Todsünde Nr. 4: | *Aussteuern der Linienverantwortung* |

Das Misstrauen den eigenen Mitarbeitern gegenüber hat häufig eine weitere Konsequenz: Es werden Formen der Projektorganisation gewählt, durch die der Linienvorgesetzte einer Organisationseinheit auf den Prüfstand gesetzt und einem Gremium von Vorgesetzten, Kollegen und Außenstehenden gegenüber in eine Position der Ohnmacht gedrängt wird. Durch die inquisitorischen Methoden der Untersuchung sowie durch die für die betroffenen Führungskräfte nicht mehr nachvollziehbaren Entscheidungsmechanismen werden Muster der Auseinandersetzung provoziert, die auf Angriff und Abwehr beruhen, jede fruchtbare Diskussion übersteuern und die Vorgesetzten letztlich der Mitverantwortung für die bezüglich ihres Bereiches getroffenen Entscheidungen entheben. Da kommt es in den honorigsten Häusern plötzlich zu Entscheidungssitzungen, die nach dem Muster eines Standgerichts ablaufen. Man wähnt sich in einem Schmierentheater in der Provinz. Manch ein Unternehmenschef würde zutiefst erschrecken, wenn er sich die Videoaufzeichnung einer solchen Sitzung, an der er selbst teilgenommen hat, hinterher ansehen müsste. Bei solchen Gelegenheiten wird in einer halben Stunde auf der klimatischen Ebene praktisch irreparabler Schaden angerichtet. Vor allem aber unterbleibt der für die Zukunft so wichtige Lerneffekt: *das Einüben eines konsequenten, selbstverantwortlichen Kostenmanagements*. Im Übrigen macht man es auf diese Weise manch einem schwachen Vorgesetzten viel zu leicht, sich um die Verantwortung für die in seinem Bereich eingeleiteten Veränderungen herumzudrücken. Wenn einmal das ganze Haus weiß, wie dieses Projekt abläuft, kann sich letztlich jeder hinter den Entscheidungsorganen verstecken. Last, not least: Da kein echter Dialog stattfindet, besteht auch noch die Gefahr, dass diejenigen, die sich mit guten Argumenten gegen einschneidende Kürzungen wehren, als »nicht-kooperative« Elemente eingestuft und abqualifiziert werden. Die tatsächlichen personellen Schwachstellen dagegen bleiben unerkannt und werden im Tagesgeschäft, wenn wieder Führung verlangt wird, zu einer schwerwiegenden Hypothek.

Todsünde Nr. 5:	*Tabuisieren der Hierarchie*

Es ist in der Wirtschaft gang und gäbe, dass das oberste Management seine Rolle in Organisations- oder Ergebnisverbesserungsprojekten auf die Auftragserteilung sowie die Aufsichts- und Entscheidungsfunktion begrenzt. Die einzelnen Organisationseinheiten werden zwar kritisch unter die Lupe genommen – aber der Olymp selbst steht nicht zur Disposition. Strukturen und Abläufe, Kommunikation und Kooperation werden überall überprüft, nur nicht dort, wo sie den größten Effekt fürs Gesamtunternehmen haben, nämlich an der Spitze. Darunter leidet zunächst das Vertrauen in die Führung. Es entstehen aber auch andere, *strukturelle Konsequenzen.*

Zum einen werden Schwachstellen an der Führungsspitze zementiert und der Nachwelt als Denkmal erhalten. Dabei liegen gerade hier nicht selten wesentliche Potenziale.

Zum Zweiten werden zentrale Stäbe – in der Praxis häufig die Weltmeister im Verursachen indirekter Kosten – als »Instrumente des Managements« automatisch ebenfalls von einer kritischen Überprüfung ausgenommen oder aber lediglich einer Scheinüberprüfung unterzogen: Als »Kundschaft« wird ausschließlich das Topmanagement befragt – nicht aber all die Linienstellen im Unternehmen, welche täglich vom Wirken der Stäbe betroffen sind. Wenn diejenigen, die sich seinerzeit mit Stäben umgeben haben, und diejenigen, die heute über die einzuleitenden Maßnahmen entscheiden, identisch sind, haben Stäbe nicht nur ein gutes, sondern auch ein ewiges Leben.

Zum Dritten: Eine Verflachung der Hierarchie, einer der entscheidenden Wege zur Kostenreduktion, wird entweder gar nicht erst in Betracht gezogen oder aber auf die unteren Stufen begrenzt – was dann zu den barocken Organisationsplänen führt, denen man in der Praxis gelegentlich begegnet.

Todsünde Nr. 6:	*Übergehen wichtiger Partner*

Eine Kostenstrukturanalyse ist immer ein hoch brisantes Projekt – nicht wegen der Analyse, sondern wegen dem, was unweigerlich folgt, sofern das Projekt nicht im Sande verläuft: Restrukturierungs- und, in der Folge, Personalmaßnahmen. Die Verführung für das Management ist groß, mit solchen Absichten möglichst lange hinter dem Berg zu halten und Personalvertretungen, Betriebsrat und Mitbestimmungsorgane dann zu informieren, wenn man gar nicht mehr darum herumkommt. Dieses Vorgehen rächt sich in der Praxis bitter. Zum einen fühlen sich diese Institutionen als Partner nicht ernst genommen, vielleicht sogar hintergangen, wenn sie feststellen, dass Projekte fix und fertig verpackt und verschnürt auf den Tisch des Hauses kommen, denen man auf den ersten Blick ansieht, dass das Management sich seit einem halben oder ganzen Jahr eingehend damit befasst haben muss. Dies führt im günstigsten Falle zu schweren Verstimmungen, im Normalfall zu einem Rückzug der betroffenen Organe auf eine distanziert-kritische »Aufpasserrolle« im Projekt, im ungünstigeren und immer noch sehr häufigen Falle zu nackter Obstruktion. Ein zweites kommt hinzu: Alle diese Organe haben einen ganz anderen Zugang zu wichtigen Teilen der Belegschaft und verfügen über sehr interessante Informationskanäle. Sie können bei der Vorbereitung eines solchen Projekts, aktiv einbezogen, sehr wertvolle Beiträge leisten – nicht nur, was die Analyse der Ist-Situation, sondern auch, was die Gestaltung des Vorgehens im Projekt betrifft. Ganz entscheidend aber ist dies: Wenn sich einmal herausstellt, dass einschneidende Personalmaßnahmen unausweichlich sind, braucht man alle, die mithelfen können, die schmerzhaften Schritte sozial verträglich zu gestalten, als informierte, kompetente und verantwortungsvolle Verbündete. – Es soll hier nicht behauptet werden, der Betriebsrat müsse informiert und aktiv einbezogen werden, wenn im Management der erste Gedanke an ein solches Projekt geäußert worden ist. Aber wir sagen dies: Es liegt im Interesse des Unternehmens, dass er einbezogen wird, bevor es gesetzlich nicht mehr anders geht, insbesondere bevor das Vorgehenskonzept mehr oder weniger endgültig festgelegt ist. Die Faustregel lautet: *Im Zweifelsfalle immer früher als später.* Wer ein gutes Gewissen, gute Argumente und nicht hoffnungslos zerrüttete Beziehungen mit seinem Partner hat, braucht keine Angst zu haben vor einem frühzeitigen Dialog. Was nämlich am Anfang in eine partnerschaftliche Auseinandersetzung investiert wird, zahlt sich später, wenn die haarigen Konsequenzen des Projekts aktuell werden, zehn Mal aus.

Todsünde Nr. 7:	*Mangelnde Umsetzung*

Dies ist die siebte und letzte große Sünde: die Unfähigkeit oder die mangelnde Bereitschaft des Topmanagements, notwendige Entscheidungen zu treffen. Sei es, dass keiner da ist, der vor den Mitarbeitern für unpopuläre Entscheidungen geradestehen mag; sei es, dass man sich im Management nicht über die »Opfersymmetrie« zu einigen vermag; oder sei es, dass man plötzlich mit Schrecken feststellt: Es ist gar nicht so einfach, die vorhandenen Potenziale zu realisieren. Man kann nicht einfach auf diese oder jene Aufgabe zu 100 Prozent verzichten, da und dort eine Arbeitskraft zu 100 Prozent freisetzen oder mal hier und mal da eine einzelne Organisationseinheit ersatzlos auflösen. Es gibt zwar viele Potenziale. Doch diese sind arg verstreut und können letztlich nur auf dem Wege komplexer organisatorischer Umschichtungen ohne Schaden für das Gesamtsystem realisiert werden – eine Aufgabe, die höchste Anforderungen stellt in Bezug auf vernetztes Denken und prozessorientiertes Vorgehen. Und da fühlt sich manch einer schlicht überfordert. Wie auch immer: Am Schluss solcher Projekte muss nicht selten gewaltig gezaubert und mit Zahlen jongliert werden, damit der Kommentar in der Presse hinterher nicht lautet: »*Außer Spesen nichts gewesen.*« Der Bereich der öffentlichen Verwaltung ist hier besonders gefährdet. Die Strukturen parteipolitisch zusammengesetzter Führungsgremien stehen häufig einem straffen und effizienten Entscheidungsmechanismus im Wege. Als Schlussakt einer umfassenden Analyse kommt es dann zu einem peinlichen, auf der Ebene des kleinsten gemeinsamen Nenners abgeschlossenen »Kuhhandels«. Die Ergebnisse des Projekts stehen in keinem Verhältnis mehr zum Gesamtaufwand. Wenn es nach langen und schmerzhaften Auseinandersetzungen im Unternehmen heißt: »*Der Berg hat eine Maus geboren*« – dann ist es mit der Motivation und mit dem Goodwill der Mitarbeiter vorbei. Das Erste, was deshalb *vor Beginn* einer Kostenstrukturanalyse abgeklärt und sichergestellt werden muss, ist die

Fähigkeit und die *Bereitschaft* der Verantwortungsträger zu echten Veränderungen und, wo notwendig, zu schmerzhaften Entscheidungen. Keine Analyse ist nämlich immer noch viel besser als eine Analyse ohne konkrete Ergebnisse.

Der konstruktive Ansatz

Wer angesichts einer Kostenstrukturanalyse beziehungsweise eines Ergebnisverbesserungsprojekts seinen Mitarbeitern gegenüber eine Misstrauensstrategie wählt, verpasst eine große Chance, in seinem Unternehmen das allenthalben beschworene »unternehmerische Denken« zu entwickeln. Wir plädieren in diesem Buch für ein *partizipatives* und *entwicklungsorientiertes* Vorgehenskonzept. Es beruht auf folgenden Grundsätzen:

- Die Projektarbeit erfolgt *eigenverantwortlich in der Linie.* Die Verantwortung für die Untersuchungen in einer bestimmten Organisationseinheit liegt bei deren Leiter, die Steuerung der Projektarbeit erfolgt im Rahmen des regulären Führungskreises.
Für die Untersuchung übergreifender Fragestellungen werden spezielle *Querschnittprojekte* definiert und mit einer entsprechenden Projektorganisation ausgestattet.
Die *Führungsorganisation* ist Gegenstand eines eigenen Teilprojekts.

- Es werden systematisch sowohl *Kostensenkungs-* als auch *Ertrags-* beziehungsweise *Leistungspotenziale* ermittelt.

- Der Führungskreis jeder untersuchten Organisationseinheit wird für das Projekt ergänzt durch *mindestens einen Externen.* Die Verantwortung für die unterbreiteten Vorschläge bleibt jedoch in der Linie.

- Im Hinblick auf qualifizierte Entscheidungsgrundlagen bezüglich möglicher Aufwandreduktionspotenziale werden zwei Szenarien bearbeitet: *Kostensenkung um zehn Prozent sowie Kostensenkung um 20 Prozent.*

- Die *internen und externen Kunden* werden in geeigneter Form *in die Projektarbeit einbezogen.* Einzelne Vertreter der Kundschaft wirken aktiv im Rahmen des Projekts mit.

- Die *Mitarbeiterinnen und Mitarbeiter* werden nicht nur offen über Ziele und Ablauf des Projekts informiert, sondern *aktiv an der Projektarbeit beteiligt*.
- Es wird in geeigneter Form *Unterstützung durch eigene Fachdienste* oder *externe Beratung* verfügbar gemacht, die von den einzelnen untersuchten Organisationseinheiten abgerufen werden kann.
- Die Leiter der untersuchten Organisationseinheiten unterbreiten ihre Vorschläge dem *für die Entscheidungen verantwortlichen Leitungsausschuss* beziehungsweise *der Unternehmensleitung*.
- Die Entscheidungen werden nach *eingehenden Diskussionen mit den verantwortlichen Linienchefs* auf der Ebene des Topmanagements nach Maßgabe der übergeordneten Unternehmensinteressen getroffen.
- Es wird eine *offene Informationspolitik* betrieben. Die gesamte Belegschaft wird vor Projektbeginn umfassend über Ausgangslage, Ziele, Inhalte und Ablauf der Untersuchung ins Bild gesetzt und während der Projektarbeit regelmäßig über den aktuellen Stand und die jeweils nächsten Schritte informiert.

Welche ist die Funktion der »Externen«?

Es braucht in jedem Projektteam jemanden, der nicht betriebsblind ist – jemanden, der die Dinge mit unverstelltem Blick betrachtet. Seine Aufgabe besteht darin, als Außenstehender so genannte »dumme Fragen« zu stellen, als »Querdenker« alles kritisch zu hinterfragen und als nicht direkt Beteiligter seine Empfindungen, seine Ansichten und seine Ideen einzubringen. Er stellt eine wichtige Ergänzung zum Sachverstand der Internen dar – und hat häufig außerdem eine wichtige Funktion als Katalysator für die Kommunikation und die Kooperation im Team.

Wer kommt als »Externer« infrage?

Grundsätzlich jedermann, der selbst in der Managementpraxis steht, aber keine eigenen »Aktien« in dem Bereich hat, den das Projekt betrifft. In großen Unternehmen und Konzernen kann sogar ein Kollege infrage kommen, dessen Stammaufgabe weit genug entfernt angesiedelt ist. Gut geeignet sind vor allem qualifizierte Führungskräfte aus Kollegial-, Kunden- oder Lieferantenfirmen.

Selbstverständlich können auch professionelle Berater als Externe eingesetzt werden. Dies empfiehlt sich vor allem dann, wenn das betreffende Team wenig Projektmanagement-Erfahrung hat oder wenn es sich um einen besonders großen und schwierig zu bearbeitenden Bereich handelt. Ein professioneller Berater kann auch vielseitiger eingesetzt werden. Neben der Funktion des neutralen Externen kann er eine ganze Reihe methodischer Beratungs- und Unterstützungsfunktionen übernehmen, die eine externe Linienführungskraft in dieser Form nicht wahrnehmen kann.

Welche Art der Unterstützung muss verfügbar gemacht werden?

Zum einen: Es muss eine zentrale Projektleitung geben, die immer ansprechbar ist und den am Projekt Beteiligten Auskunft geben kann, wenn Vorgehens- beziehungsweise Verfahrensfragen auftauchen. Zum Zweiten: Der Sachverstand des Controllings, der Informatik, der Personalabteilung oder des Organisationsdienstes kann gefragt sein. Zum Dritten: Nicht alle Linienstellen verfügen über die notwendige Erfahrung bezüglich der Methodik von Problemlösungsprozessen, der Gestaltung von Workshops oder der Konfliktbewältigung in einem Team. Sie brauchen Unterstützung in Bezug auf Moderation, Visualisierung, Teamentwicklung. Entsprechend qualifizierte Fachleute finden sich in der Regel im Bereich des Bildungswesens.

Wie bereits erwähnt, können für alle diese Formen der Unterstützung auch externe Berater beigezogen werden. In vielen Fällen ist dies sinnvoll oder sogar notwendig. Doch bevor ein professioneller Berater eingesetzt wird, muss sorgfältig abgeklärt werden, welches der konkrete Bedarf ist – und ob dieser nicht intern abgedeckt werden kann. Das Motto muss sein: *»Mache selbst, was du selbst machen kannst – mache nicht selbst, was du nicht selbst machen kannst.«*

Warum zwei Szenarien: Zehn-Prozent- und 20-Prozent-Reduktion?

Das Ziel der Übung besteht darin, qualifizierte Entscheidungsgrundlagen zu schaffen, die es der Unternehmensleitung erlauben, in Kenntnis aller möglichen Konsequenzen zu entscheiden, wo abgespeckt werden kann und wo nicht. Der Entscheidungsträger muss beurteilen können, wo das »Fett« aufhört und wo die »Muskeln« beginnen. Dies ist erfahrungsgemäß meistens im Bereich zwischen zehn und 20 Prozent der Fall. Das Einführen von zwei »Sonden« erleichtert die Beurteilung der Situation ganz erheblich.

Es gibt selbstverständlich Betriebe und Unternehmen, in denen insgesamt wesentlich mehr »Fett« steckt als 20 Prozent. Aber in solchen Fällen stellt sich ernsthaft die Frage, ob eine Kostenstrukturanalyse überhaupt der richtige Weg ist. In der Regel steht dann nämlich eine strategische Gesamtreorganisation an – ein Projekt, das methodisch ganz anders angegangen werden muss und mit wesentlich tiefergreifenden Strukturveränderungen verbunden ist.

Welches sind die wichtigsten Ansatzpunkte für Maßnahmen?

Es gibt im Wesentlichen vier Ansatzpunkte, um Kostensenkungs- beziehungsweise Effizienzsteigerungspotenziale zu ermitteln:

1. Abbau von Produkten, Dienstleistungen und Aufgaben mit ungünstigem Aufwand-Nutzen-Verhältnis
   ➪ *Totalverzicht, Straffen des Sortiments, geringerer Leistungsumfang, nach unten angepasste Qualität, geringere Frequenz et cetera*
2. Ausbau von Produkten, Dienstleistungen und Aufgaben mit günstigem Aufwand-Nutzen-Verhältnis
   ➪ *Zusätzliche Leistungen für bestehende Kunden, Akquisition neuer Kunden, Verrechnung bisher kostenfreier Leistungen, Anbieten interner Dienstleistungen an Dritte gegen Verrechnung et cetera*
3. Effizienzsteigerung durch rationellere Organisation
   ➪ Strukturen: *Zusammenlegung, Zentralisierung, Dezentralisierung, Auslagerung, Abbau von Stäben, Verflachung der Hierarchie, Kundenzielgruppen-orientierte Organisation, Projekt-Organisation, teilautonome Arbeitsteams et cetera*
   ➪ Abläufe: *Vereinfachung, Vereinheitlichung, Deregulierung et cetera*
   ➪ Infrastruktur: *Produktionsmittel, Raumangebot und Layout, Informationstechnologie, Management-Informationssystem, Führungsinstrumente et cetera*
4. Effizienzsteigerung durch verbesserte Kommunikation und Kooperation
   ➪ *Informationsfluss, Entscheidungsbildung, Teambildung und Teamentwicklung, funktionsübergreifende Kooperation et cetera*

Manch eine Kostenstrukturanalyse und Ertragspotenzialermittlung, zumal in nicht allzu großen Bereichen, kann in eigener Regie oder mit begrenztem Aufwand für externe Beratung durchgeführt werden. Ein unschätzbarer Vorteil ist mit einem partizipativen Vorgehen allemal verbunden: Es sind nicht externe Berater, sondern die eigenen Führungskräfte und Mitarbeiter/-innen, die sich Gedanken zu Fragen der Kosten und Erträge machen. Sie üben betriebswirtschaftliches Denken und Handeln *on the job*. Im Verhaltensbereich werden Effekte erzielt, die durch keine Schulung erreicht werden könnten. Es muss allerdings berücksichtigt werden, dass viele Führungskräfte noch nie so etwas gemacht haben. Es muss immer situativ abgeklärt werden, wie viel methodische Anleitung vor Ort gebraucht wird.

Geschäftsprozessoptimierung

Es gibt in der Praxis die verschiedensten Ansätze, um die Ergebnisse zu verbessern – von einfallslosen Sparübungen über systematische Kostensenkungsprogramme und Ertragspotenzialermittlungen bis hin zu strategisch angelegten Konzepten wie etwa die Zertifizierung nach *ISO 2000*, der so genannte *Kontinuierliche Verbesserungs-Prozess (KVP)*, *Total Quality Management (TQM)* oder *Kaizen*. Der mit Abstand wirksamste, gleichzeitig aber auch anspruchsvollste Ansatz ist die *Geschäftsprozessoptimierung (GPO)*. Sie geht zurück auf die Autoren Hammer und Champy, die ihre Ideen unter dem Begriff *Business Process Reengineering* veröffentlicht haben, und ist die vielleicht wichtigste Innovation der neunziger Jahre im Bereich der Unternehmensführung. Ein konsequentes und professionell durchgeführtes Reengineering der Geschäftsprozesse führt zu bisher nicht gekannten Kostensenkungen und Ertragssteigerungen. 30 Prozent liegen eher an der unteren Grenze, je nach Situation des Unternehmens liegen 40 oder 50 Prozent durchaus im Bereich des Möglichen.

Um was geht es bei der Geschäftsprozessoptimierung?

Im Gegensatz zu einem weitverbreiteten Missverständnis geht es nicht darum, die Abläufe im Rahmen der bestehenden Organisation zu optimieren, sondern darum, die Art und Weise, wie das Geschäft betrieben beziehungsweise der Markt bearbeitet wird, grundlegend neu zu gestalten. Zweierlei ist hierbei entscheidend:

1. *Klar definiertes Kundenbedürfnis als Ausgangs- und Endpunkt eines Prozesses.*
   Nach dem Prinzip der »grünen Wiese« wird gefragt: Wie müssen die Arbeitsschritte idealerweise gestaltet sein, damit das Kundenbedürfnis in

der kürzest möglichen *Zeit*, mit der höchst möglichen *Qualität* und zu den geringst möglichen *Kosten* befriedigt werden kann?

2. *Konsequenter Einsatz von Informatik und Telekommunikation.*
Es wird gefragt: Wie können die Möglichkeiten der neuen Medien – Internet, E-Commerce, Teleconferencing et cetera – optimal genutzt werden, um die Geschäftsprozesse zu beschleunigen und zu vereinfachen, aber auch, um beispielsweise neue Vertriebskanäle zu öffnen?

Wenn man diesen Fragen ebenso konsequent wie vorurteilslos nachgeht, kommt man automatisch zu völlig neuen Organisationsformen, die sich fundamental von der bisherigen, funktionalen Struktur unterscheiden und ganz anderen Gesetzmäßigkeiten folgen.

In der funktionalen Organisation gilt das Prinzip: *Die Prozesse folgen der Struktur*. Bei der Herstellung eines Produkts oder einer Dienstleistung führen die Abläufe auf einem Zickzackkurs an den verschiedenen, arbeitsteilig organisierten Funktionsbereichen vorbei. Dies führt zu langen Liegezeiten und damit zu Leerlauf. Da die Rechte nicht immer weiß, was die Linke tut, entsteht ein enormer Aufwand für Kommunikation, kostspielige Verständigungslücken lassen sich praktisch nie ganz zu vermeiden. Vor allem aber: Niemand fühlt sich letztlich für das Produkt beziehungsweise für die Erbringung des Kundennutzens verantwortlich – denn jeder ist nur während vergleichsweise kurzen Phasen am Prozess beteiligt.

In der optimierten Prozessorganisation gilt das umgekehrte Prinzip: *Die Struktur folgt dem Prozess*. Sie beruht auf interdisziplinären Teams, in denen die wichtigsten Fachfunktionen direkt vertreten sind. Diese Teams steuern gemeinsam den gesamten Prozess von Anfang (zum Beispiel Kundenauftrag oder Bestellung eines Produkts) bis Ende (zum Beispiel Erfüllung des Auftrages oder Auslieferung des Produkts). Sie koordinieren alle Schritte, die notwendig sind, um einen Arbeitszyklus vom Kundenbedürfnis bis zu dessen Befriedigung in kürzester Zeit und mit höchster Qualität abzuwickeln.

Geschäftsprozessoptimierung, richtig verstanden, bedeutet in der Tat nicht mehr und nicht weniger, als das Unternehmen neu zu erfinden. Da werden nicht einfach Kästchen geschoben. Da wird von Grund auf neu definiert, wie das Geschäft betrieben werden soll. Denken und Handeln werden kompromisslos vom Kundennutzen bestimmt. Dies gilt grundsätzlich für alle Mitarbeiter/-innen und Fachbreiche. Auch jeder interne Dienstleister im Unternehmen – ob Entwickler, Buchhalter oder Personalbetreuer – hat »Kunden«, für die er tätig ist und die darauf angewiesen sind, dass er seine Aufgaben sowohl kundenorientiert als auch effizient erfüllt.

Es steht außer Frage, dass auf diesem Wege gewaltige Potenziale gehoben werden können. Geschäftsprozessoptimierung wäre an sich der Königsweg, um ein Unternehmen zu dynamisieren und für die Zukunft fit zu trimmen. Doch die bisherige Geschichte der Geschäftsprozessoptimierung ist keine Erfolgsstory. Im Gegenteil: Zwei von drei, wenn nicht drei von vier Reengineering-Projekten geraten zu Flops oder zeitigen nur marginale Ergebnisse. Der Grund: Geschäftsprozessoptimierung ist, wie oben erwähnt, ein höchst anspruchsvoller Ansatz. Er erfordert ein neues Denken. Viele Manager, geprägt durch Erfahrungen in und mit funktionaler Organisation, sind schlicht überfordert, wenn es darum geht, die Geschäftsprozesse neu zu definieren und grundlegend anders zu gestalten.

Die Erfahrung in der Praxis zeigt: Es sind immer wieder ein und dieselben Ursachen, die zu einem Misserfolg führen:

1. Das Management hat nicht verstanden, um was es bei GPO geht.
Man spricht von »Reengineering« und meint »Optimierung der Abläufe im Rahmen der bestehenden Organisation«. Resultat: Der Berg gebiert eine Maus. Aber das ist nicht alles. Die Methode selbst kommt in Verruf, nichts zu taugen, das Unternehmen verbaut sich selbst für alle Zeiten den vielleicht wichtigsten Weg zu hoher Leistung und tiefen Kosten.

Was ist zu tun?
In Workshops mit der Unternehmensleitung Ziele, Vorgehensweisen, Chancen und Risiken klar machen; sowohl Berater als auch Managementpraktiker, die Erfahrung mit GPO haben, reinholen und berichten lassen. Das Rad nicht selber neu erfinden wollen, sondern über den Tellerrand hinausschauen: Welches sind in der Praxis die wichtigsten Stolpersteine, welches die zentralen Erfolgsfaktoren, welches die bewährtesten Vorgehensweisen (best practice). Sicherstellen, dass allen klar wird: Es geht nicht um ein Optimieren der bestehenden Organisation, sondern um eine fundamental neue Form, das Geschäft zu betreiben und das Unternehmen zu organisieren. Bewusstsein erzeugen, dass GPO auf allen Stufen zu strukturellen Konsequenzen führen wird – möglicherweise bis hin zur Geschäftsverteilung im Vorstand.

2. Die Indikation ist nicht überprüft.
Man spricht von GPO oder Reengineering, weil dies Mode ist. Man weiß im Grunde gar nicht, wo man in Sachen Kosten steht – im Vergleich insbesondere zu den wichtigsten Wettbewerbern. Man hat deshalb auch keine konkrete Vorstellung davon, in welchem Ausmaß der Kostenblock reduziert beziehungsweise die Effizienz gesteigert werden muss.

Was ist zu tun?
Sorgfältig abklären, ob die Kosten tatsächlich zu hoch sind – und wenn ja, um wie viel. Gegebenenfalls eine *Benchmarking*-Studie durchführen oder in Auftrag geben. Erst entscheiden, was zu tun ist, wenn man weiß, was erreicht werden muss. GPO ist eine Radikalkur. Man sollte nicht ein derart anspruchsvolles Projekt einleiten, wenn dies nicht unbedingt notwendig ist. Aber selbst wenn eine Geschäftsprozessoptimierung tatsächlich angezeigt ist, muss man eine Vorstellung davon haben, in welchem Umfange die Ergebnisse verbessert werden sollen.

3. Die Strategie ist nicht klar.
Geschäftsfelder, Kundenzielgruppen und zu stiftender Kundennutzen sind nicht sauber definiert – man geht von Anfang an von falschen Voraussetzungen aus.

Was ist zu tun?
Definition der Geschäftsfelder, der relevanten Kundenzielgruppen, der Kundenbedürfnisse, des zu erbringenden Kundennutzens – das heißt des Geschäftsmodells. Dies ist der erste, unabdingbar notwendige Schritt, ohne den man gar nicht in der Lage ist, die Geschäftsprozesse zu definieren, die man »reengineeren« möchte.

4. Die zentralen Geschäftsprozesse sind nicht sauber definiert.
Man sagt »Geschäftsprozess« und meint nichts anderes als einen Teil der bestehenden, funktionalen Organisationsstruktur, zum Beispiel die Produktion oder den Verkauf. Man optimiert das Vorhandene – und erzielt bestenfalls marginale Ergebnisse.

Was ist zu tun?
Auf Basis der neuen (beziehungsweise sorgfältig überprüften) Strategie definieren, welches – ausgehend von der Kundenzielgruppe und dem zu

erbringenden Kundennutzen – die zentralen Geschäftsprozesse sind. »Fertigung« wird beispielsweise kaum jemals als eigener, zentraler Geschäftsprozess zu definieren, sondern in der Regel als Teil eines umfassenderen Geschäftsprozesses namens »Auftragsabwicklung« zu verstehen sein. Geschäftsprozesse können nur erfolgreich optimiert werden, wenn sie richtig definiert sind. Eine saubere Definition der zentralen Geschäftsprozesse ist deshalb bereits die halbe Miete.

5. *Es gibt keine quantifizierten Ziele – und damit keine klaren Erfolgskriterien.*
Man fängt einfach mal an und will »gucken, was dabei herauskommt«. Man hat keine klare Vorstellung davon, was das Reengineering eines Geschäftsprozesses unter dem Strich an Kostensenkung beziehungsweise Ertragssteigerung bringen kann beziehungsweise bringen muss. Man hat keine messbaren Erfolgskriterien; das Projekt wird zur Fahrt ins Blaue.

Was ist zu tun?

Das Management muss sich im Vorfeld des Projekts höchstpersönlich (gegebenenfalls gemeinsam mit den Beratern) Gedanken darüber machen, welche quantitativen Ziele auf welchem Wege erreicht werden sollen – und nach menschlichem Ermessen (beziehungsweise nach sorgfältigen Voruntersuchungen) auch erreicht werden können. Benchmarks der Konkurrenz zeigen gegebenenfalls, um wie viele Prozente die Kosten gesenkt werden *müssen*, damit man überhaupt wettbewerbsfähig ist. (Die Benchmarks müssen in der Regel sogar übertroffen werden, denn die Konkurrenz wird kaum so freundlich sein, während der Zeit, in der man seine Hausaufgaben macht, ein Nickerchen einzulegen.) Die definierten Ziele sind integrierender Bestandteil der Projektgrundlagen sowie des Beratervertrags.

6. *Das Projekt leidet von Anfang an unter mangelnder Management Attention.*
Die Unternehmensleitung gibt das Projekt in Auftrag – und kümmert sich ab dato nur noch um das Tagesgeschäft. Es fehlt an allen Ecken und Enden an Führung. Das Projekt führt ein Eigenleben und ein Schattendasein. Haarige Konflikte bei der Umsetzung sind vorprogrammiert.

Was ist zu tun?

Von Anfang an sicherstellen, dass das Ganze als Schlüsselprojekt aufgezogen wird und höchste Priorität genießt. Dieses muss nicht nur im ganzen Unternehmen klar kommuniziert, sondern durch das persönliche Engagement der Mitglieder der Unternehmensleitung deutlich dokumentiert werden.

7. Es gibt kein prozessorientiertes Projektmanagement.

Es wird nicht sichergestellt, dass alle betroffenen Führungskräfte und Mitarbeiter/-innen verstanden haben, worum es geht; dass die Prozesse konsequent vom Kunden und vom Kundennutzen ausgehend neu gestaltet werden; dass die Projektteams arbeitsfähig sind; dass das neue, kunden- und teamorientierte Denken im ganzen Unternehmen entwickelt wird. Die neuen Prozess-Designs werden zu Papiertigern.

Was ist zu tun?

Von Anfang an sicherstellen, dass die Kompetenz im Bereich der weichen Faktoren in der Projektorganisation qualifiziert vertreten ist. Dies setzt entsprechende Beurteilung und Auswahl sowohl der internen Projektmitarbeiter, insbesondere der Projektleitung, als auch der externen Berater voraus.

8. Die Konsequenzen für die Führungsstruktur werden nicht gezogen.

Man beginnt mit der Projektarbeit. Man kommt auch zu ersten Resultaten. Aber sobald das Management realisiert, dass das Ganze nicht nur unten, sondern auch oben strukturelle und, in der Folge, möglicherweise sogar personelle Konsequenzen nach sich ziehen würde, kriegt es kalte Füße. Das Projekt wird gestoppt oder fängt an, langsam zu versanden.

Was ist zu tun?

Wenn dieser Fall eintritt, ist ein Flop nicht mehr zu verhindern. Eine derartige Entwicklung der Dinge kann nur vermieden werden durch intensive Beschäftigung des Topmanagements mit dem Thema GPO im Vorfeld des Projekts – sowie durch ein prozessorientiertes Projektmanagement, welches auch beinhaltet, bereits in der Projektanlage die möglichen beziehungsweise wahrscheinlichen Konsequenzen konkret aufzuzeigen. Die

Philosophie »Let's cross the river when we get to it« taugt nun mal nicht für jedes Gewässer. Wenn Schwimmwesten gebraucht werden, muss rechtzeitig dafür gesorgt werden, dass man sie bei sich hat.

9. *Man verändert die Strukturen – und denkt nicht an das Verhalten.*
Man konzentriert sich ausschließlich auf die »Hardware« der Organisation: Es werden neue, kunden- und teamorientierte Strukturen eingeführt. Aber man vernachlässigt die »Software«: Das Verhalten der Mitarbeiter/-innen und Führungskräfte bleibt das alte. Die Teams funktionieren nicht. Die Führungskräfte stehen abseits. Das Ganze verkommt.

Was ist zu tun?
Sorgfältige Auswahl der Schlüsselleute im Projekt nach Gesichtspunkten der Sozialkompetenz. Die zukünftigen Prozess-Verantwortlichen vorzugsweise bereits im Rahmen des Projekts in Schlüsselfunktion einsetzen. Intensive Projekt-Kommunikation mit Akzent nicht nur auf den strukturellen, sondern auch auf den kulturellen Fragen. Last, but not least: begleitende Schulung für Mitarbeiter/-innen und Führungskräfte. Man vergisst leicht: Führung teilautonomer Teams in hoch vernetzten Strukturen ist etwas ganz anderes als Führung einzelner Mitarbeiter im Rahmen einer klassischen hierarchischen und arbeitsteiligen Organisation. Die meisten Führungskräfte – leider nicht alle – können das lernen. Aber man muss sie dabei unterstützen.

10. *Man hat die falschen Berater.*
Um es vorwegzunehmen: Geschäftsprozessoptimierung eignet sich nicht für ein »Do-it-yourself«-Verfahren – es sei denn, man hat im Unternehmen bereits langjährige, einschlägige Erfahrung. Man braucht professionelle Fachkomptenz – und in aller Regel auch die neutrale Moderation durch Außenstehende. Praktisch jede größere Beratungsfirma führt heute das Reengineering von Geschäftsprozessen in ihrem Dienstleistungssortiment. Aber die Nachfrage nach qualifizierten und erfahrenen Fachleuten ist größer als das Angebot. Man gerät außerordentlich leicht an die falschen Berater. Viele kommen aus ganz anderen Fachgebieten; sie haben sich ihr Wissen über GPO im Wesentlichen angelesen; sie haben keine oder nur ungenügende Praxiserfahrung; sie las-

sen sich vom Klienten vereinnahmen, anstatt ihn konsequent und kompetent auf das neue Denken auszurichten; sie arbeiten an Funktionsanalysen, Strukturen und Abläufen – und kümmern sich nicht um Kommunikation, Führung und Kooperation. Der Misserfolg ist vorprogrammiert.

Was ist zu tun?

Die Auswahl der Berater ist hier von ganz entscheidender Bedeutung. Erstens, weil es in der Regel um ansehnliche Honorar-Budgets geht. Zweitens, weil Reengineering-Projekte mit großen Chancen, aber ebenso großen Risiken für das ganze Unternehmen verbunden sind. Es lohnt sich insbesondere, mit mehreren Anbietern zu sprechen. Die Entscheidungsträger müssen nicht nur eine klare Vorstellung davon haben, um was es bei so einem Projekt geht, sondern auch davon, welche Art der Unterstützung gebraucht wird. Nur dann sind sie in der Lage, die Kompetenz externer Berater auf diesem Gebiet realistisch zu beurteilen. Im Laufe eingehender Vorgespräche mit mehreren potenziellen Partnern gewinnt man die für eine qualifizierte Mandatsvergabe unabdingbar erforderliche Sicherheit.

Im Kapitel 17 »Auswahl und Einsatz externer Berater« finden Sie das Wichtigste bezüglich Grundsätze des Vorgehens sowie Beurteilungskriterien.

Kapitel 16

Coaching

Alter Wein in neuen Schläuchen?

Ein alter Begriff ist in den letzten Jahren zu gewaltigen neuen Ehren gelangt – »*Coaching*«. Manch einer mag dies als reine Modeerscheinung abtun, die wieder geht, wie sie gekommen ist. Aber ein bisschen mehr ist schon dahinter, auch wenn der neudeutsche Ausdruck als solcher Modecharakter hat. Zum einen: Das generelle Führungsverständnis hat sich grundlegend gewandelt. Beratung und Betreuung wird zunehmend als zentrale Funktion der Führung verstanden: der Vorgesetzte als »*Coach*« seiner Mitarbeiter. Dadurch ist der Begriff schon mal salonfähig geworden. Zum Zweiten: Das Führungsgeschäft ist schwieriger geworden. Eine hohe Komplexität beherrscht die Szene. Auch qualifizierte Führungskräfte haben nicht mehr alles einfach »im Griff« – und die weniger qualifizierten sind schlicht hoffnungslos überfordert. Die Bewältigung dieser Komplexität setzt Reflexion und Beratung im wechselseitigen Dialog voraus – aber nicht jeder hat intern immer gerade den richtigen Gesprächspartner für seine schwierigsten Probleme zur Hand. Dies hat in der Tat zu einer zunehmenden Nachfrage nach professionellem Coaching geführt. Und wo es Nachfrage gibt, entstehen Angebote – wenn auch nicht immer unbedingt die richtigen. Kaum ein Beratungsunternehmen, das nicht unter anderem auch Management-Coaching anbieten würde.

Um es vorwegzunehmen: Coaching kann eine äußerst erfolgreiche Maßnahme sein. Aber Coaching ist nicht, wie viele glauben, ein Allerweltsheilmittel. Manch einer, der am Verhalten seines Chefs oder seines Mitarbeiters verzweifelt, rät diesem, »Coaching« in Anspruch zu nehmen – in der Hoffnung, die Charakterneurose oder die Überforderung im Job würde sich in Minne auflösen. Aber Coaching ist keine Therapie. Und wenn ein Manager am falschen Platz ist, hilft noch nicht mal eine Therapie. Nein, es ist immer situativ und individuell abzuklären, ob Coaching indiziert ist oder nicht.

Und wenn es eine Faustregel gibt, dann diese: *Es sind die besten Manager, denen Coaching am meisten bringt* – und diese brauchen es nur in ganz bestimmten Situationen – im Rahmen besonders anspruchsvoller Aufgaben.

Fragen und Antworten

- *Was ist »Coaching«?*

Persönliche Beratung und Begleitung.

- *Um was geht es beim Coaching?*

Um das Besprechen konkreter Fragen und aktueller Probleme der Führung im eigenen Verantwortungsbereich. Kritisches Überprüfen des eigenen Führungshandelns im Dialog mit einem neutralen und kompetenten Gesprächspartner.

Im Gegensatz zur Fachberatung geht es nicht um das Vermitteln von methodischem Know-how, sondern um optimales Verhalten und Führungshandeln in einem hoch komplexen und hoch vernetzten sozialen und politischen Umfeld. Da geht es nicht zuletzt auch darum, die eigenen emotionalen Verstrickungen zu erkennen und zu lösen. Die gefährlichsten Stolpersteine sind bekanntlich diejenigen, die sich in einem selbst befinden. Sie sind es in der Regel, die nicht rechtzeitig erkannt werden.

- *Warum und wozu wird Coaching für Führungskräfte angeboten?*

Die Führungsaufgaben sind in den letzten Jahren auf allen Stufen anspruchsvoller und komplexer geworden. Neben dem operativen Geschäft müssen schwierige strukturelle und personelle Veränderungen bewältigt werden. Wer führt, steht im Spannungsfeld vielfältiger Interessen. Das eigene Verhalten hat einen entscheidenden Einfluss auf Erfolg oder Misserfolg. Kritische Reflexion und persönliches Feedback können von entscheidender Bedeutung sein, um die richtigen Vorgehensweisen zu entwickeln oder um »blinde Flecken« zu überwinden.

Die unmittelbaren Arbeitspartner – Vorgesetzte, Kollegen und Mitarbeiter – sind jedoch praktisch nie ganz unbefangen. Eigeninteressen, Vorurteile und hierarchische Abhängigkeiten begrenzen die Offenheit. Dazu kommt, dass es oft gerade Spannungen im unmittelbaren Umfeld der einzelnen Führungskraft sind, die einer Klärung bedürfen. Ein kompetenter und neutraler »Sparringspartner« kann in besonders turbulenten Phasen, schwierigen Projekten sowie akuten Konflikt- oder Krisensituationen wesentlich dazu beitragen, adäquate Vorgehenskonzepte zu entwickeln – im Interesse sowohl des Einzelnen als auch des Unternehmens.

- *Was für Formen von Coaching gibt es?*

    Erstens: *individuelles Coaching* oder *Einzelcoaching*. Hier geht es um eine ganz persönliche und individuelle Beratung, deren Form und Rhythmus situativ gestaltet werden können. Eine gewisse Regelmäßigkeit ist aber Voraussetzung für Erfolg.

    Zweitens: *Team-Coaching*. Dieses beruht auf systematischem Erfahrungsaustausch, kollegialer Beratung und persönlichem Feedback in einem kleinen Team von Teilnehmer/-innen mit in etwa vergleichbarer Führungsverantwortung, die aber im Tagesgeschäft nicht durch direkte Arbeitsbeziehungen verbunden sind. Das Team trifft sich in regelmäßigen Abständen zu gemeinsamen Arbeitstreffen, die durch einen Moderator geleitet beziehungsweise begleitet werden. Jeder Teilnehmer hat bei jedem Treffen ein Zeitkontingent zur Verfügung, um mit dem Team an den Fragen zu arbeiten, die ihn besonders beschäftigen.

    Team-Coaching bedeutet »Coaching im Team«. Wenn dagegen ein Team (Führungskreis, Projektteam, Fachausschuss) Beratung in Anspruch nimmt, um die interne Zusammenarbeit zu verbessern, fällt dies in den Bereich der »Teamentwicklung«.

- *Behindert Team-Coaching nicht die Entwicklung der formalen Teams?*

    Nein. Ein Coaching-Team ist eine Lernplattform für den Einzelnen. Alles, was er lernt, kommt der Arbeit und der Zusammenarbeit im Alltag zugute.

- *Kann man Erfahrungsaustausch und Feedback nicht im Rahmen der formalen Teams praktizieren?*

    Doch, das kann man nicht nur, sondern sollte man auch. Aber erstens geschieht dies in der Praxis viel zu selten, weil es nicht zur gängigen

Führungskultur gehört. In guten Zeiten war so etwas »nicht nötig« – und in schlechten Zeiten hat man wegen totaler Überlastung »keine Zeit«. Zweitens hat die Offenheit in formalen Teams gewisse natürliche Grenzen. Zumindest an die ganz »eingemachten« Fragen kann man leichter herangehen, wenn die Gesprächspartner nicht diejenigen sind, mit denen man im Alltag zusammenarbeitet.

Aber nochmals: Coaching soll Erfahrungsaustausch und Feedback in den formalen Teams sowie insbesondere zwischen Vorgesetzten und Mitarbeiterinnen und Mitarbeitern nicht ersetzen und nicht verhindern, sondern im Gegenteil anregen und unterstützen. Wer im Coaching eine »Gegenwelt« zur Praxis aufzubauen sucht, ist kein professioneller »Coach«.

- *Wann Einzel-, wann Team-Coaching?*

Einzelcoaching kann ein sehr machtvolles Instrument sein, um Verantwortungsträger, die kritische Situationen bewältigen oder schwierige Veränderungsprozesse steuern müssen, zu unterstützen. Der Aufwand ist jedoch relativ hoch, die verfügbare Kapazität an qualifizierter Beratung begrenzt. Einzelcoaching kann deshalb von vornherein nicht flächendeckend, sondern nur punktuell eingesetzt werden.

Anders verhält es sich mit Team-Coaching. Hier liegt der Schwerpunkt auf wechselseitiger kollegialer Beratung. Auf einen Team-Coach – der, entsprechend ausgebildet, auch ein Interner sein kann – kommen fünf bis sechs Teilnehmer/-innen. Dieses Instrument kann deshalb in einem großen Unternehmen auf breiterer Basis eingesetzt werden.

- *Wer wird als Management-Coach eingesetzt?*

Besonders erfahrene und sozialkompetente Führungskräfte, Berater oder Management-Trainer.

- *Welches sind die wichtigsten Voraussetzungen für erfolgreiches Coaching?*

Erstens: *Freiwilligkeit*. Nur wer selbst an einer gemeinsamen Beratung mit anderen interessiert ist, kann wirksam beraten werden. Zweitens: *Neutralität der Gesprächspartner*. Wer mit einem anderen durch direkte Arbeitsbeziehungen im Tagesgeschäft verbunden ist, kann nicht sein völlig unbefangener Berater sein. Drittens: *Offenheit* und *Vertrauen*. Ohne Offenheit können heikle Fragen nicht bearbeitet werden, und ohne persönliches Vertrauen kann das notwendige Maß an Offenheit nicht hergestellt werden. Vertrauen kann aber nur schrittweise aufgebaut werden. Wirklich wirksames Coaching setzt deshalb in der Praxis fast immer eine gewisse Regelmäßigkeit der Gespräche während einer bestimmten Zeitperiode voraus.

- *Welches ist der Unterschied zwischen »Coaching« und »Supervision«?*

    Eigentlich keiner. Wie man das Ding nennt, ist letztlich Semantik. Im Bereich der therapeutischen, pädagogischen und sozialen Berufe ist diese Form der berufsbegleitenden Qualifizierung seit jeher ein selbstverständliches und unverzichtbares Instrument der Professionalisierung – und heißt *»Supervision«*. Im Management dagegen handelt es sich um eine »Entdeckung« der letzten wenigen Jahre, die unter dem Begriff *»Coaching«* läuft.

Konzeptionelle und methodische Grundlagen des Team-Coachings

Wenn in einem Unternehmen grundlegende Veränderungsprozesse anstehen, brauchen Führungskräfte gleich welcher Stufe, die an besonders exponierter Stelle stehen, eine angemessene praxisbegleitende Unterstützung. Hier hat sich Team-Coaching außerordentlich bewährt. In größeren Unternehmen können Coaching-Teams unternehmensintern gebildet werden. Für Führungskräfte mittlerer Unternehmen sowie für Manager der obersten Führungsebenen kommen nur unternehmensübergreifend zusammengesetzte Teams infrage. »Joint Ventures« mit anderen Firmen und Institutionen sind erforderlich.

Angesichts der Bedeutung des Team-Coachings erläutern wir nachstehend kurz das methodische Konzept:

1. *Was ist »Team-Coaching«?*
2. *Was ist das Besondere an Team-Coaching?*
3. *Was passiert im Team-Coaching ganz konkret?*
4. *Wie läuft eine Team-Beratung ab?*
5. *Wo liegt der Nutzen des Team-Coachings?*

6. Welche sind die organisatorischen Essentials?
7. Was für Arbeitsvereinbarungen sind notwendig?
8. Welche sind die Aufgaben des Moderators?
9. Welcher ist der Zeitaufwand für den einzelnen Teilnehmer?
10. Für wen eignet sich Team-Coaching?

1.	Was ist »Team-Coaching«?

Eine besonders effektvolle Form der Führungsentwicklung. Kleine Teams von Teilnehmern treffen sich in regelmäßigen Zeitabständen für jeweils 1 ½ Tage unter Begleitung eines speziell für diese Aufgabe ausgebildeten Moderators zu systematischem Erfahrungsaustausch, wechselseitiger kollegialer Beratung und persönlichem »Feedback«. Gegenstand der Diskussion: aktuelle Führungsfragen, Probleme oder Konfliktsituationen aus dem Berufsalltag des Einzelnen.

2.	Was ist das Besondere an Team-Coaching?

Team-Coaching ist eine für die Anwendung im betrieblichen und unternehmerischen Bereich adaptierte Form teamorientierten, professionellen Erfahrungsaustauschs:

- *hoch interaktiv*
  Diskussion in einem kleinen Team

- *on the job*
  auf konkrete Fragen des beruflichen Alltags bezogen

- *praxisbegleitend*
  regelmäßig stattfindende Treffen

- *prozessorientiert*
  schrittweise Bearbeitung komplexer Vorgänge
  (Change Management) in der Zeitachse

Dazu kommen folgende Vorteile:

- *keine längeren Abwesenheiten für die Teilnehmer*
  jeweils 1 ½ Tage

- *geringer organisatorischer Aufwand*
  dezentrale Selbstorganisation in kleinen Teams

3.	*Was passiert im Team-Coaching ganz konkret?*

Der einzelne Teilnehmer stellt Fragen aus seinem beruflichen Alltag zur Diskussion:

- *kritische Führungs- und Kommunikationsprobleme*
- *heikle Personalia*
- *politisch delikate Entscheidungen*
- *komplexe und konfliktträchtige Projekte*
- *Spannungsfelder im eigenen unmittelbaren Arbeitsumfeld*
- *akute Konflikt- oder Krisensituationen im Unternehmen oder in wichtigen Außenbeziehungen*

Das Team analysiert gemeinsam das Problem und entwickelt mit dem Betroffenen mögliche Lösungsansätze (Vorgehensvarianten). Die Kollegen liefern aufgrund ihrer persönlichen Erfahrungen Ideen, Tipps und Denkanstöße.

Ein wichtiger Teil der Analyse betrifft die persönlichen Einstellungen, Interessen und Motive, aber auch die Rolle und das Verhalten des Kollegen in seinem beruflichen Umfeld.

Schwierige Projekte, längerfristige Veränderungsprozesse und festgefahrene Konfliktkonstellationen können prozessorientiert angegangen, das heißt schrittweise bearbeitet und beratend begleitet werden.

Ein entscheidender Aspekt der Coaching-Arbeit besteht darin, dass die zur Diskussion gestellten Probleme nicht nur nach rationalen Gesichtspunkten analysiert und methodisch bearbeitet werden. Die Vorgänge im Arbeitsumfeld des Teilnehmers, aber auch dessen persönliche Einstellungen und Verhaltensweisen werden ganz besonders mit Blick auf die unterschwellige *emotionale Dynamik* betrachtet.

Der Teilnehmer wird dadurch sensibilisiert in seiner Selbstwahrnehmung. Er lernt aber auch, die Stimmungslage und die Gefühle von Vorgesetzten, Kollegen und Mitarbeitern wahrzunehmen und sein Verhalten situativ auf die menschlichen und zwischenmenschlichen Realitäten in seinem Umfeld abzustimmen.

| 4. | *Wie läuft eine Team-Beratung ab?* |

In sieben Phasen mit wechselnder Aktivität des Coachees beziehungsweise des Teams:

Phase 1 **Anknüpfen an letzte Beratung**
Coachee
- *Was war das Thema (Situation und Fragestellung)?*
- *Was habt ihr mir gesagt (wesentlichste Empfehlungen)?*

Funktion
(1) Den Kollegen den Wiedereinstieg erleichtern.
(2) Nicht in isolierten Einzelsituationen (*»Momentaufnahme«*), sondern in Entwicklungsprozessen (*»Film«*) denken und handeln.

Phase 2 **Präsentation: Bericht über die weitere Entwicklung**
Coachee
– *Wie ist es weitergegangen, was ist im Einzelnen passiert?*
– *Was habe ich gemacht, wie habe ich mich verhalten?*
– *Was ist in mir vorgegangen?*
– *Wie beurteile ich die Situation heute?*

Funktion
Die Kollegen »ins Boot holen«, sie mit den Ereignissen sowie mit der aktuellen Lage vertraut machen – und dabei lernen, auf das Wichtige fokussiert zu berichten, aber nicht ins Plaudern zu geraten.

Phase 3 **Konkrete Fragen für die Beratung**
Coachee
– *Was beschäftigt mich besonders?*
– *In welchen Punkten brauche ich Klärung?*
– *Zu welchen Fragen möchte ich eure Meinungen hören?*

Aber auch:
– *Was habe ich selbst mir bisher zu diesen Fragen überlegt?*

Funktion
(1) Sich selbst bewusst machen, wo Unklarheiten vorhanden sind (*Grundvoraussetzung für das Lösen eines Problems*

sowie für das selbstständige Steuern des eigenen Erkenntnisprozesses)
(2) *Den Kollegen Orientierung geben, wo Beratung gefragt ist (lernen, andere sinnvoll einzubeziehen, zu aktivieren und effizient zu nutzen)*

Phase 4 *Team*	**Analyse: Vertiefendes Nachfragen zum besseren Verständnis** – *Fragen stellen (noch nicht diskutieren, noch keine Ratschläge geben!)* – *Situation, Kräftefelder und Zusammenhänge ergründen*

Funktion
Die nicht direkt Betroffenen haben keine »blinden Flecken«. Sie haben einen unverstellten Blick auf die aktuelle Lage und finden leichter Zugang zu einzelnen Hintergründen und Zusammenhängen – ganz speziell, was die Rolle und das Verhalten des Coachees selbst betrifft. Die Fragen der Kollegen führen in der Regel zu wichtigen Klärungen und neuen Erkenntnissen.

Phase 5 *Team*	**Feedback der Kollegen** – *Eindrücke und Empfindungen (Was ist mir aufgefallen?)* – *Vermutungen (Hypothesen) in Bezug auf mögliche Zusammenhänge* – *persönliche Rückmeldungen zum Verhalten des Coachees* – *eigene Erfahrungen in ähnlichen Situationen* – *Ideen, Tipps, konkrete Vorschläge zum Vorgehen*

Funktion
(1) *Für den Coachee:*
Denkanstöße für das weitere Vorgehen sowie für sein eigenes Verhalten
(2) *Für die Kollegen:*
Lernen, hilfreich zu beraten und konstruktive Kritik zu übermitteln

Phase 6 *Coachee*	**Fazit und Kommentar** – *Was ist mir klarer geworden?* – *Was war für mich besonders wichtig – und warum?*

– In welchen Punkten sehe ich noch nicht ganz klar?
– Was werde ich jetzt konkret tun?

Funktion
(1) Das Wesentliche herausarbeiten
(2) Den Kollegen zurückmelden, was »angekommen« ist
(3) Sich evtl. noch vorhandene Grauzonen bewusst machen
(4) Planung konkreter Umsetzungsschritte (Transfer)

Phase 7 Kurze gemeinsame Bilanz
Team
– Gibt es zum Beratungsthema selbst noch etwas nachzutragen?
– Gab es besonders widersprüchliche Rückmeldungen, die besprochen werden sollten, damit keine Unklarheiten zurückbleiben?
– Wie beurteilen wir die Arbeitsweise und die Verständigung untereinander in dieser Beratungseinheit?

| 5. | Wo liegt der Nutzen des Team-Coachings? |

Für den einzelnen Teilnehmer:

- *Entwicklung der Management-Kompetenz*
  – Lösung komplexer Führungsprobleme
  – Steuerung von Veränderungsprozessen

- *Entwicklung der Persönlichkeit*
  – individuelles Führungs-, Kommunikations- und Kooperationsverhalten

Für das Unternehmen:

- *Steigerung der Problemlösungskapazität*
  – fundiertere Entscheidungen
  – situativ angepasste Vorgehensweisen in komplexen Problemsituationen
  – Deblockierung von »Hängepartien«

Für exponierte Manager ist das Coaching-Team in der Regel der einzige Ort, wo der Einzelne die Möglichkeit hat,

- *heikle Situationen im emotionalen Spannungsfeld von Vorgesetzten, Kollegen und Mitarbeitern zu besprechen;*
- *kritische Situationen im Unternehmen im Vorfeld von Entscheidungen auf alle möglichen Konsequenzen hin zu untersuchen;*
- *eigene Unsicherheiten, Zweifel und Ängste auszusprechen und gemeinsam mit anderen aufzuarbeiten;*
- *methodische Vorgehens- und persönliche Verhaltensweisen in akuten Konflikt- und Krisensituationen zu erarbeiten;*
- *eigene »blinde Flecke« zu erkennen und persönliche Misserfolge ohne Gesichtsverlust zu analysieren;*
- *eigene Einstellungen, Überzeugungen und Wertvorstellungen auf ihre Relevanz und Funktionalität hin zu überprüfen;*
- *Fragen der individuellen Berufs- und Lebensplanung im Vorfeld wichtiger Weichenstellungen sorgfältig auszuleuchten.*

6.	*Welche sind die organisatorischen Essentials?*

- *Minimale Teamgröße: fünf Personen*
  - Vielfalt unterschiedlicher Ideen und Erfahrungen (keine geistige »Inzucht«)
  - Vielfalt der Persönlichkeiten (Differenzierung des Beziehungsgefüges)
- *Maximale Teamgröße: sechs Personen*
  - genügender Zeitanteil des Einzelnen für seine Fragestellungen
  - leichte Verständigung im Team
  - kontinuierliche, aktive Beteiligung aller Teammitglieder
- *Kollegen, die nicht durch direkte Arbeitsbeziehungen vernetzt sind*
  - Unbefangenheit als Berater *(»Coach«)*
  - keine wechselseitigen Vorurteile oder Abhängigkeiten
  - keine eigenen »Aktien« des Einzelnen in den Problemstellungen anderer

- *Kollegen aus unterschiedlichen Fachbereichen*
  - Führungserfahrungen aus unterschiedlichen Feldern im Team
  - unterscheiden lernen zwischen generellen und situativen Zusammenhängen

- *Kollegen mit vergleichbarer Führungsverantwortung*
  - wechselseitiges Verständnis
  - ausgeglichenes Geben und Nehmen
  - keine vorgegebene Hierarchie im Team

- *Stabile Teamzusammensetzung*
  - Aufbau von wechselseitigem persönlichem Vertrauen
  - intime wechselseitige Kenntnis der individuellen Arbeitssituation

- *Regelmäßig stattfindende Treffen*
  - Bearbeitung konkreter Fragen und Probleme *(Aktualität)*
  - beratende Begleitung komplexer Vorgänge, schrittweise Anpassung der Maßnahmen an aktuelle Entwicklungen *(Prozessorientierung)*

- *Regelmäßiger Turnus – gleiche Zeitanteile*
  - keine »Voyeure« – keine »Platzhirsche«
  - lernen, sich gut beraten zu lassen – lernen, andere gut zu beraten

- *Qualifizierte Moderation*
  - Sicherstellen einer professionellen Arbeitsmethodik
  - konstruktive Bearbeitung der teaminternen Gruppendynamik

7.	Was für Arbeitsvereinbarungen sind notwendig?

- *Aktive Beteiligung*
  Alle Teilnehmer beteiligen sich aktiv an der Arbeit des Teams – sowohl als Ratsuchende als auch als Beratende.

- *Bereitschaft zur Offenheit*
  Offenheit – bei Berichten über sich selbst wie auch bei persönlichen Rückmeldungen an Kollegen – ist die wichtigste Voraussetzung für wirkungsvolle Teamberatung.

- *Selbstverantwortlichkeit*
  Jeder bleibt selbst dafür verantwortlich, was er in seinem Arbeitsfeld tut oder nicht tut. Er entscheidet, welche Anregungen er aufnimmt und welche nicht. Die Beiträge der Kollegen sind Angebote, über deren Verwendung ausschließlich der Ratsuchende selbst zu entscheiden hat.

- *Verbindlichkeit und Termintreue*
  Die gemeinsam vereinbarten Termine werden konsequent eingehalten. Keiner ist nur hier, um für sich selbst zu profitieren. Jedes Teammitglied ist auch notwendiger Lernpartner und »Coach« für die Kollegen.

- *Individuelle Vorbereitung*
  Eine qualifizierte Beratung durch die Kollegen ist nur möglich, wenn der einzelne sich sorgfältig auf seine Beratungseinheiten vorbereitet.

- *Vertraulichkeit der Information*
  Die im Rahmen der Teamberatungen erhaltenen Informationen sind streng vertraulich und werden nicht nach außen getragen.

---

8.   Welche sind die Aufgaben des Moderators?

1) *Schaffen eines Klimas der Offenheit und des Vertrauens*
   - Offenheit, Ehrlichkeit, Spontaneität
   - persönlich aufeinander eingehen
   - auf eigene Empfindungen und Gefühle achten
   - auf die Empfindungen und Gefühle der anderen achten

2) *Sicherstellen einer professionellen Arbeitsmethodik*
   - Einhalten der Spielregeln
   - Einhalten eines regelmäßigen Beratungsturnus
   - Einhalten der einzelnen Arbeitsschritte beim Coaching
   - bei jedem Arbeitsschritt die notwendige Sorgfalt sicherstellen

3) *Analyse der emotionalen Dynamik sicherstellen*
   - offene und verdeckte Ziele, Interessen, Bedürfnisse der »Hauptakteure«
   - Beziehungsgefüge (»Soziogramm«) und Machtkonstellationen
   - manifeste und latente Stimmungen und Gefühle der Betroffenen
   - Interessen und Bedürfnisse, Empfindungen und Gefühle des Teilnehmers

4) Moderation der Teamdiskussionen
- Zeitmanagement
- ausgeglichene Beteiligung sicherstellen
- für qualifizierte Verständigung im Team sorgen
- Ergebnisse zusammenfassen und festhalten

5) Bearbeiten der teaminternen Gruppendynamik
- für regelmäßige, offene Zwischenbilanz und »Manöverkritik« sorgen
- dem Team Feedback geben bezüglich Kommunikation und Kooperation
- emotionale Spannungen offenlegen und besprechbar machen
- das Team bei der konstruktiven Bewältigung eventueller Konflikte beraten

6) Aktive Mitarbeit (Modell: »Spieler-Trainer«)
- Klärungsfragen stellen
- auf kritische Punkte hinweisen
- eigene Ideen und Erfahrungen einbringen
- den einzelnen Teammitgliedern persönliches Feedback geben

(Aber: Die Dienstleistung für das Team hat erste Priorität. Der Moderator stellt keine eigenen Problemsituationen zur Diskussion!)

---

9. Welcher ist der Zeitaufwand für den einzelnen Teilnehmer?

- *fünf bis sechs Mal 1 ½ Tage (idealerweise) oder acht bis zehn Mal 1 Tag pro Jahr*
  möglichst gleichmäßig über das Kalenderjahr verteilt
  1 ½ Tage ermöglichen, dass jeder Teilnehmer bei jedem Treffen ein Zeitkontingent von circa 2 Stunden zur Verfügung hat, um mit dem Team an seinen Fragen zu arbeiten.
  Pro Treffen ist ein gemeinsamer Abend für informelle, persönliche Kontakte vorgesehen, und zwar ausdrücklich als Teil des Programms.

- *zusätzlich: 1-2 Stunden individuelle Vorbereitung auf jedes Treffen*
  strukturierte und visualisierte Präsentation des Themas
  Die sorgfältige Vorbereitung des Einzelnen trägt wesentlich zur Effektivität sowie zur Zeitökonomie der Coaching-Arbeit bei.

Die insgesamt eingesetzte Zeit ist jedoch nicht als Aufwand für »Bildung« zu betrachten, sondern als Arbeit an konkreten Fragen aus dem individuellen Aufgabenbereich. Die Erfahrung zeigt, dass die für die Coaching-Arbeit eingesetzte Zeit im Rückblick als ganz besonders wertvoll beurteilt wird.

10.	*Für wen eignet sich Team-Coaching?*

Team-Coaching eignet sich für Führungskräfte, die ...

- bezüglich Professionalität der Führungstätigkeit hohe Ansprüche an sich selbst stellen;
- interessiert und bereit sind, ihre eigene berufliche Arbeit gemeinsam mit anderen zu reflektieren und kritisch zu hinterfragen;
- gern im Team arbeiten und nicht nur »profitieren« wollen, sondern Interesse haben an anderen Menschen und bereit sind, sich auf andere einzulassen;
- sensibel sind einerseits für die *strategische, politische und taktische Dimension* der Führungstätigkeit, andererseits für die *psychosoziale Dynamik* der Vorgänge im Unternehmen (menschliche, zwischenmenschliche, gruppendynamische und massenpsychologische Überlagerungen unternehmerischer und betrieblicher Sachfragen);
- keine Tabus aufgebaut haben, sondern bereit sind, in einem kleinen Kreis enger Vertrauter auch über Fragen persönlicher Einstellungen und Verhaltensweisen zu sprechen;
- sich selbst in ihrer strategischen und sozialen Kompetenz sowie in ihrer Konfliktfähigkeit konsequent weiterentwickeln wollen;
- bereit und in der Lage sind, im Verlaufe eines Kalenderjahres acht bis zehn Arbeitstage für Klausuren im Coaching-Team zu investieren und gemeinsam vereinbarte Termine konsequent einzuhalten.

Team-Coaching eignet sich nicht *für Führungskräfte, die ...*

- verhaltensgestört, ungenügend qualifiziert oder im Job überfordert sind und nach Meinung ihrer Umwelt »auf Vordermann« gebracht werden sollten.

Kapitel 17

Auswahl und Einsatz externer Berater

Es gibt heute kaum mehr ein nennenswertes Veränderungsprojekt, in dem nicht in der einen oder anderen Form externe Berater mitwirken. Die Arbeitsprozesse in der Wirtschaft und in der Verwaltung haben sowohl an Komplexität als auch an Geschwindigkeit zugenommen. Auch große Unternehmen sind nicht mehr in der Lage, jede fachliche Kapazität, die in ganz spezifischen Situationen gebraucht wird, im eigenen Hause vorzuhalten. Außerdem ist es bei gewissen Fragestellungen wichtig, jemanden dabei zu haben, der nicht betriebsblind, nicht durch Ressortinteressen belastet und nicht in die Hierarchie eingebunden ist. In solchen Fällen ist es durchaus sinnvoll, manchmal sogar notwendig, externe Unterstützung in Anspruch zu nehmen.

Andererseits ist Beratung ein Geschäft wie jedes andere auch. Die Optimierung von Umsatz und Ertrag ist auch hier ein vorrangiges Ziel. Dazu kommt: Die meisten Berater sind auf die eine oder andere Weise Spezialisten. Die wenigsten haben einen ganzheitlichen Blick auf unternehmerische Fragestellungen. Dies ist zwar keine Schande – aber man muss Berater entsprechend einsetzen. Es gibt Berater, die aufgrund ihrer Persönlichkeit und ihrer Erfahrung für eine bestimmte Aufgabe besser, und andere, die dafür weniger gut geeignet sind. Man würde meinen, dies sei eine Binsenwahrheit. Doch während Kandidat/-innen für eine Festanstellung in der Regel auf Herz und Nieren geprüft werden, genügt manch einem Auftraggeber der klingende Firmenname oder der brillante Auftritt eines Chefberaters, um einer großen Beratungsgesellschaft einen Millionenauftrag zu erteilen, in dem dann Leute eingesetzt werden, die man zuvor noch nie gesehen hat.

Die Macht der Berater

Der Einfluss von Beratern auf das Geschehen in der Wirtschaft wird immer wieder unterschätzt. Sie sind engste Gesprächspartner der Unternehmensleitungen sowie der Aufsichtsorgane. Sie sind maßgeblich beteiligt an der Vorbereitung strategischer Entscheidungen. Sie nehmen aktiv Einfluss darauf, was untersucht wird und was nicht – und damit auch, wie die Weichen gestellt und welche Maßnahmen eingeleitet werden. Dazu kommt: Jede Beratung, die über die reine Vermittlung spezifischen Fachwissens hinausgeht, greift in der einen oder anderen Weise in das Geschehen im Unternehmen ein – in das laufende Führungsgeschäft sowie, früher oder später, in die Strukturen und Prozesse. Und je nach Umfang und Dauer des Projektes wird die Unternehmenskultur durch die Zusammenarbeit mit externen Beratern nachhaltig geprägt – je nach Art der Beratungsgesellschaft in ersprießlicher oder weniger ersprießlicher Art und Weise.

Das größte Problem in der Praxis aber sind überforderte, in der Tiefe ihrer Seele unsichere Manager, die nicht in der Lage sind, sich selbst eine Meinung darüber zu bilden, was im Unternehmen zu tun ist, um die gesteckten Ziele zu erreichen und die Zukunft zu sichern. Sie misstrauen nicht nur sich selbst, sondern auch sämtlichen Mitarbeiter/-innen und Führungskräften. Sie holen nicht nur jede Menge Berater ins Haus, sondern lassen diese sich auch mehr oder weniger unkontrolliert austoben. Resultat: Die eigenen Leute werden von den Beratern rund um die Uhr beschäftigt, von ihren operativen Aufgaben abgehalten und mutieren zu Handlangern der externen Cracks. Es hat mit der Häufung derartiger Fehlsteuerungen zu tun, wenn Ferdinand Piech, der Aufsichtsratsvorsitzende der Volkswagen AG, immer wieder mit folgendem Ausspruch zitiert wird: »Wer sein Unternehmen ruinieren will, muss es nur durch externe Berater optimieren lassen.«

Qualifizierte und weniger qualifizierte Berater

Die Beratungsbranche hat einen enormen Boom hinter sich. Eine ganze Reihe von Beratungsfirmen ist zu global tätigen Konzernen angewachsen. Ihre Abschlüsse haben Jahr für Jahr manchen Industriemanager vor Neid erblassen lassen. In dieser Zeit aber hat die Qualität der Dienstleistung dramatisch gelitten, auch wenn viele Klienten dies zu spät gemerkt oder zu lange toleriert haben. Qualifizierte Berater mit entsprechendem Knowhow und Erfahrung können nicht aus dem Boden gestampft werden. Um der Nachfrage Herr zu werden, haben viele Beratungsunternehmen arbeitslos gewordene Führungskräfte ohne jegliche Beratungskompetenz sowie frisch gebackene Betriebswirtschafter direkt von der Hochschule weg rekrutiert und zu gloriosen *Business Consultants* hoch stilisiert. Massen von Grünschnäbeln sind eingesetzt und im Rahmen großer Projekte auf gestandene Führungskräfte in den Klientenunternehmen losgelassen worden. Dadurch ist in der Wirtschaft unabsehbarer Schaden entstanden. Viele, auch bedeutende Firmen sind teils trotz, ja in manchen Fällen gerade wegen entsprechender Beratung in eine existenzielle Krise geraten und zum Teil von der Bildfläche verschwunden. Es sind gerade auch große Namen in der Branche, die derartige Katastrophen zu verantworten haben. Ebenso spektakuläres wie tragisches Beispiel: der Untergang der Swissair.

Die Fähigkeit, externe Berater richtig zu beurteilen, sinnvoll zu nutzen und zielführend zu steuern, ist deshalb ein nicht zu unterschätzender Erfolgsfaktor. Nachfolgend zehn goldene Regeln für die Suche, die Auswahl, den Einsatz und die Führung von externen Beratern.

Regel Nr. 1

Bilden Sie sich vor Auftragserteilung an einen Berater eine klare Meinung darüber, was Sie an externer Dienstleistung konkret benötigen – und warum.

Sorgen Sie dafür, dass Sie und Ihre engsten Mitarbeiter vor der ersten Kontaktnahme mit Beratern eine einigermaßen konkrete Vorstellung davon haben, um welche Fragen es Ihnen geht, und was nach einem wie auch immer gearteten Projekt anders sein sollte als es heute ist. Sie müssen zu diesem Zeitpunkt noch nicht den Weg dahin genau beschreiben können. Aber eine Vorstellung vom Ziel sollten Sie schon haben.

Als Nächstes ist sorgfältig zu klären, welche Art von Dienstleistung Sie benötigen. Es gibt mehrere klar unterscheidbare Motive für das Engagement externer Berater:

Fachwissen
Sie benötigen spezifisches, im eigenen Hause nicht genügend spezialisiertes Fachwissen – z. B. in Bezug auf IT-Systeme, Controlling, Produktionsplanung, Risk Management, Gehaltssysteme, Lagerbewirtschaftung, Transportlogistik etc.

Management-Know-how
Sie benötigen breiteres Management-Know-how, um Strategien, Strukturen und Prozesse von Externen unter betriebswirtschaftlichen Gesichtspunkten überprüfen zu lassen.

Prozessbegleitung
Sie wissen im Prinzip, was Sie wollen – und warum. Sie haben auch genügend qualifiziertes Personal. Aber Sie benötigen Hilfe zur Selbsthilfe bei der Gestaltung des Veränderungsprozesses: Organisation eines komplexen Projektes, Moderation, Expertise in den Bereichen Kommunikation, Kooperation, Gruppendynamik.

Neutralität
Sie legen Wert darauf, jemanden dabei zu haben, der eine neutrale Sicht auf Ihr Haus sowie auf ein bestimmtes Veränderungsprojekt hat – jemanden, der nicht betriebsblind ist und keine eigenen »Aktien« in Ihrem Geschäft hat.

Kapazität
Das notwendige Wissen und Können wäre in Ihrem Haus vorhanden, aber Sie benötigen vorübergehend zusätzliche Kapazität, um bestimmte Aufgaben innerhalb einer bestimmten Zeit erfüllen zu können.

Klingender Name
Sie wissen, dass schmerzhafte Veränderungen ins Haus stehen. Sie wissen im Wesentlichen sogar welche. Sie glauben aber, dass einzelne oder mehrere Stakeholder leichter zu überzeugen sind, wenn der Name einer bekannten Beratungsfirma dahinter steht.

Es kann durchaus mehr als eines der genannten Motive eine Rolle spielen, aber machen Sie sich klar, was Sie tatsächlich brauchen – und was nicht.

Regel Nr. 2

Legen Sie vor dem Erstgespräch mit einem Berater fest, was Sie fragen bzw. im Hinblick auf Eignung oder Nichteignung gezielt abklären wollen.

Diese Agenda hängt selbstverständlich von der spezifischen Bedarfslage ab und muss situativ gestaltet werden. Drei Punkte gehören aber praktisch immer dazu:

- *Beratungsphilosophie*
  Wie versteht der Berater seine Rolle? Wie nimmt er sie wahr? Welche Grundsätze leiten ihn bei seiner Arbeit? Was hat er für Wertvorstellungen? Auf was legt er besonderes Gewicht, auf was weniger? Und wie begründet er sein Konzept?

- *Methodenkompetenz*
  Was hat er für einen spezifischen Werkzeugkasten? Was für Instrumente und Verfahren bietet er an, die sich seiner Ansicht nach in vergleichbaren Projekten besonders bewährt haben? Was kann er seiner Ansicht nach besonders gut – mutmaßlich besser als die meisten Konkurrenten?

- *Soziale Kompetenz*
  Studien zeigen: Misserfolge in Projekten liegen in neun von zehn Fällen nicht in den Sach- und Fachfragen begründet. Sie sind auf Defizite im Bereich der »weichen« Faktoren – Kommunikation, Führung und Zusammenarbeit – zurückzuführen. Dies bedeutet: Sofern Sie nicht einen reinen Fachberater engagieren, der lediglich spezifisches Fachwissen zu liefern hat, sind soziale Kompetenz und emotionale Intelligenz wichtige, ja ausschlaggebende Qualifikationskriterien. Die Fähigkeit, mit Menschen und Gruppen zu kommunizieren und zu kooperieren sowie insbesondere durch Aufbau stabiler Vertrauensbeziehungen Motivation für die Veränderungsziele zu erzeugen, entscheiden wesentlich über Erfolg oder Misserfolg in Beratungsprojekten.

  Was sagen die Berater von sich aus über diesen Punkt? Wie reagieren Sie auf entsprechende Fragen von Ihrer Seite? Was tun die Berater/-innen konkret, um ihre soziale Kompetenz laufend zu überprüfen und zu entwickeln?

Ja, es gibt auch die Frage der Kosten. Nach was für Gesichtspunkten werden die Honorare berechnet? Welches sind die Standard-Tagessätze? Was ist da mit drin oder wird zusätzlich berechnet (Reisespesen, Reisezeit, Konzeptarbeit etc.)?

Man sollte sich im Vorfeld ein generelles Bild über Beraterhonorare gemacht haben, denn sonst hat man überhaupt keine Beurteilungsbasis und erschrickt womöglich über Honoraransätze, die durchaus marktkonform sein können. Aber: Die Höhe des Honorars wird im Allgemeinen als Auswahlkriterium deutlich überschätzt. Zum einen: Die Unterschiede von Anbieter zu Anbieter sind – einigermaßen vergleichbare Qualifikation vorausgesetzt – gar nicht allzu groß. Zum zweiten: Gute Berater fokussieren ihre Arbeit oft besser und erreichen die Ziele mit einem geringeren Einsatzvolumen. Zum dritten: Jede Vollkostenrechnung zeigt, dass die Personalkosten im eigenen Hause die Beraterhonorare bei weitem übersteigen. Last, but not least: Ein Projekterfolg rechtfertigt notfalls auch ein hohes Beraterhonorar – ein Misserfolg dagegen kostet gleich ein Vielfaches davon. Man sollte nicht am falschen Ort sparen.

Regel Nr. 3

Wenn Sie explizit Prozessbegleitung suchen: Prüfen Sie sorgfältig, was für spezifische Kompetenzen und Erfahrungen der oder die Berater/-innen mitbringen.

Es geht hier im Wesentlichen um dreierlei:

(1) *Projektmanagement*
    Solide Erfahrung im Organisieren und Steuern komplexer Projekte

(2) *Prozesskompetenz*
    Spezifisches Know-how im Bereich der »weichen« Faktoren: Moderation, Coaching, Kommunikation, Gruppendynamik

(3) *Persönlichkeit*
    Offenheit, Ehrlichkeit, Dialogfähigkeit – und ganzheitliches Denken

Die Aufgabe eines Prozessberaters besteht im Wesentlichen in der Hilfe zur Selbsthilfe. Er soll dem Unternehmen helfen, die internen Kommunikations-, Führungs- und Kooperationsprozesse so zu gestalten, dass es in der Lage ist, ein anspruchsvolles Change Projekt aus eigener Kraft, mit den eigenen menschlichen Ressourcen sowie mit finanziellen und technischen »Bordmitteln« erfolgreich zu managen. Da ist zwar auch methodisches Know-how gefragt. Aber der Schlüssel zum Erfolg liegt im menschlichen und zwischenmenschlichen Bereich: Vertrauensbildung, Erzeugen von Motivation, Umgang mit Widerständen, Teamentwicklung, individuelles Coaching und Beratung einzelner Führungskräfte und Mitarbeiter/-innen, Konfliktmanagement, Kommunikation im Projekt und ins Unternehmen. Dies alles erfordert in erster Linie soziale Fähigkeiten.

Wodurch zeichnet sich ein guter Prozessberater aus?

- Er *(oder sie)* stellt kritische Fragen, die normalerweise so nicht gestellt werden – etwa: Wozu und wem dient die beabsichtigte Veränderung (»cui bono«)? Welche Interessen sind insgesamt im Spiel – und wie sollen diese berücksichtigt werden? Wo sind diejenigen, die dieses Projekt begrüssen und unterstützen werden? Wo sind diejenigen, die dagegen sein werden – und warum?

- Er stellt aber nicht nur Fragen und moderiert Diskussionen. Er nimmt auch selbst Stellung. Er macht aus seinem Herzen keine Mördergrube, sondern teilt dem Klienten seine Wahrnehmungen offen mit. Er gibt sowohl positives als auch kritisches Feedback – auch der Spitze.

- Er hat die Fähigkeit und die Bereitschaft sowohl zur Konfrontation und als auch zur Mediation. Er greift heiße Eisen auf, legt unterschwellige Interessenkonflikte offen und leitet die Betroffen an, ihre unterschiedlichen Meinungen und Interessen konstruktiv auszutragen und allseitig akzeptable Lösungen zu erarbeiten.

- Er behält auch in turbulenten und emotional aufgeladenen Situationen die innere Ruhe und den Überblick über die Gesamtlage. Er ist in der Lage, auch erhitzten Gemütern den Gesamtrahmen aufzuzeigen und konkrete Schritte einzuleiten, die wieder zu zielorientierter Projektarbeit zurück führen.

Wie prüft man das alles ab?

Dazu gibt es kein einfaches Rezept. Es gibt nur einen Weg: mit Berater/-innen, die sich als Prozessbegleiter/-innen präsentieren, sehr sorgfältig und ins Einzelne gehend über bisherige Projekte zu sprechen. Nur wenn nachvollziehbar wird, wie sie in einem oder mehreren vergleichbaren Projekten gearbeitet haben, kann man beurteilen, wie sie ihre Rolle als Prozessberater verstehen; wie sie diese Rolle in der Praxis wahrnehmen; was sie gut können; uns was sie nicht so gut können. Wie bei Kandidaten für eine Festanstellung auch: Die Beurteilungskriterien leiten sich direkt aus den zu erfüllenden Aufgaben ab.

Regel Nr. 4

Laden Sie drei bis vier verschiedene Berater je zu einem zweistündigen Vorgespräch ein und führen Sie mit den zwei qualifiziertesten mindestens ein zweites, in die Tiefe gehendes Gespräch, bevor Sie sich definitiv für einen Partner entscheiden.

Der scheinbar hohe Aufwand im Vorfeld lohnt sich aus drei Gründen. Zum einen: Durch die Gespräche mit externen Fachleuten erwirbt man zusätzliche fachliche Kompetenz. Zum zweiten: Man gewinnt Klarheit darüber, was man wirklich braucht und was nicht – und qualifiziert sich dadurch als souveräner Auftraggeber. Man läuft weniger Gefahr, in eine fatale Abhängigkeit von Externen zu geraten. Zum dritten: Man hat aufgrund des Vergleiches bessere Chancen, einen für die aktuelle Bedarfslage geeigneten Partner zu finden. Vor Flops ist man auch dann noch immer nicht hundertprozentig geschützt. Aber man kann seine Chancen erheblich verbessern. Dabei ist immer zu bedenken: Während Sie nur selten in der Lage sind, einen geeigneten Berater suchen zu müssen, ist jeder Berater, den Sie einladen, laufend in der Situation, sich um attraktive und lukrative Aufträge zu bewerben. Er hat gelernt, sich von seiner besten Seite zu zeigen. Er hat genau studiert, worauf potenzielle Klienten im Allgemeinen ihr Augenmerk richten. Und alles, was er Ihnen präsentiert, ist sorgfältig präpariert, durchgestylt und optimiert. Es ist nicht immer ganz einfach, hinter diese professionelle Kulisse zu blicken.

Regel Nr. 5

Bilden Sie ein Evaluationsteam von drei bis vier Personen, die an allen Vorgesprächen teilnehmen und diese gemeinsam auswerten.

Wenn immer wieder andere Leute aus dem eigenen Hause an den verschiedenen Gesprächen beteiligt sind, gehen unweigerlich Überblick und Vergleichsmöglichkeiten verloren. Es schadet nichts, wenn mal hier der eine, dort der andere zu einem Gespräch dazu stößt. Entscheidend ist, dass ein harter Kern bei allen Vorgesprächen anwesend ist.

Regel Nr. 6

Klären Sie besonders sorgfältig die Frage, wie die unternehmenseigenen, personellen Ressourcen im Rahmen der Projektarbeit optimal genutzt und entwickelt werden können.

Projekte sind nicht zuletzt auch wertvolle und attraktive Lerngelegenheiten. Die Frage ist, wer lernen soll: nur die Berater – oder auch, ja evtl. in erster Linie, die eigenen Mitarbeiter/-innen. Je aktiver die Rolle der firmeneigenen Führungskräfte und Mitarbeiter/-innen in der Projektarbeit, desto mehr Wissen und Erfahrung bleiben dem Unternehmen nach Abschluss der Projektarbeit erhalten – und desto leichter wird sich die Umsetzung der erarbeiteten Konzepte gestalten. Die Motivation liegt dann nicht nur bei externen Beratern, die das Haus nach Abschluss der Projektarbeit wieder verlassen.

Es gibt Berater, die nach dem Prinzip der »Hilfe zur Selbsthilfe« die Entwicklung der »Do-it-yourself«-Fähigkeiten des Unternehmens und den Know-how-Transfer vom Berater ins Klientensystem im Auge haben. Und es gibt andere, die in erster Linie, wenn nicht ausschließlich, die Optimierung des eigenen Umsatzes anstreben. Ersteres ist im Hinblick auf das, was man heute »lernende Organisation« nennt, von entscheidender Bedeutung.

Regel Nr. 7

Vergeben Sie den Auftrag erst, wenn die konzeptionellen Grundlagen des Projektes klar definiert, die Rolle der Berater geklärt und die Führungsverhältnisse festgelegt sind.

Jedes Projekt, das nicht eine Fahrt ins Blaue werden soll, bedarf eines sorgfältig erarbeiteten Konzeptes. Zielsetzung, Erfolgskriterien, Grundsätze des Vorgehens, Funktion und Rolle der verschiedenen Beteiligten (nicht zuletzt diejenige der externen Berater), Steuerungsgremien, Organisation der

Projektarbeit sowie Terminziele für Beginn, Meilensteine und Ende der Projektarbeit müssen vorliegen, damit alle Mitwirkenden genau wissen, was sie wann zu tun haben werden.

Dazu gehören – was häufig vergessen wird – Spielregeln für Kommunikation, Führung und Zusammenarbeit innerhalb der Projektorganisation sowie eine Strategie für die Kommunikation nach außen. Und schließlich: Kapazitätsplanung. Wer wird wann in welchem Umfange beansprucht? Diese Frage ist vor allem im Hinblick auf die eigenen Führungskräfte und Mitarbeiter/-innen zu beantworten. Erstens, damit man weiß, was dieses Projekt tatsächlich kostet. Zweitens, damit die personellen Kapazitäten während der Laufzeit des Projektes einigermaßen realitätsgerecht bewirtschaftet werden können.

Last, but not least: Sauber definierte Rolle des Top Managements bzw. der Unternehmensleitung. Es gibt Projekte, die nur eine bestimmte Fachfunktion oder Organisationseinheit betreffen und auf mittlerer Führungsebene gesteuert werden können. Aber jedes Projekt von unternehmerischer Relevanz erfordert unverzichtbar die Aufmerksamkeit und die steuernde Hand der obersten Leitung. Viele Top Manager sind aber in der Praxis nur allzu leicht bereit, sich nach Auftragserteilung nur noch ihrem operativen Geschäft zu widmen und das Feld den externen Beratern zu überlassen. Hauptgrund: Man fühlt sich den externen »Experten« gegenüber, wenn auch uneingestandenermaßen, intellektuell unterlegen. Man scheut sich, die Berater nicht nur gewähren zu lassen, sondern auch zu steuern und zu kontrollieren. Wenn aber Berater nicht geführt werden, entsteht ein Führungsvakuum, in dem Berater verführt sind, auf informeller Basis Führungsfunktionen zu übernehmen. Dies ist eine der zentralen Ursachen für Komplikationen in Projekten.

Regel Nr. 8

Stellen Sie rechtzeitig sicher, dass in der Projektarbeit diejenigen – und nur diejenigen – Berater eingesetzt werden, die Sie vorher persönlich kennengelernt und ausgewählt haben.

Die Qualitätsschwankungen von einer Flasche Coca-Cola zur anderen sind äußerst gering – diejenigen von einem Berater ein und derselben Gesellschaft zum andern dagegen oft sehr erheblich. In Sachen Beratung gilt deshalb der Grundsatz: Man engagiere niemals eine Firma, sondern immer nur bestimmte, besonders geeignete Personen.

Bei der Beurteilung eines Beraters ist grundsätzlich immer die gleiche Sorgfalt gefragt wie bei der Beurteilung eines Kandidaten für eine feste Anstellung. Auch wenn es nicht um eine reine Prozessbegleitung geht, sind zwei Aspekte eingehend zu klären:

(1) An was für Projekten in was für Firmen oder Institutionen hat er oder sie bisher konkret gearbeitet? In welchen Funktionen? Wie ist er oder sie vorgegangen? Welches waren die besonderen Schwierigkeiten (es gibt sie immer!) – und welches die Resultate?

(2) Wie passt diese Person zu unserer Unternehmenskultur? Wie passt sie zur Anforderung einer kooperativen, auf Offenheit, Ehrlichkeit und Vertrauen basierenden Arbeitsweise? Was spürt man – neben dem professionellen Know-how – an emotionaler Ausstrahlung, Interesse für andere Menschen und Bereitschaft, auch kritische Dinge konstruktiv, aber direkt und unbefangen anzusprechen?

Man sagt nicht zu unrecht: »Die Chemie muss stimmen«. Dies ist tatsächlich ein wichtiges Kriterium. Aber ein erster Eindruck genügt nicht. Prüfen Sie die Kandidaten sorgfältig darauf hin, ob sie nur gut reden und überzeugend präsentieren oder auch gut zuhören und auf ihre Gesprächspartner eingehen können. Lassen Sie sich das eine oder andere bisherige Klientenprojekt des Beraters so konkret schildern, dass deutlich wird, wie es im Alltag der Projektarbeit um Kommunikation und Kooperation zwischen den Berater/-innen und den Mitarbeiter/-innen des Unternehmens bestellt war.

Es gibt Großprojekte, in denen möglicherweise eine größere Gruppe externer Fachleute eingesetzt werden muss. Es würde in der Praxis selbstverständlich zu weit führen, 20 oder 30 Berater/-innen persönlich auszuwählen. In solchen Fällen geht es um das Führungspersonal im Projekt – aber hier wirklich um jede einzelne Person. Denken Sie immer daran: Das Gesetz des Wiedersehens funktioniert nicht automatisch mit denjenigen, die im Vorfeld der Auftragserteilung Ihre Gesprächspartner waren. Den Chefs geht es zunächst einmal darum, das Auftragsbüchlein zu füllen, damit ihre Mitarbeiter beschäftigt sind. Große Beratungsfirmen neigen dazu, in Vorgesprächen mit ihren besten Leuten anzutreten, im Laufe der Projektarbeit aber dann schrittweise weniger qualifizierte Mitarbeiter einzuschleusen. Davor muss man sich rechtzeitig schützen. Halten Sie deshalb im Vertrag fest, welche Berater/-innen in den verschiedenen Projektphasen mit welcher Kapazität verfügbar sein werden.

Regel Nr. 9

Begrenzen Sie das vorgesehene Mandat von Anfang an präzise auf den der aktuellen Bedarfslage entsprechenden Umfang.

Berater sind Unternehmer. Sie haben immer gute Ideen, was sie noch alles für den Auftraggeber tun könnten. Viele Beratungsfirmen schulen ihre Mitarbeiter gezielt im Hinblick auf das Ausweiten von Mandaten und das Generieren von Folgeaufträgen. Einkommen und Karriere der Berater hängen oft unmittelbar vom persönlichen Erfolg beim Auftun neuer Projekte ab. Machen Sie deshalb von Anfang an klar, dass es hier um dieses eine, klar umrissene Projekt geht. Eine weitere Zusammenarbeit irgendeinmal in der Zukunft sei zwar nicht von vornherein ausgeschlossen. Aber zurzeit gehe es um dieses – und nur dieses – Mandat. Sie ersparen sich damit laufende Diskussionen darüber, was alles in Ihrem Unternehmen auch noch im Argen liegt und untersucht werden sollte. Vor allem aber: Sie fokussieren die Energie der Berater auf ihre konkrete Aufgabe – und nicht auf die Erweiterung des Mandates.

Regel Nr. 10

Die Projektorganisation muss so ausgelegt sein, dass die Regie ausdrücklich in der Hoheit des Unternehmens selbst bleibt, und dass die Tätigkeit der Berater vom Unternehmen jederzeit beurteilt werden kann.

Erfahrene Berater haben gelernt, konsequent die oberste Hierarchie anzulaufen, sich mit ihr ins Einvernehmen zu setzen und anschließend, mit dem Mandat der obersten Heeresleitung auf der Fahne, das Gesetz des Handelns im Projekt, manchmal sogar im ganzen Unternehmen an sich zu reißen. Nicht alle Berater tun dies – aber viele können einer solchen Versuchung nicht widerstehen. Da lauert häufig die Gefahr, dass die unternehmenseigenen Führungskräfte zu ausführenden Organen degradiert werden. Dieses Syndrom hat einen tieferen psychologischen Hintergrund: Viele Berater leiden latent an ihrem Beruf, weil er zwar mit erheblichem Einfluss, aber nicht mit dem Besitz formaler Macht verbunden ist. Sie fühlen sich insgeheim als »Kastraten«. Macht, wo und wie immer sie ihnen in Teilen delegiert wird, ist für sie eine süße Droge. Wenn sie ihnen geboten wird, greifen sie viel lieber zu, als mit dem Auftraggeber ein klärendes (und evtl. konfrontatives) Gespräch über die Rollenverteilung bei der Steuerung des Veränderungsprozesses zu führen.

Wenn so geartete Berater auf ein Top Management treffen, das seine Führungsfunktion den Beratern gegenüber nicht wahrnimmt, bildet sich an der Spitze eine unheilige Allianz und ein für alle Führungskräfte und Mitarbeiter/-innen unüberwindlicher Machtblock. Wenn es dann im Projektverlauf Schwierigkeiten gibt, haben nicht die eigenen Mitarbeiter/-innen das Ohr der Unternehmensleitung, sondern die externen Berater. Mit der Zeit unterhält sich die Unternehmensleitung nicht etwa mit den eigenen Leuten über die Leistung und das Verhalten der Berater, sondern mit den Beratern über die Leistung und das Verhalten der eigenen Führungskräfte. Und wenn der Aufsichtsrat am Schluss eine Projektevaluation verlangt, werden ihm die von den Beratern eigenhändig zusammen gestellten Erfolgszahlen und die glänzende Bewertung des Projektes durch die Unternehmensspitze vorgelegt. Eine neutrale Befragung der beteiligten bzw. betroffenen Führungskräfte, die möglicherweise verheerende Resultate zeitigen würde, wird gar nicht erst ins Auge gefasst – und wenn einmal doch, bieten sich als erste die Externen an, eine solche Erhebung der »Kundenzufriedenheit« durchzuführen. Dies hat zwar mit Professionalität nichts zu tun. Aber die Praxis zeigt immer wieder: es funktioniert.

Monitoring: Auf das Wie kommt es an

Ein regelmäßiges Monitoring der Projektarbeit unter Einbezug nicht nur der externen Berater sondern auch und besonders der internen Projektmitarbeiter sowie der von der Projektarbeit betroffenen Führungskräfte stellt sicher, dass eventuelle Fehlentwicklungen rechtzeitig erkannt werden. Es ist vergleichsweise wie beim Aufsichtsrat: Wenn das Gremium immer nur in Anwesenheit der Unternehmensleitung (oder zumindest des CEO) konferiert, wird es seine Aufsichtsfunktion nie adäquat wahrnehmen können. Die Schnittstelle zwischen Legislative und Exekutive wird in bedenklicher Weise zugekleistert. Das gleiche gilt für die Steuerung und Kontrolle von Beratern: Sie erfordert zumindest die Möglichkeit einer Zwischenbilanz auch mal *ohne Anwesenheit der Externen*. Wer die Kraft nicht hat, dies zu tun, begibt sich in eine möglicherweise fatale Abhängigkeit von Externen.

Vor allem große Beratungsunternehmen haben teilweise ausgefeilte Strategien entwickelt, um im Laufe der Projektarbeit auf subtile Weise die Lead-Funktion zu übernehmen, die interne Führung zu übersteuern und zu einem eigenen Machtfaktor im Unternehmen zu werden. Dreierlei erleichtert diese Entwicklung. Erstens: konsequente Fokussierung auf die Kommunikation mit der obersten Leitung – und Auftreten im Unternehmen mit der delegierten Macht der hierarchischen Spitze. Zweitens, Agieren grundsätzlich nur zu zweit oder in größeren, hoch koordinierten Gruppen. Drittens, rücksichtsloses Ausspielen der Expertenmacht sowie der angeblichen Sachkunde der vollamtlich tätigen, externen Fachleute gegenüber den mit dem operativen Tagesgeschäft beaufschlagten, internen Führungskräften. Auf diese Weise wird bewusst Vollzugsmacht aufgebaut.

Wenn überhaupt über derartige Mechanismen offen gesprochen wird, begründen die Berater ihre Vorgehensweise wie folgt: Es gehe schlussendlich um die effiziente Umsetzung, d. h. *Durchsetzung* der notwendigen Veränderungen im Unternehmen. Und welches Management würde sich nicht eine effiziente Umsetzung wünschen? Doch jeder Berater, der so argumentiert, beweist damit lediglich, dass er nicht in der Lage ist, den Transfer auf der Basis partnerschaftlicher Kommunikation und Kooperation sicher zu stellen.

Berater müssen Berater bleiben – auch Führungskräften mittlerer Ebenen sowie nicht leitenden Mitarbeiter/-innen gegenüber. Die Grenzen zwischen verantwortlicher Steuerung und beratender Unterstützung dürfen nicht verwischt werden – mit einer einzigen Ausnahme: dem speziell verhandelten und zeitlich begrenzten Einsatz von Beratern als Manager auf Zeit in spezifischen Krisen- bzw. Turnaround-Situationen.

Zehn goldene Regeln im Überblick

1. Konkrete Vorstellung bezüglich Zielsetzung und Bedarfslage vor Erstkontakt
2. Festlegen der Fragen, die im Hinblick auf Eignung bzw. Nichteignung zu klären sind
3. Falls Prozessbegleitung benötigt: Klärung der spezifischen Kompetenz
4. Erstgespräch mit mehreren Anbietern unter vergleichbaren Voraussetzungen
5. Evaluationsteam von drei bis vier Personen, die durchgehend präsent sind
6. Nutzen und Entwickeln der unternehmenseigenen, personellen Ressourcen
7. Definition der konzeptionellen Grundlagen des Projektes vor Auftragserteilung
8. Exklusiver Einsatz von Beratern, die man persönlich ausgewählt hat
9. Konsequente Begrenzung des Mandates auf das aktuell definierte Projekt
10. Regie bleibt in der Hoheit des Unternehmens – Berater bleiben Berater

Kapitel 18

Kriterien erfolgreicher Unternehmensführung

Eine der Möglichkeiten, sich zu sensibilisieren und auf den Weg zu machen, kann darin bestehen, eine Standortbestimmung vorzunehmen. Das kann man allein tun oder auch gemeinsam mit Kollegen, Mitarbeitern, ausgewählten Kunden oder Lieferanten. Wie bei einer Inspektion gilt es, das eigene Unternehmen oder den speziellen Bereich, für den man die unternehmerische Verantwortung trägt, einem fachgemäßen Check zu unterziehen. Genau dafür haben wir das folgende Instrument geschaffen. In ihm sind alle Aspekte zeitgemäßer Unternehmensführung und -gestaltung, die wir als wesentlich erachten, enthalten.

Ein Fragebogen zur Selbsteinschätzung

Es führen viele Wege nach Rom – und noch zahlreicher sind die Stationen, wo man die Reise beginnen kann. Aber vor den Beginn einer ersprießlichen Reise haben die modernen Götter den Schweiß der Standortbestimmung und der Planung gesetzt. Ein Raster von Erfolgskriterien soll Ihnen ermöglichen, Ihr Unternehmen oder Ihren Bereich wie mit einem Schleppnetz zu durchkämmen, um Stärken und Defizite zu identifizieren. Sie können dann gezielt entscheiden, wo es sich lohnt anzufangen.

Mein Unternehmen	Stimmt …				
	voll + ganz	weitgehend	teils, teils	eher nicht	gar nicht
1 Ein lebendiges Leitbild und klare Grundwerte schaffen im ganzen Hause Identifikation mit dem Unternehmen und Motivation für seine Weiterentwicklung. Sie sind Grundlage der jährlichen Zielvereinbarungen auf allen Stufen der Organisation.	❏	❏	❏	❏	❏
2 Markt- und Kundenorientierung stehen ganz oben auf der Prioritätenliste. Der Kunde und seine Bedürfnisse stehen im Zentrum des Denkens und Handelns der Führungskräfte und der Mitarbeiter. Auch interne Dienstleistungsempfänger werden als »Kunden« betrachtet und behandelt.	❏	❏	❏	❏	❏
3 Eine schlanke Organisationsstruktur – kleine Zentrale, kurze Wege sowie stark dezentralisierte Verantwortung – fördert unternehmerisches Denken und Handeln auf den unteren Stufen und gewährleistet eine intensive Betreuung der Kunden im Markt sowie der »Kunden« im Unternehmen.	❏	❏	❏	❏	❏

4
Ergebnisorientierung und Kostenbewusstsein sind im ganzen Unternehmen stark entwickelt. Es wird generell ziel- und ergebnisorientiert geführt, und auch auf der untersten, nicht leitenden Stufe engagieren

sich die Mitarbeiter für die Zielerreichung und helfen aktiv mit, die Kosten tief zu halten. ❏ ❏ ❏ ❏ ❏

5
Ein modernes Führungsinstrumentarium, das im ganzen Unternehmen verbindlich ist und dessen Anwendung regelmäßig kontrolliert wird, gewährleistet eine effiziente Steuerung und die notwendige Einheitlichkeit der Führung. ❏ ❏ ❏ ❏ ❏

6
Innovation wird groß geschrieben. Maßgeschneiderte Problemlösungen für den Kunden sind oberstes Ziel. In engem Kontakt mit dem Kunden entstehen die Ideen – und hausintern wird alles darangesetzt, diese Ideen möglichst rasch in praxisgerechte Produkte und Dienstleistungen umzusetzen. ❏ ❏ ❏ ❏ ❏

7
Entwicklung und Veränderung werden nicht als Ausnahmezustand, sondern als Daueraufgabe verstanden. Management, Führungskräfte und Mitarbeiter überlegen laufend, was man noch besser machen könnte. Die Organisationsstruktur und die Arbeitsabläufe werden flexibel immer wieder den aktuellen Anforderungen angepasst. ❏ ❏ ❏ ❏ ❏

8
Die innere Verfassung des Unternehmens sowie sein Erscheinungsbild nach außen werden in regelmäßigen Abständen systematisch überprüft. Durch sorgfältige Befragungen nicht nur der Mitarbeiter, sondern

auch der Kunden und Lieferanten werden Stärken, Schwachstellen und Problemfelder sowie Entwicklungstrends erfasst und können realistisch beurteilt werden. ❏ ❏ ❏ ❏ ❏

9
Sowohl bei der Analyse als auch beim Einleiten von Veränderungsmaßnahmen wird ganzheitlich gedacht. Führung und Zusammenarbeit, Motivation und Qualifikation, Arbeitsklima und Unternehmenskultur werden genauso systematisch untersucht und entwickelt wie die Produktpalette, die Produktivität, die Ertragsstärke oder die Wertschöpfungskette. ❏ ❏ ❏ ❏ ❏

10
Es wird auf allen Ebenen offen und unkompliziert zusammengearbeitet. Teamarbeit hat einen hohen Stellenwert. Weder Hierarchieebenen noch Ressortgrenzen wirken als Barrieren. Man arbeitet nach Gesichtspunkten des gesunden Menschenverstands mit Blick auf den Kundennutzen und nicht primär nach Gesichtspunkten formaler Zuständigkeiten zusammen. ❏ ❏ ❏ ❏ ❏

11
Es herrscht ein offenes Kommunikationsklima. Information wird nicht monopolisiert, sondern als wichtige Leistungsressource für alle Mitarbeiter verstanden. Ein differenziertes Instrumentarium der unternehmensinternen Kommunikation stellt sicher, dass alle Mitarbeiter nicht nur über die wichtigsten Daten und Fakten informiert sind, sondern Ziele, Hintergründe und Zusammenhänge des aktuellen Geschehens im Unternehmen verstehen. ❏ ❏ ❏ ❏ ❏

12
Die Qualifikation der Mitarbeiter wird als zentrales Produktivitäts- und Kreativitätspotenzial begriffen und durch entsprechende Programme der Fort- und Weiterbildung sowie der Personal- und Organisationsentwicklung systematisch gefördert.   ❑   ❑   ❑   ❑   ❑

13
Das Potenzial der Mitarbeiter wird durch Delegation von Verantwortung, teilautonome Gruppen sowie direkte Beteiligung am Prozess der Meinungsbildung und Entscheidungsvorbereitung systematisch genutzt.   ❑   ❑   ❑   ❑   ❑

14
Die Unternehmensleitung befasst sich regelmäßig und intensiv mit der mittel- und längerfristigen Zukunft des Unternehmens. Sie entwickelt und realisiert Strategien der Zukunftssicherung, die von allen Mitarbeitern verstanden und mitgetragen werden.   ❑   ❑   ❑   ❑   ❑

15
Die Mitglieder der Unternehmensleitung gehen regelmäßig hinaus in den betrieblichen Alltag, um persönlich mit Mitarbeiterinnen und Mitarbeitern an ihrem Arbeitsplatz zu sprechen. Sie kennen die Stimmungslage an der Basis und wissen, was die Mitarbeiter beschäftigt.   ❑   ❑   ❑   ❑   ❑

16
Das Management ist offen für kritische Rückmeldungen und arbeitet permanent an der Weiterentwicklung seiner eigenen

Qualifikation, insbesondere an seiner strategischen und sozialen Kompetenz.   ☐ ☐ ☐ ☐ ☐

17
Das Management hat Mut zu klaren Entscheidungen und auch zu unpopulären Maßnahmen. Gesetzte Ziele werden konsequent verfolgt. Beim konkreten Vorgehen wird aber große Sorgfalt auf soziale Verträglichkeit und partnerschaftlichen Umgang mit den Menschen gelegt.   ☐ ☐ ☐ ☐ ☐

18
Die Unternehmensleitung ist ein echtes Team. Entscheidungen werden gemeinsam getragen, Führungsimpulse einheitlich durchgesetzt. Dies schafft Orientierung und Sicherheit für die Miarbeiter.   ☐ ☐ ☐ ☐ ☐

19
Das Management pflegt eine Kultur, in der man sich offen mit unterschiedlichen Meinungen und Interessen auseinandersetzt. Konflikte werden nicht verdrängt, sondern offen gelegt und konstruktiv ausgetragen.   ☐ ☐ ☐ ☐ ☐

20
Das Unternehmen kann insgesamt als »lernende Organisation« bezeichnet werden. Es verfügt über ein sensibles Frühwarnsystem, flexible Strukturen sowie motivierte, qualifizierte und umstellungsfähige Mitarbeiter. Wo immer Veränderung notwendig ist, wird dies rechtzeitig erkannt und ohne Verzögerungen in entsprechende Anpassungsleistungen und Innovationen umgesetzt.   ☐ ☐ ☐ ☐ ☐

Auswertung

		++	+	+/−	−	−−
1	Leitbild und Grundwerte	❐	❐	❐	❐	❐
2	Markt- und Kundenorientierung	❐	❐	❐	❐	❐
3	Schlanke Organisation	❐	❐	❐	❐	❐
4	Ergebnisorientierung	❐	❐	❐	❐	❐
5	Führungsinstrumentarium	❐	❐	❐	❐	❐
6	Innovation	❐	❐	❐	❐	❐
7	Flexibilität	❐	❐	❐	❐	❐
8	Regelmäßiges Feedback	❐	❐	❐	❐	❐
9	Ganzheitliches Management	❐	❐	❐	❐	❐
10	Kooperation	❐	❐	❐	❐	❐
11	Kommunikation	❐	❐	❐	❐	❐
12	Entwicklung Mitarbeiterpotenzial	❐	❐	❐	❐	❐
13	Nutzung Mitarbeiterpotenzial	❐	❐	❐	❐	❐
14	Strategiebildung	❐	❐	❐	❐	❐
15	Direkte Kontakte Spitze-Basis	❐	❐	❐	❐	❐
16	Qualifizierung Management	❐	❐	❐	❐	❐
17	Klare und sozialverträgliche Führung	❐	❐	❐	❐	❐
18	Management-Team	❐	❐	❐	❐	❐
19	Konfliktfähigkeit	❐	❐	❐	❐	❐
20	Lernende Organisation	❐	❐	❐	❐	❐

Kapitel 19

Qualifikation für Change Management

Ob es nun um eine neue strategische Ausrichtung geht oder um die gruppendynamischen Prozesse, die bei Veränderungen zu beachten sind: Dreh- und Angelpunkt ist immer das Individiuum als Adressat aller Maßnahmen und zugleich als Träger des Geschehens. Wie reagieren wir, jeder Einzelne von uns, auf all das, was uns zurzeit zugemutet wird? Und was sollten und was könnten wir selbst tun, um diesen Herausforderungen gerecht zu werden? Wie sind wir programmiert – und welche Chancen haben wir, unsere Programmierung gegebenenfalls zu verändern?

Wie überall im Leben, sind auch im Hinblick auf Change Management die Karten ungleich verteilt. Da gibt es Naturtalente, die das Gespür für Entwicklungs- und Veränderungsprozesse scheinbar im Blut haben. Dann gibt es andere, die sich systematisch ausbilden und trainieren müssen, um anspruchsvollere Veränderungsprojekte steuern zu können. Und dann gibt es diejenigen, die für das Leiten von Veränderungsprozessen von vornherein ungeeignet sind und die durch keine Schulungsmaßnahme der Welt je zu einem brauchbaren Change Manager gemacht werden können. Der Grund: Es gibt Fähigkeiten, die man lernen, und andere, die man – zumal als ausgewachsener Mensch – nicht mehr neu erwerben kann. So ist das nun mal mit vielen Tätigkeiten. Wessen Scheitel 1,60 Meter über dem Boden liegt, der wird nie ein erfolgreicher Hochspringer. Wer farbenblind ist, sollte sein Brot nicht als Kunstmaler verdienen wollen. Und wer zwei linke Hände hat, den sollte man davon abhalten, Chirurg zu werden, auch wenn es darum ginge, eine über Generationen fortgesetzte Familientradition zu erhalten.

Gibt es so etwas wie ein allgemeingültiges Anforderungsprofil für Change Manager? Zum Glück nicht. Genauso wenig, wie es das eine und einzige Anforderungsprofil für Unternehmer, Forschungsleiter oder Verkaufsdirektoren gibt. Aber es gibt so etwas wie einen Orientierungsrahmen. Er benennt diejenigen Qualifikationen, die im Feld des Change Managements von Bedeutung sind. Der eine hat seine besonderen Stärken mehr hier, der andere mehr dort. Beide können sehr erfolgreich sein. Wenn aber gewisse wichtige Fähigkeiten völlig fehlen, ist der Misserfolg vorprogrammiert. Und wenn es solche Defizite gibt, muss man scharf hingucken, ob es sich um Dinge handelt, die man lernen kann – oder um solche, die man nicht lernen kann.

Elternhaus, Kindergarten, Kirche, Schule, Vereine, Freunde, Verwandte, Cliquen und eine bunte Menge sonstiger Institutionen, Interessenten, Einflüsterer und Verführer: Alle sorgen sich um den jungen Menschen. Die einen wollen ihn auf die Anforderungen der jeweiligen Gesellschaft hin ausrichten, der sie selbst angehören, zum Beispiel der Familie. Die anderen wollen ihn abrichten, das heißt, ihn sich gefügig machen, ihn ausnutzen für die eigenen wirtschaftlichen, politischen oder auch weltanschaulichen Interessen. Und das geschieht nach allen Regeln der Kunst in allen Teilen dieser Welt. Ziel und Wunschtraum aller, die an diesem Prozess beteiligt sind: eine möglichst uneingeschränkte Einflussnahme erreichen, mindestens aber ein möglichst großes Stück von diesem ganz besonderen Kuchen ergattern. Allerdings: Die Macht der modernen Kommunikationsmedien ist allgegenwärtig: Fernsehen, Internet, Computerspiele überschreiten alle regionalen Grenzen, durchbrechen alle gesellschaftlichen Barrieren. Sie durchlöchern und zerstören von außen, was früher mit Erfolg abgegrenzt oder gar abgeschottet werden konnte. Was bleibt, ist ein Haufen mehr oder weniger großer Bruchstücke, nicht ungedingt zusammenhängend – und die große Unsicherheit, wie groß bei aller erzieherischen Einflussnahme im Endeffekt doch der Einfluss der Gene ist. Das Produkt dieses Prozesses, den die einen Erziehung, andere einfach Heranwachsen nennen, ist der so genannte Erwachsene. Wie unterschiedlich das inhaltliche Ergebnis dieser Entwicklung ist, wie verschieden die Menschen sind, die dabei erwachsen und dann als solche, nämlich als Erwachsene, deklariert werden – verschieden im Hinblick auf ihre Haltungen, Neigungen, Fertigkeiten und sozialen Fähigkeiten – eines ist allen gemeinsam: Was Menschen als Erstes erlebt und gelernt haben, halten sie für natürlich und selbstverständlich. Der Soziologe KARL MANNHEIM hat das auf die Formel gebracht: »Das früheste Erinnerbare wird als das natürliche Fundament genommen, auf dem alles Weitere aufgebaut wird.« So weit, so gut – vorausgesetzt, wir lebten in einer stabilen Welt, vorausgesetzt, man müsste lediglich die nachwachsende Generation im festen Rahmen einer stabilen Gesellschaft gesellschafts- und handlungsfähig machen.

Der flexible Mensch – das Ideal für turbulente Zeiten?

Was aber, wenn eben Veränderung angesagt ist? Was, wenn Veränderung nicht wie früher in überschaubaren Zyklen, sondern als andauernder Prozess ins Haus steht? Was, wenn als Konsequenz aus dieser permanenten und allumfassenden Herausforderung zur Veränderung als conditio sine qua non der grundsätzlich flexible Mensch beschworen wird? Was, wenn permanente Situationsveränderung und ständige Verhaltensänderung wie siamesische Zwillinge gesehen werden? Und wenn dies so wäre, was tun, damit Menschen sich überhaupt verändern wollten und selbst, wenn sie dies wollten, was tun, damit sie dazu nicht nur prinzipiell in der Lage wären, sondern ihr Wollen und Können auch in konkretes Handeln umsetzen würden?

Change Management muss ganzheitlich angelegt sein, um eine Chance auf Erfolg zu haben. Strategische, strukturelle, personelle und kulturelle Aspekte müssen in der Konzeption simultan berücksichtigt und zudem miteinander vernetzt werden. Zur Professionalität gehört, gruppendynamische Prozesse nicht nur als mögliche Störgrößen im Auge zu behalten, sondern sie als Energie- und Antriebsquelle für Veränderungen gezielt einzusetzen. Vor allem aber: Wer ein Konzept für den Wandel entwirft und neben Strategien, Prozessen und Strukturen nicht in gleicher Weise berücksichtigt, ob und unter welchen Bedingungen die betroffenen Menschen sich entsprechend verändern wollen, können und dies schließlich auch wirklich tun, ist zum Scheitern verurteilt. Es wäre pure Naivität anzunehmen, der Mensch würde sich von ganz alleine immer wieder neuen Herausforderungen stellen – entweder aus spontaner Einsicht, dass ihm nichts anderes übrig bleibt, oder in kindlich-jugendlichem Eifer bestrebt, das Beste aus sich und der Welt zu machen. Noch naiver ist derjenige, der davon ausgeht, man könne den Menschen schlichtweg zwingen, sich einer neuen Situation anzupassen. Was immer zu derartigem Vorgehen führt – Naivität, Brutalität, Unvermögen oder Ratlosigkeit –, wenn der Faktor Mensch nicht mit in die Überlegungen einbezogen wird, sind Veränderungskonzepte zum Scheitern verurteilt.

Zunächst gilt es zu begreifen, warum Verhaltensänderung überhaupt ein zentrales Thema ist: Was gibt uns die Rechtfertigung und die Energie, uns selbst und andere aus der Ruhe zu bringen oder bringen zu lassen – und uns dauerhaft auf Trapp zu halten? Warum folgen wir nicht besser Sten Nadolny, erkennen die Langsamkeit als wahre Tugend und erweisen unsere Reverenz dem »Verein für Entschleunigung der Zeit«? Gehen wir nicht verdeckten Abzockern auf den Leim, die die Schnelligkeit des Wandels zu einer Tugend hochstilisieren, um ungeniert im Hintergrund davon zu profitieren? Ist, in Anlehnung an RICHARD SENNET, Flexibilität nicht doch eher Charakterlosigkeit als Stärke?

Und überhaupt: Wer verändern will, muss zuerst verstanden haben, warum die Dinge sind, wie sie sind. Er muss den Ursprung und die Funktion ihrer Stabilität und Beharrungskräfte begreifen. Wer destabilisiert, sollte sich im Klaren darüber sein, was er damit auslöst. Wenn Kinder lernen, so kommt das einer Erstbebauung gleich. Wenn Erwachsene lernen, bedeutet das in aller Regel umlernen. Das heißt, wo Neues gelernt werden soll, muss Altes erst *verlernt* werden. Wo sind Gemeinsamkeiten und wo sind eventuell gravierende Unterschiede, wenn Kinder und wenn Erwachsene lernen? Gesetzmäßigkeiten, Hintergründe und Zusammenhänge müssen aufgedeckt und verstanden werden. Last but not least: Wer bestimmt, ob Verhaltensänderung angesagt ist oder nicht, wer entscheidet über richtig oder falsch, wer gibt die Orientierung, wie Verhaltensänderung aussehen und funktionieren könnte in einer Welt flacher Hierarchien und zunehmender Selbstverantwortung und Selbststeuerung?

Standen bislang eher die Gesellschaft und Institutionen als Ganzes und die gruppendynamischen Prozesse im Blickpunkt, so rücken nun das Individuum und sein Verhalten in den Mittelpunkt der Betrachtung. Sicher: Individuelles Verhalten und Verhaltensänderung sind keineswegs alles, um in turbulenten Zeiten zu überleben, aber sie sind ein ausschlaggebender Faktor. Strategien und Strukturen können noch so durchdacht sein, man mag die gruppendynamischen Prozesse noch so im Blick haben, von Nutzen ist das alles nur, wenn Menschen sich in ihrem Verhalten konsequent danach ausrichten. Was immer zum Überleben von Gesellschaften, Unternehmen und Organisationen notwendig scheint, was immer sich an Dynamik in Situationen zwischen Menschen und Gruppen aufbaut und abspielt – bei allem ist der Einzelne mit seinem Verhalten entweder Ziel- oder Ausgangspunkt des Geschehens – oder beides zugleich. So schließt sich der Kreis: Nur eine ganzheitliche Betrachtungsweise, die gesellschaftliche, institutionelle, gruppendynamische und persönlich-individuelle Aspekte miteinander vernetzt und in ihrer Vernetzung ernst nimmt, macht handlungs- und gestaltungsfähig.

Ziel kann es nicht sein, den Menschen um jeden Preis stromlinienförmig auszurichten. Vielmehr halten wir es mit CHARLES DARWIN: »Die größten Chancen zum Überleben hat, wer anpassungsfähig und veränderungsbereit ist.« Unser Anliegen: Anpassung und Veränderung sind zwar notwendig – davon sind wir zutiefst überzeugt; dies aber eben nicht um jeden Preis – und schon gar nicht blind, gesteuert von verdeckten Drahtziehern. Und falls jemand sich doch an der Überzeugung festklammern sollte, er könne sich heraushalten – zumindest eine Zeit lang, bis er mehr Klarheit hat, so sei er schon hier erinnert an ein Zitat von PETER SLOTERDIJK: »Unschuld ist eine überschätzte Tugend.« Ähnlich hieß es in einem Editorial einer schon älteren Ausgabe des *Stern*: »Manche Menschen leben ihr Leben so, als sei es die Probe – sie vergessen, dass es die Aufführung ist.«

Ein Fragebogen zur Selbsteinschätzung

Im Hinblick auf die Auswahl oder Entwicklung von Qualifizierungsmaßnahmen sowie im Hinblick auf interne Personalentscheidungen haben wir hier einen entsprechenden Fragebogen erstellt, den Sie natürlich auch zur Selbstbeurteilung verwenden können.

Er ist wie folgt aufgebaut:

A	Persönliche Eigenschaften	– *nicht lernbar*
B	Besondere Fähigkeiten	– *bei den meisten Menschen bis zu einem gewissen Grade entwickelbar*
C	Spezifische Erfahrungen	– *abhängig von den bisherigen Tätigkeiten*
D	Spezifisches Fachwissen	– *lernbar*

Fragebogen		
	++	*ausgeprägte Stärke*
	+	*gut entwickelt*
Qualifikation für	+/–	*teils … teils*
Change Management	–	*eher wenig entwickelt*
	– –	*ausgeprägtes Defizit*

Das Genie, welches in allen Punkten Höchstwerte aufweist, existiert in der Praxis nicht. Das vorliegende Raster soll vielmehr helfen, wichtige Lernfelder zu eruieren. Allerdings: Wer in einem Punkt, der im Erwachsenenalter nicht mehr erlernt werden kann, einen Totalausfall aufweist, sollte nicht in leitender Funktion und schon gar nicht in Change Projekten eingesetzt werden.

A *Persönliche Eigenschaften*

   1 Gesunde psychische Konstitution ☐ ☐ ☐ ☐ ☐
      (Selbstvertrauen, Stabilität, Belastbarkeit)

   2 Positive Grundhaltung ☐ ☐ ☐ ☐ ☐
      (optimistische, konstruktive Einstellung)

   3 Offenheit und Ehrlichkeit ☐ ☐ ☐ ☐ ☐
      (direkt, spontan, echt)

   4 Bereitschaft zur Verantwortung ☐ ☐ ☐ ☐ ☐
      (persönliches Engagement)

   5 Partnerschaftliche Grundeinstellung ☐ ☐ ☐ ☐ ☐
      (versus elitär, hierarchisch, autoritär)

   6 Mut zu persönlicher Stellungnahme ☐ ☐ ☐ ☐ ☐
      und zu Entscheidungen
      (»Zivilcourage«)

   7 Verbindlichkeit ☐ ☐ ☐ ☐ ☐
      (Einhalten getroffener Vereinbarungen)

   8 Intuition ☐ ☐ ☐ ☐ ☐
      (Zugang zu den Emotionen)

   9 Realitätsbezogenheit ☐ ☐ ☐ ☐ ☐
      (Sinn für das Machbare)

  10 Humor ☐ ☐ ☐ ☐ ☐
      (Fähigkeit, sich selbst und andere durch Lockerheit zu entspannen)

                                     ++   +   +/–   –   – –

B *Besondere Fähigkeiten*

   1 Klima der Offenheit und des Vertrauens schaffen können ☐ ☐ ☐ ☐ ☐

		++	+	+/−	−	−−
2	Gut zuhören können (»aktives Zuhören«)	❏	❏	❏	❏	❏
3	Menschen überzeugen und begeistern (Motivation/Identifikation erzeugen)	❏	❏	❏	❏	❏
4	Integrationsfähigkeit (Menschen in Teams zusammenführen und »zusammenschweißen« können)	❏	❏	❏	❏	❏
5	Konfliktfähigkeit (sich abgrenzen und auseinandersetzen sowie andere konfrontieren können)	❏	❏	❏	❏	❏
6	Prozesskompetenz (Fähigkeit, Entwicklungsvorgänge zu verstehen und zu steuern)	❏	❏	❏	❏	❏
7	Chaos-Kompetenz (Fähigkeit, in turbulenten, überkomplexen Situationen handlungsfähig zu bleiben)	❏	❏	❏	❏	❏
8	Strategische Kompetenz (Fähigkeit, komplexe Zusammenhänge zu erfassen und handlungsrelevante Konsequenzen daraus abzuleiten)	❏	❏	❏	❏	❏
9	Interkulturelle Kompetenz (Fähigkeit, in unterschiedlichen sozialen Feldern zu arbeiten)	❏	❏	❏	❏	❏
10	Klarheit im Ausdruck (Klarheit des Denkens, Prägnanz der Formulierung, einfache und allgemeinverständliche Ausdrucksweise)	❏	❏	❏	❏	❏

C *Spezifische Erfahrungen*

   1 Selbsterfahrung   ☐ ☐ ☐ ☐ ☐
(intensivere und länger dauernde Auseinandersetzung mit der eigenen Persönlichkeit, den eigenen Motiven sowie dem eigenen Sozialverhalten)

   2 Einzelberatung   ☐ ☐ ☐ ☐ ☐
(Beratung, Begleitung, »Coaching« von Einzelpersonen)

   3 Teamarbeit und Teamentwicklung   ☐ ☐ ☐ ☐ ☐
(Leiten und Entwickeln von Kleingruppen)

   4 Großgruppen-Moderation   ☐ ☐ ☐ ☐ ☐
(Gestalten und Leiten von Arbeitstagungen mit größeren Teilnehmerkreisen)

   5 Projekt-Management   ☐ ☐ ☐ ☐ ☐
(Organisieren und Leiten von Veränderungsprojekten)

                                                      ++   +   +/–   –   – –

D *Spezifisches Wissen*

   1 Psychologisches Basiswissen   ☐ ☐ ☐ ☐ ☐

   2 Betriebswirtschaftliches Basiswissen   ☐ ☐ ☐ ☐ ☐

   3 Systemtheorie/Chaos-Theorie   ☐ ☐ ☐ ☐ ☐

   4 Gruppendynamik   ☐ ☐ ☐ ☐ ☐

   5 Organisationslehre   ☐ ☐ ☐ ☐ ☐

   6 Organisationspsychologie   ☐ ☐ ☐ ☐ ☐

   7 OE-Ansätze   ☐ ☐ ☐ ☐ ☐
(Konzepte/Strategien)

   8 OE-Interventionen   ☐ ☐ ☐ ☐ ☐
(Instrumente/Methoden/Verfahren)

Ausblick und Perspektiven

Wir sehen keinerlei Anzeichen, dass wir wieder auf ruhigere Zeiten zugehen. Keine Aussicht also, dass das Thema »Veränderung« und die Herausforderung, diesen Wandel zu gestalten, in ihrer Bedeutung abnehmen würden. Ganz im Gegenteil! Wir stehen wahrscheinlich vor einer Umbruchsituation, die alles Bisherige in den Schatten stellt. Die Entwicklungen beschleunigen sich, werden noch turbulenter, radikaler, globaler. Die Chancen, Fluchtburgen zu bauen und dort Schutz und Ruhe vor diesen Entwicklungen zu finden, werden geringer. Grundlegende Problemstellungen benötigen aber ebenso grundlegende Lösungen. In diesem Zusammenhang fällt häufig das Stichwort »Paradigmenwechsel«: Die bisherigen Muster, die Dinge anzuschauen und zu bewerten, reichen nicht mehr aus, um das Geschehen zu erfassen – es bedarf neuer Kategorien.

Wir leben in einer Zeit des Übergangs. Angebotene Mittel und Wege können aus zwei Gründen ins Leere gehen:

- Sie werden *zu früh* angeboten: Die Zeit ist noch nicht reif, und es würde eines zu großen Aufwands bedürfen, schon mit ihnen zu arbeiten. Diese Erfahrung konnte man zum Beispiel mit dem Thema »Enthierarchisierung« machen. Was vor über zehn Jahren unter dem Stichwort »Vor dem Ende der Hierarchie« von den meisten als Provokation abgetan und nur von wenigen vorausschauend in Angriff genommen wurde, kann heute unter dem Motto »Lean Management« nahezu allen nicht schnell genug gehen.

- Sie können aber auch *zu spät* angeboten werden: Der Zustand hat sich dermaßen verändert, dass die Therapie nicht mehr stimmt. Fehlentwicklungen sind so weit fortgeschritten, dass nur noch mit drastischen Maßnahmen Abhilfe geschaffen werden kann.

Wir wollen mit unserem Buch Instrumentarien an die Hand geben, um die gegenwärtigen Herausforderungen erfolgreich zu meistern. Wir haben uns bewusst darauf beschränkt zu beschreiben, mit welchen Mitteln *derzeit* die Dinge angegangen werden können. Wohin aber geht die Reise?

Um nicht selbst Gefahr zu laufen, dass unsere Lösungen Teil des Problems werden, möchten wir in wenigen Stichworten die Aspekte und Trends aufzeigen, denen wir – wahrscheinlich schon in naher Zukunft – Rechnung tragen müssen.

Renaissance des Autoritären

Es scheint, dass viele die dauerhafte Unsicherheit und Unberechenbarkeit nicht aushalten, sich der Angst, die damit verbunden ist, nicht stellen wollen. Die so genannten alten Zeiten, wo noch Ordnung herrschte, wo man wusste, woran man war, werden in Erinnerung gerufen. Die Sehnsucht nach diesen im Nachhinein rosa gefärbten Zeiten droht hervorzubrechen – ein fruchtbarer Nährboden für autoritäre Ansätze. Hier gilt, was *Popper* in Bezug auf die Gesellschaft generell formuliert:

»*Es gibt keine Rückkehr in einen harmonischen Naturzustand. Wenn wir uns zurückwenden, dann müssen wir den ganzen Weg gehen – wir müssen wieder zu Bestien werden ... Wenn wir von einer Rückkehr zu unserer Kindheit träumen, wenn wir versucht sind, uns auf andere zu verlassen und auf diese Weise glücklich zu sein, wenn wir vor der Aufgabe zurückschrecken, unser Kreuz zu tragen, das Kreuz der Menschlichkeit, der Vernunft und der Verantwortlichkeit, wenn wir den Mut verlieren und der Last des Kreuzes müde sind, dann müssen wir versuchen, uns zu stärken mit dem klaren Verstehen der einfachen Entscheidung, die vor uns liegt. Wir können wieder zu Bestien werden. Aber wenn wir Menschen bleiben wollen, dann gibt es nur einen Weg, den Weg in die offene Gesellschaft. Wir müssen ins Unbekannte, ins Ungewisse, ins Unsichere weiterschreiten und die Vernunft, die uns gegeben ist, verwenden, um, so gut wir es eben können, für beides zu planen: nicht nur für Sicherheit, sondern zugleich auch die Freiheit.*« (Die offene Gesellschaft und ihre Feinde, Tübingen 1992, S. 238)

Wer die Selbstverantwortung nicht aufgeben und autoritären Versuchungen den Boden entziehen will, muss etwas bieten. Die Sicherheit, irgendein »Gelobtes Land« zu erreichen, kann es nicht sein. Ein solches Versprechen wäre Scharlatanerie. Was bleibt, ist das Angebot, sich mit den turbulenten Entwicklungen und der Angst, die diese auslösen, auseinanderzusetzen und die eigenen Handlungsmöglichkeiten zu erkennen und zu nutzen. Die Angst kann dadurch nicht gebannt, aber gebunden werden. Diese Auseinandersetzung muss jedoch sorgfältig geführt werden. Ein Zuviel kann zu Lähmung führen und die Verängstigten in die Arme autoritärer Rattenfänger treiben.

In autoritären Systemen wird viel Zeit und Energie darauf verwendet, die allein selig machende Wahrheit zu definieren – und für den Erhalt dieser reinen Lehre zu kämpfen. Die offene Auseinandersetzung wird es möglich machen, einer vernünftigen Betrachtungsweise zum Durchbruch zu verhelfen, wo es nicht darum geht, wer im Besitz von letzten Wahrheiten ist, sondern herauszufiltern, was sich im Handeln bewährt hat. Diesen offenen Dialog benötigen wir, um gemeinsam die Schritte zu entwickeln, die dazu dienen, auf eine faire Art das Überleben zu sichern, anstatt uns blind in die Hände von Leuten zu begeben, die sich uns als Retter anpreisen.

Statt »Spielregeln für Sieger« eine neue Art von Solidarität

Auf dem Hintergrund der bisherigen Muster, Entwicklungen zu gestalten, würde es in Zukunft immer mehr Verlierer geben. Denn Konzepte, die dafür geschaffen wurden, Prosperität im Rahmen von Expansion zu sichern, passen kaum auf eine Situation, wo es darauf ankommt, in einem stagnierenden oder schrumpfenden Markt das Überleben zu sichern – in einer Situation klar begrenzter Ressourcen, wo Erfolg in der Regel nur durch Verdrängung oder Umverteilung möglich ist. Wir haben bereits an anderer Stelle dieses Buches dafür plädiert, in den Unternehmen sozial anerkannte Ab- und Ausstiegsmodelle zu schaffen, um die anstehenden personellen Veränderungen sowohl flexibel als auch sozial verträglich zu gestalten. Wenn wir aber davon ausgehen, dass wirtschaftliche Kaufkraft und Nachfrage sich in absehbarer Zeit nicht dramatisch erhöhen werden, der Wettbewerb weiter dazu zwingen wird, Produkte und Dienstleistungen möglichst rationell zu produzieren, die Rücksichtnahme auf die Umwelt eine sehr viel sparsamere Art im Umgang mit Ressourcen, sprich Energie fordern wird, dann werden umfassendere Lösungen gebraucht:

- Menschen können ihre Energie auf Dauer nicht auf einem gleichmäßig hohen Pegel halten, wenn sie sich in ihrem Grundbedürfnis nach einem Arbeitsplatz ununterbrochen verunsichert fühlen – wenn sie jederzeit damit rechnen müssen, in eine Gruppe von Menschen abgeschoben zu werden, die aufgrund der aktuellen Entwicklung als »Entsorgungsfälle« definiert werden. Unsere gesamte Wirtschaft funktioniert nach dem Modell: »*Wer muss als Nächster aus dem Boot, um das Überleben der Verbleibenden zu sichern?*« Verunsicherung führt zu Angst, Angst zu Misstrauen. Denn am Arbeitsplatz hängt ein Großteil des sozialen Netzwerks sowie der Möglichkeiten der Selbstentfaltung.

- Aufgrund unserer heutigen Steuerungsmechanismen wird es in Zukunft für immer weniger Menschen eine nach heutigen Maßstäben gut bezahlte Arbeit geben. Das heißt: *Der allgemeine Lebensstandard wird deutlich absinken.* In unserer Wohlstandsgesellschaft mag dies für viele bedeuten: Reduktion auf das Notwendige. Aber auch in unserer Gesellschaft gibt es heute bereits viele, die jenseits der Armutsgrenze leben.

- Und selbst wenn der Ausstieg in sozial anerkannten Formen geregelt ist: Der Ausgestiegene wird als »Sozialfall« der Gesamtgesellschaft angelastet. Aufgrund der gesamtwirtschaftlichen Entwicklung fehlen dieser aber zunehmend die Mittel, um derart gewaltige und laufend wachsende soziale Folgekosten zu tragen. Das heißt: Es ist mit einer *alarmierenden Verarmung breiter Bevölkerungsschichten* zu rechnen.

- Last, not least: Was für soziale Spannungen diese Entwicklung mit sich bringen und auf welchem Wege der schwerwiegende soziale Konflikt ausgetragen wird – darüber kann man heute nur spekulieren.

Eine echte Lösung dieser Problematik muss im Grunde folgende Ansätze beinhalten:

Erstens: Der gesetzliche Rahmen wird so gestaltet werden müssen, dass es wieder attraktiv wird, Arbeitsplätze zu erhalten beziehungsweise neue zu schaffen, statt nur zu rationalisieren und Arbeitsplätze abzubauen. Dies könnte unter anderem dadurch geschehen, dass die Sozialbeiträge von den Lohnsummen abgekoppelt und stattdessen an die Wertschöpfung gebunden werden.

Zweitens: Wer von seinen Mitarbeitern Identifikation und Engagement erwartet, muss Sicherheit geben. Freilich keine Sicherheit in Bezug auf eine bestimmte Form der Tätigkeit oder eine feste Höhe der Bezahlung; wohl aber Sicherheit der Zugehörigkeit zum Unternehmen und, damit verbunden, Sicherheit der Beschäftigung.

Drittens: Das Prinzip der Solidarität muss in die unternehmerische Einheit eingebaut werden. Die Entlohnung muss so flexibilisiert werden, dass je nach der Höhe des wirtschaftlichen Ertrags in guten Zeiten alle mehr verdienen, in schlechten Zeiten sich alle gemeinsam einschränken. Dass dies grundsätzlich möglich ist, haben einige Unternehmen – darunter besonders erfolgreiche – bereits vorexerziert.

Von diesem Denken sind wir heute noch Lichtjahre entfernt. Oberste Manager großer Unternehmen verdienen nicht das Doppelte und nicht das Dreifache, sondern das Zehn- oder Zwanzigfache ihrer Mitarbeiter/innen an der Basis, über deren Schicksal sie letztlich entscheiden. Allein schon diese Relation ist, bei Lichte betrachtet, obszön und steht in keinem Verhältnis zur Leistung. Aber noch bemerkenswerter ist, dass keiner dieser vielen so genannten führenden Köpfe der Wirtschaft bisher auch nur laut über solche Fragen nachgedacht hat. Da wird zwar allenthalben mit todernster Miene über Ethik in der Wirtschaft herumbramarbasiert. Aber in Tat und Wahrheit gilt letztlich für Manager ausschließlich das Marktprinzip – und der Grundsatz: »*Everybody is in business for his own.*« Nun, dies ist ja nicht ungesetzlich. Schön wäre es lediglich, wenn man sich zu den Realitäten bekennen und nicht zu viel von Ethik reden würde.

Last, but not least: Um derartige Zukunftsaufgaben gemeinsam zu bewältigen, werden Arbeitnehmerorganisationen und Arbeitgeberverbände ihre ritualisierten Machtkämpfe erst mal im Museum für Gesellschaftskunde zu deponieren haben und eine neue Form der Zusammenarbeit schaffen müssen, die

- die Problemsituation nicht nach dem guten, alten Klassenkampfmodell, sondern aus *übergreifender Sicht* und *gemeinsam* angeht;

- die *Betroffenen viel direkter beteiligt* und ihre tatsächlichen Interessen und Bedürfnisse viel stärker berücksichtigt, als dies in all den vergangenen Jahrzehnten der Fall gewesen ist;

- zwar Richtlinien erlässt und Rahmenbedingungen setzt, aber nicht alles bis ins Letzte regelt, sondern genügend Freiraum gewährleistet für *situativ angepasste Lösungen* vor Ort im einzelnen Unternehmen;
- eine *lernfähige Lösung* anstrebt, die innerhalb eines allgemeinen gesetzlichen Rahmens neuen Entwicklungen flexibel angepasst werden kann.

Dazu bedarf es einer grundsätzlichen Voraussetzung: Auf dem Hintergrund der aktuellen gesellschaftlichen Herausforderungen müssen die Rollen völlig neu definiert werden. Dies wird aber nur in dem Ausmaß möglich werden, wie Vertrauen zueinander aufgebaut und gesellschaftliche Sicherungen entwickelt werden, die den Missbrauch und den einseitigen Ausstieg aus diesem neuen Rollenspiel verhindern.

Schnelligkeit und Konsequenz in der Umsetzung

Die Kenntnis der beschriebenen aktuellen Handlungserfordernisse und der anstehenden tiefergehenden Veränderungsnotwendigkeiten ist in nahezu allen Organisationen in irgendeiner Form vorhanden – zumindest in Form von Ahnungen oder Befürchtungen. Ebenso, wie die Therapie aussehen könnte. Was vielerorts fehlt, ist die Konsequenz, die Erkenntnisse in Handlungsprogramme umzusetzen und diese konsequent zu vollstrecken:

- Es gibt den Typus des »menschenverachtenden Sanierers« – und dieser wird gerade in den Zeiten, die auf uns zukommen, weiterhin Konjunktur haben. Doch wie sehr solche Sanierungen einem Pyrrhussieg gleichkommen, wird oft erst später ersichtlich, wenn die motivatorischen Nebenkosten und die sozialen Spätfolgen erkennbar werden.
- Wir sind der Meinung, dass zwar *radikale Konsequenz in der Umsetzung* der therapeutischen Maßnahmen erforderlich ist – aber unter ebenso konsequenter *Berücksichtigung der sozialen Bedürfnisse* der Beteiligten sowie unter *Anwendung prozessorientierter Vorgehensweisen*. Wir sind überzeugt, dass diese drei Aspekte in hervorragender Weise integriert werden können.

Unser Buch will diesen zweiten Typus des Sanierers ermutigen und mit dem notwendigen Rüstzeug ausstatten.

Dank

Wir möchten die Gelegenheit nutzen und uns bei all denjenigen bedanken, die in unterschiedlicher Weise zum Gelingen und damit auch zum Erfolg dieses Buches beigetragen haben. Viele wertvolle Anregungen ergaben sich aus der Beratungsarbeit mit unseren zahlreichen Klienten und Teilnehmern der von uns durchgeführten Fortbildungen oder aus intensiven Diskussionen bei Vortragsveranstaltungen. Wir wurden darauf aufmerksam gemacht, wo herkömmliche Antworten ins Leere laufen – und wo wirklich der Schuh drückt.

Daneben gibt es eine Reihe von Kolleginnen und Kollegen, mit denen wir in unterschiedlichen Formen und bei unterschiedlichen Gelegenheiten zusammenarbeiten und dabei unsere Ansichten diskutiert haben. Ihre Hinweise haben uns nicht unbeeinflusst gelassen. Wir arbeiten in einem umfangreichen Netzwerk und sehen uns deshalb außerstande, alle Einflüsse im Einzelnen nachzuvollziehen. Besonders danken möchten wir aber: Cornelia Edding, Stephan Fröhlich, Uli Hage, Norbert Hinkel, Klaus Hinst, Benno Honold, Eckard Minx, Eckart Müller, Karsten Trebesch, Bert Voigt und Rudi Wimmer.

Last, but not least gilt unser Dank unseren Frauen und unseren Kindern, die wegen unserer Schriftstellerei auf manche gemeinsame Stunde verzichten und zwischenzeitlichen Frust ertragen mussten.

Register

Abgrenzung 59, 104, 159, 225
Absatzmärkte, globalisierte 19, 35, 54
Absicherung 112, 156 f.
Akquisitionen 19, 198, 386
Akzeptanzanalyse 95
Akzeptanzverlust 109
Anerkennung 38, 77, 107, 111, 161, 240, 341
– Bedürfnis nach 467
Anforderungsprofil(e) 80 f., 108, 148, 546
Angst/Ängste 18, 20, 23, 52, 59, 76, 94, 97, 102, 111109, 112, 143, 150, 159, 208, 217 f., 223, 226, 234, 267, 304, 312, 337, 345, 347 f., 362, 384, 388, 408, 496, 519, 555–557
Angststrategie 110
Annäherung durch Dialog 59
Anpassung 65, 68, 112, 118 f., 129 f., 143, 159, 162, 347, 399, 402, 440, 520, 550
– vorauseilende 203
Anpassungsfähigkeit 55, 137, 549
Anpassungsleistungen 26, 544
Anstand 129, 162
Arbeitsbeziehungen 139, 239, 268, 304, 306, 452, 458, 464, 511 f.
Arbeitsformen 46, 49 f., 67, 301, 367, 409
Arbeitsteilung 34, 65, 157, 159
Arbeitsumfeld 46 f., 89, 138, 231, 235, 239, 243, 259 f., 263, 379, 515
– soziales 46 f.
Arbeitszeiten, flexible 46, 49
Arbeitszufriedenheit 237, 391

Assessment Center 85, 150
Aufgabenverteilung 183, 329, 423, 468
Aufsichtsgremien 189, 204 f., 226, 454, 466
Ausbildung 74, 85, 164, 176 f., 241, 250, 257 f., 289
Ausbildungskosten pro Arbeitsplatz 50
Ausbildungsniveaus 58
Auslagerungen 39, 100, 347
Außenbeziehungen 515, 519
Außensichten 244
Ausstrahlung
– emotionale 534
– persönliche 108

Balanced Scorecard 92, 95
Beamtenmentalität 127 f.
Bedürfnisse 42, 53, 55, 58, 69, 77, 89 f., 95, 118, 123 f., 140, 152, 179, 185, 234, 246, 321, 340 f., 357, 394, 402, 434, 439, 442, 447, 455, 458 f., 481, 487, 521, 540, 558, 559
– divergierende 77, 447
– emotionale 53, 55, 442
– der Führungskräfte 89
– der Mitarbeiter 89, 90, 95, 123 f., 152
Befragung(en) 125, 171, 235, 243, 252, 255–258, 262–268, 331, 337
– Inhalt 252
– schriftliche 235, 253, 255 f., 268
Befragungsmethoden 251
Befragungs(ziel)gruppen 254, 258
Bequemlichkeit 127, 130
Berater 15, 75, 78, 83, 90–93, 95, 98–100, 113, 119, 131 f., 150, 167,

178, 190, 233, 290, 324, 398, 403, 463, 490, 503, 505, 508, 512 f., 519, 525, 529, 531–538
- externe 19, 177, 189, 200, 204, 227, 257, 499, 501, 506, 508, 524–526, 528, 532 f., 536
- falsche 507
- qualifizierte 525 f.
- unbefangener 512, 519
- weniger qualifizierte 525
Beraterhonorar(e) 529
Beratermacht 525
Beschwichtigung(en) 109, 149
Best Practice 398, 503
Best-Practice-Analysen 152
Betriebsklima 237, 247
Betriebsrat 189, 203, 215, 240, 395, 443, 454, 495
Betriebsschließungen 20
Betriebsversammlung(en) 80, 359, 372
Beziehungen
- nach außen 54
- bilaterale 488
- emotionale 305
- individuelle 315
- konstruktive 467
- persönliche 341, 412
- im Team 316
- wechselseitige 442
- zwischen Gruppenmitgliedern 238, 302
- (zwischen)menschliche 47, 97, 236, 303, 426, 429, 434, 467
Beziehungsstörungen 493
Börsenkurs 37
Botschaft(en) 55, 64, 102, 116, 121, 145, 148, 225, 246, 259, 371, 374, 378 f., 380–383, 391, 394, 446, 484
- nicht-kommunizierbare 384
- verschlüsselte 268, 337 f., 341, 345
(Business Process) Reengineering 17, 62, 92, 501, 503–505, 507 f.

Change Agent 76, 78
Chaos-Kompetenz 81, 552
Coaching 100, 145, 177, 233, 238, 509–514, 518 f., 521–523, 529 f., 553

Controlling 190, 225, 244, 371, 443, 478, 499, 527
- Instrumente 488
- Systeme 234, 371
Controllingdaten als Herrschaftsmittel 371
Culture follows Strategy 67

Datenanalyse 172
Datenerhebung(en) 125, 171, 253, 257, 335
Datenfeedback 171, 335
Datenverdichtung 171
Denken in Positionen 157
Denkmuster 58, 101
Dezentralisierung 45, 62, 83, 92, 500
Diagnose-Workshop 253, 255 f.
Deeskalation 444
Dienstanweisungen, interne 235
Dokumentation 283, 331
- schriftliche 283
Drehbuch 206 f., 389–391, 393
Dringlichkeit 280
Durchlaufzeiten 28
Durchmischung 41, 302
Durchsetzungsvermögen 108
Dynamik 34, 80, 120, 141, 235, 301, 320 f., 334, 358, 365, 431, 450, 549
- emotionale 432, 515, 521
- von Konflikten 435
- psychosoziale 523

Effektivität 64, 89, 159, 183, 303 f., 365, 522
Eigendynamik 44, 54, 395
Eigentümer 42, 90
Einflussfaktoren 174, 215 f., 224, 455, 474
- externe 215 f.
- interne 215 f.
Einfühlungsvermögen 108, 390
Einstellung(en) 27, 58, 73, 75, 82, 115, 122, 127, 130, 134, 138, 145, 158, 164, 229, 245, 261, 349, 402, 409, 413, 444, 482, 515, 519, 523, 551
Einstimmung 205, 222, 369, 428

Einzelinterview 253 f., 256
Einzelverantwortung 66, 133 f., 157
Eisberg 217 f.
Emotionen 51, 77, 179, 217, 296, 337, 347, 377, 423, 434, 436 f., 439, 444, 450, 452, 551
Engagement 18, 56, 66, 78, 117, 131, 157, 202, 237, 240, 248, 326 f., 408, 415, 417, 422 f., 430, 466, 483, 506, 526, 551, 558
Entlassung(en) 23, 46, 52 f., 152
Erfahrungen 15, 59, 71, 126 f., 140, 152, 173, 175, 201, 204, 259, 264, 305, 310, 313, 316, 323, 325, 334, 344, 386, 398, 421, 441, 467, 503, 515, 517, 519, 522, 529, 550, 553
Erfolgsdruck 37, 490
Ersatzbotschaften 381
Ertragspotenzialermittlung 490, 500 f.
Eskalation 436

Feedback 122, 177 f., 202, 207, 233, 293, 295 f., 304 f., 307 f., 311 f., 316–318, 364, 382, 390, 429, 431 f., 447, 459, 511 f., 517, 522, 530
– konstruktives 306, 316
– offenes 159, 304–306, 308, 312, 317 f., 370
– persönliches 17, 303–306, 308, 310, 313, 510 f., 514, 522
– regelmäßiges 545
– systematisches 353
Feedback-Empfänger, 308, 319
Feedback-Geber 308, 310, 319
Feedback-Klausur 314 f.
Feedback-Runde 305 f., 309, 314 f.
Feedback-Schleifen 121
Feedback-Systeme 140
Feedback-Übungen 316
Fehlentwicklungen 358
– gesellschaftliche 30
Fertigungsinseln 62, 133
Finanzanalysten 37
Finanzmärkte, globalisierte 19, 36
Flexibilisierung 46, 49 f.
Flucht 53, 110, 120, 137, 151, 339, 430

Fluchtburgen 554
Folgekosten 30, 221, 557
Form follows Function 107
Fortbildungsmaßnahmen 231 f.
Frühwarnsystem 71, 125, 279, 368, 544
Führungsbesprechungen 48, 358 f., 363
Führungsbeziehungen 304
Führungserfahrungen 520
Führungsfigur, charismatische 100
Führungskapazität 84, 126, 134
Führungskultur 71, 99, 146, 173, 305, 369, 399, 452, 490, 512
Führungskräftebefragung 536
Führungsvakuum 294, 533
Fusionen 17, 23, 33, 39, 41, 45, 49, 57, 83, 90, 198 f., 386 f., 393, 395

Ganzheitliches Denken 172
Ganzheitliches Handeln 172
Ganzheitlichkeit 94, 245
Geheimniskrämerei 208
Gehirnwäsche 306
Gehorsam 112, 157, 159, 162, 418
Geld 24, 28 f., 32 f., 40, 61, 77, 123, 137, 145, 195, 198, 204, 212, 235, 240, 242, 327, 343, 353, 386, 401, 438, 478, 488, 492
Gerechtigkeit 128, 436 f.
Gesamtbefragung 243
Gesamteffektivität 156, 393
Geschäftsprozessoptimierung 17, 490, 501–504, 507
Gesprächsklima 261
Gesundschrumpfung 31
Gewerkschaft(en) 52, 142, 203
Glaubwürdigkeit 54, 78, 108, 114 f., 117, 122, 348, 381, 437, 484, 492
Glaubwürdigkeitslücke 114
Gleichmacherei 459
Globalisierung 19, 36, 40, 42, 44
Großgruppen-Workshop 17, 368
Grundakzeptanz 306, 316
Grundausbildung 135
Grundbedürfnisse 136

Gruppendynamik 200, 254, 329, 431, 461, 520, 527, 529, 553
- teaminterne 520, 522
Grundeinstellung 17
Gruppeninterview 253 f., 256
Gruppenstrukturen 139, 141
Gruppenziele 276

Handlungsmuster 101, 192
Hausmacht 164
Hearing 253 f., 331
Hidden Agenda 113, 184
Hierarchische Schranken 46 f., 306
Hilfe zur Selbsthilfe 89, 94, 100, 154, 168, 176, 178, 257, 291, 328, 413, 527, 529, 532
Hintergrundinformationen 27
Holzhacker-Methoden 19, 464
Humanität 89

Identifikation 56, 66 f., 78, 108, 173 f., 247, 252, 347, 370–372, 383, 388, 406, 420, 423, 455, 540, 552, 558
Identifikationsfigur 482
Informatik 24, 73, 197, 199, 499, 502
Informationsflut 20, 351, 353
Informationsökonomie 25
Informelle Gesprächsrunden 378
Innovationssprünge 24
Insellösungen 111
Insourcing-Modelle 25
Integration 46
Integrationsberater 25
Interessen
- divergierende 77
- unterschwellige 218, 530
Interview-Leitfaden 259, 262–266

Jobenlargement 234
Jobrotation 49, 234, 344
Jobsharing 49 f., 152

Kaizen 92, 501
Kaltstart 102 f., 105, 110, 184, 424
Kapazitätsanpassung 143
Kapitalismus 38

Kennzahlen 95, 277, 281
Kernkompetenzen 55, 122, 194, 199, 386
Kick-off-Meeting 368
Kipp-Effekte 44
Klima/Arbeitsklima 16, 51, 97, 104, 172, 234, 252, 263, 268, 334, 362, 364 f., 373, 412, 418, 437, 441, 455, 459, 471, 487 f., 493, 521, 542 fertig
- angstfreies 71, 97, 487
- emotionales
- offenes 51, 467, 521, 551
- partnerschaftliches 487
- rivalisierender Selbstdarstellung 104
- veränderungsfreudiges 488
Klumpenrisiken 42
Kommunikation 34, 45 f., 54, 56, 61, 65 f., 70, 98 f., 109, 121 f., 124 f., 136, 159, 168, 173, 177, 185, 192, 196, 200, 202, 207, 221–224, 231, 246, 252 f., 257, 264, 272, 274, 284, 291, 306, 318, 329, 350 f., 354–359, 365 f., 368, 371–373, 377, 379–385, 391, 393 f., 397 f., 423, 428, 436–438, 440, 442, 445, 450, 454 f., 459, 461, 469 f., 473, 485, 488, 494, 498, 500, 502, 508, 522, 527–530, 533 f., 537, 542, 545
- direkte 378, 438
- externe 74
- geregelte 356, 367, 375 f.
- Gesetzmäßigkeiten 380
- horizontale 375
- informelle 70, 375–377, 488
- interne 74, 358, 366, 378
- lebendige 66, 168 f., 183, 185, 380
- persönliche 70, 375
Kommunikationsfähigkeit 66, 108, 390, 445
Kommunikationsklima 542
Kommunikationskonzept 186, 332, 334 f., 370 f., 389, 393 f.
Kompetenz(en) 49, 98 f., 113, 126, 133, 140, 163, 176 f., 193, 195 f., 233, 237, 245, 277, 285, 301, 326 f.,

329, 353, 386, 390, 398, 403, 405,
454, 459, 462, 487, 506, 508, 529,
538
- interkulturelle 58, 60, 399, 552
- soziale 80 f., 136, 158 f., 162, 199,
232, 258, 304 f., 326 f., 407, 507,
523, 528, 544
- strategische 80 f., 204, 544, 552
Komplexität 40, 44 f., 47, 61 f., 70,
81 f., 92, 138, 175, 178, 195, 214,
299, 329, 354 f., 400, 409, 443, 472,
477, 509, 524
Konfliktfähigkeit 69, 140, 303, 317,
365, 447, 455, 523, 545, 552
Konfliktmanagement 239, 434, 447,
530
Konfliktregulierung 438
Konfrontation 41, 58, 129, 147, 150,
233, 239, 246, 441, 443, 530
Konkurrenzfähigkeit 39
Konsumbedürfnisse 41
Kontinuierlicher Verbesserungsprozess
(KVP) 92, 501
Konzeptionslosigkeit 144
Kooperationsbeziehungen 304, 306
Korruption 43
Kostensenkungs-Programme 100
Kreativität 108, 110, 114, 144, 455,
486
Krisensituationen 46, 52, 81, 92, 114,
177, 511, 515, 519
Kundenbedürfnisse 27, 42, 123, 193,
225, 357, 504
Kundenbefragungen 244, 357, 541 f.
Kundenbeziehungen 196, 481, 487

Lean Management 62, 92, 133, 141,
554
Lean Production 62
Lebenshaltungskosten 28
Lebensstandard 32, 43, 557
Leistungsabbau 30
Leistungsdruck 47, 234, 291
Leitbild(er) 46, 55, 64, 89, 91, 109,
190, 192, 221, 243, 247, 252, 328,
400–402, 476, 479, 486, 540, 545

Lernbedürfnisse 341
Lernen, angstfreies 97
Lieferantenbefragungen 541 f.
Lobbying 245, 378
Lokalmatador 40
Loyalität 145, 159

Macht der Berater 525
Machtkampf/-kämpfe 155, 200, 395,
558
Machtkartelle 162
Machtspiele 155, 225, 228
Management by wandering around 48,
70, 125, 179, 186, 368, 377
Managementfehler 395, 491
Manager auf Zeit 537
Managergehälter 43
Manöverkritik 179, 293, 297, 445 f.,
468, 470, 522
Marktführer 41
Marktpositionierung 100
Massenentlassungen 20, 31, 347
Matrixorganisation 92
Mehrwert 26, 34, 43, 56, 123, 195,
242, 453, 491
Meilensteine 170, 278, 284, 329, 532
Meinungsmacher 54
Meinungsverschiedenheiten 52, 74, 98,
444, 471, 489
Menschenbild 107 f., 274, 485
Methodenkompetenz 204, 326 f., 528
Misserfolg 23, 82, 101, 114 f., 120,
132, 183, 275, 283, 304, 391, 398,
503, 508, 510, 519, 528 f., 547
Missmanagement 30
Misstrauen 59, 139, 159, 376, 438,
441 f., 457, 493, 497, 525, 557
Mitarbeiterbefragung(en) 95, 171, 235,
243, 246 f., 257 f., 262–268, 372,
424, 541
Mitarbeiter-Forum 368
Mitarbeitergespräch(e) 23, 232, 306,
370
Mittelschicht 32
Moderation 17, 49, 99 f., 177, 239,
241, 258, 266, 289, 297 f., 306, 308,

367, 372, 404 f., 409, 426, 430, 441, 445 f., 455, 457, 489, 499, 507, 520, 522, 527, 529, 553
Monitoring 210, 225, 536
Motivation 61, 66 f., 83, 116, 122, 132, 136 f., 172–174, 233, 237, 239, 245, 247, 252, 321, 347, 370, 372, 383, 388, 392, 397, 406, 408, 415, 417, 422–424, 431, 449, 455, 465, 496, 528, 530, 532, 540, 542, 552

Netzwerkorganisation 62 f., 66
Netzwerk-Struktur 62
Neugründungen 23
Neu-Positionierung 194
Nischen-Player 41
Not-invented-here-Syndrom 105
Nullsummenspiel 34

Offenheit 57, 59, 67, 69, 82, 109, 114, 139, 149, 223, 227, 253 f., 255, 261, 290 f., 303–306, 308, 312, 317, 340, 365, 410, 415, 422–424, 441, 448, 455, 464, 466 f., 475, 488, 511–513, 520 f., 529, 534, 551
Öffentliche Institutionen 23
Öko-Kollaps 30
Open Space 17
Opinion Leaders 180 f., 320, 378
Optimierung der Gemeinkosten/»Oben geht keiner« (OGK) 152
Ordnungsdenken 127
Organisationsdiagnose 243, 249 f., 267, 372
Organisationsentwicklung 15, 19, 89 f., 93–100, 171, 366, 413, 543
Organisationsmodell 58, 65 f., 107, 131, 133
Organisationsveränderung 241
Organisationsverständnis, ganzheitliches 67, 99
Organisiertes Verbrechen 30
Outplacement 84
Outsourcing 25, 147
Overhead-Kosten 134, 463

Partizipation 92, 100, 169, 175, 249
Partnerschaftliches Lernmodell 131
Personalabbau 33, 83, 142–145
Persönliches Feedback 17
Persönlichkeitsentwicklung 86, 305
Pflichtenheft 328
Pleiten 23, 41
Post-Merger-Integration-Maßnahmen 25
Problembewusstsein 59, 116 f., 222, 240, 247, 402, 408, 415, 424
Produktinnovation(en) 28, 37
Produktivität 61, 64, 90, 94, 113, 478, 542 f.
Produktlebenszyklen 28, 91
Produktpalette, Straffung 62
Professionalität 144, 257, 394, 487, 523, 536, 548
Profilierungsbedürfnisse 329
Profit-Center-Organisation 62, 92, 316, 478
Projektcontrolling 331, 485
Projektleitung 322, 326, 398, 484, 499, 506
Projektmanagement, prozessorientiertes 320
Projektpromotoren 331
Projektsupervision 322, 334
Prozess-Analyse 179
Prozessbegleiter 98, 530
Prozessberater 529–531
Prozessdynamik 217
Prozess-Feedback 238
Prozessketten 25, 64 f., 157, 387
Prozess-Kompetenz 80

Qualifizierungsgesellschaft 153
Qualifizierungsprogramme 86
Qualitätscontrolling 371
Qualitätszirkel 239 f., 477
Quartalsberichte 37

Rahmenbedingungen 23, 49, 66 f., 75, 91, 93 f., 96, 98, 120 f., 127, 130, 145, 194, 231, 235 f., 240 f., 284, 288, 334, 411, 475, 559

Reaktionsfähigkeit 61
Realangst 19, 347
Rechthaberei 127
Reibungsverluste 155, 251, 338, 358, 364 f., 388, 401, 449, 456, 468 f.
Reporting 37
Restrukturierungen 39, 83, 100, 145, 347, 461, 490
Retropolation 212
Risikofaktoren 84
Rituale 51, 95, 303, 401, 453, 461, 474, 488
Rollenverteilung 237, 298, 329, 411, 413, 415 f., 454, 536
Rückfallgefahr 209

Sanierungen 100, 559
Scheinbeteiligungsrituale 95
Scheuklappen 128, 193
Schlüsselpersonen 168 f., 181
Schlüsselpositionen 46, 51, 84, 483 f.
Schuldgefühle 142, 144
Schuldzuweisungen 130
Schwarzes Brett 374
Selbstdarstellung 103 f., 106, 374
– direktoriale 103
– rivalisierende 104
Selbsteinschätzung, Fragebögen zur 539, 550
Selbststeuerung 65, 73, 81, 129–132, 136 f., 159, 235, 270, 276, 305, 328, 549
Selbstverantwortung 51, 94, 111 f., 120, 130, 132, 137, 159, 549, 555
Sensitivity-Training 232
Shareholder 90, 204
Shareholder-Value 38, 93, 95
Solidarität 110, 145, 161 f., 556, 558
Sondierungsphase 405 f.
Soziale Verwahrlosung 58
Sozialkompetenz 131, 136, 158 f., 232, 258, 305, 326 f., 407, 507
Sozialutopie 155
Spielregeln 58, 60, 69, 109, 129, 135, 156, 173, 192, 236 f., 252, 278, 300, 314, 328, 364, 366, 410 f., 413, 415 f., 440–443, 445 f., 448, 459, 472, 474, 521, 533, 556
Standardisierung 91, 159
Standortverlagerungen 39
Starthilfe 147, 153
Strategie der gezielten Verängstigung 110
Strategiebildung 193, 200 f., 205, 208–210, 366, 545
Strategiecontrolling 210
Strategiekommunikation 190, 205, 221
Strategieprozess 199, 203, 206 f., 212 f.
Strategieumsetzung 208
Streuverluste 100
Structure follows Strategy 67
Strukturanpassung(en) 34, 144
Synergie(n) 46, 48 f., 248, 279, 387 f.

Tabu(s) 125, 164 f., 194, 267, 304, 322, 324, 328, 333, 473, 478, 488, 494, 523
Team-Beratung 513, 516
Teambildung 49, 139, 175, 500
Team-Coaching 513
Teamentwicklung 17, 49, 139, 175, 291, 297, 305, 364, 401, 420, 453–457, 459–461, 464–467, 469 f., 489, 499 f., 511, 530, 553
Teamwartung 322, 334
Technokraten 56, 84, 172
Teilautonome Arbeitsgruppen 62, 342
Teilzeitarbeit 49, 152 f.
Telekommunikation 24, 502
Total Quality Management 28, 62, 92, 501
Totstellreflex 110
Transaktionsanalyse 232
Transfer 99, 167 f., 257, 344, 431 f., 518, 532, 537
Transparenz der Ziele 159
Trennungsängste 197
Trouble Shooter 91

Überbau, administrativer 62
Übereinstimmungen 418
Überkapazitäten 33, 39

Überlebensstrategie 71, 112
Überregulierung 236
Umsetzungscontrolling 97, 190
Ungerechtigkeit(en) 142, 150, 155, 491
Ungleichheit 43
Unternehmensdimensionen, interdependente 70
Unternehmensentwicklung 89, 143, 203, 210 f., 229 f., 234, 243, 366, 420
Unternehmenskultur 67 f., 71 f., 98, 100, 111 f., 130, 159, 208, 211, 240, 244, 247, 252, 305, 322, 326, 369, 371, 466, 472 f., 475–477, 483, 485, 487, 525, 534, 542
Unternehmensstrukturen 19, 91
Unternehmens-Transformation 100
Unternehmensziele 190, 194, 275, 282, 476
Unterordnung 159, 460
Unterwerfung 440
Urangst 103

Verantwortung 23, 75, 80, 82, 107, 112, 118, 131 f., 135, 137 f., 145, 151, 153, 161, 170, 189, 204, 226, 242, 270 f., 274, 390, 404, 419, 430, 451, 478, 487, 494 f., 497, 539 f., 543, 551
– gemeinsame 133
Verantwortungsbereich 16, 45, 47, 52, 267, 421, 480, 486, 492, 510
Verantwortungsbewusstsein 108
Verdrängungswettbewerb 33, 39
Verfahrensgerechtigkeit 128
Verhaltenstraining 86, 177, 232
Vertrauen 54, 67, 69, 78, 109, 111, 113–115, 135, 138 f., 151, 159, 180, 182, 223, 234, 240, 290, 303 f., 306, 408, 415, 438, 442, 455, 464, 466 f., 487, 494, 512 f., 520 f., 534, 559
Vertrauensbeziehungen 528
Vision(en) 46, 55, 64, 78, 190 f., 249, 252
Vorbildfunktion 44, 78, 108, 291, 480, 482
Vorerfahrungen 381, 404 f.

Vorurteile 58, 175, 249, 318, 375, 381, 442, 519

Wahrnehmungen, subjektive 307 f.
Weltformel für wirtschaftlichen Erfolg 28
Wertschöpfungsketten 25, 57, 96, 192 f., 198
Widersprüche 46, 53, 140 f., 478 f.
Widerstand/Widerstände 17, 19, 82, 98, 100, 102, 109, 114 f., 122, 162 f., 179 f., 182, 185, 200, 209, 226, 268, 321, 333, 336–342, 345–348, 404 f., 419, 424 f., 430, 481, 493, 530
Wir-Gefühl 69, 301
Wissensbasiertes Management 92
Workshops 17, 95, 125, 206 f., 213, 217, 256, 289, 297 f., 300, 327, 366, 368, 400, 402, 406–408, 410–412, 417, 427 f., 430–433, 467, 499, 503

Zeitdruck 47, 71, 100, 103, 151, 175, 336, 427
Zeitmanagement 293, 296, 331, 456, 522
Zielabweichungen 170, 280
Zielaudit 279
Zielcontrolling 279
Zieldiktat 273
Zielerfüllung 75, 170
Zielkonflikte 46, 52 f., 274, 278
Zielvereinbarung(en) 17, 50, 74, 95, 137, 234, 269, 273–276, 278 f., 281–285, 287 f., 306 f., 359, 370, 484, 540
Zusammenarbeit 25, 50, 57, 86, 99, 108, 110, 139, 172, 189, 192, 198, 227, 238, 240, 252, 263, 290, 304–306, 316 f., 341, 358, 364–366, 370, 372, 398 f., 401, 418, 439 f., 443, 448 f., 453, 455 f., 470, 483, 493, 511 f., 525, 528, 533, 535, 542, 558
– interkulturelle 56
– unter Gleichrangigen 134
– zwischen Unternehmen 96
Zusammengehörigkeitsgefühl 69